はじめに

社会福祉士国家試験は、共通科目（精神保健福祉士国家試験と共通）12科目と専門科目７科目の計19科目によって構成されています。試験内容は、人体の構造から心理学、社会学や福祉の歴史、制度、社会福祉に関する法律の知識から経営理論など幅広く多岐にわたるため、効率の良い学習を行っていくことが大切です。

『みんなが欲しかった！ 社会福祉士の教科書』シリーズも国家試験に沿って、共通科目編、専門科目編からなっています。編集にあたっては、資格試験対策書籍分野で高い実績と評価を誇るTAC出版の徹底した分析に基づき、合格必須ポイントをコンパクトにまとめあげています。さらに短期間で効率的な学習を進められるよう、フルカラーでレイアウトしています。特に、ポイントとなるのは次の３つです。

パッと 重要ポイントが 目に飛び込んでくる フルカラーレイアウト

単調なレイアウトのテキストをただ読むだけでは、学習時間を割いても効率が悪く、効果も限定的です。

⇒　**そこで試験における重要度を踏まえて、配色やレイアウトを工夫しました。**

スッと 実戦知識が 頭に入ってくる 多彩なイラスト・図表

長い説明文を読むだけではなかなか理解できませんし、文章からだけでは把握しにくいものです。

⇒　**イラストや図表を多用し、そのイメージから視覚的に理解できるようにしました。**

グッと アウトプット力も 身につく例題等の 多機能アイテム

単に知識を得たからといって、国家試験の問題が解けるようになるわけではありません。

⇒　**厳選した過去問題や補足知識などの「アイテム」で、国家試験問題への対応力が身につきます。**

2025年２月実施予定の第37回国家試験は、新しい社会福祉士養成カリキュラムに基づいて実施される初めての試験となります。そこで本書は「令和６年度（第37回試験）から適用される社会福祉士試験科目別出題基準（予定版）」を徹底分析し、旧出題基準で実施された第22回から最新第36回までの国家試験出題内容と旧科目の内容を新出題基準に沿った項目にまとめ、第37回国家試験に対応できるように大改訂しています。

本書を通じて、ぜひ、社会福祉士国家試験の合格を勝ち取ってください。

2024年４月

TAC社会福祉士受験対策研究会

本書の使い方と効率的学習法

まずは学習準備♪

1 まずはスタートアップ講座で試験範囲を見渡しましょう！

「スタートアップ講座」は、社会福祉士国家試験の学習を始めるにあたって、その学習範囲をざっくりと見渡すものです。

▶ 「スタートアップ講座」では、国家試験の学習範囲の全体像を、ざっくりとまとめています。全19科目のうち、共通科目に該当する12科目に及ぶ社会福祉士国家試験の全体像を確認していきましょう。ここで全体像を知っておけば、学習がスムーズになること間違いなし！　学習の第一歩となるものです。

いよいよ学習開始♪

2 このSECTIONのポイントで学習リズムをつかみます！

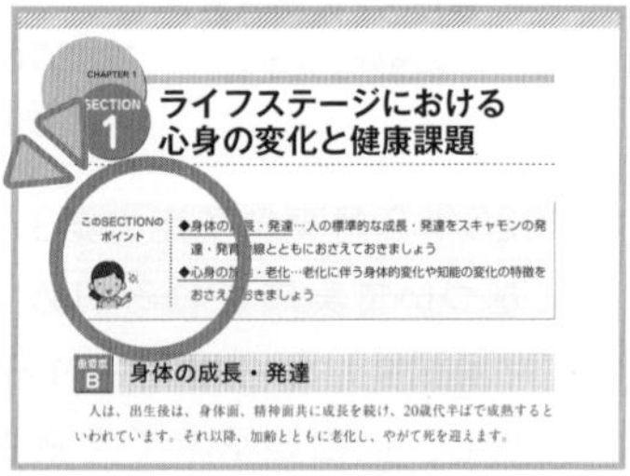

「このSECTIONのポイント」は、国家試験出題基準をベースにした各SECTIONの学習内容を示したものです。

▶ 「このSECTIONのポイント」では、各SECTIONでどのようなことを学ぶのかを、簡潔に説明しています。学習上のねらいが分かれば、学習リズムがつかみやすくなるはずです。

3 各項目の重要度はABCのランクで一目瞭然♪

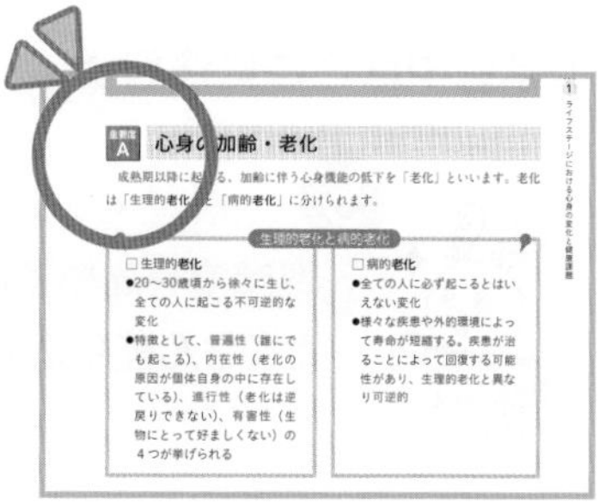

各項目の重要度を、出題頻度などを踏まえたうえで、A・B・Cの3段階で表示しています。

▶ 今、学習中の項目がどの程度重要なのかということは、気になるものです。国家試験の直前など時間的な制約があるときには、優先順位をつけて学習する必要があります。そこで各項目の重要度をA・B・Cの3段階で表示しました。学習の目安として活用してください。

Aランク	▶	重要なテーマです。何度も確認してマスターしましょう。
Bランク	▶	比較的重要なテーマです。しっかり押さえておきましょう。
Cランク	▶	確実な合格をめざすなら押さえておきたいテーマです。

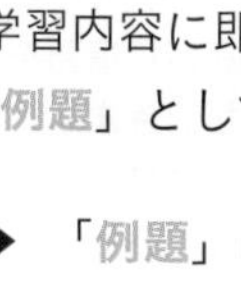

4 学んだことを例題ですぐに確認しましょう♪

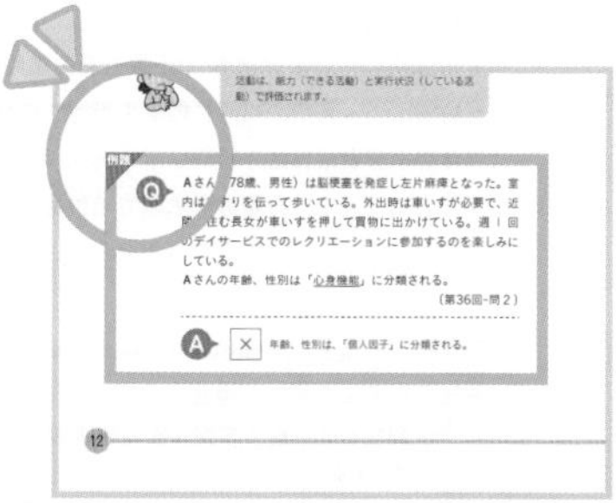

学習内容に即し、ピックアップした過去問題を「例題」として掲載しています。

▶ 「例題」は国家試験問題（過去問題）から、学習の確認に最適な問題をピックアップして掲載しています。学習で身につけた知識がしっかりと理解できているか、また、実際に国家試験ではどう問われるのかを知ることができます。もしも「例題」が解けなかったら、必ず本文に戻って確認して、しっかりとした知識の定着を図りましょう。

※例題の出題科目については、p.xxiiiの「新旧試験科目の読み替えについて」に基づいて掲載しています。

学習中はここに注目♪

5 理解度を高める機能をたくさん盛り込みました♪

ちょっとした説明の違いで、学習上の理解度はぐーんとアップします。そこで、**理解度を高める機能**をたくさん盛り込んでいます。

●ここがポイント 試験対策上、重要となることを短時間で押さえられるようにまとめたものです。

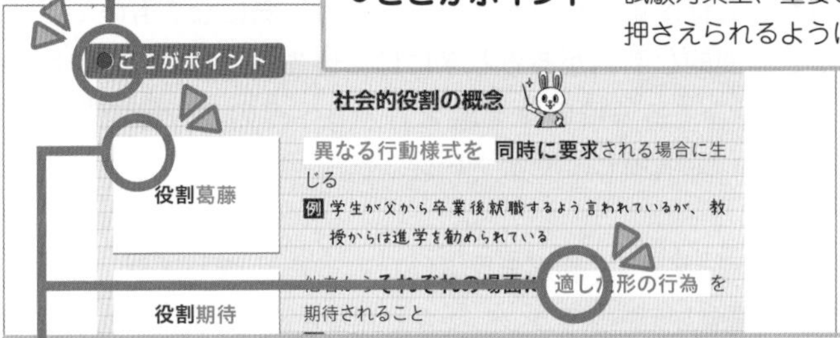
●ここがポイント

社会的役割の概念

役割葛藤	異なる行動様式を **同時に要求**される場合に生じる 例 学生が父から卒業後就職するよう言われているが、教授からは進学を勧められている
役割期待	他者からそれぞれの場面に 適した形の行為 を期待されること

●キーワード キーフレーズがぱっと目に飛び込んでくるよう色付きノートに〝白地のフセン〟を貼ったイメージでレイアウト！〝読む〟より〝見る〟感覚で、重要ポイントをマスターすることができます。

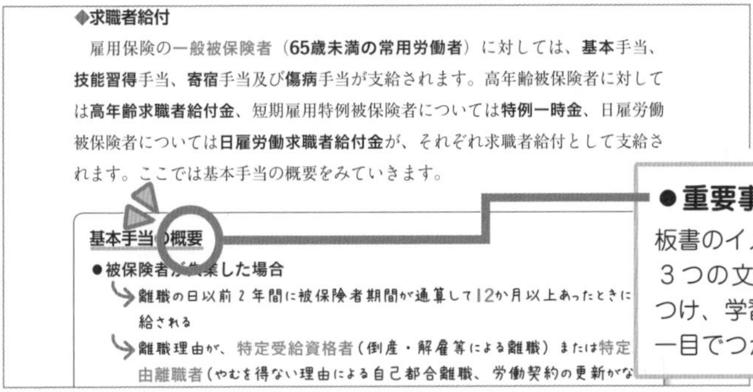
◆求職者給付

雇用保険の一般被保険者（**65歳未満の常用労働者**）に対しては、**基本**手当、**技能習得**手当、**寄宿**手当及び**傷病**手当が支給されます。高年齢被保険者に対しては**高年齢求職者給付金**、短期雇用特例被保険者については**特例一時金**、日雇労働被保険者については**日雇労働求職者給付金**が、それぞれ求職者給付として支給されます。ここでは基本手当の概要をみていきます。

基本手当の概要

●被保険者が失業した場合

→離職の日以前2年間に被保険者期間が通算して12か月以上あったときに給される

→離職理由が、特定受給資格者（倒産・解雇等による離職）または特定理由離職者（やむを得ない理由による自己都合離職、労働契約の更新がな

●重要事項のまとめ

板書のイメージでレイアウト。3つの文字書体でメリハリをつけ、学習状況に応じた情報を一目でつかむことができます。

●📖マーク

用語の説明や補足知識などをピックアップしたものです。本文と合わせて確認しましょう。

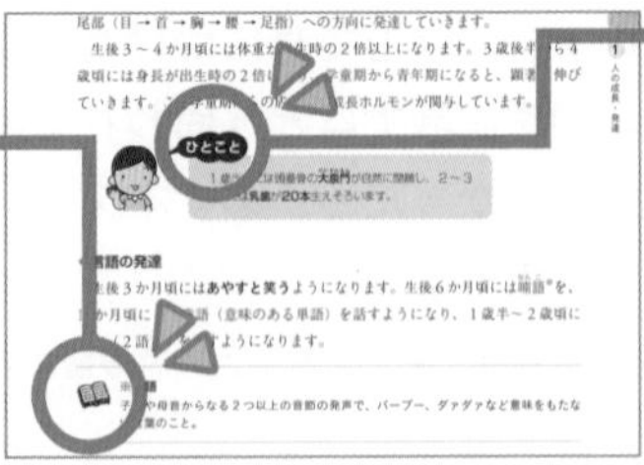

●ひとこと

プラスアルファの知識をまとめたものです。得点力のアップにつながります。

便利なツールを使いこなしましょう

6 赤チェックシートを有効活用しましょう！

本書には暗記学習に便利な「**赤チェックシート**」が付属しています。国家試験の得点に直結するキーワードは、この「**赤チェックシート**」で隠せるようになっていますので、しっかりと暗記して、知識の定着を図りましょう。

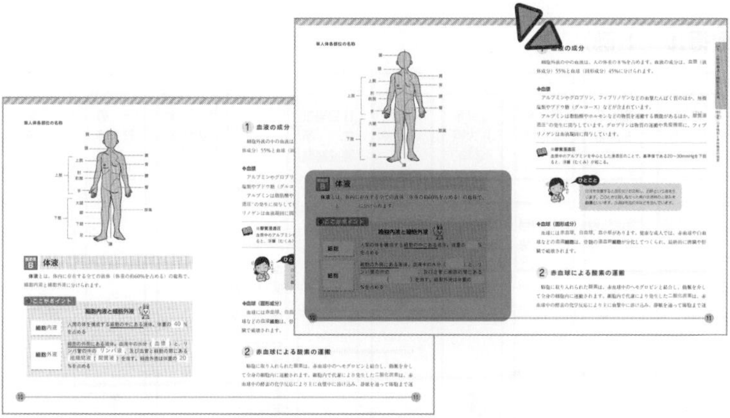

※ページサムネイルはいずれも作成サンプルです。

『みんなが欲しかった！ 社会福祉士の過去問題集』を併用すれば合格がより近くなります！

本書を使って学習を進めるなかで、**『みんなが欲しかった！　社会福祉士の過去問題集』**を併用すれば、インプットした知識が確実に身についているかどうかを、しっかりとアウトプットして確認できるので、学習効果が倍増します！　ぜひ合わせてご利用ください！

社会福祉士国家試験の概要

社会福祉士は「社会福祉士及び介護福祉士法」に基づく社会福祉専門職の国家資格です。社会福祉士になるためには、年１回行われる社会福祉士国家試験に合格し、所定の登録を行う必要があります。

受験資格

社会福祉士国家試験を受験するには、以下の資格取得ルート図のいずれかの過程を経る必要があります（取得見込み含む）。

〈資格取得ルート図〉

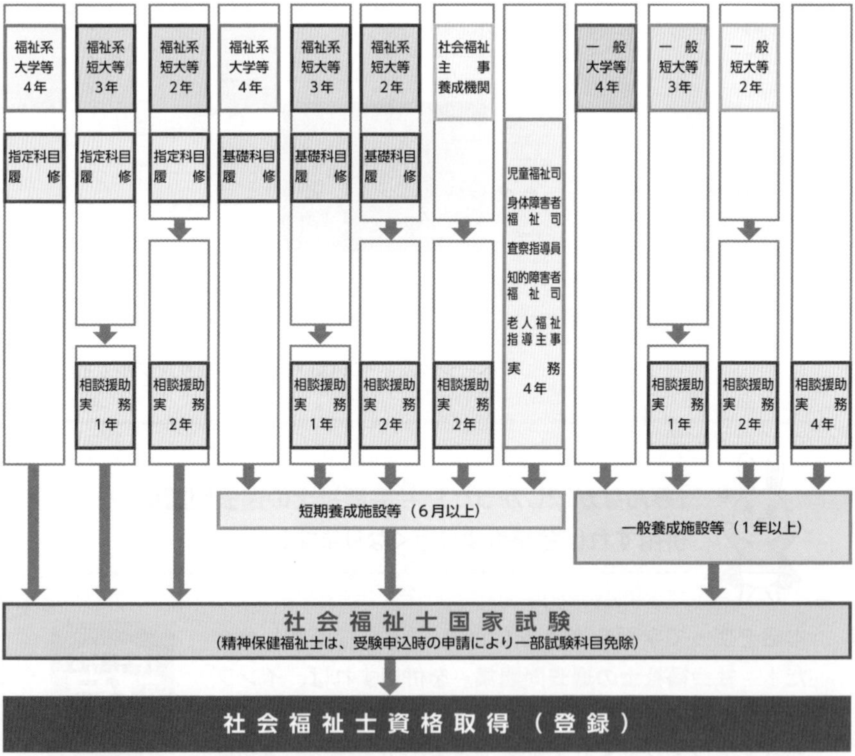

実務経験として認められる業務や施設については、細かく規定されていますので、「受験の手引」等で確認が必要です。

受験手続き

受験手続きは、公益財団法人社会福祉振興・試験センターに「受験の手引」を請求し、それに従って、受験申込書と必要書類を提出します。

公益財団法人社会福祉振興・試験センターは、厚生労働大臣指定試験機関・指定登録機関として、社会福祉士・精神保健福祉士・介護福祉士の国家試験の実施と登録の事務を行っています。

受験資格のほか、試験に関する詳細については、下記、公益財団法人社会福祉振興・試験センターへ直接お問い合わせください。

公益財団法人社会福祉振興・試験センター
ホームページのURL ▶ http://www.sssc.or.jp/
〒150-0002 東京都渋谷区渋谷1-5-6 SEMPOS（センポス）ビル
（国家試験情報専用電話案内）03-(3486)-7559（音声案内、24時間対応）
（試験室電話番号）03-(3486)-7521（平日９:00～17:00）

試験のスケジュール〈令和５年度（第36回）実施例〉

受験申込受付期間	令和５年９月７日（木）～10月６日（金）（消印有効） ※過去の試験（第10回～35回）で、受験票を受け取った者のうち、受験資格が確定している者は、インターネットによる受験申し込みが可能
受験料	19,370円（社会福祉士のみ受験する場合）※1
受験票発送	令和５年12月８日（金）
試験日	令和６年２月４日（日）※2
試験地 （24試験地）	北海道、青森県、岩手県、宮城県、埼玉県、千葉県、東京都、神奈川県、新潟県、石川県、岐阜県、愛知県、京都府、大阪府、兵庫県、島根県、岡山県、広島県、香川県、愛媛県、福岡県、熊本県、鹿児島県、沖縄県
合格発表	令和６年３月５日（火）14時

※１　社会福祉士と精神保健福祉士と同時受験する場合36,360円、社会福祉士の共通科目免除により受験する場合16,230円
※２　令和６年度（第37回）の試験日は、令和７年２月上旬予定

試験の概要〈令和６年度（第37回）予定〉

社会福祉士国家試験は、午前の共通科目（12科目）と午後の専門科目（７科目）の計19科目で行われます。

出題形式はマークシートによる五肢択一を基本とする多肢選択形式で、合計129問が出題されます。

区　分	出題科目	出題数
[共通科目] 午前	医学概論 (本書：CHAPTER 1)	6問
	心理学と心理的支援 (本書：CHAPTER 2)	6問
	社会学と社会システム (本書：CHAPTER 3)	6問
	社会福祉の原理と政策 (本書：CHAPTER 4)	9問
	社会保障 (本書：CHAPTER 5)	9問
	権利擁護を支える法制度 (本書：CHAPTER 6)	6問
	地域福祉と包括的支援体制 (本書：CHAPTER 7)	9問
	障害者福祉 (本書：CHAPTER 8)	6問
	刑事司法と福祉 (本書：CHAPTER 9)	6問
	ソーシャルワークの基盤と専門職 (本書：CHAPTER10)	6問
	ソーシャルワークの理論と方法 (本書：CHAPTER11)	9問
	ソーシャルワークの基盤と専門職 (本書：CHAPTER12)	6問
[専門科目] 午後	高齢者福祉 (別冊：CHAPTER 1)	6問
	児童・家庭福祉 (別冊：CHAPTER 2)	6問
	貧困に対する支援 (別冊：CHAPTER 3)	6問
	保健医療と福祉 (別冊：CHAPTER 4)	6問
	ソーシャルワークの基盤と専門職（専門） (別冊：CHAPTER 5)	6問

	ソーシャルワークの理論と方法（専門） （別冊：CHAPTER 6）	9問
	福祉サービスの組織と経営 （別冊：CHAPTER 7）	6問
合　計		129問

共通科目は、精神保健福祉士国家試験と同じものなので、この資格をもっている人が社会福祉士国家試験を受験する場合は受験時の申請により共通科目が免除されます。

◉配点と合格基準

次の2つの条件を満たすことが合格の条件になります。

ア：問題の総得点の60％程度を基準として、問題の難易度で補正した点数以上の得点があった者。

イ：アを満たした者のうち、以下の6の科目群（ただし※2に該当する者は2科目群）すべてにおいて得点があった者。

❶医学概論、心理学と心理的支援、社会学と社会システム　❷社会福祉の原理と政策、社会保障、権利擁護を支える法制度　❸地域福祉と包括的支援体制、障害者福祉、刑事司法と福祉　❹ソーシャルワークの基盤と専門職、ソーシャルワークの理論と方法、社会福祉調査の基礎　❺高齢者福祉、児童・家庭福祉、貧困に対する支援、保健医療と福祉　❻ソーシャルワークの基盤と専門職（専門）、ソーシャルワークの理論と方法（専門）、福祉サービスの組織と経営

※1　配点は、1問1点の129点満点です。

※2　社会福祉士及び介護福祉士法施行規則第5条の2の規定による試験科目の一部免除を受けた者は、配点は1問1点の45点満点です。

過去の受験者数・合格者数・合格率の推移

	令和元年度 （第32回）	令和2年度 （第33回）	令和3年度 （第34回）	令和4年度 （第35回）	令和5年度 （第36回）
受験者数	39,629人	35,287人	34,563人	36,974人	34,539人
合格者数	11,612人	10,333人	10,742人	16,338人	20,050人
合格率	29.3%	29.3%	31.1%	44.2%	58.1%

もくじ contents

CHAPTER 3 社会学と社会システム ／151

CHAPTER 4 社会福祉の原理と政策 ／201

CHAPTER 5 社会保障 ／275

CHAPTER 9 刑事司法と福祉 ／587

CHAPTER 10 ソーシャルワークの基盤と専門職 ／635

CHAPTER 11 ソーシャルワークの理論と方法 ／679

CHAPTER 12

社会福祉調査の基礎 ／739

社会福祉士
スタートアップ講座

社会福祉士(共通科目)スタートアップ講座

社会福祉士国家試験の出題範囲は、社会福祉士と精神保健福祉士の国家試験に共通して出題される「共通科目」と、社会福祉士国家試験のみの出題となる「専門科目」の2つに分類することができます。本書では「共通科目」について学んでいきます。

専門科目については、『みんなが欲しかった! 社会福祉士の教科書　専門科目編』で勉強しましょう!

社会福祉士国家試験・科目一覧

精神保健福祉士も同じ!

共通科目(全部で84問)

CH1	医学概論(6問)	❶
CH2	心理学と心理的支援(6問)	❶
CH3	社会学と社会システム(6問)	❶
CH4	現社会福祉の原理と政策(9問)	❷
CH5	社会保障(9問)	❷
CH6	権利擁護を支える法制度(6問)	❷
CH7	地域福祉と包括的支援体制(9問)	❸
CH8	障害者福祉(6問)	❸
CH9	刑事司法と福祉(6問)	❸
CH10	ソーシャルワークの基盤と専門職(6問)	❹
CH11	ソーシャルワークの理論と方法(9問)	❹
CH12	社会福祉調査の基礎(6問)	❹

本書では
共通科目を学習!

社会福祉士のみ!

専門科目(全部で45問)

❺
- 高齢者福祉(6問)
- 児童・家庭福祉(6問)
- 貧困に対する支援(6問)
- 保健医療と福祉(6問)

❻
- ソーシャルワークの基盤と専門職(専門)(6問)
- ソーシャルワークの理論と方法(専門)(9問)
- 福祉サービスの組織と経営(6問)

合格基準

総得点60%程度以上
❶～❻の科目群それぞれ必ず1点以上

では、共通科目について勉強をはじめていきます。本文の学習に入る前に、ここで各CHAPTERでどんな内容を勉強するのか、イラストをみながら、イメージでつかんできましょう。

CHAPTER1～3では、援助の対象となる人について、医学的側面と心理学的側面から学ぶとともに、社会構造や社会問題の基礎的な事項について学びます。

CHAPTER 1
医学概論

CHAPTER 2
心理学と心理的支援

CHAPTER 3
社会学と社会システム

CHAPTER4～6では、社会福祉の理論や福祉政策、社会保障制度の体系や法律の基礎、成年後見制度をはじめとする利用者の権利や財産を守る制度などについて学びます。

CHAPTER4 社会福祉の原理と政策

CHAPTER5 社会保障

CHAPTER6 権利擁護を支える法制度

CHAPTER7から９では、住民が主体となる地域福祉の理論やネットワーク、福祉の財源や様々な福祉計画、障害者福祉関連法と障害福祉サービス、更生保護制度や医療観察制度について学びます。

CHAPTER7
地域福祉と包括的支援体制

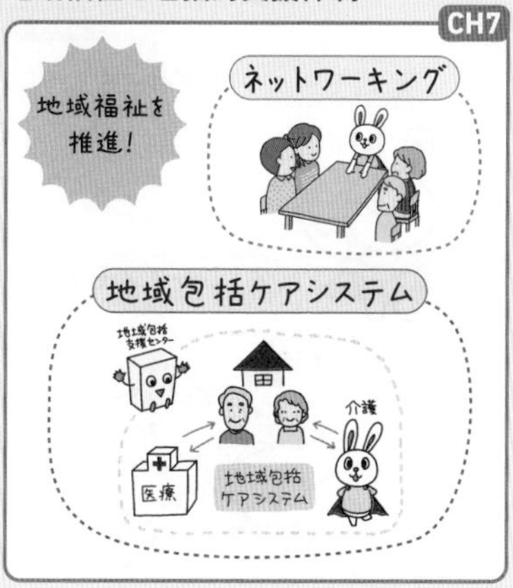

CHAPTER8
障害者福祉

CHAPTER9
刑事司法と福祉

CHAPTER10から12では、相談援助の基本となるソーシャルワークについて、基礎的な概念や各理論形成の変遷など、援助の対象となる人のニーズを把握するために必要となる「社会福祉調査」の基礎について学びます。

CHAPTER10
ソーシャルワークの基盤と専門職

CHAPTER11
ソーシャルワークの理論と方法

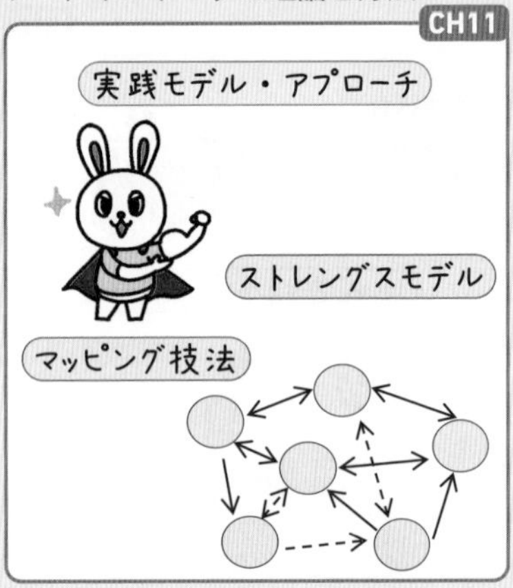

CHAPTER12
社会福祉調査の基礎

新旧試験科目の読み替えについて

2025 年 2 月実施予定の第 37 回国家試験は、新しい社会福祉士養成カリキュラムに基づき、試験科目も変更となりますが、旧養成カリキュラム、旧試験科目で学習してこられた方も本書を手に取っておられることと存じます。新国家出題基準で追加された項目もありますが、ほとんどの内容は継承されています。新旧試験科目の対応を以下に示しますので、参考にして学習を進めてください。

	【新科目名】		【旧科目名】
共通科目	医学概論	←	人体の構造と機能及び疾病
共通科目	心理学と心理的支援	←	心理学理論と心理的支援
共通科目	社会学と社会システム	←	社会理論と社会システム
共通科目	社会福祉の原理と政策	←	現代社会と福祉
共通科目	社会保障	←	社会保障
共通科目	権利擁護を支える法制度	←	権利擁護と成年後見制度
共通科目	地域福祉と包括的支援体制	←	地域福祉の理論と方法＋福祉行財政と福祉計画
共通科目	障害者福祉	←	障害者に対する支援と障害者自立支援制度
共通科目	刑事司法と福祉	←	更生保護制度（旧専門科目）
共通科目	ソーシャルワークの基盤と専門職	←	相談援助の基盤と専門職（旧専門科目）
共通科目	ソーシャルワークの理論と方法	←	相談援助の理論と方法（旧専門科目）
共通科目	社会福祉調査の基礎	←	社会調査の基礎（旧専門科目）
専門科目	高齢者福祉	←	高齢者に対する支援と介護保険制度
専門科目	児童・家庭福祉	←	児童や家庭に対する支援と児童・家庭福祉制度
専門科目	貧困に対する支援	←	低所得者に対する支援と生活保護制度（旧共通科目）
専門科目	保健医療と福祉	←	保健医療サービス（旧共通科目）
専門科目	ソーシャルワークの基盤と専門職（専門）	←	相談援助の基盤と専門職（共通科目と専門科目に分散）
専門科目	ソーシャルワークの理論と方法（専門）	←	相談援助の理論と方法（共通科目と専門科目に分散）
専門科目	福祉サービスの組織と経営	←	福祉サービスの組織と経営

出題基準の変更とともに、合格基準も変更になっています。第 36 回国家試験までは、18 の科目群（就労支援サービスと更生保護制度を合わせて 1 科目群とカウント）で、必ず得点することが条件でした。そのため、合格基準点をクリアしていても、0 点科目があると不合格でしたが、第 37 回試験からは 6 科目群となり、大幅に緩和されました。出題数も 150 問から 129 問に減少しています。

苦手科目を克服することはもちろん大切ですが、得意科目を伸ばして得点を稼ぐことも合格に近づく1つの方法です。

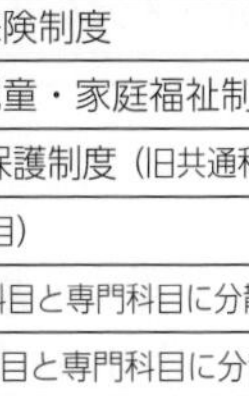

各科目のイメージがつかめましたか?
では、科目ごとに学習のポイント、国家試験対策のコツをつかんでおきましょう。

CHAPTER 1
医学概論（6問）

人体の解剖生理、精神疾患を含めた疾病の特徴や原因について押さえておきましょう。他に、ICF、健康施策、リハビリテーションなどの知識も求められます。

CHAPTER 2
心理学と心理的支援（6問）

幅広い知識が求められますが、基礎的な知識の理解度を深めましょう。防衛機制、心理療法をはじめ、本テキストでポイントをおさえておきましょう。

CHAPTER 3
社会学と社会システム（7問）

社会学者とその提唱した理論については暗記も必要です。また、統計データの数値が社会のどのような状況を表しているのか、近年の傾向をみておきます。

CHAPTER 4
社会福祉の原理と政策（9問）

社会福祉の基本的な構造についての理解が必要であり、分野別の福祉政策を取り上げる他科目の基礎となります。福祉制度の発達過程と福祉に関する各概念を中心に、他科目と関連づけて学んでいきましょう。

CHAPTER 5
社会保障（9問）

財源や費用を含めた社会保障制度の体系を理解しましょう。年金保険についておさえるのはもちろん、医療保険、介護保険等はそれぞれ分野別の他科目と重複しており、科目横断的な学習が求められます。

CHAPTER6
権利擁護を支える法制度（7問）

成年後見制度に加え民法と行政法、日常生活自立支援事業についておさえましょう。いずれも、法や制度を暗記するのではなく、人々の権利擁護のために法や制度がどう整備されているのか、という視点で取り組みましょう。

CHAPTER7
地域福祉と包括的支援体制（9問）

地域福祉に係る組織、専門職を中心に学習しましょう。また、福祉における財源（動向含む）と各福祉計画の概要について覚えましょう。

CHAPTER8
障害者福祉（6問）

障害者総合支援法や同法に基づく障害福祉サービスに関する内容について理解します。近年、制度や法令の改正等が多い分野で、改正の背景や改正前後の相違点もおさえておく必要があるでしょう。

CHAPTER9
刑事司法と福祉（6問）

知識の面では他科目との結びつきが弱い科目です。まずは、更生保護制度の概要と保護観察、保護観察官、保護司のポイントをしっかりと押さえておきましょう。

CHAPTER10
ソーシャルワークの基盤と専門職（6問）

社会福祉士の義務やソーシャルワーク専門職のグローバル定義、倫理的ジレンマについておさえておきましょう。

CHAPTER11
ソーシャルワークの理論と方法（9問）

さまざまな実践モデルとアプローチについて、提唱者と概要についておさえておく必要があります。グループワークとスーパービジョンについても理解しましょう。

CHAPTER12
社会福祉調査の基礎（6問）

量的調査と質的調査の方法を覚えます。調査手法の特徴（長所・短所を含む）や手順を押さえ、調査対象や明らかにしたい事項に対する調査手法等の適否が判断できることを目標としましょう。

本書は、2024年3月末現在の情報に基づき編集しています。最新の試験情報については**社会福祉振興・試験センターのホームページ**（http://www.sssc.or.jp/）を、その他の制度改正情報については**TAC出版ホームページ「正誤表・法改正情報」**（https://bookstore.tac-school.co.jp/err_res/）にてご確認ください。

CHAPTER

1

医学概論

CHAPTER 1

SECTION 1

ライフステージにおける心身の変化と健康課題

このSECTIONのポイント

- ◆身体の成長・発達…人の標準的な成長・発達をスキャモンの発達・発育曲線とともにおさえておきましょう
- ◆心身の加齢・老化…老化に伴う身体的変化や知能の変化の特徴をおさえておきましょう

重要度B 身体の成長・発達

人は、出生後は、身体面、精神面共に成長を続け、20歳代半ばで成熟するといわれています。それ以降、加齢とともに老化し、やがて死を迎えます。

1 成長・発達

人体の**発生**は、卵子と精子が**受精**して生じた受精卵よりはじまり、それが細胞分裂を繰り返していくことで成長、発達していきます。

◆発生

発生には、受精卵が成体に達し、さらに死に至るまでの形態的変化である**個体発生**と、それぞれの生物種が成立し、根絶するまでの形態的変化である**系統発生**があります。

◆受精から出生まで

身体の主要な器官は、受精後おおよそ**8**週間（妊娠10週）までにほぼ形成され、通常**38週**（妊娠40週）で出産となります。

人の出生時の体重は約**3000g**、身長は約**50cm**です。

◆原始反射

出生時には、手に触れたものを握ろうとする**把握反射**、口に触れたものに吸いつこうとする**吸啜《きゅうてつ》反射**などの、**原始反射**と呼ばれる動作が認められます。原始反射は、生後４～５か月頃までに消失します。

◆身体の発達

身体は、**中軸部**から**末梢部**（肩 → 腕 → 手首 → 指先）への方向と、頭部から尾部（目 → 首 → 胸 → 腰 → 足指）への方向に発達していきます。

生後３～４か月頃には体重が出生時の**2**倍以上になります。３歳後半から４歳頃には身長が出生時の２倍になり、学童期から青年期になると、顕著に伸びていきます。この学童期からの成長には**成長ホルモン**が関与しています。

ひとこと

１歳半頃には頭蓋骨の**大泉門《だいせんもん》**が自然に閉鎖し、２～３歳頃には**乳歯**が**20本**生えそろいます。

◆言語の発達

生後３か月頃には**あやすと笑う**ようになります。生後６か月頃には**喃語《なんご》**※を、12か月頃には有意語（意味のある単語）を話すようになり、１歳半～２歳頃には文（２語文）を話すようになります。

※喃語
子音や母音からなる２つ以上の音節の発声で、バーブー、ダァダァなど意味をもたない言葉のこと。

◆運動機能の発達

１歳頃までに大まかな**運動機能**が発達し、**学童期**頃には複雑な運動ができるようになります。

→乳幼児期の発達についての詳細はCH 2・SEC 2 参照

2 各器官の発育パターン

アメリカの医学者・人類学者である**スキャモン**（Scammon, R. E.）は、人の誕生から成熟期（20歳）までの標準的な成長・発達を、**一般型**（**全身型**）、**リンパ型**、**神経型**、**生殖型**の４つのパターンに分類し、発達・発育曲線で示しました。

■スキャモンの発達・発育曲線

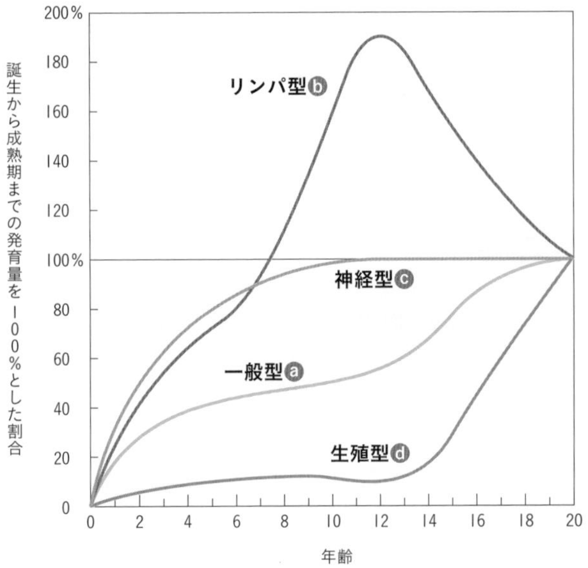

一般型（全身型）（上グラフⓐ）は、身長、体重のほか、肝臓や腎臓などの臓器の発育を示します。体の各部や臓器などは、乳幼児期に急速に発達し、その後、緩やかになり、思春期に再び急激に発達します。

リンパ型（ⓑ）は、免疫力を向上させる**リンパ系組織**の発達を示します。出生から**12歳**前後まで急激に発達し、成人のレベルを超えますが、その後、徐々に下降して成人のレベルまで戻ります。

神経型（ⓒ）は、神経系の発育を示します。脳は出生直後から急激に発達し、**重量**は出生時はおおよそ300gですが、４～６歳で成人の脳重量（1300～1400g）のおおよそ**90%**、1200g程度にまで成長します。10歳前後には成人と同程度になります。

生殖型（ⓓ）は、男児の陰茎、精巣、女児の卵巣、子宮などの発育を示します。思春期の12～14歳を過ぎると急激に発達します。

例題

Q 成熟時の発達を100％としたスキャモンの臓器別発育曲線は、25歳を100％として表している図である。〔第36回-問1〕

A ✕ 20歳時点での発育を100％としたときの成長パターンを4つのパターンに分類して表している図である。

重要度A 心身の加齢・老化

成熟期以降に起こる、加齢に伴う心身機能の低下を「老化」といいます。老化は「**生理的老化**」と「**病的老化**」に分けられます。

生理的老化と病的老化

□ **生理的老化**

- **20～30**歳頃から徐々に生じ、全ての人に起こる**不可逆的**な変化
- 特徴として、**普遍性**（誰にでも起こる）、**内在性**（老化の原因が個体自身の中に存在している）、**進行性**（老化は逆戻りできない）、**有害性**（生物にとって好ましくない）の4つが挙げられる

□ **病的老化**

- 全ての人に必ず起こるとはいえない変化
- 様々な疾患や外的環境によって寿命が短縮する。疾患が治ることによって回復する可能性があり、生理的老化と異なり**可逆的**

老化は、生活環境などのような**環境因子**と、本人のもつ**遺伝因子**の影響を受けて進行しますが、特に環境因子に影響を受けています。

◆老化に伴う身体的変化

老化により、身体に変化が生じ、各器官全般にわたる回復力、**予備力**（体力などの最大能力と通常時の能力との差）、判断力、適応力が低下します。

老化に伴う主な身体的変化を次に示します。

■老化に伴う主な身体的変化

呼吸器系	**肺胞数**の減少、肺活量**低下**、残気量**増加**による換気能力の低下
咀《そ》嚼《しゃく》・嚥《えん》下《げ》機能	飲食物が誤って気管に入り誤嚥を起こす → **誤《ご》嚥《えん》性《せい》肺炎**
消化器系	消化吸収機能の低下 → **低栄養状態**
腎・泌尿器系	●腎臓による水の**再吸収能力**の低下 ●膀胱容量の**減少**による頻尿、尿失禁 ●前立腺肥大による**排尿困難**
循環器系	**収縮期血圧（最高血圧）**の上昇、動脈硬化、造血機能の低下
支持運動器系	筋力低下 → **転倒**の危険、**骨《こつ》粗《そ》鬆《しょう》症《しょう》** → **骨折**の危険大
神経系	平衡感覚機能の低下 → **転倒**の危険大
視覚	**老眼**、**視野狭窄**、老人性（加齢性）白内障
聴覚	**高音域**から聞こえにくくなる → **老人性難聴**・**感音難聴**が多い
皮膚感覚	痛覚、触覚が鈍化し、熱傷、褥《じょく》瘡《そう》などの症状に気づきにくい
免疫系	機能低下により感染症の危険大
その他	●体重から体脂肪量を差し引いた**除脂肪体重**（**筋肉**や**骨**、**内臓**などの総量）の減少、体重に占める水分量の減少 ●多臓器にがんが発生する**重複がん**の増加 ●**レム睡眠**（浅い睡眠）・**ノンレム睡眠**（深い睡眠）の減少と**中途覚醒**の増加に伴い、睡眠の質が低下 → 体力、抵抗力低下 ●感覚機能低下によりのどの渇き（口《こう》渇《かつ》）に気づきにくくなることによる脱水 → 頭痛、低血圧、麻痺、頻脈、意識障害など ●高齢になるに従い、比較的短く、秒単位の時間しか保たれない記憶である**短期記憶**の能力が低下する

このなかでも、肺や腎臓は、加齢に伴う生理機能の低下**が最も顕著**な器官です。また、老化が進むにつれ、機能の低下度の個人差は大きくなります。

例題

Q 加齢に伴い、聴力は低音域から低下する。
〔第34回-問 1〕

A × 加齢に伴い、聴力は高音域から低下する。

◆老化に伴う知能の変化

物事を理解したり、判断したりする力のことを「知能」といいます。知能には流動性**知能**と結晶性**知能**があり、老化によりそれぞれ特有の変化を示します。

流動性知能と結晶性知能

□ 流動性**知能**
- 新しいことを学んだり、新しい場面に適応したりするために活用される能力。**生まれもった能力**に左右される
- 30歳代でピークに達し60歳代以降急激に低下する

□ 結晶性**知能**
- 教育や学習などの**これまでの経験**を基にした日常生活の対応能力。判断力・理解力などが含まれる
- 加齢による影響が少なく、長期にわたって維持される

例題

Q 加齢に伴う生理機能の変化において、流動性知能は維持される。
〔第29回-問 2〕

A × 流動性知能は、30歳代でピークに達し60歳代以降急激に低下する。一方、結晶性知能は、年齢が高くなってもあまり低下しない。

CHAPTER 1

SECTION 2

健康及び疾病の捉え方

このSECTIONのポイント

◆健康の概念…WHO憲章による健康の定義とプライマリ・ヘルスケア、ヘルスプロモーションについて理解しましょう

◆国際生活機能分類（ICF）…ICFにおける健康その他の定義や概念をおさえましょう

重要度A 健康の概念

「健康」という概念を初めて定義づけたのは、世界保健機関（WHO）による**WHO憲章**においてです。以降、様々な「健康」の概念が提唱されています。主なものについてみていきます。

1 世界の健康の捉え方

◆WHO憲章による健康の定義

WHOは、その創立にあたって、1946年に世界保健機関憲章（**WHO憲章**）を掲げ、国際保健会議により採択されました（1948年発効）。WHO憲章は、その前文で次のように健康を定義しています。

●ここがポイント

WHO憲章による健康の定義

健康とは、**完全な** **肉体的、精神的** **及び** **社会的福祉（ウェルビーイング）** の状態であり、単に**疾病または病弱の存在しないこと**ではない。

病気でなければイコール健康という考えを否定したこの定義は、その後の健康観に大きな影響を与えました。

◆プライマリ・ヘルスケア

プライマリ・ヘルスケアは、1978年に当時のカザフ共和国（旧ソ連、現カザフスタン共和国）のアルマ・アタ（現アルマトイ）で、WHOとユニセフにより開催された国際会議で採択された**アルマ・アタ宣言**で提唱されました。全ての人にとって健康を**基本的な人権**として認め、その達成の過程において、住民の主体的な参加や自己決定権を保障する理念であり、方法・アプローチでもあるとしています。

ひとこと

アルマ・アタ宣言では、先進国と開発途上国間における人々の健康状態の不平等について言及されました。

◆ヘルスプロモーション

ヘルスプロモーションは、1986年にカナダのオタワにおけるWHOの第１回健康促進会議で採択された**オタワ憲章**で提唱された、新しい健康観に基づく健康戦略です。人々が自らの健康とその決定要因をコントロールし、改善することができるようにする**プロセス**と定義されています。

例題

Q WHOは、健康を身体的、精神的、社会的、スピリチュアルに良好な状態と定義した。〔第33回-問３〕

A ×　「健康とは、完全な**肉体的**、**精神的及び社会的福祉（ウェルビーイング）**の状態であり、単に疾病または病弱の存在しないことではない」と定義した。

重要度 A

国際生活機能分類（ICF）

1 国際障害分類から国際生活機能分類への変遷

国際障害分類（ICIDH）は、**1980年**に**世界保健機関（WHO）**が発表した障害概念の分類です。ICIDHでは、障害のレベルを、疾病から**機能障害**が残り、それが**能力障害（能力低下）**を引き起こした結果、社会的不利をもたらすという階層的な構造としていました。この概念は、障害者の**マイナス面**を強調することになり、また、機能障害があればそれが社会的不利につながるというような一方向的な図式になっていて、現実にそぐわない面もありました。

■国際障害分類（ICIDH）の概念図

疾　病 → 機能障害 → 能力障害 → 社会的不利

2 ICFの特徴

2001年、**国際生活機能分類（ICF）**がWHO総会で採択され、国際的に用いられるようになりました。ICFの特徴として、これまでのICIDHが障害のマイナス面を強調してしまう考え方であったのに対し、**生活機能（心身機能・身体構造、活動、参加）**の側面から**プラス**面を捉えるよう考え方を転換し、**背景因子（環境因子と個人因子）**の観点を加えたことにあります。また、ICFでは、ICIDHの「疾病」を「健康状態」と呼び、健常者も障害者も区別なく、全ての人の健康状態を分類するものとなっています。

■ICFの構成要素間の相互作用

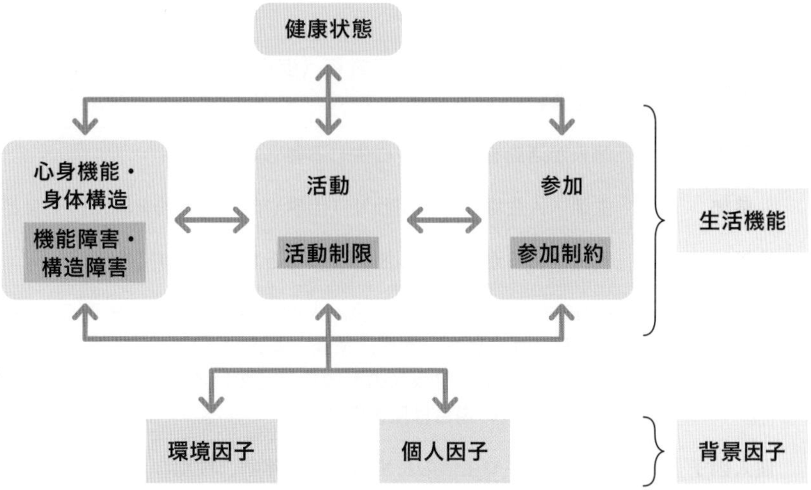

ICFでは、生活機能の構成要素として、生理的・解剖学的な変化を表す「**心身機能・身体構造**」、生活・人生レベルにおける「**活動**」と「**参加**」という3つのプラス面もマイナス面も含む包括的な概念を用いています。

活動は個人による課題や行為の遂行を、**参加**は生活・人生場面の関わりを意味します。活動と参加の領域は**単一のリスト**に示されており、生活や人生の全ての領域を包括しています。

健康状態や背景因子が影響して、活動や参加の実行が困難になることを「**活動制限**」「**参加制約**」といいます。これに心身機能・身体構造における**機能障害**・**構造障害**を含めて、生活機能のマイナス面を表す用語として障害と表現します。

生活機能は、**健康状態**（病気、変調、ケガなど）と**背景因子**（環境因子と個人因子）の相互作用として捉えられます。

■ICFによる定義・概念

健康状態	病名（例 糖尿病・脳内出血・近視など）・加齢・妊娠・変調・ケガなど
心身機能・身体構造	●心理機能を含む身体系の生理的な機能 ●器官・肢体とその構成部分などの身体の解剖学的な部分

機能障害・構造障害	著しい心身の異変・喪失といった心身機能または身体構造上の問題
活動	課題や行為の個人による遂行（歩く、食べるなど、日常生活動作を含む）
活動制限	個人が活動を行うときに生じる難しさ
参加	生活・人生場面への関わり（仕事や旅行、映画を観に行くなど）
参加制約	個人が何らかの人生場面に関わるときに経験する難しさ
環境因子	●物的な環境や社会的環境、人的環境（建物、就労環境、地域活動、サービス、制度、家族、友人など） → 生活機能にプラスの影響を与えている場合は**促進因子**、マイナスの場合は**阻害因子**
個人因子	個人の人生や生活の特別な背景（年齢、性別など）

ひとこと

活動は、能力（できる活動）と実行状況（している活動）で評価されます。

例題

Q Aさん（78歳、男性）は脳梗塞を発症し左片麻痺となった。室内は手すりを伝って歩いている。外出時は車いすが必要で、近隣に住む長女が車いすを押して買物に出かけている。週１回のデイサービスでのレクリエーションに参加するのを楽しみにしている。
Aさんの年齢、性別は「心身機能」に分類される。
〔第36回-問２〕

A ×　年齢、性別は、「**個人因子**」に分類される。

CHAPTER 1
SECTION 3

身体構造と心身機能

このSECTIONのポイント

◆人体各部位の名称…まず、全体像を把握しましょう
◆体液…赤血球、白血球の働きの理解が重要です
◆呼吸器系…横隔膜と胸腔の関係などを整理しましょう
◆消化器系…胃、小腸、大腸など代表的な消化器の働きをおさえます
◆泌尿器系…腎臓や膀胱などの役割を学びます
◆循環器系…血管系とリンパ系を整理するとともに、心臓の構造を理解しましょう
◆骨格系と筋肉…主要な骨や筋肉の名称を覚えましょう
◆内分泌器官…ホルモンに関する器官とホルモンの名称、その作用を整理しましょう
◆神経系…脳の構造や、中枢神経と末梢神経の役割をおさえましょう
◆感覚器…眼、耳、鼻などが代表的な感覚器です
◆皮膚…構造や作用を理解しましょう
◆生殖器…男女の違いをおさえましょう

重要度A　人体各部位の名称

人体は、頭部・頸部・体幹・体肢に大きく分けられます。

このうち、体幹は、胸部・腹部・背部・臀部（殿部）からなります。ここには、心臓や肺、消化管といった内臓が含まれています。なお、胸部と腹部は、横隔膜を境にして分けられます。

一方、体肢は、腕（上肢）と脚（下肢）を指すもので、上肢と下肢をまとめて四肢と呼びます。

■人体各部位の名称

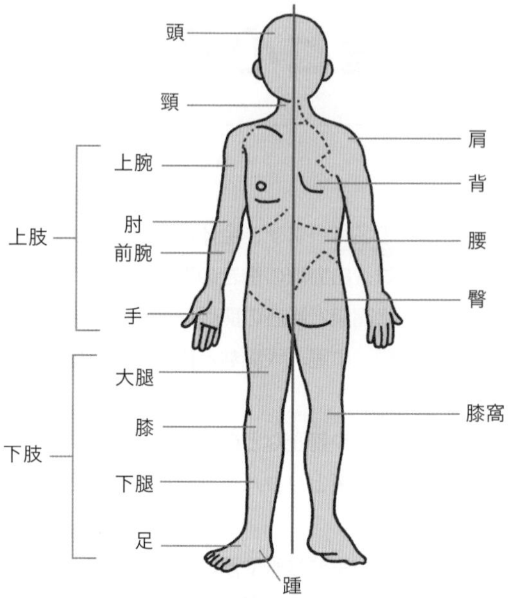

重要度B 体液

体液とは、体内に存在する全ての液体（体重の約60%を占める）の総称で、細胞内液と細胞外液に分けられます。

●ここがポイント

細胞内液と細胞外液

細胞内液	人間の体を構成する細胞の中にある液体。体重の **40** %を占める
細胞外液	細胞の外側にある液体。血液中の水分（**血漿《けっしょう》**）と、リンパ管の中の **リンパ液** 、及び血管と細胞の間にある **組織間液**（**間質液**）を指す。細胞外液は体重の **20** %を占める

1 血液の成分

細胞外液の中の血液は、人の体重の８％を占めます。血液の成分は、**血漿**（液体成分）55%と血球（固形成分）45%に分けられます。

◆血漿

アルブミンや**グロブリン**、**フィブリノゲン**などの血漿たんぱく質のほか、無機塩類やブドウ糖（グルコース）などが含まれています。

アルブミンは脂肪酸やホルモンなどの物質を運搬する機能があるほか、**膠質《こうしつ》浸透圧**※の発生に関与しています。グロブリンは物質の運搬や**免疫機能**に、フィブリノゲンは血液凝固に関与しています。

※膠質浸透圧
血漿中のアルブミンを中心とした浸透圧のことで、基準値である20～30mmHgを下回ると、浮腫《ふしゅ》（むくみ）が起こる。

ひとこと

血液を放置すると固形成分が沈殿し、血餅《けっぺい》という塊を生じます。このとき沈殿しなかった黄白色透明の上澄みを**血清**といいます。血清は免疫抗体などを含んでいます。

◆血球（固形成分）

血球には**赤血球**、**白血球**、**血小板**があります。健康な成人では、赤血球や白血球などの**血液細胞**は、骨髄の**造血幹細胞**が分化してつくられ、最終的に脾臓や肝臓で破壊されます。

2 赤血球による酸素の運搬

肺胞に取り入れられた**酸素**は、赤血球中のヘモグロビンと結合し、動脈を介して全身の細胞内に運搬されます。細胞内で代謝により発生した**二酸化炭素**は、赤血球中の酵素の化学反応により主に血漿中に溶け込み、静脈を通って肺胞まで運搬されます。

例題

Q アルブミンは酸素の運搬にかかわる。　〔第27回-問Ⅰ〕

A ×　酸素の運搬を行うのは**赤血球中**の**ヘモグロビン**である。アルブミンには、脂肪酸やホルモン、薬物などの**物質を運搬する機能**がある。

3 白血球の働き

白血球には多くの種類があり、様々な作用によって生体防御の役目を担っています。白血球の種類と機能を次に示します。

■白血球の種類と機能

分類			機能	割合
白血球	顆粒	好中球	体内に侵入してきた**細菌**や**ウイルス**、**有害な生物**などを取り込んで分解する（貪食《どんしょく》作用）	55%
		好酸球	アレルギー反応を制御する	3％
		好塩基球	顆粒（細胞内にみられる粒状構造）中のヒスタミンやヘパリンが、好中球の働きを助ける	0.5%
	無顆粒	リンパ球	免疫反応の主役を担う。T細胞、B細胞、NK細胞がある ●**T細胞**（Tリンパ球）：**細胞性免疫**に関与 ●**B細胞**（Bリンパ球）：**液性免疫**に関与 ●**NK細胞**：**細胞性免疫**に関与	36.5%
		単球	マクロファージや樹状細胞に分化し、好中球よりも多量の細菌を貪食する。死んだ好中球なども処理する	5％

白血球のうち好中球や単球は、異物を貪食作用によって消化処理し、リンパ球は特定の異物を認識して排除します。

重要度 A　呼吸器系

呼吸器系は、酸素を取り入れ、二酸化炭素を排出する働きを担っています。**気道**（鼻腔、咽頭・喉頭、気管・気管支までを含む器官）と、ガス交換を行う**肺**によって構成され、鼻腔から喉頭までを上気道、気管・気管支を下気道に分類することもあります

■呼吸器系の構造

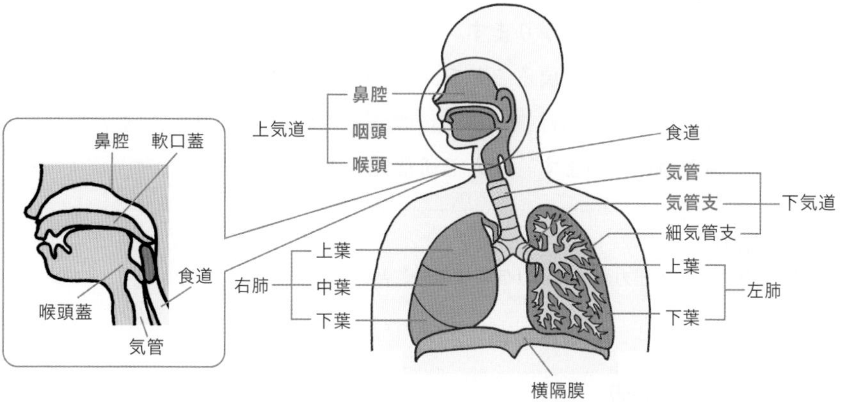

呼吸器系の各気管の特徴と機能は次のようになります。

■呼吸器系の各器官の特徴・機能

鼻腔	**鼻の穴**から**咽頭**に至るまでの空間を指す
咽頭・喉頭	「のど」にあたる部位。鼻腔から咽頭・喉頭を通じて、**気管**に至る。**咽頭**は口腔ともつながっていて、**喉頭**には声帯がある
気管・気管支	喉頭からつながり、左右に枝分かれするまでの部位を**気管**と呼ぶ。枝分かれしたあとの**気管支**のうち、**右のほうが太く短い**ため、**誤嚥**した異物が入り込みやすい
肺	肺は左右一対になっていて、**右肺は3葉**、**左肺は2葉**に分かれている。肺のなかでは、気管支がさらに細かく分岐して細気管支となって、その先に**肺胞**があり、ここで**ガス交換**が行われている

ひとこと

肺までの空気の通り道である気道の入り口にある喉頭蓋は、呼吸時は開いていますが、嚥下（飲食物を飲み込む）時は閉じて、誤嚥を防いでいます。

◆呼吸運動

胸腔（肋骨と胸骨、胸椎で囲まれた部分）は常に**陰圧**※になっていて、吸気時（息を吸うとき）には**肋間筋**（肋骨の間の筋肉）が収縮して呼吸筋の一種である**横隔膜**が下がり、胸腔が広がります。その結果、肺が膨らんで肺胞内に空気が吸い込まれます。それが元に戻ることで、肺の中にある空気が押し出されます。

呼吸回数は、脳にある**脳幹** →詳細はp.30参照 が血液中の二酸化炭素の量を感知することで調整されています。成人で通常12～20回/分です。

※陰圧
物体の内部の圧力が外部より低い状態のこと。↔ 陽圧

◆腹式呼吸と胸式呼吸

人は通常、**肋間筋**と横隔膜を併用した**胸腹式呼吸**を行っていますが、**男性**は**腹式呼吸**、**女性**は**胸式呼吸**を行う傾向があります。

■腹式呼吸と胸式呼吸

腹式呼吸	胸式呼吸
吸気時は横隔膜が下がることで胸腔が広がり、肺により多くの空気が取り入れられるようになる。呼気時は横隔膜が上がることで肺が押され、空気が出ていく	肋間筋が伸縮して肺が広がり、肺に空気が取り入れられる

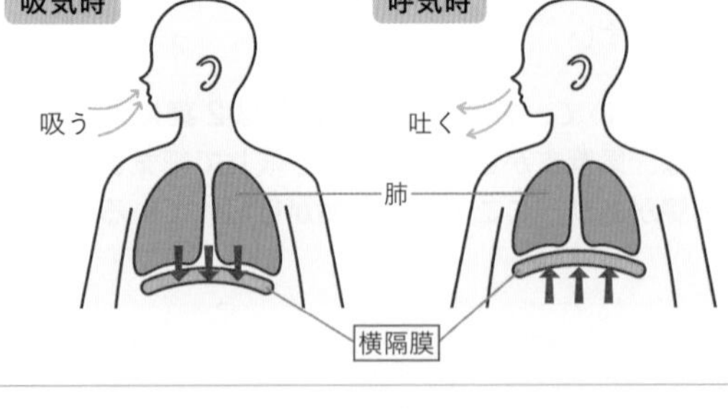

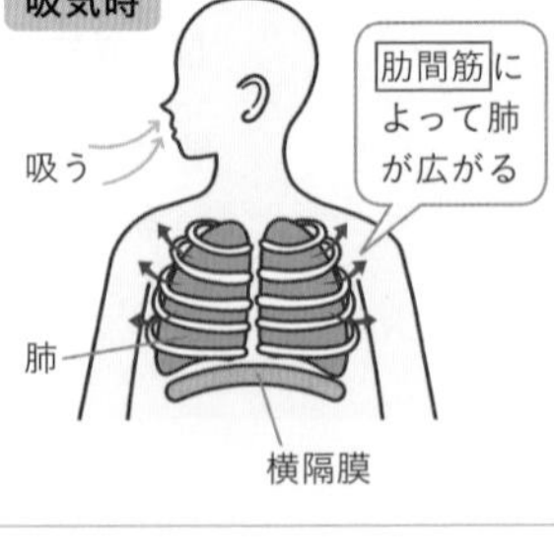

重要度A 消化器系

口から肛門までの1本の管を消化管といい、**消化管**とこれに付属する器官である**唾液腺**、**肝臓**、**胆嚢**《たんのう》、**膵臓**《すいぞう》を総称して消化器系といいます。消化器系は、摂取した食物を分解し、栄養素を体内に吸収して、体に不要なものを肛門から排出する働きを担っています。

◆消化器系の構造

消化器系の構造は次のようになっています。

■消化器系の全体像

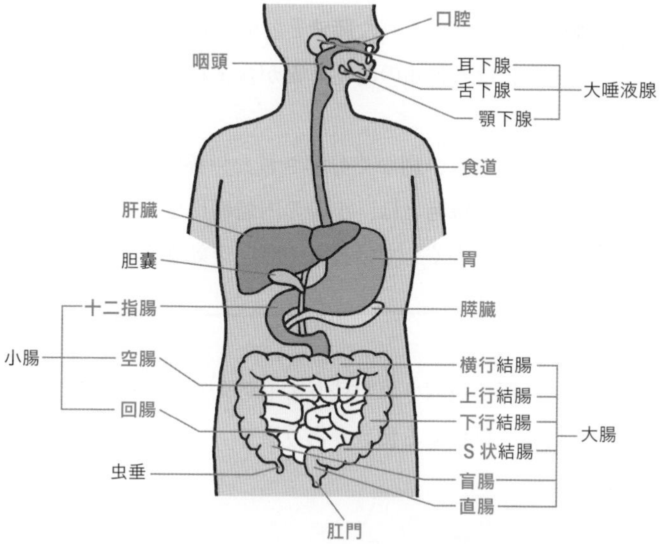

◆口腔

口腔は、食事、会話（発声）、呼吸などを行うために必要な器官です。歯、舌、唾液腺といった器官によって構成されています。

唾液腺は、**大唾液腺**（耳下腺・顎下腺・舌下腺からなる）と**小唾液腺**（口唇腺・頬腺・口蓋腺・臼歯腺・舌腺からなる）に分類され、ここから唾液が分泌されます。

唾液は1日に1～1.5L程度分泌され、その約99%が水分です。唾液には**アミラーゼ**（**プチアリン**）という**消化酵素**が含まれていて、でんぷんを麦芽糖に分解する機能があります。唾液の分泌中枢は、脳幹の一部である延髄にあります。

◆胃

食物を一時的に蓄えて、収縮することによって、食物を少しずつ十二指腸に送り出す働きをしています。胃の内部は**強酸性**になっており、細菌など有害な生物を殺したり、一部の有害物質を分解したりすることで、感染症から体を守る機能もあります。

◆小腸

小腸の**十二指腸**は、膵臓で作られた**膵液**と肝臓で作られて胆嚢を経た**胆汁**が流れ込む場です。膵液中には数種類の消化酵素が含まれ、また、胆汁には脂肪の消化を助ける働きがあります。

空腸・回腸では、消化され、細かく分解された栄養素を、**腸絨毛**《ちょうじゅうもう》によって血液中に**吸収**しています。**腸絨毛**とは、小腸の内腔側に生えている小さな突起のことで、小腸内腔の表面積を広くして栄養素の吸収を効率よく行っています。

◆大腸

大腸の結腸には、小腸で吸収された残りのものから**水分**や**電解質**などを吸収し、糞便を形成して、蓄積、排便する働きがあります。

◆肝臓

肝臓には、栄養素の処理・貯蔵、アルコールなどの解毒・分解、アンモニアからの尿素の合成、胆汁の生成などの機能があります。

◆膵臓

膵臓には**外分泌機能**と**内分泌機能**があります。外分泌部からは、十二指腸へ**膵液**を分泌します。内分泌部（**ランゲルハンス島**）からは、**インスリン**などのホルモンを血液中に分泌します。

重要度 B

泌尿器系

腎臓、**尿管**、**膀胱**、**尿道**を総称して**泌尿器**と呼び、体に不要な**老廃物**や摂取し過ぎた物質を血液中から濾過《ろか》し、尿として体外に**排泄**する働きをしています。

1 腎臓の構造

腎臓はソラマメの形をした握りこぶし大の臓器で、腰椎の背部に**左右対称に2個**あります。腎臓の皮質、髄質には**糸球体**とそれを取り囲む**ボーマン嚢《のう》**（糸球体嚢）、ボーマン嚢からのびる**尿細管**があり、この構造単位を**ネフロン**といいます。

2 腎臓の機能

腎臓には、**濾過**と**再吸収**による**尿の生成・排泄**のほか、**血圧**の調整、**造血**作用、骨の発育を助けるなどの機能があります。

腎動脈から腎臓へ運ばれた血液は、**糸球体**で濾過され、血球とたんぱく質以外の物質がボーマン嚢内にこし出され、**原尿**が作られます。原尿は1日に150～180Lほど生成されますが、原尿のうち必要な成分が**尿細管**で**再吸収**されるため（99%以上）、1日の尿量は成人で**1～1.5L**になります。

3 膀胱・尿管

腎臓で作られた尿は、尿管を通り膀胱にためられた後、尿道を通って体外に排出されます。

膀胱にためられる尿の量は**400～500ml**で、一定量がたまると尿意を感じるようになっています。**尿道**は、男性で18～20cm、女性で3～4cmです。

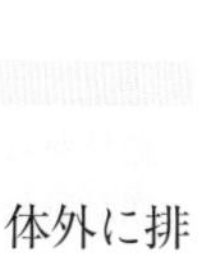

重要度 B 循環器系

循環器は血管内の血液により、全身の細胞内に酸素と栄養素を運び、細胞内にたまった老廃物を体外に運び出す役割を担っています。

循環器系は、**血管系**と**リンパ系**に分けられます。

1 血管系

血管系は、**心臓**と**血管**（動脈・静脈）からなります。

◆心臓と血管（動脈・静脈）

心臓は左右の肺に挟まれ、横隔膜の上に位置しています。大きさは握りこぶし大で、重量は250～300gです。心臓の内部は**右心房**、**右心室**、**左心房**、**左心室**の４つの部屋に分かれています。また、心臓から出ていく血液が流れる血管を**動脈**、心臓に戻ってくる血液が流れる血管を**静脈**といいます。

■心臓の構造と血液の流れ

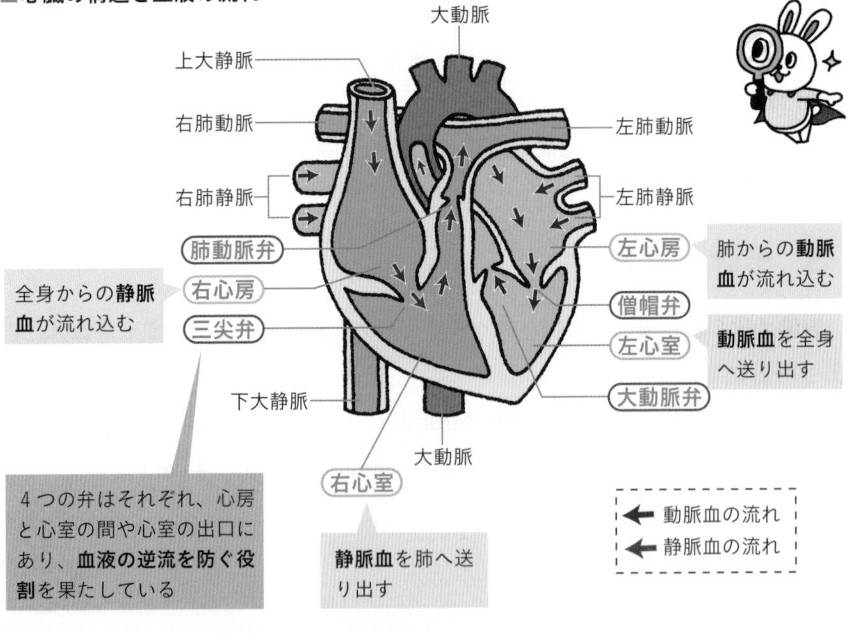

右心房と右心室の間には**三尖弁**《さんせんべん》が、左心房と左心室の間には**僧帽弁**（**二尖弁**）があります。

◆血液の循環

血液の循環には、２つの流れがあります。右心室に始まる血液の循環は**肺循環**と呼ばれ、左心室に始まる血液の循環は**体循環**と呼ばれます。それぞれ、次のような経路をたどって血液が流れています。

●ここがポイント

肺循環と体循環の流れ

肺循環の流れ

血液は、右心室 → 肺動脈 → 肺 → 肺静脈 → 左心房の順に流れる

体循環の流れ

血液は、左心室 → 大動脈 → 組織の毛細血管 → 大静脈 → 右心房の順に流れる

✔CHECK!

✔CHECK! 肺動脈と肺静脈に流れる血液

肺動脈には **静脈血** が、肺静脈には **動脈血** が流れているので注意する。

◆冠状動脈と冠静脈洞

心筋に酸素と栄養を送る動脈を**冠状動脈**といいます。**左心室**から出る大動脈の最初の分枝で、**大動脈起始部**から左右２本の冠状動脈が開口します。❶左冠状動脈と❷右冠状動脈があり、左冠状動脈はさらに❸前下行枝、❹回旋枝の２つに分かれます。

心筋からの静脈血は、心臓の後ろ側の壁にある❺**冠静脈洞**に集められ、右心房に戻されます。

■冠状動脈

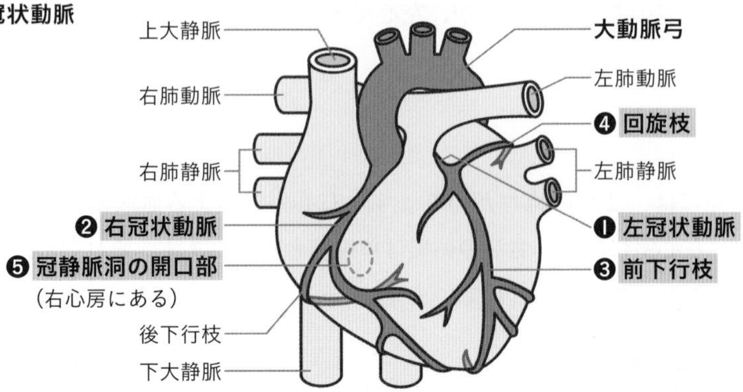

◆拍動と心拍

心臓は、**収縮**して**心室**にある血液を**動脈中**に送り出し、**拡張**して**静脈**からの血液を**心房**に受けています。これを**ポンプ作用**といいます。ポンプ作用は一定のリズムで繰り返されており、これを**拍動**といいます。

心臓の拍動を**心拍**といい、心拍数は成人平均60～80回/分で、小児では多く、高齢者では少なくなります。

◆血圧

送り出された血液の圧力によって、血管の壁が押される力の強さのことを**血圧**といいます。**血圧**は心臓から送り出される血液の量（心拍出量）と、血管の硬さ（血管抵抗）によって決まります。**血圧**には**収縮期血圧**（**最高血圧**）と、**拡張期血圧**（**最低血圧**）の２つがあり、単位はmmHg《ミリメートルエイチジー》で表します。基準値は**収縮期血圧120mmHg**未満、**拡張期血圧80mmHg**未満です。

→詳細はp.43参照

例題

Q 左心房と左心室の間には、大動脈弁がある。　〔第33回-問２〕

A × 左心房と左心室の間には、**僧帽弁**がある。

2 リンパ系

リンパ系は、**リンパ管**と**リンパ節**からなります。リンパ系は、リンパ管によってリンパ液を全身に循環させ、再び血管の中に戻す機能と、体内に侵入した異物を排除する働きを担っています。

重要度A 骨格系と筋肉

全身の骨格をつくる器官をまとめて**骨格系**といい、骨や関節などが含まれます。筋肉は、骨や関節と連動して、体を動かしています。

1 骨・関節

人間には約**200個**の骨があり、体の形をつくり、内臓などを保護しています。骨の外側はカルシウムを含んだ固い骨質で、内側には骨髄があります。

骨と骨との結合部はほとんどが動きますが、その部分を**関節**といい、関節の動く方向や大きさ（角度）を**関節可動域**といいます。

骨には主に、次のような５つの働きがあります。

■骨の働き

支持作用	頭や内臓を支え、体の支柱となる
保護作用	脳や内臓などの重要な器官を収納し、保護する
運動作用	骨に付着する筋肉の収縮により、関節を支点として運動を行う
造血作用	骨髄で赤血球、白血球、血小板を作る
貯蔵作用	カルシウム、ナトリウム、カリウムなどの電解質を貯蔵する

■人体の骨格

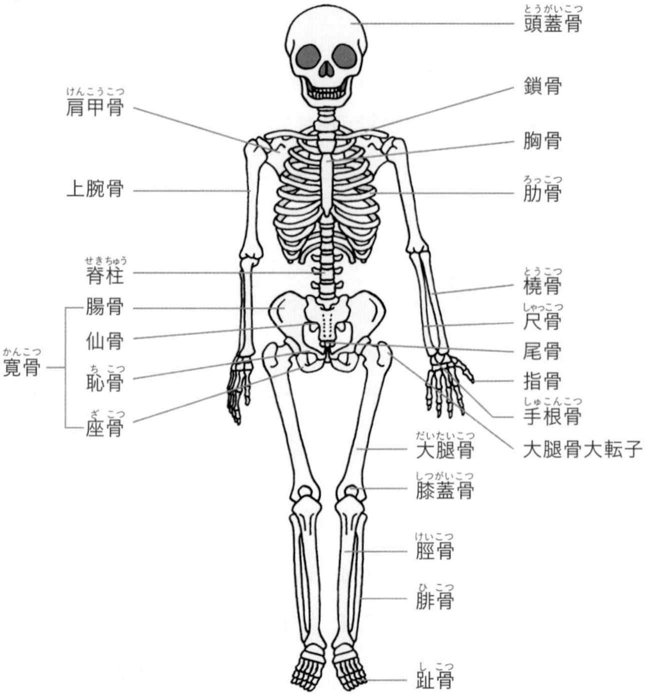

ひとこと

哺乳類の頸椎は、７個の骨から構成されます。

2 筋肉

筋肉は身体運動を起こし、体位を安定させ、体内で物質を移動させて正常体温の維持を助ける熱を生産しています。

■人体の主な筋肉

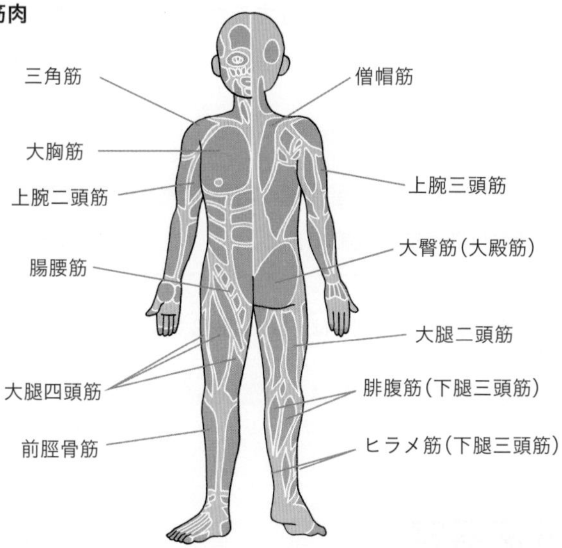

◆筋肉の種類と機能

筋肉には、**骨格筋**、**心筋**、**内臓筋**の 3 種類があります。この 3 種類の筋肉は、その特徴によって、随意筋と不随意筋※のいずれか、また、横紋筋と平滑筋※のいずれかに分類されます。

※随意筋と不随意筋／横紋筋と平滑筋

随意筋…**自分の意思**で動かすことのできる筋肉のこと。
不随意筋…**自分の意思**で動かすことのできない筋肉のこと。
横紋筋…筋線維に**横縞模様**がみられる筋肉のこと。
平滑筋…筋線維に**横縞模様**がみられない筋肉のこと。

■骨の働き

	性質・特徴による分類	筋肉の機能
骨格筋	**随意**筋であり**横紋**筋	**姿勢**の保持や、**手足**を動かすなどの運動に関わる
心筋	**不随意**筋であり**横紋**筋	**心臓**の収縮に関わる
内臓筋	**不随意**筋であり**平滑**筋	消化管や血管などの**壁**になっている筋肉。**内臓器官**の形成に関わる

なお、重力に抵抗して立位姿勢を維持するための筋肉を**抗重力筋**と呼び、前脛骨筋、大腿四頭筋、腸腰筋、大臀筋（大殿筋）、下腿三頭筋、大腿二頭筋などが含まれます。

例題

Q 平滑筋は随意的に収縮できる。〔第27回-問1〕

A × 平滑筋は、自分の意思で調節できない**不随意筋**である。

重要度A 内分泌器官

ホルモンを分泌する器官を**内分泌器官**、または**内分泌腺**といいます。ホルモンは血液中に直接放出され、体の特定の部分（標的器官）の働きに影響を与える化学物質です。主な内分泌器官には、**松果体《しょうかたい》**、**下垂体《かすいたい》**、**甲状腺**、**副腎**、**膵臓**、女性では**卵巣**、男性では**精巣**があります。特に重要な内分泌器官とホルモン、その働きを表に示します。

■各器官の主なホルモンとその作用

	ホルモンの種類	ホルモンの作用
脳下垂体前葉	**成長ホルモン**	骨や筋肉、内臓の**成長促進**
	●甲状腺刺激ホルモン ●副腎皮質刺激ホルモン	**甲状腺ホルモン**や**副腎皮質ホルモン**の分泌促進
脳下垂体後葉	**バソプレシン**（抗利尿ホルモン）	腎臓の尿細管における**水分の再吸収**を促進
	オキシトシン	子宮筋の収縮促進
甲状腺	甲状腺ホルモン	糖質やたんぱく質、脂質などの**代謝**促進、成長（発育）促進

<table>
<tr><td>副甲状腺</td><td colspan="2">副甲状腺ホルモン</td><td colspan="2">カルシウム代謝促進</td></tr>
<tr><td rowspan="2">膵臓（ランゲルハンス島）</td><td colspan="2">グルカゴン（α細胞）</td><td colspan="2">血糖値上昇</td></tr>
<tr><td colspan="2">インスリン（β細胞）</td><td colspan="2">血糖値下降</td></tr>
<tr><td rowspan="2">副腎髄質</td><td>アドレナリン</td><td rowspan="2">交感神経を刺激 →</td><td>主に心機能を亢進</td><td rowspan="2">→ 血圧上昇</td></tr>
<tr><td>ノルアドレナリン</td><td>主に末梢血管を収縮</td></tr>
<tr><td rowspan="2">副腎皮質</td><td colspan="2">コルチゾール</td><td colspan="2">糖質の代謝促進</td></tr>
<tr><td colspan="2">アルドステロン</td><td colspan="2">腎臓の尿細管におけるナトリウムの再吸収を促進</td></tr>
<tr><td>性腺（卵巣）</td><td colspan="2">エストロゲン</td><td colspan="2">月経、妊娠、出産に関する働き</td></tr>
<tr><td>性腺（精巣）</td><td colspan="2">テストステロン</td><td colspan="2">男性器の形成と発達など</td></tr>
<tr><td>視床下部</td><td colspan="2">各種放出ホルモン・抑制ホルモン</td><td colspan="2">脳下垂体のホルモン分泌の調節</td></tr>
<tr><td>松果体</td><td colspan="2">メラトニン</td><td colspan="2">睡眠調節</td></tr>
</table>

例題

Q 膵臓のランゲルハンス島にあるα細胞は、インスリンを分泌する。〔第24回-問２〕

A × 膵臓のランゲルハンス島**α細胞からは**グルカゴン、**β細胞からは**インスリンが分泌される。前者は血糖値を上昇させ、後者は血糖値を下降させる。

重要度A 神経系

神経系は体の機能を統率し、刺激を伝える組織で、**中枢神経**と**末梢神経**に大別されます。

■神経系の分類と主な働き

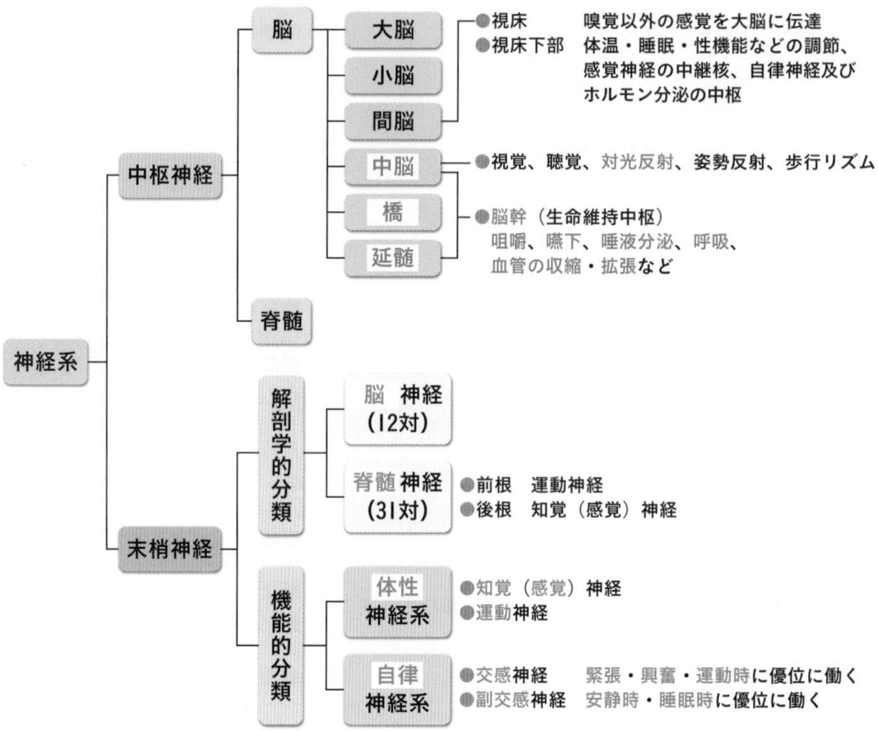

1 中枢神経

脳と脊髄で構成され、頭蓋骨や脊椎、脳脊髄膜、脳脊髄液によって幾重にも保護されています。

◆脳の構造と機能局在

脳は、大脳、間脳、小脳、中脳、橋《きょう》、延髄からなり、このうち**中脳、橋、延髄**は脳幹と呼ばれ、血圧や心拍数、呼吸、体温などを調整する機能が集中する生命維持中枢です。各部位の位置関係は次のとおりです。

■脳の構造

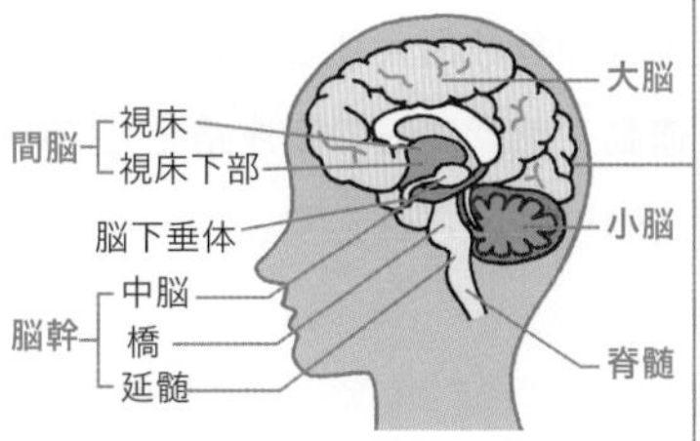

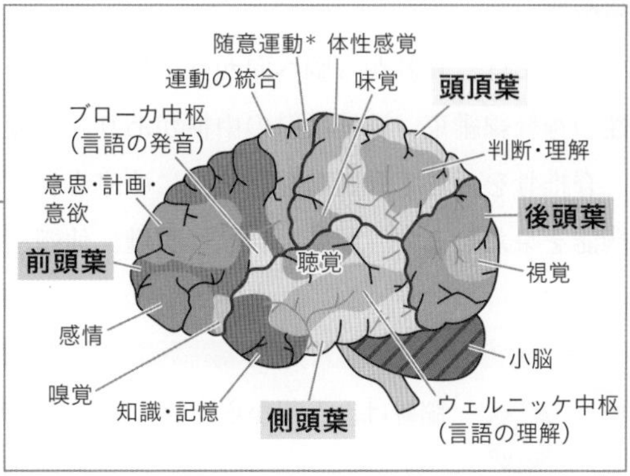

＊随意運動とは、自分の意志によってコントロールできる運動をいう。これは大脳皮質からの刺激によって筋肉が収縮して起こる運動である。

大脳は、**前頭葉**、**頭頂葉**、**後頭葉**、**側頭葉**に分けられ、**認知**や**記憶**、**思考**、**判断**など様々な機能を各部位が担っていると考えられています。

■脳の機能

	部位	中枢・機能
大脳	前頭葉	運動中枢、運動性言語中枢（ブローカ中枢）
	頭頂葉	皮膚感覚の中枢
	後頭葉	視覚中枢
	側頭葉	感覚性言語中枢（ウェルニッケ中枢）、聴覚中枢、味覚中枢
間脳	視床	嗅覚以外の感覚を大脳に伝える中継点
	視床下部	自律神経系の中枢。脳下垂体が先端についている
小脳		平衡感覚（身体のバランス）の中枢
脳幹	中脳	間脳と小脳の連絡通路。姿勢保持や眼球運動の中枢がある
	橋	顔や目の動きを担う
	延髄	呼吸運動や血管収縮などに関わる中枢がある

◆脊髄

脊髄には、脊髄から脳へ向かう**上行性**の神経線維束、脳から脊髄へ向かう**下行性**の神経線維束、神経反射の中枢があり、脊髄神経が多数出入りしています。

脊椎骨を通じて脊髄神経を全身にめぐらせ、**運動**や**感覚情報**の伝達路としての機能を果たします。頸髄《けいずい》、胸髄、腰髄、仙髄、尾髄に分けられます。

例題

Q 脳幹は、上部から延髄・中脳・橋の順で並んでいる。

〔第31回-問２〕

A × 脳幹は、上部から**中脳・橋・延髄**の順で並んでいる。

2 末梢神経

末梢神経は、解剖学的分類（中枢神経に出入りする部位による分類）と、機能的分類（神経の分布先による分類）に大別され、さらに、解剖学的分類は脳神経と脊髄神経に、機能的分類は体性神経系と自律神経系に分けられます。

◆解剖学的分類―脳神経

末梢神経のうち、脳に出入りする神経を脳神経といい、左右12対の神経からなります。これらの神経には、脳から出る順にⅠからⅫまで番号がついています。

■脳神経の分類と主な働き

	固有の名称	神経	主な働き
第Ⅰ脳神経	嗅神経	感覚神経	嗅覚
第Ⅱ脳神経	視神経		視覚
第Ⅲ脳神経	動眼神経		眼球運動（瞳孔の運動）

第IV脳神経	滑車神経	感覚神経と運動神経の混合	眼球運動（上斜筋の制御）
第V脳神経	三叉神経		顔面・鼻・口・歯の知覚、咀嚼《そしゃく》運動
第VI脳神経	外転神経		眼球運動（外直筋）
第VII脳神経	顔面神経		表情筋の運動、舌の前２／３の味覚、涙腺や唾液腺の分泌の制御
第VIII脳神経	内耳神経		聴覚、平衡覚
第IX脳神経	舌咽神経		舌の後ろ1／3の味覚、唾液腺の分泌の制御
第X脳神経	迷走神経		喉の知覚・運動、頸部・胸部・腹部の臓器を支配
第XI脳神経	副神経		肩や首の筋肉の運動
第XII脳神経	舌下神経		舌の運動

◆解剖学的分類—脊髄神経

脊髄神経は左右で31対あり、８対の頸神経、12対の胸神経、５対の腰神経、５対の仙骨神経と１対の尾骨神経からなります。

■脊髄神経の分類

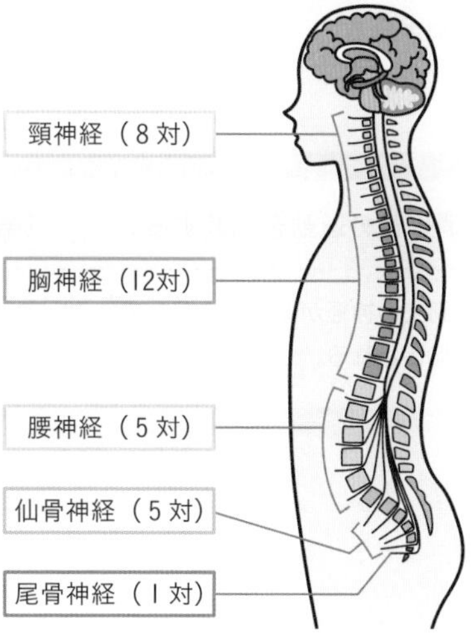

◆機能的分類─体性神経系（運動神経・知覚〈感覚〉神経）

体性神経系には、**感覚神経**と**運動神経**があります。**体性感覚**（触覚や痛覚、温覚といった皮膚感覚など）や**特殊感覚**（視覚や聴覚など）に基づいた骨格筋の運動機能の調節、大脳皮質の働きに基づく意思による運動機能に関与します。

◆機能的分類─自律神経系（交感神経・副交感神経）

自律神経系とは、自分の意思とは関係なく、意識しなくても**自律して働いている神経**です。具体的には**心拍数**、**血圧**、**瞳孔**、**腸管の動き**、**気道**、**発汗**などの調節を行っています。

自律神経系は**交感神経**と**副交感神経**の２つの神経系からなります。この２つの神経は対照的な機能をもち、相互にバランスを取りながら活動しています。

■交感神経と副交感神経の機能

	交感神経がはたらいた場合	副交感神経がはたらいた場合
眼	瞳孔が**開く**	瞳孔が**小さくなる**
呼吸	気管支が広がり、呼吸が**速くなる**	気管支がせばまり、呼吸が**ゆっくりになる**
心臓	心拍数が**増加する**	心拍数が**減少する**
血圧・血糖値	血圧・血糖値が**上昇する**	血圧・血糖値が**低下する**
消化管	消化運動が**抑制される**	消化運動が**促進される**

例題

Q 副交感神経は、消化管の運動を亢進《こうしん》する。　〔第31回-問２〕

A ○　副交感神経が優位に作用しているときは、消化運動が**促進**される。

重要度A 感覚器

光や音、化学物質などの刺激を受容し、神経系に伝える器官を**感覚器**といい、眼、耳、鼻、舌などがあります。

◆眼

眼は、光を受容し、視覚として脳に伝える感覚器です。眼球と、視神経、涙腺などの眼球付属器から成り立っており、眼球は、視神経で脳に連絡しています。

眼に入った光は、角膜と❶**水晶体**で屈折します。水晶体には**ピントを合わせる**働きがあり、ピントの合った光は❷**硝子体**を通って❸**網膜**に像を結びます。網膜には**視細胞**があり、光の情報を、❹**視神経**を通じて**大脳後頭葉**の**視覚中枢**に伝えています。なお、眼に入る光の量は**虹彩**によって調節されます。

■眼の構造

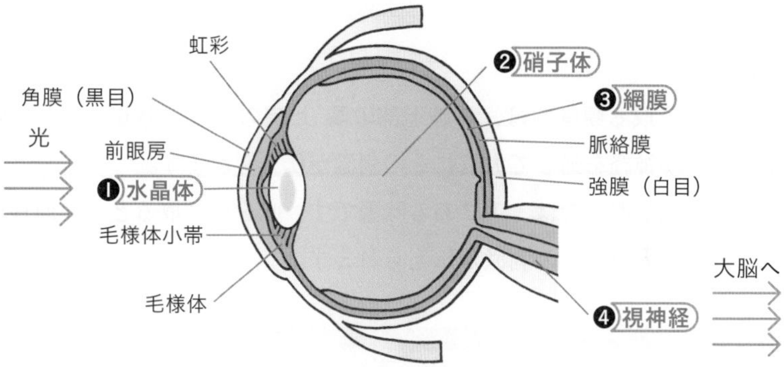

◆耳

耳は、**外耳**（耳介・外耳道）、**中耳**（鼓膜・鼓室・耳小骨）、**内耳**（蝸牛・前庭・三半規管）、**聴神経**から構成されています。❶耳介と❷外耳道で集められた音によって❸鼓膜が振動し、中耳の❹耳小骨《じしょうこつ》で振動が増幅されて、内耳の❺**蝸《か》牛《ぎゅう》**に伝えられます。蝸牛にはリンパ液が入っており、耳小骨の振動が聴細胞によって**電気信号**に変換され、聴神経（❻蝸牛神経等）を介して**大脳側頭葉**の**聴覚中枢**に伝えられます。外耳と中耳をあわせて**伝音系**、内耳と聴神経をあわせて**感**

音系といいます。

また、**蝸牛**の三半規管には体の回転を、**前庭**《ぜんてい》には体の傾きを感知する働きがあり、耳は聴覚だけでなく平衡感覚を保つ機能ももっています。

■**耳の構造**

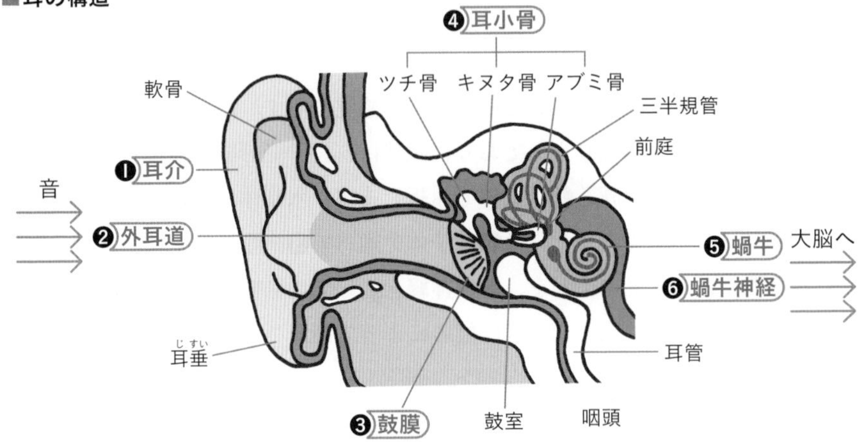

◆鼻・舌

においを感じ取る嗅細胞は、鼻腔上部の**嗅上**《きゅうじょう》**皮**《ひ》のなかにあります。においを感じ取ると、嗅神経を通じて大脳にその刺激が伝えられます。

また、味を感じ取るのは、舌にある**味蕾**《みらい》です。味を感じ取ると、顔面神経や舌咽神経を通じて大脳にその刺激が伝えられます。

例題

Q 三半規管は、外耳と中耳の境目に位置する。　〔第31回-問２〕

A × 三半規管は、内耳にある。

重要度B 皮膚

皮膚は、次の図のように、表面から順に、**表皮**、**真皮**、**皮下組織**の**3層**構造になっており、真皮には血管や汗腺、皮脂腺のほか、触覚や圧覚、温覚や冷覚などを感知する受容器があります。

■皮膚の構造

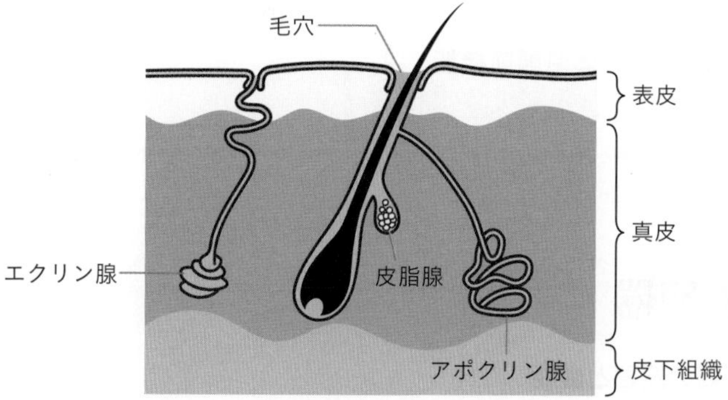

■皮膚の作用

保護作用	外力や化学的損傷、微生物や光線から体内を保護する
体温調節作用	暑いときに毛穴を開いて汗を出し、寒いときに毛穴を閉じて、体温を一定に保つ
分泌・排泄作用	皮脂腺から皮脂、汗腺から汗を分泌することにより、皮膚の乾燥を防ぎ、ナトリウムや尿素、尿酸などを排泄する
知覚作用	触覚、温覚、冷覚、痛覚、圧覚などを知覚する
吸収作用	脂溶性の薬物などを吸収する
ビタミンDの生成	**紫外線**を吸収し、**ビタミンD**を生成する

◆汗腺

汗を分泌する汗腺には、次の2種類があります。

汗腺の種類

□エクリン腺

- 瞼《まぶた》など一部を除き、全身に広く分布している
- 99%が水で、少量の塩分やアンモニアなどを含む汗を分泌する
- **においはなく、体温調節機能**をもつ

□アポクリン腺

- 脇の下や陰部などに集中して分布し、たんぱく質や脂質を含む汗を分泌している
- アポクリン腺からの汗は**体臭**の原因になる

重要度 B

生殖器

◆男性生殖器の器官と機能

男性生殖器は、陰茎、陰嚢《いんのう》、尿道、精巣、精巣上体、精嚢《せいのう》、前立腺などで形成されています。

男性生殖器において、精子は**精巣**でつくられ、**精巣上体**で貯蔵されます。精嚢から分泌される精嚢液、前立腺から分泌される前立腺液は、**精子**の運動を活性化する機能をもっています。

◆女性生殖器の器官と機能

女性生殖器は、陰部、膣《ちつ》、卵巣、卵管、子宮などで形成されています。

女性生殖器において、卵子は**卵巣**でつくられます。卵巣内の卵胞から卵子が腹腔内に出ることを**排卵**といいます。**排卵**された卵子が、卵管のなかで精子と受精すると、**受精卵**になって**子宮**へと運ばれます。

また、おおよそ50歳前後で排卵が停止し、これを**閉経**といいます。

CHAPTER 1
SECTION 4

疾病と障害の成り立ち及び回復過程

このSECTIONのポイント

- ◆疾病の発生原因…疾病の発生には外的要因と内的要因があります
- ◆疾病の概要…SECTION 2で学習した人体各部の名称、各器官等の構造と機能と合わせて理解を深めましょう
- ◆障害の概要…身体障害、知的障害などについて整理します
- ◆リハビリテーションの概要…リハビリテーションの理念と目的、及び種類と方法を確認し、リハビリテーションについての理解を深めましょう

重要度B 疾病の発生原因

疾病の発生にはさまざまな原因があります。大別すると、**外的要因**と**内的要因**に分類されます。

疾病の発生原因

□ 外的要因	□ 内的要因
身体の外側に原因	身体の内側に原因
❶**物理・化学**的要因 →外傷、温度、薬剤など	❶**生理**的要因 →年齢、性別、人種など
❷**生物学**的要因 →ウイルス、細菌など	❷**病理**的要因 →染色体異常・遺伝子異常などの先天的要因、免疫異常やホルモン異常などの後天的要因
❸**社会**的要因 →職業、住宅環境など	

これらが、単独あるいは複数関与することによって、疾病が発生します。

重要度 B 疾病の概要

食生活や生活習慣などの変化に伴い、**生活習慣病**や**循環器疾患**、**脳血管疾患**、**呼吸器疾患**などが増えています。

1 生活習慣病

個人のもつ**遺伝的要因**と、食事や運動・喫煙・飲酒・ストレスなどの**生活習慣**が深く関与して発症する、心臓病、高血圧、糖尿病などの総称を**生活習慣病**といいます。生活習慣病になる原因の１つに、**メタボリックシンドローム**があります。

◆メタボリックシンドローム（内臓脂肪症候群）

日本では、**ウエスト周囲径**（へその高さの腹囲）が男性**85cm**、女性**90cm**を超え、内臓脂肪の蓄積に加え、血中脂質異常、高血圧、高血糖のうち**２つ以上**を合併した場合、メタボリックシンドロームと診断されます。診断基準の詳細は次になります。

■メタボリックシンドローム診断基準

必須項目	ウエスト周囲径（内臓脂肪蓄積）		男性　85cm以上 女性　90cm以上
選択項目 ２項目以上	1	中性脂肪（トリグリセライド） HDLコレステロール（善玉コレステロール）	150mg/dL以上 40mg/dL未満 のいずれか、または両方
	2	収縮期（最高）血圧 拡張期（最低）血圧	130mmHg以上 85mmHg以上 のいずれか、または両方
	3	空腹時血糖	110mg/dL以上

例題

Q アルコール摂取量は、メタボリックシンドロームの診断基準に含まれる。 〔第29回-問５〕

A ×

メタボリックシンドロームの診断基準は、内臓脂肪の蓄積に加えて、**血清脂質**、**血圧**、**血糖**のうち**2**つ以上が基準値を超えていることが条件。アルコール摂取量は、含まれていない。

2 悪性新生物（がん）

がんとは、人体を構成している細胞の**遺伝子**に何らかの異変が起こり、細胞が異常に増殖するようになった結果できた腫瘍のうち、生命を脅かすものを指し、悪性新生物とも呼ばれます。がん細胞になった細胞は、その細胞がもつ本来の働きをしなくなるため、体の機能が低下します。また、がん細胞は周囲に広がったり別の場所に転移したりすることもあり、放っておくと体が衰弱してしまいます。

悪性新生物は主に次の３種類に分類されます。

悪性新生物の分類

❶上皮性組織から発生し、健康な臓器細胞を破壊しながら腫瘍として増えていくもの

❷筋肉や骨から生じる肉腫

❸血液のがんといわれる白血病

がんは、1981（昭和56）年以降、日本人の死因第１位となっています。「令和４年（2022）人口動態統計（確定数）の概況」（厚生労働省）によると、がんの部位別による死亡数で、最も多いのは**肺**で、そのあとに**大腸**（結腸と直腸の合計）、**胃**（減少傾向）が続きます。なお、男性の場合は**肺**が、女性の場合は**大腸**が最も多くなっています。

原因について、特に男性においては喫煙との関連性が高いと考えられています。

そのほかにも、かたよった食生活、ウイルスによる感染なども、主な原因とされています。

治療は、手術、化学療法、放射線療法などが行われます。末期の場合は、積極的な治療や延命治療に代えて、痛みなどの苦痛を除く**緩和ケア**が選択されることもあります。

例題

Q 2022年（令和４年）における、がん（悪性新生物）の主な部位別にみた死亡数で女性の第１位は、肺がんである。

〔第35回−問４・改〕

A ×　がんの部位別による死亡数で、女性の第１位は、**大腸がん**である。肺がんは、男女合わせた全体と男性で第１位となっている。

3 循環器疾患

循環器が正常に働かなくなることで起こる疾患には、**高血圧**、**虚血性心疾患**、**動脈瘤《りゅう》**などがあります。

◆高血圧

高血圧は、最高血圧が**140mmHg**以上、最低血圧が**90mmHg**以上であることが診断基準とされています。

高血圧症が進行すると、血管壁の弾力性やしなやかさが失われます。また、血管壁に傷が生じて、その傷に**LDLコレステロール**などが沈着すると、**動脈硬化**が促進されます。高血圧自体は無症状ですが、**心疾患**、**脳血管疾患**、**腎不全**、**眼底出血**などの重大な**合併症**を引き起こす危険性があります。**原因不明**の**本態性（一次性）高血圧**と、腎障害などから発症する**続発性（二次性）高血圧**とがあり、約90％が本態性高血圧です。

◆高血圧治療ガイドライン2019

日本高血圧学会による「高血圧治療ガイドライン2019」の診察室血圧及び家庭血圧の診断基準を以下に示します。

■成人における血圧値の分類

（単位：mmHg）

	診察室血圧		家庭血圧	
	収縮期（最高）	拡張期（最低）	収縮期（最高）	拡張期（最低）
正常血圧	120未満	かつ　80未満	115未満	かつ　75未満
正常高値血圧	120～129	かつ　80未満	115～124	かつ　75未満
高値血圧	130～139	かつ／または 80～89	125～134	かつ／または 75～84
高血圧	140以上	かつ／または 90以上	135以上	かつ／または 85以上

高血圧の診断は、病院受診時の診察で高血圧と評価された場合、自宅で家庭血圧を測定します。起床時と就寝前に２回ずつ測定し、それぞれの平均値を算出し、家庭血圧の診断基準を超えていると高血圧と診断されます。

◆虚血性心疾患（冠動脈性心疾患）

心筋に酸素と栄養素を運ぶ**冠動脈**が**狭窄**（**動脈内が細く狭くなる**）、あるいは**閉塞**（**血管が閉ざされ、血流が途絶える**）することによって起こる疾患です。

冠動脈が狭窄した状態が**狭心症**、閉塞した状態が**心筋梗塞**です。

狭心症と心筋梗塞

□ **狭心症**
- 発作の持続時間が**短い**
- 胸に締めつけられるような痛み、圧迫感を感じる
- 労作時に起こることが**多い**
- **ニトログリセリン製剤**で効果**あり**

□ **心筋梗塞**
- 発作の持続時間が**長い**
- 胸に激しい痛みがあり、吐き気・冷感を伴うこともある
- 労作と**無関係**に発症する
- **ニトログリセリン製剤**で効果**なし**

ひとこと

狭心症は冠状動脈が一時的に狭窄しても元に戻りますが、心筋梗塞は冠状動脈が閉塞したままになって**心筋**が**壊死**してしまいます。

◆心不全

心臓のポンプとしての働きが低下して、全身の細胞内に必要な酸素や栄養素を送ることができなくなった状態をいいます。

心不全とは、１つの疾患ではなく、心臓の様々な疾患（虚血性心疾患、心筋症、弁膜症など）が最終的に至る症候群を意味します。心臓のポンプ機能が低下すると、**動悸**、**息切れ**、**呼吸困難**、**浮腫**などの症状が現れます。

◆心房細動

心房細動は、代表的な不整脈の一種です。心臓は上部に心房、下部に心室がありますが、上部の心房が細かく収縮し、心臓が不規則に動きます。

心房細動で問題となるのは、心臓の内部、特に左心房に血の**塊**（**血栓**）ができ、それが突然はがれて脳動脈に流れ込み、**脳梗塞**（**心原性脳塞栓症**）が起こる危険性が高いことです。

→詳細はp.47参照

◆閉塞性動脈硬化症

下肢の血管の動脈硬化が進み、血管が細くなったり詰まったりして、十分な血流が保てなくなる病気です。歩行時に足のしびれや痛み、冷えを感じます。さらに進行すると、活動していないときでも症状が現れることがあります。

◆動脈瘤

動脈硬化などによって、動脈がこぶのように膨らんだ状態を**動脈瘤**といいます。

動脈瘤内では血栓が生じやすく、はがれ落ちた血栓によって動脈が詰まることで、脳梗塞や下肢の血流障害が生じることがあります。また、大動脈にできたこぶが破裂した場合、体内で大出血を起こし、急死してしまうこともあります。

4 脳血管疾患（脳卒中）

脳の血管が障害を受けることによって生じる疾患の総称を**脳血管疾患（脳卒中）**といいます。悪性新生物（がん）、心疾患（高血圧性を除く）、老衰に次ぐ、2022（令和４）年の日本人の死因第４位となっています。死に至らなくても、後遺症として**片麻痺**や**失語症**などの障害が生じます。

脳血管疾患によって脳に障害を受けると、障害を受けた側の脳と**反対**側の身体に片麻痺が出現します。例えば、脳梗塞で**左側の脳に障害を受けると、右片麻痺が生じます**。

ひとこと

麻痺には、片半身の上肢または下肢だけの麻痺である**単麻痺**、片半身全体の麻痺である**片麻痺**、両側下肢の麻痺である**対《つい》麻痺**、両側の上肢・下肢の麻痺である**四肢麻痺**の４種類があります。

◆脳血管疾患の分類

脳血管疾患は大きく、

- ●脳の血管が破れる疾患（**脳出血**）
- ●脳の血管が詰まる疾患（**脳梗塞**）

に分類されます。そして、脳出血は**脳内出血**と**くも膜下出血**に、脳梗塞は**脳血栓**と**脳塞栓**に、さらに分けられます。

■脳血管疾患の分類

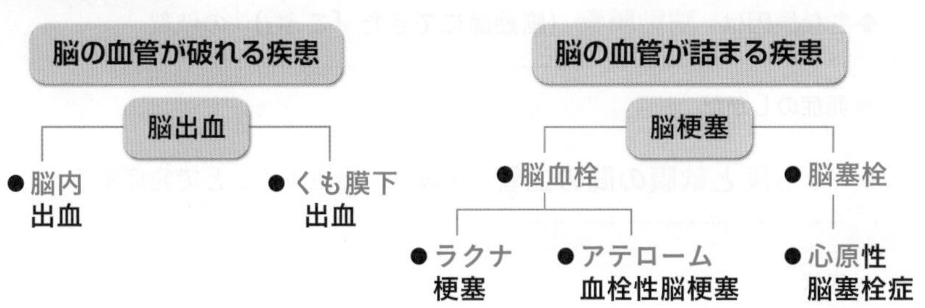

◆脳出血（脳内出血・くも膜下出血）の特徴

「脳出血」は、脳の血管がなんらかの原因で破れ、出血することで様々な症状を引き起こすものです。出血の部位によって、脳内出血とくも膜下出血に分類されます。

●ここがポイント

脳内出血の特徴

●原因

◆主な原因は **高血圧**

●発症のしかた

◆ **脳の細い血管** が圧力を受けて破れ、脳内に血液が流れ出すことで発症する

●症状

◆頭痛、嘔吐、片麻痺などの症状が、活動中に突然起こることが多い

くも膜下出血の特徴

●原因

◆主な原因は **脳動脈瘤（脳動脈にできた「こぶ」）** の破裂

●発症のしかた

◆ **くも膜と軟膜の間の血管** が破れ、出血することで発症する

●症状

◆激しい頭痛、嘔吐、意識障害などが起こる

◆脳梗塞（脳血栓・脳塞栓）の特徴

「脳梗塞」は、動脈硬化によってせまくなった血管に、血栓（血液の塊）が詰まることで、脳細胞に必要な酸素や栄養素が運ばれず、異常をきたすものです。血栓が脳でつくられたものか、脳以外の血管でつくられたものかによって、脳血栓と脳塞栓に分類されます。

●ここがポイント

脳血栓の特徴

●発症のしかた

◆ **脳でつくられた** 血栓によって発症する

●脳血栓の種類

◆ **ラクナ梗塞** （脳の深部の細い動脈で発症）と

アテローム血栓性脳梗塞 （太い動脈で発症）がある

●症状

◆片麻痺、感覚障害、言語障害などが **段階的** に現れる

脳塞栓の特徴

●発症のしかた

◆ **心臓** など、 **脳以外の血管** でつくられた血栓が、脳に運ばれてくることで発症する

●脳塞栓の種類

◆不整脈を原因とした血栓の場合、 **心原性脳塞栓症** と呼ばれる

● 症状

◆片麻痺、感覚障害、言語障害などが **突然** 現れて、症状も悪化しやすい

また、複数の場所で脳梗塞が起こることを**多発性脳梗塞**といい、**嚥下障害**※や**感情失禁**（**情動失禁**）※などの症状がみられるほか、パーキンソン症候群などの原因となると考えられています。

※嚥下障害／感情失禁（情動失禁）

嚥下とは、食べ物を飲み込む動作のことをいう。この嚥下機能が低下し、うまく食べ物を飲み込めず、口腔内や咽頭に食べ物が残りやすく、食道への送り込みが遅れたり、逆流したりする状態を嚥下障害という。感情失禁とは、感情がコントロールできず、急に笑ったり怒ったり泣き出したりすることをいう。

---

5 呼吸器疾患

呼吸器疾患とは、呼吸器（上気道、気管・気管支、肺、胸膜など）に起こる疾患の総称です。

◆肺炎

肺炎は、**細菌**や**ウイルス**（インフルエンザウイルス、新型コロナウイルスなど）の感染、風邪の悪化、**誤嚥**《ごえん》などによって、肺に炎症が起こる疾患です。2011（平成23）～2016（平成28）年のあいだ、日本人の死因第３位でしたが、2022（令和４）年現在は、第５位となっています。

■肺炎の種類と原因・症状

	原因	症状
細菌性肺炎	肺炎球菌など細菌感染	発熱、咳、膿性の痰、胸痛　など
ウイルス性肺炎	ウイルス感染	痰を伴わない咳、頭痛、発熱、筋肉痛　など
誤嚥性肺炎	誤嚥や胃液の逆流	発熱、乾いた咳、食事中のむせ　など

◆肺結核

空中に浮遊した**結核菌**を吸い込むことによる**空気感染**で起こる肺の感染症です。若年時に肺結核に罹患している場合、加齢による免疫の低下のため、高齢になって再発することがあります。せきや痰、全身倦怠感や微熱、体重減少などがみられます。排菌が認められる場合は、専門施設での入院治療となります。抗結核薬の内服で、少なくとも**6か月間**の加療が必要です。

◆COPD（慢性閉塞性肺疾患）

喫煙や大気汚染などによって生じる**慢性気管支炎**及び**肺気腫**の総称です。

慢性気管支炎は、気管支、細気管支、肺胞の広い範囲で慢性の炎症が起こります。肺気腫は**肺胞**が破壊されてしまう病気で、**男性**に多い疾患です。肺気腫では、**喘鳴《ぜんめい》**※、**咳**、**痰**、**労作性呼吸困難**などの症状が現れ、呼吸に伴うエネルギー消費亢進や食欲の低下などにより、**栄養障害**を起こしやすくなります。

※喘鳴
呼吸器の疾患に罹患している人が、呼吸をする際に咳や痰がからんで、ヒューヒュー、ゼーゼーといった音が出ること。

◆気管支喘息《ぜんそく》

気道の炎症と気流制限（息を吐き出しにくい状態）により、粘膜などが気管支の中にたまり、呼吸困難を起こします。気管支喘息は、幼児期に発症することの多い**アレルギー型**（**アトピー型**）と、40歳以上の**成人**に多くみられる**感染型**（**非アトピー型**）の2型に分類されます。胸部圧迫感、**喘鳴**などの症状がみられます。

6 消化器疾患

消化器は、栄養素である食物を摂取し、分解、吸収して血液中に送る働きがある器官です。消化器系で重要な疾患には、**胃・十二指腸潰瘍**、**逆流性食道炎**（**胃食道逆流症**）、**胃がん**、**大腸がん**などがあります。

◆胃・十二指腸潰瘍

胃では塩酸と粘液、ペプシンなどの消化酵素を含む胃液を分泌しており、この**酸**の影響を受けて潰瘍を形成するものを総称して**消化性潰瘍**と呼んでいます。胃・十二指腸潰瘍の原因の大半は、**ヘリコバクター・ピロリ菌**※に由来するとされています。

症状で最も多いのは、**上腹部痛**です。**胃潰瘍**では、**食後**30分から1時間後、**十二指腸潰瘍**では、**空腹時**によくみられます。また、潰瘍からの持続的な出血があると、吐血または下血として症状が現れてきます。その他、胸やけ、吐き気、嘔吐などの症状もみられることがあります。

※ヘリコバクター・ピロリ菌
胃の粘膜に生息する細菌。内服治療で除菌することが可能。

◆逆流性食道炎（胃食道逆流症）

胃液や、胃で消化される途中の飲食物が食道に逆流し、そこにとどまるために、食道の粘膜が損傷して炎症を起こし、胸やけや胸の痛みなど様々な症状が生じる疾患です。

◆胃がん・大腸がん

胃がんは、何らかの原因によって胃粘膜の細胞ががん細胞に突然変異したもので、初期症状はほとんどありませんが、進行すると、胃炎や胃潰瘍によく似た症状が出るようになります。ヘリコバクター・ピロリ菌も原因の1つと考えられています。

大腸がんは、大腸の粘膜から生じたがん細胞などによるがんで、血便や下血、便秘、下痢、腹痛や体重減少などが主症状です。

7 肝臓・胆嚢《たんのう》・膵臓の疾患

これらの臓器は消化器系に深く関与しており、生活習慣やウイルス、細菌による感染などにより**肝炎**、**肝硬変**、**胆石症**などの疾患を発症することがあります。

◆肝炎

ウイルス性肝炎、**アルコール性肝炎**、**薬剤性肝炎**、**自己免疫性肝炎**などがあります。このうち、ウイルス性肝炎では、肝臓内で増殖した肝炎ウイルスによって肝細胞がダメージを受け、肝臓の機能が低下し、吐き気、全身倦怠感、黄疸《おうだん》などの症状を引き起こします。ウイルス性肝炎の種類には、**A型**、**B型**、**C型**などがあります。

■**ウイルス性肝炎の主な種類と特徴**

	感染経路	症状・特徴など
A型肝炎	●ウイルスをもつ貝類などによる食物感染 ●水による**経口感染**	●全身倦怠感、発熱、食欲不振、吐き気や嘔吐がみられ、数日後には黄疸が現れる ●治癒する確率は高いといわれている ●ワクチンにより予防できる
B型肝炎	●産道での**母子感染** ●性行為、輸血などの**血液**、**体液**による感染	●急性と慢性があり、急性肝炎では全身倦怠感、発熱、食欲不振、吐き気や嘔吐、黄疸、褐色の尿が出るが、慢性肝炎では特に症状は出ない ●ワクチンにより予防できる
C型肝炎	予防接種時の**針の使い回し**などによる血液を通じた感染	●自覚症状は少ないが、**肝硬変**や**肝臓がん**へ進行する危険性が高く、**抗ウイルス療法**などの治療を行う ●ワクチンでは**予防できない**

◆肝硬変

慢性の肝障害が進行し、その結果、肝臓が硬くなり、縮小して肝機能が低下した状態です。原因はB型・C型肝炎が多く、肝硬変になると、改善されずに進行し、**肝臓がん**や**食道静脈瘤**を発症して、大量吐血を引き起こす危険性が高くなります。

ひとこと

吐血とは**上部消化管**からの出血によるものを、**喀血**とは肺や気管支などの**気道**からの出血によるものを吐き出すことをいいます。**吐血**と**喀血**は間違えやすいので注意しましょう。

◆胆石症

胆嚢や胆管の結石です。男女比 1：2 で女性に多く、中年の肥満女性に多発します。加齢に伴い、胆石を有する確率は高くなります。

8 内分泌系の疾患

内分泌系は、内分泌腺を通じてホルモンを分泌し、体を正常な状態に保つ役割を果たしています。ホルモンの分泌に異常がみられることで、様々な疾患が現れるようになります。

◆糖尿病

糖尿病はインスリンという血糖値が高くなるのを抑えるホルモンの作用が低下し、**高血糖**の状態が続く疾患です。大きく **I 型**糖尿病と **2 型**糖尿病に分けられます。

I 型糖尿病は、膵臓のランゲルハンス島 β 細胞が壊れ、インスリンがほとんど作られなくなることによって高血糖状態となる**自己免疫疾患**（本来自身を守る免疫に異常が起きて体内の細胞組織を攻撃してしまう疾患の総称）です。治療には**インスリン注射**が欠かせません。

2 型糖尿病は、遺伝的要因に肥満、過食、運動不足などの生活習慣の要因が加わり、分泌されるインスリンの量が少なくなったり、**インスリンの機能が低下**したりする状態で、治療には**食事**（療法）、**運動**（療法）、**薬物療法**を併用します。

■ **Ⅰ型糖尿病と２型糖尿病の比較**

	Ⅰ型糖尿病	２型糖尿病
原因	膵臓ランゲルハンス島のβ細胞の破壊により、**インスリンがほとんど作られなくなる**ことによる	**遺伝的要因**に**生活習慣**が加わり、**インスリンが分泌される量が少なくなったり、インスリンの機能が低下したりする**ことによる
発症年齢	**子どもや若い人**に多い	**中高年**に多い
発症の仕方	**急激**に発症し、症状の進行も**急激**	**ゆるやか**に発症し、症状の進行も**ゆっくり**で、初期には自覚症状がない
体型	**やせ型**が多い	**肥満型**が多い
治療方法	**インスリン**注射	**食事療法**、**運動療法**、**薬物療法**。インスリンの分泌量が少ない場合にはインスリン注射と飲み薬を併用する

インスリンが不足すると、ブドウ糖が細胞内に入れずに血管内にとどまり、行き場を失って、高血糖の状態が持続します。そのため、細胞及び組織は栄養素が不足して衰弱していきます。加えて、高血糖が持続すると、徐々に全身の血管や神経が障害され、結果として、**糖尿病性腎症**、**糖尿病性網膜症**、**糖尿病性神経障害**のような様々な合併症をきたします。この３つを**糖尿病の３大合併症**といいます。また、糖尿病性腎症は現在、**透析導入**に至る原疾患の第１位です。

糖尿病の診断には、**血糖値**と**HbA1c（ヘモグロビンエーワンシー）**※が用いられます。

※HbA1c（ヘモグロビンエーワンシー）
ヘモグロビン（Hb）にブドウ糖が結合したもの。この値は血液を採取した**１～２か月前**の血糖値の**平均**を反映する。

◆脂質異常症

脂質異常症は、血液中のコレステロールや中性脂肪が異常に増加することで、**動脈硬化**を進行させる疾患です。

食生活の乱れ、運動不足、肥満、喫煙などが原因となるため、生活習慣病の1つに挙げられています。

動脈硬化が進行すると、心筋梗塞や脳梗塞を発症するおそれもあります。食事の管理として、脂肪から得られる**エネルギー摂取量**を制限し、**食物繊維**や野菜・果物の摂取を推奨するようにします。

◆甲状腺機能低下症・甲状腺機能亢進症

甲状腺ホルモン →詳細はp.28参照 は、全身のエネルギー代謝を活性化させる役割を果たしています。甲状腺ホルモンの分泌が低下することで甲状腺機能低下症が、過剰に分泌されることで甲状腺機能亢進症がみられるようになります。

甲状腺機能低下症・甲状腺機能亢進症の症状

□ **甲状腺機能低下症**
気力の低下、緩慢な動作、皮膚の乾燥、顔のむくみ（浮腫）、寒気、便秘、体重の増加など

□ **甲状腺機能亢進症**
不安やいらだち、**動悸**、**発汗**、振戦（手足のふるえ）、下痢、体重の減少など

9 泌尿器疾患

泌尿器疾患には、**尿路感染症**、**前立腺肥大症**や**腎不全**などがあります。**頻尿**や**尿失禁**を引き起こす疾患もあり、それらを気にして外出を控えてしまうなど、社会的活動に影響することもあります。

◆尿路感染症

腎臓から尿管、膀胱を通って尿道口まで続く尿路に細菌などの病原体が侵入して起こる感染症です。膀胱より上流の**上部尿路感染症**と、膀胱から下流の**下部尿路感染症**があります。

また、女性は男性より尿道が短いため、膀胱炎や尿道炎に罹患する危険性が高くなります。

◆前立腺肥大症

男性のみに存在する前立腺が肥大すると、尿道を圧迫して、頻尿、残尿感、放尿力低下などの排尿障害を伴い、進行すると、排尿できない状態である尿閉となることもあります。加齢に伴い頻度が高くなる疾患です。

◆腎不全

腎臓のもつ、体内の老廃物を体外に排出する機能が低下した状態を腎不全といいます。進行すると乏尿（400ml/日以下）や無尿（100ml/日以下）となり、最終的には尿毒症を発症して死に至ることもあります。腎不全には急性腎不全と慢性腎不全があります。

急性腎不全と慢性心不全

□ 急性腎不全	□ 慢性腎不全
●脱水、薬物、手術、急速進行性糸球体腎炎などで発症する	●糖尿病性腎症、慢性糸球体腎炎、腎硬化症などで発症する
●適切な治療を行えば治癒する可能性がある	●治癒することは困難となり、人工透析、食事療法、薬物療法などの治療が必要となる

◆ネフローゼ症候群

血液を濾過し、尿を作る部分（糸球体基底膜）の障害により、大量のたんぱく尿が出て、それに伴って血液中のたんぱく質が減少するため、膠質浸透圧→詳細はp.15参照の低下による浮腫や脂質異常症などが起こります。

◆尿失禁

尿失禁には、泌尿器疾患により起こるものや、排泄に関連する筋力の低下によるものなどがあり、次のような種類があります。

■尿失禁の種類と特徴、主な原因

	特徴	主な原因
機能性尿失禁	排泄行為が困難となり漏れる	**認知症**や**ADL**※の低下
切迫性尿失禁	急に強い尿意を感じて漏れる	脳や脊髄の損傷、**前立腺肥大症**や**膀胱炎**などにより膀胱が収縮する
腹圧性尿失禁	くしゃみや咳など、腹部に強い圧力がかかったときに起こる。**女性**に多い	加齢、出産などの影響で、尿道を締める筋肉が弱くなる
溢流《いつりゅう》性尿失禁	尿意がなく、知らないうちに溢れ出る。**男性**に多い	脳や脊髄の損傷、前立腺肥大症や前立腺がんなどによる残尿

※ADL（Activities of Daily Living）
日常生活動作。食事や排泄、移動、入浴など日常生活において不可欠な基本動作のこと。

例題

Q 高齢女性の尿失禁の多くは、溢《いつ》流性尿失禁である。
〔第23回-問２〕

A × 高齢女性の尿失禁の多くは、**腹圧性尿失禁**である。**溢流性尿失禁**は、一般に男性特有の**前立腺肥大**により尿道が圧迫されたときに起こる。

10 骨・関節疾患

骨・関節疾患とは、骨や関節などの運動器に病変を有する疾患です。高齢化により骨・関節疾患の発症数が増加しています。主な骨・関節疾患には、**変形性関節症**、**骨粗鬆《そしょう》症**、**骨折**、**痛風**、**腰部脊《せき》柱管狭窄《きょうさく》症**などがあります。

◆変形性関節症

関節軟骨が減少し、運動痛、関節の腫れなどを生じ、重症化すると関節の運動制限をきたす疾患です。起こりやすい部位は**膝**関節です。

◆骨粗鬆症

骨粗鬆症は、骨密度の低下などによって骨の強度が低下する疾患で、**65歳以上**の**女性**の約**50%**にみられます。加齢によって骨密度が低下するのは、腸管での**カルシウム**の**吸収**が悪くなったり、カルシウムの吸収を助ける**ビタミンD**を生成する働きが弱くなったりするためです。また、閉経すると、骨の形成に重要な働きをするエストロゲンの分泌が減少することや、若い頃よりも食事量や運動量が減るといった生活習慣の変化も関係します。 骨粗鬆症になると、骨がもろくなり、**腰痛**や**骨折**を起こしやすくなります。骨粗鬆症による骨折の好発部位は**脊椎椎体**や**上腕骨**、**大腿骨頸部**などです。

◆関節リウマチ

多発性の関節の痛みや腫れ、関節可動域の制限を主症状として、**中年の女性**に多くみられる疾患です。原因不明の全身性免疫異常で、関節の炎症が主症状です。身体の**左右**対称に出現し、指の関節などから始まり、膝や股関節、肩関節などへ拡大します。症状**日内変動**があることが特徴で、起床時に１時間以上続く**朝のこわばり**、痛み、熱感、はれなどを伴います。進行すると、関節の不安定性、変形が生じます。

◆骨折

強い外力を受けて骨が部分的あるいは完全に離断された状態をいいます。完全骨折と不全骨折、**単純骨折**（閉鎖骨折）と**複雑骨折**（**開放骨折**〈皮膚が破れ、骨折部が体外に露出している場合〉）などに分類されます。

高齢者に多い骨折は、**❶腰椎圧迫骨折**、**❷大腿骨頸部骨折**、**❸上腕骨近位部骨折**、**❹橈骨《とうこつ》遠位端骨折**です。❹は転倒する際に手をついたため受傷することが多い骨折です。**腰椎圧迫骨折**、**大腿骨頸部骨折**を受傷すると、治癒するまでの間**歩行**が困難となり、**寝たきり**の原因となります。

■橈骨遠位端

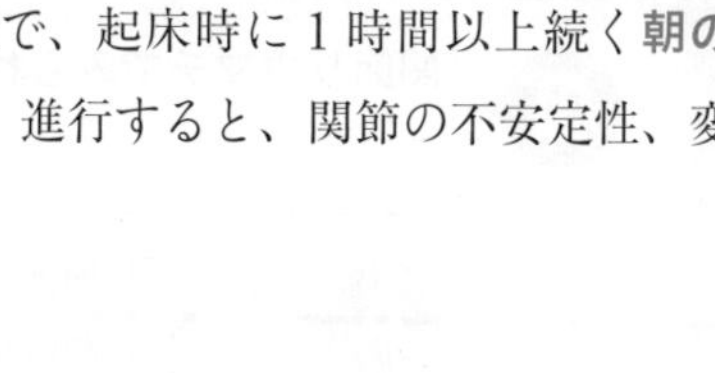

◆**痛風**

痛風は、**高尿酸血症**を原因とした**関節炎**をきたす疾患です。手足の末端の小関節に急性関節炎発作、痛風結節がみられ、足の**親指**のつけ根の部分が好発部位です。関節炎の痛みは激烈で、壮年期の男性に多くみられます。

◆**腰部脊柱管狭窄症**

背骨に囲まれた管のような空間を脊柱管といい、脊柱管が狭くなることで起こる疾患をいいます。高齢者に多くみられ、腰痛や足のしびれ、**間欠性跛行《はこう》**※が主な症状です。

※間欠性跛行
歩き続けるうちに足にしびれや痛みを生じるが、安静にすると症状が軽減し、歩けるようになる症状のこと。

例題

Q 関節リウマチでみられる手指のこわばりは夕方に多い。
〔第34回−問４〕

A × 関節リウマチでは、**起床時**に１時間以上続く**朝のこわばり**がみられる。

11 感染症

感染症とは、ウイルスなどの病原体が体内に侵入、定着し、増殖することにより、様々な症状が出る状態をいいます。

主な感染症には、**結核**、**インフルエンザ**、**エイズ**、**MRSA**（メチシリン耐性黄色ブドウ球菌）**感染症**、**疥癬《かいせん》**などがあります。また、食中毒は、食物や水を介して感染する感染症の１つです。細菌性、ウイルス性、化学性、自然毒などに分類されますが、具体的には**腸管出血性大腸菌感染症**、**ノロウイルス**、**アニサキス症**などが挙げられます。

■主な感染症と特徴

	結核	結核菌により、主に肺に炎症が起こる感染症。免疫力が低下している人に**空気（飛沫核）感染**する確率が高くなる
	インフルエンザ	インフルエンザウイルスを病原とする気道感染症。人に感染するウイルスには**A型**、**B型**、**C型**の３型があり、流行的な広がりをみせるのはA型とB型で、A型では数年から数十年ごとに世界的な大流行がみられる。潜伏期間は**1～3日**で、発熱（通常38℃以上の高熱）、頭痛、筋肉痛・関節痛、全身倦怠感などの症状が現れる
	エイズ：後天性免疫不全症候群（AIDS）	**ヒト免疫不全ウイルス**（HIV）が免疫細胞に感染、破壊して**後天的に免疫不全**を起こす感染症。進行すると**日和見《ひよりみ》感染**や**悪性腫瘍**などを発症する。感染経路は、**性的接触**、**血液**、**母子感染**など
	MRSA感染症	健常者には危険性はほとんどないが、医療従事者の手指や医療器具を介して**院内感染**の原因となり、抗生物質が効かないために治療は困難となる。感染経路は**接触感染**、**飛沫感染**など
	疥癬	**疥癬虫（ヒゼンダニ）**が皮膚表面に寄生して起こる感染症。性行為などを介しての感染が多いが、高齢者の介護行為などを介して感染し、施設内や家族内でも流行することがある。性器、指間、腋下などに小丘疹《しょうきゅうしん》が多発する。集団感染予防には、手洗いや衣類などの煮沸消毒などが行われる
食中毒	腸管出血性大腸菌感染症（O-157など）	食物や水、手指を介して口から感染する。**O-157**の感染では、**ベロ毒素**を産生する。潜伏期間は３～７日で、水様性の下痢と激しい腹痛で発病し、1～２日後には便成分をほとんど含まない血性下痢が出現する。順調であれば下痢発症後７～10日程度で回復するが、小児や高齢者では、下痢発症後1週間前後に尿毒症などの重い合併症を起こす危険性が高くなる
食中毒	嘔吐下痢症（ノロウイルスによる）	カキ、アサリなどの**二枚貝**に生息しているウイルスで、それらの食材を生か加熱不足で食べた場合に発症する（潜伏期間は**24～48**時間）。**秋から冬**に多い。**経口感染**であり、感染者の吐物や糞便の処理にはマスクや手袋を着用するなどの対応が必要で、消毒には**次亜塩素酸ナトリウム**が使用される
食中毒	アニサキス症	**アニサキス**は海産魚介類に寄生する寄生虫。腹痛、嘔吐などの症状があり、感染予防には冷凍処理や加熱処理が有効である

12 神経疾患

神経疾患とは、脳や脊髄などの神経系に病変を有する疾患です。

◆パーキンソン病

パーキンソン病は、中脳（姿勢保持の中枢）の**黒質**に異常が起こり、神経伝達物質**ドーパミン**の産生量が減少することで、発症します。50～60歳代の中高年の人に多くみられ、認知症を合併することも少なくありません。

パーキンソン病には、特徴的な４つの主症状があります。

■パーキンソン病の４つの主症状

症状	特徴
❶筋固縮	筋肉が固くこわばり、スムーズに動かせなくなる
❷安静時振戦	じっとしている状態のときに、手足がふるえる
❸無動・寡動	動作に時間がかかり、ゆっくりとしか動けなくなる。表情の変化がとぼしくなる仮面様顔貌という症状も現れる
❹姿勢反射障害	姿勢を変えようとしたときなどに、バランスを維持することが難しくなる →前のめりになって、止まれなくなる（**突進**現象）、歩幅が極端にせまくなる（**小刻み**歩行）、歩き始めの一歩目が踏み出せなくなる（**すくみ**足）、など

◆脊髄小脳変性症

脊髄小脳変性症は、なんらかの原因により、脊髄や小脳の神経細胞が変性することで発症し、歩行時のふらつき（**失調性歩行**）、動作時の手のふるえ、言語不明瞭などの運動失調を主な症状とする神経疾患です。

◆筋萎縮性側索硬化症

筋萎縮性側索硬化症（ALS）は、**運動ニューロン**（運動するための命令を筋肉に伝える神経）が障害を受けることで、全身の筋力が低下していき、筋肉がやせおとろえていく原因不明の疾患です。

主な症状として、**球麻痺**（延髄にある運動神経の麻痺）により、舌や喉の動作が制限されることで、嚥下障害や構音障害がみられるようになります。また、呼吸筋の萎縮によって呼吸障害が生じ、気管切開や人工呼吸器の使用、痰の吸引が必要になることもあります。

一方で、四大陰性徴候として、視覚、聴覚、嗅覚、味覚、触覚などの**感覚障害**、**眼球運動障害**、**膀胱・直腸障害**、**褥瘡**はみられず、痛覚などの知覚神経や記憶力も保たれます。

例題

Q パーキンソン病は、脳内のドーパミンが増加して発症する。
〔第35回-問５〕

A × パーキンソン病は、**中脳**（姿勢保持の中枢）の**黒質**に異常が起こり、神経伝達物質ドーパミンの産生量が**減少**することで、発症する。

13 先天性疾患

出生時からもっている疾患の総称を**先天性疾患**といい、**遺伝性疾患**、**奇形・変形**、**周産期障害**に分けられます。

◆遺伝性疾患

遺伝性疾患には、**染色体**の異常によるものと**遺伝子**の異常によるものがあります。

遺伝性疾患

❶染色体の異常によるもの
例 **ダウン症候群、エドワーズ症候群、ターナー症候群**など
❷遺伝子の異常によるもの
例 **血友病、色素性乾皮症、デュシェンヌ型進行性筋ジストロフィー**など

◆奇形・変形

胎児が母体の疾患や栄養不足、感染症や薬剤、放射線など様々な影響を受けることで生じます。胎児の器官形成期にこれらのことが起こると**奇形**となり、器官形成後に、圧迫されるなどの外力が加わると**変形**が起こります。

◆周産期障害

妊娠22週から出生後７日未満までを**周産期**といい、周産期に生じた障害を周産期障害といいます。この時期に脳に障害が起こると、**知的障害**を起こすこともあります。また、分娩・出産時において胎児の脳への酸素の供給が不足し、**低酸素脳症**になると、**脳性麻痺**から知的障害が起こることもあります。

14 高齢者に多い疾患

これまでみてきた疾患にも高齢者によくみられるものがありますが、特に加齢による心身機能の低下によって引き起こされるさまざまな症状・病態を**老年症候群**といいます。主な老年症候群には次のようなものがあります。

老年症候群として扱われる主な症状・病態

- フレイル、サルコペニア
- 意識障害、せん妄
- 抑うつ
- 認知機能障害
- 低栄養、食欲不振
- 脱水
- 起立性低血圧
- めまい、ふらつき
- 視聴覚障害
- 廃用症候群
- 尿失禁
- 手足のしびれ
- 誤嚥、嚥下障害
- 転倒、転落
- 便秘
- 貧血
- 骨折
- 骨粗鬆症
- 低体温

◆フレイル

高齢になって、筋力や活動が低下している状態を**フレイル**といいます。健康と病気の中間の段階で、進行すると寝たきりや廃用症候群になるおそれがあります。❶**体重**減少、❷**歩行速度**低下、❸**握力**低下、❹**疲れやすい**、❺**身体活動**レベルの低下、のうち３項目以上あればフレイル、１～２項目であれば**プレフレイル**とみなされます。

フレイルは、適切な介入・支援があれば、健常に近い状態への改善や進行を遅らせることができる可能性があるため、適度な運動、適切な食事、社会活動への参加を通じて、フレイルに陥らないことが重要です。

◆サルコペニア

加齢に伴う骨格筋量の減少を**サルコペニア**（加齢性筋肉減少症）といいます。近年では、筋量の減少に加えて、筋力や身体機能の低下を含めた概念で捉えられ、この場合、フレイルの一部とも考えられます。

◆廃用症候群（生活不活発病）

廃用症候群（生活不活発病）とは、過度の安静や寝たきりなどで**動かない**（生活が不活発な）状態が長く続くことにより、心身の機能が低下して**動けなくなる**ことで生じるさまざまな症状を指します。具体的には、関節の**拘縮**、筋肉の**萎縮**、起立性低血圧※などが生じます。高齢者が動かなくなる、あるいは動けなくなる原因としては、**脳血管疾患**、**転倒による骨折**（特に大腿骨頸部骨折）などが大きな割合を占めています。

※起立性低血圧
安静に寝ていたり、座っていたところから急に立ちあがったときに起こる、**ふらつき**や**めまい**、**失神**など。

廃用症候群には、身体機能だけでなく、心理的な機能の低下や**認知症**のような精神機能の低下も含まれます。また、寝たきりなどで体位変換ができなくなると、体重などによって身体が圧迫されて血流障害が起こり、皮膚がただれたり傷ついたりするなどの**褥瘡**、いわゆる**床ずれ**が生じることもあります。褥瘡は、多汗や尿失禁などによって皮膚が**湿潤**していると発症のリスクが高まります。

■体位と褥瘡の好発部位

仰臥《ぎょうが》位《い》　●あおむけの体位

仙骨《せんこつ》部が最も多く、後頭部、肩甲骨《けんこうこつ》部、踵《しょう》部、肘《ちゅう》関節部などでも起こりやすい

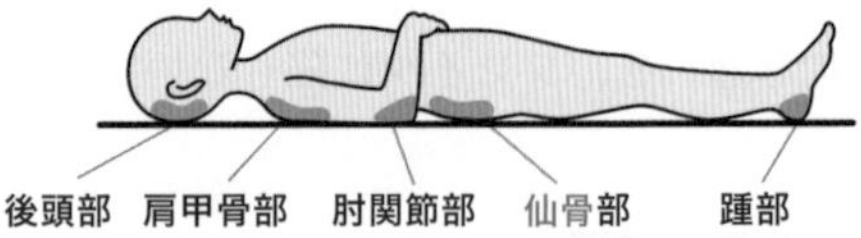

側臥《そくが》位《い》　●横向きの体位

大転子《だいてんし》部が最も多く、耳介《じかい》部、肩峰《けんぽう》突起部、膝《しつ》関節顆《か》部、外踝《がいか》部などでも起こりやすい

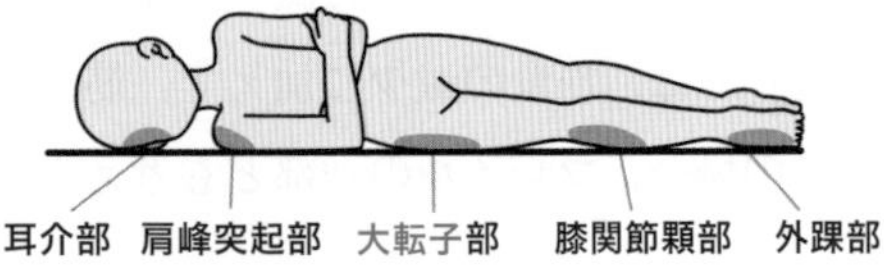

座《ざ》位《い》　●座るときの体位

座骨結節《ざこつけっせつ》部が最も多く、後頭部、肩甲骨部、仙骨部、踵部などでも起こりやすい

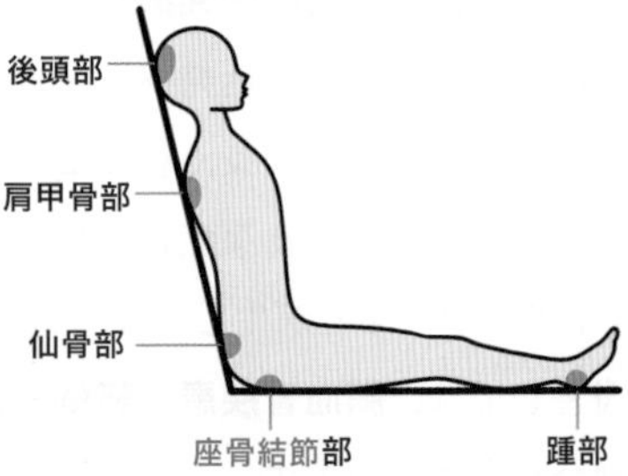

重要度 B　障害の概要

障害は、『身体障害者福祉法』では**❶視覚障害**、**❷聴覚又は平衡機能の障害**、**❸音声機能、言語機能又は咀嚼機能の障害**、**❹肢体不自由**、**❺内部障害**（心臓・腎臓又は呼吸器の機能障害など）の5つに分けられます。また、これら身体障害のほか、知能の発達に遅れがある**知的障害**（精神遅滞）、**低年齢**で発現する**発達障害**などがあります。

1　視覚障害

視覚に障害がある場合を**視覚障害**といい、WHOの定義では、見え方によって、完全に見えない**盲**と、視力が非常に弱い状態である**弱視**に分類しています。弱視は**ロービジョン**（低視覚）とも呼ばれます。一方、『身体障害者福祉法』では、視覚障害は**視力障害**と**視野障害**に分類されています。

視覚障害を引き起こす主な眼疾患は次のとおりです。いずれも適切な治療を行わないと失明を生じる可能性があります。

■主な眼疾患と特徴

白内障	●糖尿病、先天性、老化現象などによる水晶体の白濁が原因 ●主な症状は**視力低下**、**羞明**《しゅうめい》（まぶしいと感じること）など ●白濁した水晶体を人工水晶体に交換する手術により視力が改善
緑内障	●**眼圧**の**上昇**による視神経の障害が原因 →日本では、眼圧が正常で、同様な神経障害を起こす正常眼圧緑内障が多い ●進行すれば**網膜**が**剥離**し**視野狭窄**や眼の痛みを起こす ●眼圧を低下させる点眼薬と、網膜剥離の悪化を抑えるレーザー治療
糖尿病性網膜症	●糖尿病の合併症の1つ ●血糖値の調節、血液除去手術、レーザー治療
網膜色素変性症	●網膜の視細胞の1つである桿体《かんたい》細胞が障害されて起こる遺伝性の疾患 ●初期症状は**夜盲**《やもう》、**視野狭窄** ●進行すると視力が低下する ●現在、有効な治療法はない
加齢黄斑《おうはん》**変性**	網膜の中心部が変性するために、見たいところの中心部が見えにくくなり、視力低下が進む ●近年、新たな治療法が開発されて、視力の維持や改善が可能になってきている

例題

Q 緑内障は眼圧が下がって視野障害を来す。

〔第36回-問4〕

A × 緑内障は、眼圧の**上昇**による**視神経**の障害が原因で視野障害を来す。

2 聴覚又は平衡機能の障害

聴覚障害と平衡機能障害は、どちらも耳の機能の異常により生じます。

◆聴覚障害

聴覚障害は、音の情報を大脳に伝える部位に障害が起こり、音が聞こえなくなったり聞こえにくくなったりする障害です。聴覚障害には、先天的なものと、後天的なものがあります。また、音を聞き取りづらくなる症状と、音を聞き取ることが全くできない症状があり、音が聞き取りづらくなる後天的な聴覚障害として、**難聴**があります。難聴は、障害の起こる部位によって、**伝音難聴**、**感音難聴**、**混合難聴**に区分されます。

■主な難聴の種類・原因・特徴

	原因	特徴
伝音難聴	**中耳炎**や**鼓膜穿孔**《せんこう》などによる**伝音系**（外耳・中耳）の障害	●補聴器が**有効**な症例が多い ●原疾患を治療すれば改善の可能性**あり**
感音難聴	**感音系**（内耳・聴神経系）の障害	●高齢者に**多く**、**高音域**が障害される ●補聴器は**無効**な症例が多い
混合難聴	両者の混合	

◆平衡機能障害

平衡感覚は、**内耳**での電気信号を脳幹・小脳などの中枢神経が処理することで保たれています。これらの部位のいずれかに障害が起こると、四肢・体幹に異常がないにもかかわらず、起立や歩行に何らかの異常をきたします。これを**平衡機能障害**といい、**めまい**、**眼振**（眼球の一定方向への往復運動）、**吐き気**、**嘔吐**、耳鳴りなどの症状が出現することがあります。

3 音声機能、言語機能又は咀嚼機能の障害

音声機能障害は音声や発音の障害で、**発声障害**や**構音障害**、**吃音**《きつおん》**症**などがあり

ます。言語機能障害は理解や表現の障害で、**失語症**などがあります。咀嚼機能障害では、口が開けられない・開けにくいなどの症状がみられます。

◆構音障害

構音障害は、発語に関わる器官（舌や口唇《しん》など）の動きが制限されることで、正確な**発声**・**発音**が難しくなるものです。

◆失語症

大脳にある言語をつかさどる領域（言語領域）が、脳血管疾患や脳腫瘍、頭部外傷などによって損傷し、**聞く**、**話す**、**読む**、**書く**、**計算する**といったことがスムーズにできなくなる状態を**失語症**といいます。

主な失語症には、

- 大脳の運動性言語中枢の障害によって起こる**運動性失語**（**ブローカ失語**）
- 感覚性言語中枢の障害によって起こる**感覚性失語**（**ウェルニッケ失語**）
- 物の名前が出てこない、思い出せないなどの症状がみられる**健忘性失語**
- 最も重度な失語症である**全失語**

などがあります。

■ブローカ失語とウェルニッケ失語

	発語	人が話すことの理解	復唱
運動性失語（ブローカ失語）	非流暢《りゅうちょう》	良好	不良
感覚性失語（ウェルニッケ失語）	流暢	不良	不良

ひとこと

ブローカ中枢、ウェルニッケ中枢などの言語中枢は利き手と反対側にあるので、右利きの人は左側に言語中枢があります。そのため、左の脳が損傷を受けると、失語症になりやすくなります。また、左の脳が損傷を受けると右半身に麻痺が生じるので、右片麻痺をもつ人は失語症も伴っていることが多くみられます。

4 肢体不自由

肢体不自由とは、四肢（手足）や体幹（胴体）に永続的な障害がある状態をいいます。肢体不自由の原因となるものには、**脳性麻痺**や**脊髄損傷**などがあります。

◆脳性麻痺

脳性麻痺は、受胎から生後4週間以内に、なんらかの原因で脳が損傷を受けることで起こる障害です。原因として挙げられるのは、脳の形成異常や母体の感染などの先天的な要因や、出産時の頭蓋内出血や低酸素状態などの後天的要因です。

脳性麻痺にはいくつかの種類があります。主に、❶筋緊張が亢進して手足が突っ張った状態になる**痙直型**、❷不随意運動がみられる**アテトーゼ型**、❸筋肉を伸ばす・曲げる動作に対して抵抗が起きる**強直型**（**強剛型**）、❹平衡感覚の障害によって歩行のバランスを保ちにくくなる**失調型**に分類されます。

◆脊髄損傷

■脊髄の構造

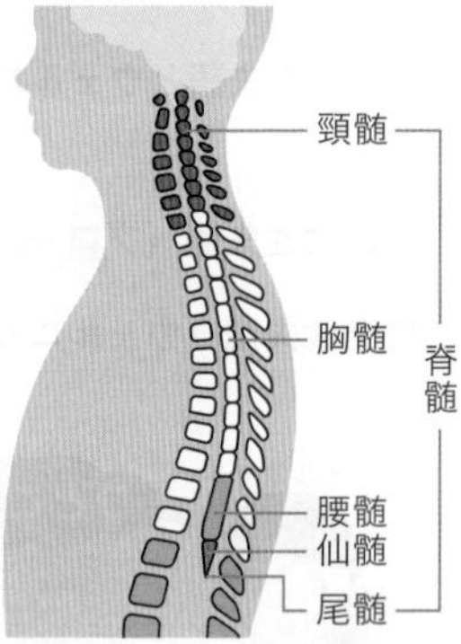

脊髄は、頸髄・胸髄・腰髄・仙髄・尾髄に分類され、脳とともに中枢神経を担っています。事故を原因とした脊髄損傷によって、神経伝達通路が途切れ、神経の先の部位に**麻痺**などが起きるようになります。

麻痺の起きる部位は、脊髄の損傷部位によって異なります。頸髄損傷では**四肢麻痺**（両側の上下肢の麻痺）が起こり、胸髄以下の損傷では**対麻痺**（両側の下肢だけの麻痺）が現れます。

また、麻痺以外の症状としては、自律神経の過反射による**血圧**の上昇、**起立性低血圧**や**排尿・排便障害**などがあります。なお、排尿中枢は脊髄のいちばん下の部位にあるので、脊髄のどの部位に損傷を受けても、排尿障害が起こります。

5 内部障害

内部障害とは内臓機能の障害を指します。『身体障害者福祉法』では次の7つの障害が内部障害と定められています。

内部障害

- 心臓機能障害　●呼吸器機能障害　●腎臓機能障害
- 膀胱・直腸機能障害　●小腸機能障害
- エイズ（ヒト免疫不全ウイルス〈HIV〉による免疫機能障害）
- 肝臓機能障害

心臓機能障害の治療法には、重症の不整脈に対して**人工ペースメーカー**、**狭心症・急性心筋梗塞**に対して**ステント留置術**（狭窄したり詰まったりした血管内に管を挿入し、血流を確保する治療法）などがあります。

6 知的障害（精神遅滞）

知的障害（精神遅滞）は、厚生労働省の旧「知的障害児（者）基礎調査」では、「知的機能の障害が発達期（おおむね**18**歳まで）にあらわれ、日常生活に支障が生じているため、何らかの特別の援助を必要とする状態にあるもの」とされており、**IQ**が**70**までのものとされています。しかし、『知的障害者福祉法』では知的障害の定義は定められていません。

一方、アメリカ知的・発達障害協会（AAIDD）2010年の定義では、知的障害とは、18歳までに発現し、知能や適応能力が著しく制約を受ける状態であることが特徴的な能力障害、と定義しています。

7 発達障害

発達障害とは、『発達障害者支援法』には「自閉症、アスペルガー症候群その他の広汎性発達障害、学習障害、注意欠陥多動性障害その他これに類する脳機能の障害であってその症状が通常低年齢において発現するものとして政令で定めるもの」と定義されています。

■発達障害の特性

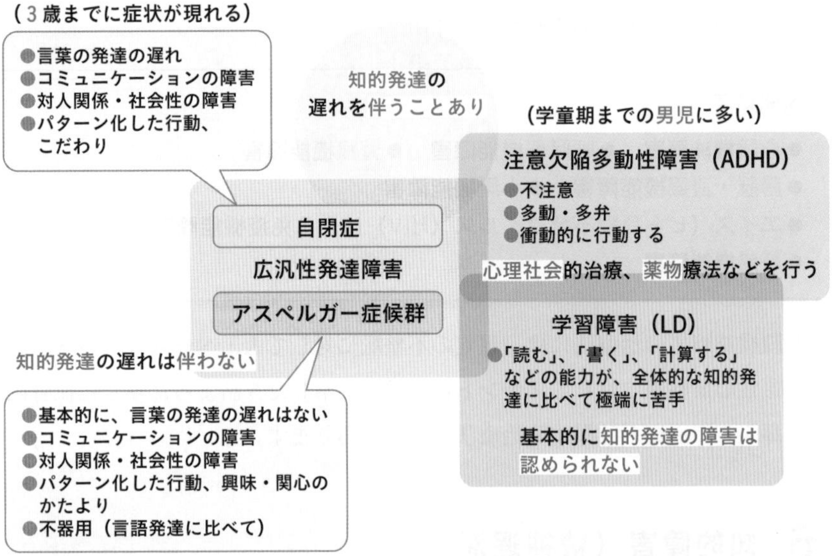

出典：厚生労働省「発達障害の理解のために」より作成

現在では、自閉症、アスペルガー症候群を含む広汎性発達障害は、**自閉スペクトラム症（ASD）**、学習障害は、**限局性学習症（SLD）**、注意欠陥多動性障害は、**注意欠如・多動症（ADHD）**と称されることが多くなっています。

ひとこと

ADHDは、学童期の有病率は3～7%とされていますが、青年期及び成人期には有病率は2～2.5%と大きく低下し、改善します。

例題

Q 注意欠如・多動症（ADHD）の学童期の有病率はおよそ20％とされている。〔第35回-問７〕

A ×　ADHDの学童期の有病率は、**３～７**％とされている。

8 認知症

認知症とは、脳や身体の疾患等により、これまでに獲得した知的機能全般が持続的に低下し、日常生活または社会生活に相当の制限を受ける状態をいいます。

◆認知症の症状

認知症の症状は、認知症全ての人に共通して現れる**中核症状**と、出現頻度に個人差がある**行動・心理症状（BPSD）**に分けられます。

■認知症の中核症状と行動・心理症状（BPSD）

中核症状	**記憶障害、見当識障害、失認・失語・失行、理解・判断力の低下、実行機能障害**　など
行動・心理症状（BPSD）	幻覚、妄想、徘徊、せん妄、異食、攻撃的言動、危険行為、不潔行為、性的逸脱行為、介護拒否　など

ひとこと

認知症に伴うせん妄は、昼間よりも夜間に現れる**夜間せん妄**が多くなっています。

◆アルツハイマー型認知症

脳にβたんぱく質の異常蓄積（**老人斑**）が起こり、神経細胞が死滅、脳が萎縮することで生じます。認知症疾患のおよそ半数が、アルツハイマー型認知症で、

女性に多くみられます。

記憶障害が主症状で、徐々に進行します。**健忘**が初期症状で、特に近時記憶（数分～数か月）が障害されます。進行するにつれ、場所や人物の**見当識障害**、**注意障害**、**失認**や**失行**などが現れ、病識がなくなり、人格の変化がみられるようになります。**物盗られ妄想**や**徘徊**などが出現することもあります。

◆脳血管性認知症

脳血管疾患を原因として、脳への血液の流れがさえぎられ、神経細胞が死滅していく疾患です。**男性**に多くみられ、脳血管疾患を繰り返すことで徐々に進行していきます。

記憶障害が中心ですが、初期には自覚症状として頭痛、めまいやふらつきなどが現れ、やがて片麻痺、感覚障害、意識障害、感情失禁やうつ症状、せん妄などもみられるようになります。障害された脳の部位により症状にバラツキやムラがある**まだら認知症**が特徴的で、人格は比較的長く保たれます。

例題

Q まだら認知症は、脳血管性認知症の特徴的な症状である。

〔第32回-問６〕

A ○ **感情失禁**、うつ状態、せん妄などの症状がみられることもある。

◆レビー小体型認知症

大脳皮質の**神経細胞**に**レビー小体**というたんぱく質ができ、神経細胞が壊されることで起こります。**男性**に多く、中核的な特徴として**パーキンソン病**に類似の症状と**幻視**がみられ、進行が比較的早く日内変動があるのが特徴です。

◆前頭側頭型認知症

大脳の萎縮が**前頭葉**と**側頭葉**に限局して現れます。**40～60**歳に多く発症します。主な症状は、初期からの人格の変化で、具体的には、意欲の低下や無関心のほか、社会のルールや規範がわからなくなり、万引きなどの反社会的な行動をとってしまうことがあります。

病識がないことがほとんどで、症状が進行すると、同じ行動を繰り返す**常同行動**がみられます。また、顔を見ても誰だかわからない**相貌《そうぼう》失認**や**滞続言語**（会話の流れとは関係のない言葉を繰り返すこと）が目立つようになります。一方で、記憶障害や見当識障害などがあまりみられないという特徴があります。

◆クロイツフェルト・ヤコブ病

脳の組織が**スポンジ状**（**海綿状**）になる疾患で、**プリオン**という異常なたんぱく質が脳に沈着することが原因と考えられています。性格変化や認知症、**歩行障害**などが現れ、**急速に進行**し、多くの場合、発病から短期間で寝たきりとなり、死に至ります。治療法は確立していません。

◆認知症様症状を呈する疾患

疾患のなかには、認知症と類似した症状を呈する**慢性硬膜下血腫**や**正常圧水頭症**などがあります。

慢性硬膜下血腫は交通事故や転落事故、スポーツなどで**頭部**打撲後、**1～3か月後**に認知症に類似した症状を呈する外傷後の疾患です。頭部外傷によって頭《とう》蓋骨《がいこつ》と脳のすきまに血液が少しずつたまり、血液の塊である血腫を形成します。血腫の体積が大きいほど**頭蓋内圧が亢進**して認知症様症状が出現しますが、早期に発見し適切な治療（主に手術）をすれば治癒する可能性が**高い**疾患です。

正常圧水頭症は、通常は脳と脊髄の間を循環している**脳脊髄液**が脳にたまって脳を圧迫することで頭蓋内圧が亢進し、歩行障害や尿失禁、認知症様症状を呈する疾患です。くも膜下出血を発症して脳脊髄液の中に血液が混入するなどにより流れが悪くなることで起こります。こちらも、早期に発見し適切な治療（主に手術）をすれば治癒する可能性が**高い**疾患です。

9 高次脳機能障害

ケガや病気により、脳に損傷を負う（外傷性脳損傷）と、さまざまな障害が出現することがあります。これらの障害により**日常生活**や**社会生活**に制約が生じる状態を**高次脳機能障害**といい、次のようなものがあります。

■高次脳機能障害

記憶障害	新しいことを覚えられない。同じことを繰り返し質問する。物を置き忘れる
注意障害	ぼんやりしてミス多発。２つのことを同時に行うと混乱。作業を長く続けられない
遂行機能障害	自分で計画を立てて物事を実行することができない
社会的行動障害	興奮・暴力・大声・自己中心的
半側空間無視	損傷した脳の部位の**反対側**（障害されている側）のものを認識できず、見落としてしまう
失語・失行・失認	話すことや言葉の理解が難しい（**失語**）、思うような動作（着替えなど）ができない（**失行**）、見たり聞いたりしたことが分からない（**失認**）

10 精神疾患の診断・統計マニュアル（DSM）の概要と精神障害

精神疾患の症状は、多種多様であり、その診断は、医師の主観に左右されることが少なくありません。

そこで、精神疾患の診断に用いられる代表的なものとして、**アメリカ精神医学会**（**APA**）が作成した**DSM**という統計マニュアルがあります。

◆精神疾患の診断・統計マニュアル（DSM）

DSM（精神疾患の診断・統計マニュアル）は、1952年に初版であるDSM-Iが作成されて以降改訂が加えられており、現在の最新版は2013年に出版された**DSM-5**（第５版よりローマ数字からアラビア数字に変更）です。DSMでは、

DSM-Ⅲ以降、列挙されている具体的な症状から病名を診断する**操作的診断基準**が設定されています。

DSM-5の特徴と利点は次のとおりです。

DSM-5の特徴

❶DSM-Ⅳで用いられていた、「**多軸診断システム**※」を廃止し、「**多元的診断**※」を導入した

❷**広汎性発達障害**（自閉症、アスペルガー症候群）を**自閉スペクトラム症**（ASD）に統合した

❸**精神障害**と**発達障害**を**神経発達障害**にまとめた

DSM-5の利点

❶診断の信頼性が格段に高まった

❷診断過程の曖昧さが減少し、病歴聴取が促進された

❸鑑別診断を容易にした　　など

※多軸診断システム／多元的診断

多軸診断システムとは、「精神疾患」「精神遅滞とパーソナリティ障害」「身体疾患」「環境的問題」「機能の全体的な適応評価」の５つの軸を設定し、患者を総合的に診断しようとするシステムのこと。DSM-5では前者３つをまとめて記載するようになった。

多元的診断とは、精神疾患・精神遅滞とパーソナリティ障害・発達障害の重症度をパーセント（%）で示そうとするもの。

精神障害の原因となる代表的な疾患には、統合失調症、双極性障害、摂食障害、心的外傷後ストレス障害（PTSD）などがあります。

◆統合失調症

陽性症状※、**陰性症状**※などの特徴的な症状がみられる統合失調症は、おおよそ100人に１人弱がかかる疾患で、**思春期**から**青年期**に発症することが多く、発症頻度に男女差は認められません。

DSM-5では、持続的な徴候が少なくとも**６か月間**存在し、**妄想**、**幻覚**、まと

まりのない発語、ひどくまとまりのない行動、陰性症状のうち2つ以上が1か月ほとんど常に存在することが診断基準となっています。また、考えていることが聞こえてくる（**思考化声**）、誰かに操られてしまう（**作為体験**）、自分の考えが周囲に知れわたっている（**思考伝播**）などの症状もみられます。

※陽性症状／陰性症状

陽性症状とは、統合失調症に特徴的にみられる、**本来はないものが出現する**という症状のこと。幻覚、幻聴、妄想、奇異な行動、不適切な感情などがある。抗精神病薬で効果がある。

陰性症状とは、**本来あるはずの機能が低下したり失われたりする**症状。感情麻痺（鈍《どん》麻《ま》）、意欲欠如、自発的な会話の減少、快楽消失、非社交性などがある。抗精神病薬が効きにくい。

◆抑うつ障害

DSM-5では、抑うつ障害・うつ病性障害の大うつ病性障害※**エピソード**（症状が発症している状態）の症状として、抑うつ気分、ほとんど毎日の**不眠**または**睡眠過多**、活動における興味や喜びの著しい減退、**精神運動制止**、著しい**体重減少**あるいは**増加**またはほとんど毎日の食欲の減退または増加、などを挙げています。

◆双極性障害及び関連障害

DSM-5では、双極性※及び関連障害の躁《そう》病エピソードの症状として、自尊心の肥大や誇張した訴え（**誇大妄想**）、次々に考えが湧いてきて思考が定まらない**観念奔逸**《ほんいつ》、異常で持続的な、そして高揚して開放的な、または**易《い》怒《ど》的**な（怒りやすい）気分、異常で持続的な活動などが少なくとも1週間持続、などが挙げられています。

※大うつ病性障害／双極性障害

大うつ病性障害とは、うつ病と同じ意味であり、DSM-5に記載されている「Major Depression Disorder」のこと。「Major」を「大」と和訳したために、大うつ病性障害となった。

双極性障害とは、躁状態とうつ状態の病相を繰り返す精神障害のことである。

◆摂食障害

単なる食欲や食行動の異常ではなく、❶体重に対する過度のこだわりがあること、❷自己評価への体重・体型の過剰な影響が存在する、といった心理的要因に基づく食行動の重篤な障害です。摂食障害は次の２つに大きく分類されます。

摂食障害の分類

- **神経性やせ症**（神経性無食欲症、神経性食思不振症）
- **神経性過食症**（神経性大食症）

神経性やせ症は、過食を生じるタイプもあります。また、**思春期**～**青年期**の**女性**に多い障害です。

ひとこと

神経性やせ症は、正常の下限を下回る体重が診断基準のひとつです。

◆心的外傷後ストレス障害（PTSD）

生死に関わるような実際の危険にあったり、死傷の現場を目撃したりするなどの体験によって強い恐怖を感じ、それが記憶に残って心の傷（**トラウマ**）となり、何度も思い出されて、**出来事についての反復的で苦痛な夢**を見たり、当時と同じような恐怖を感じ続けたりする障害です。 →詳細はp.130参照

例題

Q 精神疾患の診断・統計マニュアル（DSM-５）で「統合失調症」と診断するための症状に、観念奔逸がある。

〔第30回-問６・改〕

A ×　観念奔逸は統合失調症の診断基準に含まれない。観念奔逸は、「**躁病エピソード**」の症状の１つである。

重要度 B　リハビリテーションの概要

リハビリテーション：Rehabilitationという英語を語源からみると、「**re**（**再び**）」「**habilis**（**人に適した、ふさわしい**）」「**ation**（する**こと**）」からなり、「再び人に適した状態に回復すること」を意味します。

つまり、リハビリテーションの目的は、身体的自立だけでなく、**精神的・社会的**な観点からも、最適な能力を発揮できるような状態にすることといえます。病気やケガにより障害を負ってしまっても安定した生活を継続できるように、その人の身体・精神機能を回復させ、さらにはその**周囲の環境**を整えるという、**人間らしく生きる権利の回復**（**全人間的復権**）を目指すのがリハビリテーションです。

◆リハビリテーションの対象

リハビリテーションは小児から高齢者まで、全ての年齢層に対して行われます。また、リハビリテーションの範囲には**内部障害も含めた身体障害全体**だけでなく、がんや高次脳機能障害なども含まれます。さらに、生活不活発病（廃用症候群）やフレイルなどで機能の低下が予測される場合に機能を維持させることなどを目的として、健全な部位も対象となります（**予防的リハビリテーション**）。

ひとこと

筋肉は動かさないと徐々に筋力が低下していくので、骨折などをした場合もできるだけ早くリハビリテーションを行うことが、機能の回復には有効です。

例題

Q 内部障害は、リハビリテーションの対象とはならない。

〔第32回-問７〕

A × リハビリテーションの対象には、内部障害も含まれる。

1 リハビリテーションの種類

リハビリテーションには、次のような種類があります。

■リハビリテーションの種類

医学的リハビリテーション	疾病や障害の急性期、回復期、維持期（生活期）を通して、医学的な面から**再発防止**、**予防**に取り組む。**疾病や障害の発生直後**から実施され、意識障害があっても行われることがある。**理学療法**、**作業療法**、**装具療法**、**言語療法**などがある
教育的リハビリテーション	障害児の場合、医学的リハビリテーションと並行して行われるもので、**障害者教育**、**特殊教育**などがある。中途障害者に対しても、更生援護施設、自立生活センターなどで行われる
職業リハビリテーション	「職業指導、職業訓練、職業選択などの職業的なサービスの提供を含んだ、継続的、総合的なリハビリテーションの一部であって、障害者の適切な就職の確保と継続ができるように計画されたもの」とされる（ILO〈国際労働機関〉）
社会的リハビリテーション	さまざまな社会的状況のなかで自分のニーズを満たし、一人ひとりが最大限の豊かな社会参加を実現できる能力である**社会生活力**を高めることを目的としたプロセス
地域リハビリテーション	地域社会のレベルにおいて、障害者本人、その家族、そして地域住民全体を包摂する地域社会の資源を用いて行われるリハビリテーション

また、対象部位に対してのみリハビリテーションを行うのではなく、**医学的な評価**、**運動療法**、**薬物療法**や**食事療法**、**患者教育**などをあわせて包括的に行うリハビリテーションを**包括的リハビリテーション**といいます。

2 医学的リハビリテーション

◆医学的リハビリテーションの段階

医学的リハビリテーションは、「**急性期**」「**回復期**」「**維持期（生活期）**」の3段階に分けられます。

■医学的リハビリテーションの３段階

急性期リハビリテーション：発症後、できる限り早期から実施。障害の**評価**も行う

↓

回復期リハビリテーション：症状が安定期に入ってから実施。**在宅復帰**が目標う

↓

維持期（生活期）リハビリテーション：主に在宅で実施され、**自立**した生活の持続をめざす

◆医学的リハビリテーションの手段

医学的リハビリテーションの具体的な手段としては、**理学療法**、**作業療法**、**装具療法**、**言語療法**などがあります。ここでは、それぞれの具体的な方法についてみていきます。

◆理学療法

理学療法士が行うもので、**運動療法**と**物理療法**とがあり、どちらも麻痺や異常運動に対する身体機能の改善や維持、疼痛の軽減を図ることなどを目的とします。

理学療法とは、「身体に障害がある者に対し、主としてその基本的動作能力の回復を図るため、治療体操その他の運動を行わせ、及び電気刺激、マッサージ、温熱その他の物理的手段を加えることをいう」と定義されています（『理学療法士及び作業療法士法』）。

運動療法と物理療法

□ **運動療法**
対象者の状態にあわせ、**他動運動**※もしくは**自動運動**※を行うことにより実施する

□ **物理療法**
温熱療法、**寒冷療法**、電気刺激、超音波、光線療法など、**物理的な方法**を利用して実施する

※他動運動／自動運動
体の部位を、他者や機械などの外部からの力によって動かすことを他動運動という。それに対して、自力で動かすことを自動運動という。

◆作業療法

作業療法とは、「**身体**又は**精神**に障害のある者に対し、主として、その応用的動作能力、または社会的適応力の回復を図るため、手芸・工芸その他の作業を行わせることをいう」と定義されています（『理学療法士及び作業療法士法』）。作業項目には、木工、手芸、ゲーム、スポーツ、日常生活訓練などがあります。

◆装具療法

義肢、**杖**、プラスチックや金属の枠組みで作られた**硬性装具**などを用いて、喪失あるいは低下した機能を**代償**する療法です。

この分野の専門職として義肢装具士が法定化（国家資格）されています。義肢装具士は、医師の指示により、義肢装具の採型・採寸・製作、その適合・調整・心身のケアまでを行います。

◆言語訓練

失語症、構音障害、**摂食・嚥下機能**障害などのある人に対して、言語聴覚士が検査、訓練及び助言、指導その他の援助などの専門的かかわりによって、対象者の機能の獲得や維持・向上を図り、生活の質の向上を図るための支援を行うことです。コミュニケーション機能の障害に対しては、言語訓練やコミュニケーション手段の改善の援助を、摂食・嚥下機能の障害に対しては**嚥下訓練**などを行います。

例題

Q 温熱療法などの物理療法は、<u>作業療法に含まれる</u>。
〔第26回-問 7〕

A ×
電気刺激、マッサージ、温熱等の物理療法は**理学療法**に含まれる。

CHAPTER 1

SECTION 5 公衆衛生

このSECTIONのポイント

◆公衆衛生の概要…公衆衛生の考え方と健康の社会的決定要因（SDH）についておさえましょう

◆健康増進と保健医療対策…各ライフステージにおける保健対策、各疾病対策についてみていきます

重要度B 公衆衛生の概要

1 公衆衛生の考え方

公衆衛生とは、地域社会の人々の疾病を予防し、健康を保持・増進させるため、公私による組織的な衛生活動全般を指します。その対象は、**母子**保健、**成人**保健、**高齢者**保健などの各ライフステージにおける保健対策、**精神保健**対策、**感染症**対策、**難病**対策などの各疾病対策、また、環境衛生や人口問題なども含まれます。

ひとこと

国民の健康の維持・促進に関して、国及び地方公共団体などが行う行政を、**衛生行政**といいます。

2 健康の社会的決定要因（SDH）

WHOによると、健康の社会的決定要因（Social determinants of health：**SDH**）とは、人々が生まれ、成長し、働き、生活し、年齢を重ねる条件や、人々が能力、資金、資源を利用できる状況を指す、としています。これらの格差が健康格差を生じさせる原因となるため、格差を縮小し、健康の公平性を実現するこ

とが求められています。

カナダ公衆衛生機関による健康の社会的決定要因を以下に示します。

■健康の社会的決定要因

❶所得と社会的地位	所得と社会階層の向上は、健康に良い。所得が高いと、安全な住宅に暮らし、優良な食品を購入することができる。健康な人たちとは、裕福で、富の分布が公平な社会にすむ人たちである
❷社会支援ネットワーク	家族、友人、地域社会からの支援は、健康に関連している。そのような社会支援ネットワークは、課題の解決や、逆境の扱い、達成感の維持、生活環境の管理において、とても重要である
❸教育と識字能力（ヘルス・リテラシー）	教育の水準に応じて、健康状況は改善する。教育は、社会経済的地位と密接に関わっている。また小児への効果的な教育と成人の生涯学習は、個人や国家の健康と繁栄に寄与する
❹雇用・労働環境	失業、過小雇用、緊張の多い危険な労働は、健康障害と関連がある。労働環境を管理できる人々、仕事の需要に関連した緊張の少ない人々は、より健康で、しばしば、緊張の多く、危険な仕事の人々よりも、長生きする
❺社会環境	社会支援の重要性は地域社会にも広がる。市民の活力は地域社会、地域、州、国家の社会ネットワークの強化につながる。これは、人々の資源の共有や連携の形成といった機関、組織、非公式の仕事にも関連する
❻物理的環境	物理的環境は、重要な健康の決定要因である。空気、水、食品、土壌中の汚染物質は、がん、先天性の障害、呼吸器疾病、胃腸の不快感など、さまざまな健康への悪影響をもたらす
❼個人の保健行動とストレスへの対応（ストレス・コーピング）スキル	個人の保健行動とコーピングスキルは、疾病の予防、自己対処の推進、課題への対処そして自立の形成、課題の解決、健康の選択といった行動をもたらす

❽健康的な小児期の成長	幼少期の経験が脳の発達、就学準備性そして後の人生における健康にもたらす影響についての検証から、幼少期の発達が強力な健康の決定要因であるという合意が形成されてきている
❾生物的素質と遺伝的素質	人体の基本的な生物学と器官の構成は、健康の決定要因の基礎である。遺伝的素質は、健康に影響をもたらすさまざまな反応をする遺伝的素因をもたらす
❿医療	医療、とりわけ健康の維持と増進、疾病の予防、健康と機能の回復を意図した医療は、集団の健康に寄与する
⓫性別	性は、社会が２つの性に帰す、さまざまな社会的に決められた役割、人格特徴、態度、振る舞い、価値観、相対的力と影響に注意を向ける。性的規範は医療制度の慣例や優先順位に影響する。多くの疾病は、性的社会状況・役割として機能している
⓬文化	ある人々や集団は、社会的無視、名誉毀損、言語や文化の喪失や格下げ、文化的に適切な医療へのアクセスの欠如といった不朽の状況に寄与する、支配的な文化的価値観により決定される社会経済的環境が原因で健康の危険に直面する

重要度 B

健康増進と保健医療対策

1 母子保健対策

日本の母子保健対策は、母性並びに乳幼児の健康の保持及び増進を図ることを目的として1965（昭和40）年に制定された、**『母子保健法』**に基づいて実施されています。

この法律では、国や地方公共団体は母性並びに乳幼児の健康の保持増進に努めなければならないと規定されており、住民の生活に身近な**市町村**が健康診査や、訪問による**保健指導**を担っています。

◆保健指導

市町村は、**妊産婦**や**その配偶者**、**乳幼児の保護者**に対して、妊娠、出産または育児に関して必要な保健指導を行い、または医師、歯科医師、助産師もしくは保健師について保健指導を受けることを勧奨しなければならないとされています。

◆新生児訪問指導

市町村は、**新生児**について、育児上必要があると認めるときには、医師、保健師、助産師などにその新生児の保護者を訪問させ、必要な指導を行わせます。

◆健康診査

『母子保健法』に基づいて市町村が実施する健康診査には、次のものがあります。

■母子保健法に基づく健康診査

	対象	内容
妊産婦健康診査	妊産婦	2009（平成21）年度以降、原則14回まで公費負担
乳児健康診査	●3～6か月児 ●9～11か月児	●通常2回実施 ●対象児の年齢や健診内容は、実施する市町村により異なる
1歳6か月児健康診査	満1歳6か月を超え満2歳に達しない幼児	市町村での実施が義務づけられている
3歳児健康診査	満3歳を超え満4歳に達しない幼児	

ひとこと

市町村は、妊娠の届出をした者に対して、母子健康手帳を交付しなければなりません。

2 成人保健対策

日本の成人保健対策は、自分の健康は自分で守ることを基本にして、次に挙げる「国民健康づくり対策」を展開してきました。

■国民健康づくり対策の遷移

第一次国民健康づくり対策 （1978〈昭和53〉～ 1988〈昭和63〉年度）	「生涯を通じる健康づくり（成人病予防のための一次予防）」と「健康づくりの３要素（**栄養**、**運動**、**休養**）の健康増進事業」の推進
第二次国民健康づくり対策 **（アクティブ80ヘルスプラン）** （1988〈昭和63〉～ 1999〈平成11〉年度）	第一次国民健康づくり対策を継続するなかで、特に運動習慣の普及に重点を置いた健康増進事業の推進
第三次国民健康づくり対策 **（健康日本21）** （2000〈平成12〉～ 2012〈平成24〉年度）	「21世紀における国民健康づくり運動」のこと。**壮年期死亡**の減少、**健康寿命**（健康上の問題で日常生活が制限されることなく、自立した生活ができる期間のこと。2000年にWHOが提唱）の延伸、生活の質の向上を目的として、９分野80項目の目標を設定
第四次国民健康づくり対策 **（健康日本21〈第二次〉）** （2013〈平成25〉～ 2023〈令和５〉年度）	健康日本21の最終評価を踏まえ、新たに５つの基本的な方向と、それに対応した53項目の目標を設定
第五次国民健康づくり対策 **（健康日本21〈第三次〉）** （2024〈令和６〉～ 2035〈令和17〉年度）	健康日本21（第二次）の最終評価を受け、次の４つの基本的な方向 →❶健康**寿命**の延伸と健康格差の**縮小**、❷個人の**行動**と**健康状態**の改善（生活習慣の改善、生活習慣病の発症予防・重症化予防※、生活機能の維持・向上）、❸**社会環境**の質の向上（社会とのつながり・こころの健康の維持および向上、自然に健康になれる環境づくり、誰もがアクセスできる健康増進のための基盤の整備）、❹**ライフコースアプローチ**を踏まえた健康づくり 以上に対応した51項目の目標を設定

※生活習慣病の発症予防・重症化予防
生活習慣病の増加を抑えるために、二次予防（疾患の早期発見）や三次予防（疾患の治療と回復）以上に、健康増進と発症そのものを防止する一次予防が重視されている。

ひとこと
健康寿命や罹患率、有病率、死亡率などは、集団の健康を測る指標として用いられています。

例題

Q 「健康日本21」は、一次予防を重視している。
〔第33回-問３〕

A ○ 「健康日本21」では、健康増進と疾病の発症そのものを予防する一次予防が重視されている。

◆健康増進法

2002（平成14）年に制定された『健康増進法』は、国民の健康の増進の総合的な推進に関し基本的な事項を定めるとともに、国民の健康の増進を図るための措置を講じ、国民保健の向上を図ることを目的としています。具体的には、**国民健康・栄養**調査の実施や**生活習慣病**の発生状況の把握、歯周疾患検診などの**健康増進事業**の実施、また、都道府県には、**都道府県健康増進計画**の策定義務、市町村には、**市町村健康増進計画**の策定努力義務を課しています。

ひとこと
『健康増進法』では、国民の責務として「健康な生活習慣の重要性に対する関心と理解を深め、生涯にわたって、自らの健康状態を自覚するとともに、健康の増進に努めなければならない」と規定されています。

3 高齢者保健対策

日本の高齢者保健対策は、1982（昭和57）年に制定された、**『老人保健法』**に基づいて実施されてきました。しかし、高齢化の進展や医療費の増大等を背景に、2006（平成18）年に老人保健法を全面的に改正した、**『高齢者の医療の確保に関する法律』**（**高齢者医療確保法**）が制定され、2008（平成20）年４月から、**75歳以上の後期高齢者**（**65歳以上75歳未満の一定の障害者を含み**、生活保護世帯を除く）を対象とした、**後期高齢者医療制度**が実施されています。

◆特定健康診査と特定保健指導

高齢者医療確保法に基づき、2008（平成20）年４月から、生活習慣病に関わる健康診査と保健指導が実施されています。40歳以上75歳未満の医療保険加入者を対象にしたもので、**特定健康診査**（**特定健診**）と**特定保健指導**と呼ばれています。

生活習慣病に関わる健康診査と保健指導

□ 特定健康診査	□ 特定保健指導
メタボリックシンドローム（内臓脂肪症候群）に着目した健康診査。身体計測、血圧測定、検尿、血液検査などが行われる。	特定健康診査の結果を受け、「**生活習慣病**のリスクは高いが、**予防効果の期待できる人**」を対象に行われる。

ひとこと

同じ内容の事業者健診を受けていれば、新たに特定健診を受診する必要はありません。なお、特定健診については、結果にかかわらず健診機関から受診者に通知されます。

例題

Q 特定健康診査には、血圧測定は含まれていない。

〔第28回−問４〕

A × 特定健康診査は、**メタボリックシンドローム**に着目した健康診査であり、血圧測定も行う。

4 精神保健対策

日本の精神保健対策は、法改正を重ねて、現在は、**『精神保健及び精神障害者福祉に関する法律』**（**精神保健福祉法**）に基づき実施されています。精神障害者保健福祉手帳、精神保健福祉センター、法に基づく入院制度など、詳細はCHAPTER 8「障害者福祉」のSECTION 6を参照してください。

5 感染症対策

日本の感染症対策は、1999（平成11）年４月より施行された、**『感染症の予防及び感染症の患者に対する医療に関する法律』**（**感染症法**）に基づき実施されています。

ひとこと

感染症法は、事前対応型の対策に基づいたものです。感染症法の施行に伴い、事後対応型であった1897（明治30）年制定の伝染病予防法は廃止されています。

感染症法では、次に示す感染症類型に応じた、患者の人権に配慮した入院勧告制度や就業制限、医療体制が整備されています。

■感染症類型と医療体制

感染症類型	主な対応	医療体制	医療費負担
新感染症	入院・宿泊・自宅療養	第1種協定指定医療機関	
		第2種協定指定医療機関	
		特定感染症指定医療機関	全額公費（医療保険の適用なし）
1類感染症（ペスト、エボラ出血熱、南米出血熱等）	入院	第1種感染症指定医療機関	医療保険適用残額は公費で負担（入院について）
2類感染症（特定鳥インフルエンザ、結核、MERS等）		第2種感染症指定医療機関	
3類感染症（コレラ、O157感染症等）	特定業務への就業制限	一般の医療機関	医療保険適用（自己負担あり）
4類感染症（鳥インフルエンザ〈特定鳥インフルエンザを除く〉、ジカウイルス感染症等）	消毒等の対物措置		
5類感染症（インフルエンザ〈鳥インフルエンザ及び新型インフルエンザ等感染症を除く〉、エイズ、ウイルス性肝炎〈E型肝炎及びA型肝炎を除く〉、新型コロナウイルス感染症〈COVID-19〉等）	発生動向の把握・提供		

新型インフルエンザ等感染症（新型インフルエンザ、新型コロナウイルス感染症等〈COVID-19を除く〉）	入院・宿泊・自宅療養※新型コロナウイルス感染症（COVID-19）については、宿泊療養・自宅療養による対応も可	特定感染症指定医療機関・第1種感染症指定医療機関・第2種感染症指定医療機関	医療保険適用残額は公費で負担（入院について）

※１～３類感染症以外で緊急の対応の必要が生じた感染症についても、「指定感染症」として、政令で指定し、原則１年限りで１～３類の感染症に準じた対応を行う。

出典：厚生労働省「令和５年版厚生労働白書　資料編」より作成

6 難病対策

日本の難病対策は、1972（昭和47）年の「難病対策要綱」から始まりました。

このなかで、難病は❶原因不明、治療方針未確定であり、かつ、後遺症を残すおそれが少なくない疾病、❷経過が慢性にわたり、単に経済的な問題のみならず、介護等に著しく人手を要するために家族の負担が重く、また精神的にも負担の大きい疾病、と定義されました。

療養が長期にわたると負担も大きくなるため、難病患者とその家族を支援するために、2014（平成26）年、『難病の患者に対する医療等に関する法律』（難病法）が制定されました。第１条では難病を「発病の機構が明らかでなく、かつ、治療方法が確立していない希少な疾病であって、当該疾病にかかることにより長期にわたり療養を必要とすることとなるものをいう」と規定しています。

ひとこと

難病法による医療費助成の対象となるのは、原則として「指定難病」と診断され、「重症度分類等」に照らして病状の程度が一定程度以上の場合です。

CHAPTER

2

心理学と心理的支援

CHAPTER 2

SECTION 1

人の心の基本的な仕組みと機能

このSECTIONのポイント

- ◆感情…感情を心理学の側面からひも解きましょう
- ◆欲求・動機づけ…マズローの欲求階層説は重要です
- ◆感覚・知覚…感覚と刺激などについて整理しましょう
- ◆学習・行動…オペラント条件づけなどの学習理論をおさえておきましょう
- ◆認知…記憶の性質や種類について覚えましょう
- ◆知能・パーソナリティ…知能の種類、また、パーソナリティの理論は提唱者も覚えましょう
- ◆集団…集団の作用やPM理論を学びます
- ◆適応…防衛機制は区別できるように理解しましょう

重要度C　感情

感情とは**さまざまな刺激により生じた喜怒哀楽のこと**をいいます。プルチック（Plutchik, R.）は喜び、期待、怒り、嫌悪、悲しみ、驚き、恐れ、受容の8つを基本感情とし、それぞれの感情があわさって新たな感情が生まれるとする立体モデルを唱えました。これらの感情は、社会との関わりのなかで変化し複雑化していくと考えられます。

感情には、**情動・情緒**、**気分**、**情操**などがあります。それぞれの特徴は、次のとおりです。

■感情の主な種類

情動・情緒	**生理的な反応**を伴い、急激に生起してすぐに消失（**怒り**など）
気分	**生起した原因は曖昧**であり、一定で、**長時間持続**
情操	芸術、文化などの学習を通して獲得し、**持続的**

重要度 A

欲求・動機づけ

1 欲求とは

欲求は人間の行動の原動力であり、**一次的欲求**（**生理的欲求**）と**二次的欲求**（**社会的欲求**）に分類できます。

■欲求の種類

一次的欲求（生理的欲求）	生まれもった欲求、生命の維持に必要な欲求（呼吸、食欲、水分補給、睡眠など）
二次的欲求（社会的欲求）	社会との関わりのなかで後天的に生じる欲求（人に必要とされたい、認められたいなど）

2 マズローの欲求階層説

マズロー（Maslow, A. H.）は、人間の欲求を**5**段階に分け、下位の欲求が満たされることで次の欲求が出現するという、**欲求階層説**を提唱しました。

■マズローの欲求階層説

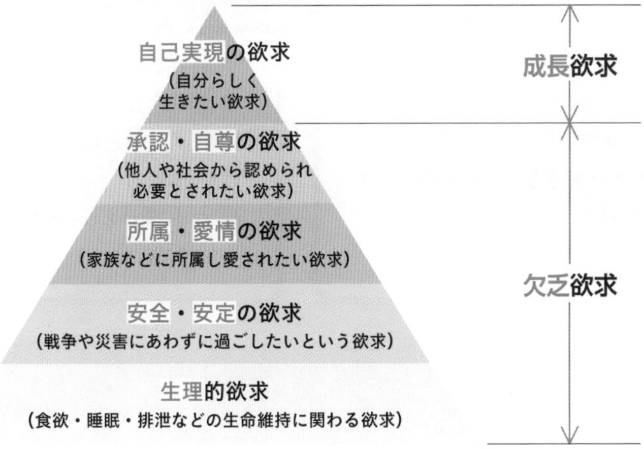

例題

Q 階層の下から３番目の欲求は、多くのものを得たいという所有の欲求である。〔第33回−問８〕

A × マズローの欲求階層説の階層の下から３番目の欲求は、家族などに所属し愛されたいという所属・愛情の欲求である。

3 動機づけ（モチベーション）と行動

動機づけとは行動を起こし、方向づけ、持続させる一連の心理過程をいいます。この行動を引き起こす自分の心のなかで発生する要因を**動因**、行動を引き起こす外からの刺激となる要因を**誘因**といいます。

動機づけには**生理的動機づけ**と**社会的動機づけ**があります。生理的動機づけは生きるために必要な行動（食べる、寝る、排泄など）を引き起こす一連の心理過程で、社会的動機づけはさまざまな社会経験からつくられる行動様式（勉強をする、友達をつくるなど）を引き起こす一連の心理過程をいいます。

また、社会的動機づけには、**内発的動機づけ**と**外発的動機づけ**があります。

内発的動機づけと外発的動機づけ

□ **内発的動機づけ**
行為そのものに喜びを感じることで、動機づけが強くなる
例 音楽が好きなのでピアノのレッスンに通う

□ **外発的動機づけ**
他者や社会など外からの賞賛や報酬、罰などの誘因が、動機づけを強める
例 お小遣いをもらえるので、家事の手伝いをする

4 達成動機と原因帰属

目標を達成しようとする思いを、**達成動機**といいます。そのために起こした行動の結果である失敗や、成功の原因がどこにあるのか考えることを**原因帰属**といいます。達成動機の高い人は原因帰属を内的要因に求め、低い人は原因帰属を外的要因に求める傾向にあります。

■達成動機と原因帰属

達成動機	原因帰属	
高い人 例 好成績で試験に合格したい	成功 自分の能力が高い、努力した 失敗 自分の努力が足りなかった	**内的要因**
低い人 例 試験にさえ合格すれば成績は関係ない	成功 運が良かった、試験が簡単だった 失敗 運が悪かった、体調が悪かった	**外的要因**

ひとこと

達成動機の低い人は、失敗を自分の能力のなさという内的要因に求める場合もあります。

例えば、達成動機の高い人は、一緒に働く同僚として有能な人を選び、高い目標を設定し困難な課題に果敢に挑戦しようとします。また、自分の決断に対する**責任**や、**成果**についても重視します。

例題

Q 達成動機の高い人は、自分が取り組んだ課題に失敗すると、その原因を運などの外的要因のせいにする。〔第28回-問８・改〕

A ×　達成動機の高い人は、失敗の原因を自分の努力不足などの**内的要因**に求める。

重要度 A

感覚・知覚

1 感覚

感覚とは、外からの情報を目や耳などの器官が受容する過程のことです。感覚には**五感**（視覚・聴覚・味覚・嗅覚・皮膚感覚〈触覚〉）や運動感覚、平衡感覚、内臓感覚などがあります。

◆適刺激・不適刺激

目・耳・舌・鼻・皮膚のような**感覚受容器が通常感受できる刺激**を**適刺激**、**感受できない刺激**を**不適刺激**といいます。例えば、耳に音声は適刺激、鼻ににおいは適刺激ですが、耳ににおい、鼻に音声は不適刺激となります。

◆刺激閾・弁別閾

刺激を感じることのできる**最小の量**を**刺激閾《いき》**（**絶対閾**）、それ以上刺激が強くなっても変化を感じることができないような最大刺激強度を**刺激頂**、感覚の変化がわかる刺激の**最小の変化量**を**弁別閾**（**丁《ちょう》度《ど》可知差異**）といいます。

ひとこと

同一の刺激を繰り返すことにより、その刺激に対する反応が段階的に低下していく現象を**馴化（じゅんか）**といいます。逆に、馴化した刺激に対して新しい刺激を見せると、刺激に敏感に反応することを**脱馴化**といいます。

例題

Q 二つの異なる刺激の明るさや大きさなどの物理的特性の違いを区別することができる最小の差異を、刺激閾という。

〔第33回－問９〕

A ×

刺激閾は、刺激を感じることができる**最小の量**をいう。記述は、**弁別閾**の説明である。

2 知覚

知覚とは感覚情報を基にして外界の様子を知る働きのことをいいます。人が利用する知覚情報の約 8 割が**視覚情報**だといわれています。

知覚の働きには、次のものがあります。

●ここがポイント

知覚の主な働き

明順応

暗い 場所から急に **明るい** 場所に移動したときに徐々に明るさに慣れること

暗順応

明るい 場所から **暗い** 場所に移動したときに徐々に暗さに慣れること

群化

図が **近接**、**類同**、**閉合** などに影響され、まとまりとして捉えられること

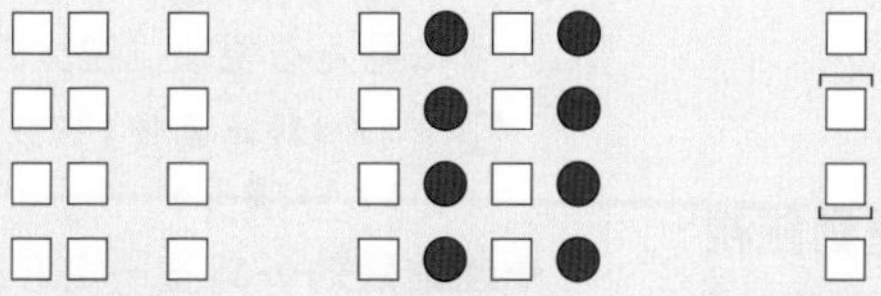

【近接】

□が左側に2列、右側に1列並んでいるように見える

【類同】

□と●が縦に2列に並んでいるように見える

【閉合】

かっこで閉じられた□がまとまっているように見える

知覚の体制化

無秩序に見えるものを **意味** づけて、まとまりのあるものへとつくり上げること

【ルビンの杯】

「図と地」が反転する図。右の図の白い部分を杯として知覚した場合、白の部分は「図」となり、黒の部分は「地」となる（図と地の分離）。人の顔と知覚した場合は、「図」と「地」が逆になる

知覚の恒常性

刺激が物理的に **変化** をしても、その刺激そのものの**性質**（大きさ、形、色、明るさ）**を保とうとする働き**

例 遠くにいる人は小さく見えるが、その人自身が小さくなったとは感じない（大きさの恒常性）

錯視

目の錯覚のことで、刺激の大きさや形、色、明るさなどが刺激の物理的性質と異なって見える状態

【ミュラー・リヤーの錯視図形】

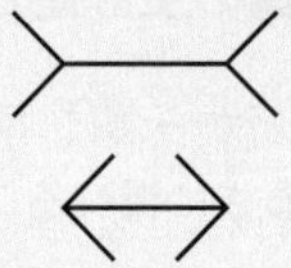

同じ長さの水平線の端に斜めの線を引いた場合、内向きに線を引いた方が短く見える

【エビングハウスの錯視図形】

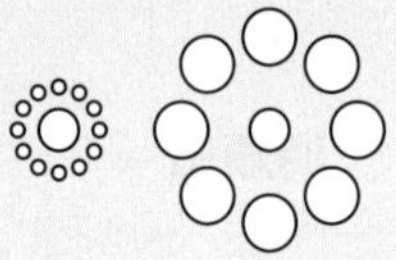

同じ大きさの円の周りに大きな円と小さな円を置いた場合、大きな円を配置する方が中心の円が小さく見える

運動錯視

◆**仮現運動**…大きさや位置などが違う視覚刺激が連続すると、実際には動いていないが**動いているように**見える現象（視覚の知覚的補完の１つ）

例 アニメは静止画像を何枚も連続して表示することで動いているように見える

◆**運動残効**…ある一定方向の動きがあるものを見続けた後、動きのない止まったものを見ると、それが**逆方向に動くように見える**現象

例 滝を見続けていた後に、周辺の岩に目を向けると岩が上方向に動いているように見える

知覚的補完

知覚情報が物理的に一部不足しているが、その不足した**情報を補って知覚**すること

【カニッツァの三角形】

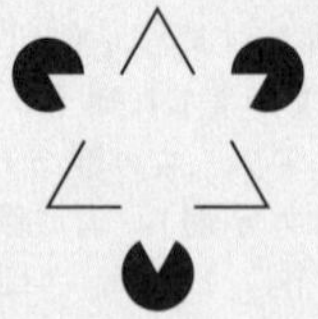

輪郭線がないにもかかわらず、錯視による主観的輪郭で逆三角形を知覚することができる
→輪郭に足りない情報を補って知覚（視覚的補完）

重要度A 学習・行動

学習とは、さまざまな経験を基に獲得される比較的長期間にわたる行動変化のことです。学習理論の代表例と、その実験についてみていきます。

1 レスポンデント条件づけ

レスポンデント条件づけとは、無条件刺激と無条件反応の関係から学習することで、**古典的条件づけ**ともいいます。**パブロフ**（Pavlov, I. P.）が**犬**の実験から理論化しました。

パブロフは、犬が餌を与えられる（**無条件刺激**）と唾液が出るという**無条件反応**に、餌を与える前にベルを鳴らす条件（**条件刺激**）を加えると、無条件反応と同じ反応が起こる（ベルの音に反応して唾液が出る＝**条件反応**）ようになる学習過程を示しました。この条件づけの形成過程は、次のようになります。

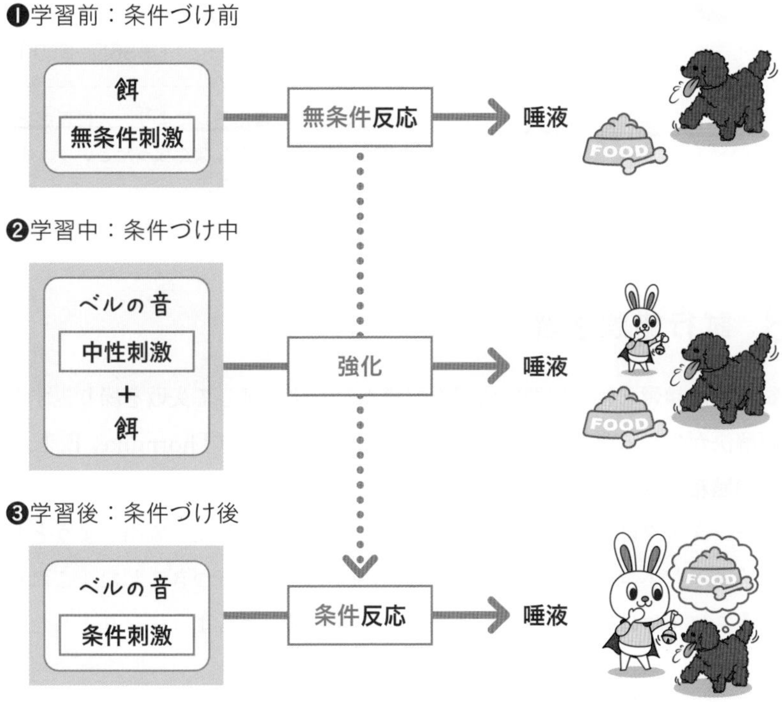

2 オペラント条件づけ

オペラント条件づけとは、報酬や罰によって形成される学習のことで、**道具的条件づけ**ともいいます。レスポンデント条件づけが、受動的に形成されるのに対して、自発的反応で形成されます。**スキナー**（Skinner, B. F.）の**ネズミ**の実験によって理論化されました。

スキナーは、檻（スキナーボックス）に入れられたネズミが、檻の中にあるレバーを押すと餌が出ることを偶然知った後、ネズミはレバー押し行動を増加させることを示しました。これは、**正の強化子**（餌＝報酬を与えられる）によって行動は促進されるというものです。

逆に、**負の強化子**（叱られる、罰を与えられるなど）によって行動は抑制されます。

例題

Q 人に迷惑をかけるいたずらをした子どもを叱ったら、その行動をしなくなった。これはオペラント条件づけの事例である。

〔第36回-問 9〕

A ○ 叱られるという罰（負の**強化子**）により、人に迷惑をかけるいたずらという行動をしなくなったという、オペラント条件づけの事例である。

3 試行錯誤学習

試行錯誤学習とは、問題解決場面で様々な方法を試して失敗を繰り返すうちに、問題解決が生じる学習過程をいいます。**ソーンダイク**（Thorndike, E. L.）が**ネコ**の**問題箱実験**で理論化しました。

ソーンダイクは、ネコを狭い箱に入れる実験をしました。脱出しようとしていろいろ試みたネコは、紐を引っ張ると扉が開くことに気づきました。これを繰り返すうちにネコは箱に入れられると直ぐに紐を引っ張るようになりました。

4 洞察学習

洞察学習とは、課題状況全体の見通しを立ててから行動する学習過程をいいます。**ケーラー**（Köhler, W.）が**チンパンジー**を使った実験で理論化しました。

ケーラーは、天井にバナナを吊るした檻に箱と棒を置き、チンパンジーを入れました。チンパンジーはいろいろ試す前に自分のおかれた状況を考えて、箱をバナナの下に引き寄せ、その上に登って、手にした棒でバナナをたたき落としました。

5 観察学習（モデリング）

観察学習とは、観察だけで学習が成立することをいいます。**バンデューラ**（Bandura, A.）が提唱しました。

バンデューラは、暴力シーンの映像を見た幼児が暴力的な振る舞い（**模倣行動**）をすることを実験で明らかにしました。

例題

Q 「檻の中で天井に吊るされたバナナを取りたいチンパンジーは、すぐさま箱をバナナの下に引き寄せ、その上に登って、手にした棒でバナナをたたき落とした」。これは、学習の形成における洞察学習の例である。〔第28回-問９・改〕

A ○ 記述のチンパンジーの行動は、課題状況全体を見渡し**見通しを立てて行動**しているため、**洞察学習**の例である。

重要度A 認知

認知とは、感覚、知覚、記憶、思考、推論など、人間の全ての知的活動において、情報を処理する過程のことです。認知機能の代表例を３つ、次に挙げます。

■認知機能の代表例

選択的注意	多くの刺激から自分に関係する情報だけを選択して知覚すること 例 パーティー会場のように、人が多くガヤガヤとしている場所でも相手の話を聞くことができる（カクテルパーティー現象）
メタ認知	自分の認知状態、認知行動を把握していること 例 自分は、英単語を覚える方法として、読むだけでは覚えられないのを知っているので、書きながら覚える
パターン認知	●特徴分析モデル…認知対象を部分に分けて、その後統合し、自分の知っている対象に照らし合わせて、認識する過程 例 同じ「あ」なら誰が書いても、その字形の特徴から「あ」と認識する ●鋳型《いがた》照合モデル…あらかじめいくつもの鋳型（パターン）をもっていて、認知対象の特徴を当てはめて認識する過程 例 同じ「あ」であっても筆跡が違えば全て別の「あ」と認識することになるし、「あ」「あ」と大きさが違えば別のものと認識する

1 記憶

記憶は、記銘（情報を入力）、保持（入力した情報を保つ）、想起（保った情報を引き出す）の3つの過程をたどります。記憶はその性質によっていくつかに分類されています。それぞれの性質を次に示します。

■記憶の分類

❶感覚記憶	●外部からの視覚的刺激や、音の特徴を**そのままの形で数秒程度保持**する記憶のこと ●聴覚的記憶、視覚的記憶など
❷作動（作業）記憶（ワーキングメモリー）	短期**記憶**と似た性質をもっていて、短い時間あることを記憶にとどめておくと同時に、頭の中で認知的な作業も行うこと。加齢による影響が顕著にみられる 例 計算問題を解く場合、計算に必要な数字を覚えておきながら計算する
❸短期記憶	**数秒から数分の間、保持できる記憶**であり、記憶容量は7±2チャンク（まとまり）である

❹リハーサル		短期記憶にある情報を復唱したり、イメージを思い浮かべたりして**長期記憶に送る**こと
❺長期記憶 （長期間保持できる記憶）	❻手続き記憶	自転車の運転技術など、体で覚えた記憶
	❼エピソード記憶	過去に自分が経験した出来事についての記憶。加齢による影響が顕著にみられる 例 以前行ったことがあるケーキ屋の場所を、思い出すことができた
	❽自伝的記憶	**自分自身にとって関係の深い**出来事についての記憶 例 子どもの頃に鉄棒から落ちてケガをした
	❾意味記憶	ものごとの**意味**や**概念**などの知識としての記憶 例 日本一大きい湖は琵琶湖である

ひとこと

今後の予定や約束など未来で行うことに関する記憶は、**展望的記憶**といいます。

例題

Q 自転車の運転など、一連の動作に関する記憶は、ワーキングメモリー（作動記憶）である。〔第36回-問10〕

A × 自転車の運転など、体で覚えた記憶は、手続き記憶である。

2 思考

思考とは、問題解決に関わる考え方のことです。問題に対してこれまで学習してきた知識などを思い出して解決する思考（**再生的思考**）と、これまでの学習に新たな考え方などを加えて解決する思考（**創造的思考**）があります。

重要度 B

知能・パーソナリティ

1 知能

知能とは、知的活動を行う際に必要な思考、学習、問題解決などの能力のことをいいます。キャッテル（Cattell, R. B.）は知能を次の2つに分けています。

●ここがポイント

知能の種類

流動性（動作性）知能

生まれながらにもっている能力と深く関係

◆情報処理能力と問題解決能力
→初めて出会う 知識 への反応の速さや正確さ。新しい場面への適応
例 単純な計算、図形の暗記

結晶性（言語性）知能

学校教育や社会生活のなかでの経験と深く関係

◆人生のなかで身についたものを発揮する能力
→ 経験 を通じて理解できた言葉の意味やさまざまな知識
例 一般常識、専門知識、料理手順

◆創造性

創造性とは、何が問題を解決するのに必要かを見定め、独自のアイデアを生み出し、試行錯誤して問題を解決するまでの全過程のことを意味しています。

創造性には、与えられた情報を基に思考を進めていき唯一の解決法を素早く求めるための**収束的思考**と、与えられた情報からさらなる新しい情報を作り出すなど、さまざまな解決の可能性を考える**拡散的思考**（**発散的思考**）があります。

2 パーソナリティ

パーソナリティ（**人格・性格**）とは、個人の特徴的な振る舞いや行動、話し方、思考、価値観などのことをいいます。性格は、人格と同様の意味で用いられることもありますが、特に感情や意志などの行動傾向を意味することで区別されます。

パーソナリティの理論には、主に**類型論**と**特性論**があります。

●ここがポイント

パーソナリティの類型論と特性論

類型論

パーソナリティをいくつかの典型的な例にあてはめ分類することにより、個人の人格の全体像を捉えることができると考える

クレッチマー
(Kretschmer, E.)

精神疾患の人の体型と人格傾向から **体型** によって人格を３つのタイプに分けた

肥満型	●躁うつ気質に多い ●社交的、温厚、気が利く、活発、物事に執着しない　など
細長型	●統合失調症気質に多い ●非社交的、臆病、きまじめ、神経質、内向的　など
闘士型 (筋肉質)	●粘着気質や、てんかん気質に多い ●頑固、几帳面、執着性、激怒しやすい　など

ユング
(Jung, C. G.)

心的エネルギーの方向によって **外向** **型**・**内向** **型**を示した

外向型	●外からの刺激に影響を受けやすい ●自由活発。決定力があり、他人との交流を好む
内向型	●自己へと関心が集中し、社会的関心が低い ●実行力に欠ける

シュプランガー
(Spranger, E.)

人生においてその人が何に価値をおくかによって６つに分類した

経済型	お金や財産に価値をおく
理論型	知識を蓄えることや真理の探究などに価値をおく
審美型	美を求めることに価値をおく
宗教型	宗教心が強く神への奉仕に価値をおく
政治型（権力型）	権力や他人を支配することなどに価値をおく
社会型	他人や社会の役に立つことに価値をおく

特性論

全ての人が**同じ性格特性**をもっているとし、その特性をどの程度もっているかによって個々のパーソナリティが異なると考える理論

オルポート
(Allport, G. W.)

◆一つひとつの性格特性の総和がパーソナリティを表すという視点から、多くの人がもつ共通特性と、ある個人だけがもつ個人特性に分類した

◆**共通特性**をテストによりグラフにし、個人の特徴を記述する **心誌《しんし》**（**サイコグラフ**）を作成した

キャッテル
(Cattell, R. B.)

行動の特徴を示す特性を **因子** **分析**することで、その表面的行動の背後にある人格の根源特性を読み取った

ギルフォード
(Guilford, J. P.)

13因子の性格特性を因子分析により見出し、これを基に日本人向けの **YG性格検査** が作成された

ゴールドバーグ
(Goldberg, L. R.)

◆ **ビッグファイブ**（**５因子モデル**）
人間誰しもが普遍的にもっているであろう特性を❶ **外向** **性**、❷ **神経症** **傾向**、❸ **開放** **性**、❹ **協調** **性**、❺ **誠実** **性**、の５つの因子から捉えた

◆タイプA行動パターン

その他のパーソナリティ理論に、**フリードマン**（Friedman, M.）と**ローゼンマン**（Rosenman, R. H.）が提唱した**タイプA行動パターン**があります。これは、**ストレス**を受けやすい行動パターンのことで、さまざまな疾患を生じやすいとされています。特徴として、チャレンジ精神が旺盛で、目的達成意欲が高く、闘争心・野心が強く、責任感が強い傾向にあります。例えば、同時にいくつもの仕事を引き受けて、次々にやってくる締め切りに追われる、などです。また、達成した場合の褒賞への強いこだわりも見られます。他人に対しては、攻撃性が高い傾向もあります。

例題

Q 新しいことに好奇心を持ちやすいのは、性格特性の５因子モデル（ビッグファイブ）の１つである<u>外向性</u>の特徴である。
〔第35回-問９〕

A × 記述は、**開放性**の特徴である。

重要度A 集団

1 集団

集団とは、影響を与え、与えられながら関係（相互作用）する２人以上の集合体のことをいいます。気をつかわない仲間が行動を共にしているうちに集団ができあがることを**非公的集団**、ある目的のもとで公的に形成される集団を**公的集団**といいます。どちらの集団にも、集団のメンバーに期待される行動基準（**集団規範**）と、集団に対して魅力を感じ自発的に集団に留まろうとする性質（**集団凝集性**）があります。後者の性質が高いほど、**集団思考**※が生じやすくなります。

※集団思考

集団で課題に対し情報や意見を交換していく過程で、危険な意思決定や低いレベルに調子を合わせる傾向になってしまうこと。集団浅慮《せんりょ》ともいう。

◆集団・他者影響

集団から受ける影響についての代表的な理論には、次のようなものがあります。

●ここがポイント

集団・他者影響の代表例

同調行動	集団の多数派の影響や期待により、個人の行動や判断基準、価値基準などを集団の傾向にあわせてしまう現象
社会的促進	◆周囲で見ている人がいると作業が速くなるなど、（第三者がいることによって）個人の作業成績が 向上 する現象 ◆単純な作業や課題で起こりやすい
社会的抑制	複雑な作業を集団で行うと作業量が 低下 すること
社会的手抜き	集団作業の成果が自分に対する影響が**小さい**と判断されると、個人の作業量や努力が 低下 すること
社会的補償	集団作業の成果が自分に対する影響が**大きい**と判断されると、個人の作業量（他人の作業分も含め）や努力が 向上 すること
集団極化	◆集団による意思決定では、討議後の集団の意思決定が討議前の個人の意思決定に比べて、**極端な決定**を行う傾向にあること ◆ リスキー・シフト （より危険性の高い意思決定）と コーシャス・シフト （より安全な意思決定）がある

傍観者効果	緊急な救助を必要としている人がいる場面では、そこに居合わせた人の数が多ければ多いほど**救助されにくくなる**現象
内集団ひいき（内集団バイアス）	個人が属している集団（ **内集団** ）には好意的な態度をとり、個人が属していない集団（ **外集団** ）には差別的な態度をとること
社会的ジレンマ	集団の成員の多くが個人の利益を追求することで、集団全体として大きな不利益となる結果が生じること
ホーソン効果	他者の期待に応えたいという思いから、作業効率が上がること

◆対人認知

対人認知（**他者の表情や行動からどんな人間か読みとること**）の代表的な理論は次のとおりです。

■対人認知の理論

単純接触効果	頻繁に接触する人に対して、好意を持ちやすくなる
ピグマリオン効果	自分がある相手に期待をかけることにより、自然と相手がその期待に沿った行動をとるようになる効果
ハロー効果	ある側面で望ましい（望ましくない）特徴をもっていると、**ほかの面への評価**も同様に望ましい（望ましくない）ものとなる効果
ブーメラン効果	**自分が嫌いな相手**が自分と同じ意見を主張すると、相手とは逆の意見を主張するようになる
スリーパー効果	信憑《しんぴょう》性の低い人による説得は、説得直後には効果が薄く、**一定時間が経った後**に効果を発揮しやすい

フット・イン・ザ・ドア	大きな要請をしたい場合、最初に小さな**要請**を承諾させ、後に**本命**の要請をすると、**承諾されやすくなる**
ドア・イン・ザ・フェイス	小さな要請が本命の場合、最初に大きな**要請**をして**拒否**されることで、**その後の小さな要請が通りやすくなる**
ステレオタイプ	相手を性別や人種、職業などの固定化したイメージで判断してしまう

例題

Q 作業をするときに見学者がいることで、一人で行うよりも作業がはかどったのは、傍観者効果の事例である。

〔第35回−問10〕

A × 記述は、**社会的促進**の事例である。

2 リーダーシップ

リーダーシップとは、集団のなかで影響力をもつ人物（リーダー）が、その能力や行動力を集団の目標達成や集団維持のために発揮することをいいます。

◆PM理論

三隅二不二《みすみじゅうじ》が提唱した**PM理論**は、**リーダーシップ**に必要な能力を、

❶集団目標を**達成させる機能**（Performance Function：P機能）

❷集団を維持しまとめていく機能（Maintenance Function：M機能）

に大別し、その機能の高低で集団の生産性の傾向を理論化しています。

■三隅二不二のPM理論

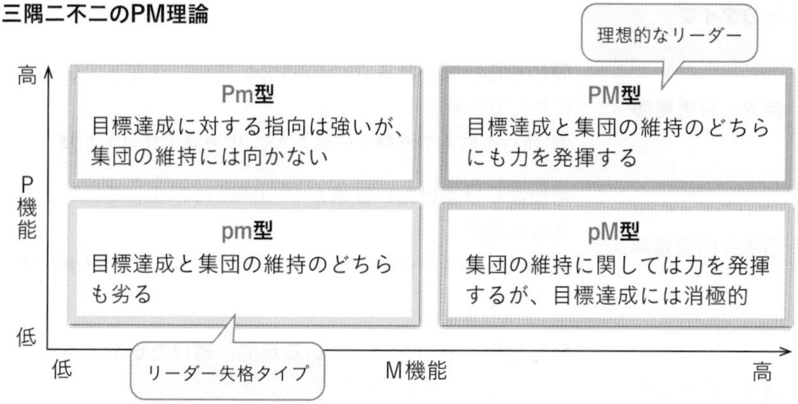

現在では、さまざまなリーダーシップ理論が論じられており、PM理論のように一貫した態度だけではなく、臨機応変さを重視する理論もあります。

重要度 B　適応

1　適応と不適応

適応とは、個人と環境の調和が維持され、個人の心理的安定が保たれている状態です。適応を図るための行動には、環境に自分を合わせようとする消極的な面だけではなく、環境に積極的に働きかけるものもあります。

一方、**不適応**とは、欲求や願望が阻止され、心身に好ましくない状態をいいます。不安感、焦燥感、劣等感などのような心理的に不安定な兆候や動悸、頭痛、胃痛などの身体症状もみられることがあります。

2　葛藤（コンフリクト）

同時に複数の欲求をもち、その**両立が難しい欲求**の間で板ばさみになり、迷い悩む状態のことを葛藤といいます。

葛藤は3つに分類でき、ラザルス（Lazarus, R. S.）はさらに「二重接近―回避葛藤」を付け加えました。

葛藤のタイプ

接近―接近葛藤	**同じくらい惹かれる**2つの欲求が同時に存在しているときに生じる葛藤 例 旅行の計画で沖縄(接近)か、北海道(接近)か迷う
回避―回避葛藤	可能ならば**避けたい欲求**が2つ同時に存在しているときに生じる葛藤 例 勉強したくない(回避)が、成績が悪くなるのも避けたい(回避)
接近―回避葛藤	**同じ対象**に魅力を感じている反面、避けたい欲求も存在しているときに生じる葛藤 例 風邪を早く治したい(接近)けれど、注射は避けたい(回避)

＋

二重接近―回避葛藤	接近―回避葛藤が重複するときに生じる葛藤 例 スマートフォンの購入で、製品Aと製品Bで迷うが、どちらの製品にも利点もあれば欠点もある(製品Aにも製品Bにも接近―回避葛藤が生じる)ことで悩む

3 欲求不満(フラストレーション)

欲求不満とは、何らかの原因によって**欲求が満たされていない**状態のことを指します。欲求不満状態に陥ると、次のような反応がみられます。

欲求不満の反応様式

- 八つ当たりのような攻撃的な行動(**攻撃反応**)
- 欲しかったものとは異なるもので代用しようとする行動(**代償反応**)
- 子どもじみた行動(**退行反応**)
- その行動自体で欲求不満状態が解消されるわけではない、意味のない行動をとり続ける(**固着反応**)
- 感情を抑えつけ、意識にのぼらせないようにする(**抑圧反応**)

◆フラストレーション・トレランス（欲求不満耐性）

欲求不満に耐える力のことをいいます。この力が高いと欲求不満状態にうまく適応できます。この力が低いと不適応状態に陥りやすくなります。

4 防衛機制（適応機制）

欲求不満や不安な状態が続くと心身共に不適応な状態に陥ります。そこで、**心理的に安定状態を保つためにとる行動**のことを**防衛機制**（**適応機制**）といいます。防衛機制には良い方向へ向かうような機制（昇華など）がある一方で、効果の低い機制（退行など）もあります。

■防衛機制

抑圧	無意識に**押し込めて意識しない**ようにすること **例** 片想いの気持ち自体を抑えこみ意識にのぼらせないようにする
逃避	空想などをして**現実から逃げる**こと **例** 片想いの相手と両想いになっている空想をする
退行	避けがたい状況に対して、**発達過程が前段階に逆戻りした行動**をとること **例** 下に弟妹が生まれると、兄姉は甘えたいという思いから泣いたりして周囲の気を引こうとする
代償	当初の目的達成が難しいとき、**代わりに達成しやすい目標や欲求**で満たすこと **例** 前から欲しかったネックレスが売れてしまっていたので、似たデザインのものを買って満足感を得る
補償	劣等感や欲求不満を力の源にして、その原因を取り除こうと（**直接補償**）したり、違う方向性を見出す（**間接補償**）ことで劣等感などに対処すること **例** 水泳が不得意な場合、練習を重ねて克服しようとする（直接補償）、または水泳の代わりに陸上競技を頑張る（間接補償）

合理化	欠点や失敗を正当化したいがために、自分にとって都合の良い理由をつけて説明すること 例 テストの結果が悪かったときに「試験時は体調不良だったから」などと言いわけをする
昇華	そのままでは満たされにくい欲求や衝動を、より高次の価値がある社会的に容認されるような形で満たそうとする 例 恋人が欲しいという気持ちを紛らわすために仕事に没頭する
同一化（同一視）	自分がもつ願望をすでに叶えている他者に自分を重ねることで満足する 例 あこがれのファッションモデルの着ている服と同じ服を着ることで満足する
投影（投射）	自分のなかにある欲求や感情が**他人のなかにもあるように思う**こと 例 片想いの相手も自分のことが好きなのではないかと考える
置き換え	ある対象に対して感情や欲求を表明するのが難しいとき、**他の対象**にそれを向けること 例 先輩に叱られた欲求不満の感情を、後輩に八つ当たりして晴らす
反動形成	本当の欲求や感情からくる行動とは真逆の行動をとること 例 好きな子に意地悪をしてしまう
知性化	知的な活動をすることや理論的に考えることで、欲求不満や不安をコントロールすること 例 重病を宣告された患者が、病気に関するさまざまな知識を身につけて「治す方が難しい」と判断すること

例題

Q 苦手な人に対していつもより過剰に優しくした。これを投影という。　〔第31回-問11〕

A × 本当の感情とは真逆の行動をとっているので、反動形成の説明である。投影は自分のなかにある感情が、他人のなかにも同じようにあるように感じること。

CHAPTER 2
SECTION 2

人の心の発達過程

このSECTIONのポイント

- ◆発達の概念…遺伝説と環境説について理解しましょう
- ◆発達段階と発達課題…各発達段階理論を整理しましょう
- ◆発達のために必要な要素…臨界期などの用語をおさえます
- ◆乳幼児期の発達…物事ができるようになる時期を整理します

重要度B　発達の概念

1 発達

発達とは、受精から死に至るまでの心身の形態や機能の質的・量的変化のことをいいます。**成長**ということばもよく使われますが、これは特に量的な変化（背が伸びる、体重が増えるなど）を指します。発達心理学では受精から死に至るまでの心身の変化を発達（**生涯発達**）と捉えます。

例題

Q 発達心理学では、時間的経過による発達的変化についての一般的な特徴や法則性を明らかにすることから、出生後から心身の成熟する成人期までを対象範囲としている。〔第26回-問11〕

A ×　受精から死に至るまでの一生を対象範囲としている。

2 遺伝と環境

発達に影響する要因には、**遺伝**と**環境**があります。現在では、遺伝と環境のどちらも発達に大きな影響を与えると考えられています。

●ここがポイント

遺伝説と環境説

	遺伝説 **（成熟優位説）** ゲゼル（Gesell, A.） **双子**の実験 （双生児統制実験）	◆人の発達は、**内在する遺伝的なもの**が時間の経過とともに現れる ◆**学習を成立させるための心身の発達の準備性**（ レディネス ）を重視する
	環境説 **（環境優位説）** ワトソン （Watson, J.）	人の発達には、後天 **的な環境**（養育環境、学習〈経験〉など）が影響を与える
遺伝説・環境説	**輻輳《ふくそう》説** シュテルン （Stern, W.）	人の発達には、**遺伝的要因**と**環境的要因**が独立した状態で、それぞれ足し算的に影響を与える
	環境閾値《いきち》説 **（相互作用説）** ジェンセン （Jensen, A.）	遺伝的素質は、**環境がある程度整わないと現れず**、一方で環境が整っていても遺伝的素質が現れるには限界があるとし、**遺伝と環境が相互に作用する**

例題

Q 環境優位説では、周囲への働きかけや環境及び出生前の経験を重視する。 〔第28回-問12〕

A × 環境優位説では、**後天的な環境**（養育環境、学習〈経験〉など）が影響を与えると考える。

重要度 A

発達段階と発達課題

発達において、いくつかの特徴をもつ時期をまとめたものを**発達段階**といいます。また、各発達段階において、越えていかなくてはならない課題のことを**発達課題**といいます。ここでは、フロイトとピアジェ、ハヴィガーストとエリクソンの発達段階説をみていきます。

1 フロイトの発達段階説

フロイト（Freud, S.）は、乳児期から青年期までの発達について、**リビドー**（**性的衝動**）と身体の部位に関係させた発達段階説を主張しました。

■リビドー（性的衝動）に基づく発達段階説

口唇期	乳児期	口唇（授乳）の満たされ方により、人格形成に影響を与える 例 十分な授乳により、周囲への信頼を育む
肛門期	1～3歳	**排泄**のしつけに代表されるように身辺自立が重要となる 例 排泄のしつけがあまりされていなければ、自立に問題を抱えやすい
男根期	3～6歳	性の違いがわかる時期で、**性差**を意識する教育を受ければ将来に影響する 例 この時期に「男の子だから○○すべき」としつけられるとそれに従った、男らしさを基準に行動するようになる
潜伏期	小学生	リビドーを自分で抑制し、**社会の規律**を学ぶ教育がされる 例 この時期にそうした抑制がなされないと、青年期でリビドーを自律するのが難しくなる
性器期	青年期	リビドーを自律し青年への自立を図る 例 リビドーの発達の段階を経て成長すると、精神的に自立し、異性とのつきあいも自然にできるようになる

2　ピアジェの発達段階説

ピアジェ（Piaget, J.）は、思考・認知の発達の観点から発達特徴をまとめました。彼の主張した発達段階説は、人が**感覚運動期**、**前操作期**、**具体的操作期**、**形式的操作期**の順に段階を踏み、認知の能力が発達していくと考えるものです。

■思考・認知の発達段階説

感覚運動期	0～2歳	●生得的な運動能力（**泣く・握る・吸う**など）を使い、外界に働きかけて学んでいく段階 →泣くと周囲の大人が対応してくれる。これを繰り返すことで、信頼や愛情を学んでいく ●**対象の永続性の獲得**（6～8か月頃） 目の前からそれまで見えていた物や人がなくなっても、この世から消え去ったわけではないことを理解できるようになる →「いないいないばあ」をすると喜ぶようになる
前操作期	2～7歳	●**操作**（**イメージ・推測・思考などの働き**）の発達が未発達ではあるものの、機能するようになってくる段階 →自己中心的な思考が見られることが特徴 ●ごっこ遊びなどが盛んになる一方で、見た目に惑わされやすい時期であり、数量の保存課題ができない 数量の保存  4歳前後の幼児に、図❶のように並べた同数のおはじきを見せた後、❷のように黒のおはじきを広げて置き「どちらが多いか」尋ねると、**見た目に惑わされて**「黒いおはじきの方が多い」と答えてしまう →7歳頃以降になると**見た目に惑わされることなく**、加えたり引いたりしない限り、数量に変化はないことが理解できるようになる
具体的操作期	7～11歳	●**可逆的な操作**（加えたり引いたりすること）で理解ができる段階 ●**数量の保存**の理解ができるようになる

		●**抽象的な概念（愛・平和など）**は理解しにくく、先を予測した行動はまだ難しい
形式的操作期	**11歳以降**	抽象的な概念の理解が進み、**実際に行ってみなくても**危険性や可能性を考えることができる

例題

Q 形式的操作期には、思考の自己中心性が強くみられる。

〔第34回-問10〕

A ×　思考の自己中心性が強くみられるのは、**前操作期**の特徴である。

3 ハヴィガーストの発達課題

ハヴィガースト（Havighurst, R.）は、人が成長するための、社会から求められている能力や役割があると主張し、各発達段階で達成すべき**発達課題**があるという概念を初めて唱えました。

■ハヴィガーストの発達課題

乳幼児期	**0～6歳**	●歩行、会話、排泄など**生きるのに必要な基本的生活習慣**を獲得する ●**善悪の区別**を習得する
児童期	**6～12歳**	●読み書き計算など**日常生活に必要な基礎的知識や技能**を獲得する ●集団との関わりのなかで協調性を習得する ●良心や道徳観を学び発達させる
青年期	**12～18歳**	●親やほかの大人たちから**精神的・経済的な独立**を目指す ●男女間で成熟した関係をつくる ●職業や結婚の準備をはじめる ●社会に責任ある行動をとる

壮年初期	18〜30歳	●就職する ●結婚相手を選び、家族を形成し子育てする ●社会的責任を負う ●自分にふさわしい**社会集団**を選択する
中年期	30〜55歳頃	●経済力を獲得する ●社会的責任を果たす ●青年期の子どもたちを指導する ●老年の両親を支える
老年期	60歳以降	●衰えていく身体へ適応していく ●同年代の高齢者と親しく好ましい関係を築く ●社会的責任を引き受ける ●伴侶の死を受け入れ一人暮らしに適応する

4 エリクソンの発達段階説

エリクソン（Erikson, E.）は、**ライフサイクル**（**生涯発達**）の観点から発達特徴をまとめました。発達課題を「○○対●●」とし、○○は越えるべき発達課題、●●は発達課題を越えられなかった場合の危機状態としました。

■エリクソンの発達段階説

発達段階	発達課題（と危機）	発達特徴
乳児期（0〜1歳頃）	「**信頼**」対「不信」	親に代表される**養育者**との関係から、周囲にある環境への**信頼**感をもつことができる段階
幼児期前期（1〜3歳頃）	「**自律性**」対「恥・疑惑」	自らの意思で、自分自身の体のコントロールができるようになる段階
幼児期後期（3〜6歳頃）	「**積極性**」対「罪悪感」	**自発的**に行動することを学ぶ段階
児童期（学童期）（6〜12歳頃）	「**勤勉性**」対「劣等感」	学校などで与えられた**課題**を達成することで有能感を獲得する段階
思春期・青年期（12〜20歳頃）	「**同一性**」対「同一性拡散」	**自我同一性（アイデンティティ）の獲得**。自分とは何者なのかを理解する段階

成年期前期 (20歳〜30歳頃)	「親密性」対 「孤立」	**家族以外の人間**と親密な関係を築く段階
成年期後期 (30〜65歳頃)	「生殖性」対 「停滞」	次の世代を育てる(子育て、後輩育成)段階
老年期 (65歳頃〜)	「自我統合」対 「絶望」	自分の人生を省みて受け入れる段階

重要度 B 発達のために必要な要素

子どもの健やかな発達のために必要な要素として次のようなものが挙げられます。

◆アタッチメント

アタッチメント(愛着)とは、乳幼児期の発達初期に、特定の人との間に築かれる情緒的な絆、愛情のことをいいます。アタッチメント理論(愛着理論)を提唱したボウルビィ(Bowlby, J.)は、生後2〜3年の時期に、養育者との相互作用により形成される他者との関係の捉え方として機能する**内的ワーキングモデル**が重要であり、この間に養育者からの適切な愛情が不足すると、発達に何らかの問題が生じるとしました。

また、**ハーロー**(Harlow, H.)は、**アカゲザルの代理母の実験**から生後8週以内にスキンシップが欠けた子どものサルには、後に精神的に深刻な問題が起こることを明らかにしました。このことから、アタッチメントには**スキンシップなどの温かさやぬくもりが重要**であることも示されました。

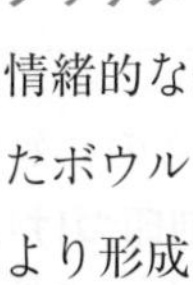

ひとこと

エインズワースらは、愛着の質を測定する実験方法としてストレンジ・シチュエーション法を開発しました。結果は、一般的にはA群(**回避**型)、B群(**安定**型)、C群(**アンビバレント**型)に分類され、A群とC群を合わせて不安定群と呼び、虐待との関係性が指摘されています。

例題

Q 乳幼児期の愛着の形成により獲得される内的ワーキングモデルが、後の対人関係パターンに影響することは稀である。

〔第32回-問10〕

A × 内的ワーキングモデルは重要であり、この間に養育者からの適切な愛情が不足すると、**発達に何らかの問題が生じる**とされている。

◆臨界期

発達には機能を獲得するために適した時期があります。これを**臨界期**といいます。臨界期を過ぎると、機能の獲得に時間がかかったり、獲得が難しくなったりします。臨界期の例としては、次のようなものがあります。

臨界期の例

- ハイイロガンなどの鳥類のヒナが、孵化《ふか》直後に出会った動くものに対して親だと思いこんで追いかける現象 → **インプリンティング（刻印づけ）**
- 11〜12歳と思われるアヴェロンの野生児は、イタール医師によって献身的に教育された結果、基本的生活習慣は獲得できたが、言語能力は十分に獲得できなかった
→ 言語能力においても臨界期が示唆《しさ》された

◆発達の最近接領域

ヴィゴツキー（Vygotsky, L.）は、子どもの知的発達には、**自分で問題解決できる領域と、他者からの援助がないと解決できない領域**があると考えました。この2つの差を**発達の最近接領域**といいます。彼は、教育において、この最近接領域にこそアプローチして援助し有効に活用すべきだとしました。

◆アイデンティティ・ステイタス

発達心理学者のマーシア（Marcia, J. E.）は、アイデンティティの形成過程をみる基準を**危機**（**自分の生き方などについて思い悩むこと**）と**傾倒**（**自分の思い

をもって選択・行動をすること）で表しました。

危機と傾倒がどのような状態かによって、次の４つのアイデンティティ・ステイタスがあるとしています。

■ 4つのアイデンティティ・ステイタス

確立状態 （アイデンティティ達成）	**危機**を経験し、主体的に自分の人生を選択して歩んでいる状態
早期完了状態	**危機**を経験していないにもかかわらず、主体的に自分の人生の選択をしているため、一見するとアイデンティティが確立されているようにみえる状態のこと（**傾倒**だけができている）
モラトリアム状態	主体的に自分の人生の選択をするため（**傾倒**しようとしている）に、**危機**を経験している最中
拡散状態 （アイデンティティ拡散）	**危機**の経験の有無にかかわらず、自分の人生の選択を主体的にできていない状態（**傾倒**ができていない）

ひとこと

アイデンティティ・ステイタスは、生涯を通して変化していきます。

例題

Q ハイイロガンのヒナは孵化《ふか》直後の臨界期に出会った運動体に対して、後追い行動をする。〔第25回-問12〕

A ○

臨界期とは、**発達機能を獲得するために適した時期**のこと。ハイイロガンのヒナにとっては孵化直後にあたる。記述の行動は**インプリンティング**（**刻印づけ**）という。

重要度 B

乳幼児期の発達

乳幼児は次のような発達過程をたどります。

■乳幼児の発達過程

	運動面	情緒面・社会性	言語面
1か月	腹ばいで頭をあげる（パラシュート反射）、手のひらを指でなでると握る（把握反射）などの原始反射の出現（6か月頃から消失）	快・不快の感情がみられる 自発的に微笑む表情を浮かべる（新生児微笑）	音に反応する
2か月			**「あー」「うー」など意味のない発声**（クーイング）がみられはじめる
3か月	**首がすわる**	**あやすと笑う**（社会的微笑） 母親を覚える（特定の人に働きかける）	
5か月	寝返りをする **離乳食**がはじまる	声の方を見る	
6か月		鏡に映った自分の顔や、名前に反応する	**意味のない音節**（喃語）を発するようになる
7か月	コップから飲みものを飲む 支えがなくてもお座りができる **支えられて立つ**	親しみと怒った顔がわかる 声からその人の感情がわかる	
8か月	ハイハイする	人見知り（2～3歳まで続くこともある）	
9か月	つかまり立ちができる	共同注意（子どもが親などの他人と同じものを見る行動） 親のまねをしはじめる	
10か月	つたい歩きができる	興味があるものを指さす	
11か月	なぐり描きをする		

12か月	ひとり歩きができる 物を指でつまむ	簡単な言われたことをやる 社会的参照※が見られる	1語**文**（ママ・パパなど**意味のある言葉**〈初語〉）を話す
1歳半	階段登りができる **ストロー**を使って飲む **スプーン**を使う	**嫉妬する** ごっこ遊びをする	急激に語彙を学習するスピードが上がる語彙爆発が起きる
2歳	走ったり、ボールを蹴ったりできる	第一反抗**期**により、周りと協調できるようになる 自己抑制が発達する（2〜4歳）	2語**文**を話す（**1歳半〜2歳**） 「これ何？」のような質問が多くなる（**第一質問期**）
2歳半	1人で排泄ができる		自分の名前が言える
3歳	はさみや箸を使うことができる	友達と協力して遊ぶ	「どうして？」のような質問が多くなる（**第二質問期**）
3歳半	自分で衣服の脱ぎ着ができる		
4歳		集団遊びの決まりごとを守れるようになる	
5歳	スキップができる		

※社会的参照
子どもが新奇な対象に出会ったときに、大人の表情を手掛かりにして自分の行動を決める現象。

例題

Q 共同注意とは、他者との友情を構築することを示す。
〔第35回-問11〕

A ×　共同注意とは、子どもが親などの他人と**同じもの**を見る行動をいい、9か月頃からみられるようになる。

CHAPTER 2

SECTION 3

日常生活と心の健康

このSECTIONのポイント

- ◆ストレスのメカニズム…ストレスの意味、反応について理論的に理解しましょう
- ◆ストレスが引き起こす心理的反応…適応障害やPTSDのような障害について、症状を整理しておきましょう
- ◆ストレスマネジメント…コーピングの知識が重要です

重要度B　ストレスのメカニズム

1　ストレスとストレッサー

ストレスとは、セリエ（Selye, H.）によって提唱された、何らかの**原因**（**ストレッサー**）によって**引き起こされる反応**（**ストレス反応**）の一連の総称のことです。ストレッサーには次のようなものがあります。

■ストレッサーの概要

ストレッサー	提唱者	内容
ライフイベント	**ホームズ** (Holmes, T. H.) **レイ** (Rahe, R. H.)	●結婚、家族の死など人生の出来事 ●日常生活に影響を与えやすい出来事（例 近親者の死）ほど反応が生じやすくなる
デイリーハッスル	**ラザルス** (Lazarus, R. S.) **フォルクマン** (Folkman, S.)	●毎日満員電車に乗って通勤するなど、日常生活に起こるいらだちを意味する ●継続的に起こるとストレス反応が生じやすくなる

2 ストレス反応

ストレッサーによる体への反応として**セリエ**の**汎**《はん》**適応症候群**（ストレッサーにさらされ続けると起こる生理的身体反応）があります。

■汎適応症候群の 3 段階

警告 (反応)期	ストレッサーにより身体が緊急的に反応している時期。低体温、低血圧、低血糖など抵抗力が低下する**ショック**相を経て、抵抗力が高まり体温、血圧、心拍の上昇などがみられる**反ショック**相に移行する
抵抗期	抵抗力が高まり、ストレス状況にうまく適応した時期。エネルギーを消費しすぎると抵抗力が顕著に低下し、**疲弊**期に移行する
疲弊期	外界からの刺激を長期間受け、生体のエネルギーが限界を超えた時期

例題

Q 汎適応症候群（一般適応症候群）における抵抗期とは、外界からの刺激を長期間受け、生体のエネルギーが限界を超えた時期のことである。〔第34回-問12〕

A × 記述は、**疲弊**期の説明である。

重要度 B ストレスが引き起こす心理的反応

ストレスによって引き起こされる障害は、次のものが代表例として挙げられます。

1 適応障害

適応障害とは、**ストレスが明確な原因**となっている心理的反応や症状のことをいいます。不安、焦燥《しょうそう》感、**抑うつ**（気分の落ち込み）、無気力状態（**アパシー**）などの抑うつ症状や睡眠障害、食欲不振、不定愁訴などの身体的症状、遅刻や欠勤などの行動がみられます。

2 急性ストレス障害

急性ストレス障害（ASD：Acute Stress Disorder）とは、強いストレッサーを体験した**直後**に起こる**一時的な**ストレス反応をいいます。心的外傷後ストレス障害（**PTSD**）に似た症状が出ますが、PTSDが1か月以上症状が続くのに対し、ASDは一時的なものです。

3 心的外傷後ストレス障害

心的外傷後ストレス障害（PTSD：Post Traumatic Stress Disorder）とは、**強烈な体験**（災害、事件、事故など）が強いストレッサーとなり、精神的に不安定な状態が長く続くことをいいます。突然、外傷体験を思い出し（**フラッシュバック体験**）パニックに陥る、不眠、食欲不振などの症状が現れます。フラッシュバックなどにより、過度の緊張状態が継続する状態を**過覚醒**といい、フラッシュバックや過覚醒の状態になることを避けようとするために、外界に対する活動や反応が低下してしまう**回避症状**がみられることがあります。症状が発症する、しないは、レジリエンス（自然な回復を生じる力）があるかどうかも関係しているため、個人差があります。

ひとこと

PTSDの概念により、戦争や自然災害、犯罪被害体験など心理的障害の原因を統一的に論じることが可能になりました。

例題

Q 過覚醒とは、心的外傷体験に関する刺激を持続的に避けようとすることである。〔第33回-問12〕

A × 過覚醒とは、フラッシュバックなどにより、過度の緊張状態が継続する状態をいう。

4 燃え尽き症候群（バーンアウト）

フロイデンバーガー（Freudenberger, H. J.）が提唱した燃え尽き症候群は、継続的に達成感が得られず、努力が報われにくい状況で、やる気ややりがいを失って、心身共に疲れ果ててしまう**不適応状態**を指します。福祉や学校現場に代表されるような**感情労働の現場で生じやすい**といわれています。個人と組織の両面でストレス管理に取り組むことが予防策となります。

マスラック（Maslach, C.）らは、バーンアウトの概念や測定を研究し、**バーンアウト尺度**（MBI：Maslach Burnout Inventory）を開発しました。バーンアウト尺度は3つの項目から構成されており、それぞれその度合いにより重症度を判定します。

■バーンアウト尺度

情緒的消耗感	心が疲れきってやる気がなくなっていく**感覚**の度合い
脱人格化	他人のことを思いやった言動ができない度合い
個人的達成感の低下	仕事などの**意識**や**やりがい**の低下の度合い

例題

Q バーンアウト（燃え尽き症候群）では、極度の身体的疲労は示すが情緒的問題は少ない。〔第30回-問13〕

A × バーンアウト尺度（MBI）の項目に、**情緒的消耗感**が挙げられており、バーンアウトになると、情緒的問題が多くみられる。

5 うつ病

ストレスが**長期間**継続していることで生じ、落ち込みなどの症状が数週間から数か月、時には数年続きます。主な症状として**憂鬱《ゆううつ》感**、**不安感**、**無気力感**などが挙げられます。

重要度A ストレスマネジメント

ストレスに対処するにはストレスマネジメントを行うことが望ましいとされ、ストレス対処能力（SOC：Sense of Coherence〈首尾一貫感覚〉）が重要です。**ストレスマネジメント**とは、ストレスの軽減とコントロールを行うことです。

ラザルスとフォルクマンは、ストレスを主観的に評価する認知評価と、ストレスに対する**コーピング**（対処法）をモデル化しました。

コーピングとは、ストレスが強く存在する場合に、**適切な対処でストレス反応を減らそう**とする**認知的**及び**行動的**な努力をいい、**問題焦点型コーピング**と**情動焦点型コーピング**の２つに分類されます。

●ここがポイント

ストレス反応とコーピング

ストレッサー（原因）となる出来事

↓

第一次評価

◆自分にストレッサーがどのように**影響**しているか評価する
→❶**ストレスフル**（強く影響がある状態）❷**無関係**、❸**良好**の３段階評価

第二次評価

ストレッサーにどのような**対処法**が必要か（自己対処できるのか）評価する

何らかの対処を行う（対処しがたいとストレス反応が生じる）

問題焦点型コーピング

ストレッサーへの**直接的**な働きかけを行う
例 解決策を考える

情動焦点型コーピング

ストレッサーによって引き起こされた**情動**に働きかけを行う
例 気分転換を行う

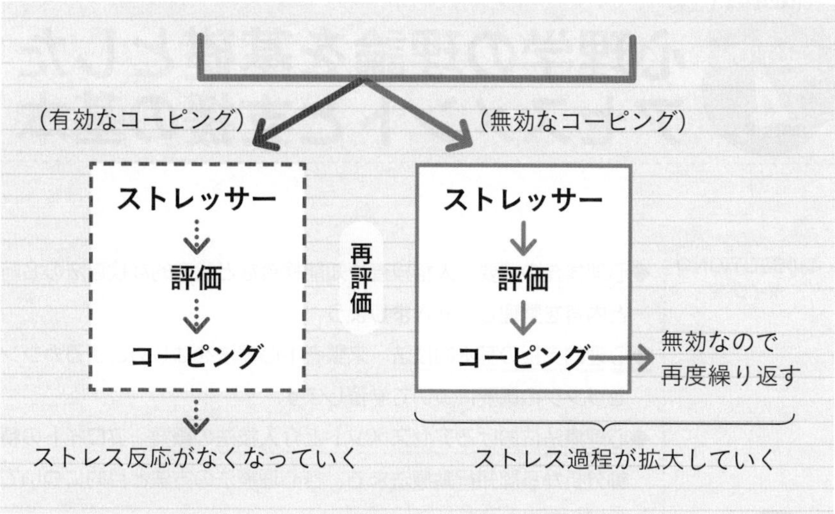

ひとこと

ストレスに直面しても健康を損なうことが少ない性格特性のことを、**ハーディネス**といいます。

例題

Q 仕事がうまくはかどらなかったので、週末は映画を観てリラックスしたのは、問題焦点型ストレス対処法（コーピング）の事例である。〔第35回-問12〕

A × 記述は、情動焦点型コーピングの事例である。

CHAPTER 2
SECTION 4

心理学の理論を基礎としたアセスメントと支援の基本

このSECTIONのポイント

- ◆**心理検査の概要**…人格検査や知能検査など代表的な検査法の名前と内容を整理しておきましょう
- ◆**心理的支援の基本的技法**…来談者中心療法をはじめとするカウンセリングの概要について学習します
- ◆**心理療法におけるアセスメントと介入技法の概要**…フロイトの精神分析から認知行動療法まで、各心理療法の方法と目的について整理しておきましょう
- ◆**心理の専門職**…主な心理の専門職の概要をおさえておきましょう

重要度B　心理検査の概要

心理検査とは、人間に起こる心理的現象について測定することをいいます。**人格検査**、**知能検査**、**発達検査**などがあります。

1　人格検査

個人の性格や欲求、適性などを把握するための検査のことをいいます。大きく「**質問紙法**」「**投影法**」「**作業法**」の3つに分けることができます。

◆質問紙法

質問項目に○×、あるいは「はい・いいえ」などの回答を自分で記入する方法です。**質問紙法**による検査は、**短時間で実施**することができ、**集団**での検査も可能で、**集計や解釈も比較的簡単**に行えるメリットがあります。

■代表的な質問紙法

YG性格検査 （矢田部・ギルフォード性格検査）	●**12の人格特性に関係する各10項目の質問**（全120問） ●代表的な性格特徴を**5つのタイプに分類** ●**集団**でも実施可能 **A型**　**平均型** ・目立った特徴がなく、主導性は弱い **B型**　**情緒不安定、活動積極型** ・行動が積極的であり、対人関係では難あり **C型**　**情緒安定、活動消極型** ・行動が消極的であり、堅実で控えめ **D型**　**情緒安定、活動積極型** ・行動が積極的であり、リーダーに向いている **E型**　**情緒不安定、活動消極型** ・行動が消極的であり、引っ込み思案
日本版MMPI （ミネソタ多面人格目録）	●アメリカのミネソタ大学で開発されたものが日本で標準化されたもの ●**対象年齢は15歳から成人**であり、**質問項目が550**と非常に多いのが特徴 ●抑うつ、心気症などの人格的、社会的不適応の種別と程度を尺度により客観的に判定することで、**人格特徴**を多角的に捉えることができる
新版TEG-Ⅱ （東大式エゴグラム ver.Ⅱ）	●交流分析理論を基にして、東京大学医学部心療内科TEG研究会が作成した ●**質問項目は53**あり、結果を**5つの自我状態**（**批判的な親〈CP〉**、**養育的な親〈NP〉**、**大人〈A〉**、**自由な子ども〈FC〉**、**順応した子ども〈AC〉**）に分け、そのグラフのパターンから性格を診断する
日本版CMI （日本版コーネル・メディカル・インデックス）	●心身両面にわたる**自覚症状**を測定 ●比較的短時間で自覚症状を把握することができ、病院などでも初診時のスクリーニングテストとして活用される

◆**投影法**

曖昧な刺激に対して、どのように**知覚**したかで分析する方法です。医療機関や少年鑑別所などの司法関係施設において実施されることが多い心理検査です。

●ここがポイント

代表的な投影法

ロールシャッハテスト	**左右対称のインクの染みの図版**から何が見えたか反応を聞くことで被検者の内面を分析する方法 【ロールシャッハテスト図】 
TAT （絵画・主題統覚**検査**）	◆さまざまな見方のできる人物によるいろいろな場面が描かれた絵を見せて、自由に物語を作らせ、隠れた欲求やコンプレックスを明らかにして**人格特徴**を分析する方法 ◆幼児・児童用のCAT（幼児・児童用絵画統覚検査）もある ◆CATは擬人化された動物が描かれている
SCT （文章完成法**検査**）	**短い刺激語**（例 子どもの頃、私は…）の後に自由に言葉を補い文章を完成させ、性格や価値観などを分析する方法
バウム・テスト	A４判の白紙に「**１本の実のなる 木** 」の絵を描かせることで、性格や欲求を分析する方法
P-F**スタディ** （絵画欲求不満**検査**）	**欲求不満を想起させる場面**が描かれた絵を見て思うことを書かせ、その反応を 攻撃 方向と 自我 状態について分類し、人格を評価する方法

◆作業法

単純作業に取り組んでもらい、作業結果から性格や心理的特性を分析する方法です。代表的な検査として**内田・クレペリン精神作業検査**があります。これは、連続可算作業（1けたの足し算）を行い、作業量の推移などから作業能力や心理的特性などを分析する方法です。

2 知能検査

知能の水準を測定するための心理検査のことを知能検査といいます。代表的な知能検査である**ビネー式知能検査**、**ウェクスラー式知能検査**を次にまとめます。

●ここがポイント

代表的な知能検査

ビネー式知能検査	ビネー（Binet, A.）とシモン（Simon, T.）によって開発され、**精神年齢**（**MA**）によって知能水準を測定する	
	スタンフォード・ビネー式知能検査	◆アメリカ人向けに標準化されたもの ◆精神年齢と生活年齢（CA）の比による**知能指数**（**IQ**）という概念が導入された
	田中・ビネー式知能検査	◆日本人向けに標準化されたもの ◆**2**歳～成人までを対象（田中ビネー知能検査Ⅴは、**就学**に関して特別な配慮が必要であるかに特化したもので、対象は、**5**歳～**6**歳） ◆難易度順の問題をどこまで正答できるかによって精神年齢を算出し、知能指数を計算する方法 $IQ=\frac{精神年齢（MA）}{生活年齢（CA）}\times 100$

ウェクスラー式知能検査

ウェクスラー（Wechsler, D.）が開発。**偏差知能指数**を算出することで集団のなかでの個人の知能水準がわかるようになった。また、**言語性IQ**や**動作性IQ**なども測定できる

WPPSI《ウィプシ》 (Wechsler Preschool and Primary Scale of Intelligence) 幼児用知能検査	◆幼児（**2**歳6か月～**7**歳3か月）が対象（WPPSI-Ⅲの場合） ◆全検査IQ、言語性IQ、動作性IQを測定できる
WISC《ウィスク》 (Wechsler Intelligence Scale for Children) 児童用知能検査	◆児童（**5**～**16**歳11か月）が対象（WISC-Ⅳの場合） ◆全検査IQに加えて、言語理解、知覚推理、作動記憶、処理速度の4つの能力の測定ができる
WAIS《ウェイス》 (Wechsler Adult Intelligence Scale) 成人用知能検査	◆成人から高齢者（**16**～**90**歳11か月）が対象（WAIS-Ⅳの場合） ◆全検査IQ、言語性IQ、動作性IQに加えて、言語理解、知覚推理、作動記憶、処理速度の4つの能力を測定できる

例題

Q 10歳の子どもに知能検査を実施することになり、本人が了解したので、WAIS-Ⅳを実施した。〔第33回-問13〕

A × WAIS-Ⅳは、成人から高齢者（16～90歳）が対象。10歳の子どもには、児童（5～16歳11か月）を対象とした**WISC**-Ⅳを実施する。

3 発達検査

発達検査とは、子どもの心身の発達状態や発達具合を測定・診断する検査のことをいいます。

■代表的な発達検査

新版K式発達検査2001	姿勢・運動、認知・適応、言語・社会の**3領域**を検査
遠城寺式・乳幼児分析的発達検査	運動（**移動運動**と**手の運動**）、社会性（**基本習慣**と**対人関係**）、言語（**発語**と**言語理解**）の**3分野6領域**を検査

重要度B 心理的支援の基本的技法

心理的支援の基本的技法であるカウンセリングは、問題を抱える**クライエント**に対し、**カウンセラー**（**セラピスト**）が**相談、助言、ガイダンスなどの心理的な援助**を行うことの総称として、多様な場面で広く使われている概念です。キャリア形成のサポート（キャリアカウンセリング）も含まれます。主なカウンセリングについてみていきます。

1 来談者中心療法

ロジャーズ（Rogers, C.）は、自己の問題を解決できるのはクライエント自身だけであると考え、**来談者中心療法**（**クライエント・センタード・カウンセリング**）を提唱しました。クライエントのもっている問題解決能力を引き出し、成長させることに重点をおいたカウンセリング方法です。そのため、カウンセラーはクライエントに対して助言やガイダンス、指示は行わず（非指示的）、信頼関係を築いたうえで傾聴する姿勢が求められます。ロジャーズは、カウンセラーの条件として次の3つの態度が重要だと述べています。

❶**自己一致**…カウンセラー自身の**内面が一致**していること

❷**無条件の肯定的関心**…クライエントに対して否定的な感情をもたずに肯定的**関心**をもって接すること

❸**共感的理解**…クライエントの考えていることや問題に対し共感的に理解すること

また、クライエントがはっきりと意識していない考えや感情をカウンセラーが適切に表現（**感情の明確化**）することや、クライエントの状況を受け入れ理解を示す態度（**受容**）も重要だといわれています。

例題

Q クライエント中心療法では、クライエントの話を非指示的に傾聴していく。 〔第36回-問14〕

A ○ クライエント中心療法では、カウンセラーはクライエントに対して助言やガイダンス、指示は行わず（**非指示的**）、信頼関係を築いたうえで傾聴する姿勢が求められる

2 ピアカウンセリング

同じような問題を抱え、似たような境遇にいる人（ピア＝仲間）が集まり、**対等な関係で問題を分かち合う方法**のカウンセリングです。

同じ経験をしているからこそ、**共感**できる部分が多くあり、クライエント自身で問題解決への糸口も見出しやすくなります。

3 マイクロカウンセリング

マイクロカウンセリングとは、**アイビイ**（Ivey, A.）が開発したカウンセリング方法で、コミュニケーションの形一つひとつに「**技法**」と命名し、目に見える形で習得できるようにしたものです。各心理療法におけるアプローチの仕方を再

認識できる方法です。

例えば、カウンセリングのコミュニケーションの基礎部分にあたる**基本的かかわり技法**には、**開かれた質問**（自由回答ができる質問。例 働き方改革について、あなたはどう考えますか？）、**閉じられた質問**（答え方が決まっている、「はい」「いいえ」で答える質問 例 あなたは会社員ですか？）や**言い換え**（クライエントの言葉を言い換えてクライエントに返す）などが含まれています。

4 心理教育的カウンセリング

クライエント自身が問題を解決していくというよりは、カウンセラーが自らの専門知識を駆使して、問題への対処の仕方や方向性をクライエントに習得させることを目指すカウンセリングです。

例題

Q アイビイ（Ivey, A.）のマイクロカウンセリングの基本的かかわり技法の「開かれた質問の例」として、「あなたはご長男ですか？」が該当する。　〔第28回-問13・改〕

A ×　**開かれた質問**の例は、「あなたは、結婚についてどのように感じていますか？」など、**自由回答**ができるものが該当する。

重要度 A

心理療法におけるアセスメントと介入技法の概要

心理療法とは、心に問題を抱えていたり、何らかの不適応状態にある人に対して改善や解決を行うための**援助技法**の総称です。多種多様なものがありますが、いずれも心理療法を通じて治療的な効果をもたらすことを目的としています。

1 精神分析

精神分析は、**フロイト**（Freud, S.）によって創始された心理療法です。フロイトの精神分析を知るには、彼の提唱した、人の**精神構造**の概念を理解する必要があります。

フロイトは、人の精神構造は、次の3つから成り立っていると主張しました。

- **イド（エス）**…快楽原理に従う（～したい、～ほしいという考え）
- **自我（エゴ）**…現実原理に従い、イドと超自我の調整を図り、現実的な考えをする
- **超自我（スーパー・エゴ）**…社会規範や良心などの道徳原理に従う（～しなくてはならない）

また、人の心的世界を、

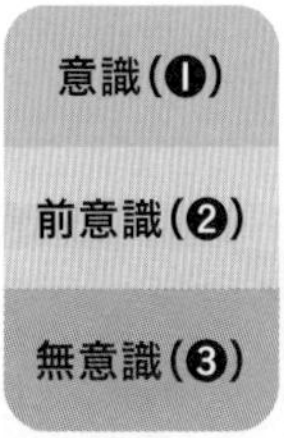

❶**意識**……自分が意識している世界

❷**前意識**…普段は無意識だが、意識しようとすれば意識できる世界

❸**無意識**…自分では意識できない世界

の3つの領域に分け、神経症の原因は、この**無意識の抑圧**（欲望や葛藤）にあると考えました。そこで、**自由連想法**や**夢分析**などを行い無意識を意識化させることでクライエントの抑圧を解消し、症状を取り去ろうとしたのが**精神分析**であり、この考え方に基づく心理療法を**精神分析療法**といいます。

フロイトの精神分析の理論は、後にケースワークの診断主義アプローチに影響を与えました。

例題

Q 精神分析療法では、自我に脅威を与える無意識のエスの活動を抑圧して、意識的世界の自我の活動が円滑になるように援助を行う。〔第25回-問14〕

A ×　精神分析療法では、**無意識の抑圧**を解消し、症状を取り去るように援助を行う。

2 遊戯療法

遊戯療法は、子どもに**遊び**を通して気持ちを表現させ、それを受容することで問題の改善を図る方法で、**プレイセラピー**ともいいます。言葉で表現できない深い感情や複雑な問題状況を表現できる特性があり、遊びそれ自体に治療的意味があるといわれています。

例題

Q 遊戯療法（プレイセラピー）は、言語によって自分の考えや感情を十分に表現する方法であり、主として心理劇を用いる。

〔第34回-問14〕

A × 遊戯療法は、子どもに**遊び**を通して気持ちを表現させ、それを**受容**することで問題の**改善**を図る方法である。

3 箱庭療法

箱庭療法は、**ローエンフェルト**（Lowenfeld, M.）が子ども向けに開発した技法を**カルフ**（Kalff, D.）が大人にも適用できるように発展させた心理療法です。砂の入った箱の中に好きなミニチュアの人形やオブジェを置いて作品を作ってもらい、その作品が心の中をイメージしていると考えます。守られた空間である箱庭の中で自由に、自己を表現していくことは、**カタルシス効果**（自浄効果）をもっています。

4 ブリーフセラピー

ブリーフセラピーは、**短期間**（ブリーフ）で、効率的、効果的な治療を行うことによって、課題の解決を図る心理療法で、**ブリーフ・サイコセラピー**とも呼ばれます。クライエントに対し、問題が起きなかった例外的な状況に関心を向けさせることで、過去よりも未来に向けて、クライエント自身の問題解決能力を向上させることにつなげます。**エリクソン**（Erickson, M.）の治療技法から発展したもので、問題を維持しようとする傾向のあるクライエントの行動に介入する**問題志向型**と、クライエント自身が問題を解決しようとする行動を手助けする**解決志向型**に分けられます。

ひとこと

ブリーフセラピーは、シェザー（Shazer, S.）やバーグ（Berg, I.）らによって、ソーシャルワークにおける**解決志向アプローチ**として採用され、実践されています。

5　心理劇

心理劇（サイコドラマ）は、**モレノ**（Moreno, J. L.）が考案した、即興劇を用いて集団で行う心理療法です。参加者は**演者**または**観客**、どちらかの役を担当し、即興劇を通して人間関係や内的な葛藤状態を思い悩む体験をすることで、個人の自発性や創造性を引き出すことを目的としています。

6　行動療法

行動療法は、不適応行動を誤って学習された行動と捉え、それを修正するための学習を行う方法で、**学習理論**に基づいています。

主な行動療法は、次のとおりです。

■主な行動療法

系統的脱感《だつかん》作《さ》法	個別に作成された**不安階層表**を基に、リラックスした状態下で不安の誘発度の最も低い刺激から徐々に刺激を増やし、**段階的**に不安を克服していく方法
エクスポージャー法（暴露療法）	あえて不安や恐怖を感じる場面を体験して慣れさせることで、克服していく方法

シェーピング法	目標としている行動を**細かく段階的**に設定（**スモールステップ**）し、達成したら次の段階へと導いていく方法
トークンエコノミー法	適切な反応や行動に対して**トークン**（代用貨幣＝**報酬**）を与えることで、目標としている行動へと導く方法
モデリング療法	お手本（モデル）となる他者の行動を**観察**、**模倣**することで、新しい行動を獲得したり、既存の行動パターンを修正する方法

例題

Q 系統的脱感作法では、観察者はお手本（モデル）となる他者の行動を観察することで、新しい行動を獲得したり、既存の行動パターンを修正する。〔第29回-問13〕

A × 系統的脱感作法は、不安、恐怖を感じる行動を**段階的**にリラックスした状態で体験し、慣れながら不安や恐怖の**消去**を行う心理療法。記述は、**モデリング療法**の説明。

7 認知療法

認知療法は、不適応状態の基となっている**認知の歪み**を修正することで改善を図る方法です。**ベック**（Beck, A. T.）が提唱しました。物事についての認知の在り方をクライエントと共に検討することを通じて、不適応的な行動の修正や問題解決を図ります。

8 認知行動療法

認知行動療法は、認知療法と行動療法の技法を組み合わせた心理療法です。自己認知を変えるために**認知再構成法**（**認知的再体制化**）を用いて、クライエントの自己評価の低さや自己非難に伴う否定的な感情に注目し、その認知の歪みや信念を修正します。そのため、不快な感情も取り扱います。

例題

Q 認知行動療法は、クライエントの人生を振り返ることでアイデンティティを再確認していく。 〔第32回-問14〕

A × 認知行動療法は、自己認知を変えるために認知再構成法を用いて、クライエントの**認知の歪みや信念を修正**していく療法である。

9 社会生活技能訓練

社会生活技能訓練（**SST**：Social Skills Training **ソーシャルスキルズトレーニング**）は、**リバーマン**（Liberman, R. P.）が考案した、**認知行動療法的な療法**です。対人関係の対応が困難な人を対象に、対人関係づくりと基本的な生活の技能を習得するための学習訓練です。モデリング（観察学習）とロールプレイ（役割演技）を基本にして、社会生活の場面を想定して行うことにより、実際の対人関係で適切に対応できることを目的としています。障害者支援施設での教育指導、統合失調症や長期入院患者への社会復帰の援助活動として行われています。

例題

Q 社会生活技能訓練（SST）は、クライエントが役割を演じることを通して、対人関係で必要な機能の習得を目指していく。 〔第35回-問14〕

A ○ SSTは、**モデリング**（観察学習）と**ロールプレイ**（役割演技）を基本にして、社会生活の場面を想定して行う。

10 森田療法

森田療法は、**森田正馬《まさたけ》**によって創始された心理療法です。不安や葛藤を取り除くような配慮を行わず、あるがままの状態で活動を行い、今まで抱いていた「こうありたい」「こうしたい」という欲求の形（理想の自己）と現実の自己を近づけていくことを目的とした方法です。

❶**絶対臥褥《がじょく》期**（食事やトイレ以外は横になっている時期）

❷軽作業期（庭の掃除など軽い作業を行う時期）

❸作業療法期（畑作業などを行う時期）

❹生活訓練期（外出などをして実生活の準備を行う時期）

という過程で行われます。

11 内観療法

内観療法は、自分の人生を振り返り、身近な人との関係において「してもらったこと」「迷惑をかけたこと」などについて内省（＝内観）し、自分の考え方や態度を修正し、自分自身を再構築することを目的に行われます。研修所に宿泊する**集中内観**（約１週間）、家庭で行う**日常内観**（短時間で継続的に行う）があります。

12 動作療法

動作療法（**臨床動作法**）は、体を動かすある動作課題を実行しようと意識する気持ちとその努力に向き合うことで、心に働きかける方法です。成瀬悟策により開発されました。神経症やうつ病、統合失調症に有効とされ、さらにリラクセーションを促進させるなどの目的で**高齢者**にも効果が期待されています。

13 漸進的筋弛緩法

漸進的筋《ぜんしんてききん》弛緩《しかん》法は**ジェイコブソン**（Jacobson, E.）が提唱した、リラクセーション法の１つです。筋肉の緊張と弛緩を繰り返すことで心身をリラックスさせていく方法です。体の一部に10秒ほど力を入れて筋肉を緊張させ、15～20秒ほど脱力し筋肉を緩めます。これを全身の主要な筋肉に対して行うことで、ストレス反応の軽減につながると考えられています。

14 自律訓練法

自律訓練法は、**シュルツ**（Schultz, J. H.）が提唱した自己催眠法です。**公式言語**（ことば）と**受動的注意集中**（イメージ）から自律神経系の不調を段階的に回復させ、体と心の安定を図る方法です。リラクセーション技法としても活用されています。

15 エンカウンターグループ

エンカウンターグループは、**ロジャーズ**が実践した集団で行う心理療法です。心理的な問題を抱えていない人にも、さらなる心理的成長を目指すグループアプローチとして用いられています。

16 家族療法

家族療法は、家族の**相互作用**に視点をおいて、家族の力によって問題を改善していく方法です。様々なアプローチ方法がありますが、家族を1つのシステムと捉え、抱えている問題を**個人**（**IP**：Identified Patient）の問題ではなく家族のシステムの問題と考えるシステムズ・アプローチが主流です。

主な家族療法は、次のとおりです。

■主な家族療法

構造派家族療法	治療者が家族の構造に深く関わる方法（**ジョイニング**）で、家族システムに働きかけ、構造改革を促す方法
戦略派家族療法	**リフレーミング**（見方・捉え方の変化）、**逆説的介入**（治療的**パラドックス** → 家族の一人に今までの行動と逆の行動をしてもらい変化をもたらす）の方法で援助する方法。家族の相互作用の意味や流れやルールを変化させることを目的に行われる
成長派家族療法	コミュニケーションのやり取りにおける**感情**に重点をおき、改善を図る方法

例題

Q 構造的家族療法では、家族集団をセラピーの単位として扱い、個人の問題を家族という脈絡のなかでとらえようとする。

〔第25回-問14〕

A ○ 家族を1つの**システム**と捉え、個人の問題を家族の**システム**の問題と考える。

重要度C 心理の専門職

主な心理の専門職を次に示します。

■主な心理の専門職

臨床心理士	国家資格ではないものの、医療・福祉の現場に限らず教育や司法の領域において**心理検査**の実施や**カウンセリング**をはじめとする心理療法の実践を行う
スクールカウンセラー	●小・中・高等学校を中心に配置されているカウンセラー（臨床心理士、精神科医など） ●**児童・生徒**の心理的支援や**保護者**への心理的支援、**教職員**への心理的理解を深める研修や相談・援助を主に行っている
スクールソーシャルワーカー	●2008（平成20）年度より文部科学省はスクールカウンセラーに加えて**スクールソーシャルワーカー**を**小・中**学校に配置した ●教育的観点だけではなく**社会福祉**に関する専門的知識や技術を有する人（社会福祉士、精神保健福祉士など）が支援を行う ●学校内だけではなく教育相談機関や医療機関、福祉機関とも連携をとり、支援を行う
公認心理師	●2015（平成27）年９月の**『公認心理師法』**の制定により創設された、日本で初めての**心理職**の**国家資格** ●今後、医療・福祉・教育など多岐にわたる活躍が期待されている

CHAPTER 3

社会学と社会システム

CHAPTER 3

SECTION 1

社会構造と変動

このSECTIONのポイント

◆社会システム…社会学の基礎的な用語を覚えましょう

◆組織と集団…集団の類型と官僚制に関する理論を整理します

◆人口…統計関連の用語や重要な数値とその傾向をおさえておきましょう

◆社会変動…社会変動と消費社会に関する主な学説と提唱者を覚えましょう

◆地域…都市化関連用語をおさえましょう

重要度B 社会システム

1 社会システムの概念

社会システムとは、種々雑多な領域（経済、政治、文化、人と人のつながりなど）からなる社会を1つのシステム（体系）として捉える概念です。

このシステムとしての社会の**機能**に着目したのが、アメリカの社会学者**パーソンズ**（Parsons, T.）です。パーソンズは、社会の存続には、A：適応（Adaptation）、G：目標達成（Goal attainment）、I：統合（Integration）、L：潜在的パターンの維持（Latency）という4つの機能的要素が不可欠であるとする**AGIL理論**を用いた社会システム論を提唱しました。

これら4つの機能的要素が相互に作用することによって、社会システムは安定した均衡状態を保つことができるとする理論です。

2 社会指標

社会システムの活動の状況を示すものに**社会指標**があります。

社会指標とは、**貨幣的指標**以外の方法を用いて測定する統計指標のことで、**客観指標**と**主観指標**からなります。1960年代後半以降、先進国においてそれまで用いられていた経済指標（例 GNP〈国民総生産〉）に代わる指標として生まれました。

日本では1970（昭和45）年頃から、国民の福祉水準の測定を目的として開発が進みました。住宅、健康、衛生、医療、社会保障、教育など多様な福祉水準を測定し、個別の分野の目標達成指標として用いられています。

ひとこと

社会の福祉水準を測定する社会指標として、社会経済状況、心身の健康、関係性を柱として主観的幸福感との関連を測定する「**幸福度指標**」があります。

例題

Q 社会指標は、個別の分野の目標達成の指標ではなく、総合的な指標として用いられる。〔第27回-問15〕

A × 社会指標は個別の分野の目標達成指標として用いられる。

3 文化・規範

社会システムの安定をもたらすものに、文化や規範があります。文化とは、社会に暮らす人が生み出してきた**有形・無形の成果の総体**のことで、生活様式や行動様式を指します。規範とは、行動や判断の基準となるもので、規範の背景には文化があるといわれます。文化に関連する社会学用語には、**文化資本**、**文化帝国主義**、**文化伝播《でんぱ》**、**文化的ヘゲモニー**、**文化遅滞《ちたい》**などがあります。

■文化に関する社会学用語

文化資本	●ブルデュー（Bourdieu, P.）は、金銭によるもの以外の個人的資産を「**文化資本**」と名づけ、次の３つから成るとした ❶身体化されたもの　例 言葉遣い、マナーなど ❷客体化されたもの　例 書籍、音楽など ❸制度化されたもの　例 学歴、資格など → **文化的再生産論**…文化資本の再生産。文化を介して不平等や序列を含んだものとしての社会秩序が維持・再生産されている状況 ●**経済資本**（金銭による資本）と対立する概念
文化帝国主義	グローバル化 → ある国の文化が他国のものより優位に立つ → 広まり、他国の文化まで支配
文化伝播	２つの異文化が接触 → 一方の文化圏の文化的要素が、他方の文化圏の人々に価値のあるものとして受け入れられる → 広まる
文化的ヘゲモニー	●グラムシ（Gramsci, A.）が唱えた概念 ●ある社会集団がほかの社会集団に対して文化の合意をとる → その社会集団の文化を支配する
文化遅滞	●オグバーン（Ogburn, W. F.）が唱えた概念 ●急速に進歩を遂げる物質文化と変化が緩やかな非物質文化の進歩の進み具合の違いが引き起こす社会的不調和 物質文化（道具や機械、建築物など） ↓ 社会的不調和 ↑ 非物質文化（慣習、社会制度など）

4 社会階層

サラリーマン層、主婦層などのように人々の社会的地位等の序列を**社会階層**といい、社会階層が複数集まった状態を**社会成層**と呼びます。社会階層を決定するものに、富や権力、威信、知識などがあり、人は何らかの階層に属しているといえます。

社会階層の決まり方として、**属性主義**と**業績主義**があります。リントン（Linton, R.）は、公教育の普及や職業選択の自由の増大、機会の平等化が進んだことで、従来の属性主義から業績主義に移ったと述べています。

属性主義と業績主義

□ **属性主義**
- 性別・年齢・身分など、**努力によって変えることが困難な属性**により地位が与えられること
- 本人の努力や行動とは関係なく、はじめから与えられている地位を**属性的地位**という

□ **業績主義**
- **個人の能力や業績の評価**により地位が与えられること
- 親から継承されたものではなく、本人の努力や競争により獲得した地位を**業績的地位**という

5 社会移動

人々の社会的地位の変化（社会階層間の移動）を**社会移動**といいます。

■社会移動の種類

	内容	例
世代間移動	親子という世代が異なる関係で発生する地位の移動	親子で職業が違う
世代内移動	一個人の一生における地位の移動	個人の最初の職業と現在の職業が違う
純粋移動	**自発的**な意思で移動したと推定される移動	
強制移動（構造移動）	職業構造の変化や経済的変動など**社会状況**の影響により生じる移動	農業に従事していたが減反政策のため、サラリーマンに転業した
事実移動	**純粋**移動と**強制**移動をあわせたもの	

庇護移動	**既成エリート**がエリートの基準を設定し、その基準に合う次世代の者を早期に選抜し、上昇移動を保障することで生まれる移動	
競争移動	個人の**競争**による上昇移動	
垂直移動	階層間の**上下の移動**を伴う社会移動	無職から社長になる
水平移動	階層間の移動を伴わない（同一階層内での）社会移動	転職したが、平社員の地位は変わらない

例題

Q 世代間移動とは、一個人の一生の間での社会的地位の移動のことをいう。 〔第34回-問15〕

A ×　世代間移動とは、親子という**世代が異なる関係**で発生する社会的地位の移動のことをいう。記述は、**世代内**移動。

6 法と社会システム

法は、**社会全体の合理化を支える**ものの1つであり、**社会の支配体制を構築する一部**だと考えられています。支配や法は類型化することができます。

◆支配の3類型

ヴェーバー（Weber, M.）は、被支配者からも正当とみなされうる政治的支配の形態を3つに類型化しました。それは、**カリスマ的支配**、**伝統的支配**、**合法的支配**です。

●ここがポイント

ヴェーバーの支配の３類型

カリスマ的支配	**支配者個人**が呪術的能力や戦闘的英雄性をもつがゆえに正当化される支配
伝統的**支配**	昔からある**伝統的な秩序・慣習**に基づいた支配。家父長制的支配がその典型
合法的**支配**	形式的かつ適正な手順により定められた**法や規則**に基づいた支配。官僚制**的支配**がその典型

例題

Q ヴェーバーの合法的支配における法の位置づけとして、法は、伝統的に継承されてきた支配体制を正当化するための道具である。〔第35回-問15〕

A × 記述は、ヴェーバーの支配の３類型における伝統的支配である。

◆法の３類型

ノネ（Nonet, P.）とセルズニック（Selznick, P.）は、法の在り方を次の３つに分類しました。

■法の３類型

	社会	内容
抑圧的法	前近代社会	**支配者が被支配者を抑圧**し、従属させるための手段
自律的法	近代社会	**法を政治から分離**し、手続きや形式を重んじる社会のメンバー全てが等しく従うべき普遍的なルールとして体系化したもの
応答的法	現代社会	普遍性をもちながらも**社会の要請に応える**ために、より柔軟で合理的な運用を可能にするための法

◆**ホッブズ問題**

ホッブズ（Hobbes, T.）は、人々の私的利益の追求は利害対立を生み、社会秩序のない「**万人の万人に対する闘争**」の場になると考え、このようななかで、いかにして社会秩序が可能になるのかと問いました。これを**ホッブズ問題**といいます。ホッブズは諸個人が社会契約をすることで解決すると考えましたが、**パーソンズ**（Parsons, T.）は、実際には解決できていないとし、行為者の主観に着目した、主意主義的行為理論を提唱しました。

例題

Q ホッブズ問題とは、人々の私的利益の追求こそが、万人の万人に対する闘争状態を克服することを明らかにした議論のことをいう。〔第27回-問16〕

A × ホッブズ問題とは、人々の私的利益の追求は利害対立を生み、**社会秩序**のない「万人の万人に対する闘争」の場になると考え、このようななかで、いかにして**社会秩序**が可能になるのかという議論のことをいう。

重要度A

組織と集団

1 集団の類型

集団とは、単なる人の集まりを指すのではなく、成員とそうでない人という境界があり、規則などによって成員同士の関わりが生まれやすいという特徴があります。自然発生的につくられる集団と目的に基づいてつくられる集団があります。

ひとこと

組織として制度化された集団をフォーマルグループといい、メンバーが親密になり形成された集団をインフォーマルグループといいます。

■集団の類型

	提唱者	内容
ゲマインシャフト	テンニース (Tönnies, F.)	本質**意志**に基づく、**親密で自然発生的**な集団 例 家族、村落
ゲゼルシャフト		選択**意志**に基づく、目的をもつ人からなる集団 例 大都市、国民社会
第一次集団	クーリー (Cooley, C. H.) ほか	対面性・**個別性を基盤**とした親密な集団 例 家族、遊び仲間、近隣
第二次集団		ある目的のために**人工的**につくられ、非対面、非人格的な集団 例 企業、組合、政党
コミュニティ	マッキーヴァー (MacIver, R.)	地域性に基づいて人々の共同生活が営まれる**自然発生的**な共同体 例 地域社会（村落・都市）
アソシエーション		**共通の**利害に基づく**人工的**な集団 例 学校、企業、政党、家族
内集団	サムナー (Sumner, W.)	**個人が所属**している集団
外集団		**個人が所属していない**集団で、競争心、対立心、敵意などを抱く集団
基礎集団	高田保馬《やすま》	**自然発生的**で基礎的な地縁・血縁でつながる集団 例 家族、村落、都市
派生集団		**共通の目的や利害**でつながる集団 例 学校、企業、政党、宗教
準拠集団	マートン (Merton, R. K.)	人が何かの価値を評価したり行動を決定したりする場合に、その判断基準とする集団 例 家族、友人

ひとこと

共通の関心で結ばれている組織化されていない集団は、公衆といいます。

例題

Q 第二次集団とは、親密で対面的な結び付きと協同によって特徴づけられる集団を指す。　〔第33回-問17〕

A ×　第二次集団とは、企業や学校など、ある目的のために人工的につくられた非人格的な集団のことを指す。記述は、第一次集団の説明。

2 官僚制

近代社会において、行政だけではなく、会社、学校、病院など大規模組織にみられる、**位階・階層構造**をもった管理運営の体系のことを**官僚制**といいます。

■官僚制に関する理論

	提唱者	内容
官僚制	ヴェーバー (Weber, M.)	【特徴】 ●**規則**によって秩序づけられている（**権限の原則**、職務の明確化） ●上下関係が明確な**職位の階層がある**（**階層の原則**） ●**文書**による事務処理を重視する（**文書主義**） ●専門的訓練、専門的知識を備えた**専門職員を任用する**（**専門性の原則**、職務の専門化・分業化）
官僚制の逆機能	マートン (Merton, R. K.)	官僚制に過剰な同調が生じると臨機応変な対応がとれなくなる 【特徴】 ●規則万能（規則以外のことができない） ●責任回避・自己保身（責任をとる人がいない） ●**秘密主義**（情報が明らかにされにくい） ●**前例主義による保守的傾向**（これまでにやったことのないことは進めにくい） ●画一的傾向（独創性に欠ける） ●**権威主義的傾向**（権威のみが重んじられる） ●**繁文縟礼**《はんぶんじょくれい》（規則が多く煩わしい）

		●**セクショナリズム**（縦割りのため、融通がきかない）
官僚制の逆機能	**ブラウ** (Blau, P.)	官僚制組織において、インフォーマル組織の機能が弱まった場合、規則への過剰同調という「**官僚制の逆機能**」が起こると指摘し、インフォーマル組織の重要性を主張した
寡《か》頭制《とうせい》の鉄則	**ミヘルス** (Michels, R.)	官僚制を採用する組織では、組織内部の支配者と被支配者との間に情報格差が生まれ、少数の支配者が支配する「**寡頭制**」を避けられないと主張
ストリート・レベルの官僚制	**リプスキー** (Lipsky, M.)	**市民が日常的に接する**官僚制組織のこと。ストリート・レベルの官僚は広い裁量権をもち、市民生活への影響も大きい 例 市役所の窓口担当者

例題

Q ヴェーバー（Weber, M.）によると、官僚制による支配とは、権力者の恣意的な判断や決定による支配体制である。

〔第28回-問15・改〕

A ×　官僚制による支配は、**合法的支配**に含まれる。権限の原則、階層の原則、文書主義に基づくもので、権力者の恣意的な判断や決定により支配されるものではない。

ひとこと

日本の司法は官僚システム的であるとの批判から、2009（平成21）年から「裁判員制度」が導入されています。これは、司法に対する国民の理解の増進とその信頼の向上に資することを趣旨としています。

重要度 B

人口

1 人口の概念

人口とは、一定の地域に居住する人間の数を表します。日本の人口は、統計上、**日本に在住する日本人と91日以上日本に滞在する外国人の合計**を指します。

■人口統計関連の用語

人口増加	**自然増加**※**（出生数－死亡数）**と**社会増加**※**（人口流入数－人口流出数）を合わせて算出**したもの **人口増加＝(出生－死亡)＋(流入－流出)**
年少人口	**0～14歳**の人口
老年人口	**65歳以上**の人口
生産年齢人口	**15歳以上65歳未満**の人口
従属人口指数	**年少人口と老年人口が生産年齢人口に対して占める比率。**つまり、働き手である生産年齢人口100人が年少者と高齢者を何人支えているかを示す 従属人口指数＝(年少人口＋老年人口)÷生産年齢人口×100 →この指数が大きい状態を**人口オーナス**（負担）、小さい状態を**人口ボーナス**という
平均寿命	**0歳**における**平均余命**（その後何年生きられるかという**期待値**） 2022（令和４）年：男性**81.05**年、女性**87.09**年（厚生労働省「令和４年簡易生命表の概況」より）
合計特殊出生率	１人の女性が一生に生む子どもの数 2022（令和４）年：**1.26**
出生率	人口**1000**人当たりにおける出生数
死亡率	一定人口に対する、その年の死亡者数の割合
50歳時未婚率（生涯未婚率）	2019（令和元）年、生涯未婚率から**名称変更**。未婚化・晩婚化というライフスタイルや結婚観の多様化に用語を合わせた 2020（令和２）年：男性**28.3**%、女性**17.8**%（国立社会保障・人口問題研究所「人口統計資料集（2023）改訂版」より）

※自然増加／社会増加

自然増加とは、出生と死亡の差のこと。出生が死亡を上回れば、自然増加といえる。社会増加とは、就業や就学、婚姻などの**社会的事情によって発生する流入と流出の差**のこと。流入が流出を上回れば、社会増加といえる。

2 人口構造

◆人口推移

日本の人口は、**1967（昭和42）年に1億人を突破**し、**2008（平成20）年に1億2808万人とピーク**に達してからは、**減少**局面に転じています。

日本の人口の推移を年齢（３区分）別人口で示すと、**年少人口**（15歳未満）割合（下グラフⓐ）は、1950（昭和25）年以降、ほぼ一貫して現在まで**減少**しています。

一方、**65歳以上人口の割合を示す高齢化率**（ⓑ）は、1985（昭和60）年の10.3％が2005（平成17）年には20.2％と急激に上昇し、2022（令和４）年10月１日現在では**29.0**％と**過去最高**となっています。

■年齢（３区分）別人口の割合の推移

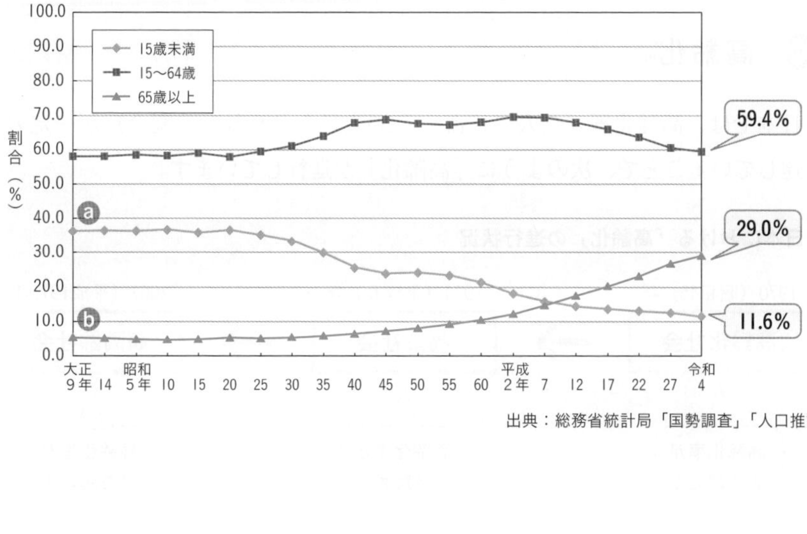

出典：総務省統計局「国勢調査」「人口推計」

◆日本の人口・世帯数

人口推計や国勢調査、国民生活基礎調査※、住民基本台帳によれば、日本の人口や世帯数は次のとおりです。

■日本の人口・世帯数

人口	約１億**2494**万７千人（2022〈令和４〉年10月１日現在）
男女人口	男性：約6075万８千人 女性：約6418万９千人（男性に比べ約343万人多い）
都道府県別人口	人口増加：**東京都**のみ（2022〈令和４〉年10月１日現在） （東京都の人口は全国の**11.2**％を占める）
世帯数	約**5431**万世帯（2022〈令和４〉年６月２日現在）
１世帯当たり人員	**2.25**人（1968〈昭和43〉年以降、毎年減少）

※国民生活基礎調査
保健、医療、福祉、年金、所得など国民生活の基礎的事項に関する調査のこと。３年ごとに大規模調査を行い、中間の各年には、世帯の基本的事項と所得状況について簡易調査を行う（2020年調査は中止。直近の大規模調査は2022年。）。

3 高齢化

日本では、**高齢化率**（全人口に占める65歳以上の高齢者の割合）が一定の率に達していることで、次のように「高齢化」が進行しています。

■日本における「高齢化」の進行状況

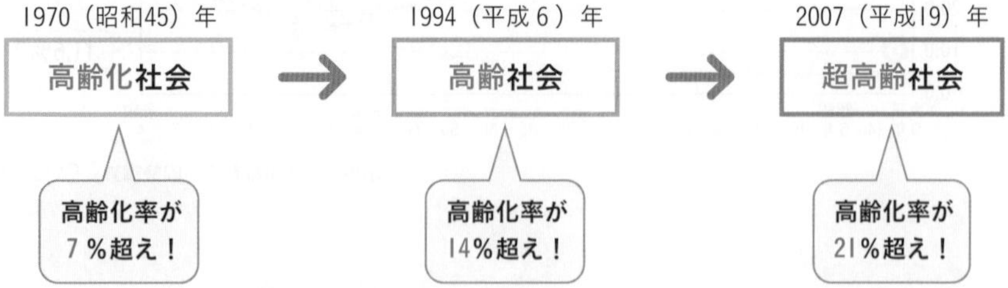

日本が**初めて**「**高齢化社会**」となったのは、前ページの図のとおり**1970**（**昭和45**）**年**です。そのわずか**24年後の1994**（**平成6**）**年**には「**高齢社会**」に達しました。

高齢化率が7％から14％になるのに要した期間を主要先進国で比べると、フランスは115年、スウェーデンは85年かかっています。このことからもいかに日本の**高齢化が急激に進んできた**かがわかります。

◆高齢者の家族形態

「2022（令和4）年国民生活基礎調査」（厚生労働省）によると、65歳以上の高齢者のいる世帯は**2747万4千世帯**であり、全世帯の**50.6％**を占めています。世帯構造別にみてみると、❶「**夫婦のみの世帯**」が最も多く、❷「**単独世帯**」、❸「**親と未婚の子のみの世帯**」と続きます。

なお、近年で最も増加率が高いのが「**単独世帯**」であり、今後も65歳以上の高齢者のいる世帯に占める「**単独世帯**」及び「**夫婦のみの世帯**」の割合は増加することが予測されています。

■65歳以上の高齢者のいる世帯の世帯構造

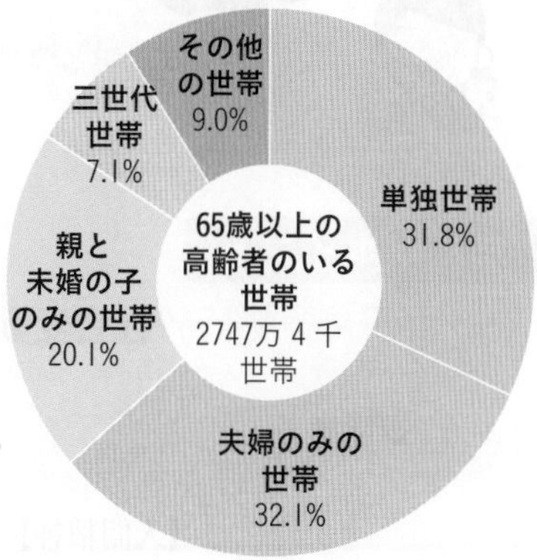

ひとこと

「多産多死」から「多産少死」を経て「少産少死」への人口動態の過程を**人口転換**といいます。日本では、明治初頭以前は多産多死、明治から昭和30年代半ばまでが多産少死、昭和30年代半ば以降に少産少死の段階に至ったとされています。

重要度 B

社会変動

1 社会変動の概念

近代化や産業化、情報化などによってもたらされる社会構造の一定の変化を社会変動と呼びます。社会変動について論じた社会学者には、コント（Comte, A.）やスペンサー（Spencer, H.）、テンニース（Tönnies, F.）、デュルケム（Durkheim, E.）、ベル（Bell, D.）らがいます。

ひとこと

「社会学」という名称は、コントが初めて用いました。

●ここがポイント

社会変動の学説と提唱者

提唱者	学説の概要
コント **（三段階の法則）**	【人間精神】 **神学的段階 → 形而上学《けいじじょうがく》的段階 → 実証的段階** 【社会組織】 **軍事的段階 → 法律的段階 → 産業的段階** 人間の精神が段階を経て進歩するのに応じて、社会組織も段階を経て進歩する ◆ **神学的段階**…現象の原因を神などの**想像上の存在の働き**として解釈する思考形態 ◆ **形而上学的段階**…現象の原因を**論理的で抽象的な原理**によって説明しようとする思考形態。神学的段階から実証的段階への橋渡しをする段階 ◆ **実証的段階**…現象の原因を**観察と実験による実証的な事実**に求めようとする思考形態

スペンサー
（社会進化論）

軍事型社会 → 産業型社会
社会は**強制**による軍事型社会から**自発性**による産業型社会へと進化する

- ◆ **軍事** **型社会**…**軍事的統制**によって社会に対する**個人の協力をコントロール**する社会
- ◆ **産業** **型社会**…**自由で自発的な意思**によって個人が産業に従事する社会

テンニース

ゲマインシャフト → ゲゼルシャフト
社会が近代化するとともに、社会組織はゲマインシャフトからゲゼルシャフトへと変遷していく

- ◆ **ゲマインシャフト**…家族や村落など、**本質意志**（自己の利害を重視するよりほかの人間や集団と結びつこうとする意志）に基づく**親密な集団**
- ◆ **ゲゼルシャフト**…大都市や国家など、**選択意志**（合理的であることを重視する意志）に基づく**目的的な集団**

デュルケム
（社会分業論）

機械的連帯 → 有機的連帯
近代の産業社会では、機械的連帯から有機的連帯へと移行する

- ◆ **機械** **的連帯**…**比較的似通った人々**が結びつく社会
- ◆ **有機** **的連帯**…**異質な個人**が相互補完的に結びつく社会

【アノミー】
さらに社会が進行し、社会的規範が緩んだり崩壊したりすることにより、個人の欲求や行為が無規制になる

例 **経済的** **アノミー**（経済の危機や混乱を原因として生じる）…消費への焦燥感や挫折感、幻滅などから、人々は手段を問わず金銭を多く得ようとし、逸脱行動が広まる

ベル	◆著書『イデオロギーの終焉』において先進資本主義国で「**豊かな社会**」が実現することにより、階級闘争（左右のイデオロギーの対立）はなくなり、プラグマティック（実利的）な社会問題の解決が実現すると論じた

例題

Q テンニースは、自然的な本質意志に基づくゲマインシャフトから人為的な選択意志に基づくゲゼルシャフトへ移行すると主張した。〔第35回-問16〕

A ○ 記述のとおり。テンニースは、社会が近代化するとともに、社会組織は**ゲマインシャフト**から**ゲゼルシャフト**へと変遷していく、と主張した。

2 産業化社会・情報化社会の発展

社会の進展に伴い、産業化や情報化の発展もより顕著になりました。産業化社会、情報化社会を表す概念に次のものがあります。

■産業化・情報化社会を表す概念

脱工業社会	●ベル（Bell, D.）の提唱した概念 ●**工業社会のさらなる発展段階**である社会類型を**脱工業社会**と呼んだ ●物を生産する工業中心の社会が進展し、**情報やサービス、知識**を扱う産業が重要な役割を担う社会
リスク社会	●ベック（Beck, U.）の提唱した概念 ●**産業社会の発展**に伴う**環境破壊**等によって人々の生活や社会が脅かされ、何らかの**対処**が迫られている社会

グローバル・ビレッジ	●マクルーハン（McLuhan, M.）の提唱した概念 ●別名：地球村 ●**マスメディアの普及**により、国境を越えて大量の情報を共有し、地球全体が１つの村のように形成される
デジタル・デバイド	●情報通信技術（インターネットなど）の習熟度によって生じる経済格差 ●情報格差とも訳される ●ブロードバンドの環境など、インフラ設備が整っていないことも要因となりえる

3 消費社会

生理的な欲求を満たすことを目的とする消費ばかりではなく、文化的または社会的な欲求を満たすための消費が広く行われるような社会を**消費社会**といいます。産業化が十分に進展した後に現れます。消費社会については、ヴェブレン（Veblen, T.）やガルブレイス（Galbraith, J. K.）、ロストウ（Rostow, W. W.）、ボードリヤール（Baudrillard, J.）、リースマン（Riesman, D.）らがその特徴から概念を構築しました。

●ここがポイント

消費社会の学説

ヴェブレン	**誇示的消費**…自分が金持ちであることを周囲に見せびらかすための消費行動
ガルブレイス	**依存効果**…自らの欲求ではなく、**外からの働きかけ**により欲望が喚起される現象
ロストウ	**経済発展段階説**…その国の**生産力**に注目し、経済の発展の過程を、**伝統的社会、先行条件期、離陸期、成熟への前進期、高度大衆消費社会**の５段階で捉えた

ボードリヤール	著書『消費社会の神話と構造』において、物が豊かにあふれるようになると、役に立つから購入するという消費から、**デザインやイメージ**に魅力を感じるから購入するという、**記号の消費**に移ると述べた
リースマン	著書『孤独な群衆』において、社会の発展に伴い、社会的性格は伝統や慣習に従って行動する「**伝統指向型**」から、自己の良心に従って行動する「**内部指向型**」、さらに、身近な他者を意識して行動する「**他者指向型**」に推移すると論じた

重要度A 地域

1 都市化と地域社会

都市化とは、特定の社会のなかで都市的な集落に住む人口の割合が増加することにより、**都市自体の規模が大きくなる**ことを指します。また、**都市集落に特有の生活様式や社会関係、意識形態が社会全体に浸透していく**ことも都市化といいます。ワース(Wirth, L.)やフィッシャー（Fischer, C.)、クラッセン（Klaassen, L.）バージェス(Burgess, E. W.)、ハンター(Hunter, F.）らは都市の特徴を次のように整理しています。

■**都市社会学**

	提唱者	内容
アーバニズム論	**ワース**	都市では、家族や地域の人々とのふれあいを意味する第一次的接触が減少し、一時的な人間関係を意味する**第二次的接触が増大**していると説き、都市を「**異質な個人からなる、密度の高い、相対的に大きな、永続的な集落**」と定義する。都市的生活様式を理論化した

下位文化理論	フィッシャー	大都市では類似した者同士が結び付き、ネットワークが分化していく中で多様な下位文化が形成されると説く
発展段階論	クラッセン	大都市では、都市化から郊外化を経て衰退に向かうという逆都市化（反都市化）が発生し、都市中心部の空洞化が生じると説く
同心円地帯理論	バージェス	都市は発展するにつれて**中央商業地域を中心**に、その外側に老朽化した住宅地、その外側に労働者居住地区、その外側に中流階級居住地区、その外側に郊外高級住宅地帯という、**同心円状の都市の構造**になると説く
地域権力構造論	ハンター	地域では、**数少ないエリートがコミュニティの支配権を握る権力構造**があると説く

都市化が進むにつれ、自然に発生したものや意図的につくられたものなど都市にはさまざまな現象が生じます。人口の移動に伴う都市化の特徴を示す用語には、次のようなものがあります。

■都市化関連用語

インナーシティ	大都市の**都心周辺に位置**し、住宅・商店・工場などが混在する地域。治安の悪化により、その都市全体の市民との交流から隔絶された**低所得世帯**が密集する
ドーナツ化現象	都心部の中心市街地の人口が**減少**し、その周辺の郊外の人口が**増加**する人口移動現象のこと
ジェントリフィケーション	都市部の比較的低所得の層が多く住む停滞した地域（インナーシティなど都心周辺の住宅地区）に、**比較的豊かな人々が流入**する人口移動現象のこと。**再活性化現象**とも呼ばれる
スプロール現象	**都心部から郊外へ無秩序・無計画に開発が拡散**していく現象のこと。**工住混合地域**となる
グローバルシティ	政治や経済の面で重要性が高い**世界的な大都市**を指す。グローバル都市では、**低賃金移民労働者が増える傾向**にあり、階層の分極化が進む

コンパクトシティ	郊外への無秩序な拡大を抑制し、中心市街地の活性化を図り、生活に必要な機能を**集約**させる都市のこと 例 札幌市、仙台市、神戸市、北九州市
情報都市	**情報**を中心にした文化的な都市を意味する。情報都市では、社会関係が発達する一方、都市間のヒエラルキー（階層構造）がより鮮明になる
クリエイティブシティ	**文化**や芸術、映像などの産業をまちづくりの中核に据える都市のこと
テクノポリス	**先端技術産業**を軸として、地方経済の発展を目指す都市のこと

例題

Q フィッシャー（Fischer, C.）は、都市の拡大過程に関して、それぞれ異なる特徴を持つ地帯が同心円状に構成されていくとする、同心円地帯理論を提起した。〔第33回-問16〕

A × 同心円地帯理論を提起したのは、**バージェス**。フィッシャーは、**下位文化理論**を提起した。

2 地域社会の集団・組織

地域社会の集団・組織として挙げられるのが、日本特有の地縁組織である**町内会**です。町内会には、❶世帯単位の加入、❷加入は半強制的または自動的、❸有する機能は包括的・多目的的、❹末端行政の補完的役割を果たす、❺伝統的な保守主義の温存基盤となる、といった特徴があります。1991（平成３）年の『**地方自治法**』の一部改正により、**法人格**をもつことが可能になりました。

CHAPTER 3

SECTION 2 社会問題

このSECTIONのポイント

◆社会的格差…ジニ係数について覚えましょう

◆社会問題の理論…社会病理や逸脱について、理論の内容や提唱者を覚えましょう

重要度B 社会的格差

社会的格差とは、社会の中に存在する所得、教育、健康などのさまざまな面での不平等のことです。このうち、所得の格差を示す指標として用いられるのが**ジニ係数**です。

ジニ係数

- 係数の範囲は**0～1**で示される
  最も平等＝**0**（所得格差がない状態）
  最も不平等＝**1**（所得格差大）
- **0.5**を超えると格差が大きくなりすぎるため、政策による是正が必要とされる

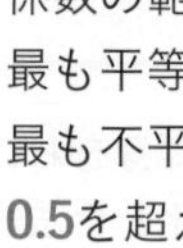

ひとこと

2023（令和３）年の年金などの社会保障給付を含まない当初所得のジニ係数が**0.5700**となり、過去最高だった2014（平成26）年調査の0.5704に次ぐ所得格差となっています。社会保障や税による再分配後のジニ係数は**0.3813**となり、1999（平成11）年以降は0.38前後の横ばいで推移しています。

重要度 B 社会問題の理論

社会問題に関する理論には、**文化学習理論**、**分化的接触理論**、**反動形成論**、**ドリフト理論**、**緊張理論**、**社会解体論**、**社会統制論**、**ラベリング論**、**構築主義**、**割れ窓理論**などがあります。

■**社会問題に関する理論**

	提唱者	内容
文化学習理論	ショー (Shaw, C. R.) マッケイ (McKay, H. D.)	●犯罪を犯してはじめて一人前として認められる、盗品を売りさばくルートをもつといった非行下位文化が、犯罪多発をもたらす ●犯罪を相互行為の産物と捉える ●分化的接触理論の上位概念
分化的接触理論 (差異的接触論)	サザーランド (Sutherland, E. H.)	●犯罪は行動だけではなく、動機や正当化の言い訳も含めて、**他人**から学び、その内容は人（＝所属する集団）により異なる ●**文化学習理論の１つ**
反動形成論	コーエン (Cohen, A.)	●下層階級の少年は、地位に対する**欲求不満**を抱えている ●**欲求不満**の１つの反動形成が、非行という副次文化を生み出す
ドリフト(漂流)理論	マッツァ (Matza, D.)	非行少年は常に非合法的な文化に身をおいているのではなく、**非合法的な文化と合法的な文化の間を漂流**している
割れ窓理論	ケリング (Kelling, G. L.)	たった１枚の割れた窓ガラスを修理しないで放置しておくことが原因で、建物が放置されていると思われ、ごみが捨てられるなど、周囲の環境が悪くなり、犯罪が多くなる。ゆえに、**軽微**な治安のほころびを取り締まることで、凶悪犯罪を含めた犯罪を防止できる 例 ニューヨークの地下鉄をきれいにしたところ犯罪が減少した
社会解体論	トマス (Thomas, W. I.)	地域社会にある文化摩擦に着目し、社会解体がその地域の犯罪などを生み出すとみる捉え方

社会統制論	ハーシ (Hirschi, T.)	人は本来逸脱する可能性をもつが、それを制御する力もある。その制御する力が機能障害を起こしたときに、逸脱行動に走る
ラベリング論	ベッカー (Becker, H. S.)	●**規則に反した人にラベル（レッテル）を貼る**ことで、その人は逸脱者とみなされる。するとその人は逸脱者としての行動パターンをとらざるを得なくなる ●「逸脱」は、周囲からのラベリングによってつくり出される
緊張理論	マートン (Merton, R. K.)	成功することは良いことだという「文化目標」と、現実にはほとんど成功しない「現実社会」との間に緊張状態が起こる。そうした緊張状態が社会的な逸脱行動を起こさせる（アノミー）
予言の自己成就	マートン (Merton, R. K.)	●人々が社会状況について誤った認識をし、その認識に基づいて行動することで、結果としてその認識どおりの状況が実現してしまう ●「ラベリング」は、予言を自己成就させる過程のひとつ
構築主義	スペクター (Spector, M. B.) キツセ (Kitsuse, J. I.)	社会問題は、ある状態を解決されるべき問題とみなす人々のクレイム申立てとそれに対する反応を通じて作り出されるという捉え方

例題

Q ラベリング論とは、資本主義社会における生産関係の矛盾から派生してくるものが社会的逸脱であるとみる立場である。

〔第29回-問21・改〕

A ×　ラベリング論では、**周囲の人々がある人の行為にレッテルを貼る**ことによって社会的逸脱がつくり出されると考える。

CHAPTER 3
SECTION 3

生活と人生

このSECTIONのポイント

- ◆**家族とジェンダー**…家族の概念や、その機能の理論、ジェンダーについておさえましょう
- ◆**健康**…日本の自殺の状況と対策をみていきます
- ◆**労働**…ワークライフバランス、女性の活躍推進についておさえましょう
- ◆**世代**…ライフサイクルなど、重要語句を覚えましょう

重要度B 家族とジェンダー

1 家族の概念

家族とは、**夫婦関係**や**血縁関係**を中心に、親子、兄弟姉妹などの親族※によって構成される集団のことをいいます。家族は**同居の有無**は問いません。したがって、進学、就職、単身赴任などさまざまな理由で別居している構成員も家族に含まれます。

※親族
❶６親等内の血族、❷配偶者、❸３親等内の姻族のこと（「民法」第725条）。

■家族の概念

定位家族	自分が生まれ育った家族。子どもとして生まれ育つ家族
生殖家族	自分が結婚してつくり上げる家族。親の立場からみた家族

核家族	国勢調査では、❶**夫婦のみの世帯**、❷**夫婦と未婚の子どもから成る世帯**、❸**ひとり親と未婚の子どもから成る世帯**
拡大家族	**親と、結婚した子どもの家族が同居**するなどの核家族が複数含まれる家族形態。**マードック**（Murdock, G. P.）が定義 マードックは、家族を❶**核家族**、❷**拡大家族**、❸**複婚家族**（一夫多妻または一妻多夫）の３つに分類し、性・経済・生殖・教育の４つを家族の機能であると述べた
修正拡大家族	親世代と子ども世代が同居していなくても、近居して訪問しあうなど、**経済的・心理的に同居に近い関係**を結んでいる家族。リトウォク（Litwak, E.）が定義 例 娘家族の近くに住む母親が、孫の面倒をみるために娘の家を頻繁に訪問する
夫婦家族制	夫婦の結婚とともに生まれ、夫婦の一方、ないしは双方の死で消滅する一代限りの家族
直系家族制	夫婦とその跡継ぎの子やその配偶者、その子と共に親の家にとどまる家族。家族の財産や地位は跡継ぎに優先的に継承される 例 戦前の日本の家族制度
複合家族制	夫婦とその複数の子どもの家族によって構成され、夫婦が死ぬと財産は既婚子夫婦ごとに相続される

例題

Q 直系家族制とは、複数の子どもが、結婚後も親と同居することを原則とする。〔第32回-問18〕

A × 直系家族制とは、**夫婦とその跡継ぎの子**やその配偶者・子らが同居することを原則としている。記述は、**複合家族制**の説明である。

2 家族の機能と変容

家族がもつ機能は時代が進むにつれて変化してきました。家族の形態や機能は、マードック（Murdock, G. P.）やパーソンズ（Parsons, T.）、オグバーン（Ogburn, W. F.）が次のように整理しています。

■**家族の機能の理論**

	提唱者	内容
核家族普遍説	マードック	夫婦のみ、または夫婦とその未婚の子から成る核家族は、**時代や地域にかかわらず普遍的に存在**する
2機能説	パーソンズ	家族には子どものパーソナリティ形成のための**養育機能**と、成人のパーソナリティを**安定させる機能**の2つの機能がある
性別役割分業モデル		**手段的役割**：外部への適応と集団の課題を遂行する役割 例 夫・父親的役割 **表出的役割**：集団の維持と人間関係の調整を図る役割 例 妻・母親的役割
家族機能縮小論	オグバーン	産業化以前の家族には、❶経済、❷地位付与、❸教育、❹保護、❺宗教、❻娯楽、❼愛情の7つの機能があったが、産業化の進展に伴い、愛情以外の6機能は**専門機関が吸収し、弱体化**したという考え

3 世帯の概念

世帯とは、「**住居と家計を共にする人々の集まり**」と定義され、国勢調査や家計調査、住民登録で用いられます。

同居して寝食・家計を共にすれば友人など非家族員であっても世帯に含まれますが、家族であっても進学や単身赴任によって別居している場合は、同一世帯とはなりません。

産業化や出生率の低下などによって、家族は小規模化し、2022（令和4）年の1世帯当たりの人員は**2.11**人で、一貫して**減少**しています。

国勢調査では、世帯を「一般世帯」と「施設等の世帯」の２つに大きく分類しています。

例題

Q 同一家族メンバーが、複数の世帯に分かれて暮らすことはない。
〔第27回-問18〕

A ×　家族であっても、進学や単身赴任によって**別居**している場合には、住居と生計を共にしていないため、同一世帯ではなく、**複数**の世帯とみなされる。

4 ジェンダー

ジェンダーとは、社会的・文化的に規定された性差のことをいいます。近年の女性を取り巻く社会現象として、初婚年齢の上昇とともに、年齢別労働力率にみられるM字型就労パターンの谷の部分が浅くなってきている（結婚・出産期に該当する年齢の女性の就労する割合が増加している）という傾向があります。

■女性の年齢階級別労働力率の推移

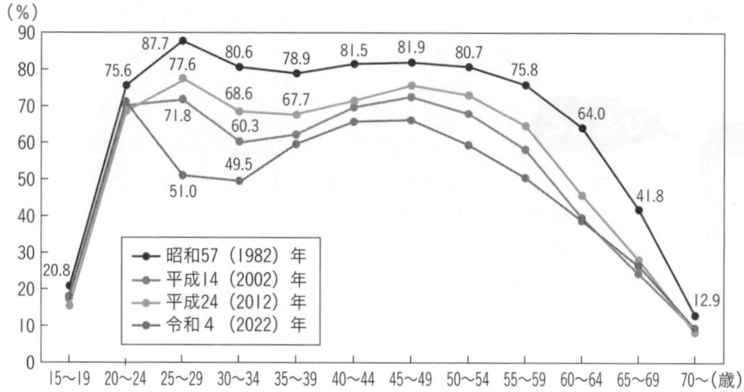

出典：内閣府「令和５年版男女共同参画白書」

ジェンダーに関する主な用語を次に示します。

■ジェンダーに関する主な用語

ダブルスタンダード	**男性と女性で異なる規範**があることを指し、多くの場合、女性に厳しい傾向がある
ジェンダー・ロール	文化的・社会的に意味づけられ、その性別に期待されている役割（**性役割**）
ジェンダー・バイアス	男女の役割に無意識に固定的な観念を持つことや、そのために社会的な評価や扱いが差別的になること（社会的・文化的**性差別**、**性的偏見**）
ジェンダー・トラック	就業前の教育段階で形成されている男女のコース分け
ジェンダー・セグリゲーション	生活や職域などのさまざまな場所において男女の分離があること（**性別分離**）
ジェンダー・メインストリーミング	政策のあらゆる場面にジェンダーの視点を取り入れ、ジェンダー平等を実現する社会づくりを目指すこと
ジェンダー・エンパワーメント指数	**女性が政治・経済分野に参画**し、どれくらい意思決定に参加できているかを測るもの
ジェンダー不平等指数	**リプロダクティブ・ヘルス**※、**エンパワメント**、**労働市場への参加**という３つの側面における達成度の、男女間の不平等を測るもの

※リプロダクティブ・ヘルス
人間の生殖システムにおいて、身体・精神・社会的によい状態であること。

ひとこと

オーストリアの哲学者イリイチ（I llich, I.）は、女性の家事労働を不可欠なものにもかかわらず、賃金が支払われない労働（アンペイドワーク）として**シャドウ・ワーク**と呼びました。

例題

Q ジェンダーとは、生物学的性差に基づいて形成される生得的な男らしさ・女らしさのことを意味する。〔第22回-問29〕

A × ジェンダーとは、**社会的**・**文化的**に規定された性差のことをいう。

重要度B 健康

健康は個人的な状態だけでなく、社会学的な側面も含めて理解されるべき重要な概念です。ここでは、日本の自殺の状況と対策をみていきます。

◆自殺の状況

厚生労働省と警察庁の統計によると、日本の自殺者数は、1998（平成10）年以降、14年連続3万人を超える状態が続いていましたが、2012（平成24）年に**15年ぶりに3万人を下回り、2023（令和5）年は2万1837人**となりました。男性は2年連続の増加で、女性は4年ぶりの減少となっています。

■自殺者の推移（自殺統計）

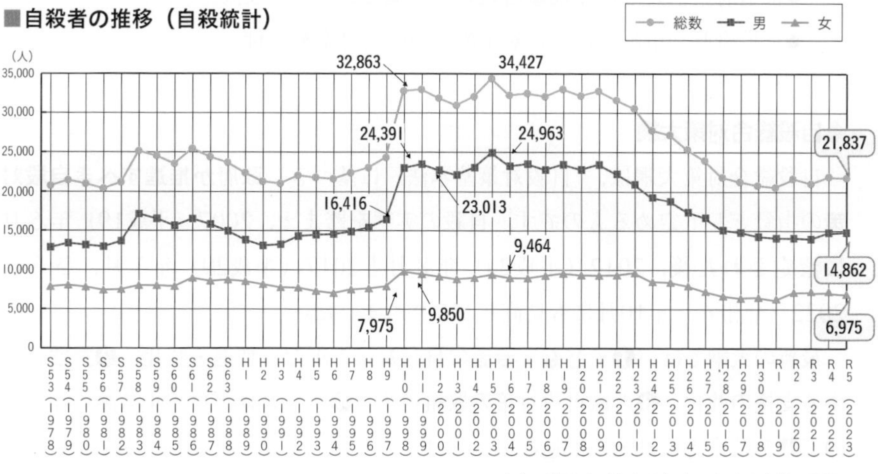

出典：警察庁「令和5年中における自殺の状況」

◆自殺対策基本法

2006（平成18）年に**『自殺対策基本法』**が施行された背景には、1998（平成10）年以降自殺者が急増したことがあります。同法の自殺対策の基本理念は次のとおりです。

❶自殺を個人的な問題としてのみ捉えるべきものではなく、背景にさまざまな**社会的な要因**があることを踏まえ、**社会的な取組として**実施する

❷多様で複合的な原因があることを踏まえ、単に精神保健的観点からのみならず、**自殺の実態に即して**実施する

❸**事前予防、危機への対応**及び**事後対応**の各段階に応じた効果的な施策として実施する

❹関係者が**相互の密接な連携**の下に実施する

また、対策の実施には国や地方自治体の責務も規定されています。

同法は、2016（平成28）年４月１日に一部改正され、「**誰も自殺に追い込まれることのない社会の実現**」を目指すことが明記されました。主な改正内容は次のとおりです。

- 自殺対策が内閣府から厚生労働省に移管
- **自殺総合対策推進センター**に改組（地域の自殺予防支援機能を強化）
- **全ての都道府県、市町村**に**自殺対策計画**策定を義務づけ
- 都道府県、政令市に**地域自殺対策推進センター**を設置
- 都道府県、市町村に自殺対策のための交付金を交付

◆自殺総合対策大綱

自殺総合対策大綱は、『自殺対策基本法』に基づき、**政府が推進すべき自殺対策**の指針として定めるものです。自殺の実態を踏まえ、2007（平成19）年６月に策定された後、2012（平成24）年８月と2017（平成29）年７月、さらに2022（令和４）年10月にも見直しがなされました。

最新の大綱では、❶**子ども・若者**の自殺対策の更なる推進・強化、❷**女性**に対する支援の強化、❸**地域**自殺対策の取組強化、❹新型コロナウイルス感染症拡大の影響を踏まえた対策の推進などを掲げています。また、自殺死亡率を先進諸国の現在の水準まで減少させることを目指し、2026（令和８）年までに2015（平

成27）年比で**30％以上**減少させることを数値目標にしています。

重要度B 労働

労働は個人の生活全体に大きな影響を与えます。労働時間や労働条件が個人の生活スタイルや家庭との調和にどのような影響があるかは重要な問題です。

1 労働市場の動向

日本では、**少子高齢化**が進み、**人口減少社会**となることが予想されており、「日本の将来推計人口（令和５年推計）」（国立社会保障･人口問題研究所）によると、総人口は、2070年には、2020（令和２）年に比べ、約3900万人の減少が見込まれています。これに伴い、**労働力人口**の減少も予想されています。

なお、労働力人口とは、**15**歳以上の**就業者**と**完全失業者**※をあわせた人口をいいます。

※完全失業者
❶就業者ではない、❷仕事があればすぐ就くことができる、❸仕事を探す活動や事業を始める準備をしていた（過去の求職活動の結果を待っている場合を含む）、の３つの条件を全て満たす者のこと。

ひとこと

15～34歳の非労働力人口のうち、家事も通学もしていない者を**若年無業者**といいます。「労働力調査」によると、「若年無業者」の若年人口に対する割合は、この10年間は２％台で推移しています。

■労働力状態の区分

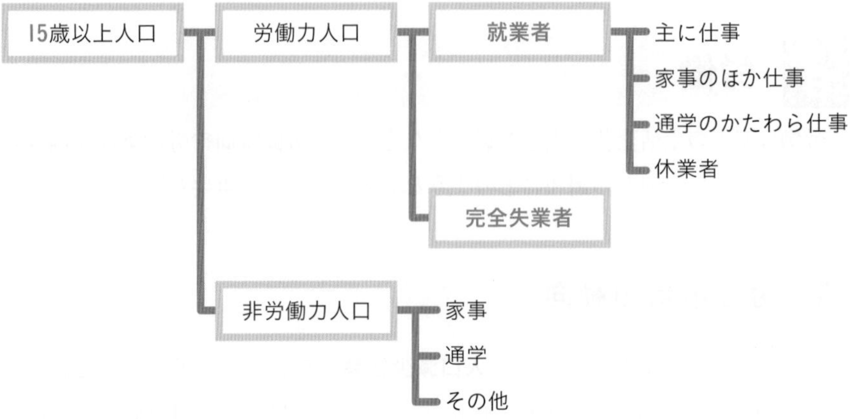

■就業者の区分

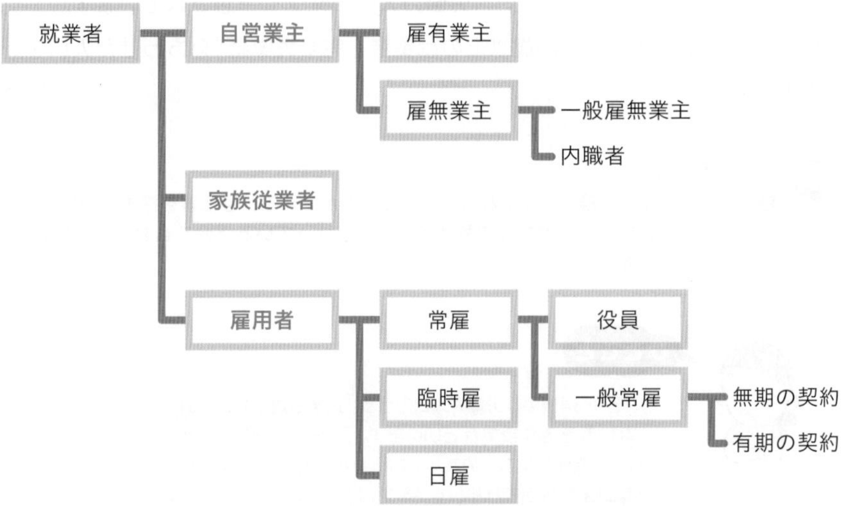

◆労働力人口の動向

「令和４年労働力調査年報」（総務省）によれば、2022（令和４）年平均の労働力人口は**6902万人**であり、前年より**減少**しています。

年齢別にみてみると、**生産年齢人口**（15～64歳）の中盤にあたる25～44歳の労働力人口は**減少**しています。これは、**ニート**※や**フリーター**※の増加、**若年者**

失業率の上昇が影響していると考えられます。なお、65歳以上の労働力人口は年々増加しています。

※ニート／フリーター

ニート（NEET）とは、Not in Education, Employment or Trainingの略で、通学も仕事（家事労働を含む）もしておらず、職業訓練も受けていない者のこと。

フリーターとは、15～34歳の若年者（学生及び主婦を除く）のうち、勤め先における呼称がアルバイトまたはパートである者（これまでアルバイト・パートを続けてきた者で無業の者を含む）をいう。

■労働力人口の推移

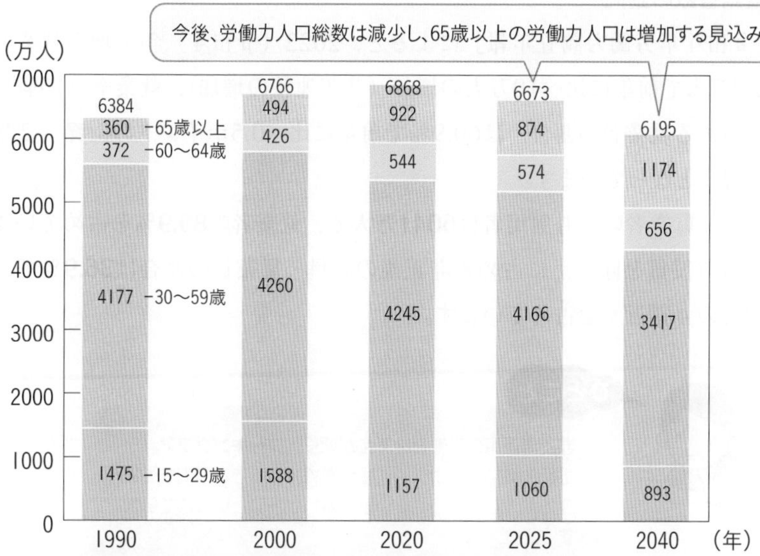

（注１）表章単位未満の位で四捨五入してあるため、各年齢区分の合計と年齢計とは必ずしも一致しない
（注２）2025年、2040年の推計値は、経済成長と労働参加が適切に進むケース（各種の経済・雇用政策を適切に講ずることにより、経済成長と、若者、女性、高齢者等の労働市場への参加が進むシナリオ）
（注３）当該推計値は、「労働力調査」の2017年までの実績値を踏まえて推計している

出典：厚生労働省「令和５年版厚生労働白書 資料編」より作成

例題

Q フリーターとは、学校に通うことや職業訓練を受けることもなく、雇用機会を得られずに家事手伝いに従事する低年齢の若者層のことである。〔第25回-問15〕

A × フリーターとは、**15～34**歳の若年者（学生及び主婦を除く）のうち、勤め先における呼称が**アルバイト**または**パート**である者（これまで**アルバイト・パート**を続けてきた者で無業の者を含む）をいう。

◆就業者数の動向

「令和４年労働力調査年報」によると、2022（令和４）年平均の就業者数は**6723万人**で前年に比べ10万人の**増加**（２年連続の**増加**）、就業率（15歳以上人口に占める就業者の割合）は60.9％で前年に比べ0.5ポイントの**上昇**（２年連続の**上昇**）となっています。

なお、就業者のうち雇用者は**6041万人**で、就業者の**89.9％**を占めています。雇用者（役員を除く）に占める非正規の職員・従業員の割合は**36.9％**であり、雇用者の４割近くを占めています。

ひとこと

非正規雇用の労働者は賃金が低く、**ワーキングプア**（一生懸命働いて、ようやく生活を維持することができる程度の収入しか得られない就業者）が多いといわれています。

◆完全失業者数の動向

「令和４年労働力調査年報」によると、2022（令和４）年平均の完全失業者数は**179万人**で前年に比べ16万人の**減少**（３年ぶりの**減少**）、完全失業率（労働力人口に占める完全失業者の割合）は**2.6％**で、前年に比べ0.2ポイントの**低下**（４年ぶりの**低下**）となっています。男女別にみると、男性は**2.8％**と0.3ポイントの低下、女性は**2.4％**と0.1ポイントの低下、完全失業率の男女差は**0.4**ポイントとなっています。

例題

Q 「令和４年労働力調査年報」（総務省）によると、男女共に完全失業率は、前年より上昇している。　〔第32回-問16・改〕

A × 2022（令和４）年平均の完全失業率は、男性は2.8％と前年から0.3ポイントの低下、女性は2.4％と前年から0.1ポイント低下している。

2 労働に関する用語

◆ディーセント・ワーク

ILO（国際労働機関）は、21世紀の主目標として**ディーセント・ワーク**（**働きがいのある人間らしい仕事**）を掲げています。

ディーセント・ワークは、❶**雇用**の促進、❷**社会的保護**の方策の展開及び強化、❸**社会対話**の促進、❹労働における**基本的原則**及び**権利**の尊重、促進及び実現の４つの戦略的目標を通して実現されると位置づけられており、ILOは各国の実状に応じたプログラムを策定し、これに沿った事業を推進することにより各国におけるディーセント・ワークの実現を支援しています。

◆ワークフェア

ワークフェアとは、労働者の**権利**を保護し、**福祉給付**を提供するための取り組みです。これは、就労機会を提供し、労働者が適切な給与や労働条件を享受できるようにすることが目的です。同時に、労働者は労働に対する**義務**を果たす必要があります。国はワークフェアの推進に政策を導入し、労働市場を公正かつ効果的に運営するための枠組みを提供します。

◆ワークライフバランス

日本においては、人口の年齢構成割合が変わるなか、仕事と生活の調和の実現に取り組むため、2007（平成19）年、政府が「**仕事と生活の調和（ワークライフバランス）憲章**」を策定しました。憲章では、**仕事と生活の調和が実現した社**

会の姿を、「国民一人ひとりがやりがいや充実感を感じながら働き、仕事上の責任を果たすとともに、家庭や地域生活などにおいても、子育て期、中高年期といった人生の各段階に応じて**多様な生き方が選択・実現できる社会**」としています。

ひとこと

ワークライフバランス憲章では、ディーセント・ワークの実現に取り組むことも明記されました。

例題

Q ワーク・ライフ・バランスとは、男性・女性共に、仕事と家事、出産・育児や介護などとの両立を図って、多様な働き方・生き方を目指そうとする考え方のことである。　〔第25回-問15〕

A ○　記述のとおり。仕事と生活の調和の実現を目指す考え方である。

◆ホワイトカラー・エグゼンプション

ホワイトカラー・エグゼンプションとは、特定の職種や役職について、労働時間や残業規制から一定の**緩和**を与える規定です。一般的に事務職や専門職（ホワイトカラー）など、特定の業務に従事する従業員に適用されます。これは、業務内容が通常の労働時間規制や残業規定とは異なり、より高度な**専門性**や責任を必要とするためです。

3 女性の活躍推進

日本の管理職に占める女性の割合は、欧米諸国のみならず日本以外のアジア諸国と比べても低い割合です。このような状況に鑑み、女性が職業生活において活躍し、豊かで活力ある社会の実現を図るため、2015（平成27）年に**『女性の職業生活における活躍の推進に関する法律』（女性活躍推進法）**が制定されました。

さらに、2019（令和元）年には改正法が成立、2022（令和４）年６月に閣議決定された「女性版骨太の方針2022」に基づき、事業主の公表義務が追加されるなどしています。これらにより、常時雇用する労働者が101人以上の事業主は、

❶自社の女性の活躍に関する状況把握・課題分析

❷その課題を解決するのにふさわしい数値目標と取組を盛り込んだ行動計画（**一般事業主行動計画**）の策定・届出・周知・公表

❸自社の女性の活躍に関する情報の公表

を行わなければなりません。情報公表項目は次のとおりです。

■女性の活躍に関する情報公表項目

女性労働者に対する職業生活に関する機会の提供	①採用した労働者に占める女性労働者の割合 ②男女別の採用における**競争倍率** ③労働者に占める女性労働者の割合 ④**係長**級にある者に占める女性労働者の割合 ⑤**管理**職に占める女性労働者の割合 ⑥**役員**に占める女性の割合 ⑦男女別の**職種**または**雇用形態**の転換実績 ⑧男女別の**再雇用**または**中途採用**の実績 ⑨男女の**賃金**の差異
職業生活と家庭生活との両立	①男女の平均継続勤務年数の差異 ②10事業年度前およびその前後の事業年度に採用された労働者の男女別の継続雇用割合 ③男女別の育児休業取得率 ④労働者の一月当たりの平均残業時間 ⑤雇用管理区分ごとの労働者の一月当たりの平均残業時間 ⑥有給休暇取得率 ⑦雇用管理区分ごとの有給休暇取得

常時雇用する労働者が101人以上300人以下の事業主は、上記16項目から任意の１項目以上の情報を公表しなければなりません。さらに、常時雇用する労働者が301人以上の事業主は、上記の「女性労働者に対する職業生活に関する機会の提供」の①～⑧の８項目から１項目選択に加え、⑨の項目が必須、さらに「職業生活と家庭生活との両立」の７項目から１項目選択の合計**３**項目の情報を公表しなければなりません。

ひとこと

女性の活躍状況等が優良な企業は、厚生労働省から「えるぼし」認定されます。「えるぼし」認定企業のうち、取り組みの実施状況が特に優良である企業は「プラチナえるぼし」に認定され、一般事業主行動計画の策定・届出が免除されます。

重要度B 世代

世代とは、特定の時期に生まれた人々の集団を指す用語です。社会学的には、世代は同じ歴史的体験や文化的背景を共有する人々の集まりとして捉えられます。世代を考察する概念、理論には次のようなものがあります。

◆ライフサイクル

ライフサイクルとは、人間の誕生から死に至るまでの各段階の**推移**、また、各段階で**固有の発達課題を達成していく過程**を指します。**生活周期**や**人生周期**とも呼ばれます。

◆ライフステージ

人間の一生における**乳幼児期・児童期・青年期・成人期・高齢期**などのそれぞれの段階を**ライフステージ**といいます。家族の場合には新婚期・育児期・教育期・子独立期・老夫婦期などに分けられます。

単に年齢によって規定されるだけではなく、心理学的、社会学的、経済学的な現象を伴うところに特徴があります。

◆ライフコース

ライフコースとは、**個人が一生の間に経験した出来事の道筋**のことを指します。1970年代のアメリカでは個人が多様な生活を送るようになり、ライフサイクルという捉え方が合わなくなってきたので、家族研究の新しい分析概念として登場しました。

長寿化、家族の多様化が進む今日では、家族生活をライフコースの視点から捉えるアプローチ法が有効だと考えられています。

◆ライフイベント

ライフイベントとは、進学、就職、結婚、転職、引っ越しなど、**個人や家族の人生上の節目となる出来事**を指します。これらの機会は、個人の人生のパターンを形づくる変わり目となり、多くの場合、大きなエネルギーが必要です。

◆ライフスタイル

個々人の人生の横断面にみられる生活の**様式**や構造、**価値観**を捉える概念です。

◆コーホート

人生の節目となるできごとを**同時期**に体験した人々の集合を示す概念です。調査や分析、研究対象の概念としても用いられます。

◆家族周期

家族周期とは、**夫婦の結婚から夫婦の一方、ないしは双方の死亡までの一連の推移**を指します。**ラウントリー**（Rowntree, B. S.）は、労働者家庭への調査から、家族周期と**貧困**の間に関係があることを明らかにしました。

例題

Q ライフスタイルとは、個人の発達の諸段階であり、生物学的、心理学的、社会学的、経済学的な現象がそれに伴って起きることを示す概念である。〔第36回-問19〕

A × 記述は、**ライフステージ**の説明である。

CHAPTER 3

SECTION 4

自己と他者

このSECTIONのポイント

◆自己と他者…ソーシャルキャピタルとソーシャル・インクルージョンの概念を理解しましょう

◆社会化…社会的行為論や社会的役割の概念を覚えます

重要度 B 自己と他者

社会のなかで人と人は互いに影響を与えあいながら生活をしています。人と人との結びつきを**社会的連帯**や**社会関係資本**といい、近年ではこれらの有無が人の幸福感などと関連があることが明らかになってきました。

◆社会的連帯

個人や集団が、相互的な依存関係をもって他者と関わるなかでつくられるつながりを社会的連帯といいます。

◆社会関係資本（ソーシャルキャピタル）

ブルデュー（Bourdieu, P.）は、人間のもつ資本を、**経済資本**（金銭そのもの）、**文化資本** →詳細はp.154参照 、**社会関係資本**の３つに分類しました。社会関係資本は、**人と人とのつながり**を指し、社会関係資本が多様で豊かな人ほど、ほかの資本よりも効果的に機能すると考えました。

パットナム（Putnam, R. D.）は、その著書『孤独なボウリング』において、社会関係資本が豊かであると、政治的関与が高まり、市民活動の促進につながると説き、社会関係資本の構成要素に「**社会ネットワーク**」「**信頼**」「**互《ご》酬《しゅう》性の規範**」を挙げました。そして、社会関係資本には、「**結束型**」（**同一集団内の効用を**

高め、他の集団に対して排他的に作用する）と、「橋渡し型」（**異なる集団間での効用を高める**）の２つがあると整理しました。

多様で豊かな社会関係資本が、信頼、規範、ネットワークなどの社会的仕組みに投入されると、その社会の効率性が高まり、地域力が向上すると考えられます。

◆社会的包摂（ソーシャル・インクルージョン）

社会的包摂とは、全ての人々を孤独や孤立、排除や摩擦から援護し、健康で文化的な生活の実現につなげるよう、**社会の構成員として包み、支え合う**という考えを指します。

これとは反対に、いじめや差別、偏見などによって個人または集団を社会から排除することやその状態を指すのが社会的排除（**ソーシャル・エクスクルージョン**）の概念です。

→詳細はp.244参照

例題

Q 社会関係資本とは、信頼、規範、ネットワークなど、人々や組織の調整された諸活動を活発にする資源のことである。

〔第27回-問20・改〕

A ○ いわゆる経済学の社会資本（交通・通信・エネルギー供給など）の概念とは異なる。

重要度 B

社会化

1 社会的行為

社会的行為とは社会のなかで人が行う行為を指し、人が他者と関係しながら生きているのであれば、それは社会的行為をしながら生きているといえます。「行為」とは、行為者にとって何らかの意味をもつものを指し、行為者にとって必ずしも意味をもたない「行動」（無意識的動作）とは区別されます。

また、ある意図をもって行われた行為が思わぬ影響をもたらしてしまうことを

「**行為の意図せざる結果**」といいます。

◆ヴェーバーとハーバーマスの社会的行為論

ヴェーバーは、社会的行為を行為者の主観的な意味に基づき理解しようとしました（**理解社会学**）。社会的行為を4つに分類し、**目的合理的行為**や**価値合理的行為に着目して近代の合理性を論じ**ました。対して、ハーバーマス（Habermas, J.）は社会的行為を5つに分類しました。

●ここがポイント

ヴェーバーの社会的行為の4類型

目的合理的行為	◆目標を 達成 するのに合理的な行為 ◆手段と目的との間の因果関係が論理的に明確になっている行為
価値合理的行為	◆ある価値を満たすための行為 ◆倫理的、美的、宗教的等の一定の価値を重視し、行為の結果ではなく、 行為自体 に価値を置いて行われる行為
伝統的行為	身についた 習慣 に基づいて行われる行為
感情的行為	直接の 感情 や 気分 によって行われる行為

ハーバーマスの社会的行為論

目的論的行為	一定の目的を実現するための 手段 としての行為
戦略的行為	他者の選択を計算に入れたり、他者の選択や意思決定に影響を及ぼしたりすることで、自己の目的達成を目指す行為

規範に規制される行為	一定の集団内で、**集団内**で認められた**規範**に従って行う行為
演劇論的行為	**観客**（公衆）に対して**自己を表現**する行為
コミュニケーション的行為	言語を介して、自己と他者との間で相互了解や合意を目指して行われる行為

◆社会的行為に関する概念

社会的行為やその働きに関する概念には次のようなものがあります。それぞれの提唱者とあわせて覚えましょう。

■社会的行為に関する概念

	提唱者	内容
鏡に映った自我	**クーリー** (Cooley, C. H.)	**他者**がどのように**自己を評価しているかを知ることで、自我感情が生まれ、社会的自我をもつ**ようになる
ホモ・ソシオロジクス	**ダーレンドルフ** (Dahrendorf, R.)	自発的に役割を形成しようとせず、あらかじめ決まった役割を完全に遂行しようとする人のこと。**役割と個人が完全に同一化**された状態を指す
機能分析	**マートン** (Merton, R. K.)	行為自体がもつ**潜在的機能や逆機能**から、合理性と共通価値に基づく目的―手段関係を追求するコミュニケーション行為の理論
演劇論的行為論	**ゴッフマン** (Goffman, E.)	社会生活を「劇場」と捉える演劇的アプローチは、後にハーバーマスにも影響を与える

社会的事実	**デュルケム** (Durkheim, E.)	個人に外在して個人に**強制力**をもつ、信念や慣行などの行為・思考の様式、集団で生じる**熱狂**などの社会的潮流を指す
ダブル・コンティンジェンシー	**パーソンズ** (Parsons, T.)	相互行為は相手の行為や期待に**依存**し合って成立している

2 社会的役割

その人が占める**社会的地位**に対して期待される**行動様式**を社会的役割といいます。

●ここがポイント

社会的役割の概念

役割葛藤	**異なる行動様式を** **同時に要求**される場合に生じる 例 学生が父から卒業後就職するよう言われているが、教授からは進学を勧められている
役割期待	他者から**それぞれの場面に** **適した形の行為** を期待されること 例 お葬式では静かに神妙にしている
役割取得	**他者や集団**から見た **自らへの期待を認識し、それを** **取り入れる** ことで自分の役割行為を形成すること 例 妹が生まれたことで、お兄ちゃんらしく振る舞う
役割形成	既存の役割期待の枠を超えて、個人が状況に応じて **新たな役割** **を取り入れていく**こと 例 デイサービスに来ていた女性が、施設で飼っている犬の面倒をみるようになる

役割距離	他者の期待どおりにするのではなく、意図的に少しずらした形で行動する（ **役割から距離をおく** ）こと。これにより、他者の求める期待から自己の自律性を確保する 例 医師が手術中に冗談を言ったり世間話をしたりする
役割交換	**互いに役割を交換し、相互に相手の役割を演じあう**ことによって、相手の立場や考え方を理解する 例 サークルの部員が部長になり代わり、部長が担う責任の重さやリーダーシップを発揮することの難しさを理解する

例題

Q 役割形成とは、個人が社会的地位に応じた役割を果たすことを他者から期待されることを指す。 〔第35回-問19〕

A × 記述は、役割期待の説明である。

3 社会的ジレンマ

個人のレベルでの最適な選択が、集団・社会レベルでは最適な選択とはならない状態を**社会的ジレンマ**といいます。

市場を通じて行われる経済活動の外側で発生する不利益が、個人、企業に悪い効果を与えることを**外部不経済**と呼びます。例として、一部の利益が第三者に不利益をもたらす公害問題が挙げられます。

●ここがポイント

社会的ジレンマの概念

囚人のジレンマ

✔CHECK!

◆ 最小 **集団でのジレンマの例**

２人の囚人が、互いに黙秘することが最も罪が軽くなる（得をする）にもかかわらず、相手を裏切る（自白する）方が得であると判断し、自白してしまう

→２人が互いに協力行動を選ぶ方が望ましい結果となるにもかかわらず、**２人とも非協力行動を選ぶことで、両者にとって望ましくない結果になること**を指す

共有地の悲劇（コモンズの悲劇）

◆ 大 **集団でのジレンマの例**

誰でも自由に利用できる図書館で、借りた本を汚して返却する人が増えたため、一部の人しか本を借りられなくなり、誰もが自由に借りることができなくなる

→**個人が自らの利益のみを考えて行動することで、集団全体の利益が減少すること**を指す

✔CHECK! 囚人のジレンマ

２人の囚人A、Bの行動と懲役との関係を表にまとめると、右のような利得表となる。

・１人が裏切り（自白し）、もう１人が裏切らなかった（黙秘した）場合、自白した方が釈放、黙秘した方が懲役10年

・２人とも裏切らなかった（黙秘した）場合、２人とも懲役２年

・２人とも裏切った（自白した）場合、２人とも懲役５年

		囚人B	
		裏切らない	裏切る
囚人A	裏切らない	●共に懲役２年	●Aは懲役10年 ●Bは釈放
	裏切る	●Aは釈放 ●Bは懲役10年	●共に懲役５年

としたとき、２人とも「裏切らない（黙秘する）」方が刑が軽いにもかかわらず、「裏切る（自白する）」方が得（自分の利益になる）と考え、共に

自白した結果、２人にとって望ましくない状況（懲役５年）を招いてしまうことを表す

◆社会的ジレンマの解消策

社会的ジレンマを解消する方法の１つに、**フリーライダー**（**非協力を選択して利益のみを受け入れる人**）をいかになくすかという考えがあります。フリーライダーをなくすためには、**❶選択的誘因**、**❷規範意識**の２つの方法があります。

❶選択的誘因：協力しない場合には**罰**を与える、あるいは協力する場合に**報酬**を与えることにより、**外的な要因から協力的行動を選択する**ように方向づけする方法。

❷規範意識：道徳意識や倫理観に働きかけるなどして、**内的要因**により、社会的ジレンマを解決する。

◆ゼロサムゲームと非ゼロサムゲーム

参加者の得点と失点の総和（サム）が０（ゼロ）になるゲームのことを**ゼロサムゲーム**といいます。例えば、オセロゲームのように一方が６割の点をとって勝てば、もう一方が４割しか得られず負けるという、対戦者同士が一定の得点を争いあうようなゲームなどが代表的です。

一方、**非ゼロサムゲーム**とは、**各プレーヤーの利得（正負の支払い）の総和がゼロにならないゲーム**のことです。ゲーム参加者がそろって得をしたり、逆に損をする場合があり得ます。**囚人のジレンマ**は非ゼロサムゲームの代表例です。

例題

Q 囚人のジレンマとは、非協力的行動には罰を、協力的行動には報酬を与えることで、協力的行動が促される状況を指す。

〔第36回-問21〕

A ✕ 記述は、**選択的誘因**の説明である。

[illegible]2人にとって望ましくない状況[illegible]

◆社会的ジレンマの解消策

社会的ジレンマを解消する方法の1つに、フリーライダー（非協力を選択して利益のみを受け入れる人）をいかになくすかという考え方があります。フリーライダーをなくすためには、❶選択的誘因、❷長期的関係の2つの方法があります。

❶選択的誘因：協力しない場合には罰を与える、あるいは協力する場合に報酬を与えることにより、利己的な理由から協力的行動を選択するように方向づける方法。

❷長期的関係：[illegible]内的要因[illegible]

◆ゼロサムゲームと非ゼロサムゲーム

❖参加者の得点と失点の総和（サム）が0（ゼロ）になるゲームのことをゼロサムゲームといいます。例えば、[illegible]ゲームのように一方が6割の点をとった場合では、もう一方が4割しか[illegible]というように、[illegible]一定の得[illegible]ゲームなどと呼ばれています。

これに対して非ゼロサムゲームとは、各プレーヤーの利得（得点と失点）の総和がゼロにならないゲームのことで[illegible]

[illegible]社会的ジレンマは非ゼロサムゲームの代表例です。

個人のジレンマとは、[illegible]

（第36回-問21）

✕ [illegible]は、選択的誘因の説明である。

CHAPTER

4

社会福祉の原理と政策

CHAPTER 4
SECTION 1

社会福祉の歴史

このSECTIONのポイント

◆日本の社会福祉の歴史的展開…前近代社会から現代までの日本の社会福祉の歴史について学びます

重要度B 日本の社会福祉の歴史的展開

1 前近代社会と福祉

日本の社会福祉の歴史は、仏教思想に基づく聖徳太子の時代まで遡ります。593年に聖徳太子は、**鰥寡《かんか》・孤独・貧窮《びんぐ》・病者**の救済を目的として**四箇院《しかいん》**を建てました。四箇院とは、**悲田院《ひでんいん》**（困窮者や孤児の収容、救済施設）、**敬田院《きょうでんいん》**（仏教の布教施設）、**施薬院《せやくいん》**（薬草を栽培し提供する施設）、**療病院**（病院）のことです。これ以降の大まかな社会福祉の歴史の流れを概観します。

◆戸令

奈良時代の718年に制定された**戸令《こりょう》**では、次のように救済の対象を定めました。

■戸令における救済の対象

名称	対象
鰥《かん》	61歳以上で妻のいない者
寡《か》	50歳以上で夫のいない者
孤《こ》	16歳以下で父のいない者
独《どく》	61歳以上で子のいない者

貧窮	生活に困窮している者
老《ろう》	66歳以上の者
疾《しち》	病気・障害のある者
不能自存者	自ら生きていくことができない者

戸令は、救済対象を示した最初のものだといわれています。救済は、まず家族や近親者による相互扶助、次に近隣社会、いわゆる村落共同体による援助となり、それらが不可能なときに公的救済が行われました。

◆室町時代の惣

室町時代には、代表的な村落共同体として、相互扶助組織である**惣**《そう》が生まれ、救済活動を行いました。また、ザビエル（Xavier, F.）によるキリスト教の伝来以降、アルメイダ（Almeida, L.）は布教と同時に、救貧、施療、孤児や寡婦の保護のため、孤児院、病院を建設するなどの慈善活動を行いました。

◆江戸時代の共同労働組織

江戸時代に入ると、**五人組**（相互扶助による救済等の連帯責任制度）や**七分積金**（災害や貧民救済の資金積立制度）など、地域の共同体を中心とした相互扶助が展開され、江戸市中に無料救療施設である小石川養生所、住居のない人や刑期を終えた軽犯罪者などを対象とした自立支援施設である石川島人足寄場《にんそくよせば》が設置されました。

また、**共同労働組織**として**結**《ゆい》や**モヤイ**、**生活支援機能**を有する宗教的な**講**《こう》が相互扶助として普及しました。

→詳細はp.430参照

2 近代社会における福祉

日本は明治維新により近代国家への道を歩み始め、公的な救貧制度として1874（明治７）年に**生活保護の源流**となる**恤救**《じゅっきゅう》**規則**が制定されました。救済内容は、**わずかな米代をごくわずかな期間支給する**というもので、1932（昭和７）

年施行の『救護法』（1929〈昭和４〉年制定）まで50年以上続きました。

恤救規則の基本理念と救済対象

◆**基本理念**…人民相互ノ情《じょう》誼《ぎ》

→家族や地域の住民同士の人情交流を救済の基盤として、地域共同体での相互扶助を重視

◆**救済対象**…無《む》告《こく》ノ窮民

→70歳以上の老衰者、障害者、重病人、13歳以下の独身で労働能力のない極貧の者（労働能力がない、自力では生活できない、身寄りがない困窮者）などが対象

例題

Q　恤《じゅっ》救《きゅう》規則（1874年（明治７年））では、身寄りのある障害者も含まれた。 〔第27回-問25〕

A　×　**身寄りがある**障害者は対象に含まれなかった。

◆慈善事業等の発展（明治期）

明治期には、多くの社会事業の先覚者が輩出しました。ここでは、代表的な慈善事業家の業績について紹介します。

■明治期の慈善事業家の業績

	業績（著作）	詳細
高瀬真卿《しんけい》	私立予備感化院 （1885〈明治18〉年）	非行少年が生活する施設（翌年に東京感化院と改称）を開設
石井十次	岡山孤児院 （1887〈明治20〉年）	無制限・無差別収容主義を唱え、少人数で生活する小舎制や里親制度を導入
小橋勝之助	博愛社 （1890〈明治23〉年）	貧しい家庭の子どもたちを育てる施設を兵庫に開設

赤沢鐘美《あつとみ》	新潟静修学校 （1890〈明治23〉年）	日本初の託児所を新潟に開設
石井亮一	滝乃川学園 （1891〈明治24〉年）	日本初の知的障害児・者施設を設立。東京の自宅に開設した「聖三一《せいさんいち》孤女学院」が前身
呉文聡《くれあやとし》	『貧困調査の必要』 （1894〈明治27〉年）	貧困が資本主義の構造上の問題として認識されてきたため調査を行う
山室軍平《ぐんぺい》	救世軍 （1895〈明治28〉年）	キリスト教社会福祉事業家であり、廃娼運動や人身売買反対運動等を展開
片山潜《せん》	キングスレー館 （1897〈明治30〉年）	労働運動家であり、東京にセツルメント（隣保事業）活動拠点を開設
留岡幸助	家庭学校 （1899〈明治32〉年）	非行少年に対する教育の重要性を唱え、今日の児童自立支援施設の原型を北海道と東京に設立
横山源之助	『日本之下層社会』 （1899〈明治32〉年）	明治期の貧民の生活状態を著す
野口幽香《ゆか》	二葉幼稚園 （1900〈明治33〉年）	貧困家庭の子どもたちを対象とした施設を東京に開設
渋沢栄一	中央慈善協会 （1908〈明治41〉年）	社会福祉協議会の源流となる組織を東京に開設
脇田良吉	白川学園 （1909〈明治42〉年）	石井亮一の影響を受け、京都に知的障害児施設を開設
井上友一《ともいち》	『救済制度要義』 （1909〈明治42〉年）	感化救済事業の推進者で、救貧より防貧、教化の重要性を説く

例題

Q 野口幽香は、滝乃川学園を設立した。 〔第35回-問25〕

A × 野口幽香は、**二葉幼稚園**を設立した。滝乃川学園を設立したのは、**石井亮一**である。

3 社会事業と慈善事業等の発展（大正期）

大正期に入ると、第一次世界大戦（1914〈大正３〉～1918〈大正７〉年）は日本に好景気をもたらしましたが、大戦後の物価高によるインフレーションで国民生活は苦しくなり、大量の失業者や貧困者が生み出されました。その結果、1918（大正７）年に富山県で発生した米騒動が全国的な広がりをみせ、貧困問題への関心が高まりました。

◆軍事救護法

1917（大正６）年に内務省に**救護課**（現在の厚生労働省）が新設され、救済体制の整備が進められました。同年に制定された**『軍事救護法』**は**傷病兵、戦死者の家族**を救済対象としていました。

◆済世顧問制度・方面委員制度

一方、地方では、**ドイツのエルバーフェルト制度**を手本として、1917（大正６）年に岡山県知事の**笠井信一**が**済世顧問制度**、1918（大正７）年には大阪府知事の**林市蔵**と府の嘱託である**小河滋《しげ》次《じ》郎《ろう》**によって**方面委員制度**が開始され、民間のボランティアによる貧困者への調査、生活相談が展開されました。

両制度は全国に普及し、今日の**民生委員制度**の前身といわれています。

◆慈善事業等の発展（大正期）

大正期における代表的な慈善事業家の業績について紹介します。

■大正期の慈善事業家の業績

	業績（著作）	詳細
河上肇《はじめ》	『貧乏物語』（1916〈大正５〉年）	貧乏は個人の問題ではなく社会構造の欠陥に基づくと説く
大原孫三郎	石井記念愛染園（1917〈大正６〉年）	石井十次への援助、意志を引き継ぎ大阪で開設
笠井信一	済世顧問制度（1917〈大正６〉年）	防貧を目的とした篤志家による貧民への相談・支援

林市蔵・ 小河滋次郎	方面委員制度 (1918〈大正７〉年)	貧民の保護・救済を目的として、小学校区を単位として方面委員を設置
長谷川良信《りょうしん》	『社会事業とは何ぞや』 (1919〈大正８〉年)	東京で隣保事業(セツルメント)を展開し、「マハヤナ学園」「淑徳大学」を開設
矢吹慶輝《けいき》	三輪学院 (1922〈大正11〉年)	就労教育機関「三輪学院」を東京に開設
田子一民《たごいちみん》	『社会事業』 (1922〈大正11〉年)	社会事業行政の指導者であり、全国社会福祉協議会の会長にもなった
生江《なまえ》孝之	『社会事業綱要』 (1923〈大正12〉年)	社会連帯主義を唱え、「**社会事業の父**」と呼ばれた

4 昭和初期(戦前)の社会事業

アメリカを発端とした1929(昭和４)年の世界恐慌は、日本社会にもダメージを与えました。都市部では多くの失業者があふれ、農村部においても凶作に見舞われるなど混乱が生じ、娘の身売りや児童虐待、母子心中が相次いで起きたため、恤救《じゅっきゅう》規則を廃止し、1929(昭和４)年に生活保護制度の前身にあたる**『救護法』**が成立し、３年後の1932(昭和７)年に施行されました。

◆救護法の内容

『救護法』では、**家族制度、隣保相扶の情誼**を基本理念として、家族や近隣同士での助け合いを重視しています。市町村を**救護機関**とし、**方面委員**を市町村の補助機関としました。公的扶助義務主義を採用しつつも、救済の対象は、生活に困窮し、労働能力がなく、扶養義務者から扶養が受けられないことを要件とする**制限扶助主義**に基づくものでした。具体的には、**65歳以上の老衰者、13歳以下の幼者、妊産婦、障害者、傷病者**です。

保護の内容としては、「**生活扶助**」「**医療扶助**」「**助産扶助**」「**生業扶助**」に加え、**埋葬費**が支給されました。**居宅救護が原則**でしたが、補完的に収容救護(養老院、孤児院、病院)も認めていました。

◆救護法の課題

『救護法』の施行により、救済の対象範囲が拡大され、救済者の数は増えました。しかし、家族での助け合いは重視されたままであり、**著しく素行不良や怠惰な人、労働能力のある失業者は排除する**など一部の限られた者が対象で、国民の救護を受ける権利、保護を請求する権利は明記されず、被救護者には選挙権が与えられませんでした。

◆戦争と厚生事業

世界恐慌によって疲弊した経済を打開するため、政府は大陸への進出による軍需拡大に活路を見出しました。満州事変（1931〈昭和６〉年)、日中戦争（1937〈昭和12〉年）が起こり、国家総動員体制へと突入しました。

1937（昭和12）年には、**『母子保護法』**及び**『軍事扶助法』**が制定されました。戦時下の1938（昭和13）年に**厚生省**が設置され、社会事業は**厚生事業**と呼ばれました。同年に**『国民健康保険法』**、1941（昭和16）年には**『医療保護法』**が制定されました。

戦時厚生事業の関心は、戦力強化を図るための国民の育成に注がれ、障害者や高齢者等の保護は後退しました。また1938（昭和13）年、私設社会事業への届出業務、改善命令、監督・指示、寄付金募集、補助等を定めた**『社会事業法』**が制定されましたが、戦争という波のなかで**政府の規制**を強めるものでした。

例題

Q 救護法は市町村を実施主体とする公的扶助義務主義を採用したが、要救護者による保護請求権は認めなかった。

〔第34回-問25〕

A ○ 保護請求権は認められず、**制限扶助主義**に基づいていた。

5 戦後の社会福祉の発展

第二次世界大戦直後、戦災者や孤児などがあふれ、食糧や物資不足は深刻なものでした。政府は同年、「**生活困窮者緊急生活援護要綱**」を閣議決定し生活必需品の支給などを行いましたが、十分ではありませんでした。

そのようななか、1946（昭和21）年にGHQ（連合国軍最高司令官総司令部）により、「**社会救済に関する覚書**」で４つの原則が打ち立てられました。

❶生活困窮者の救済は**国家責任**で対処する

❷国家責任を民間に転嫁してはならない

❸生活困窮者の救済は無差別平等でなければならない

❹必要な保護救済は制限しない

この覚書を前提として、1946（昭和21）年に『**生活保護法**』（旧）が制定されました。しかし、これには、**勤労を怠る者、素行不良な者は適用除外**という**欠格条項**がありました。

1947（昭和22）年施行の『**日本国憲法**』では、**第25条**に**生存権の保障**が明記され、福祉国家へ歩み始めました。同年、戦争被害による孤児、非行少年が問題となり『**児童福祉法**』が制定されました。

また、戦争は傷痍軍人、身体障害者を多数生み出したため、『**身体障害者福祉法**』（1949〈昭和24〉年）が制定され、これにより『**生活保護法**』『**児童福祉法**』『**身体障害者福祉法**』の**福祉三法**が成立しました。

1950（昭和25）年には、現行の『**生活保護法**』が制定され、**欠格条項の廃止**、**不服申立制度の創設**などが盛り込まれました。さらに、1951（昭和26）年には『**社会福祉事業法**』が制定され、社会福祉全般に関わる基本事項が定められました。

6 高度経済成長期の社会福祉

1950年代半ばから1970年代前半にかけて、工業化、産業化の進展により、いわゆる高度経済成長期を迎えることになりました。豊かになる一方で、人口の過疎・過密、核家族化、公害など新たな社会問題が生じました。

こうしたなかで、国民の福祉に対する期待は高まり、1958（昭和33）年の『**国民健康保険法**』の改正、1959（昭和34）年の『**国民年金法**』の制定により、全ての国民が医療保険、年金に加入する**国民皆保険・皆年金体制**（**1961〈昭和**

36〉年実施）が整いました。

また、18歳未満の知的障害児には『児童福祉法』が対応していましたが、18歳以上の人を対象とした法がなかったため、1960（昭和35）年に**『精神薄弱者福祉法』**が制定されました。

さらに、高齢化の進行や核家族化による家族機能の低下が老後の不安定な生活を招くことにつながるとのことから、1963（昭和38）年に**『老人福祉法』**が制定されました。また、厳しい生活状況にある母子家庭を支援の対象として、1964（昭和39）年に**『母子福祉法』**が制定されました。先の**福祉三法**に、**『精神薄弱者福祉法』『老人福祉法』『母子福祉法』**を加えて**福祉六法**と呼びます。

ここがポイント

「日本国憲法」の公布と「福祉六法体制」の確立まで

「日本国憲法」　1946（昭和21）年 公布　1947（昭和22）年 施行

国は**社会福祉**、**社会保障**、**公衆衛生**の向上・増進に努める義務があることを規定した（第25条第２項）

→ 社会保障制度の法的根拠が示された

↓

「福祉三法」の成立　1946（昭和21）～1950（昭和25）年 制定

戦後の福祉施策の中核となった法律。被災者、戦災孤児、傷病者の支援を目的に制定された

生活保護法	児童福祉法	身体障害者福祉法
1946（昭和21）年 制定（旧法） 1950（昭和25）年 全面改正	1947（昭和22）年 制定	1949（昭和24）年 制定

→ ただしこれらは救貧対策という側面が強かった

↓

「福祉六法体制」の確立　1960（昭和35）～1964（昭和39）年 制定

福祉三法の対象に含まれていなかった人たちへの支援が、法律として規定された

精神薄弱者福祉法※
1960（昭和35）年 制定

老人福祉法
1963（昭和38）年 制定

母子福祉法※
1964（昭和39）年 制定

→ プラス3法で福祉制度の基本的な枠組みが確立された

※**「精神薄弱者福祉法」／「母子福祉法」**
『精神薄弱者福祉法』は、現在の『知的障害者福祉法』。
『母子福祉法』は、現在の『母子及び父子並びに寡婦福祉法』。

7 低経済成長と社会福祉

1970（昭和45）年、日本の総人口に占める**65歳以上**人口の割合は**7％**を突破して**高齢化社会**になりました。高齢化社会の到来により、国民の社会福祉に対する関心が高まり、同年、「**社会福祉施設緊急整備5か年計画**」が発表されました。これは、公共支出主導の下に、欧米の基準を目標として、施設の量的拡充を図ろうとしたものです。

また、児童のいる家庭への援助として、1971（昭和46）年には『**児童手当法**』が制定されました。

1973（**昭和48**）**年**には、**70歳以上の高齢者の医療費無料化**（**老人医療費支給制度**）が導入されました。また、被用者保険における**高額療養費の制度化**や厚生年金による「**5万円年金**」の実現、年金の物価スライド制など、経済優先から福祉優先への転換が図られ**福祉元年**と呼ばれました。

しかし、同年秋の**オイルショック**により税収減に見舞われ、「福祉元年」は一転して「福祉見直し論」の年となりました。

1979（昭和54）年には、「**新経済社会７カ年計画**」が策定され、〝私的扶養〟〝自立精神〟を強調した**日本型福祉社会**の構築を目指すことになりました。ここでは、個人の**自助**努力と家庭や近隣・地域社会等との連帯を重視し、福祉財政の支出を抑える考え方が示されました。1982（昭和57）年には、**『老人保健法』**が成立したことにより、老人医療費支給制度は廃止され、**老人医療の一部有料化**が実施されました。

8 本格的な少子高齢社会の到来

1987（昭和62）年に**『社会福祉士及び介護福祉士法』**が制定され、少子高齢社会を担う専門職として、福祉分野では最初の国家資格が誕生しました。

1989（平成元）年には、福祉関係三審議会合同企画分科会において「**今後の社会福祉のあり方について**」がまとめられ、市町村の役割重視、在宅福祉の充実、民間事業者やボランティアの団体などの育成、福祉・保健・医療の連携強化といった内容の方向性が示されました。

これを受けて、同年に「**高齢者保健福祉推進十か年戦略**」（**ゴールドプラン**）が策定され、1999（平成11）年度までの10か年間における具体的なサービスの整備目標値が示されました。

なお、1990（平成２）年には『老人福祉法等の一部を改正する法律』が制定されています。いわゆる**福祉関係八法改正**が行われ、施設福祉サービス中心から在宅福祉サービスの重視、市町村の役割を強化することなどが進められました。具体的には、老人・身体障害者分野の入所の措置に関する事務を都道府県から町村へ移譲、各都道府県及び各市町村に老人保健福祉計画の策定の義務づけなど、地域を中心とした福祉への転換が図られました。

福祉関係八法改正（1990〈平成2〉年）

❶老人福祉法
❷身体障害者福祉法
❸精神薄弱者福祉法（当時）
❹児童福祉法
❺母子及び寡婦福祉法（当時）
❻社会福祉事業法（当時）
❼老人保健法
❽社会福祉・医療事業団法（当時）

ひとこと

福祉関係八法改正とは、福祉六法に２つの法律をプラスしたものではありません。

1994（平成６）年の高齢社会福祉ビジョン懇談会にて「**21世紀福祉ビジョン―少子・高齢社会に向けて―**」が発表され、**社会保障に占める年金：医療：福祉の割合を５：４：１から５：３：２にする**ことが提言されました。これは、**公と民の適切な組み合わせによる適正給付・適正負担の実現を目指すもの**であり、この報告を受けて多くの計画が立てられました。

■21世紀福祉ビジョン

社会全体での**バリアフリー化**を推進するために、1995（平成７）年に「**障害者プラン～ノーマライゼーション７か年戦略～**」が、2002（平成14）年に「**障害者基本計画**」が策定（翌年実施）されました。

■福祉関連の計画及び法整備の変遷

1989（平成元）年	ゴールドプラン
1990（平成２）年	福祉関係八法改正
1994（平成６）年	「21世紀福祉ビジョン―少子・高齢社会に向けて―」
1994（平成６）年	新ゴールドプラン
1994（平成６）年	エンゼルプラン （本格的な少子高齢社会に向けての具体的な整備目標）
1995（平成７）年	障害者プラン～ノーマライゼーション７か年戦略～ （サービスの基盤整備）

1997（平成９）年	精神保健福祉士法（新たな国家資格の創設）
1999（平成11）年	ゴールドプラン21
1999（平成11）年	新エンゼルプラン
2002（平成14）年	**障害者基本計画**（新障害者プラン）（バリアフリー社会の実現を目指す方向が示された）

◆社会福祉基礎構造改革

戦後50年を前にして、21世紀型の社会福祉システムの構築が求められ、中央社会福祉審議会社会福祉基礎構造改革分科会は、1998（平成10）年に「**社会福祉基礎構造改革について**（中間まとめ）」を発表しました。ここでは、福祉サービスの利用方法や市場原理の導入、地域福祉の推進など、サービスの質の向上を目指した提言がなされました。

社会福祉基礎構造改革の基本的方向

❶サービスの利用者と提供者の対等な関係の確立

❷個人の多様な需要への地域での総合的な支援

❸幅広い需要に応える多様な主体の参入促進

❹信頼と納得が得られるサービスの質と効率性の向上

❺情報公開等による事業運営の透明性の確保

❻増大する費用の公平・公正な負担

❼住民の積極的な参加による福祉文化の創造

社会福祉基礎構造改革の基本的方向を踏まえ、2000（平成12）年に『社会福祉の増進のための社会福祉事業法等の一部を改正する等の法律』が出され、『**社会福祉事業法**』は『**社会福祉法**』へ改称されました。同時に、『身体障害者福祉法』『知的障害者福祉法』『児童福祉法』『民生委員法』『生活保護法』『社会福祉施設職員等退職手当共済法』が一部改正、『公益質屋法』が廃止されました。

ここがポイント

社会福祉法への改正の主なポイント

利用者の立場に立った社会福祉制度の構築	**措置制度**（行政がサービス内容を決定する）から**契約制度**（利用者が事業者と対等な関係に基づきサービスを選択・決定する）への転換を図り、利用者自らの意思と責任の下にサービスを選択する
利用者保護制度の創設	利用者と事業者の契約に基づいて福祉サービスを利用することになった。そのため、対等な関係を築けるよう利用者の利益を保護する仕組みが導入された ◆ **福祉サービス利用援助事業** 判断能力が低下している認知症高齢者等のサービス利用を支援するため、成年後見制度を補完する形で**都道府県・指定都市社会福祉協議会**が主体となり実施する ◆ **運営適正化委員会** 苦情解決の仕組みとして、**都道府県社会福祉協議会**に**運営適正化委員会**が設置された
事業の透明性	社会福祉事業を運営する**社会福祉法人**は、利用者との対等な関係に基づいて情報を開示しなければならない。例えば、利用契約の際には説明・書面の交付、財務諸表や事業報告書の開示、誇大広告の禁止などが規定されている
地域福祉の推進	『社会福祉法』では、地域における計画策定に関する規定がなされた。義務ではないが、**市町村地域福祉計画**、**都道府県地域福祉支援計画**の策定を求めている。また、知的障害者福祉等に関する事務が市町村へ移譲されることとなった

CHAPTER 4
SECTION 2

社会福祉の思想・哲学、理論

このSECTIONのポイント

◆社会福祉の思想・哲学…ロールズの提唱した正義の原理とブトゥリムのソーシャルワークの３つの価値前提を学んでいきます

◆社会福祉の理論…社会保障と社会福祉の概念や枠組み、福祉に関する主な学説について整理します

◆欧米の社会福祉の理論…19世紀以降、欧米で生まれた社会福祉に関連する理論についてみていきます

◆社会福祉の論点…効率性と公平性、普遍主義と選別主義、自立と依存においては、それぞれの定義の違いを整理して理解しておきましょう

重要度A　社会福祉の思想・哲学

社会福祉の原理となる思想と哲学について、ロールズ（Rawls, J.）とブトゥリム（Butrym, Z.）の理論をみていきます。

1　正義の原理

アメリカの哲学者ロールズは、著書『正義論』（1971年）において、「正義」について、「幸福や利益が人生や社会の最大の目的」という功利主義の考え方を否定し、**正義の原理**を掲げています。

第一原理は、平等な自由の原理と呼ばれるものです。これは、思想及び良心の自由、言論・集会の自由、選挙への投票など政治的自由といった**基本的自由の権利**は**平等**でなければならないということです。

正義の原理

第一原理

全ての人が**基本的な自由**を**平等**にもつべきである。

第二原理

社会的及び**経済的**不平等は、次の２つの条件を充たさなければならない。
第一に、**公正**な機会均等が保障される。
第二に、最も恵まれない人の**便益**を**最大**にする。

第二原理は、❶**公正な機会均等の原理**、❷**格差原理**と呼ばれています。

正義の原理―第二原理

❶**公正な機会均等の原理**…同じ能力と意志をもつ人々は、所得や資産、学閥、階級的出自といった社会的条件の違いがあったとしても、同じような社会的・経済的成果を得ることができるという見込みが保障されること

❷**格差原理**…最も恵まれない人の**便益**を最大化すること。格差原理は、社会的・経済的不平等を認める。不平等が、最も恵まれない人の便益を最大化する場合は認められるが、不平等を縮小することによって、最も恵まれない人の便益が減少してしまうのなら、不平等は縮小しようとはせずに認めるということ

ロールズは、第一原理は第二原理より**優先**し、さらに第二原理の❶公正な機会均等の原理は、❷の格差原理に**優先**すると主張しています。

例題

Q 消費税は資源配分を歪めないため、正義にかなうと『正義論』でロールズは主張している。〔第28回−問23・改〕

A ×　消費税は**恵まれない人にも負担を負わせる**ため、ロールズの主張する**正義**には**適さない**。

2 ソーシャルワークの３つの価値前提

ブトゥリムは、「ソーシャルワークの基礎となる哲学は、人間の本質に内在する普遍的価値から引き出されること、そしてそれは〝望ましい人生〟とは何かに関するある種の信念と、望ましい人生をいかに求め、進めていくかという方法に関する倫理的な考察に重なる」と述べています。ブトゥリムは、**福祉援助活動**における価値前提として次の３つを挙げています。

■ソーシャルワークの３つの価値前提

価値	内容
人間尊重	どのような人であっても**価値**をもった平等の人間であること
人間の社会性	人間はそれぞれ**独自性**をもった生き物であり、**他者に依存する存在**である。つまり、人は社会（他者）との関わりを通して生きているということ
変化の可能性	人間の**変化**、**成長**及び向上の可能性を信じること。どのような人でも変化する可能性があるという視点が重要になる

重要度B 社会福祉の理論

1 日本の社会福祉の理論

日本における社会福祉の概念と理念については、「**50年勧告**」の定義を理解することが重要です。また、社会福祉と社会保障の関係や、社会福祉政策をめぐる理論もみていきます。

社会保障制度審議会が1950（昭和25）年に出した「社会保障制度に関する勧告」（**50年勧告**）では、社会福祉について次のように定義しています。

社会福祉の定義

社会福祉とは、**国家扶助**の適用を受けている者、**身体障害者**、**児童**その他援護育成を要する者が、**自立**してその能力を発揮できるように、必要な**生活指導**、更生補導その他の援護育成を行うことをいう

同じく「50年勧告」では、社会保障について次のように定義しています。

社会保障制度の定義

社会保障制度とは、**疾病**、**負傷**、**分娩**、**廃疾**、**死亡**、**老齢**、**失業**、**多子**その他困窮の原因に対し、**保険**的方法又は直接**公**の負担において**経済保障**の途を講じ、生活困窮に陥った者に対しては、**国家扶助**によって**最低限度の生活を保障**するとともに、**公衆衛生**及び**社会福祉**の向上を図り、もってすべての国民が**文化的社会**の成員たるに値する生活を営むことができるようにすることをいう

社会保障制度審議会の「社会保障制度の総合調整に関する基本方策についての答申および社会保障制度の推進に関する勧告」（**62年勧告**）では、社会保障に関する施策を、所得の差により「**貧困**階層に対する施策」「**低所得**階層に対する施策」「**一般所得**階層に対する施策」の３つに区分し、**社会福祉対策**を「**低所得**階層に対する施策」として位置づけました。

その後、社会保障制度審議会は、「社会保障体制の再構築に関する勧告―安心して暮らせる21世紀の社会を目指して―」（**95年勧告**）において、「50年勧告」当時の社会保障の理念は最低限度の生活の保障であったが、現在は**広く国民に健やかで安心できる生活を保障することが社会保障の基本的理念である**としました。

社会福祉と社会保障との関係性については次のとおりで、社会福祉は社会保障のうちの一分野であるといえます。

■社会保障制度の体系

<table>
<tr><th colspan="3">区分</th><th>例</th></tr>
<tr><td rowspan="6">広義の社会保障</td><td rowspan="5">狭義の社会保障</td><td>社会保険</td><td>年金保険、医療保険、雇用保険、労働者災害補償保険（労災保険）、介護保険</td></tr>
<tr><td>公的扶助</td><td>生活保護</td></tr>
<tr><td>社会福祉</td><td>障害者、高齢者、児童、ひとり親家庭などに対する福祉</td></tr>
<tr><td>公衆衛生及び医療</td><td>感染症予防、上下水道、廃棄物処理、公害対策、精神保健、食品衛生</td></tr>
<tr><td>老人保健</td><td>老人医療</td></tr>
<tr><td></td><td>恩給
戦争犠牲者援護</td><td>文官恩給、旧軍人遺族恩給
戦没者遺族年金</td></tr>
<tr><td colspan="2" rowspan="2">関連制度</td><td>住宅対策</td><td>公営住宅建設</td></tr>
<tr><td>雇用対策</td><td>失業対策事業</td></tr>
</table>

例題

Q 社会保障は広義と狭義に分けられ、狭義の社会保障は公的扶助、社会福祉、公衆衛生及び医療の４つから構成される。

〔第24回-問22〕

A ×　狭義の社会保障は、**社会保険**、**公的扶助**、**社会福祉**、**公衆衛生及び医療**、**老人保健**の５つから構成されている。

次に、社会福祉という概念が何を意味するのか、「福祉の概念」を唱えた代表的な論者の学説をみていきます。

◆大河内一男

大河内は、「社会政策」と「社会福祉（社会事業）」を区別し、資本主義体制下での労働力対策を**社会政策**、労働力とはみなされない困窮者への対策を**社会事業**

と捉え、社会事業の対象を**経済秩序外的存在**と呼びました。

◆孝橋正一《こうはししょういち》

孝橋は、社会福祉（社会事業）の対象は、**資本主義社会**が生み出すものと捉えました。資本主義社会が構造的に生み出す本質的課題を**社会問題**、派生的課題を**社会的問題**と区別し、「社会問題」には「社会政策」が、「社会的問題」には「社会福祉（社会事業）」が対応すると考えました。

◆竹内愛二

竹内は、援助の過程において、人間関係を基盤に行われる専門的な援助技術の体系を**専門社会事業**と呼びました。竹内が考える社会福祉（社会事業）とは、**専門的な社会福祉援助の過程並びに技術**のことです。また、著書『ケース・ウォークの理論と實際《じっさい》』において、アメリカの援助技術について論じました。

◆木田徹郎

木田は、社会福祉とは体系化・制度化された「**構造**」であると同時に、専門的な**行動**（技術）でもあると捉えました。つまり、社会福祉のためのさまざまな実践を制度化した「構造」であり、かつ、その「構造」の機能は専門的な職務行動として実現されるということです。制度と専門的行動は盾の両面のように統合されるべきであると論じました。

◆岡村重夫

岡村は、生活上の困難が生じる原因を、「社会生活上の基本的要求」と「対応する制度」との間で結ばれるべき関係に支障がきたした状態と捉えました。個人が社会生活上の基本的要求を充足させるために、社会制度と関係を結ぶ際に生じる問題が社会福祉の対象であり、それを「**社会関係の不調和**」「**社会関係の欠損**」「**社会制度の欠陥**」と呼んでいます。

また、社会福祉とは、個人と社会制度の間で生じる問題に介入し、個人が制度を主体的に活用できるよう関係を修復・強化していくことであり、**評価**、**調整**、**送致**、**開発**、**保護**の５つの機能をもつと考えました。

◆仲村優一

仲村は、公的扶助に即したケースワークの必要性を示しました。そして、社会福祉の基本的な性格を、クライエントの個別的な必要に応じ、対人的な関係を通して、一般対策が及ばないところに援助・支援の手を差し伸べるという**補充性**に求めました。また、社会事業と社会福祉の関係を、❶**並立的補充関係**、❷**補足的補充関係**、❸**代替的補充関係**の3つに分類しています。

◆一番ヶ瀬康子

一番ヶ瀬は、社会問題を労働問題と生活問題とに分けて捉え、社会福祉の対象は**生活問題**であるとしました。そして、生活権を保障することが社会福祉の目的であり、実践論・運動論を組み入れた社会福祉学が総合的に体系化されなければならないと論じました。

2 福祉政策の理念

社会福祉政策とは、国や地方公共団体による福祉サービスの運営などに関係する政策のことです。**三浦文夫**は、社会福祉政策の目的を、

- **要援護者**の自立の確保
- **要援護者**の**社会的統合**を高めること

と定義しています。

社会政策とは、社会における問題を解決し、生活水準の向上を目指す公共政策のことです。福祉政策は、国による社会政策のなかで単独に存在するわけではなく、あらゆる福祉政策との関わりのなかで存在しています。

3 福祉制度と福祉政策の関係

社会福祉制度は、**福祉六法** →詳細はp.210参照 と**『社会福祉法』**などを中心として形成されています。『社会福祉法』は、社会福祉を目的とする事業の全分野に共通する基本事項を定めています。社会福祉事業は、**第一種社会福祉事業**（主に入所施設）と**第二種社会福祉事業**（主に通所・在宅サービス）に分けられてい

ます。

また、『社会福祉法』では、福祉事務所や社会福祉協議会、社会福祉法人など、社会福祉の専門機関・組織に関する規定もあります。例えば、第82条には「社会福祉事業の経営者は、常に、その提供する福祉サービスについて、利用者等からの苦情の適切な**解決**に努めなければならない」と定められています。

4 福祉政策と政治の関係

福祉政策と政治との関わりにおいては、以下のような項目が挙げられます。

福祉政策と政治の関係

- ◆**公的財源**が投入される
- ◆公的財源の援助が必要な人やサービスを**特定**する
- ◆保障すべき内容とその**水準**を決定する

5 福祉政策の主体と対象

福祉政策の主体とは、憲法第25条に基づいて、社会福祉に関わる制度や法律を整備する**国**が該当します。また、国だけではなく、都道府県や市町村などの地方公共団体も独自の福祉計画を立てて福祉政策を展開しています。

国や地方公共団体が策定した計画・政策に基づいて社会福祉事業を運営・経営する主体を**運営主体**と呼び、特別養護老人ホームや児童相談所などの**社会福祉施設・団体・機関**が該当します。そして、社会福祉士や介護福祉士、ボランティアなど、**利用者に対して福祉サービスを提供する担い手**を**実践主体**と呼びます。

日本の福祉政策は、貧困対策を中心として始まりました。第二次世界大戦後において、多くの法律が整備されたことによりその対象も拡大していきました。福祉三法時代は、**生活困窮者**、**児童**、**身体障害者**が対象でしたが、福祉六法体制が確立すると、**知的障害者**、**老人**、**母子家庭**も福祉の対象と捉えられるようになりました。さらに、1986（昭和61）年の「厚生白書」では、社会福祉の対象は

「**福祉サービスを必要とする全ての国民**」と記されました。つまり、一部の限られた人だけではなく、**全国民が対象**になったのです。

例題

Q 社会福祉法は、社会福祉事業の経営者に対し、常に、その提供するサービスの利用者等からの苦情の適切な解決に努めなければならないと規定している。〔第35回-問30〕

A ○ 記述のとおり。社会福祉法第82条に、**努力**義務として規定されている。

重要度 A

欧米の社会福祉の理論

1 ナショナル・ミニマム

ナショナル・ミニマムは、イギリスの社会学者、経済学者**ウェッブ夫妻**（Webb, S.&B.）の『産業民主制論』（1897年）において提唱された社会福祉の基盤ともいうべき概念です。これは当初、賃金と労働条件の最低基準を定めることで、労働者の雇用・生活の**最低限度の水準を保障**するというものでした。

しかし後に、全ての国民を対象とした最低限度の生活水準の保障まで含めたものを主張するようになりました。保障の範囲は、所得、住宅、教育、健康、公衆衛生、余暇・レクリエーションなどです。このナショナル・ミニマムの考え方が、「**ベヴァリッジ報告**」（1942年）に影響を与え、イギリスの福祉国家政策の基本になりました。

2 福祉政策モデル

アメリカの産業学者ウィレンスキー（Wilensky, H.）は、著書『福祉国家と平等』（1975年）において、福祉国家の進展は経済水準の上昇に影響を受け、その国のイデオロギーや政治体制は関係ないという「**福祉国家収斂《しゅうれん》説**」を唱えました。つまり、**経済水準**が福祉を決定すると考えました。

ひとこと

福祉国家化を促進する要因として、経済成長、高齢化、官僚制を挙げています。

また、ウィレンスキーとルボー（Lebeaux, C. N.）は、福祉供給体制として、**残余的社会福祉**と**制度的社会福祉**の２類型を提唱しました。

イギリスの社会政策学者ティトマス（Titmuss, R.）は、ウィレンスキーとルボーの理論を継承し、「**残余的福祉モデル**」「**制度的再分配モデル**」「**産業的業績達成モデル**」という３つの福祉政策モデルを提唱しました。

■ティトマスの福祉政策モデル

残余的福祉モデル	個人、家族や市場が機能しないときに行われる
制度的再分配モデル	ニーズ充足のため、政府により制度的・組織的に行われる
産業的業績達成モデル	貢献度（所得や保険料の拠出）に応じた福祉サービスの給付を行う

また、ティトマスは、**選別的サービス**が社会権として与えられるためには、その土台に**普遍主義的サービス**が必要であると主張しました。さらに、「**福祉の社会的分業**」という概念を用いて、**社会福祉**（国による福祉）だけでなく、**財政福祉**（税の減免）や**企業福祉**（雇用主からの諸手当）も重要な意味合いをもつことを示しました。

3 福祉レジーム

福祉レジームとは、「福祉が生産され、それが国家、市場、家族の間に配分される総合的な在り方」を意味し、制度やシステムの違いによって福祉国家の類型が決定されるとする考えです。デンマーク出身でスペイン在住の社会学者**エスピ**

ン-アンデルセン（Esping-Andersen, G.）は、著書『福祉資本主義の３つの世界』（1990年）において、脱商品化・階層化・脱家族化※などの指標を用いて、次に挙げる３つの福祉レジームを示しました。福祉レジームの違いによって、各福祉国家の姿も異なってきます。

※脱商品化／階層化／脱家族化

脱商品化とは、労働の有無にかかわらず一定水準の生活ができる度合い。
階層化とは、職種や社会的階層に応じて生じる格差の度合い。
脱家族化とは、家族の支援の度合い。

ここがポイント

福祉レジームの３類型

自由主義レジーム	◆家族の役割や**市場原理**を重視。貧富の格差がある ◆**資力調査**（**ミーンズ・テスト**）など**スティグマ**（負の烙印）が伴う ◆脱商品化度は最も低い ◆政府による福祉サービスが残余的に他の部門を補充するため**残余的福祉モデル**とも呼ばれる
社会民主主義レジーム	◆高水準の福祉は高い**税金**によって賄われる ◆脱商品化度は最も**高い** ◆高福祉・高負担に基づいてサービスが提供され、他の部門と独立した制度として存在することから**制度的再分配モデル**とも呼ばれる
保守主義レジーム	◆社会保険の**保険料拠出**と伝統的な家族を基本とした**相互扶助**の役割を重視 ◆脱商品化度は中程度 ◆労働市場における地位・業績と福祉サービスが関係するため**産業的業績達成モデル**とも呼ばれる

類型	国の具体例	主な特徴	所得再分配の規模	給付の対象・性格	福祉と就労支援の連携
自由主義レジーム	◆アメリカ ◆オーストラリア	市場の役割大	小規模（小さな政府）	◆生活困窮者向け給付が多い ◆選別主義	◆強 ◆**ワークフェア**※（就労が給付の条件）
社会民主主義レジーム	◆スウェーデン ◆デンマーク	国家の役割大	大規模（大きな政府）	◆現役世代向け、高齢世代向け共に充実 ◆普遍主義	◆中 ◆**アクティベーション**（雇用可能性を高める）
保守主義レジーム	◆ドイツ ◆フランス	家族・**職域**の役割大	中～大規模	◆高齢世代向け給付が多い ◆社会保険は普遍主義 ◆公的扶助は選別主義	◆中～強（強化傾向）

出典：厚生労働省「平成 24 年版厚生労働白書」より作成

※ワークフェア

労働（work）と福祉（welfare）を合わせた造語。社会保障の給付のための条件として就労を義務づける政策のこと。ソフトなタイプでは教育訓練を通してエンプロイヤビリティ（雇用されうる能力）を高めて労働市場参加を推進し、ハードなタイプでは就労や職業訓練を義務づけ、義務的・強制的に労働市場へ参加させる。

例題

Q エスピン－アンデルセンの福祉レジーム論によると、スウェーデンとドイツは同一の福祉レジームに属する。〔第36回－問28〕

A × スウェーデンは、「社会民主主義レジーム」であり、ドイツは、「保守主義レジーム」に属する。

4 シティズンシップ

イギリスの社会学者マーシャル（Marshall, T. H.）は、福祉国家を「**民主主義－福祉－資本主義**」という３つの構成要素からなる**ハイフン連結社会**と呼び、多元的なものと捉えたうえで、**シティズンシップ**＝市民権・市民資格を「**コミュニティ**の完全な成員である人々に与えられた地位身分である。この身分をもっている全ての人々は、その身分に付与された権利と義務において**平等である**」と定義しました。

シティズンシップとは、**市民的権利**（契約や財産の自由）、**政治的権利**（選挙権）、**社会的権利**（福祉の受給権）を意味しています。マーシャルは、全ての国民にシティズンシップが認められることを重要視し、福祉国家の存立要件としています。さらに、市民権が18世紀に市民的権利（**公民権**）、19世紀に政治的権利（**参政権**）、20世紀に社会的権利（**社会権**）という形で確立されてきたという市民権理論を提示しました。

例題

Q T.Hマーシャルのシティズンシップの分類に従えば、福祉国家は、市民的権利や政治的権利と並び、社会的権利を重視する国家ということになる。〔第26回－問23〕

A ○ 記述のとおり。マーシャルは、**全ての国民**にシティズンシップが認められることを重要視し、福祉国家の存立要件とした。

5 新自由主義

オーストリア出身の経済学者ハイエク（Hayek, F.）は、**新自由主義**を主張する立場から、福祉国家に対する批判を展開しました。

福祉国家の下で、社会サービスの充実が図られることになれば国家財政が逼迫します。福祉の増大が、本来あるべき民間活力を失わせ、効率性の低下を招くと批判し、**経済に対する政府の干渉は有害**であると捉えました。政府の過干渉の見直し、財政規模の縮小、措置のような形式ではなく、利用者の権利を尊重したサービス提供を重視しました。

重要度A 社会福祉の論点

1 効率性と公平性

福祉サービスにおける効率性と公平性の特徴を把握しましょう。

◆効率性

効果を出す際には、少ないコスト・労力ですむことが望ましいです。利用者に対して良質な福祉サービスを提供するには、**限られた資源を最大限に活用**することが求められます。それがいわゆる**効率性**です。最大の効果を生み出すために、最小限の資源（マンパワー、金銭など）ですむように配分することが重要になります。

しかし、費用の最小化を重視しすぎて、目標とした成果まで達しないということも起こります。例えば、1人の介護福祉士が何人もの高齢者を担当したら、費用は安く抑えることができるでしょうが、事故やサービスの劣化につながります。

◆公平性

社会福祉援助においては、全ての利用者に対して**公平**にサービスを提供する必要があります。社会福祉の制度・サービスを利用する際は、**無差別平等性を確保**し、年齢や性別などで排除してはなりません。

例えば、サービスの利用申請において優先度を設ける場合は、恣意《しい》的な判断が入らないよう細心の注意が必要であり、その手続き・基準における透明性が確保されていなければなりません。

また、高齢者だからニーズは同じということはありません。ニーズの違い、サービスの必要度は個々人によって異なります。公平性が、提供される福祉サービスの内容が均一性・画一性を意味するものであってはなりません。

2 普遍主義と選別主義

福祉における普遍主義と選別主義の概念と相違点を理解しましょう。

◆普遍主義

国民の**誰もが、いつでも、どこでも福祉サービスを利用できる**ことが**普遍主義**の考え方です。日本では憲法第25条において、国民全員の最低限度の生活の保障が謳《うた》われています。社会福祉の対象は**全国民**であり、国民が必要とするときに、適切な福祉サービスを提供できなければなりません。

◆選別主義

福祉サービスを利用する際に、**資力調査**（ミーンズ・テスト）を受け、基準を下回った最小限の利用者をサービス支給の対象者に限定する考え方です。

ここがポイント

普遍主義と選別主義の違い

	普遍主義	選別主義
背景思想	ベヴァリッジの社会保障論	新保守主義
対象	全国民	**資力調査**(ミーンズ・テスト)の基準を下回った最小限の利用者
制度の例	医療保険**制度**	生活保護**制度**
長所	◆スティグマ（負の烙印）の付与がない ◆ソーシャル・インクルージョンの実現	◆ニーズがある層への資源を集中できるので効率が良い
短所	◆財政負担大 ◆目標効率が悪い ◆選別的給付を廃止できない	◆スティグマの付与がある ◆福祉サービス基準が２種類になる ◆ソーシャル・エクスクルージョンを引き起こす ◆自立を阻害する可能性

普遍主義と選別主義には、前ページのようにそれぞれ長所・短所があります。**普遍主義**は、福祉の必要度が高い人にも低い人にも「あまねく」サービスを提供しますが、**選別主義**は、限られた資源を最も福祉の必要性が高い人へ集中的に「狭く厚く」提供できる特徴があります。

例題

Q 福祉サービスを選別主義的に提供すると、サービスは真に必要な人々に行き渡るので、利用者がスティグマを感じることが少なくなる。 〔第23回-問28〕

A × **選別主義**では、サービスを受けることが恥ずかしいという意識（**スティグマ**）を感じることが多くなる。

3 自立と依存

福祉における自立と依存の考え方について整理しましょう。

◆自立

社会福祉とは、個人が人として尊厳をもって、家庭や地域社会のなかで、その人らしく自立した生活を営めるように支援することといえます。自立という言葉にはいくつかの意味があります。

■自立の形態

身体的自立	日常生活動作（ADL）の自立
精神的自立	他者に依存しない自主的な独立
経済的自立	他者から金銭的な援助なしに自分で生活費を稼ぐ
社会的自立	孤立することなく周りの人との人間関係のなかで生活できる

◆依存

人に依存する＝人に頼ってばかりいる、甘えと捉えられる場合が多いです。しかし、現実の私たちは、家族や友人、多くの制度に依存しながら生活しています。失業したときには雇用保険制度、教養を深めたい場合は美術館や博物館などの文化施設を利用します。

私たちは生きていくうえで、さまざまなものとの社会関係を通して、言い換えれば他者に依存することによって健康で文化的な生活を送っています。

自立と依存について、**古川孝順**は**自助的自立**と**依存的自立**の２つの視点で考えています。

■自助的自立と依存的自立

自助的自立	国家の福祉制度や周囲の人々に**依存**することなしに自力で生活できる状態
依存的自立	部分的に国家の福祉制度や周囲の人に依存しつつも、生活の目標や思想信条、生活の場、生活様式、行動などに関して可能な限り生活者自身による自己**選択**権や自己**決定**権をもつことができる状態

『社会福祉法』第３条（福祉サービスの基本的理念）では、「福祉サービスは、個人の**尊厳**の保持を旨とし、その内容は、福祉サービスの利用者が心身ともに健やかに育成され、又はその有する能力に応じ**自立**した日常生活を営むことができるように支援するものとして、良質かつ適切なものでなければならない」と規定されています。ここでの自立とは、**依存的自立**を意味しているといえます。

CHAPTER 4

SECTION 3

社会問題と社会構造、福祉政策の基本的な視点

このSECTIONのポイント

◆社会問題と社会構造…貧困の捉え方の理論と現在の日本における福祉政策の課題を概観します

◆福祉政策の基本的な視点…社会的包摂（ソーシャル・インクルージョン）と社会的排除（ソーシャル・エクスクルージョン）、センの提唱する潜在能力などの用語をおさえましょう

重要度A　社会問題と社会構造

貧困になる原因は何でしょうか。貧困をめぐる理論と、現在の日本の社会問題として子どもの貧困や介護と失業、差別等の現状をみていきます。

1　貧困の捉え方

貧困の捉え方として、イギリスの**ブース**（Booth, C.）の貧困線や**ラウントリー**（Rowntree, B. S.）の**絶対的貧困**、**タウンゼント**（Townsend, P.）の**相対的貧困**の概念などがあります。

◆イギリスにおける貧困調査活動

イギリスにおける貧困の実態を調査し、貧困の原因を明らかにした調査として次の２つがあります。

■イギリスの２つの貧困調査

ロンドン調査	1886～1902年にブースがロンドンで行った貧困に関する実態調査。その調査結果を『ロンドン民衆の生活と労働』（1903年）に著し、市民の約３割が貧困であると報告。そして、「**貧困線**」という概念から週給21シリング以下の世帯を「貧困層」「極貧層」「最下層」と分類した
ヨーク調査	ラウントリーがヨーク市で行った貧困調査（第１回は1899年）。その結果を『貧困―都市生活の研究』（1901年）に著し、貧困を**第一次貧困**（**絶対的貧困**と呼ばれる肉体的生存を維持するのも困難な状態）と**第二次貧困**（肉体的生存は何とか可能だが余裕がない状態）に区別し、ヨーク市の人口の約３割がどちらかの貧困であることを発表した

ブースやラウントリーの調査によって、貧困の原因は、第一に低賃金、不規則な労働といった**雇用問題**、第二に**環境の問題**、第三に飲酒や浪費といった**個人的習慣の問題**にあることがわかりました。これにより、貧困の原因は個人のみにあるのではなく、**社会**に問題があることが明らかになり、その後の社会保障制度、福祉国家建設の基礎となりました。

◆相対的貧困と貧困に関する理論

その他、貧困に関する理論について、主な提唱者とその内容を次に挙げます。

■貧困に関する理論

タウンゼント (Townsend, P.)	**相対的剥奪**（必要な資源が不足しているために社会規範のなかで通常当然とみなされる生活様式を共有できない状態）の概念を精《せい》緻《ち》化し**相対的貧困**を論じた。また、エイベル-スミス（Abel-Smith, B.）とともに著書『貧困者と極貧者』（1965年）において、イギリスの貧困世帯が増加していることを指摘し、それが貧困の**再発見**の契機となった
リスター (Lister, R.)	ラウントリーの絶対的貧困とタウンゼントの相対的貧困の二分法による論争を終わらせようとした。物的困難が中心にあると同時に非物的（社会・文化）困難がその外側についてまわることを論じた

スピッカー (Spicker, P.)	貧困の多様な意味を、**物質的状態**、**経済的境遇**、**社会的地位**の３つの群に整理
ルイス (Lewis, O.)	貧困者には貧困に至る共通の要因、**貧困の文化**（culture of poverty）があると論じた

例題

Q ラウントリー（Rowntree, B.）は、ロンドンで貧困調査を行い、貧困の主たる原因は飲酒や浪費のような個人的習慣にあると指摘した。 〔第34回-問26〕

A × 貧困調査によって、貧困の原因は、第一に**雇用**問題、第二に**環境**の問題、第三に個人的習慣の問題であることが明らかになった。

2 ひとり親世帯の現状と相対的貧困率

「令和３年度全国ひとり親世帯等調査」（厚生労働省）によると、ひとり親世帯になった理由は**離婚**が多く、母子世帯は**79.5%**、父子世帯は**69.7%**です。平均年収は、母子世帯（272万円）と父子世帯（518万円）とでは**約1.9倍の差**があります。また、近年では、ひとり親世帯での子どもの貧困が問題になっています。

「国民生活基礎調査」（厚生労働省）によると、子どもの相対的貧困率（**17歳以下**が対象）は、2003（平成15）年の13.7%から徐々に上昇し、2012（平成24）年には**16.3%**（次ページグラフ参照）となり最悪の数字となりました。これは、**６人に１人の子どもが貧困**であることを意味します。しかし、2015（平成27）年には13.9%、2018（平成30）年には13.5%、2021（令和３）年には11.5%になり、子どもがいる大人１人の世帯の相対的貧困率（**所得が国民の中央値の半分以下の割合**）は**44.5%**（次ページグラフ参照）でした。

■子どもの相対的貧困率

(1)子どもの相対的貧困率

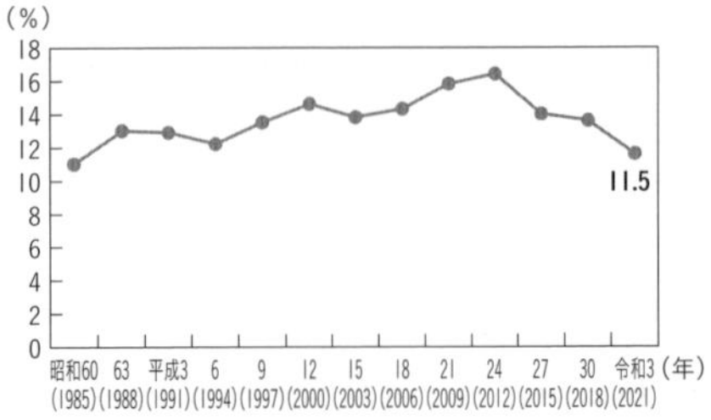

(2)子どもがいる現役世帯の相対的貧困率

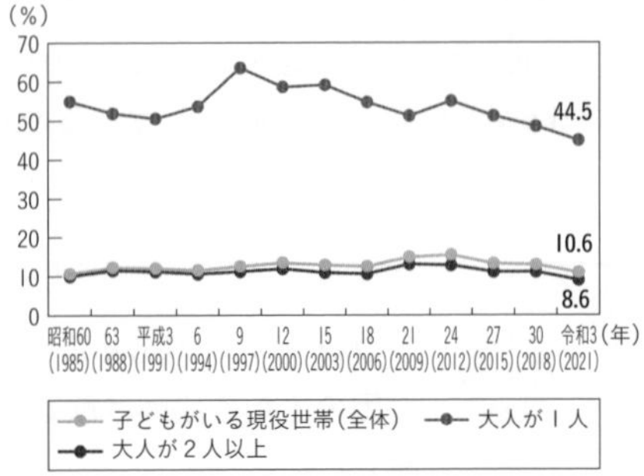

出典：厚生労働省「国民生活基礎調査」

◆子どもの貧困対策

『子どもの貧困対策の推進に関する法律』に基づいて、2014（平成26）年に**「子供の貧困対策に関する大綱」**が策定されました。重点施策として、**教育の支援、生活の支援、保護者に対する就労の支援、経済的支援**、子どもの貧困に関する調査研究等の**施策の推進体制等**が掲げられました。また、2019（令和元）年には5年ぶりに改定され、支援が届かない、または届きにくい子ども・家庭への配慮や地方公共団体による取組の充実などが盛り込まれました。また、2015（平成27）年に施行された**『生活困窮者自立支援法』**においても、生活困窮者である子どもの学習の支援を行うことが規定されています。

ひとこと

「子供の貧困対策に関する大綱」には、「**子どもゆめ基金**」事業により、貧困の状況にある子どもを支援している**民間団体**が行う体験活動への助成を行う、多様な体験活動の機会の提供が示さています。

3 失業

2022（令和4）年の「就業構造基本調査」（総務省）によると、2021（令和3）年10月から翌年9月までの間に、**介護・看護を理由に退職**した人は男性2.6

万人、女性8万人の計10.6万人となっています。

高齢化によって介護ニーズはさらに高まり、人材の不足は深刻化することになります。この問題に対応すべく、2016（平成28）年に「**ニッポン一億総活躍プラン**」が策定され、介護を担う立場になったとしても働き続けることができる社会の実現を目指し、「**介護離職ゼロ**」の目標が立てられました。

介護サービスの充実に関しては、**在宅・施設サービスの整備の拡大**、離職した介護職員が再就職するための**再就職準備金貸付制度**の創設、介護福祉士を目指す学生等に対する支援として**修学資金貸付**の拡充、**介護ロボット**の導入促進などが内容として盛り込まれました。

さらに、介護と仕事の両立が可能な労働環境にすることを目的として、2016（平成28）年8月に**介護休業給付金**の給付率が**40%から67%に引き上げ**られ、2017（平成29）年1月からは93日の介護休業が上限3回に分けて取得できるようになりました。

ひとこと

介護休業は、負傷、疾病や障害により2週間以上の常時介護を必要とする家族を介護するための休業のことです。対象となる家族の範囲は、配偶者、父母及び子、配偶者の父母です。

4 差別・偏見

現代社会には、貧困者やホームレス、ひとり親家庭、障害（身体・知的・精神）、人種、性別、学歴、地域など、差別や偏見を招く多くの要因が存在します。

◆障害者への差別対策

2014（平成26）年に批准した「**障害者の権利に関する条約**」（**障害者権利条約**）第5条には、**障害者に対する平等及び無差別の規定**（締約国の措置が含まれる）があります。この法整備の一環として、『**障害を理由とする差別の解消の推進に関する法律**』（**障害者差別解消法**）が2016（平成28）年に施行されました。

◆性の多様性

性的指向及びジェンダーアイデンティティの多様性に関する国民の理解の増進を図るとともに、性の多様性に寛容な社会の実現に資することを目的として、2023（令和５）年、**『性的指向及びジェンダーアイデンティティの多様性に関する国民の理解の増進に関する法律』**（**LGBT**※**理解増進法**）が制定されました。この法律では、全ての国民が、その性的指向またはジェンダーアイデンティティにかかわらず、等しく**基本的人権を享有するかけがえのない個人として尊重**されるものであるとの理念にのっとり、不当な差別はあってはならないとしています。

また、政府に性的指向及びジェンダーアイデンティティの多様性に関する国民の理解の増進に関する基本的な計画（**基本計画**）の策定と、**毎年１回**、性的指向及びジェンダーアイデンティティの多様性に関する国民の理解の増進に関する施策の実施の状況の**公表義務**、国に性的指向及びジェンダーアイデンティティの多様性に関する国民の理解の増進に関する施策の策定及び実施の**努力義務**、地方公共団体に国との連携を図り、地域の実情を踏まえた施策の策定及び実施の**努力義務**を課しています。

ひとこと

事業主は、就業環境の整備、相談の機会の確保等を行うことにより性的指向及びジェンダーアイデンティティの多様性に関する当該労働者の理解の増進に努めるとともに、国または地方公共団体が実施する施策に協力するよう努めるものとされました。

※LGBT

Lは女性の同性愛者（レズビアン）、Gは男性の同性愛者（ゲイ）、Bは両性愛者（バイセクシャル）、Tはこころの性とからだの性との不一致（トランスジェンダー）を指す。

◆男女共同参画社会

性的偏見である**ジェンダー・バイアス**※を是正するため、1999（平成11）年、**『男女共同参画社会基本法』**が制定されました。この法律では、男女が、**社会の**

対等な構成員として、自らの意思によって社会のあらゆる分野における活動に参画する機会が確保され、もって**男女が均等に政治的、経済的、社会的**及び**文化的利益**を享受することができ、かつ、共に責任を担うべき社会を男女共同参画社会としています。

また、国に男女共同参画社会の形成の促進に関する基本的な計画（**男女共同参画基本計画**）を**定める義務**、都道府県に**都道府県男女共同参画計画**を**定める義務**、市町村には、男女共同参画基本計画及び都道府県男女共同参画計画を勘案した、**市町村男女共同参画計画**を**定めるよう努める義務**を課しています。

例題

Q 男女共同参画社会基本法は、都道府県が都道府県男女共同参画計画を定めるように努めなければならないとしている。

〔第33回-問28〕

A × 男女共同参画社会基本法第14条第１項に「都道府県は、都道府県男女共同参画計画を定めなければならない」と規定されている。。

※ジェンダー・バイアス
社会のあらゆる場面に存在する、ジェンダー（性）に関わる偏見。さまざまな状況やレベルにおいて、表面化している・していない、意図している・していないにかかわらず、性による区別や男女が対称的に扱われていない状態のことをいう。

◆ヘイトスピーチ解消法

『本邦外出身者に対する不当な差別的言動の解消に向けた取組の推進に関する法律』（**ヘイトスピーチ解消法**）が2016（平成28）年に施行されました。これは、外国人に対する不当な差別的言動の解消を推進するものです。国には施策推進の責務があり、地方公共団体には差別解消の取組を行う努力義務があります。

◆偏見の定義

オルポート（Allport, G. W.）は、「**偏見とは、経験以前に、または経験しないで、あることとか、人を好きとか嫌いとかということ**」と定義しています。

実際に、アメリカ人とユダヤ人の名でホテルを予約すると、予約受付に差があったという実験をしています。そして、偏見対象への否定的行動として、**誹謗 → 回避 → 隔離 → 身体的攻撃 → 絶滅**の５段階を示しました。

例題

Q ヘイトスピーチ解消法では、不当な差別的言動に対する罰則が規定されている。 〔第31回-問26〕

A × 啓発活動などを通じて不当な差別的言動の解消に取り組むと定めた理念法であり、罰則は規定されていない。

重要度A 福祉政策の基本的な視点

現代社会の問題に対する福祉政策の理念として、**社会的包摂**（**ソーシャル・インクルージョン**）、**社会的排除**（**ソーシャル・エクスクルージョン**）などを理解しましょう。

1 社会的包摂

2000（平成12）年に当時の厚生省社会・援護局から出された「『社会的な援護を要する人々に対する社会福祉のあり方に関する検討会』報告書」において、**ソーシャル・インクルージョン**の理念を推進することが提言されました。

地域社会では、一般にホームレスや障害のある人、犯罪歴のある人、外国籍の人などを排除しがちですが、ソーシャル・インクルージョンとは、それらの人々を孤独や孤立、排除から守り、**社会の一員**として**包み支え合う社会**を目指すものです。

また、公益社団法人日本社会福祉士会の倫理綱領では「**社会に対する倫理責任**」としてソーシャル・インクルージョンを定めています。

■現代社会の社会福祉の諸問題

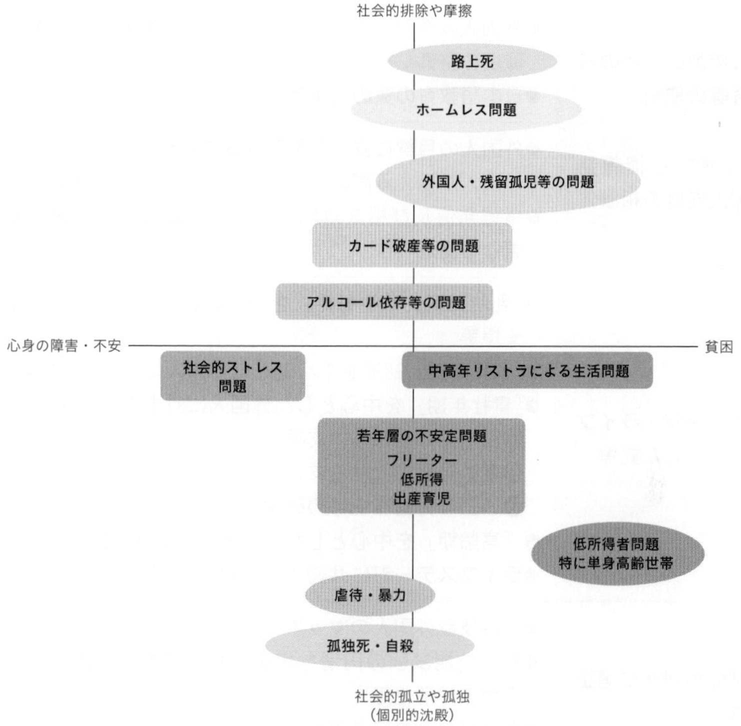

出典：社会保障審議会（2000）「『社会的な援護を要する人々に対する社会福祉のあり方に関する検討会』報告書」

◆外国人材の受入れ・共生のための総合的対応策

2018（平成30）年12月、**外国人材の受入れ・共生に関する関係閣僚会議**において、**外国人材の受入れ・共生のための総合的対応策**が策定されました。以降、毎年度改訂が行われています。日本国内に在留する外国人が増加し、日本国内で働く外国人が急増していることから、この総合的対応策には、外国人材の適正・円滑な受入れの促進に向けた取組とともに、外国人との共生社会の実現に向けた環境整備を推進すること等が盛り込まれています。

■外国人材の受入れ・共生のための総合的対応策（令和５年度改訂）の主な内容

円滑なコミュニケーションと社会参加のための日本語教育等の取組	●外国人が生活のために必要な日本語等を習得できる環境の整備 ●日本語教育の質の向上等
外国人に対する情報発信・外国人向けの相談体制の強化	●外国人の目線に立った情報発信の強化 ●外国人が抱える問題に寄り添った相談体制の強化 ●情報発信及び相談対応におけるやさしい**日本語化**の更なる促進
ライフステージ・ライフサイクルに応じた支援	●「乳幼児期」、「学齢期」を中心とした外国人に対する支援等 ●「青壮年期」初期を中心とした外国人に対する支援等 ●「青壮年期」を中心とした外国人に対する支援等 ❶**留学生**の就職等の支援 ❷**就労**場面における支援 ❸適正な労働環境等の確保 ●「高齢期」を中心とした外国人に対する支援等 ●ライフステージに共通する取組
外国人材の円滑かつ適正な受入れ	●特定技能外国人の**マッチング**支援策等 ●特定技能試験の円滑な実施、特定技能制度の周知・利用の円滑化等 ●悪質な**仲介**事業者等の排除 ●海外における**日本語**教育基盤の充実等
共生社会の基盤整備に向けた取組	●共生社会の実現に向けた意識醸成 ●**社会制度**等の知識習得のための仕組みづくり ●外国人の生活状況に係る実態把握のための**政府統計**の充実等 ●共生社会の基盤整備のための**情報収集**強化及び関係機関間の連携強化等 ●外国人も共生社会を支える担い手となるような仕組みづくり ●共生社会の基盤としての在留管理体制の構築 ❶在留管理基盤の強化 ❷留学生の在籍管理の徹底 ❸技能実習制度の更なる適正化 ❹不法滞在者等への対策強化

◆外国人との共生社会の実現に向けたロードマップ

2022（令和４）年６月、**外国人材の受入れ・共生に関する関係閣僚会議**において、2026（令和８）年度までの５年間を対象期間とする、**外国人との共生社会の実現に向けたロードマップ**が策定されました。これは、日本が目指すべき外国人との共生社会のビジョン、その実現に向けた中長期的な課題・施策を示すもので、このロードマップを踏まえて、**外国人材の受入れ・共生のための総合的対応策**の記載を整理するとされています。

■外国人との共生社会の実現に向けたロードマップ

目指すべき外国人との共生社会のビジョン（３つのビジョン）	❶安全・安心な社会 ❷**多様性**に富んだ活力ある社会 ❸個人の尊厳と**人権**を尊重した社会
取り組むべき中長期的な課題（４つの重点事項）	❶円滑なコミュニケーションと社会参加のための**日本語**教育等の取組 ❷外国人に対する**情報**発信・外国人向けの**相談**体制の強化 ❸ライフ**ステージ**・ライフ**サイクル**に応じた支援 ❹共生社会の**基盤**整備に向けた取組

例題

Q 「外国人との共生社会の実現に向けたロードマップ」で示された内容として、外国人が安全に安心して暮らせるように、外国人に対する情報発信や相談体制を強化することがある。

〔第36回-問27〕

A ○ 記述のとおり。外国人との共生社会を実現するために**取り組むべき中長期的な課題**として掲げられている、４つの重点事項の１つである。

2 社会的排除

社会的排除（**ソーシャル・エクスクルージョン**）は、2011（平成23）年、「社会的包摂政策を進めるための基本的考え方」（「一人ひとりを包摂する社会」特命チーム）において、「問題が複合的に重なり合い、社会の諸活動への参加が阻まれ社会の周縁部に押しやられている状態あるいはその動態」と規定されました。

若年者や移民などの、こうした社会的排除の状態（雇用の不安定、生活基盤の欠如、社会制度からの脱落など）を軽減・解消するために、社会的包摂の考え方を利用し、排除されやすい人を包み支え合う地域社会をつくることが現代社会に求められています。

例題

Q 社会的排除は、社会関係や活動に参加できない状態を意味するもので、排除に至るプロセスを問うものではない。

〔第26回-問22〕

A × 社会的排除は、排除に至るプロセスも**含めて**捉える。

3 社会的降格

社会的降格は、ポーガム（Paugam, S.）が示した概念です。彼は、貧困は「社会に存在しながら他者より低い地位に置かれ、いわば社会の最下層として存在している」としたうえで、次の**プロセス**で社会的降格が起こると述べています。

社会的降格のプロセス

❶制度を利用しなくてすむ段階

❷制度を利用しながら自立へ向けて求職活動を行う段階

❸❷の活動がうまくいかないため、制度やソーシャルワーカーに依存する段階

❹ソーシャルワーカーや家族などとの絆、社会とのつながりがなくなる段階

4 エンタイトルメントと潜在能力

アジア人で最初のノーベル経済学賞受賞者のアマルティア・セン（Sen, A.）は、『貧困と飢饉』（1981年）において、飢饉は、**エンタイトルメント**（食料その他の生活必需品の購買力、突然起こる権利の剝奪から己の身を守るなど個々の能力）が何らかの原因（自然災害ではなく民主主義の欠如など政治的要因）によって損なわれた状態で発生することを明らかにしました。

◆潜在能力

エンタイトルメントが損なわれた状態を**剝奪**と呼びます。人が人として生きるために必要な最低限の基本的人権が侵害されている状態といえます。

センは、著書『財と潜在能力』において、人間のニーズの充足を財の消費からもたらされる効用によって定義する学説を否定し、「**潜在能力（ケイパビリティ）**」によって評価すべきだと提唱しました。

また、『貧困の克服―アジア発展の鍵は何か』において、**潜在能力**とは、人が善い生活や善い人生を生きるために、どのような状態（being）にありたいのか、そしてどのような行動（doing）をとりたいのかを結びつけることから生じる**機能**（functionings）の**集合**であると定義しています。

センは、貧困を所得だけで測るのではなく、「潜在能力」や「機能」という側面から**人の福利＝善い生活（well-being）**を評価する方法を提案しました。つまり、貧困とは人間としてのあらゆる活動ができない状態をいい、そうした剝奪

の状態を克服することが開発であり、潜在能力の拡大であるとしています。

ひとこと

国連開発計画（UNDP）の人間開発指数（HDI）は、センの潜在能力アプローチを理論的背景のひとつとしています。

◆エージェンシー

潜在能力の向上をサポートしてくれる制度が存在しないのなら、新しい制度がつくられるように市民的権利を行使し、人々が社会のなかで主体的に行動して、参加型社会をつくることが重要です。このような人々の主体的な行為を**エージェンシー**と呼んでいます。

例題

Q セン（Sen, A.）が提唱した「潜在能力（capabilities）」において、豊かな社会の中で貧しいことは、潜在能力の障害となる。

〔第29回−問22・改〕

A ○ 社会が豊かでも、貧しいがゆえに人間としてどうありたいかを行動に移すことができないならば、**潜在能力**が生かされているとはいえない。

CHAPTER 4
SECTION 4

福祉政策におけるニーズと資源

このSECTIONのポイント

◆需要とニーズの概念、定義…ブラッドショーによるニードの分類と三浦文夫の提唱したニード論の内容をおさえましょう

◆資源の概念…地域における社会資源の４つの種類とは何かを学びます

重要度A 需要とニーズの概念、定義

ニーズ（ニード）という言葉は、人々がもつ欲求や必要を表すものです。ニーズは、望ましい状況と現状が乖離しており、改善が社会的に認められる場合に発生するといえます。福祉ニーズを把握して、社会資源と結びつけるのは社会福祉士の役割です。

1 主観的・客観的ニード論

政府の福祉サービスの必要性の判断は主体に応じて２つに分類されます。利用者が必要と感じる場合を**主観的なニード**、専門家による専門性や社会通念に基づく場合は**客観的なニード**と呼ばれます。福祉サービスの利用を拒否している人の福祉ニードは、専門職の介入によって把握され、経済的な福祉ニードが相談援助の対象につながることがあります。ただ、ニードは人によって違うので、人々の心身機能の状態が同一であったとしても、福祉ニードも同じとは限りません。

2 ブラッドショーのニード論

ブラッドショー（Bradshaw, J.）は、ニーズの基準の判断を**主体**に応じて次の４つに分類しました。

ここがポイント

ブラッドショーの４類型

感得されたニード（felt need） ✔CHECK!	**利用者本人**が福祉サービスの必要性を感じ、自覚しているニード。本人の**主観的**な感覚に基づくため、客観的にはニードがあるにもかかわらず福祉サービスを利用していないことも生じる 例 デイサービスを利用したら生活が豊かになりそうだ
表明されたニード（expressed need）	**利用者本人**がニードを感じ、実際にサービスの申請など**他者に表明**したニード。しかし、申請方法やサービス内容を知らないなどの情報不足、他人に知られることが恥ずかしいといった、表明する際の問題もある 例 デイサービスを利用したい
規範的ニード（normative need） ✔CHECK!	ニードがある利用者本人ではなく、**専門家**、**行政職員**、研究者などが決定・判断するニード。専門家によって判断されるため、本人のニードと合致しなかったり、専門家の力量によって決定に差が生じる 例 ソーシャルワーカーからデイサービスを勧められる
比較ニード（comparative need）	同じような状況にありながら福祉サービスを利用している人、利用していない人がいた場合、**利用していない人**にはニードがあると判断する 例 要介護認定を受けてデイサービスを利用している人がいるから、同程度の認定を受けたらデイサービスを利用する

✔CHECK! 感得されたニード／規範的ニード／比較ニード

これらは**潜在需要**とされている。潜在需要とは、福祉サービス需要においてまだ顕在化されていない需要のこと。サービス供給体制の整備に伴い、潜在的な福祉ニードが顕在化することがある。

ひとこと

ブラッドショーの理論は、誰が（本人、専門家等）、どのようにしてニードを判断（本人の表明、専門家の基準等）するのかという点に特徴があります。

例題

Q ブラッドショーは、サービスの必要性を個人が自覚したニーズの類型として、「規範的ニード」を挙げた。　〔第35回-問27〕

A ×　記述は、感得されたニード（フェルト・ニード）の説明である。

3 三浦文夫のニード論

三浦文夫は、ニードについて「何らかの基準に基づいて把握された状態が、社会的に改善・解決を必要とすると社会的に認められた場合に、その状態をニード（要援護状態）とすることができる」と定義しています。

彼は、ニードの類型を社会福祉の発達段階から説明しています。高度経済成長以降の福祉ニードは、**貨幣的ニード**から**非貨幣的ニード**に変化し、それを充足することの重要性を指摘しました。

戦後の日本においては、貧困が主要課題でしたので**貨幣的ニード**の充足が求められました。しかし、高度経済成長期を経て、国民生活が豊かになるなかで、核家族化の進行による家族機能の低下、高齢化によって生活（家事）援助などのニードが増大することを背景として、**非貨幣的ニード**の充足の重要性が高まりました。

重要度C 資源の概念

社会福祉士は、利用者が抱えるニーズを充足する際に多種多様な「資源」を活用しながら援助を行います。「資源」の種類として、次のようなものがあります。

■資源の種類

人的資源	社会福祉援助活動は、**福祉専門職をはじめ、家族、友人、近隣の人々、ボランティアなど**あらゆる人たちの手によって行われる（**非制度的資源**）
物的資源	車いすや歩行器、簡易浴槽など、**ニーズを充足するための物品**のこと。スロープや手すりなど、バリアフリー化された施設や住宅も含む
制度的資源	生活保護制度や介護保険制度など、国民が抱えているニーズを充足するために、行政によって運用されている福祉制度（**公的資源**）
貨幣的資源	ニーズの充足に必要なサービス・物品などを購入するための現金や手当などによる**金銭給付**のこと。サービスを利用するための利用券（**バウチャー**）も含む

また、「資源」という言葉は、「**ヒト・モノ・カネ**」※と表現されることがあります。これらが単独に存在していては、ニーズを抱える利用者に届かない場合もあります。制度（サービス）と利用者、施設と利用者をつなぐなど、資源のネットワーク化が重要になります。

※ヒト・モノ・カネ
ヒトとは、**入浴や食事などの介護サービスを提供したり、悩みの相談にのる**福祉専門職や家族、ボランティアなどを指す。
モノとは、**車いすや特殊寝台**などの物品を指す。
カネとは、**年金制度や児童手当、公共料金の減免**などを指す。

例題

Q バウチャーよりも現金で給付を行う方が、利用者が本来の目的以外に使うことが生じにくい。〔第33回-問26〕

A ×　バウチャーとは、サービスを利用するための**利用券**であり、現金よりもバウチャーで給付を行うほうが、利用者が本来の目的以外に使うことが生じにくい。

CHAPTER 4
SECTION 5

福祉政策の構成要素と過程

このSECTIONのポイント

◆**福祉政策の構成要素とその役割及び機能**…福祉政策の構成要素とその役割・機能についておさえましょう

◆**福祉政策における政府の役割**…憲法第25条に基づき国民に最低限度の生活を保障することになっている政府の役割を理解しておきましょう

◆**福祉政策における市場の役割**…福祉サービス市場における市場の役割については、介護保険制度施行後の市場の変化もおさえておきましょう

◆**福祉政策における国民の役割**…市町村地域福祉計画や市町村行動計画を策定する際に講じられる住民参加の方法について学びます

◆**福祉政策の過程**…福祉政策を運営するための２つのシステム類型、規制の方法、政策評価の機能について整理します

重要度C　福祉政策の構成要素とその役割及び機能

福祉政策は、社会的な福祉を向上させ、市民の生活を支援するために**政府がとる政策やプログラムの総称**です。福祉政策の構成要素とその役割・機能は、国や地域によって異なりますが、一般的には、次のような要素が含まれます。

■福祉政策の構成要素・役割・機能

	役割	機能
一時支援	経済的に困難な人々や家庭に対して資金的な支援を提供	生活費、住宅、食品、医療などの基本的なニーズを賄うための経済安全ネットワークを提供（福祉手当、一時的な給付、住宅補助、食品切符などを含む）

教育	社会的な機会を平等に確保し、市民のスキルと能力の向上を図る	教育プログラム、助成金、職業訓練などを提供し、教育のアクセスと品質を向上させる
健康管理	健康を維持し、医療サービスへのアクセスを確保	医療保険、予防ケア、公衆衛生プログラム、医療施設の運営支援など子育て、国民の健康を守り、病気の予防と治療をサポート
雇用	労働市場での雇用機会を増やし、生計を立てる手段を提供	雇用サービス、職業訓練、雇用創出プログラムなどで雇用機会を増やし、将来の人をサポート
住宅	安全で正しい住宅へのアクセスを確保し、住宅問題を解決	住宅補助金、住宅ローン保証、住宅改良プログラムなどを提供し、住宅の品質を向上させる
高齢者/障害者の支援	高齢者や障害者に対するケアとサポートを提供し、自立を促進	介護サービス、障害者向けの支援プログラム、高齢者向けの社会サービスなどを提供し、人々の生活の質を向上させる
児童福祉	児童の安全、健康、発達を保護し、育成	養育者支援、養子縁組、児童保護サービス、教育支援など子育て、児童の幸福と安全を確保

これらは一般的な福祉政策の要素であり、国や地域によって異なるプログラムやアプローチが存在します。福祉政策は、社会的な不平等を軽減させ、国民の福祉と幸福を促進するために重要な役割を果たしています。

重要度C　福祉政策における政府の役割

政府は、憲法第25条の全ての国民の最低限度の生活を**保障**することを目的として、サービスに関わる**計画**を策定し、関係省庁との連携を図りながら、安定したサービス供給をする役割があります。人々の基本的ニーズを充足し、豊かで、幸せな生活を保障することが政府の中心的な役割です。

そして、個人の責任とはいえない経済的・社会的な問題を緩和・解消していくことも求められます。例えば、資産格差、性別、先天的な病気などは本人にはどうにもできず、時として差別の対象にもなりかねません。政府には、社会的に不利益な状態におかれている状態を解消し、社会参加など機会の平等を実現する役割もあります。

重要度 C 福祉政策における市場の役割

市場は、私たちが生活するうえで必要とする商品を交換・取引する場です。資本主義社会においては、需要と供給のバランスによって**価格競争**が生じます。価格競争に敗れた事業者は市場から撤退することになりますが、**他者よりも費用を抑え、安い価格でサービスを提供できれば利益が生まれます**。介護保険制度の施行により、サービス提供事業にも多くの民間事業者が参入しています。高齢化の進行に伴い福祉サービスへの需要は高まることになるため、サービス供給の面で市場は大きな役割を担っています。

重要度 C 福祉政策における国民の役割

地域の実情を把握しているのはそこで生活している住民です。福祉政策においては、国民の政策参加の下に、さまざまな計画が策定されます。

例えば、市町村**地域福祉計画**（『社会福祉法』第107条）や**市町村行動計画**（『次世代育成支援対策推進法』第８条）を策定する際は、住民の声を反映する**措置**を講ずることになっており、住民参加型の政策立案が行われています。住民の参画の方法として、**タウンミーティング**（行政担当者と住民が意見を交換する集会）や**パブリックコメント**（住民からの意見・情報の募集）があります。

重要度 C 福祉政策の過程

1 集権と分権

福祉政策の運営・手法は、権限や財源の配分、サービスの実施体制などにおいて、**中央集権型のシステム**と**地方分権型のシステム**の大きく２つに分けることができます。

中央集権型のシステムの長所は、国家責任の下、全国的に統一された給付内容や基準で行われ、居住地・地域によって差が生じないという**平等性**が確保されている点です。

一方、地方分権型のシステムの長所は、地域によりニーズや社会資源の状況などが異なるため、地域の実情に応じた**独自性**のある対応ができることです。また、地域住民にとって身近な自治体が判断・決定するのであれば、市民の声を福祉政策に反映するなど一体となった取組が可能になります。

日本では、1990（平成２）年の**福祉関係八法の改正**を機に、**市町村**レベルでの取組がみられるようになり、2000（平成12）年の『社会福祉法』『地方分権の推進を図るための関係法律の整備等に関する法律』（**地方分権一括法**）の施行によってさらに進みました。

2 規制

政府は、良質なサービスが提供されるよう何らかの規制をかけています。規制には、**行政立法**、**行政行為**（**行政処分**）、**行政指導**、**行政計画**などがあります。

■規制の方法

行政立法	**行政機関**が定める一般的・抽象的なルール ●内閣が定める政令 ●各省の大臣が定める省令 ●省の外局の委員や各庁の長官が定める規則
行政行為 （行政処分）	行政機関が法律を具体化して、一方的に国民に対して**義務**を課すこと ●**下命**：税金の徴収や施設の改善命令　など ●**禁止**：道路の通行禁止　など ●**許可**：自動車の運転免許　など ●**免除**：税金の納付免除　など
行政指導	一定の行政目的の達成・実現のために、行政機関が国民に対して、**強制力のない指導、勧告、助言**などを行うこと
行政計画	一定の**目標**を設定し、それを実現するための手段を提示すること。対象別、期間別、地域別などの種類がある

3 政策決定過程と政策評価

2001（平成13）年に**『行政機関が行う政策の評価に関する法律』**（**政策評価法**）が制定され、政策評価が行われるようになりました。制度の目的は、

❶国民本位の効率的で質の高い行政を実現すること

❷国民の視点に立ち、成果重視の行政を実現すること

❸国民に対する行政の説明責任を果たすこと

の３点です。政策評価は、各府省が、自ら政策の効果を把握・分析し、評価を行うことにより、次の政策立案や実施に役立てるものです。

■**政策立案の過程**

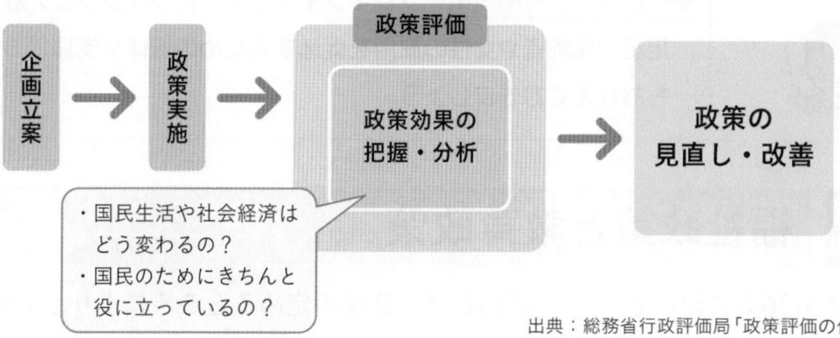

出典：総務省行政評価局「政策評価の仕組み」

こうした政策評価の機能は、**Plan**（計画を立てる）、**Do**（実行する）、**Check**（評価する）、**Act**（改善する）の**マネジメント・サイクル**に基づいています。各府省は、自ら評価を行い評価書として公表します。その過程においては、外部の有識者の意見を聞いたり、国民から意見を求めること（**パブリックコメント**）もあります。各府省の報告書は国会へ報告され、ホームページを通して国民に公表されます。

また、政策評価の一手法である**業績測定**は、政策目標の達成度を示す業績指標を用いて政策評価を行うものであり、そのうち達成目標基準を**ベンチマーク**として使用する場合は**ベンチマーク方式**と呼ばれています。

CHAPTER 4

SECTION 6

福祉政策と関連施策

このSECTIONのポイント

◆福祉政策と教育政策…社会福祉士の資格と関連が強いスクールソーシャルワーカー活用事業についておさえておきましょう

◆福祉政策と住宅政策…福祉政策のなかでも生活に不可欠な住宅関係の法律を中心に学びます。住宅セーフティネット法の内容についてもおさえておきましょう

◆福祉政策と労働政策…フレキシキュリティ、ワークフェアなどの用語や高齢者や女性の雇用を促進するための法律や支援についてもおさえておきましょう

重要度C 福祉政策と教育政策

憲法第26条において、「すべて国民は、法律の定めるところにより、その能力に応じて、ひとしく教育を受ける権利を有する」と規定されています。これに基づいて、『教育基本法』第4条には「全て国民は、ひとしく、その能力に応じた教育を受ける機会を与えられなければならず、人種、信条、性別、社会的身分、経済的地位又は門地によって、教育上差別されない」とあります。これは、障害があっても、**教育を受ける機会は保障されている**ということです。以下、教育と福祉の関わりをみていきます。

1 介護等体験

1998（平成10）年に『小学校及び中学校の教諭の普通免許状授与に係る教育職員免許法の特例等に関する法律』が施行され、義務教育の教員免許取得希望者は**介護等体験**（**社会福祉施設等**5日間、**特別支援学校**2日間が望ましい）が課せられることになりました。

介護等体験は、個人の尊厳及び社会連帯の理念に関する認識を深めることを目的としています。高齢者や障害者に対して介護等が行われている施設での体験を通じ、様々な人の生き方、人を支援するうえでの大切にすべき姿勢を学び、義務教育を担う教員に求められる幅広い人生観をもてるよう視野を広げ、人間的な成長のきっかけになることが期待されています。

2 スクールソーシャルワーカー

学校、子どもを取り巻く環境は変化しています。現代では、いじめ、貧困、虐待、親に精神障害があるなど、多様な問題が生じています。これらは子どもに対する働きかけだけでは解決しません。保護者や役所、病院など地域の機関との関わりが求められてくるため、学校の教員だけで対応することは困難です。こうした状況のなかで、文部科学省は2008（平成20）年から**スクールソーシャルワーカー活用事業**を開始しました。教育と福祉をつなぐ役割を担うスクールソーシャルワーカーとして、社会福祉士や精神保健福祉士などが活躍しています。

3 就学援助制度

就学援助制度は**『学校教育法』**に則り、経済的理由で就学困難と認められる学齢児童生徒のまたは学齢生徒の保護者への援助です。この制度の対象者は**『生活保護法』**に規定する**要保護者**とそれに準ずる程度に困窮している**準要保護者**に分けられます。

重要度B 福祉政策と住宅政策

国民生活の**安定**と社会福祉の**増進**に寄与することを目的として、第二次世界大戦後の1951（昭和26）年に**『公営住宅法』**が制定されました。**国**及び**地方公共団体**が協力し、**低額所得者**向けに**健康で文化的な生活を営むに足る住宅**を整備し、賃貸・転貸しました。

ひとこと

公営住宅法では、公営住宅の入居者が病気にかかっていることその他特別の事情がある場合において必要があると認めるときは、家賃を**減免**することができるとしています。

◆住宅セーフティネット法

高齢者や障害のある人、子育て世帯などに対して賃貸住宅への入居拒否が発生する事態が起きています。こうした状況を解消するため、2007（平成19）年に**『住宅確保要配慮者に対する賃貸住宅の供給の促進に関する法律』**（**住宅セーフティネット法**）が施行されました。

この法律は、**住宅確保要配慮者**（**低額所得者、被災者、高齢者、障害のある人、子どもを育成する家庭その他住宅の確保に特に配慮を要する者**）に対する**セーフティネット**の仕組みとして

- ●生活に適した住宅の取得・改修・住替えの支援
- ●民間賃貸住宅に入居しやすい環境の整備
- ●公共賃貸住宅における暮らしやすい環境の整備

の内容が盛り込まれています。住宅確保要配慮者が民間賃貸住宅に円滑に入居できるよう協議・検討するため、地方公共団体、宅地建物取引業者、賃貸住宅管理業者、住宅確保要配慮者に関する支援を行う団体で組織する**居住支援協議会**が設置されています。

2017（平成29）年４月に『住宅セーフティネット法』が一部改正、公布（施行は10月）されました。同法改正の背景には、住宅確保要配慮者が増加したこと、民間の空き家が増加したことなどの状況の変化があります。同法により、

❶住宅確保要配慮者向け賃貸住宅の登録制度
❷登録住宅の改修や入居への経済的支援
❸住宅確保要配慮者のマッチング・入居支援など新たな住宅セーフティネット支援制度

が掲げられました。

◆住宅確保要配慮者あんしん居住推進事業

2015（平成27）年に創設された**住宅確保要配慮者あんしん居住推進事業**は、住宅に困窮している低所得の高齢者（**所定の登録要件を満たしたサービス付き高齢者向け住宅の建設や改修等に対しては国の補助制度がある**）、障害のある人、子育て世帯の居住の安定確保に向け、居住支援協議会等との連携や適切な管理の下で、**空き家等を活用**し、一定の質が確保された賃貸住宅の供給を図ることを目的としています。空き家等のリフォームやコンバージョンに関する費用の支援が行われます。

重要度A　福祉政策と労働政策

ワークフェアという言葉が意味するように、福祉と労働の政策には深いつながりがあります。ここでは日本における女性の就職支援、パワーハラスメント対策、高齢者の就労における政策についてみていきます。

ひとこと

「ワークフェア」のような造語には、他にも例えば1990年代にデンマークで生まれた「**フレキシキュリティ**」があり、これは柔軟（flexibility）な労働市場と失業保障（security）の充実を両立させる政策です。

1　労働施策総合推進法

『労働施策の総合的な推進並びに労働者の雇用の安定及び職業生活の充実等に関する法律』（**労働施策総合推進法**）は、2018（平成30）年の『働き方改革を推進するための関係法律の整備に関する法律』の成立に伴い、『雇用対策法』が改正・改称されたものです。この改正により、国の施策として

- 労働時間の**短縮**その他の労働条件の改善
- 多様な就業**形態**の普及
- 雇用形態または就業形態の異なる労働者の間の**均衡のとれた待遇**の確保
- 育児や介護を行う者または治療を受ける者の職業の安定を図るため、雇用

の**継続**、円滑な**再就職**の促進、その他の就業の促進を図るために必要な施策

が追加されています。

また、事業主の責務として、次のものが掲げられています。

事業主の責務

- 雇用する労働者の労働時間の短縮その他の労働条件の改善その他の労働者が生活との調和を保ちつつその意欲及び能力に応じて就業することができる**環境**の整備に努めなければならない
- 事業規模の縮小等に伴い離職を余儀なくされる労働者について、当該労働者が行う求職活動に対する援助その他の**再就職**の援助を行うことにより、その職業の安定を図るように努めなければならない
- 雇用する外国人がその有する能力を有効に発揮できるよう、職業に適応することを容易にするための措置の実施その他の雇用管理の改善に努めるとともに、その雇用する外国人が解雇その他の理由により離職する場合において、当該外国人が**再就職**を希望するときは、求人の開拓その他当該外国人の**再就職**の援助に関し必要な措置を講ずるように努めなければならない

さらに、2019（令和元）年に『女性の職業生活における活躍の推進に関する法律等の一部を改正する法律』が成立したことに伴い、パワーハラスメント防止を目的として『労働施策総合推進法』が改正され、職場におけるパワーハラスメント対策が義務化されました。パワーハラスメントとは、「優越的な関係を背景とした」「業務上必要かつ相当な範囲を超えた言動により」「就業環境を害すること（身体上もしくは精神的な苦痛を与えること）」の３つの要素をすべて満たすものです。

事業主は、職場において行われる**優越的な関係**を背景とした言動であって、業務上必要かつ相当な範囲を超えたものによりその雇用する労働者の就業環境が害されることのないよう、必要な措置を講じなければなりません。事業主が雇用管理上講ずべき措置として定められているのは、次のとおりです。

■職場におけるパワーハラスメントを防止するために講ずべき措置

事業主の方針の明確化及びその周知・啓発	●パワーハラスメントの**内容**、パワーハラスメントを行ってはならない旨の方針を明確化し、**管理監督者**を含む労働者に周知・啓発すること ●パワーハラスメントの行為者については、厳正に対処する旨の方針・対処の内容を**就業規則**等の文書に規定し、**管理監督者**を含む労働者に周知・啓発すること
相談（苦情を含む）に応じ、適切に対応するために必要な体制の整備	●相談窓口をあらかじめ定め、労働者に周知すること ●相談窓口担当者が、内容や状況に応じ適切に対応できるようにすること。パワーハラスメントが現実に生じている場合だけでなく、発生のおそれがある場合や、パワーハラスメントに該当するか否か微妙な場合であっても、広く相談に対応すること
職場におけるパワーハラスメントへの事後の迅速かつ適切な対応	●事実関係を**迅速**かつ**正確**に確認すること ●事実関係の確認ができた場合には、速やかに被害者に対する**配慮のための措置**を適正に行うこと ●事実関係の確認ができた場合には、行為者に対する措置を適正に行うこと ●**再発**防止に向けた措置を講ずること
併せて講ずべき措置	●相談者・行為者等の**プライバシー**を保護するために必要な措置を講じ、労働者に周知すること ●事業主に相談したこと、事実関係の確認に協力したこと、都道府県労働局の援助制度を利用したこと等を理由として、**解雇**その他不利益な取扱いをされない旨を定め、労働者に周知・啓発すること

パワーハラスメントの類型

❶身体的攻撃（殴る、蹴るなどの暴力行為をする）
❷精神的攻撃（人格を否定するような発言をする）
❸人間関係からの切り離し（会議やチームから外す、別室に隔離する）
❹過大な要求（高い目標設定、仕事と関係のない業務を行わせる）
❺過小な要求（簡単で軽い業務、雑用を任せる）
❻個の侵害（行動の監視、プライベートなことに過度に立ち入る）

ひとこと

男女雇用機会均等法では、セクシュアルハラスメントを防止するために、事業主に雇用管理上の措置義務が課されています。

2 生涯現役社会

現在、少子高齢化が進展し労働力不足が課題となっています。そのため働く意欲のある高齢者が、能力や経験を生かして年齢に関係なく働ける生涯現役社会の実現が求められています。その施策として、次のものがあります。

◆65歳超雇用推進助成金制度

生涯現役社会の実現に向けて推進する企業に助成金を支給する制度です。65歳以上への定年引き上げ、高齢者の雇用管理制度の整備、有期契約労働者の無期雇用への転換等を行う企業が対象です。

◆生涯現役支援窓口の設置

働く意欲がある55歳以上の人の再就職支援を目的に、全国の主要なハローワークに**生涯現役支援窓口**が設けられています。そこでは特に65歳以上の高年齢求職者を対象にした再就職支援や、求人開拓等に重点がおかれています。

また、高齢者が未経験の分野でも円滑に再就職できるように、**技能講習**、就職が可能な分野の企業での**職場体験等**のほか、就職後のフォローアップ等を一体的に支援する「**高齢者スキルアップ・就職促進事業**」も実施されています。

◆生涯現役促進地域連携事業

地方自治体が中心となって構成される「協議会」等からの提案により、地域の特性を踏まえた創意工夫ある事業を選定し、高齢者に対する就労促進・情報提供等に取り組むものです。補助金は国が拠出し、地域の多様な雇用・就業機会の創出を図っています。

CHAPTER 4
SECTION 7

福祉サービスの供給と利用過程

このSECTIONのポイント

- ◆福祉供給部門…世界的な経済不況の後に提唱されるようになった福祉理論について学びます
- ◆ボランタリー部門（セクター）…ボランタリー部門にはどんな団体があるのか、また協同組合の信条と７つの原則についても整理しておきましょう
- ◆福祉供給過程…平行棒理論と繰り出し梯子理論、割当の概念についても理解しておきましょう
- ◆福祉利用過程…福祉サービスを選択する際に必要な情報を得られる介護サービス情報公表システムがあります
- ◆福祉供給の政策過程と実施過程…福祉サービスの実施部門と提供部門の役割について理解します

重要度C 福祉供給部門

福祉を供給する部門についてさまざまな理論が展開されています。海外を含め、代表的なものを次に挙げます。

◆福祉多元主義（福祉ミックス）

1970年代に起きたオイルショックによる世界的な経済不況は、福祉国家体制に大きな打撃を与え、福祉への支出を削減しなければならない事態となりました。福祉国家政策への批判のなかから議論されたのが**福祉多元**主義です。

1978年にイギリスで出された「**ウルフェンデン報告**」は、福祉多元主義を推進し、**インフォーマル部門、公的部門、民間営利部門、ボランタリー部門**の４つの部門の協力、ネットワークの重要性を唱えました。

◆福祉ミックス論

イギリスのローズ（Rose, R.）は**福祉ミックス論**を提唱し、社会における福祉の全体量をTWS（TWS：Total Welfare in Society）＝H＋M＋Sの式で表しました。Hは**家族**による福祉（the Household production of welfare）、Mは**民間市場**による福祉（welfare bought and sold in the Market）、Sは**国家**による福祉（welfare produced by the State）として、家族、民間市場、国家は、いずれも単独では全ての福祉を供給するのに不完全な存在であり、各部門の強いところがほかの部門の弱い部分を補完できるとしています。

◆丸尾直美の福祉ミックス論

丸尾直美が唱える福祉ミックス論は、**公**、**民**（市場）、**インフォーマル**の３者の組み合わせであり、「福祉政策も環境政策も行うことが、福祉と環境の質を効率的に維持、改善するために必要である。福祉ミックスは以上３部門の複合システムであるが、単なる混合ではなく、福祉改善を効率的かつ公正に行ううえで最適な組み合わせである」と主張しています。

◆NPM

イギリスのジョンソン（Johnson, N.）は、**福祉多元主義**と同じ意味で**福祉の混合経済**を提唱しました。非公式セクター、公的セクター、ボランタリーセクター、民間営利セクターの４つの部門が福祉の生産と提供に関わっているとしたうえで、福祉国家とは混合的であり、これら４つの部門の編成によってなされてきたと指摘しました。

そして、**NPM**（New Public Management）を目指す考えを示しました。NPMとは、福祉サービスの供給において、民間における経営理念や手法等を行政・公的サービスに導入することにより、効率化・活性化を図るというものです。

その具体的なものの１つとしてPFI（Private Finance Initiative）があります。PFIとは、**公共施設**に関して、**民間に資金調達や運営を委託**し、民間の経営能力や技術を活用することで、公的機関よりも**効率**的な事業展開を図ることです。

ひとこと

日本では、1999（平成11）年に『民間資金等の活用による公共施設等の整備等の促進に関する法律』（PFI法）が制定され、病院や福祉施設、一部の刑務所（社会復帰促進センター）などにおいて導入されています。

重要度C　ボランタリー部門（セクター）

ボランタリー部門（セクター）は、協同組合、社会福祉法人、NPO法人、住民参加型の団体など、**民間非営利**の集団を指します。

協同組合の信条は、「ICA（国際協同組合同盟）の声明」に明記されており、「協同組合は、**自助、自己責任、民主主義、平等、公正、そして連帯の価値を基礎**とする。それぞれの創設者の伝統を受け継ぎ、協同組合の組合員は、正直、公開、社会的責任、そして他人への配慮という倫理的価値を信条とする」とあり、❶自発的で開かれた組合員制、❷組合員による民主的管理、❸組合員の経済的参加、❹自治と自立、❺教育、訓練及び広報、❻協同組合間協同、❼コミュニティへの関与の７つの原則に従うとされています。

重要度B　福祉供給過程

福祉を供給する過程における理論や概念を確認します。

◆平行棒理論

グレイ（Gray, B. K.）は、民間慈善事業が自ら設定した貧困者を「**価値のある貧民**」として選別し、それ以外の「**価値のない貧民**」は公的な救貧法の下で救済されるべきだとし、民間慈善事業の救済と救貧法に基づく救済は、平行棒のように、交差させずにそれぞれで救済されるべきという公私分担を示しました。

ひとこと

平行棒理論は、**慈善組織協会**（COS）の活動原理となりました。

◆繰り出し梯子《はしご》理論

ウェッブ夫妻（Webb, S.&B.）は、行政による最低生活保障（ナショナル・ミニマム）を前提として、充実した保護・救済を民間慈善事業がプラスして行うことで、より高レベルの福祉が実現すると考えました。**最低限度の生活を保障する公的な救済のはしごに、民間慈善事業というはしごを繰り出すことで、より一層の独自的・効果的な支援が可能になる**と示しました。

◆準市場（疑似市場）

医療・介護などの公共的な対人サービス施策に**市場原理**を導入し、サービス事業者間の競争を促すことで、効率的かつ良質なサービス提供がなされるという考えです。ルグラン（Le Grand, J.）が**準市場**（クアジ・マーケット）の概念を提唱しました。準市場は**疑似市場**とも呼ばれ、価格競争がない点が大きな特徴です。

◆社会市場

社会市場とは、自由市場と対比して使われる概念です。フリードマン（Friedman, M.）の主張した**新自由主義論**に対抗し、**ティトマス**（Titmuss, R.）が提唱しました。社会市場ではニーズと資源との調整は、**政府**の関与によります。

ここがポイント

準市場と自由市場の違い

〈自由市場と異なる部分〉

❶サービス（財）の費用の大部分を **公的** な財源が賄っていること

例 診療報酬、介護報酬

❷ **利用者保護** の観点から、一般のサービスに比べ公的な厳しい規制（介入）が行われること

例 医療保険制度、介護保険制度

❸サービスの供給主体に公的機関、民間非営利組織、営利企業が混在していること

〈介護保険制度における自由市場と準市場〉

●自由市場としての面	●準市場としての面
◆利用者がサービスや事業者を**選択** ◆**契約**により民間の非営利組織や営利企業からサービスを受ける	◆政府が決定した単価（介護報酬）に基づくため**価格競争**は生じない ◆サービスの提供は指定事業者に**制限** ◆費用の財源も介護保険という社会保険制度を通して保険料や税が使われており、政府による規制が大部分

例題

Q 準市場では、行政主導のサービス供給を促進するため、非営利の事業者間の競争を促す一方で、営利事業者の参入を認めないという特徴がある。〔第34回-問29〕

A ×　準市場では、サービスの供給主体に**公的機関**、**民間非営利組織**、営利企業が混在していることが特徴である。

◆割当

坂田周一は、**割当**（ラショニング）について「資源が必要量に対して不足しており、且つ、価格が配分機能を果たさない状況において用いられる、**資源配分の方法の総称**」と定義しています。

市場における資源（サービス）の提供は、需給のバランスや貧富の差により利用者に届かないといった不安定さがあります。資源は有限であり、必要としている人に配分されない場合、政府が受給調整することによって提供されます。これが**割当**と呼ばれるものです。

ジャッジ（Judge, K.）は、割り当てられる資源を**財政割当**と**サービス割当**の2つに分類しています。

財政割当とサービス割当

□ **財政割当**

財政資源の配分のこと。政府が、毎年の国家全体の予算を決定し、福祉に関する予算の決定、各事業の予算などが決定され配分が行われる

□ **サービス割当**

福祉サービスと**利用者**を結びつける際に、資源や予算によってニーズの充足が不完全な場合も生じる。これは、誰に、どのような資源を、どれだけ割り当てるかということである

また、割当の方法として「**制限**」「**希釈**」「**早期停止**」の3つに分類しています。

■**割当の方法**

制限	**受給の要件**を設けたり、**費用**を徴収するなど
希釈	サービスの**水準**を引き下げる（**例** 利用者1人当たりの担当スタッフを減らす）ことによって、より多くの利用者にサービスを割り当てること
早期停止	完全な状態ではないが、**早期**に退院・退所させることで、多くの人の利用機会を確保できる

重要度 C 福祉利用過程

介護保険制度が施行されて以降、サービス提供事業には多くの民間事業者が参入しています。措置から契約へと移行し、利用者はサービスの自己選択・自己決定が可能になりました。サービスや事業者を選択する際に利用者にとって必要になるのが**情報**です。サービスの質の向上を目的として**第三者評価**が行われたり、情報の開示を促進し事業所の比較検討をするうえで参考になる**介護サービス情報公表システム**があります。これらの結果・内容は**独立行政法人福祉医療機構**（ワムネット）などを通して調べることができます。

重要度 C 福祉供給の政策過程と実施過程

福祉サービスが供給される過程は、実施部門と提供部門に大きく分けることができます。

◆実施部門

政府（国・地方自治体）によって、サービスの基準・規則が設けられ、財源に基づきサービスが配分されることになります。また、規則が**遵守**されているか、サービスが適正に配分されているかを**監視**する役割もあります。

◆提供部門

社会福祉法人をはじめ、**特定非営利活動法人**、**医療法人**、**営利企業**などがサービスの生産と提供を担っています。これらの組織では、**実施**部門が定めた基準・規則（建物の設備、人員の配置や数など）に基づいて、サービスが提供されています。また、介護保険サービスの事業者は、**実施部門**の**指定**を受ける必要があります。

一方、実施部門の規制に関わりなく、住民の自由な意志に基づく**ボランティア**としてサービスが提供される場合もあります。住民の積極的な福祉への参加は、量的な面での貢献もありますが、新たな発想での開発的な側面も含んでおり、豊かな福祉文化の形成につながる意義があるものといえます。

CHAPTER 4

SECTION 8

福祉政策の国際比較

このSECTIONのポイント

◆福祉政策の国際比較…イギリス、スウェーデン、アメリカの福祉政策についてみていきます

重要度B 福祉政策の国際比較

各国において多様な社会福祉政策が行われています。ここでは、イギリス、スウェーデン、アメリカの福祉政策の特徴についてみていきます。

1 イギリス

イギリスは、第二次世界大戦中に出された「ベヴァリッジ報告」(1942年) を基盤に、戦後の社会保障制度を構築し、世界で最初の福祉国家と呼ばれました。福祉国家の理念は戦後のヨーロッパ諸国において広がりをみせました。

◆近年の政策

1997年からの労働党のブレア内閣は、政府の関与を強め**社会的排除対策**を重視しました。2010年からの保守党のキャメロン内閣は、「**大きな社会**」理念を掲げ、財政の効率化や、ボランタリー部門の強化を図りました。2016年からの保守党のメイ内閣は、孤独の問題は現代における公共保健上の最大の課題の1つとして、政府横断的な孤独戦略を策定しました。2019年からの保守党のジョンソン内閣では、高齢者に対する福祉政策の実現を掲げていました。ジョンソン首相辞任後、短期間トラス氏を挟んで、2022年10月からの保守党のスナク内閣は、大幅な増税を打ち出しています。

ひとこと

ブレア政権が提唱した保守（資本主義）でも労働（社会主義）でもない政策理念は**「第三の道」**と呼ばれます。

◆貧困政策

イギリスでは、子どもの貧困の連鎖を断ち切るうえで教育の重要性に着目し、貧困家庭の子どもへの早期教育を受ける機会が**2歳児**までと拡大されました。また、未就学児がいる家庭に対して、保健、福祉、育児、就労支援など省庁横断的な総合的支援（**シュア・スタート**）が展開されています。

◆医療計画

イギリスでは、**国民保健サービス**（**NHS**：National Health Service）によって医療サービスが税財源で提供されており、一般医の診療は**原則無料**（薬剤は自己負担あり）となっています。そのため、医療費の増加、サービスの質の向上、現場の過重労働が問題となっています。

2 スウェーデン

スウェーデンは、高福祉・高負担型の政策が展開されている国として有名です。**保健・医療サービスはランスティング**（**広域自治体**）、**高齢者や障害者に対する福祉サービスはコミューン**（**基礎的自治体**）、**社会保険は国が中心**となって提供しています。

◆生活困窮者対策

日本の生活保護に当たる社会扶助制度は、**コミューン**によって運営されています。**ミーンズ・テスト**（資力調査）後、基準額との**差額**が支給されます。受給世帯は、シングルマザーや、18～29歳の世帯が多いという**若年世代の受給率の高さ**が特徴としてあります。

◆子育て支援対策

両親保険制度に基づく**両親手当**は、育児休業をした期間について合計480日間支給されるものです。父・母の双方に240日間ずつの受給権があり、父母間での移転が可能（「パパ月・ママ月」は除く）です。

「パパ月・ママ月」は、2016年１月から各60日が**各90日**になりました。2012年からは、子が０歳の間の30日間、両親が同時に両親手当を受給できるようになりました。受給期限は、子が８歳もしくは小学校１年生を修了するまででしたが、2014年１月１日以降に生まれた子については、12歳もしくは小学校５年生を修了するまでに延長されました。支給額は、480日のうち390日は従前所得の80%相当の額ですが、残りの90日は年収にかかわらず一定の額が一律支給されます。

また、保育サービスは**コミューン**が基本的に提供していますが、近年、サービスの**民営化**が進んでおり、保育所や放課後保育所ではコミューンが設立したもの以外の施設の利用も増加しています。

3 アメリカ

アメリカは、歴史的に自助・自己責任の意識が強く、「**小さな政府**」を基本とするため、ヨーロッパ諸国に比べ社会福祉・社会保障の水準は**低い**のが特徴です。

◆医療制度改革

アメリカは、先進国で唯一、**全ての国民を対象とした公的な医療制度がない**国で、無保険者が存在しました。公的な医療制度としては、高齢者や障害のある人に対する**メディケア**、低所得者への**メディケイド**があります。

2010年に当時のオバマ（Obama, B.）大統領によって**『医療保険改革法』（オバマケア）**が成立しました。2014年から**個人に対し、民間を含め何らかの医療保険に加入することが義務化**され、2015年には、企業に対して医療保険の提供を社員にすることが義務化されました。違反した場合は罰金となります。こうした取組により、無保険者は減少傾向にあります。

◆公衆衛生対策

2020年に「**Healthy People 2030**」が発表されました。これは、アメリカ国民の健康・寿命・生活の質を向上させるうえでのロードマップあるいはコンパスのような役目を果たすもので、具体的な目標値が掲げられています。がんによる死亡率は人口10万人に対し122.7人、脳卒中による死亡率は10万人に対し33.4人へ、などの目標値が設定されています。

◆貧困対策

1960年代に、貧困対策として食糧補助を目的とした**フード・スタンプ制度**（現在の補足的栄養支援〈**SNAP**〉）や、就学前教育を目的とした**ヘッド・スタート計画**などが導入されました。

1996年には、**扶養児童**のいる**低所得者世帯**について、給付金の支給と就労支援を行う**TANF**（**貧困家族一時扶助**）の実施が開始されました。クリントン政権の福祉改革により導入されたもので、従来までの要扶養児童家族扶助（AFDC）、就労機会・基礎技能訓練（JOBS）、緊急扶助（EA）の３つの福祉制度が廃止され、「**福祉から就労へ**」の政策転換が図られました。

◆障害者の自立生活運動

障害者の自立生活運動（IL運動）は、1960年代にカリフォルニア大学バークレー校在学の重度の障害がある学生によるキャンパス内での運動として始まり、やがて地域での**自立生活センター**の活動に発展し、**保護から自立支援へ**と福祉理念の変化を促しました。

例題

Q アメリカのTANF（貧困家族一時扶助）は、「就労から福祉へ」の政策転換であった。〔第30回-問27〕

A ×　TANFは、扶養児童のいる低所得者世帯に給付金を支給し、就労支援を行う制度である。「**福祉から就労へ**」の政策転換となった。

CHAPTER

5

社会保障

CHAPTER 5

SECTION 1

社会保障制度

このSECTIONのポイント

◆人口動態の変化…人口動態と少子高齢化の進行について概観します

◆労働環境の変化…非正規雇用関係や女性の社会進出などの労働環境の移り変わりについておさえましょう

重要度A 人口動態の変化

日本の人口は減少傾向にあり、社会保障制度に影響を及ぼしています。

◆少子高齢化の要因

平均寿命の延伸による65歳以上人口の増加と、少子化の進行による**若年人口の減少**による**高齢化**と、出生率が上がらないことによる少子化のため、日本は今後も**少子高齢化**が進行すると推定されています。

総務省の「人口推計（2022〈令和４〉年10月１日現在）」によると総人口１億2494万７千人（前年比55万６千人の**減少**）に占める割合は、年少人口（０～14歳）が**11.6**％、生産年齢人口（15歳～64歳）が**59.4**％、65～74歳人口が**13.5**％、75歳以上人口が**15.5**％です。65歳以上人口の割合は、年少人口の割合の２倍を超えていることになります。

65歳以上人口が総人口に占める割合（**高齢化率**）は、1950（昭和25）年の4.9％以降上昇し続けており、2022（令和４）年には**29.0**％となり、**過去最高**となりました。なお、「日本の将来推計人口（令和５年推計）」（国立社会保障・人口問題研究所）によると、65歳以上人口は**2043年に3953万人でピーク**を迎え、その後は減少に転じると推計されています。

■高齢化の推移と将来推計

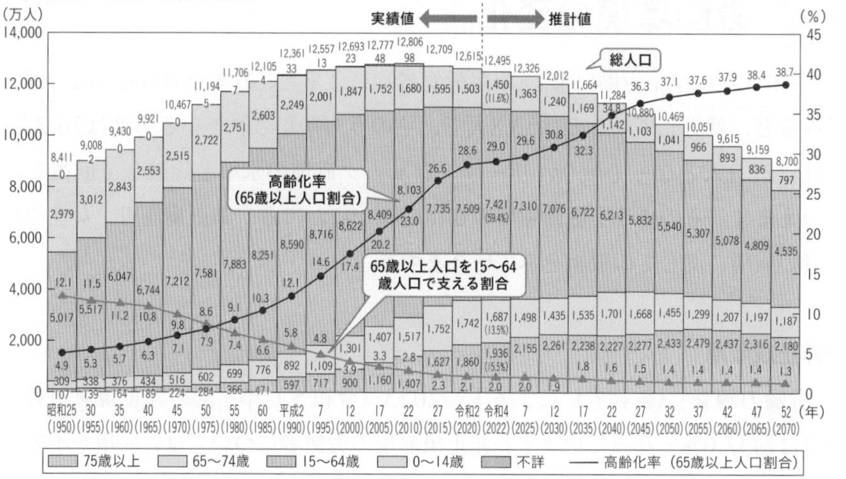

（注）1950～2015年の総数は年齢不詳を含む。高齢化率の算出には分母から年齢不詳を除いている。

出典：内閣府「令和５年版高齢社会白書」より作成

◆社会保障制度への影響

2022（令和４）年には高齢者１人に対して**現役世代（15歳以上65歳未満の生産年齢人口）**は**2.0**人になっています。今後も高齢化率は**上昇**し続けますが、現役世代の割合は**低下**するため、**2070（令和52）年には、現役世代1.3人で１人の高齢者を支える社会**が到来すると予測されています。

今後、社会保障制度が大きな局面となる高齢者人口がピークを迎える2040年頃に向けて、給付と負担の見直しに加えて「健康寿命の延伸」や「医療・介護サービスの生産性の向上」を含めた予算措置や制度改正が検討されています。

例題

Q 「国立社会保障・人口問題研究所の人口推計」によると、65歳以上人口は、2045年には5,000万人を超えている。

〔第36回－問49〕

A × 65歳以上人口は、2045年には**3945**万人と、5000万人を**下回る**と推計されている。

重要度 B

労働環境の変化

「令和５年版厚生労働白書」（厚生労働省）によると、日本を100人の国に例えてみると、就労しているのは53.8人で、そのうち雇用されている男性は26.2人、女性は22.1人となっており、リーマンショック直前の水準と比較して回復したといえます。そのような労働環境の変化のなかにおける、非正規雇用、女性や高齢者の雇用に関しての取組をみていきます。

◆非正規雇用

「労働力調査」（総務省）によると、2023（令和５）年平均の非正規雇用者の割合は約37.0％となっています。非正規雇用の労働者については、雇用が不安定、正社員への転換を希望しても困難という課題や正社員との間で**賃金**の格差があり、**ワーキングプア**を生む背景となり得ます。また、**教育訓練**の実施状況、**社会保険**などの適用状況についても正社員とで格差が生じています。

◆女性の雇用

『雇用の分野における男女の均等な機会及び待遇の確保等に関する法律』（**男女雇用機会均等法**）は、職場における男女の均等な取扱いなどを規定した法律です。雇用に関する募集や採用、配置や昇進等において性別を理由とする差別の禁止や婚姻、妊娠・出産等を理由に不利益取扱いの禁止等が定められています。

さらに、女性が継続就業する考えに対する支持が高まり、2015（平成27）年には、**『女性の職業生活における活躍の推進に関する法律』**（**女性活躍推進法**）が制定され、国・地方公共団体、事業主に、女性の活躍状況の把握や課題分析、数値目標の設定、行動計画の策定・公表などの責務が規定されました。

→詳細はp.188参照

◆高齢者の雇用

生きがい、また、年金支給年齢の引上げなどにより、働きたい高齢者、働く高齢者、働かざるを得ない高齢者が増加しています。

『高年齢者等の雇用の安定等に関する法律』（**高年齢者雇用安定法**）では、高齢者の65歳までの安定した雇用を確保するため、事業主に対し、60歳未満の定年禁止に加えて、定年を65歳未満に定めている事業主に対して、**高年齢者雇用確保措置**として、

❶65歳までの定年引き上げ
❷定年制の廃止
❸現に雇用している高年齢者が希望するときは定年後も65歳まで引き続いて雇用（**継続雇用制度の導入**）

を義務としています。さらに65歳から70歳までの就業機会を確保するため、

❶70歳までの定年引き上げ
❷定年制の廃止
❸70歳までの継続雇用制度の導入
❹70歳までの継続業務委託制度の導入
❺70歳までの継続社会貢献活動制度

のいずれかの措置（**高年齢者就業確保措置**）を講ずるよう努めなければならないとしています。

ひとこと

高年齢者雇用確保措置を取らなかった事業主は、厚生労働大臣から必要な指導・助言や勧告を受けることがあり、その勧告に従わなかった場合は、企業名が公表さる可能性があります。

◆ワークライフバランス

人口の年齢構成割合が変わるなか、仕事と生活の調和の実現に取り組むため、政府は2007（平成19）年「**仕事と生活の調和（ワークライフバランス）憲章**」を策定しました（2010〈平成22〉年改定）。 →詳細はp.187参照

◆働き方改革

多様な働き方を選択できる社会、長時間労働の是正、雇用形態に関わらない公正な待遇確保などの実現を目的として、2018（平成30）年６月、**『働き方改革を推進するための関係法律の整備に関する法律』**（**働き方改革関連法**）が制定さ

れました。次のような3つの柱を掲げており、順次施行されています。

■**働き方改革関連法のポイント**

3つの柱	内容
働き方改革の総合的かつ継続的な推進	●働き方改革にを総合的かつ継続的に推進するための基本方針の策定、目的規定等の改正など
長時間労働の是正、多様で柔軟な働き方の実現等	●労働時間に関する制度の見直し ・一部職種を除き、時間外労働の上限を原則月**45**時間年**360**時間に規制 ・月60時間を超える時間外労働に係る割増賃金率（50％以上）について、中小企業への猶予措置を廃止 ・年5日の年次有給休暇の取得義務化 ・**高度プロフェッショナル制度**の創設　など ●**勤務間インターバル制度**（勤務の終業時間と翌日開始の間を一定時間空けて休息時間を確保する制度）の普及促進等 ●産業医・産業保健機能の強化
雇用形態にかかわらない公正な待遇の確保	●不合理な待遇差を解消するための規定の整備 ●労働者に対する待遇に関する説明義務の強化 ●行政による履行確保措置及び裁判外紛争解決手続（行政ADR）の整備

例題

Q 65歳までの安定した雇用の確保を図るため、事業主は、必ず定年を65歳まで引き上げなければならない。　〔第25回-問49〕

A ×　定年の引上げ、継続雇用制度の導入、定年の定めの廃止のいずれかの措置を講じなければならないが、必ず**65歳まで引き上げるという義務はない。**

CHAPTER 5
SECTION 2

社会保障の概念や対象及びその理念

このSECTIONのポイント

- ◆社会保障の概念と範囲…50年勧告の理解が重要です
- ◆社会保障の役割と意義…社会保障はどうあるべきかを学びます
- ◆社会保障の対象…社会保障制度は、全ての国民を対象としています
- ◆社会保障制度の歴史…欧米や日本ではどのように発達してきたのか、各国の違いをおさえましょう

重要度C 社会保障の概念と範囲

社会保障は全ての国民が文化的な生活を送れるようにするための制度です。

日本の社会保障制度の範囲及び定義は、**社会保障制度審議会が1950（昭和25）年に発表した「社会保障制度に関する勧告」（50年勧告）に沿っている**といわれています。

「50年勧告」において、社会保障制度は、病気やケガ、出産、死亡、老齢、失業などによる困窮の原因に対し、**社会扶助や社会保障の核**ともいえる**社会保険**によって**経済保障**を行うこととされています。また、生活困窮に陥った者に対しては、**国の責任**で**最低限度**の生活を保障するとともに、**公衆衛生**及び**社会福祉**の向上を図り、全ての国民が**文化的**な生活を送ることができるようにするとしています。

社会保障の目的には、

- ●生活の**安定**・生活の**保障**
- ●個人の**尊厳**の保持
- ●**自立**支援

の３つを挙げることができます。

重要度 C

社会保障の役割と意義

社会保障の役割は、個人や世帯が最低限度以下の生活に陥ってしまうリスクに対して社会全体でお金をためておき、必要なときに使うとともに、そのような**リスク自体を軽減**することです。高齢や病気、ケガを負って働けなくなることや仕事に就けないことで生じるリスクは誰にでもあり得ます。こうした理由によって生活が困窮した状態になるリスクを、社会全体で負担し合い助け合うことが社会保障の役割です。

こういった社会保障の意義として次のようなことが挙げられます。

- 所得を個人や世帯間で移転させることで、**貧富の格差**を縮小したり、低所得者の生活を安定させる「**所得再分配**」の機能
- 上記の「**リスク分散**」の機能
- 低所得の人たちの**購買力**を高める「個人消費の促進」
- 医療、介護、保育といった「社会保障分野における**雇用**」を通じて**経済成長**につながる効果

◆所得再分配

所得再分配には、**垂直的再分配**、**水平的再分配**、**世代間再分配**があります。

■所得再分配の概要

	意味	代表的な制度
垂直的再分配	高所得者から低所得者への所得再分配	**生活保護制度**など
水平的再分配	**同じ水準**の所得層での所得再分配	医療、保育サービスなど
世代間再分配	現役世代から**高齢世代**への所得再分配	**公的年金制度**

ひとこと

経済的に安定した生活を送ることを妨げるリスクに対して、生活の安定を図るための**社会的な安全装置**のことを、サーカスの空中ブランコの下に張ってある安全ネット（safety net）にならい、**社会的セーフティネット**と呼んでいます。

重要度 C 社会保障の対象

憲法第25条第1項において、**国民が健康で文化的な最低限度の生活を営む権利**、いわゆる**生存権**を保障しています。第2項では、**社会福祉**、**社会保障**、**公衆衛生**の**向上**及び**増進**に努めるべき責務が**国**にあるとしています。この第25条を具体化したものが、社会保障制度です。

日本で社会保障制度が整ったのは**第二次世界大戦後**です。戦後まもなくは、「50年勧告」にあるように社会保障とは、低所得などの貧困状態にある国民を対象とした生活の最低限度の保障制度とみなされていました。しかし、その後の社会保障の対象者の範囲、給付内容とその水準は、法改正を重ねて厚みを増し、現在では広く国民を対象としたものになっています。**現行の社会保障制度は、全ての国民を対象**にしており、生活の安定性と精神的な安心に寄与する役割をもっています。日本国籍を有しない適法に在留する外国人に対しては、1981（昭和56）年の「**難民の地位に関する条約**」の採択（翌年批准）以降、内外平等の原則に立って国内法の整備を行い、**日本人と同様の社会保障制度**が適用されています。

例題

Q 戦後の社会保障制度の目的は、「広く国民に安定した生活を保障するもの」であったが、近年では「生活の最低限度の保障」へと変わってきた。〔第33回-問50〕

A ×　社会保障制度の目的は、戦後の**救貧**や**防貧**といった「生活の最低限度の保障」から、近年では「広く国民に安定した生活を保障するもの」へと変わってきた。

重要度 A 社会保障制度の歴史

社会保障の理念は、欧米先進諸国での宗教活動を含む文化を基盤として、産業の近代化の過程、そして経済・社会政策の過程から生まれ、**第二次世界大戦以降**に各国が制度として導入していきました。

1 イギリスの社会保障

1601年の**『エリザベス救貧法』**は、教区ごとに救貧税を設けてそれを基金とし、働くことのできない老人や身体障害のある人たちの生活を援助しました。

この法には、社会の治安を維持し、救貧費の増大を招かぬよう貧民を抑圧的に管理したり、安い労働力を確保する目的もありました。

■エリザベス救貧法の対象

貧民	**有能貧民**（労働能力あり）	材料や道具を与えての**労働**を強制
	無能力貧民（労働能力なし）	**親族**による扶養を徹底し、不可能な場合は救貧院もしくは最低限の保護
児童		徒弟奉公の強制

その後、1834年に大きな改正がなされ、**『新救貧法』**が成立しました。この法律には、次の3つの原則があります。

■新救貧法における原則

❶院内救済の原則	働く能力のある貧民の救済は、**ワークハウス**（労役場）のみとする
❷劣等処遇の原則	救済を受ける者は、救済を受けないで独立自活している最下層の人の生活よりも**低い**生活レベルでなければならない
❸中央集権化の原則	中央集権的で効率的な救貧財政を推進。行政基準の全国統一を原則とする

その後、ドイツの**ビスマルク**（Bismarck, O.）の社会保険制度を基に、**健康保険**と**失業保険**から成る**『国民保険法』**を1911年に制定し、次のように社会保障を発展させていきます。

■イギリスにおける社会保障の変遷

1911年	**『国民保険法』**成立 ← ロイド・ジョージ（George, L.）蔵相の提案
1942年	**「ベヴァリッジ報告」**提出 ← 報告書「社会保険及び関連サービス」
1945年	**『家族手当法』**制定
1948年	『国民健康サービス（NHS）法』制定

イギリスは、社会保障制度の充実という「**福祉国家**」の実現を目指し、いわゆる「**ゆりかごから墓場まで**」の**最低生活の保障**を理想として政策を進めてきました。この福祉国家体制は、フランスやスウェーデンなどの福祉制度に大きな影響を与えました。

近年では、労働党のブレア（Blair, T.）政権（1997～2007年）は、それまでの保守党サッチャー政権の自立自助方針を踏まえつつも、「第三の道」という社会的公正を重視した政策をとりました。

2 ドイツの社会保障

ドイツの首相**ビスマルク**は、『社会主義者鎮圧法』を制定して労働者の運動をおさえつけましたが、労働者の保護政策、社会保障政策も同時に推し進めました。1880年代にビスマルクが制定した社会保障制度には、**『疾病保険法』『災害補償法』『養老及び廃疾保険法』**があります。日本が戦前に社会保険制度を創設したときは、主にドイツの制度を参考にしていました。

1995年には**『介護保険法』**が施行されましたが、財源が**保険料**のみ、**現金**給付がある、**全国民**が被保険者など、日本の介護保険制度とは違いがあります。

3 アメリカの社会保障

フランクリン・ルーズベルト（Roosevelt, F.）**大統領のニューディール政策**の一環として、**『社会保障法』**が1935年に制定されました。これは、社会保障（Social Security）という言葉を用いた世界初の法律です。

同法は、**社会保険**（**老齢年金**や**失業保険**）、**公的扶助**、**福祉サービス**の３本柱を内容とするもので、医療保険などは含まれていませんでした。その後、1965年の法改正により、**高齢者**や**障害**のある人に対する**メディケア**、**低所得者**への**メディケイド**が加わりました。

一般国民は民間の医療保険に加入しますが、保険料が高く、無保険者が多い状況にありました。2010年にオバマケア（『医療保険制度改革法』）が成立し、全国民の加入が義務づけられました。

例題

Q アメリカでは、世界恐慌の中、ニューディール政策が実施され、その一環として低所得者向けの公的医療扶助制度であるメディケイドが創設された。〔第26回-問50〕

A ×　ニューディール政策は、世界恐慌の中で1933年から実施された社会政策。メディケイドは、高齢・障害者向け医療保険の**メディケア**と共に1965年に創設された。

4 日本の社会保障

日本の社会保障制度は、年金保険や医療保険などの保険の仕組みを用いた**社会保険制度**と、生活保護など公費を財源とした**公的扶助**とに大別できますが、生活困窮対策が中心であった第二次世界大戦後の復興期を除けば、**社会保険制度**を核として発展を遂げてきたといえます。

■日本の社会保障制度の発展

	～昭和20年代	昭和30年代～オイルショック	昭和50年代～60年代
区分	国民皆保険・皆年金以前	国民皆保険・皆年金の実現	社会保障制度の見直し
社会保障の動向	第二次世界大戦前には被用者を対象とした医療保険、年金が成立するとともに、任意の地域医療保険も成立 ↓ 1922(大正11)年 **健康保険法制定**(5年後施行) ↓ 1938(昭和13)年 **(旧)国民健康保険法制定** ↓ 1941(昭和16)年 **労働者年金保険法制定** ↓ 1947(昭和22)年 **日本国憲法施行** ↓ 1950(昭和25)年 **社会保障制度審議会**：「社会保障制度に関する勧告」	1961(昭和36)年 **国民皆保険・皆年金の実現** ↓ 1965(昭和40)年 **1万円年金** ↓ 1968(昭和43)年 国民健康保険で**7**割給付 ↓ 1969(昭和44)年 2万円年金 ↓ 1973(昭和48)年 **老人医療費無料化** **【福祉元年】** ●医療保険で家族に**7**割給付、**高額療養費**を制度化 ●**5万円年金**、年金支給額に**物価スライド**を導入	1982(昭和57)年 **老人保健法制定**：一部負担の導入、老人保健事業 ↓ 1984(昭和59)年 **健康保険法等改正**：本人**9**割給付、退職者医療制度 ↓ 1986(昭和61)年 **老人保健法改正**：基礎年金の導入等老人保健加入者按分率100%へ段階的引上げを図る(1990年に100%)

	平成元年～平成10年	平成11年～平成20年	平成21年～
区分	少子高齢社会への対応	経済構造改革と社会保障／政権交代と社会保障	
社会保障の動向	1989(平成元)年 **ゴールドプラン策定** ↓ 1994(平成6)年 **エンゼルプラン策定** **新ゴールドプラン策定** **年金法改正**：年金の支給開始年齢の引上げ(定額部分)を図る ↓	2000(平成12)年 **年金法改正**：年金の支給開始年齢の引上げ(報酬比例部分)を図る **介護保険法施行** ↓ 2004(平成16)年 **年金保険料水準固定方式、マクロ経済スライドの導入**等 ↓	2010(平成22)年 **子ども手当の支給** ↓ 2011(平成23)年 政府・与党社会保障改革検討本部「**社会保障・税一体改革成案**」(閣議報告)年金確保支援法成立 ↓

社会保障の動向	↓ 1995(平成７)年 **社会保障制度審議会勧告**：「社会保障体制の再構築」	↓ 2005(平成17)年 **介護保険制度改正**：予防重視型システム、地域密着型サービスの創設 ↓ 2008(平成20)年 **後期高齢者医療制度の創設**等	↓ 2012(平成24)年 介護保険における介護サービスの基盤強化 ↓ 2014(平成26)年 **年金機能強化法**の一部施行 育児休業中の経済的支援の強化 ↓ 2015(平成27)年 **子ども・子育て支援新制度**の施行 **医療介護総合確保推進法**の一部施行 被用者年金一元化法の施行 ↓ 2016(平成28)年 **年金機能強化法**の一部施行 ↓ 2017(平成29)年 年金改革法の一部施行 **年金機能強化法**の一部施行 ↓ 2018(平成30)年 国民健康保険法施行令等の一部を改正する政令の施行

出典：厚生労働省「平成23年版厚生労働白書」を基に作成

例題

Q 日本における社会保険制度として最初に創設されたのは、健康保険制度である。〔第35回-問49〕

A ○ 日本の社会保険制度は、1922（大正11）年の健康保険法制定が最初である（５年後施行）。

CHAPTER 5
SECTION 3
社会保障と財政

このSECTIONのポイント

◆社会保障の財源…社会保障の費用を支える財源について、金額や割合などを整理しましょう

◆社会保障給付費…総額、比率をおさえましょう

◆国民負担率…日本と諸外国との比較も重要です

重要度A 社会保障の財源

社会保障の財源は、**保険料**と**税金**により賄われています。2021（令和３）年度の財源の総額（実績）は約**163.4**兆円で、その内訳は、**被保険者と企業等が支払う社会保険料**（46.2%）、**国及び地方公共団体が税で支払う公費負担**（40.4%）、他の収入（13.3%）となっています。

■**社会保障財源の項目別割合（2021〈令和３〉年度）**　（単位：%）

社会保険料		公費負担		他の収入	
46.2		40.4		13.3	
被保険者拠出	事業主拠出	国庫負担	他の公費負担	資産収入	その他
24.3	21.9	29.3	11.2	8.8	4.5

出典：国立社会保障・人口問題研究所「令和３（2021）年度　社会保障費用統計」より作成

社会保険料とは、労働者や法人等が**年金保険**や**医療保険**、**介護保険**などの社会保険制度に対して納める保険料のことです。税負担（公費負担）は、**所得税**や**法人税**、**消費税**として徴収され、日本に住む人全員が受ける公共サービスに使われるものです。

重要度 A

社会保障給付費

社会保障給付費の総額は、社会保障制度の整備や人口高齢化の進行等を反映して、一貫して**増加**し、2021（令和３）年度は**138.7兆円**（国民一人当たりは**110万5500円**）で、そのうち「**年金**」（**40.2%**）及び「**医療**」（**34.2%**）で約４分の３を占めています。機能別では、「高齢」（**42.3%**）、「保健医療」（**33.1%**）、「家族」（**9.4%**）、「遺族」（**4.6%**）などとなっており、「高齢」が**4**割以上を占めています。

近年は、社会保障給付費以外に、社会保障支出に係る統計である「**社会支出**」も公表されています。社会保障給付費に比べて計上する範囲が広いため、2021（令和３）年度は約**143兆円**であり、政策分野別でみると「保健」（**42.3%**）、「高齢」（**34.1%**）、「家族」（**9.5%**）などとなっています。

また、社会支出の対国内総生産比を諸外国と比較してみると、次のようになっています。

■社会支出の国際比較（対国内総生産比）　（単位：%）

	日本（2021年度）	アメリカ（2020年度）	フランス（2020年度）	イギリス（参考）	スウェーデン（2019年度）	ドイツ（2019年度）
社会支出（対国内総生産比）	25.97	29.67	35.62	22.49	25.47	28.18

出典：国立社会保障・人口問題研究所「令和３（2021）年度　社会保障費用統計」より作成

例題

Q 部門別（「医療」、「年金」、「福祉その他」）の社会保障給付費の構成割合をみると、「年金」が70%を超過している。
〔第34回-問50〕

A ×　2021（令和３）年度の社会保障給付を部門別にみると、「年金」は**40.2%**を占めている。

重要度 C

国民負担率

国民負担率とは、国全体の収入である**国民所得**に対して、所得税や住民税、法人税などの税金や、年金保険料や健康保険料などが、どれくらいの比率になるのかという数字であり、次のような式で表すことができます。

$$\text{国民負担率}=\frac{\text{租税負担}+\text{社会保障負担}}{\text{国民所得}}$$

つまり、国民負担率とは、**国民所得のうち税金や社会保険料として徴収されている割合**のことです。

2024（令和６）年度の国民負担率（見通し）の内訳は、消費税や住民税など国と地方をあわせた税の負担率が**26.7％**、社会保障の負担率が**18.4％**です。

また、諸外国と日本の国民負担率を比較すると、次のようになります。

■国民負担率の国際比較

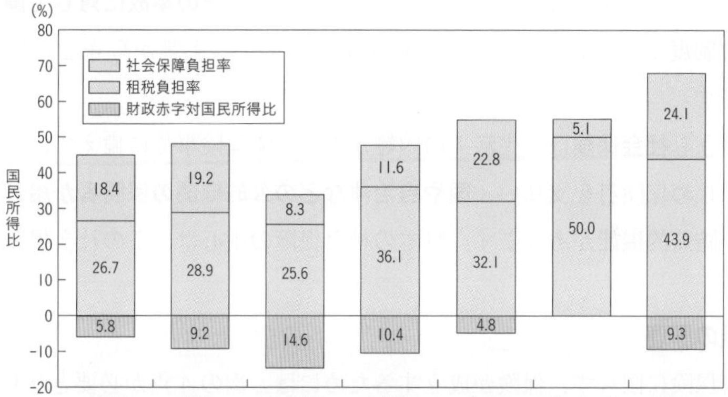

	日本（2024年度）	日本（2021年度）	アメリカ（2021年）	イギリス（2021年）	ドイツ（2021年）	スウェーデン（2021年）	フランス（2021年）
国民負担率	45.1（32.5）	48.1（34.4）	33.9（27.1）	47.6（36.2）	54.9（42.0）	55.0（37.1）	68.0（47.2）
潜在的国民負担率	50.9（36.7）	57.3（41.0）	48.5（38.7）	58.0（44.0）	59.8（45.7）	55.0（37.1）	77.4（53.7）

（対国民所得比：％（括弧内は対GDP比））

（注１）日本の2024年度は見通し、2021年度は実績。ドイツは推計による2021年暫定値、それ以外の国は実績値。

（注２）財政収支は、一般政府（中央政府、地方政府、社会保障基金を合わせたもの）ベース。ただし、日本については、社会保障基金を含まず、米国については、社会保障年金信託基金を含まない。

出典：日本：内閣府「国民経済計算」等／
諸外国：National Accounts（OECD）等

CHAPTER 5

SECTION 4

社会保険と社会扶助の関係

このSECTIONのポイント

◆社会保険の概念と範囲…社会保険の特徴を理解しましょう
◆社会扶助の概念と範囲…社会扶助の制度について学びます
◆社会保険と社会扶助…両者の基本的な特質の違いについて、また、各給付要件、財源などをおさえておきましょう

重要度C 社会保険の概念と範囲

保険とは、将来起こるかもしれない事故（リスク）に対し、計算された事故発生の確率を基に保険料を加入者が公平に支払い、**万一の事故に対して備える助け合いの制度**です。私たちの生命や財産を事故による影響から守るための方法の１つです。

そのうち**社会保険**は、生活上の困難がもたらす保険事故に備えて、被保険者があらかじめ保険料を支払い、**国や自治体などの公的機関の保険者が給付を行う制度**で、**防貧的機能**があります。日本の社会保障の中心は、この社会保険制度です。

◆保険の原理

社会保険に限らず、保険が成立するためには、次の４点が必要となります。

保険の技術の原理

❶大数《たいすう》の法則に基づく保険事故の発生率の把握
→数少ない事象では不確かだが、数多くみると一定の法則がある

❷収支相等《そうとう》の原則
→収入総額と支出総額のバランスの確保

❸給付・反対給付均等の原則（民間保険に固有のもの）

→リスクが高ければ高い人ほど保険料を高くし、契約者の負担を公平にする（リスクの高い人は加入拒否や高額の負担を強いられることもある）

❹保険契約者平等待遇の原則

→各被保険者の保険料は、全てその危険に応じて定められるべき

◆社会保険の特徴

社会保険の特徴としては、次の６つがあります。

社会保険の特徴

- ◆病気や死亡、老齢、失業、介護、障害など**公的**な対応が必要な保険事故が対象
- ◆保険者は、**国**や**地方自治体**、またはそれに準ずる機関
- ◆一定要件による**強制**加入
- ◆給付内容が、標準化・一律化
- ◆保険料は**保険加入者全体の保険事故の発生率に対応**し、**応能負担**によって保険料が決定
- ◆労働者の場合、保険料は被保険者だけではなく**事業主**負担または**公費**負担

＊**年金**保険、**医療**保険、**介護**保険、**雇用**保険、**労働者災害補償**保険の５つの社会保険制度は、国民一般を対象として、老齢や傷病、介護、失業等の保険事故に対応する

◆社会保険制度の財源

５つの社会保険制度の財源は、被保険者が支払う**保険料**、被用者保険の場合には、事業主が負担する**保険料**、**国庫負担**、医療保険や介護保険には**サービスの利用に応じた自己負担**で構成されます。

重要度C 社会扶助の概念と範囲

社会扶助は、**社会保障制度**の１つとして、社会保険制度とともに国民の生活や健康を**最終的に保障**する制度です。社会扶助は**公的扶助**ともいいます。

社会扶助には、大きく分けると**資力調査**を要件とする貧困者向けと、**所得調査**を要件とする低所得者向け（社会手当、社会福祉）の２つがあります。

■社会扶助の制度

	貧困者向け	低所得者向け
制度	生活保護	社会手当（児童手当、児童扶養手当等） 生活福祉資金貸付制度 公営住宅制度　など
対象	生活困窮者	所得制限などの一定要件を満たす者
支給内容	金銭給付（場合により現物給付）	現金給付
支援内容	相談援助	生活支援

重要度B　社会保険と社会扶助

社会保障制度を設計する際、社会保険方式をとるか社会扶助方式をとるかは、目的や内容の妥当性、その国の歴史的経緯等を踏まえたものとなります。一般的には、老後の所得保障については、**社会保険方式（年金保険）**がとられ、公的扶助や児童、障害者、高齢者等への福祉サービスは、**社会扶助方式**をとる傾向があります。

●ここがポイント

社会保険と社会扶助の比較

	社会保険	社会扶助
機能	防貧	救貧
財源	保険料	税負担（公費負担）
給付対象	被保険者	貧困・低所得者
給付要件	加入	資力調査・所得調査
本人拠出	保険料や自己負担	―
給付水準	各制度により設定	最低生活を保障

日本における社会保険と社会扶助の種類は次のようになります。

■社会保険と社会扶助の種類

社会保険	医療保険	病気やケガの治療に必要な**医療費**の補助等
	年金保険	老齢、障害、死亡に対する**現金給付**
	雇用保険	労働者が**失業**した場合、生活の安定を図るための現金の支給等
	労災保険	**業務中**の事故等によるケガや死亡に対する給付等
	介護保険	高齢期に**介護**が必要となったときの介護サービス料金の補助等
社会扶助	生活保護	経済的に困窮したときの**生活費**の支給等
	社会手当	児童手当制度、児童扶養手当制度など各手当制度の支給要件を満たす者に対する**現金給付**
	児童福祉	**18**歳未満の**児童**や**保護者**の生活を支える援助への補助等
	障害者福祉	**18**歳以上の障害者の生活を支える援助への補助等
	障害者総合支援	0～**65**歳未満の障害者の生活を支える障害福祉サービス料金の補助等
	老人福祉	**高齢者**の生活や介護を支える援助への補助等

例題

Q 社会保険は救貧的機能を果たし、公的扶助は防貧的機能を果たす。〔第34回-問51〕

A × 社会保険は**防貧的機能**を果たし、公的扶助（社会扶助）は**救貧的機能**を果たす。

CHAPTER 5

SECTION 5

社会保障制度の体系

このSECTIONのポイント

- ◆医療保険制度の概要…日本の医療保険制度のうち、国民健康保険、健康保険、各種共済組合の医療保険を中心に、それぞれの対象、財源、保険給付などの相違点をまとめて学びます
- ◆介護保険制度の概要…要介護高齢者を支えるものです
- ◆年金保険制度の概要…国民年金と厚生年金の具体的な内容について学びます
- ◆労災保険制度と雇用保険制度の概要…業務災害、通勤災害などの備えに必要な労災保険と失業者に対する保障である雇用保険について学びます
- ◆生活保護制度の概要…最低限度の生活保障を目的とします
- ◆社会手当制度の概要…家族扶養のための手当を学びます
- ◆社会福祉制度の概要…自立した生活のためのものです

重要度A　医療保険制度の概要

医療保険は、病気やケガの治療に必要な医療費を保障するため、あらかじめ保険料を拠出し、医療サービスを受けるときに**医療費の一定割合について保険から給付を受ける制度**です。

全ての国民が何らかの医療保険に強制加入する**国民皆保険制度**をとっており、日本の社会保障制度の柱となっています。

保険診療を受けたときの一部負担金の割合は、義務教育就学後から70歳未満が**3**割、義務教育就学前は**2**割、70歳以上75歳未満は**2**割（現役並み所得者は**3**割）となっています（75歳以上の後期高齢者医療制度については、p.303参照）。

また、日本の公的医療保険制度は、複数の制度から成り立っています。各制度の保険者、財源の概要は次のとおりです。

■公的医療保険制度の概要

制度名		保険者	財源	
			保険料率	国庫補助
国民健康保険	農業者 自営業者等	都道府県・市町村	世帯ごとに**応益割**（定額）と**応能割**（負担能力に応じて）を賦課	給付費の41％
		国民健康保険組合		給付費等の28.4～47.4％
	被用者保険の退職者	市町村		なし
健康保険	協会けんぽ	全国健康保険協会	都道府県によって異なる（10％前後）	給付費等の16.4％
	組合健保	健康保険組合	各健康保険組合によって異なる	定額（予算補助）
各種共済	国家公務員	共済組合	—	なし
	地方公務員等	共済組合		
	私学教職員	事業団	—	
船員保険		全国健康保険協会	9.80％	定額
後期高齢者医療制度		[運営主体] 後期高齢者医療広域連合	各広域連合によって定めた**被保険者均等割額と所得割率**によって算定される	公費約50％ [公費の内訳] **国：都道府県：市町村** **4：1：1**

出典：厚生労働省「令和５年版厚生労働白書　資料編」を基に作成

ひとこと

2022（令和４）年度末現在の加入者数は、**協会けんぽ**が、3944万人（総人口の31.7%）、**組合健保**が、2820万１千人（同22.6%）、**国民健康保険**が、2677万３千人（同21.5%）であり、この３制度で大半を占めています。

例題

Q 保険診療を受けたときの一部負担金の割合は、義務教育就学前の児童については、<u>1割</u>となる。〔第35回-問52〕

A ✕ 義務教育就学前の児童が保険診療を受けたときの一部負担金の割合は、2割である。

1 国民健康保険、健康保険、各種共済

国民健康保険（市町村国保）、健康保険、各種共済を比較します。

■主な公的医療保険制度の比較

	国民健康保険	健康保険	各種共済
保険者（運営主体）	●都道府県・市町村（特別区を含む）[*1] ●国民健康保険組合（国保組合）	●全国健康保険協会（協会けんぽ） ●健康保険組合（組合健保）	●国家公務員共済組合 ●各種地方公務員共済組合 ●日本私立学校振興・共済事業団
対象	●都道府県・市町村は、**他の公的医療保険制度や生活保護等の対象者以外の全ての者**を対象 ●国保組合は、**同種の事業、業務で組織**され、組合が定める地域内に居住する事業者とその従業員が加入	●**適用事業所**に使用される者 ●**任意継続被保険者** 被保険者であった者が退職後2年間まで継続可	●国家公務員、地方公務員等とその被扶養者はそれぞれの共済組合に加入 ●私立学校教職員とその被扶養者は共済制度に加入
保険給付	出産育児一時金、葬祭費等を設けることが可（条例または規約による）	出産育児一時金、傷病手当金の給付金あり	出産手当金、傷病手当金の給付金あり

扶養の有無	全ての人が被保険者	●基本的に**家族は扶養**の対象*2 ●扶養家族が何人いても、保険料はそのまま	●基本的に**家族は扶養**の対象 ●扶養家族が何人いても、保険料はそのまま
保険料	●保険者は**世帯主**から（国保組合は**組合員**から）保険料を徴収（多くは**国民健康保険税**として） ●保険者によって保険料の計算式は異なる ●国民健康保険には保険料の軽減制度あり	●会社員の健康保険では、**標準報酬月額及び標準賞与額**をもとに保険料を計算 ●会社と加入者で保険料を折半。折半された分が給料から天引き*3 ●健康保険には保険料軽減制度はない	●健康保険同様に各共済組合で給料に応じて保険料を計算 ●負担割合も健康保険同様に労使折半。給料から天引き

*1 国民健康保険の保険者は、都道府県が財政運営の責任主体。市町村は、資格管理、保険給付、保険料率の決定、賦課・徴収、保健事業等を行う。
*2 2020（令和２）年４月より健康保険の被扶養者は原則、国内居住者（日本国内に住民票がある者）に限定。
*3 健康保険組合では、保険料の事業主負担割合を被保険者の負担割合よりも多く設定することができる。

医療保険制度は制度分立していますが、基本的な保険給付は各制度共通です。特に、2003（平成15）年４月から被保険者保険の本人の**患者一部負担が３割**に引き上げられたため、給付率は７割と市町村国保と同等になり、給付の公平化が図られました。

また、2018（平成30）年度より**国民健康保険改革**が実施されました（上記表*1に関連）。これは「年齢構成が高く医療費水準が高い」「所得水準が低く保険料の負担が重い」「財政運営が不安定になるリスクの高い小規模保険者が多く、財政赤字の保険者も多く存在する」という国民健康保険制度の構造的な課題を解決するためのものです。国が約3400億円の追加的な財政支援（公費拡充）を行うこと、**都道府県**が市町村とともに国民健康保険の保険者となることなどが、見直しの柱に位置づけられています。

例題

Q 日本で正社員として雇用されている外国人が扶養している<u>外国在住の親</u>は、健康保険の被扶養者となる。　〔第33回-問51〕

A ×　健康保険の被扶養者は原則「国内居住者（日本国内に住民票がある者）」に限定されるため、外国在住の親は、健康保険の被扶養者になることはできない。

2 保険給付の種類と内容

　ここでは、保険給付の種類と内容、給付条件などを、健康保険と国民健康保険についてみていきます。なお、給付の種類に(健)が付いているものは、健康保険の被扶養者のみに対する給付であることを示しています。

■給付の種類と内容

療養の給付／ (健) 家族療養費	●診察、薬剤の支給、処置・手術・その他の治療、在宅療養・看護、入院・看護など（人間ドックなどの健康診査や眼鏡代は対象外） ●医療費に下記給付割合を乗じた額を支給 → 義務教育就学後から70歳未満は**7**割、義務教育就学前は**8**割、70～75歳未満は**8**割（現役並み所得者は**7**割）
入院時食事 療養費	**65**歳未満は１食につき**460**円を超えた額（住民税非課税世帯で、長期入院の場合は91日目以降の入院は160円を超えた額）を支給
入院時生活 療養費	●療養病床に入院する**65**歳以上の者の生活療養に要した費用について、保険給付として入院時生活療養費を支給 ●被扶養者の入院時生活療養にかかる給付は、**家族療養費**として給付 ●2017（平成29）年から、医療と介護の負担の公平化を図るため、生活療養標準負担額のうち、居住費にかかる部分について段階的に見直され、2018（平成30）年４月から難病患者や老齢福祉年金受給者を除いて１日370円の光熱水費の負担となった

保険外併用療養費	一般の保険診療に準じて**3**割（義務教育就学前までは**2**割）を自己負担して、残額は保険外併用療養費として保険給付 ●**評価療養**：（保険適用外の療養を受けると、保険が適用される療養にかかる費用も含めて、医療費の全額が自己負担となる）一定の条件を満たしたもの（**例** 保険適用外の新治療法や新薬など） ●**患者申出療養**：**高度の医療技術**を用いた療養であって、当該療養を受けようとする者の**申出に基づき**、療養の給付の対象とすべきものであるか否かについて、適正な医療の効率的な提供を図る観点から評価を行うことが必要な療養として厚生労働大臣が定めるもの ●**選定療養**：保険との併用が認められ、保険の枠を超えた部分についてを自己負担とし、保険が適用される療養にかかる費用は保険診療に準じた保険給付となる
訪問看護療養費／(健)家族訪問看護療養費	●かかりつけ医の指示に基づいて指定訪問看護事業者より看護師等が訪問看護を行う ●対象は、難病や末期のがん、初老期の脳卒中等で自宅療養中の患者 ●義務教育就学後から70歳未満は**7**割、義務教育就学前は**8**割、70～75歳未満は**8**割（現役並み所得者は**7**割）
療養費	海外で診療を受けたときの医療費など、患者が一時立替払いした場合、一定基準の現金を払戻し
高額療養費	医療費負担額（介護保険は対象外）が1人、1か月、1病院・診療所につき法定自己負担限度額（標準報酬月額により異なる）を超えた場合は、その超えた分を**高額療養費**として払戻し
高額医療・高額介護合算療養費	医療保険と介護保険の自己負担を合算し、新たに設定される自己負担限度額（標準報酬月額により異なる）を超えた場合は、超えた額の支給
移送費／(健)家族移送費	医師が病気やケガで転院等が必要と認め、以下の全ての条件に該当した場合に、その要した費用の範囲内で支給 ●保険診療として適切 ●療養の原因である病気・ケガで移動が困難 ●緊急その他、やむを得ないこと

傷病手当金＊1	被保険者が療養のため3日以上連続して仕事を休み、給料を受けられないとき、4日目から休業1日につき直近12か月間の標準報酬月額を平均した額を30で割った額の3分の2相当額を、支給開始日から通算して1年6か月まで支給（労災保険が適用される場合は、全額が支給されない）
出産育児一時金＊2／㊎家族出産育児一時金	被保険者または被扶養者が出産したとき、1児につき原則50万円を支給
出産手当金	被保険者が出産のため仕事を休み、給料を受けられないとき、出産の日以前42日間、出産の日後56日間を限度として、休業1日につき直近12か月間の標準報酬月額を平均した額を30で割った額の3分の2相当額を支給（出産育児一時金も支給）
埋葬料（費）・葬祭費／㊎家族埋葬料	●被保険者が業務外の事由により死亡したとき、埋葬を行った家族に5万円を埋葬料として支給 ●被扶養者が死亡したとき、被保険者に5万円を支給 ●死亡した被保険者に家族がいないとき、埋葬を行った者に、埋葬料の額（5万円）の範囲内で埋葬費を支給

＊1　市町村の場合は条例、国民健康保険組合の場合は規約に定める場合は保険給付可。
＊2　市町村の場合は条例、国民健康保険組合の場合は規約に定めるところにより保険給付を行う（特別の理由がある場合は、全部または一部を行わないことができる）。

健康保険は、労働者の業務外の事由による疾病、負傷、もしくは死亡または出産及びその被扶養者の疾病、負傷、死亡または出産に関して保険給付を行うとされているため、**自身の過失によるケガ**などについては**健康保険が適用**されます。労働者が業務上の事由または通勤による疾病、負傷、死亡した場合は労災保険が適用されます。

また、**退職**などにより被保険者でなくなった（資格喪失）後においても、一定の条件のもとに保険給付されます。

資格喪失後の継続給付

●**傷病手当金**　●出産手当金　●出産育児一時金　●埋葬料(費)

3 後期高齢者医療制度

後期高齢者医療制度は、2006（平成18）年に**『老人保健法』**が**『高齢者の医療の確保に関する法律』**（**高齢者医療確保法**）に改正され、2008（平成20）年の改正法施行とともにスタートしました。

◆後期高齢者医療制度

後期高齢者医療制度は、**75**歳以上の後期高齢者（**65歳以上75歳未満の一定の障害者を含み、生活保護世帯を除く**）を対象とする独立した制度です。

都道府県ごとに全ての市町村が加入する**後期高齢者医療広域連合**を設立し、事務処理をしますが、実際には市町村に委託されています。

■後期高齢者医療制度の運営の仕組み

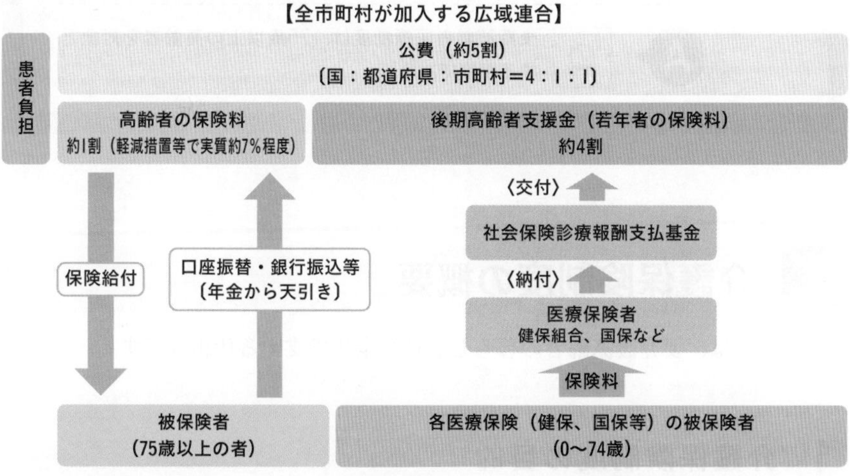

出典：厚生労働省ホームページ「後期高齢者医療制度について」より作成

後期高齢者支援金の負担方法は、より負担能力に応じた負担とする観点から、2017（平成29）年度より**全面総報酬割**が導入されました。自己負担割合は、原則**1**割、一定以上所得者（課税所得が28万円以上かつ「年金収入＋その他の合計所得金額」が単身世帯の場合は200万円以上、複数世帯の場合は合計320万円以上）は**2**割、現役並み所得者（年収383万円以上）は**3**割となります（**2**割負担が開始されたのは、2022〈令和４〉年10月１日より。2025〈令和７〉年９月30日までは、１か月の自己負担の増加額を最大3000円までとする経過措置）。

ひとこと

前期高齢者（65歳以上74歳以下）は、それまでの**各医療保険制度に継続して加入**します。制度間の不均衡の調整のため、国民健康保険と被用者保険の各保険者が、75歳未満の加入者数に応じて費用負担を調整しています。

例題

Q 健康保険法等の改正（2006年（平成18年））による「高齢者医療確保法」により、75歳以上の高齢者が別建ての制度に加入する後期高齢者医療制度が創設された。〔第31回-問53〕

A ○ 後期高齢者医療制度は、**75**歳以上の高齢者を対象とする制度である。

重要度A 介護保険制度の概要

介護保険は、要介護高齢者の暮らしを社会全体で支える仕組みです。

1 介護保険制度の目的

介護保険制度は、**『介護保険法』**（1997〈平成９〉年制定）が2000（平成12）年に施行されたことによって、スタートしました。

『介護保険法』第１条において、目的を次のように示し、介護を必要とする高齢者を社会全体で支えていく＝「**介護の社会化**」を提示しています。

介護保険法の目的（概要）
要介護状態になり、介護、機能訓練、看護などを必要とする人が、尊厳を保持し、その有する能力に応じて自立した日常生活を営むことができるよう、**国民の共同連帯の理念に基づき介護保険制度を設け、国民の保健医療の向上と福祉の増進**を図る

2 介護保険制度の特徴

介護保険制度の特徴は、契約、総合的、効率化、質の向上です。

◆措置から「契約」へ

介護保険制度の施行以前は、『老人福祉法』に基づく**措置制度**と老人保健に基づく看護や介護を提供する仕組みがありました。措置制度では、行政機関（国や地方公共団体など）が主体となってサービス利用の決定を行います。

措置制度に対し、介護保険制度の特徴は、利用者自身がサービスを選択して事業者と**契約**する仕組みです。

◆サービスの「総合的な提供」と「効率化」

それぞれ別個に提供されていた保健、医療、福祉のサービスを総合的に提供する仕組みにしたことも特徴です。介護保険を**社会保険**に含め、手続きも一元化させ、サービスの効率化や質の向上を目指しました。

3 保険者と被保険者

介護保険の保険者と被保険者は、以下のとおりです。

◆保険者

介護保険の保険者は、**市町村**（特別区〈東京23区〉を含む）です。小規模な市町村の間では、広域連合や一部事務組合が保険者となることも認められています。

◆被保険者

介護保険の被保険者は、以下の第１号被保険者と第２号被保険者に分けられます。

■介護保険の被保険者

	第１号被保険者	第２号被保険者
対象者	市町村の区域内に住所を有する**65歳以上**の人	市町村の区域内に住所を有する**40歳**以上**65歳**未満の**医療保険加入者**
受給権者（保険給付の要件）	**要介護状態**や**要支援状態**にある人	**要介護状態**や**要支援状態**にあり、その原因である障害が**特定疾病**※による人

※特定疾病

関節リウマチ、筋萎縮性側索硬化症など、16種類の疾病を指す。

4 保険料の徴収方法

介護保険の保険料の賦課・徴収方法は、次のようになります。

■介護保険料の徴収方法

	第１号被保険者	第２号被保険者
保険料の徴収者	市町村	**医療保険**の保険者＊
賦課・徴収方法	［所得段階別定額保険料］ ●年金が年額18万円以上の場合は**特別徴収**（年金からの天引き） ●上記以外の場合は**普通徴収**（納付書を送付し、徴収）	**医療保険料とあわせて徴収** ●健康保険　標準報酬月額・標準賞与額に介護保険料率を乗じる（事業主負担有） ●国民健康保険　所得割、均等割に按分（国庫負担有）

＊医療保険の保険者は、「健康保険」であれば健康保険組合と全国健康保険協会、「国民健康保険」であれば市町村と国民健康保険組合になる。

＊第２号被保険者の保険料は、2017（平成29）年の８月から被保険者の標準報酬月額の総額を基に決める「総報酬割」が導入された。総報酬割の導入は段階的に実施され、2020（令和２）年度より完全に総報酬割に移行した。

◆利用者負担と保険料・公費による負担の割合

介護サービスを利用すると、介護保険によって給付される費用は、原則として**9割**（一定以上所得者は8割、そのうち特に所得の高い者は7割）で、自己負担は残りの1割（または2割、3割）となり被保険者が負担します。

この利用者負担を除いた費用は、第1号被保険者と第2号被保険者の**保険料によって50%**が、国・都道府県・市町村の**公費によって50%**が支給されます。

5 保険給付の種類

介護保険制度の保険給付には、**介護給付**、**予防給付**、**市町村特別給付**の3種類があります。

■保険給付の3つの種類

介護給付	**要介護者**（要介護1～5）を対象としたサービス 例 居宅サービス、居宅介護支援、施設サービス、地域密着型サービスなど
予防給付	**要支援者**（要支援1・2）を対象としたサービス 例 介護予防サービス、介護予防支援、地域密着型介護予防サービスなど
市町村特別給付	**要介護者**・**要支援者**を対象に、**市町村**が独自に行うサービス 例 居宅への配食サービス、移送サービスなど

上記のサービスのほかに、利用者の支払った費用が自己負担限度額を超えた場合に、所得額に応じて給付が行われるサービスがあります。具体的には、**介護給付の高額介護サービス費**、**高額医療合算介護サービス費**、**特定入所者介護サービス費**などがあります（それぞれ同様のサービスが**予防給付**にも含まれています）。

6 地域支援事業

地域支援事業は、2005（平成17）年の『介護保険法』改正によって創設された事業です。要介護状態等の予防や、要介護状態等になっても被保険者が地域で自立した生活を送ることができるように、**市町村**によって、各種事業が実施されています。

地域支援事業には、大別して、**介護予防・日常生活支援総合事業**、**包括的支援事業**、**任意事業**の３事業があります。

2014（平成26）年の『介護保険法』改正により、これまで予防給付として提供されていた「**介護予防訪問介護**」「**介護予防通所介護**」は介護予防・日常生活支援総合事業に移行しました。

包括的支援事業が目指しているのは、地域における横断的なネットワークの構築を図ることです。

任意事業は、地域の実情に応じて、各市町村が独自に実施する事業です。

例題

Q 介護保険の給付に要する費用は、65歳以上の者が支払う保険料と公費の二つで賄われている。〔第34回-問52〕

A ×　利用者負担を除いた介護保険の給付に要する費用は、**65歳以上**の第１号被保険者と**40歳以上65歳未満**の医療保険加入者の第２号被保険者が支払う保険料と公費で賄われている。

重要度A　年金保険制度の概要

1　年金保険制度の体系と適用

年金保険制度は、**老齢・障害・死亡**などを原因とした所得の減少や喪失に対して、**国が所得を保障**するための給付を行う制度です。制度は次ページの図のように全国民が対象の**国民年金**（**基礎年金**）を１階部分、民間の会社員や公務員等が加入する**厚生年金保険**を２階部分、さらに年金の上乗せの給付を希望する者は、任意で加入する**iDeCo**（**個人型確定拠出年金**）等の私的年金などを３階部分とする３階建ての構造になっています。

ひとこと

2020（令和２）年４月１日より、国民年金第３号被保険者の認定要件に、国内居住要件が追加されました。

■年金制度の体系

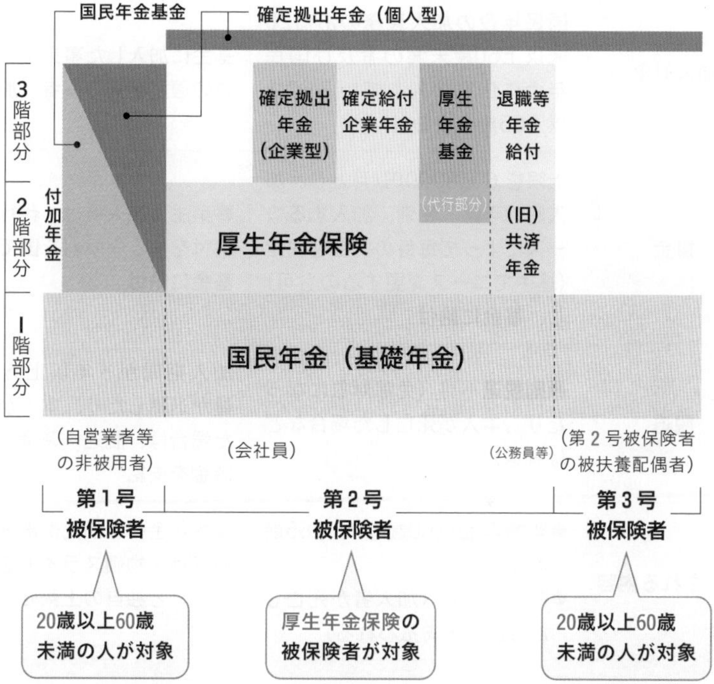

例題

Q 国民年金の第３号被保険者は、専業主婦など夫に扶養されている妻を対象とする制度であり、妻に扶養されている夫は対象にならない。 〔第26回-問52〕

A × 第２号被保険者の配偶者で**年収が130万円未満**などの要件を満たせば、**夫、妻いずれでもよい。**

◆国民年金基金と厚生年金基金

第1号被保険者の上乗せ年金である**国民年金基金**と、第2号被保険者の上乗せ年金である**厚生年金基金**を比較します。

■国民年金基金と厚生年金基金の比較

	国民年金基金	厚生年金基金
公私区分	公的年金	企業年金（私的年金）
加入対象	国民年金の加入義務のある20歳以上60歳未満の者及び国民年金に任意加入している60歳以上65歳未満の者	基金に加入した事業所で厚生年金の適用を受ける者（**加入員**）
掛金	上限を６万8000円/月とし、加入時の年齢・性別、加入するコースによって毎月の掛金を決定（途中でコース変更するのも可）し、**基金に納付**	事業主・加入員は、代行部分の給付を賄う保険料を**国ではなく、基金に納付**
脱退	**原則脱退**不可（免除対象になったり、本人が死亡した場合などは脱退）	加入期間が３年以上ある加入員が退職したり、本人が死亡した場合は、脱退一時金や遺族一時金を支給
給付される内容	●老齢年金（60歳または65歳以後） ●**遺族一時金**（加入者が死亡したら遺族へ支払われる）	厚生年金の報酬比例部分（賃金再評価・物価スライドを除いた部分）と独自の上乗せ部分を支給

◆確定給付企業年金と確定拠出年金

公的年金の補完的役割をもっている企業年金として、前述の厚生年金基金のほかに確定給付企業年金、確定拠出年金があります。なお、このうち確定拠出**年金**（**個人型**）は従来、第１号被保険者や企業年金のない会社員を対象としていましたが、制度改正により、2017（平成29）年１月から原則としてすべての被保険者が加入できるようになっています。

■確定給付企業年金と確定拠出年金の比較

	確定給付企業年金	確定拠出年金
特徴	先に**給付額を決定**	先に**拠出額（掛金）を決定**
給付額	将来の給付額は、企業が保証しているため**確定**	将来の給付額は運用実績によって**変動**（確定していない）
運用	**企業が一括**して行い（契約先の生命保険会社や信託銀行に委託）、運用がうまくいかなかった場合は、**企業が補填**	運営管理機関が提示した金融商品のなかから、加入者自身が選択し、**運用リスクは加入者が負う**
年金資産の把握	個人別の残高は把握できない	個人別に**年金口座**をもち、年金資産を管理するので、残高の把握が明確
離転職時の取扱	確定給付企業年金から転職先の確定拠出年金に資産を移換可（ポータビリティ移行制度）	離転職時に年金資産の持ち運び（**ポータビリティ**）**可**
その他	厚生年金基金に加えて、企業年金の受給権保護等を図る制度として設立	●**企業型年金**：**事業主**が従業員のために掛金を拠出する ●**個人型年金**：自営業者や企業の従業員、公務員や主婦（夫）が**個人**単位で加入し、自ら掛金を拠出する

例題

Q 確定拠出年金とは、将来の年金額が確定している年金をいう。
〔第25回-問52〕

A × 年金額が確定しているのは**確定給付企業年金**で、確定拠出年金は拠出額（掛金）が決まっている。

2 国民年金

国民年金は全国民に共通の基礎年金が支払われ、**厚生年金保険**は**基礎年金に上**

乗せして年金が支払われる制度です。この制度により、同じ事由で支払われる**老齢基礎年金**と**老齢厚生年金**、**障害基礎年金**と**障害厚生年金**、**遺族基礎年金**と**遺族厚生年金**は、1つの年金とみなされ、あわせて受けることができます。公的年金では、国民年金、厚生年金保険から、2つ以上の年金を受けられるようになったときは、**いずれか1つの年金を選択**します。

また、年金には併給できるものとできないものがあります。例えば、**障害基礎年金は他のどの厚生年金とも併給できます**が、遺族基礎年金と併給できるのは遺族厚生年金だけです。

■年金の併給の可否

	老齢厚生年金	障害厚生年金	遺族厚生年金
老齢基礎年金	○	×	○
障害基礎年金	○	○	○
遺族基礎年金	×	×	○

また、このほかに国民年金の第1号被保険者の独自給付として、**付加年金**※、寡婦年金、死亡一時金、脱退一時金があります。

※付加年金

月額400円の付加保険料を納めることで、老齢基礎年金を受給する際に、納付月数×200円分の付加年金を受けることができる。

例題

Q 老齢基礎年金と老齢厚生年金は、どちらか一方しか受給することができない。〔第36回-問55〕

A × 老齢基礎年金と老齢厚生年金は、併給可能である。

◆老齢基礎年金

老齢基礎年金の支給要件、開始年齢は次のとおりです。

■老齢基礎年金の概要

支給要件	原則、**保険料納付済期間＋保険料免除期間＋合算対象期間**※**（カラ期間）＝受給資格期間**が**10年**以上＊。20歳から60歳までの40年間の全期間保険料を納めた場合、**65歳から満額の老齢基礎年金が支給**
支給開始年齢	●**原則65歳** ●被保険者本人の希望で60～64歳での繰上げ（減額）支給、66～75歳での繰下げ（増額）支給を選択可

＊　25年以上だったが、2017（平成29）年８月より10年以上に短縮された。

※合算対象期間
海外在住期間、国民年金任意加入の対象者で加入しなかった期間など。

なお、2004（平成16）年の改正により、**保険料上限固定・給付水準自動調整（マクロ経済スライド）**の仕組みが導入され、被保険者数の減少と平均寿命の伸長に応じて、公的年金（国民年金、厚生年金）の給付額が自動調整されます。

例題

Q 老齢基礎年金は、25年間保険料を納付して満額の支給が受けられる。〔第31回-問52〕

A ✕　老齢基礎年金は、**40**年間保険料を納付した場合に満額の支給を受けることができる。

◆障害基礎年金

障害基礎年金の支給要件、対象者は次のとおりです。

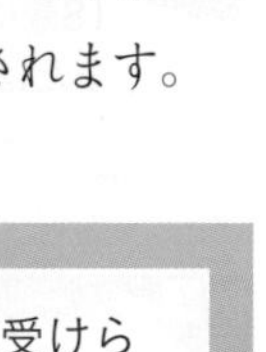

■障害基礎年金の概要

支給要件	●初診日（障害の原因となった病気やケガについて初めて医師の診療を受けた日）に、国民年金の被保険者であること、または被保険者であった者で、日本国内在住の**60**歳以上**65**歳未満の者であること ●保険料納付済期間が加入期間の **3 分の 2 以上**ある者 ●一定の障害の状態にあること
支給対象者	**初診日**から１年６か月経過した時（その間に治癒〈固定〉した場合はその時）、または20歳に達した時、または65歳に達する日の前日までの間に、障害基礎年金の**障害等級１級または２級の状態にある者** ※以前に国民年金の任意加入の対象者で、任意加入しなかったため障害基礎年金が受給できない無年金障害者 → 特別な福祉的措置として**特別障害給付金**を受給可

障害等級１級の受給者に支給される障害基礎年金の額は、**老齢基礎年金**の満額×1.25＋子※の加算、２級の場合は、**老齢基礎年金**の満額＋子の加算となります。

※子
18歳になって最初の年度末までの子、または20歳未満の障害基礎年金の障害等級１級または２級の子。

例題

Q 障害等級２級の受給者に支給される障害基礎年金の額は、老齢基礎年金の満額の1.25倍である。〔第29回-問53〕

A × 障害等級２級は**老齢基礎年金の満額と同額**で、１級**の場合に老齢基礎年金の満額の1.25倍**になる。

◆遺族基礎年金

遺族基礎年金の支給要件、対象者は次のとおりです。

■**遺族基礎年金の概要**

支給要件	被保険者または受給資格期間（25年以上）を満たした60歳以上65歳未満の者が死亡した時。ただし、死亡した者について、原則、保険料納付済期間（保険料免除期間を含む）が加入期間の**3分の2以上**あること
支給対象者	死亡した者によって生計を維持されていた**子のある配偶者**、**子**（18歳に達する日以後の最初の３月31日まで〈中度以上の障害がある場合は20歳未満〉） ●子に支給される遺族基礎年金は、死亡した者の配偶者も受給権を有するとき、または、子が父または母と生計を同じくしているときは支給停止 ●子のある配偶者、子が婚姻したとき（事実婚を含む）には、受給権は消滅 ※遺族基礎年金は、「子のある妻」または「子」に支給される規定だったが、2014（平成26）年４月より父子家庭も遺族基礎年金を受給可

例題

Q　遺族基礎年金は、死亡した被保険者の孫にも支給される。

〔第32回-問52〕

A　×　遺族基礎年金の支給対象は、死亡した者の子のある配偶者または子で、孫は支給対象にならない。

◆費用負担

国民年金の費用は、全被保険者からの保険料と国庫負担金（税）によって賄われ、保険料支払いについては**免除制度**や**猶予制度**があります。また、そのことによる年金額への影響もあります。

基礎年金の給付費は、保険料と**国庫負担金**によって賄われています。国庫負担は２分の１で、**消費税**をその財源に位置づけています。

国民年金の第１号被保険者の保険料は、収入の多寡にかかわらず**定額制**です（ただし、法定免除と申請免除があります）。

保険料は、2005（平成17）年度から段階的に引き上げられ、2019（平成31）

年度以降は、１万7000円×改定率となりました。改定率とは、その年の労働人口や平均寿命の伸び率などを判断し、その都度、年金保険料に反映させるものです。

法定免除は、**『生活保護法』**の**生活扶助**や**障害基礎年金**を受けているときなどに**保険料の全額が免除**されます。**申請免除**は、所得が少なく保険料を納めることが経済的に困難な場合に保険料が免除されます。免除される額は、**全額、４分の３、半額、４分の１**の４種類があります。

猶予制度には、**学生納付特例制度**と**納付猶予制度**があります。

■保険料猶予制度

学生納付特例制度	申請により在学中の保険料の納付が猶予される。本人の所得が一定以下の学生が対象（家族の所得の多寡は問わない）。10年以内であれば追納可能
納付猶予制度	50歳未満の者で、本人・配偶者の前年所得が一定額以下の場合、申請後に承認されると保険料の納付が猶予される。10年以内であれば追納可能

保険料の納付状態と受給資格期間、年金額は、次のようになります。

■保険料の納付状態と年金への影響の関係

	老齢基礎年金		障害基礎年金 遺族基礎年金 （受給資格期間への算入）
	受給資格期間への算入	年金額への反映	
納付	○	○	○
全額免除	○	○	○
一部納付	○	○*	○
納付特例／猶予	○	×	○
未納	×	×	×

＊一部納付の割合に応じて、年金額への反映割合が異なる。

例題

Q 学生納付特例制度の適用を受けた期間は、老齢基礎年金の受給資格期間には算入されない。　〔第33回−問55〕

A ×　学生納付特例制度の適用を受けた期間は、老齢基礎年金の受給資格期間に算入されるが、10年以内に追納しないと年金額には反映されない。

3 厚生年金

2015（平成27）年10月から、公務員、私立学校教職員を対象とした共済組合等の年金（**共済年金**）は、厚生年金に一元化されました。よって、公務員、私立学校教職員も厚生年金に加入することになり、適用、給付、標準報酬の全てが厚生年金に統一されました。

厚生年金の対象、適用事業所、保険料や国庫負担は次のとおりです。

■厚生年金の適用

対象	●適用事業所に**常時**使用される**70歳未満の者** ●社員だけでなく、1週の所定労働時間及び1か月の所定労働日数が**常時雇用者の4分の3以上の者等も、厚生年金の被保険者**＊
適用事業所	強制適用事業所※と任意適用事業所※
保険料負担	●毎月の給料（標準報酬月額）だけでなく、**賞与**（標準賞与額）**も保険料の賦課対象**（総報酬制） ●保険料は、**被保険者と事業主が**折半負担（産前・産後休業及び育児休業中の保険料については免除）
国庫負担	国民年金（基礎年金）への拠出金総額の**2分の1**

＊2016（平成28）年10月から、従来の週30時間以上働く人に加え、従業員501人以上の会社で週20時間以上働く人なども社会保険の加入が可能に。さらに、2017（平成29）年4月からは、従業員500人以下の会社で働く人も、労使で合意すれば社会保険に加入できるようになった。また、2022（令和4）年10月より、従業員数が101人以上、2024（令和6）年10月からは51人以上に段階的に緩和されることとなっている。

※強制適用事業所／任意適用事業所

強制適用事業所は、株式会社などの法人の事業所。従業員が常時５人以上いる個人の事業所についても、農林水産業、サービス業などの場合を除いて強制適用事業所となる。任意適用事業所は、従業員の半数以上が適用事業所となることに同意し、事業主が申請して厚生労働大臣の認可を受けた場合の事業所である。

厚生年金保険の給付には老齢厚生年金、障害厚生年金、遺族厚生年金の３種類があります。

◆老齢厚生年金

老齢厚生年金には、**60〜65歳**に達するまでの間に支給される「**特別支給の老齢厚生年金**」と、**65歳**に達した以降支給される「**老齢厚生年金**」の２種類があります。それぞれの支給要件等は、次のとおりです。

■特別支給の老齢厚生年金、老齢厚生年金の概要

	特別支給の老齢厚生年金	老齢厚生年金
支給要件	老齢基礎年金の受給資格期間を満たし、**厚生年金保険の被保険者期間が１年以上ある者**	老齢基礎年金の受給資格期間を満たし、**厚生年金保険の被保険者期間が１月以上ある者**
支給開始年齢	生年月日により異なる	●原則**65歳** ●被保険者本人の希望で**60〜64歳**での繰上げ（減額）支給、**66〜75歳**での繰下げ（増額）支給を選択可

なお、厚生年金保険に加入している老齢厚生年金の受給者が、被用者として働いている場合は、**基本月額**（１年間の年金額を12で割った額）と**総報酬月額相当額**（毎月の賃金〈標準報酬月額〉＋１年間の賞与〈標準賞与額〉を12で割った額）に応じ、年金額が**支給停止**（**全部**または**一部**）される場合があります。

◆障害厚生年金

障害厚生年金の支給要件、支給内容は次のとおりです。

■障害厚生年金の概要

支給要件	●保険料納付済期間が加入期間の**3分の2以上**ある者 ●**初診日**に、厚生年金の被保険者であること ●**障害認定日**に、障害基礎年金障害等級が**1・2・3**級の状態にあること
支給内容	●**障害基礎年金に上乗せ支給** ●障害等級**3**級の場合にも障害厚生年金が支給される（障害基礎年金では3級は対象外） ●3級より軽度の場合は、一時金で**障害手当金**が支給されるため、障害基礎年金より支給対象者の範囲は広い

◆遺族厚生年金

遺族厚生年金の支給要件と対象者、支給内容は次のとおりです。

■遺族厚生年金の概要

支給要件	次のいずれかに該当する場合、遺族に支給される ●厚生年金の**被保険者**が死亡したとき、または被保険者期間中の傷病がもとで初診の日から**5**年以内に死亡した場合 ●遺族基礎年金と同様、死亡した者について、保険料納付済期間（保険料免除期間を含む）が国民年金加入期間の**3分の2以上**ある ●**老齢厚生年金**の受給資格期間を満たした者が死亡した場合 ●**1・2級の障害厚生（共済）年金**を受けられる者が死亡した場合
支給対象者	受ける遺族の順位は、死亡した者によって生計を維持されていた❶**配偶者または子**、❷**父母**、❸**孫**、❹**祖父母** ●子のある配偶者、子は**遺族基礎年金も併給可** ●子のない30歳未満の妻は、**5**年間の有期給付 ●子・孫とは、障害・遺族基礎年金の項目の子と同じ ●夫と父母、祖父母は**55歳以上**の人に限られ、**60**歳に達するまで支給停止
支給内容	●死亡者の老齢厚生年金（報酬比例部分）の年金額の**4分の3** ●一定の妻には、中高齢寡婦加算または経過的寡婦加算がつく

重要度 A

労災保険制度と雇用保険制度の概要

1 労災保険制度の概要

労働者災害補償保険（以下、労災保険）は、労働者が**業務上**の事由または**通勤**によって負傷したり、障害が残ったり、病気にかかったり、死亡した場合に**被災労働者や遺族を保護するため必要な保険給付**を行うものです。また、労働者の社会復帰等を図るための事業も行います。

保険者は国（政府が管掌）で、具体的な事務処理は厚生労働省の出先機関である**各都道府県労働局**とその下部機関である**労働基準監督署**が担当します。

●ここがポイント

労災保険制度の概要

適用対象事業所	●労働者を使用する事業 ●国の直営事業、非現業の官公署には適用しない ●個人経営の農業、水産業で常時使用労働者数5人未満、林業で常時労働者を使用しない等の場合は、暫定的に任意適用
適用対象者	●正社員だけではなくパートやアルバイト等、**雇用形態や期間にかかわらず**、使用されて賃金を支給される全ての労働者が対象（国籍は問わない。ただし、公務員は、類似の制度があるため適用されない） ●個人事業主は申請により特別加入可
財源	ほとんどが**保険料**収入
保険料	●**全額事業主負担** ●保険料は事業の種類によって異なる。事業の種類が同じでも、事業主の災害防止努力の違いによって災害率は異なるので、**災害発生率が低いと保険料率が下がるメリット**制が導入されている
支給対象	●加入は**事業所**ごとに行う → 適用事業所に使用されている労働者は誰でも、業務上災害または通勤災害により負傷等をした場合は、保険給付の受取りが可能

労働者の負傷、疾病等に対する保険制度としては、労災保険のほかに**健康保険**があります。しかし、健康保険では、「**労災保険から給付がある業務災害以外**の事由による疾病、負傷、死亡等に関して保険給付を行う」と定められています。よって、労災保険の給付対象になる業務上災害については、健康保険による給付対象にはなりません。

労災保険の保険給付は、大きく分けて3種類あります。

労災保険の保険給付

- 労働者の業務上の負傷、疾病、障害または死亡(**業務災害**)に関する保険給付
- 労働者の通勤による負傷、疾病、障害または死亡(**通勤災害**)に関する保険給付
- **二次健康診断等給付**

◆労災保険の保険給付の種類

労災保険の保険給付の種類や支給事由についての詳細は、次のとおりです。

■労災保険の保険給付の種類と支給事由

休業（補償）給付		傷病に係る療養のため労働することができず、賃金を受けられない日が**4日以上**に及ぶ場合
障害（補償）給付	障害（補償）年金	傷病が治癒したとき※に、**障害等級第1～第7級**に該当する障害が残った場合＊
	障害（補償）一時金	傷病が治癒したときに、**障害等級第8～第14級**に該当する障害が残った場合
遺族（補償）給付	遺族（補償）年金	労働者が死亡し年金を受け取る遺族がいる場合
	遺族（補償）一時金	遺族（補償）年金を受け取る遺族がいない場合(その他の遺族に支給)
葬祭料（葬祭給付）		葬祭を行う場合
傷病（補償）年金		傷病が、療養開始後**1年6か月**を経過した日、または同日後において治癒しておらず、傷病による障害の程度が傷病等級に該当する場合

介護（補償）給付	障害（補償）年金または傷病（補償）年金の受給者で、介護を要する場合
二次健康診断等給付	労働安全衛生法に基づく健康診断等のうち直近のもの（一次健康診断）において、脳・心臓疾患に関連する一定の項目に異常の所見があった場合

＊障害厚生年金が支給される場合、障害厚生年金は全額支給、障害補償年金は減額支給。

出典：公益財団法人労災保険情報センターホームページより作成

※治癒したとき

傷病の症状が安定し、医学上一般に認められた医療を行ってもその医療効果が期待できなくなったという意味。これを「治癒」という。必ずしも元の身体状態に回復した場合だけをいうものではない。

以上の種類のほかに、**療養（補償）給付**があります。これは、業務上災害による傷病に必要な給付の「**療養補償給付**」と通勤災害による傷病に必要な給付の「**療養給付**」を合わせたものです（休業（補償）給付等についても同様です）。

「療養（補償）給付」には２種類あります。「療養の給付」とは、労災病院または労災指定医療機関等で被災労働者に**無料**で療養の給付を行うことです。療養の費用は直接医療機関等に支給されます。「療養の費用の支給」とは、療養の費用の**現金給付**です。労災病院または労災指定医療機関以外の医療機関等で療養した場合、費用全額を被災労働者が支払うことになりますが、その相当額を被災労働者に現金で支給します。

例題

Q 労働者災害補償保険制度の保険料は、事業主と労働者が折半して負担する。〔第35回-問53〕

A × 労災保険制度の保険料は、**全額事業主**負担である。

2 雇用保険制度の概要

雇用保険は、労働者が**失業**した場合及び労働者について雇用の継続が困難となる事由が生じた場合に、**労働者の生活及び雇用の安定**を図るとともに、**再就職を促進**するため必要な給付を行うものです。

雇用保険制度は、失業者に対する所得保障だけではなく、労働者に望ましい雇用の確保を目指して**求職活動の支援、雇用機会の増大、労働者の能力・技術の向上**を図ることを目的としています。また、**失業の予防、雇用構造の改善**等を図るための事業も行っています。

■**雇用保険制度の体系**

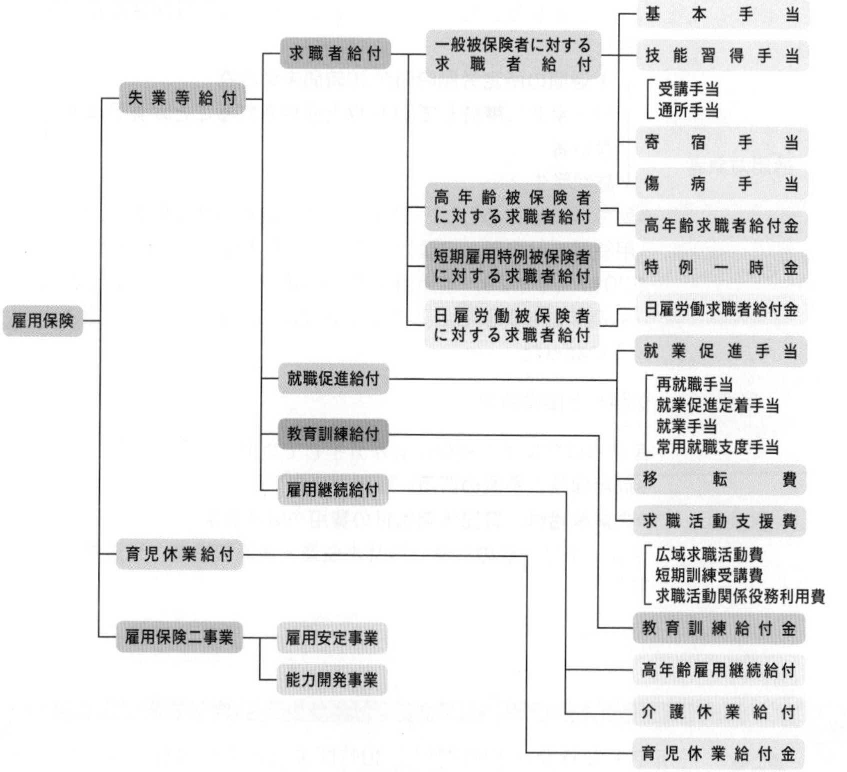

出典：厚生労働省職業安定局「ハローワークインターネットサービス」より作成

雇用保険の保険者は国です。**公共職業安定所（ハローワーク）**が各種の事務手続きの窓口となっています。

●ここがポイント

雇用保険制度の概要

適用対象事業所	●業種や規模にかかわりなく、**労働者が雇用される事業は全て雇用保険の適用事業** ●個人経営の農林・畜産・水産事業のうち労働者が**5**人未満の場合は、暫定的に任意適用事業
適用対象者	●適用事業に雇用される労働者は、国籍を問わず雇用保険の被保険者となる。ただし、次の者については、雇用保険は適用されない （**1週間の所定労働時間が20時間未満の者** 同一事業に**継続して31日以上雇用されることが見込まれない者** 昼間学生） ●就労の実態に応じ、一般被保険者、高年齢被保険者、短期雇用特例被保険者、日雇労働被保険者の４種類に分類される ※2017（平成29）年１月より、65歳以降に新たに就職した人も高年齢被保険者として雇用保険に加入することができるようになった
財源	保険料と国庫負担
保険料	保険料は事業主と被保険者が分担して負担 ●**雇用保険二事業の費用**…事業主負担 ●**失業等給付、育児休業給付の費用**…労使折半 保険料率は**一般の事業、農林水産業・清酒製造業、建設業**の３通りとなる

例題

Q 週所定労働時間が20時間以上30時間未満の労働者は、雇用保険に加入することができない。〔第35回-問54〕

A × 週所定労働時間が**20**時間未満の労働者は、雇用保険に加入することができない

雇用保険の保険給付である失業等給付は、**求職者給付**、**就職促進給付**、**教育訓**

練給付及び**雇用継続給付**の総称です。

◆求職者給付

雇用保険の**一般被保険者**（**65歳未満の常用労働者**）に対しては、**基本**手当、**技能習得**手当、**寄宿**手当及び**傷病**手当が支給されます。高年齢被保険者に対しては**高年齢求職者給付金**、短期雇用特例被保険者については**特例一時金**、日雇労働被保険者については**日雇労働求職者給付金**が、それぞれ求職者給付として支給されます。ここでは基本手当の概要をみていきます。

基本手当の概要

●**被保険者が失業した場合**

→離職の日以前2年間に被保険者期間が通算して12か月以上あったときに支給される

→離職理由が、**特定受給資格者**（倒産・解雇等による離職）または**特定理由離職者**（やむを得ない理由による自己都合離職、労働契約の更新がないことによる離職）である場合には、離職の日以前1年間に被保険者期間が通算して6か月以上あれば、基本手当が支給される

●**基本手当を受給するために**

→就職する意思があり、就職できる能力があるにもかかわらず、就業できない状態にあることが必要

●**基本手当の支給額**

→受給資格者の賃金日額に応じて定められた割合（50%から80%まで。60歳以上65歳未満の者については45%から80%まで）を乗じて算定される

※基本手当日額は、30歳未満、30歳以上45歳未満、45歳以上60歳未満、60歳以上65歳未満の4区分ごとにその上限額が定められている

●**支給日数、受給期間**

→受給資格者の年齢、被保険者であった期間及び離職理由によって異なる

◆就職促進給付

「**就業促進手当**」「**移転費**」「**求職活動支援費**」の3種類があります。その中心である「**就業促進手当**」の「**再就職手当**」は、求職者給付の基本手当の受給資格

がある者が安定した就業をした場合で、**基本手当の所定給付日数を３分の１以上残して早期に再就職した場合**に支給されます。

◆教育訓練給付

「**一般教育訓練給付**」と「**特定一般教育訓練給付**」（2019〈令和元〉年10月新設）「**専門実践教育訓練給付**」の３種類があります。それぞれ受給要件や給付金額が異なります。

■**教育訓練給付の概要**

	一般教育訓練給付	特定一般教育訓練給付	専門実践教育訓練給付
対象訓練	スキルアップなど**職業能力を向上させる**目的の訓練	**厚生労働大臣**の指定を受けた速やかな再就職および早期のキャリア形成に資する教育訓練	**厚生労働大臣の指定**を受けた**専門的・実践的**な教育訓練
受給額	教育訓練経費の**20%**相当額	教育訓練経費の**40%**相当額	教育訓練経費の**50%**＊
受給額の上限	10万円	20万円	40万円／年＊
受給期間	最長１年	最長１年	原則２年（資格につながる場合は最長**３年**）
受給資格	受講開始日に、雇用保険の被保険者であった期間が３年以上（初回に限り１年以上）あること　など	一般教育訓練給付の受給資格に加え、訓練前キャリアコンサルティングと受給資格確認が必要	受講開始日に、支給要件期間が３年以上（初回に限り２年以上）あること　など

＊2018（平成30）年１月より40％→50％、32万円→40万円に引き上げられた。受講修了日から１年以内に資格取得などをし、被保険者として雇用された等の場合には20％の追加支給（合計70％、年間上限56万円）が受けられる。

専門実践教育訓練給付金の受給資格をもつ者のうち、受講開始時に**45歳未満**であることや、専門実践教育訓練を修了する見込みがあることなど、一定の要件を満たす者は、訓練期間中に「**教育訓練支援給付金**」を受けることができます。この給付金は、2018（平成30）年度までの時限措置でしたが、2021年度までに延長されました。教育訓練支援給付金の日額は、原則として雇用保険の基本手当の日額の**50%**相当でしたが、2018（平成30）年１月より**80%**に拡充しました。

ひとこと

教育訓練給付は、受講開始日の時点で被保険者でなくても、離職日の翌日以降、受講開始日までが１年以内（適用対象期間の延長が行われた場合は最大20年以内）であれば、受給することができます。

◆雇用継続給付

高年齢者や介護休業を取得した者の雇用の継続を支援するための給付で国庫負担原則がとられています。高年齢雇用継続給付（「**高年齢雇用継続基本給付金**」と「**高年齢再就職給付金**」）、**介護休業給付金**の２種類があります。

■雇用継続給付の支給要件と支給内容

高年齢雇用継続給付	**高年齢雇用継続基本給付金**	●被保険者であった期間が５年以上ある**60歳以上65歳未満の者** ●**60歳以降の賃金額**が60歳時点に比べ、75%未満に低下した状態で働き続ける場合	現在の賃金の15%*相当額
	高年齢再就職給付金	被保険者であった期間が５年以上あり、基本手当の支給残日数が100日以上ある**60歳以上65歳未満の者**が、基本手当を受給した後に再就職した場合	再就職後の賃金の15%相当額
介護休業給付金		●要介護状態にある家族を介護する者 ●介護休業期間中の賃金が、休業開始時の賃金月額の80%未満である者 ●介護休業開始前２年間に、賃金支払日数が11日以上ある月が通算して12か月以上ある者	休業開始時の賃金日額の67%で、支給日数は同一の家族について最長93日間（３回まで分割可）

＊2025（令和７）年度から新たに60歳となる者は10%。

◆育児休業給付

雇用保険の保険給付である育児休業給付は、従来、失業等給付の雇用継続給付に位置づけられていましたが、法改正により、2020（令和２）年度より、子を養育するために休業した労働者の生活及び雇用の安定を図るための独立した給付として位置づけられました。支給要件と支給内容は以下のとおりです。

■育児休業給付の支給要件と支給内容

育児休業給付金	●**1歳（パパママ育休プラス制度**を利用して育児休業を取得する場合は**1歳２か月）未満の子**を養育する者 （６か月延長しても保育園に入れない場合等に限り、さらに６か月（２歳まで）の再延長可） ●育児休業期間中の賃金が、休業開始時の賃金日額の**80%**未満である者 ●育児休業開始前２年間に、賃金支払日数が11日以上ある月が通算して12か月以上ある者	支給額は、育児休業開始から**180日目（6か月目）**までは休業開始時賃金日額の**67%**、育児休業開始から181日目以降は**50%**

例題

Q　育児休業給付金は、最長で子が３歳に達するまで支給される。
〔第36回-問50〕

A　×　育児休業給付金の支給は、原則として子が１歳に達するまでだが、延長事由に該当すれば、最長で子が２歳に達するまで受給することができる。

◆雇用保険二事業

『雇用保険法』は、以上に述べた保険給付のほかにも、**雇用安定事業及び能力開発事業**について規定しています（いわゆる**雇用保険二事業**）。

雇用安定事業は、被保険者等に関し失業の予防を図るとともに、雇用状態の是正、雇用機会の増大等、雇用の安定を図るための事業です。具体的には、事業主に対する**助成金**、中高年齢者等**再就職**の緊要度が高い求職者に対する**再就職**支援、65～70歳の**就業確保措置**に対する支援、若者や子育て女性に対する就労支援などです。

能力開発事業は、**職業訓練施設**の整備、労働者の**教育訓練**受講の援助など、職業生活の全期間を通じた労働者の**能力の開発・向上を図る**ための事業です。

重要度C　生活保護制度の概要

生活保護制度は、最低限度の生活保障と自立助長を支援するものです。

■生活保護制度の概要

制度の目的	日本国憲法第**25**条に規定する国民の**生存権**の理念に基づき、国が生活に**困窮**する者に対して、その困窮の程度に応じて必要な**保護**を行い、その**最低限度の生活を保障**するとともに、その自立を**助長**する
対象	（生活困窮状態の）国民
給付内容	**8種類**の扶助（**生活**扶助、**教育**扶助、**住宅**扶助、**医療**扶助、**介護**扶助、**出産**扶助、**生業**扶助、**葬祭**扶助）
財源構成	税
その他	被保護世帯数のうち約**半数**は**高齢者世帯**。近年は、稼働年齢層と考えられるその他の世帯が**増加** 保護費の多くは、**生活**・**住宅**・**医療**の3扶助に係る費用で占められている

重要度B　社会手当制度の概要

社会手当は、**家族扶養**のために**国や自治体などが支給**する手当です。

社会手当制度の種類には、**児童手当**、**児童扶養手当**、**特別児童扶養手当**などがあります。ここでは、各手当の概要を表で確認します。

■児童手当の概要（2024〈令和6〉年3月末現在）

実施主体	**市区町村**（法定受託事務） 公務員は**所属庁**で実施する
受給資格者	父母等・施設入所児童は施設の設置者等

費用負担	●被用者 ０～３歳未満…………**事業主**７／15　**国**16／45　**地方**８／45 ３歳～中学校修了……**国**２／３　**地方**１／３ ●非被用者（全年齢）…**国**２／３　**地方**１／３ ●公務員（全年齢）……**所属庁**10／10		
手当額	０～３歳未満	一律１万5000円	
	３歳～小学校修了	第１子・第２子	１万円
		第３子以降	１万5000円
	中学生	一律１万円	

（注）2024（令和６）年10月から、18歳までの支給延長、第３子以降には３万円の支給、所得制限の撤廃、支給回数は年６回に変更される予定。

児童扶養手当、**特別児童扶養手当**、**特別障害者手当**、**障害児福祉手当**、**特別障害給付金**の概要は次のとおりです。いずれも所得制限があります。

■その他の社会手当の種類

	受給対象者	年齢	在宅	施設
児童扶養手当	**ひとり親家庭及び両親のいない家庭**で、児童を養育している者	18歳まで＊	○	×
特別児童扶養手当	精神または身体に障害のある子どもを対象に、その保護者や養育者	20歳未満	○	×
特別障害者手当	精神または身体に著しく重度の障害を有し、日常生活において**常時特別の介護**を必要とする特別障害者	20歳以上	○	×
障害児福祉手当	精神または身体に重度の障害を有するため、日常生活において**常時の介護**を必要とする状態にある者	20歳未満	○	×
特別障害給付金	**国民年金**に任意加入していなかったことにより、障害基礎年金等を受給していない障害者	―	―	―

＊18歳に達する日以後の最初の３月31日までの間にある者、または20歳未満で一定の障害の状態にある者。

ひとこと

特別児童扶養手当を受給していても、要件を満たせば、児童手当や、児童扶養手当、障害児福祉手当との併給が可能です。また、従来、障害基礎年金等を受給している人で、障害基礎年金等の額が児童扶養手当の額を上回る場合、児童扶養手当を受給できませんでしたが、2021（令和３）年３月分の手当以降は、児童扶養手当の額が障害年金の子の加算部分の額を上回る場合、その差額を児童扶養手当として受給できるようになりました。

例題

Q 児童扶養手当の支給対象となる児童の年齢は、障害がない子どもの場合、18歳到達後最初の年度末までである。

〔第30回－問55〕

A ○ 18歳に達する日以後の最初の３月31日までの間にある者、または**20**歳未満で一定の障害の状態にある者が児童扶養手当の支給対象である。

重要度C 社会福祉制度の概要

社会福祉制度は、自立した生活を営むことができるようにするための制度です。

■**社会福祉制度の概要**

制度の目的	支援各制度の利用者が給付を受けて、日常生活において**自立**した生活を営むことができるように支援する
対象	何らかのハンディキャップ（高齢、障害、児童、ひとり親等）により日常生活に困難が伴う人
給付内容	**人的なサービス給付**が多いが、**金銭**給付もあり
財源構成	税、利用者の自己負担
その他	『介護保険法』や『障害者自立支援法』（当初）では**サービスの利用に応じて負担する応益負担**、『障害者総合支援法』では**支払い能力に応じて負担する応能負担**が原則

CHAPTER 5
SECTION 6

諸外国における社会保障制度の概要

このSECTIONのポイント

◆先進諸国における社会保障制度の概要…スウェーデン、ドイツ、フランス、イギリス、アメリカの年金、医療、介護制度について、財源や給付内容をみたうえで、日本の制度との相違点などを学んでいきましょう

重要度B　先進諸国における社会保障制度の概要

各国の社会保障制度の特徴及び日本との相違点をみていきます。

1 スウェーデン

スウェーデンの社会保障は、政府や地方自治体の役割が大きく、**コミューン**（基礎的自治体）、**ランスティング**（広域自治体）、国の３者で役割分担をしています。

スウェーデンの社会保障制度

- **●コミューン**…………社会福祉、高齢者介護、障害者の医療と福祉
- **●ランスティング**……医療サービス
- **●国**……………………社会保険

なお、1992年の**エーデル改革**によって、医療のうち**ナーシングホーム**（**長期療養ケア**）**などはランスティングからコミューンに**移されました。

■スウェーデンの社会保障制度の概要

	年金	医療	介護
方式	社会保険を基礎	●サービスは税方式 ●現金給付は社会保険	税方式
給付	最低保障年金、所得比例年金、積立年金の組合わせ	無料または低料金	在宅サービスと施設介護サービス
財源	●保険料は固定 ●最低保障年金部分は税で運用	税金と一部自己負担金	コミューンの税財源と利用者負担額
日本との相違点	●最低保障年金 ●遺族年金は独立	医療従事者はほぼ全員が公務員	高齢者施設が充実

例題

Q スウェーデンの医療保障制度は、税を財源とし、国が運営する全国一本の制度となっている。〔第24回-問55〕

A × 国ではなく**ランスティング**が運営し、費用は**ランスティングの税収と患者の一部負担**で賄っている。

2 ドイツ

ドイツでは19世紀後半、**ビスマルク**が社会民主主義運動を弾圧する一方で、世界で最も早く全国民を対象とした社会保険制度を強制適用したため「飴と鞭」政策と呼ばれました。労働者の保護を目的としており、**職域**をベースに展開されています。

日本と同じように、**年金保険、医療保険、介護保険、失業保険、労働災害保険**の５つの社会保険制度があります。

■ドイツの社会保障制度の概要

	年金	医療	介護
方式	●社会保険方式 ●３種類の年金制度それぞれで保険料や給付条件等を設定	●社会保険方式 ●２種類の医療保険（一般医療保険、農業従事者）	●社会保険方式 ●医療保険の被保険者が同時に介護保険の強制適用の対象
給付	一般年金保険、鉱山・鉄道・海員ドイツ年金保険、農業従事者社会保障制度で各給付	●**現物給付**が原則 ●外来は**自己負担なし**	在宅介護・部分施設介護給付、介護手当、完全施設介護給付など
財源	●保険料は労使折半 ●国庫負担有 ●完全賦課方式	ほぼ保険料（以前は、**疾病金庫**ごとに異なっていたが2015年に保険料統一）	●保険料 ●国庫補助なし
日本との相違点	●**職域**による制度 ●対象者のほとんどが強制適用（一部適用免除や除外対象者あり）	●**職域**による制度 ●一定の収入を超える者は、加入義務を免除される	●家族介護の場合、現金給付 ●受給資格に**年齢制限なし**

3 フランス

ドイツと同様、フランスの社会保障制度も**職域**に基づいて社会保障制度が適用されます。ただし、ドイツと異なり数多く分立しているのが特徴です。被用者の場合、**一般制度**（一般労働者を対象）を中心に、**特別制度**（公務員、鉄道職員、鉱山労働者などの職域ごとの制度）があります。

また、1945年に**ラロック・プラン**が策定され、**被用者中心の社会保障制度が全国民を対象とする制度**になったことによって、自由業者、農業経営者、商工業者など、別々の社会保障制度があります。

■フランスの社会保障制度の概要

	年金	医療	介護
方式	●社会保険方式 ●最低保障として無拠出の高齢者連帯手当（ASPA）	社会保険方式	税方式
給付	支給開始年齢が60歳から62歳に引き上げられた（満額年金は2023年までに現行65歳から67歳に）	現物給付と療養中の所得保障	●高齢者自立手当（APA） ●在宅サービスと施設サービス
財源	労使折半の保険料（約６割）と税金	主に保険料と税金（目的税等）	広域自治体が約３分の２、全国自立連帯基金（CNSA）が約３分の１
日本との相違点	●職域に応じて分立 ●職域ごとに上乗せの補足年金	職域に応じて分立	●広域自治体が実施主体 ●高齢者と障害者の介護の一体化 ●社会扶助

4 イギリス

イギリスの社会保障制度は、所得保障を中心にしています。1911年に制定された『**国民保険法**』によって、社会保険制度が導入されました。

ドイツやフランスなど他のヨーロッパ諸国と異なり、社会保障を職域ではなく**地域**を中核として展開しています。また、**最低保障**を重んじ、**一律定額の保険料・保険給付**を基本としています。

イギリスの国民保険制度は、**年金制度、雇用関係給付を含めた制度**であることが特徴です。医療と一部の介護については、**国民保健サービス（NHS）**で提供しています。

■イギリスの社会保障制度の概要

	年金	医療	介護
方式	社会保険方式	●基本的に税方式 ●国民保険の保険料収入からの拠出あり	●税方式 ●ケアマネジメント方式の導入
給付	国家年金＋上乗せ（ステークホルダー年金等）	国民保健サービス（NHS）によって、一般医の診療は原則無料（薬剤は自己負担あり）	●NHSにより在宅看護、訪問サービス、保健センターのサービス ●税方式により在宅介護、通所介護等
財源	保険料のみ	●国庫負担（約8割） ●保険料	地方自治体の公費（一部国庫負担あり）
日本との相違点	年金支給開始が、2046年までに68歳に引上げ	登録した一般医で受診	●介護保険はない ●NHSによるサービスは無料

5 アメリカ

アメリカの社会保障制度は、1935年に『**社会保障法**』を制定したのがはじまりです。

アメリカでは、政府は国民の生活保障には最低限の役割を果たす「**小さな政府**」でよいという考えが基本なので、**民間保険制度が発展**しており、民間の医療や福祉ビジネスが普及しています。企業ごとまたは産業ごとの福祉制度も整っており、政府はこのような民間の取組を保護、育成するという立場です。

また、社会サービスは、連邦政府ではなく各州政府が行うものと一般的には考えられています。

■アメリカの社会保障制度の概要

	年金	医療	介護
方式	社会保険方式（極端な所得再分配）	政府は直接医療行為に関与しない	公的な高齢者の介護保険制度はない
給付	老齢・遺族・障害給付を含む公的年金制度（OASDI）	高齢者と障害者のための健康保険（**メディケア**）と低所得者のための医療扶助（**メディケイド**）がある	メディケアが医療保障の範囲で、メディケイドがナーシングホームでの施設ケアを提供
財源	保険料割合が高い	メディケアの財源は、加入者の保険料、政府補助、自己負担	—
日本との相違点	支給開始年齢は、現在66歳で2027年に67歳となる予定	**医療保険制度改革法**（オバマケア）により、公的医療保険の代わりに民間医療保険に加入義務づけ	介護入所施設の中心はナーシングホームで、経営主体のほとんどは民間組織

例題

Q アメリカには、全国民を対象とする公的な医療保険制度が存在する。〔第31回-問55〕

A ×　公的医療制度はない。代わりに**民間医療保険**への加入が義務づけられている。

CHAPTER

6

権利擁護を支える法制度

CHAPTER 6

SECTION 1

法の基礎

このSECTIONのポイント

◆法と規範…法は、他の社会規範とは異なり、公権力による強制力を持っています

◆法の体系、種類…法の分類について学びます

重要度B　法と規範

1　法の規範との関係

人間が社会的共同生活を営む際、必ず人間の行動を規律するルールが必要になります。このルールを**社会規範**といいます。社会規範には、**宗教規範**、**慣習（風習）**、**道徳規範**、**法規範（法）**などの様々な形態があります。

法は、他の社会規範とは異なる、公権力による**強制力**を持っています。このため、法は社会生活の平和と秩序を維持するために非常に効果的な制度とされています。法的な強制力は、社会全体の安定を確保し、紛争を解決し、個人の権利を保護する役割を果たします。法を遵守することは、他の人々との調和と協力を促進し、社会的な信頼を築く基盤ともいえます。法によって、個人と社会全体の利益を調和させる仕組みが提供されています。

ただし、法の適用には注意が必要です。法は社会の価値観やニーズに応じて変更され、場合によっては不正義や偏見を含むこともあります。法の適用は慎重に行われ、公平さが守られなければなりません。

2 法と道徳の関係

法と道徳は、社会規範の重要な要素です。ともに人間の行動を規制し、社会の秩序を維持する役割を担い、相互に影響を与えています。法と人権の関係を考えると、法はしばしば社会の共通の価値観に基づいて制定されます。法は、社会が望む道徳的な行動を規定し、不道徳な行動に対する枠組みを提供します。

また、法と道徳には重要な違いもあります。最も重要な違いは、**強制力の有無**です。法は、国家や政府によって制定され、強制的に遵守させます。一方、道徳は個人の内面から生まれるものであり、強制力は持ちません。この違いは、個人の自由と責任に関連しており、社会全体の倫理観を形成します。

このように法と道徳は、社会の秩序を維持するために緊密に協力していますが、それぞれ異なる役割と特性を持っています。

重要度B 法の体系、種類

1 成文法と不文法

成文法とは、法体系において文章で具体的に規定されている法のことを指します。つまり、法律や法典などに明確に定められた法のことであり、一般に**制定法**とも呼ばれます。この制定法は、法的な規範を明確にすることで社会秩序を維持し、**公平な裁定**を可能にします。一方、**不分法**とは、文字通り文章の形をとっていない法のことを指し、原則として明文化されていないため、**解釈や適用において柔軟性**が求められます。

日本の法体系は、制定法を中心とする**制定法主義**を採用しています。この考え方は、法を明文化し、法典や法律として具体的に規定することを重視するものです。制定法主義は、法の**明確性**と**予測可能性**を高め、法の適切な運用を支援する役割を果たしています。例えば、刑事事件において被告人に対する処罰は、法典や法律に基づいて明確に定められた基準に従って行われます。このように、制定法主義は法の**安定性**と**信頼性**を確保する上で重要な役割を果たしています。

◆成文法（制定法）の種類

成文法（制定法）の種類には、次のものがあります。

■成文法（制定法）の種類

憲法	国家の基本法であり、基本的人権や国家の統治機構を定める最高法規
法律	国会が制定する法（憲法第59条）
命令	行政機関が制定する法。内閣が制定する**政令**（憲法第73条第６号）、内閣総理大臣が制定する**内閣府令**、各省大臣が制定する**省令**、各委員会・各庁長官が制定する**規則**など
規則	国会の両議院が制定する**議院規則**（憲法第58条第２項）、最高裁判所が制定する**最高裁判所規則**（憲法第77条）、人事院が制定する**人事院規則**など
条例	地方公共団体の議会が制定する法（憲法第94条）
条約	文書により国家間で締結される国際的な合意

◆不文法の種類

不文法には、**慣習法**と**判例法**があります。

■不文法の種類

慣習法	社会慣習の中で、そこにいる人々を拘束し、法的確信にまで高められたもの。日本では、公序良俗に反しない慣習は、法令の規定により認められたもの、または法令に規定のない事項に関するものに限って法律と同一の効力があるとされている（法の適用に関する通則法第３条）
判例法	裁判所の判決が蓄積され、拘束力を持つようになったもの

ひとこと

制定法、慣習法、判例法など、裁判官が裁判をするための基準となる法の存在形式を**法源**といいます。

2 公法と私法

公法とは、国家・地方公共団体の組織や活動に関する法のことを指します。憲法や行政法、刑法、訴訟などがこれに該当します。つまり、公法は国や地方自治体がその**権限を行使**し、**社会全体を統制**するための法の枠組みを提供します。例えば、憲法は国の基本的な法的原則を定め、行政法は行政機関の権限と手続きを規定し、刑法は犯罪行為に対する罰則を定めます。一方、**私法**は、私人間の私生活関係を規律する法のことを指します。民法や商法などがこれに該当し、個人や企業の間の契約や財産権、相続などを取り扱います。私法は、**個人の自由や財産を保護**し、**社会秩序を維持**するための法的枠組みを提供します。

そして、公法と私法の間には、中間領域の法である**社会法**が存在します。社会法は、公的な権力と私的な権利の調整を図り、**社会的な公正や福祉を促進することを目的**としています。例えば、労働基準法や最低賃金法などの労働法は、**労働者の権利を保護**し、労働市場の公正な運営を目指しています。また、独占禁止法や消費者契約法などの経済法は、市場競争を促進し、**消費者の利益を守る**ことを目指しています。さらに、国民健康保険法や国民年金法、介護保険法、生活保護法などの社会保障法は、**国民の福祉を確保**するために制定されています。これらの法律は、公共の利益や社会的な均衡を考慮して制定され、公法と私法の両方の性質を持つといえます。

3 実体法と手続法

実体法とは、権利・義務の種類・内容、その発生・消滅などを規定した法のことをいいます。民法、商法、刑法などが該当します。**手続法**とは、権利・義務を実現するための具体的手続きを定めた法のことをいいます。民事訴訟法、刑事訴訟法などがこれに該当します。

CHAPTER 6

SECTION 2

ソーシャルワークと法の関わり

このSECTIONのポイント

◆**憲法**…基本的人権の尊重、自由権、社会権について深い理解が求められます

◆**民法**…国民の生活に関わることを対象とした法律です

◆**行政法**…訴訟や不服申立制度についておさえましょう

重要度B　憲法

憲法とは、国民の権利や自由を守るために、国がすべきこと・すべきでないことを定めた決まりで、**法体系の頂点**に位置するものです。日本国憲法においても、憲法を**最高法規**としたうえで、この憲法に反する法律や命令などは効力をもたないことが記されています。

1　憲法とは

日本国憲法は、文章として書かれた憲法である**成文憲法**（↔**不文憲法**）であり、憲法改正に厳格な手続きを要する**硬性憲法**（↔**軟性憲法**）であって、国を治める根拠を国民主権・権力分立・基本的人権の保障を基本原理とする憲法に求める**立憲主義**（↔**外見的立憲主義**）に位置づけられます。

◆近代憲法の基本原理と日本国憲法の３つの基本理念

立憲主義に基づく近代憲法の基本原理は、❶**国民主権**、❷**権力分立**、❸**基本的人権の保障**です。

国民主権とは、国家の最終的な意思決定権が**国民**にあることを指し、国を治める権力者に決定権がある場合は**君主主権**と呼びます。

日本の権力分立は**三権分立**と呼ばれるもので、**立法権**は**国会**、**行政権**は**内閣**、**司法権**は**裁判所**がもっています。そのうえで、国民が選んだ議員で構成される国会を**国権の最高機関**と位置づけています。

また、基本的人権とは「**全ての人間は生まれながらにして自由、平等**」という考え方で、アメリカ独立宣言（1776年）やフランス人権宣言（1789年）によって確立された思想といわれています。

日本国憲法はこれらの基本原理をもつ憲法で、**国民主権**、**平和主義**、**基本的人権の尊重**を基本理念としています。

ひとこと

平和主義とは日本国憲法**第９条**により表現されている基本理念で、**戦争の放棄**と戦争を目的とする**戦力の不保持**、**交戦権を認めない**ことを宣言しています。

2 基本的人権の尊重

基本的人権は、その内容を４つに類型化して説明することができます。

■基本的人権の４類型

包括的基本権	法の下の**平等**と**幸福追求権**
消極的人権	**自由権**
積極的人権	**受益権**（国に取組を請求する権利）＊1 と**社会権**
能動的人権	**参政権**（選挙に参加する権利）＊2

＊1　請求権、裁判を受ける権利など。
＊2　2013（平成25）年６月の改正公職選挙法施行まで、**成年被後見人**には**参政権**が認められておらず**能動的人権が制限**されていた。

例題

Q 成年後見人が選任された者は、選挙権を有しない。

〔第26回-問77・改〕

A × 2013（平成25）年６月の『公職選挙法』改正により、**成年後見人が選任された者**の**選挙権・被選挙権**が共に認められた。

◆法の下の平等と幸福追求権

日本国憲法では、「**すべて国民は法の下に平等**」（第14条）と位置づけ、「**個人の尊重、生命・自由・幸福追求の権利**」（第13条［**幸福追求権**］）は**最大の尊重**を必要とするものとして扱っています。

基本的人権は「**侵すことのできない永久の権利**」ですが、唯一、**公共の福祉**によって制約されることがあります。ただし、思想・良心の自由、信教の自由、拷問及び残虐な刑罰の禁止については、公共の福祉をもってしても制約することはできません。

■公共の福祉による基本的人権の制約

内在的制約	**自由権**同士のぶつかり合いを調整する考え方
政策的制約	**社会権**の実現のために個人の**財産権**を制約する考え方

3 自由権

自由権とは、個々の人々が社会や政府の制限なしに**自由**に活動する権利を指します。この権利は、国家や他の個人による**不当な介入や干渉から保護**されます。自由権の重要性を強調する国家では、**夜警国家**または**消極国家**として知られる政治体制が採用されます。この政府は、個人の自由と権利を最大限尊重し、彼らの行動に介入しないことを優先します。そのため、法律は**市民法原理**に基づいて構築され、個人の権利と自由の保護を目指します。これにより、社会全体がより公正で自由な環境で発展し、個人の尊厳と自己決定権が尊重されます。

日本国憲法に記された自由権は、大きく3つに類型化されます。

■自由権の3類型

精神的自由権	思想・良心の自由、信教の自由、集会・結社・表現の自由、検閲の禁止、通信の秘密、学問の自由
身体的自由権	奴隷的拘束及び苦役の禁止、適正手続きの保障、被疑者・被告人の権利、拷問及び残虐な刑罰の禁止、刑罰法規の不《ふ》遡《そ》及《きゅう》（過去に遡って処罰されないこと）、二重処罰（処罰された罪を別の罪としても処罰すること）の禁止
経済的自由権	居住・移転・職業選択の自由、外国移住・国籍離脱の自由、財産権の保障

4 社会権

社会権とは、格差などの社会問題への対処（救済、保護、援助）を国家に求める権利です。社会権の尊重に重きを置く政府の役割を福祉国家（積極国家）と呼び、そのための法の役割は社会法原理に基づきます。

日本国憲法に記された社会権は、大きく4つに類型化されます。

■社会権の4類型

生存権の保障	●健康で文化的な最低限度の生活を営む（生存権） ●国は社会福祉・社会保障・公衆衛生の向上に努める
教育を受ける権利の保障	●普通教育を受けさせる親の義務 ●国の義務としての教育条件整備
勤労の権利と義務	●勤労は国民の権利かつ義務 ●国の義務としての労働環境整備
労働基本権の保障	●団結権（労働組合を結成する権利） ●団体交渉権（労働条件その他の労働関係を交渉する権利） ●団体行動権（争議権）

永住外国人についても『国民健康保険法』や『国民年金法』が適用され、被保険者となることで社会権を保障しています。また、労働関連法令は労働者の社会権を保障するものであるため、不法就労の外国人労働者にも『労働基準法』や『労働者災害補償保険法』が適用されることになります。

なお、『生活保護法』においても予算措置として永住外国人等を保護の対象としていますが、**就労目的での在留資格による在留外国人には適用されません**。

例題

Q 労働基準法は、就労目的での在留資格を有していない外国人労働者に適用されることはない。 〔第29回-問78〕

A × 労働基準法などの労働法規は、労働者の社会権を保障する者であるため、外国人労働者がその法律で定義する労働者に該当する限り、適法か違法な就労かにかかわらず、原則として適用される。

重要度A 民法

『民法』とは、国民の生活に関わる事柄全般について定めた法律で、その内容は、**総則**、**物権**、**債権**、**親族**、**相続**と多岐にわたります。

また、『民法』は、国民と国民の間に起こる行政が関わらない事柄を扱う**私法**（↔**公法**）、その内容がより広く全体的・一般的に適用される**一般法**（↔**特別法**）、権利や義務などの法律上の関係を示す**実体法**（↔**手続法**）に分けることができます。

ひとこと

民法は、2020（令和２）年４月１日から改正法が施行され、債権や相続の規定が大きく変わりました。

1 総則

『民法』の基本原則では、**私権**（私法において国民がもつ権利）を**公共の福祉**に適合させなければならないとし、権利の**濫用**を禁じています。そのうえで、私人（国民）の４つの能力を認めています。

■民法における能力の概念

	内容	備考
権利能力	自由・平等の**権利主体**となることのできる能力	●**出生**と同時に得る能力 ●**胎児**は出生すれば遡って権利能力が得られる
意思能力	自由・平等な人が**合理**的に行動できる能力（**判断能力**）	意思能力が不十分な場合には**成年後見制度**等で対応
行為能力	意思能力をもって法律行為を**有効**に行うことができる能力	**未成年者**に限定的であり、**意思能力**が不十分な場合も同様
責任能力	不法行為による**損害賠償責任**を負担することができる能力	幼児や**意思能力**が不十分な場合は不法行為責任の負担なし

◆近代法の三大原則

近代法では、**所有権絶対の原則**、**契約自由の原則**、**過失責任の原則**があります。しかし、その原則を追求することで、かえって不都合な状況が生じることがあります。そこで、三大原則をもちつつも、不都合が大きくなりすぎるときには、原則を修正して解釈します。民法の基本原理もこの考え方に則っています。

■近代法の三大原則と修正原理

	修正原理
所有権絶対の原則	**公共の福祉**に反しないこと、**所有権**の濫用を禁止
契約自由の原則	**信義誠実の原則**（信頼をもとにした契約であること）、**公序良俗**（社会の一般的道徳観念）に反しないこと
過失責任の原則	**無過失責任の原則**（過失がなくても**重大な損害を与えた場合**には責任を認める）

例題

Q 所有権は、法律によって制限することができない。

〔第33回-問77〕

A ×　所有権には、**公共の福祉**に反しないこと、**濫用**を禁止するという制限が付される。

2 物権・債権

物権とは、土地や建物などの物を直接に**支配・所有**する権利です。その範囲は『民法』を中心とした法律で定められており、このことを**物権法定主義**と呼びます。

■物権の範囲

	具体的な権利
物の所有	所有**権**
物の利用	地上**権**…他人の土地を借り、その土地に自分の家を建て所有する
	永小作《えいこさく》**権**…他人の土地を借り、その土地で農作物を栽培する
	地役《ちえき》**権**…自分の土地への通路を作る・水を引くなどのために、他人の土地を利用する
	入会《いりあい》**権**…キノコ狩りのために山林原野〈入会地〉を共同で利用する慣習
担保物権	留置《りゅうち》**権**…修理品を預り修理した後、修理代が支払われるまで手元に置いておく
	先取特**権**…特別の債権〈支払いを要求する権利〉により、他の債権者より先に支払ってもらう
	質**権**…金銭を貸す代わりに土地などを預かり、返済がなければ売却して返済に代える
	抵当**権**…借金の返済ができなければ土地などを譲り受ける約束をし、返済がなければ譲り受け返済に代える

所有そのものの保護	**占有権**…自分の所有物かどうかを問わず、自分が利用するためにもつ物を利用する権利を主張できる

◆相隣《そうりん》関係

土地や建物の絶対的な所有権があったとしても、隣り合う者同士が好き勝手に土地を利用するなどすれば、生活上の不便さが生じることがあります。そこで、お互いに**調整**し合っていくことを定めた**法律上の相互の関係**を**相隣関係**といいます。

◆債権・債務と契約

契約は、当事者間の**申込み**と**承諾**で成立します（**諾成《だくせい》主義**）。このとき、一方に対して義務の履行を請求できる権利を**債権**、請求される側、つまり義務を負う側の義務が**債務**です。商品の売買契約でいえば、商品を売る側がもつのが**債権**（代金の支払いを受ける権利）、買う側がもつのが**債務**（支払いをする義務）となります。

このとき、契約に反して債務者が代金を支払わないと、債権者は損を負うことになります。『民法』では、このような契約に基づく関係があって、債権者の権利が侵害される場合（**債務不履行による損害**）を想定して、債権者が債務者に対して**損害賠償**を求めることを認めています。

損害賠償ができる範囲は、**債務不履行によって生じるであろう範囲**を原則とします。

契約は、**典型契約**（**有名契約**）と**非典型契約**（**無名契約**）に大別され、『民法』上の典型契約とは、法律に規定された**13**種類の契約を指します。非典型契約はそれ以外の契約です。

■民法上の典型契約

	契約種類	
贈与	片務《へんむ》契約、無償契約、諾成契約 例 AさんからBさんへプレゼントを贈る	
売買	双務《そうむ》契約、有償契約、諾成契約 例 Aさんが店舗Cで買い物をする（Aさんは代金を支払い、店舗Cは商品を手放す）	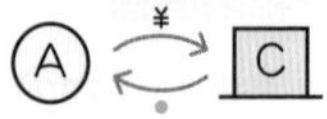
交換	双務契約、有償契約、諾成契約 例 AさんとBさんがプレゼントを交換する	
消費貸借	要物契約、片務契約 例 AさんがBさんから借金をする（BさんはAさんに金銭を渡す） ※書面による消費貸借は、諾成契約、片務契約	
使用貸借	諾成契約、片務契約、無償契約 例 AさんがBさんにパソコンを借りる	
賃貸借	双務契約、有償契約、諾成契約 例 AさんがアパートDを借りる	
雇用	双務契約、有償契約、諾成契約 例 Aさんが会社Eで働く	
請負	双務契約、有償契約、諾成契約 例 AさんがF工場に車の修理を依頼する	
委任	無償原則（無償＝片務契約、有償＝双務契約）、諾成契約 例 Aさんが弁護士Gに問題解決を依頼する	
寄託	諾成契約（保管料の支払い有＝有償・双務契約） 例 AさんがBさんに荷物を預ける	
組合	共同して事業を営む団体をつくる契約	
終身定期金	当事者の一方がもう一方や第三者に定期的に金銭などを支給する契約（契約は死亡するまで終身続く）	
和解	争う当事者同士が争いをやめる合意をする契約	

なお、表に示した契約の種類の意味は次のとおりです。

契約の種類

- **片務契約**…契約当事者の一方のみが債務を負担する契約
- **双務契約**…契約当事者の双方が対価的な債務を負担する契約
- **無償契約**…契約当事者の一方のみに経済的・財産的な支出がある契約
- **有償契約**…契約当事者の双方に経済的・財産的な支出がある契約
- **諾成契約**…契約当事者の合意のみで成立する契約
- **要物契約**…契約当事者の合意に加え目的物を相手方に渡すことで成立する契約

委任には、委任契約と準委任契約があります。それぞれの内容は次のとおりです。契約の事務処理の委託を受けた受任者は、『民法』第644条に基づき「**善良な管理者の注意**をもって、委任事務を処理する義務」(**善管注意義務**)を負うことになります。

■委任契約と準委任契約

委任契約	当事者間で、**法律に関する内容**をお願い(委任)する契約 例 Aさんが弁護士に(=当事者間)、裁判のための手続き(=法律に関する内容)を依頼する
準委任契約	当事者間で、**法律に関する内容ではない事実の行為**に関するお願い(委任)をする契約 例 Aさんが居宅介護支援事業所に(=当事者間)、ケアプランの作成(=事実の行為)を依頼する

ひとこと

日常生活自立支援事業に基づく**日常的金銭管理**の根拠を民法上の典型契約で説明すれば、**委任契約**にあたります。一方で、福祉サービス利用援助契約の援助内容は法律行為と事実行為が混在しているため、委任契約とも準委任契約ともなり整理がつきません。そのため、**非典型契約**と解釈する見方が有力です。

例題

Q お金の貸し借りは、諾成・双務契約である。　〔第25回－問78〕

A × お金の貸し借りは、消費貸借であり、**要物・片務契約**である。

◆不法行為責任

不法行為責任とは、**故意**または**過失**によって他人の権利を侵害し、損害を生じさせたことへの責任です。例えば、福祉施設職員が故意または過失によって、利用者にケガをさせてしまった場合、その**職員**には**不法行為責任**が、その**福祉施設**には**使用者責任**が生じます。このとき、**被害者と加害者の間に契約に基づく関係がない**ことが特徴です。なお、加害者が**公務員**の場合には**『国家賠償法』**が適用されます。

不法行為による**損害賠償請求権**には**時効**があり、以降の請求権は消滅します。

❶被害者または法定代理人が損害及び加害者を知った時から
　財産権等を害する場合**3年**
　人の生命または身体を害する場合**5年**

❷不法行為の時から**20年**

❶の**人の生命または身体を害する不法行為**に対しては、より手厚い保護が求められるため**5**年間と長く設定されています（2020〈令和2〉年4月より）。

3 親族

『民法』では、親族の範囲を**六親等内の血族**、**配偶者**、**三親等内の姻族**としています。これらの親族の範囲の理解は、法律上の**扶養義務**の範囲や内容、また、**相続** →詳細はp.358参照 を理解するうえでの基礎的知識となります。

◆六親等内の血族

血族には、血のつながりのある親子や兄弟などの**自然血族**と、養子縁組によって血族となる**法定血族**があります。

この血族をそのつながり方で分類したものが次の図です。

■血族の分類

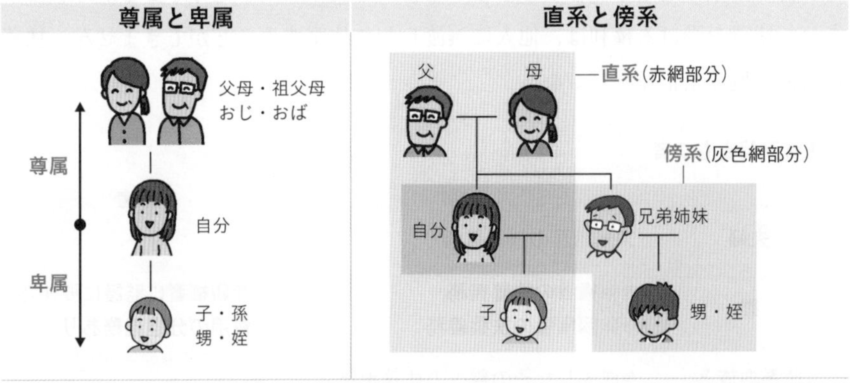

尊属とは**自分を基準に**前の世代の者（父母、祖父母、おじ・おばなど）をいい、**卑属**とは後の世代となる者（子、孫、甥・姪など）をいいます。

また、**直系**とは**自分を基準に**上下に縦につながる関係（父母、子、孫など）をいい、**傍系**とは横につながる関係（兄弟姉妹、おじ・おば、甥・姪など）をいいます。六親等内の親族を直系尊属でみると、自分から６代前（祖父母の祖父母の祖父母）までが当てはまります。

◆配偶者

『民法』は**法律婚主義**の考えに基づくため、婚姻届を出すことによって夫婦としての法的な保護を受けることになります。ただし、**内縁関係**であっても、内縁解消（離婚に相当）時の**財産分与請求権**が認められるなど、**相続権**を除けば夫婦に準じた関係と捉え、その保護を受けられるようになってきています。

◆三親等内の姻族

姻族とは**婚姻**によって親族となる関係、つまり、自分を基準に**配偶者とその血**

族をいいます。三親等内なので、（配偶者側の）父母、兄弟姉妹、祖父母、曾祖父母、おじ・おば、甥・姪が姻族に含まれます。

◆扶養義務

扶養の程度や方法、扶養義務者が複数いる場合の扶養すべき者の順序について、当事者が協議で定めることができない場合、**家庭裁判所**が定めることができます。また、扶養を受ける権利は、他人に譲渡したり放棄することができません（扶養請求権の処分禁止）。

■扶養義務をもつ者

	内容	備考
夫婦	夫婦相互の扶養義務	—
親	●親権者の扶養義務 ●非親権者の扶養義務	非親権者に監護に要する費用の**分担義務あり**
直系血族と兄弟姉妹	●成人した子の親への扶養義務 ●兄弟姉妹の**相互**の扶養義務	経済的援助と解釈され、監護**義務**・介護**義務なし**
三親等内の親族	家庭裁判所の審判により扶養義務が生じる	

4 親権

親権とは父母の子に対する権利や義務の総称です。親権が濫用されたときには、**家庭裁判所**により**親権喪失宣言**や**親権の一時停止**（２年以内）が宣告されます。請求権者は、子ども本人、**親族**、未成年後見人及び未成年後見監督人、**検察官**、**児童相談所長**です。

親権には次のような内容を伴うものがあります。

■親権の内容

監護・教育	子どもの世話や教育を行う
子の人格の尊重	子の人格を尊重し、体罰その他の子の心身の健全な発達に有害な影響を及ぼす言動をしてはならない
居所指定	監護・教育のために子どもの居所を指定する権利
職業許可	子どもの職業を許可する
財産管理と代理権	子どもの財産を管理し契約などの**法的行為**を代理する

ひとこと

民法改正により、2022（令和４）年４月１日から成人年齢が**18**歳となりました。成人となることで、18歳、19歳であっても父母の親権に服さなくなり、また、一人で有効な契約をすることができるようになりました。ただし、飲酒や喫煙、公営競技の年齢制限は**20**歳のまま維持されます。

親権者となる者は、大きく次の５つに分けられます。

■親権者の分類

子の立場	親権者	備考
嫡出子 （婚姻届をした夫婦の子）	●**父母の共同親権** ●離婚後はいずれかの単独**親権***	離婚時、親権者と監護者に分かれることも可
非嫡出子	**母の単独親権**	父母の協議で父の単独親権も可
養子縁組した子	養親	離縁（養子縁組の解消）時は実親に親権が戻る
未婚の未成年の子	未婚の未成年者の親（子からみて祖父母）	親権の代行

＊離婚後も父母の共同親権とする民法の改正案が第213回通常国会に提出されている。

ひとこと

父母が離婚し、子との面会交流について父母の協議が調わないときは、**家庭裁判所**がそれを定めます。

例題

Q 成年年齢に達した学生である子の親は、その子が親の同意なく行った契約を、学生であることを理由に取り消すことができる。

〔第34回-問81〕

A ×　未成年者の法律行為は取消すことができるが、成年年齢に達している場合は、1人で有効な契約を行うことができ、学生であることを理由に取消すことはできない。

◆養子縁組

養子縁組には2つの種類があります。民法改正により、2020（令和2）年4月1日から特別養子縁組における養子となる者の年齢の上限が原則6歳未満から原則15歳未満に引き上げられました。

■養子縁組の種類と特徴

	特徴	相続	離縁
普通養子縁組	実親との親子関係継続	養親と実親に対する相続権	協議により離縁
特別養子縁組	実親との親子関係終了	養親に対する相続権	家庭裁判所の許可により離縁

5 相続

死亡時にその者の財産などを引き継ぐことを**相続**といいます。『民法』で定められた**法定相続人**は、**配偶者**に加え、**子**（第一順位）、**直系尊属**（第二順位）、兄

弟姉妹（第三順位）です。上位の法定相続人がいる場合には、それより下位は法定相続人となれません。死亡時に配偶者が妊娠していた場合には、**出生後、その子は相続開始時に遡って相続権を行使**できます。相続分については、次の表のようになります。

■法定相続分の決定

相続人	相続分	備考
配偶者のみ	1	第三順位まで不在の場合
第一順位	配偶者 1/2　子*1 1/2	子は子の人数で**等分***2
第二順位	配偶者 2/3　直系尊属 1/3	父母がなければ**祖父母***3
第三順位	配偶者 3/4　兄弟姉妹 1/4	兄弟姉妹が死亡していれば甥・姪が代襲《だいしゅう》相続*4

*1　子が死亡していれば、孫が（**代襲相続**）、孫も死亡していれば曽孫が（**再代襲相続**）第一順位となる。
*2　子が２人であれば、法定相続分の１/２を等分（ひとりあたり１/４）を相続する。
*3　直系尊属の場合には代襲相続とは呼ばない。
*4　再代襲相続はなし。

◆相続欠格と廃除

相続人となるべき資格をもっていても、詐欺や脅迫によって遺言をさせたり遺言書を偽造したりするなど、違法行為があるときには相続人となることができません（**相続欠格**）。

また、相続人となるべき者が被相続人に**虐待**や**重大な侮辱**を加えたときや**著しい非行**があったときには、被相続人の意思によって、家庭裁判所に請求することで相続人の資格を失わせることができます（**廃除**）。

◆非嫡出子の法定相続分

嫡出子と非嫡出子（婚外子）がいる場合、かつては**非嫡出子**の相続分は**嫡出子の半分**とされていましたが、2013（平成25）年の『民法』改正により、**認知されている場合は同等**となりました。

■法改正による非嫡出子の法定相続分の変化（相続財産の価額が1200万円の場合）

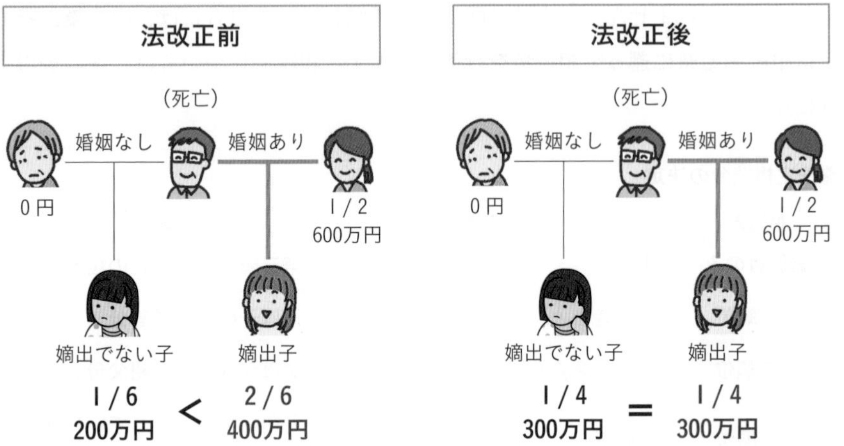

出典：法務省ホームページより作成

◆相続分の指定

被相続人（相続される人）は、法定相続分の規定にかかわらず、**遺言《いごん》**※で相続人の相続分を定めることができます。生前に相続人全員の同意を得ていたとしても、遺言がなければ相続分を決めることはできません。ただし、相続分の指定があったとしても、被相続人の債権者は各相続人に対して法定相続分に応じた割合で権利を行使できます。

※遺言

死後の財産や遺産の処理を指示する意思表示。自筆証書遺言（遺言者が遺産目録を除く遺言書の全文、遺言書の作成日付、遺言者氏名を自書し押印〈証人不要〉）と公正証書遺言（２人以上の証人が立ち会い、遺言者が口述した遺言内容を、公証人が記述）、秘密証書遺言（内容を秘密にしたまま存在だけを公証役場で証明してもらう遺言）の３種類がある。

ひとこと

被保佐人と被補助人を含め、15歳に達した者は単独で有効に遺言をすることができます。成年被後見人も成年後見人の同意なく遺言が可能ですが、意思表示ができる能力（事理弁識能力）を回復しているときに医師２人以上の立会いのもとで行うことが必要となります。

◆遺産分割

相続開始時点では、相続人はそれぞれの相続分に応じて相続財産となる遺産を**共有**しています。これをひとり一人の相続人に分けることを**遺産分割**といいます。

被相続人が遺言で**遺産分割方法の指定**をしていた場合にはそれに従い、指定がなければ相続人の間で**協議**することになりますが、協議においては相続人の間での**実質的公平**が求められます。

■遺産分割の主な方法

現物分割	相続財産を現物のまま相続分に応じて分配 例 土地を相続分に応じた広さで分ける
価格分割（換価分割）	相続財産を売却して換金し相続分に応じて分配 例 土地の売却益を相続分に応じた価額で分ける
補償分割（代償分割）	法定相続分を超えて相続し、他の相続人に相続分に見合った補償金を支払う 例 長男が土地を相続し、地価の半額相当を次男に支払う

ひとこと

遺言に「土地は長男に相続させる」などの記載がある場合は、**遺贈**※ではなく遺産分割方法の指定と解釈します。

※遺贈
遺言によって財産を無償で譲ること。いわば死後の贈与であり、譲る相手（受遺者）に制限はない。

◆特別受益者と寄与分

複数の相続人がいる場合、相続人の間での**実質的公平**のために**特別受益者**と**寄与分**の制度が設けられています。

特別受益者とは、**生前贈与**を受けた人や婚姻時の費用などで相当の財産の贈与を受けた人、遺言で特別に何らかの財産をもらう**遺贈**を予定している人などです。

寄与分は、長年にわたって被相続人とともに事業を行ったり、被相続人を介護するなど、相続財産の維持や増加に**特別の寄与**をした相続人がある場合に算定します。

■特別受益者と寄与分の相続分算定

	特別受益者がいる場合	特別の寄与者がいる場合
相続財産	被相続人が相続開始時に有していた財産の価額に、贈与の価額を加えたもの（「**持戻し**」）	被相続人が相続開始時に有していた財産の価額から、寄与分を差し引いたもの
具体的相続分	法定相続分から贈与などの額を**控除**した価額*	法定相続分に寄与分を**加算**した価額

＊特別受益者の贈与の価額が相続分を上回っていた場合でも返還は不要

ひとこと

2018（平成30）年の改正では、配偶者の保護を目的とする制度として、配偶者が特別受益者である場合の「**持戻し免除の推定**」と「**配偶者居住権**」「**配偶者短期居住権**」が新設→詳細はp.363参照されました。

2018（平成30）年の改正では、義父母を介護した相続人の配偶者など、**相続人ではない者の特別の寄与**が認められるようになりました（相続人に対して寄与に応じた額の金銭の支払いを請求することができる権利）。なお、相続人以外の者に特別の寄与が認められる要件は以下のとおりになっています。

相続人以外の者に特別の寄与が認められる要件

❶ 被相続人の親族であること

❷ ❶の者による療養看護その他の労務の無償提供

❸ ❷により被相続人の財産の維持・増加に貢献

◆遺留分

生前時や遺言によって、被相続人が自身の財産を処分することは自由です。ただし、**遺産の一定割合**については、相続人のために確保されることが約束されています。この一定割合を**遺留分**といい、遺留分の全体を**総体的遺留分**と呼びます。

総体的遺留分は、相続開始時に有していた財産に贈与した財産を加え、そこから債務を差し引いた合計額です。

■算入できる贈与した財産の期間

相続人以外の者に対する贈与	相続開始前の1年間に贈与されたもの
相続人に対する贈与	相続開始前の10年間に贈与されたもののうち**特別受益**に該当する価額

遺留分は、直系尊属のみが相続人の場合には総体的遺留分の**3分の1**、それ以外（相続人が配偶者のみ、直系卑属のみ、配偶者と直系卑属、配偶者と直系尊属の場合）では**2分の1**となります。被相続人の兄弟姉妹には遺留分が認められません。

ひとこと

相続人が複数いる場合、ひとり一人の相続人に認められる具体的な遺留分を**個別的遺留分**と呼びます。個別的遺留分は、総体的遺留分に各相続人の法定相続分をかけて算出します。

◆持戻し免除の推定

被相続人が配偶者に土地付建物を生前贈与した場合など、配偶者が特別受益者となるとき、持戻し →詳細はp.362参照 により現金として取得する財産が少なくなります。被相続人が**持戻し免除の意思**を表示していれば法定相続分を取得できますが、実際には意思表示の確認が困難な例が多くありました。そこで、2018（平成30）年の改正では、持戻し免除の意思があることを**推定**できることになりました。

なお、持戻し免除の意思を推定する要件は以下のようになります。

❶婚姻期間が**20**年以上

❷夫婦の一方が**居住用の建物**またはその**敷地**を贈与または遺贈したとき

◆配偶者居住権と配偶者短期居住権

相続開始後に配偶者の居住を保護するための制度として、**配偶者居住権**（終身にわたる居住の権利）と**配偶者短期居住権**（**一時的**な仮住まいの権利）があります。居住の期間は異なりますが、ともに、その建物を**無償**で使用できます。

配偶者居住権は、被相続人所有の建物に**相続開始時に居住**していたことを前提として、次のいずれかの場合に取得できます。

- **遺産の分割**によって配偶者居住権を取得するものとされたとき
- 配偶者居住権が**遺贈の目的**とされたとき

ひとこと

被相続人所有の建物が配偶者以外の者と共有していた場合には、配偶者居住権は取得できません。また、配偶者居住権は譲渡できず、建物の所有権はありませんので、所有者の承諾なしに改築や増築、他者への貸し出しはできません。

配偶者短期居住権は、被相続人所有の建物に**相続開始時に無償で居住**していたことを前提として、次の期間に限りその建物を使用する権利です。

- **配偶者を含む相続人間で居住建物を遺産分割する場合**…遺産分割で居住建物の帰属が確定した日または相続開始の時から6か月を経過する日の**いずれか遅い日**
- **配偶者以外の者に相続や遺贈させる旨の遺言がある場合**…居住建物取得者が**配偶者短期居住権の消滅の申入れ**をした日から**6**か月を経過する日

◆相続放棄

相続の対象は**死亡**した人の「**財産に属した一切の権利義務**」とされています。預貯金や土地建物などの財産に加え、地上権や永小作権などの不動産に関する権利、無《む》体《たい》財産権と呼ばれる特許権や著作権などのほか、**裁判上の地位**（**損害賠償請求権**）などを含みます。

相続時に問題となるのが、**債務**（借金、損害賠償、未納の税金など）があった場合です。相続は一切の権利義務を引き継ぐことですから、**債務**や裁判上の地位としての**損害賠償責任**まで引き継ぐことになってしまいます。そのような場合には、**家庭裁判所**で**相続放棄の手続き**を行うことで一切の権利義務を相続することがなくなります。一度、相続を放棄するとその**撤回はできません**。なお、相続する財産の限度で債務を受け継ぐ限定承認を選択する方法もあります。

ひとこと

限定承認とは、死亡した人に債務があるものの、死亡した人にいくらかは返済できるだけの財産がある場合、その財産でマイナスの財産（債務）を支払い、なお残る債務を放棄するものです。相続の開始があったことを知った日から**3か月以内**に家庭裁判所で手続きを行う必要があります。

重要度A

行政法

1 行政法とは

行政法とは、行政に関わる法律の総称・法分野であって、行政法という名の法律はありません。ここでは、行政法のなかでも社会福祉士が関わることの多い、行政手続きや行政救済に関する法律を中心に説明していきます。

■主な行政法

分野	法律
行政組織	**内閣法、国家公務員法**
地方自治	地方自治法
行政手続き・行政救済	**行政手続法、国家賠償法、行政不服審査法、行政事件訴訟法**
財政・税法	財政法、所得税法
警察・防衛	警察法、自衛隊法
土地・環境	土地収用法、建築基準法、都市計画法
教育・文化	教育基本法、学校教育法

行政法は、基本原理の考え方の違いで次のように大陸法系と英米法系の２つに大別されますが、明確なものではなく、どちらの特徴がより強調されるかという度合いでの分類です。外国の例も含めてみてみます。

■行政法の２類型

	特徴	例
大陸法系	法律による行政の原理（法治主義） →立法（国会）の役割を重視	ドイツ、日本　など
英米法系	法の支配、適正な法手続きの原則 →司法（裁判所）の機能を重視	イギリス、アメリカ　など

また、法律による行政の原理（法治主義）は２つの原則によって説明されます。

■法律による行政の原理

法律の優位の原則	行政活動は法律に基づく
法律の留保の原則	行政活動には法律の根拠が必要

2 行政行為

行政主体（国や地方自治体）による私人（国民）との相互関係を行政活動と呼びます。行政活動はその内容によって類型化され、公権力性（国や地方自治体が支配権者として国民に対してもっている権力）が認められる行政活動が行政行為（許可、特許、確認、通知など）です。

行政行為には、行政行為特有の法的効力があります。

■行政行為がもつ特別な法的効力

自力執行力	一般に執行力は判決に基づいて生じるが、行政庁は自力での執行力をもつ 例 税金の滞納者に対し、強制執行（滞納処分）を行う

不可争力	一定期間経過後には行政行為の効果を争えない 例 道路建設のための土地収用（行政行為）に不満があっても、行政不服申立てや行政事件訴訟を提起する期間を過ぎれば、土地収用の有効性が確定
公定力	行政行為に瑕疵《かし》があったとしても権限ある機関によって正式に取り消されるまでは有効なものとして扱われる効力 例 道路建設のための土地収用（行政行為）が行政不服申立てや行政事件訴訟によって取り消されない限り有効＊
不可変更力	行政行為を職権で変更（取消）することができない 例 審査請求を退けた（行政行為）後に、考えを改めて審査請求を受けつけること（行政行為の変更）はできない

＊仮に民事訴訟でその土地収用が違法と判断されても、行政事件訴訟で土地収用が取り消されない限りは有効。

3 行政事件訴訟

行政事件訴訟とは行政訴訟の１つで、行政主体（国や地方自治体）が私人（国民）の権利や利益を違法に侵害した場合に、**裁判所**に訴えることです。**行政不服申立て**とは異なり、道理に合わなくても**違法**でなければ訴えることはできません。

■行政事件訴訟と行政不服申立制度の相違点

	根拠法	要件
行政事件訴訟	行政事件訴訟法	権利や利益の「**違法**」な侵害があった場合
行政不服申立制度	行政不服審査法	権利や利益の「**違法**」または「**不当**」な侵害があった場合

『行政事件訴訟法』は行政事件訴訟を、**抗告訴訟**、**当事者訴訟**、**民衆訴訟**、**機関訴訟**の４つに分類しています。

そのうち、抗告訴訟と当事者訴訟を**主観訴訟**といい、個人の権利や利益を守ることを目的として**裁判**を行うものです（**法律上の争訟**）。それに対し、民衆訴訟と機関訴訟は**客観訴訟**であり、法秩序の適正維持という**公益**を目的とします。

抗告訴訟は、行政処分に対する不服の訴訟で次のように類型化されています。

●ここがポイント

行政事件訴訟法による抗告訴訟の類型

取消訴訟 ✔CHECK!	処分取消訴訟	公定力のある行政処分の取消しを求める
	裁決取消訴訟	不服申立てに対する行政庁の裁決、決定の取消しを求める
無効等確認訴訟		無効といえる行政処分について、民事裁判で争うことが適当でない場合の訴訟
不作為違法確認訴訟		特別な理由もなく行政処分を行わない場合に、行政処分を行わないことの違法性を確認する
義務づけ訴訟		行政処分を行うべきであるのにしない場合において、行政処分の義務づけを求める
差止訴訟		行政処分をしてはならないこと（差止め）を求める

✔CHECK! 取消訴訟の出訴期間の制限

取消訴訟に限り次の❶と❷の**出訴期間の制限**が定められている。ただし、正当な理由があればこの限りでない。

❶処分・裁決のあったことを知った日から**6か月以内**

❷処分・裁決のあった日から1年以内

抗告訴訟以外の行政事件訴訟の内容は次のとおりです。

■当事者訴訟、民衆訴訟、機関訴訟の概要

当事者訴訟	**行政処分ではない行政の活動**に対して**関係者である私人**が訴えるもの（行政処分ではないので両者間は**対等**関係）
民衆訴訟	**行政処分ではない行政の活動**に対して直接的な関係者ではない者が訴えるもの
機関訴訟	**行政庁間**の訴訟

◆不服申立前置主義

行政主体が私人の権利や利益を違法に侵害した場合には、直接に**行政事件訴訟**として訴えることも、まずは**行政不服審査**（行政不服申立制度）を求めることもできます。

ただし、例外として、まず**不服申立て**を経なければ行政事件訴訟を提起できない場合（**生活保護**の決定及び実施に関する処分など）もあります。この例外が**不服申立前置主義**です。

例題

Q 生活保護の不支給決定に対する審査請求を行ったが、棄却されたため無効等確認訴訟を提起した。〔第28回-問77・改〕

A × この場合は、抗告訴訟のうちの行政処分の取消しを求める**取消訴訟**（**処分取消訴訟**）を提起することになる。

4 行政不服申立制度

『行政不服審査法』に規定される**行政不服申立制度**とは、行政処分に不満がある場合に行政に訴える制度です。行政不服申立ての方法は「審査請求」で、例外的に「再調査の請求」と「再審査請求」があります（個別法で定めのある場合）。審査請求の審理手続は審査請求に係る処分に関与していない審理員が行います。

行政不服申立ては、**簡易迅速**な手続きによる国民の**権利利益**の救済を目的としており、申立てのための**費用は徴収されません**。また、行政不服申立てをしても、原則として、処分の効力や執行または手続きの続行を妨げることはできません（**執行不停止の原則**）。

■行政不服申立制度の3類型

	内容	備考
審査請求	処分庁・不作為庁の最上級行政庁に対し不服を申し立てる	●処分庁等に上級行政庁がない場合は当該処分庁等に、上級行政庁がある場合は最上級行政庁に審査請求（原則） ●介護認定審査会の要介護認定に対する不服を介護保険審査会に申し立てるなどの例外あり（個別法の定めによる）
再調査の請求	処分庁が事実関係を再調査して処分の見直しを行う手続き	●不服申立てが大量にある税などが対象 ●審査請求と再調査の請求の選択は自由
再審査請求	審査請求を経た後の救済手続きに異議がある場合の手続き	●社会保険などが対象 ●再審査請求と取消訴訟の提起の選択は自由

原則として全ての行政処分に対して不服申立てができます。ただし、不服申立期間は取消訴訟の出訴期間に比べ大幅に**短く**規定されています。

■出訴期間と不服申立期間

出訴期間	処分・裁決のあったことを知った日から6か月以内
	処分・裁決のあった日から1年以内
不服申立期間（審査請求・再調査）	処分のあったことを知った日の**翌日から3か月以内** ※法改正により、「60日以内」から延長された（2016〈平成28〉年施行）
	処分のあった日の**翌日から1年以内**
不服申立期間（再審査請求）	裁決があったことを知った日の翌日から1か月以内
	裁決のあった日の翌日から1年以内

5 行政手続法

行政事件訴訟や行政不服申立てが行政処分の事後救済を行うのに対し、**『行政手続法』**は行政処分の事前救済を行うための法律です。同法による手続きは、**申請に対する処分**と**不利益処分**の2つに分かれます。

■行政手続法における2つの手続き

申請に対する処分	行政庁は、あらかじめ**審査基準**と**標準処理期間**を定め、許認可を拒否する行政処分を行う場合には**理由**を示す
不利益処分	●行政庁は、あらかじめ**処分基準**を定めそれを公にする ●不利益処分をしようとする場合には、**意見陳述**のための手続きを行う

◆意見陳述のための手続き

行政庁が不利益処分をする場合、その前に不利益処分をされる側の意見を聴く機会を設けています。それが**意見陳述**のための手続きで2つの方法があります。

■意見陳述のための2つの手続き

	処分の程度	方法
弁明の機会の付与	軽い	**書面**による弁明の機会を与える
聴聞	重い	直接意見を述べる機会を与える

◆行政指導の方法

行政指導の対象者に対しては、指導の**趣旨**や**内容**、**責任者**を示す必要があります。また、求めがあれば**書面の交付**を行わなければなりません。なお、行政指導が法律要件に該当しない場合には、行政指導の中止等を求めることが可能です。

『行政手続法』第32条には、行政指導はその**行政機関の任務または所掌事務の範囲に限られる**こと、相手方の**任意の協力**によって実現可能であること、行政指導に従わないことを理由に**不利益**な取扱いをしてはならないことなどが定められています。なお、他の法律に特別の定めがある場合は、その定めるところによると規定されています。

例題

Q 行政指導に従わなかったことを理由に、相手方に不利益処分を行うことができる。 〔第27回-問79〕

A × 『行政手続法』第32条に、行政指導に従わなかったことを理由として不利益な取扱いをしてはならないことが定められている。

6 国家賠償法

違法な行政処分に対する行政訴訟を行ったとしても、すでに生じた損害は補うことができません。また、**行政活動**の結果として国民が何らかの損害を受けることもあります。そのような場合に、**国**や**地方公共団体**に**損害賠償**を求められることを定めているのが**『国家賠償法』**です。

損害賠償には２類型あります。

■国家賠償法による２つの損害賠償

	成立要件	備考
公権力の行使に基づく損害賠償責任（過失責任）（第Ⅰ条）	公権力の行使	公的施設内での人身事故や行政の不作為を含む
	公務員	措置委託を受けた民間施設での人身事故を含む
	職務を行うについて与えた損害	職務上の行為だけでなく、制服着用など外観をもっての行為も含む
	故意または過失の存在	**過失責任主義**
公の営造物の設置・管理の瑕疵に基づく賠償責任（無過失責任）（第２条）	瑕疵《かし》の存在	通常あるべき安全性の欠陥
	公の営造物	道路や河川、公的な建物の物的設備

なお、損害賠償と異なり、適法な公権力の行使によって生じる損失を補てんするのが**損失補償**です。それぞれの相違点を次に示します。

■損失補償と損害賠償の相違点

	内容	例
損失補償	適法な公権力の行使によって生じる損失を補てん	道路建設のための土地収用によって失った財産を補償
損害賠償	違法な公権力の行使によって生じた損害を賠償	警察官の不手際でケガを負った人の治療費を賠償

ひとこと

『国家賠償法』では、被害者に対して国や地方公共団体が**公務員個人に代わって**損害の賠償を行います。国家賠償が行われた事柄について、公務員個人を相手に**不法行為責任（民法）**に基づく損害賠償を請求することはできません。

7 情報公開法

国民主権の理念を基に、**国民**による国や地方公共団体の保有する**行政文書の開示を請求する権利**を具体化するために、**『行政機関の保有する情報の公開に関する法律』（情報公開法）**が定められています。

■情報公開法の特徴

情報公開請求権	誰でも行政文書の開示を請求できる
情報公開義務と例外	個人情報や**国家機密**は例外
情報公開・個人情報保護審査会	不開示決定に対する不服申立てがあった場合に行政庁が意見を求める

CHAPTER 6
SECTION 3

権利擁護に関わる組織、団体、専門職

このSECTIONのポイント

- ◆家庭裁判所…成年後見制度との関係をおさえましょう
- ◆法務局…権利擁護や法秩序の維持などを目的とします
- ◆市町村（市町村長申立て）…法的根拠も把握しましょう
- ◆弁護士…成年後見制度との関係をおさえましょう
- ◆司法書士…成年後見人等への就任で大きな役割を果たしています
- ◆社会福祉士の活動の実際…最近の動向を学びましょう

重要度B 家庭裁判所

家庭裁判所は、高等裁判所、地方裁判所、簡易裁判所と並ぶ下級裁判所の1つです。ここでは家庭裁判所の権限と成年後見制度における役割を確認しましょう。

1 家庭裁判所の権限

家庭裁判所は、家庭に関する事件の審判・調停（『家事事件手続法』）、人事訴訟の裁判（『人事訴訟法』）、少年の保護の審判（『少年法』）などを行う裁判所です。このうち、成年後見制度に関する審判は**家事審判事件**の別表第一に含まれます。

家事審判事件

◆**別表第一**…**家事調停**※の対象とならない紛争性のないもの
- ●**成年後見に関する審判**
- ●**相続放棄の申述**
- ●児童の里親委託、福祉施設入所の承認

- 生活保護における被保護者の保護施設入所の許可　　など

◆**別表第二**…**家事調停**の対象となる紛争性のあるもの

- 子の監護者の指定など**監護**に関する処分
- **親権者**の指定、変更
- **扶養**に関する処分
- **遺産**の分割に関する処分　　など

※家事調停

家庭内のもめごとに関して、調停委員が間に入ることで話し合いによって解決を目指す手続き。調停成立後に作成する調停調書は、裁判の判決と同じ効力をもつ。

例題

Q　家庭裁判所は、労働審判を取り扱う。　〔第35回-問82〕

A　×　家庭裁判所は、**家庭**に関する事件の審判・調停、**人事**訴訟の裁判、**少年**の保護の審判などを行う裁判所である。労働審判は、**地方**裁判所が取り扱う。

2 成年後見制度における役割

家庭裁判所は、**法定後見**（後見、保佐、補助）の**申立て**によって審判を開始します。後見人等の選任においては、**家庭裁判所の職権**で行います。選任後、後見人等の業務に不正の疑いなどがあれば、後見人等に後見事務の報告や財産目録の提出をさせ、直接に財産状況を調査することができます。また、後見人として不適当と判断した場合には**家庭裁判所の職権**で**解任**できます。

なお、成年後見人等が**自ら辞する**場合、成年後見人が成年被後見人を**養子**にする場合、成年後見人が成年被後見人の**居住用不動産を売却**する場合などには、**家庭裁判所の許可**が必要になります。

◆**家庭裁判所調査官**

家庭裁判所は法律的な解決はもとより、問題の背景となる人間関係や環境を考慮した解決を図る裁判所です。そのために、家庭裁判所調査官は関係者の生育歴や生活環境などを調査する役割を担います。成年後見制度においては、後見監督に関する事務を担当します。

例題

Q 成年後見人は、いつでも家庭裁判所に届け出ることによって、その任務を辞することができる。 〔第26回-問80〕

A × **正当な事由**（高齢や病気、転居などで後見業務が適切にできない）があるときは、**家庭裁判所の許可**によって辞任することができる。保佐人や補助人、任意後見人が辞するときも同様。

重要度C 法務局

法務局は、国民の権利擁護や法秩序の維持などを任務とする法務省の地方出先機関です。ここでは法務局の任務と成年後見制度における役割を確認しましょう。

1 法務局の任務

法務局は、❶国籍・戸籍・登記・供託・公証・司法書士・土地家屋調査士に関する事務、❷人権擁護・法律扶助に関する事務、❸訟務に関する事務を行います。

2 成年後見制度における役割

法務局のうち東京法務局は全国の**成年後見登記事務**を担います。

この事務は、法定後見制度では家庭裁判所書記官からの、任意後見契約締結では公証人からの嘱託によって**登記**（登記簿に記入すること）するものです。登記内容は、任意後見制度の利用者の事項、成年後見人の権限や任意後見契約の内容ですが、未成年後見や保護者選任・特別代理人等選任の審判については成年後見登記制度の対象外となります。なお、登記事項証明書の窓口交付については、全国の法務局と地方法務局で対応しています。

重要度B 市町村

民法上の後見開始の審判の請求権者とは別に、身寄りがないなどの理由で請求が困難な場合に、**市町村長**が申立てを行うことができます。成年後見制度の特徴の１つですが、申立ての根拠法はそれぞれ対象別の法律に基づきます。

「成年後見関係事件の概況―令和５年１月～12月―」によると、申立件数４万951件のうち市区町村長申立ては9607件（**23.6%**）を占めていました。

■市町村長申立ての対象別法的根拠

対象	根拠法
65歳以上の者	『老人福祉法』第32条
知的障害者	『知的障害者福祉法』第28条
精神障害者	『精神保健及び精神障害者福祉に関する法律』（精神保健福祉法）第51条の11の２

重要度C 弁護士

社会福祉基礎構造改革に伴い、福祉サービスの利用が措置制度から契約制度に転換したことで、契約に関わる専門家である弁護士の関与するケースが増加しました。

「成年後見関係事件の概況―令和５年１月～12月―」によると、成年後見人等と本人との関係別では、**弁護士**が8925件で**21.9%**を占め、**司法書士**に次ぐ多さであり、その役割の大きさがうかがえます。 →詳細はp.396参照

重要度C 司法書士

成年後見制度に関わる司法書士の役割は次の２つがあります。

■成年後見制度に関わる司法書士の役割

裁判事務	**家庭裁判所**に提出する書類の作成
成年後見人等	**成年後見人等への就任** ※司法書士による成年後見事務を支援する団体として、**公益社団法人成年後見センター・リーガルサポート**がある

「成年後見関係事件の概況―令和5年1月～12月―」によると、成年後見人等と本人との関係別では**司法書士**が11983件で**29.4%**を占め、**最多**です。

重要度C 社会福祉士の活動の実際

「成年後見関係事件の概況―令和5年1月～12月―」によると、成年後見人等と本人との関係別では、**社会福祉士**は6132件と、司法書士や弁護士などと比べると多くはありません。

しかし、日本社会福祉士会が組織する**権利擁護センター「ぱあとなあ」**の受任状況（2023年2月度報告書）をみてみると、成年後見制度における社会福祉士の役割がみえてきます。まず、意思能力が不十分な理由別では、**認知症**によるもの39.4%、**知的障害**によるもの28.2%、**精神障害**によるもの19.6%となっており、**障害のある人の割合が半数近くを占めている**ことです。また、申立人と本人との関係別では、**市町村長申立て**が全体の39.3%を占めています。より福祉ニーズの高いケースにおいて、社会福祉士による成年後見等が求められているといえるでしょう。

ひとこと

日本精神保健福祉士協会が認定する成年後見人等が活動する**精神保健福祉士のネットワーク組織**として「クローバー」があります。

CHAPTER 6
SECTION 4

成年後見制度

このSECTIONのポイント

- ◆成年後見の概要…後見制度の全体像を把握しましょう
- ◆保佐の概要…法律行為の範囲が重要です
- ◆補助の概要…後見、保佐との違いを理解しましょう
- ◆任意後見の概要…制度利用の流れを整理します
- ◆成年後見制度の最近の動向…成年後見制度利用促進法の概要と成年後見関係事件の概況についておさえておきましょう
- ◆成年後見制度利用支援事業…成年後見制度利用支援事業は、成年後見制度の利用を経済面で支える制度です。細かな改正を繰り返していますので、変遷を含め事業の概要を確認しておきましょう
- ◆日常生活自立支援事業…日常生活自立支援事業は、成年後見制度とともに判断能力が不十分な認知症高齢者や障害がある人の地域生活を支える制度です。判断能力が不十分な人々の地域での生活を支える仕組みについて学びましょう

重要度A　成年後見の概要

成年後見制度とは、精神上の障害（認知症、知的障害、精神障害など）によって十分な判断能力をもてない人々の生活を支えるための制度です。2000（平成12）年4月1日に介護保険制度と同時に施行されました。

判断能力が不十分なことよって生じる生活上の問題（不利益）には、金銭の管理が適切にできない、必要なサービス利用のための契約ができない、あるいは、不適切な契約を結んだり、悪徳商法に引っかかるおそれなどがあります。そこで、**判断能力**が不十分な人々を後見（後ろ盾になって支える）することで、本人の権利を擁護する**『民法』**（法定後見の場合）に規定された制度です。

1　後見制度の種別

後見制度は次の図のように、**未成年後見制度**と**成年後見制度**に大別されますが、さらに成年後見制度は『**民法**』による**法定後見制度**と、『**任意後見契約に関する法律**』による**任意後見制度**に分かれます。なお、法定後見制度には対象者の判断能力によって**後見・保佐・補助**の３類型があります。

■後見制度の種別

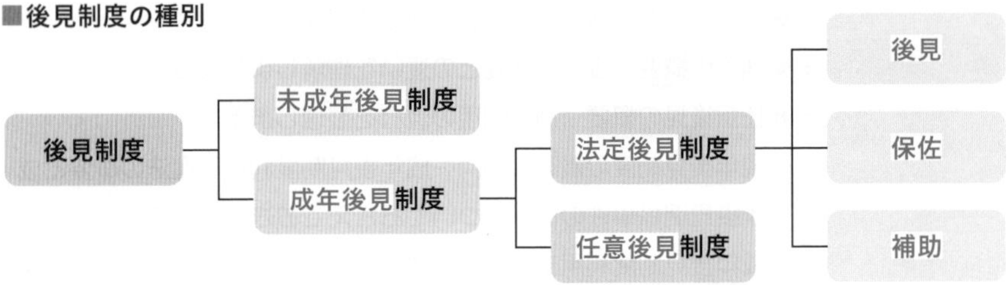

●ここがポイント

法定後見制度の概要

	後見	保佐	補助
対象者の判断能力	欠けているのが**通常**の状態	著しく不十分	不十分
精神鑑定	原則として**必要**（明らかな場合は省略）		診断書等で対応可
申立権者	本人、**配偶者**、**四親等内の親族**、未成年後見人等（本人が未成年の場合）、検察官、任意後見受任者等（任意後見契約後に法定後見開始の審判をする場合）、**市町村長**　など		
審判開始における本人同意	不要		必要
同意権・取消権の範囲	**同意権なし**。取消権は日常生活に関する行為を除く行為 ✔CHECK! ❶	日常生活に関する行為を除く、民法第13条第１項各号所定の行為 ✔CHECK! ❷	申立ての範囲内で家庭裁判所が審判で定める特定の法律行為（民法第13条第１項各号所定の行為の一部）

同意や取消の本人同意	不要		必要
取消権者	本人または成年後見人	本人または保佐人	本人または補助人
代理権 の範囲	**財産**に関する全ての法律行為	申立ての範囲内で家庭裁判所が審判で定める特定の行為	
代理権の本人同意	不要	必要	

✔CHECK! ❶ 日常生活に関する行為

日常生活に関する行為とは、食料品や日用品の購入、運賃等の支払いなど通常の日常生活を送るうえでの行為で、そのための預貯金の払い戻しも含む。ただし、本人の日常生活の水準や資産状況に合わせて判断される。

✔CHECK! ❷ 民法第13条第1項各号所定の行為

借金、訴訟行為、相続の承認・放棄、新築・改築・増築など。ただし、**家庭裁判所** の審判で範囲を広げることもできる。

例題

Q 成年後見開始審判の申立てにおいて、本人の孫の配偶者は申立権者に含まれない。 〔第32回-問77〕

A × 本人の孫の配偶者は、２親等の姻族であるため、申立権者に含まれる。

◆成年後見人の欠格事由

民法では、成年後見人となることができない者が定められています。欠格事由は、次のとおりです。

●未成年者
●家庭裁判所で免ぜられた法定代理人、保佐人または補助人
●破産者
●被後見人に対して訴訟をし、またはした者並びにその配偶者及び直系血族
●行方の知れない者

2 成年被後見人（成年後見の対象者）と行為能力

成年被後見人となるのは、**精神上の障害**（認知症、知的障害、精神障害など）によって、**判断能力が欠けているのが通常の状態にある人**です。判断能力を欠くとは、自分の行為の結果について合理的な判断ができないことをいいます。

成年被後見人が**単独**で行った契約などの法律行為は、**本人**または**成年後見人**によって無条件に取り消すことが可能です。ただし、次のような例外があります。

契約の取消しができない場合

❶**日用品**の購入など**日常生活に関する行為は取消しできない**

→ 自己決定の尊重、残存能力の活用、ノーマライゼーションの理念の反映

❷取消しまでの間に成年被後見人が何らかの**利益**を得ていた場合には、その範囲で**返還の義務**を負う

→ 取消権を行使しなければ全ての契約が有効

◆未成年後見人と未成年者の成年後見制度利用

未成年後見人とは、親権者の死亡などで**親権**を行う者がない場合の**法定代理人**（**法律上で認められた代理権をもつ人**）です。成年後見人と同様に申立てによって**家庭裁判所が選任**し、未成年者の監護・養育（日常の世話や教育を行うこと）、**財産管理**、**契約**といった法律行為などを行います。申立ては未成年者本人、親族、その他の利害関係人です。

また、未成年者であっても、精神上の障害によって判断能力に課題があれば、**成年後見制度**の利用（後見、保佐、補助）が可能です。成年後見人等が選任された場合でも、親権者や未成年後見人の地位は保たれ、独立してそれぞれの権限を

行使できます。

未成年後見人は、被後見人を保護する立場にあることから、被後見人に対する事務を行うときには**善良な管理者としての注意義務**を負います（**善管注意義務**）。注意義務を怠り、被後見人に何らかの損害や損失を与えた場合は、刑事上の責任を問われたり、損害賠償を請求されたりすることがあります。

3 成年後見人とその役割

成年後見人は、法律行為の**取消権**と**代理権**をもちます。

■成年後見人の法律行為の権限

<table>
<tr><th></th><th>権限の対象</th><th>権限の制限</th></tr>
<tr><td>取消権</td><td rowspan="2">❶財産管理を目的とする行為
例 預貯金の管理、財産の処分、遺産分割、相続の承認・放棄、賃貸借契約の締結・解除など
❷身上監護※を目的とする行為
例 介護等のサービス利用契約、医療契約の締結など
❸その他の関連する行為
例 財産に係る訴訟行為、登記や要介護認定の申請など</td><td>●日用品の購入その他日常生活に関する行為
●身分行為（婚姻・離婚・認知・養子縁組・離縁・遺言など）</td></tr>
<tr><td>代理権</td><td>●本人の事実行為（労働の対価として賃金を得る行為など）の契約（本人同意が必要）
●居住用不動産の売却（家庭裁判所の許可が必要）
●本人と利益が相反する行為（家庭裁判所が選任した特別代理人または成年後見監督人※が代理）
●身分行為</td></tr>
</table>

※身上監護／成年後見監督人

身上監護とは、成年被後見人が日常生活を送るうえでの様々な契約等の法律行為（生活・健康・医療の契約）についての世話をいう。

成年後見監督人は、成年後見人が重大な権利侵害を引き起こさないよう、**家庭裁判所による監督を支援する立場**の者。必要に応じて**家庭裁判所により選任**される。成年後見監督人選任の申立ては成年被後見人本人によっても行うことができ、また、家庭裁判所の判断による**職権でも選任**できる。また、保佐、補助についても監督人を選任できる。

ひとこと

成年後見人は、家庭裁判所の審判の後、成年被後見人宛ての信書等の郵便物の転送を行うことができます。また、死後事務のなかでも、遺体の火葬に関する契約の締結などは家庭裁判所の許可が必要です。

◆成年被後見人の法律行為

成年被後見人が単独で行った契約等の法律行為は、本人または成年後見人の取消しにより無効となりますが、取り消さなければ有効です。成年被後見人にとって必要な契約等の法律行為は、**成年後見人**が**代理権**を行使することで有効なものとして確定します。

重要度B 保佐の概要

1 被保佐人と行為能力

被保佐人となるのは、精神上の障害（認知症、知的障害、精神障害など）によって、**判断能力が著しく不十分な人**です。著しく不十分とは、日常の買い物程度はできても財産の管理が適切に行えない状態や、適切な判断ができる日もあればできない日もあるような状態をいいます。

被保佐人が**『民法』第13条第1項各号所定の行為** →詳細はp.381参照 をするときや、**家庭裁判所**の審判で定められた行為をするときには、**保佐人の同意が必要**です。同意のない行為は本人または保佐人によって無条件に取り消すことが可能です。ただし、取消しまでの間に被保佐人が何らかの利益を得ていた場合には、その範囲で**返還の義務**を負うことになります。

2 保佐人とその役割

保佐人は法律行為の**同意権**と**取消権**をもちます。

同意権と取消権の範囲は、**日常生活に関する行為を除く『民法』第13条第1項各号所定の行為**を基本とし、保佐人が同意や取消しをすることに対する本人の同意は**不要**です。

また、保佐人は**家庭裁判所**の審判によって次の付加的な権限をもつ場合があります。

■保佐人の付加的な権限

	必要な審判	権限	備考
同意権・取消権の拡張	**同意権拡張の審判**	日常生活に関する行為を除く、民法第13条第1項各号所定の行為に掲げられていない行為	●拡張された同意権の範囲で取消権も拡張 ●拡張内容の全部または一部を取消し可
代理権＊	**代理権付与の審判**	申し立てた特定の法律行為（その具体的内容は当事者で選択）の代理	●本人同意が必要 ●付与内容の全部または一部を取消し可

＊後見人の代理権と同様に、**居住用不動産の売却**には**家庭裁判所の許可**が必要。また、**身分行為**は代理権の対象とならない。

◆同意の方法

同意の方法についての制限はありません。同意の意思をはっきりと示さなくても、暗黙のうちでも同意の意思が確認できればよいとされています。また、同意の意思表示は、本人に対してでも契約等の相手方に対してでもかまいません。

例題

Q 保佐人が日常生活に関する法律行為を取り消すことはできない。〔第28回-問78〕

A ○ 日用品の購入など**日常生活に関すること**の保佐人の同意は不要で、取り消すこともできない。

重要度 B

補助の概要

1 被補助人と行為能力

被補助人となるのは、精神上の障害（認知症、知的障害、精神障害など）によって、**判断能力が不十分な人**です。不十分とは、財産の管理を行えても適切さに不安がある状態や、適切な判断ができる日もあれば、できない日が時々あるような状態をいいます。

被補助人が申立ての範囲内で**家庭裁判所が審判で定める特定の法律行為**※をするときには、**補助人の同意**が必要で、同意のない行為は本人または補助人によって無条件に取り消すことが可能です。ただし、取消しまでの間に被補助人が何らかの利益を得ていた場合には、その範囲で**返還の義務**を負うことになります。

※家庭裁判所が審判で定める特定の法律行為
日常生活に関する行為を除く民法第13条第1項各号所定の行為の一部に限られ、申立てにより家庭裁判所が審判で定める。

2 補助人とその役割

補助人に選任されただけでは法律行為の権限をもたず、別に**同意権付与の審判**により**同意権**と**取消権**を、**代理権付与の審判**により**法律行為の代理権**をもちます。したがって、同意権・取消権、代理権の範囲は、それぞれ同意権付与の審判、代理権付与の審判で決まります。

■補助人の付加的な権限

	必要な審判	権限	備考
同意権・取消権	同意権付与の審判	民法第13条第1項各号所定の行為の一部で、申し立てた特定の法律行為（具体的内容は当事者で選択）	●本人同意が必要 ●付与された同意権の範囲で取消権も付与 ●付与内容の全部または一部を取消し可
代理権＊	代理権付与の審判		

＊後見人や補佐人の代理権と同様に、**居住用不動産の売却**には**家庭裁判所の許可**が必要。また、**身分行為**は代理権の対象とならない。

例題

Q 補助人に対し，被補助人の財産に関する不特定の法律行為についての代理権を付与することができる。 〔第35回-問80〕

A × 代理権は、**代理権付与**の審判によって決まる。申立てを行った**特定**の法律行為（具体的内容は当事者で選択）に限り代理権が認められる。

3 成年後見人・保佐人・補助人の義務

成年後見人等がその権限を行使する際の義務が民法に定められています。

成年後見人等の義務

❶**善良な管理者の注意**をもって後見（保佐・補助）事務を処理する義務
→**「善良な管理者の注意義務」**（**「善管注意義務」**）

❷被後見（被保佐・被補助）人の**意思を尊重**し、かつ、その**心身の状態及び生活の状況に配慮**する義務
→**「本人意思の尊重義務」**及び**「身上配慮義務」**

4 申立ての流れ

法定後見制度の利用は申立て（申立書の提出）から始まります。

■法定後見制度利用の流れ

I. 申立て〈法定後見開始の審判の申立てを家庭裁判所に対して行う〉

【法定後見の開始の請求権者（申立書の提出ができる者）】
❶**本人、配偶者、四親等内の親族**
❷未成年後見人、未成年後見監督人…本人が未成年の場合
❸成年後見人、成年後見監督人…保佐、補助に移行する場合
❹保佐人、保佐監督人…成年後見、補助に移行する場合

❺補助人、補助監督人…成年後見、保佐に移行する場合
❻検察官
❼任意後見受任者、任意後見人、任意後見監督人…任意後見契約後に法定後見開始の審判をする場合
❽**市町村長**…身寄りがない場合や身寄りがあっても何らかの事情で申立てが困難な場合

【費用について】

- 申立費用は原則として**申立人**が負担する（法定後見の開始後の後見事務に係る費用の実費は、本人の財産から支出可）
- 弁護士等の第三者が後見人等となった場合には、本人の財産から**報酬**を支払う。報酬の額は本人の財産状況や後見事務の内容によって、**家庭裁判所**が決定する（監督人についても同様）

↓

2. 審理

❶家庭裁判所調査官による事実の調査
❷（必要に応じ）裁判官・参与員による審問（本人や成年後見人等の候補者に事情を確認すること）
❸（必要に応じ）**精神鑑定**※

↓

3. 審判〈成年後見等の開始、成年後見人等の判断〉

- 成年後見人等は必要に応じて、当初からあるいは追加的に**複数人**が選任される
- 複数人が選任された場合、**共同してまたは手分けして成年後見人等の権限を行使**する

↓

4. 審判の告知・確定

- 審判の告知の対象…成年後見人等に選任されるもの
- 審判の確定の時期…告知後**2週間**の経過後（2週間後の翌日づけ）
  告知後の2週間は、審判の内容に不満がある場合に不服申立てを行う期間（**即時抗告期間**）となる。そのため、審判が確定し効力が生じるのは、告知後2週間の経過後となる

※精神鑑定
本人に判断能力がどの程度あるのかを医学的に判定することをいう。多くの場合、本人の病状や実情をよく把握している主治医が鑑定を行うが、明らかに成年後見等に該当すると判断された場合は省略されることがある。

例題

Q 本人の孫の配偶者は、成年後見開始審判の申立てにおいて、申立権者に含まれない。 〔第32回-問77〕

A × 本人の孫の配偶者は二親等の姻族であり、四親等内の親族にあたるので、申立権者に含まれる。

重要度B 任意後見の概要

任意後見とは、**現状では判断能力のある人**が、将来判断能力が不十分になった場合に備え、他者に一定の後見事務を委託する委任契約の制度です。**『民法』による法定後見とは違い**、『任意後見契約に関する法律』で規定され、法定後見とは手続き等が異なります。

■任意後見制度利用の流れ

Ⅰ. 任意後見契約の締結と登記〈公証人※による**任意後見契約**締結の公正証書を作成、任意後見契約の登記申請（法務局）〉

【任意後見受任者と効力】
本人と契約を結んだ人を任意後見受任者と呼ぶが、この段階では**任意後見人としての効力はなく**、将来任意後見人になることを約束した人という位置づけ。誰を任意後見受任者とするかは、本人の自由な意思による

本人の判断能力の低下（補助に相当かそれより低下）

↓

2. 任意後見監督人※選任の申立て

【申立権者（申立書の提出ができる者）】

❶本人

❷配偶者、四親等内の親族、任意後見受任者…本人の同意が必要

↓

3. 審判〈家庭裁判所による任意後見監督人の選任の判断〉

任意後見監督人が選任されることで**任意後見受任者**は**任意後見人**となり、この段階で任意後見人としての**効力が発生**する

●任意後見監督人としての資格に制限はなく、個人や法人のなかから選任する

●**任意後見受任者、任意後見人の**配偶者、直系血族、兄弟姉妹は任意後見監督人になることはできない

↓

4. 任意後見契約の終了

【任意後見契約が終了する要件（任意後見契約の解除）】

❶任意後見監督人の選任前

本人または任意後見受任者の意思…公証人の認証を受けた書面による

❷任意後見監督人の選任後

・家庭裁判所の許可にて契約解除…正当な事由**がある場合に限る**

・法定後見開始の審判がされたとき

❸家庭裁判所による任意後見人の解任…任意後見人に**不正**がある場合など

❹本人または任意後見受任者（任意後見人）の死亡または破産

※公証人／任意後見監督人

公証人は、契約等の法律行為が適切かどうかを証明・認証する法律の専門家。

任意後見監督人の職務は、❶任意後見人の事務の監督、❷家庭裁判所への定期的な報告、❸急迫な事情の際、任意後見人の代理権の範囲内で必要な処分をすること、❹任意後見人またはその代表する者と本人との利益が相反する行為について本人を代表することである。成年後見とは異なり、任意後見の場合は**任意後見監督人の選任は必須**となる。

◆任意後見人の役割と義務

任意後見人の権限は代理権のみで、任意後見監督人の監督の下に、契約で定められた特定の法律行為を本人に代わって行うことができます。また、任意後見人には「**本人意思の尊重義務**」及び「**身上配慮義務**」が課せられます。

例題

Q 任意後見人の配偶者であることは、任意後見監督人の欠格事由に該当する。〔第30回-問79〕

A ○ 任意後見受任者、任意後見人の**配偶者**、**直系血族**、**兄弟姉妹**は任意後見監督人になることができない（『任意後見契約に関する法律』第５条）。

重要度A 成年後見制度の最近の動向

1 成年後見制度利用促進法

2000（平成12）年４月１日にスタートした成年後見制度ですが、利用が進んでいない現状があります。そこで、成年後見制度の利用を促進するために、2016（平成28）年４月に**『成年後見制度の利用の促進に関する法律』**（**成年後見制度利用促進法**）が制定され、同年５月に施行されました。

『成年後見制度利用促進法』の基本理念と基本方針は次のとおりです。

■成年後見制度利用促進法の基本理念と基本方針

基本理念	基本方針
成年後見制度の理念の尊重 ❶ノーマライゼーション ❷自己決定権の尊重 ❸身上の保護の重視	●保佐及び補助の制度の利用を促進する**方策**の検討 ●成年被後見人等の**権利制限**に係る制度の見直し ●成年被後見人等の**医療**等に係る意思決定が困難な者への支援等の検討 ●成年被後見人等の**死亡**後における成年後見人等の事務の範囲の見直し ●任意後見制度の積極的な活用 ●**国民**に対する周知等
地域の需要に対応した成年後見制度の利用の促進	●地域住民の**需要**に応じた利用の促進 ●地域において成年後見人等となる**人材**の確保 ●成年後見等実施機関の活動に対する**支援**
成年後見制度の利用に関する体制の整備	●関係機関等における**体制**の充実強化 ●関係機関等の相互の緊密な**連携**の確保

また、政府は、

❶成年後見制度の利用の促進に関する**目標**

❷成年後見制度の利用の促進に関し、政府が総合的かつ計画的に講ずべき**施策**

❸上記❶及び❷のほか、成年後見制度の利用の促進に関する施策を**総合的**かつ**計画的**に推進するために必要な事項

を定めた**成年後見制度利用促進基本計画**（対象期間は、おおむね**5年**程度）を定めなければならないとされています。さらに政府には、**成年後見制度利用促進会議**、関係行政機関には、**成年後見制度利用促進専門家会議**を設け、成年後見制度の利用の促進に関する施策の総合的かつ計画的な推進を図ることとされています。

ひとこと

市町村には、成年後見制度利用促進基本計画を勘案して、成年後見制度の利用の促進に関する施策についての基本的な計画を定めるよう努める**努力義務**が課されています。

例題

Q 成年後見制度利用促進基本計画の対象期間は、おおむね10年程度とされている。〔第32回-問81〕

A × 成年後見制度利用促進基本計画の対象期間は、おおむね5年程度とされている。

2 成年後見関係事件の概況

ここでは、「**成年後見関係事件の概況**—令和5年1月～12月—」（最高裁判所事務総局家庭局）から最近の動向を確認します。なお、ここでいう事件とは、手続き等の出来事を意味します。つまり、成年後見関係事件とは、後見開始、保佐開始、補助開始、任意後見監督人選任に関係する申立てなどの手続きのことです。

◆申立件数と利用者数

申立件数の総数は、**年間約3万5000～4万件程度**で推移しています。

その内訳をみると、**後見**開始が2万6000～2万8000件程度で最も多く、年によって多少の**増減**がみられます。次いで、**保佐**開始（7000～9000件程度）、**補助**開始（2000～2700件程度）、任意後見監督人選任（800件程度）の順となっています。

申立てを行うとその多くは認容（つまり、後見などの開始）に至ります。2023（令和5）年では**95.3%が認容**され、却下は0.3%、その他（申立ての取下げや死亡）が4.4%でした。

ただし、申立てを行ったからといってすぐに結果が出るものではありません。審理期間が**1か月以内**であった事件は**38.5%**と半数以下で、2か月以内でみると、終結したのは全体の71.8%でした。

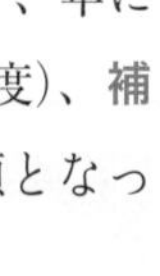

■過去5年における申立件数の推移

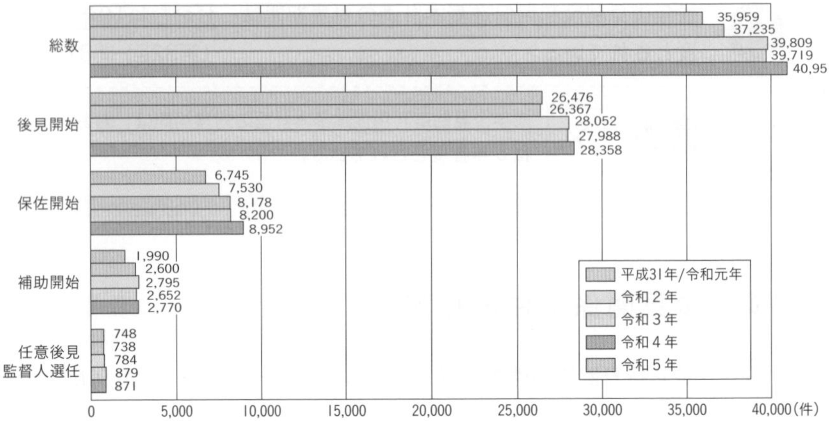

出典：最高裁判所事務総局家庭局「成年後見関係事件の概況―令和5年1月～12月―」

ひとこと

「成年後見関係事件」のうち「認容で終局した事件」において、開始原因として最も多いのは、認知症が最も多く、次いで知的障害、統合失調症の順になっています。

例題

Q 成年後見関係事件の申立総件数は、毎年増加している。
〔第28回-問80〕

A × 年により増減があり、毎年増加しているわけではない。

◆成年後見制度の利用者数

過去5年間の成年後見制度の利用者数は**一貫して**増加し、**年間利用者数は**24**万人を超える**ようになりました。

■成年後見制度の利用者数の推移

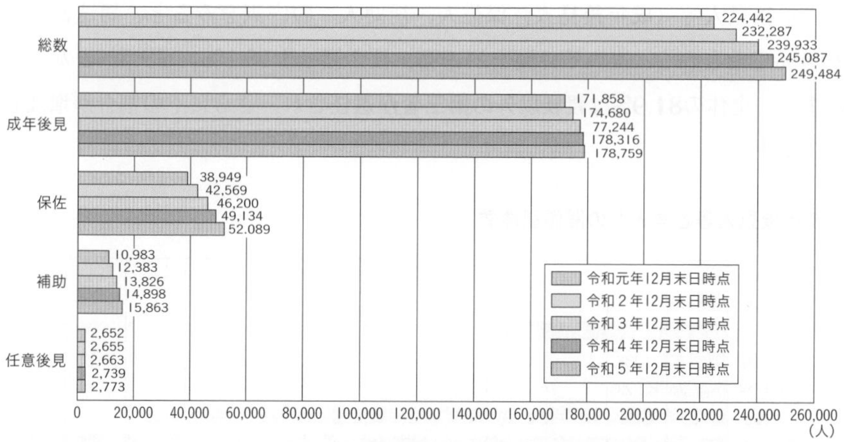

出典：最高裁判所事務総局家庭局「成年後見関係事件の概況―令和５年１月～12月―」

◆申立人と本人との関係、申立ての動機

申立人の内訳をみると、**市区町村長**（23.6%）が最も多く、次いで**本人**（22.2%）、**本人の子**（20.0%）、**兄弟姉妹**（11.0%）、四親等内の親族であるその他親族（10.6%）の順となります。

また主な申立ての動機をみると、「**預貯金等の管理・解約**」が一番多く、「**身上保護**」が２番目、施設入所等のための「**介護保険契約**」が３番目に多い申立ての動機となっています（複数回答）。

例題

Q 2023（令和５）年の成年後見関係事件では、市区町村長による申立ての方が本人の子によるものより多い。

〔第27回-問81・改〕

A ○ 2023（令和５）年では、**市区町村長**23.6%、**本人の子**20.0%で、**市区町村長**によるものが最も多い。

◆**成年後見人等と本人との関係**

成年後見人等（成年後見人、保佐人、補助人）の内訳をみると、**司法書士が**29.4%で最も多く、次いで**弁護士**21.9%、**社会福祉士**15.1%、**子**9.7%となっています。全体の**81.9%は親族以外の第三者が選任**され、さらにその割合が**増加**しています。

■**成年後見人等と本人との関係別件数**

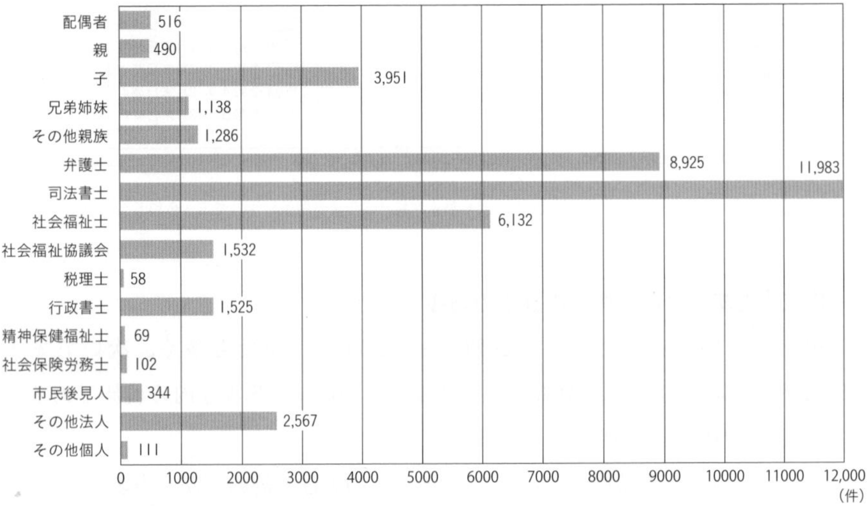

出典：最高裁判所事務総局家庭局「成年後見関係事件の概況―令和５年１月～12月―」より作成

例題

Q 「成年後見関係事件の概況（令和５年１月～12月）」によると、「成年後見人等」に選任された者として最も多かったのは、弁護士である。 〔第36回-問82・改〕

A × 司法書士が29.4％で、最も多い。

3 成年後見制度の残された課題

十分な判断能力をもてない人々にとって成年後見制度は欠かせないものとなっていますが、課題もあります。

■成年後見制度の主な課題

	現状	課題
医療行為の同意	医療行為を受けるためには**本人同意**が必要（**代理権なし**）	本人が同意できず、医療を受ける権利が奪われる可能性
本人死亡後の成年後見事務	**成年後見人の権限は本人死亡により消滅**、財産管理権は相続人に継承	成年後見終了から財産継承までの行為の法的根拠があいまい*1
市町村長申立て	法律上、市町村長の成年後見申立ては**義務**	成年後見申立ての必要性の解釈について自治体間でばらつきがある
市民後見人の養成	**親族以外の第三者が選任**されるケースが**増加** **市町村**には、市民後見人の育成及び活用を図るための研修や、後見等の業務を適正に行うことができる者の家庭裁判所への推薦など、必要な措置を講ずる**努力義務**があり、都道府県には市町村を援助する努力義務がある*2	市民後見人の養成が遅れており、浸透・普及が十分でない*3

*1　民法上の応急処分義務となれば成年後見人が負う義務が増大し、同じく事務管理での対応では負担に見合う報酬請求が困難などの課題がある。
*2　『老人福祉法』第32条の２、『知的障害者福祉法』第28条の２、『精神保健福祉法』第51条の11の３に規定されている。
*3　利用者数の大幅な増加から、今後、専門職後見人だけでは担いきれない可能性もある。

ひとこと

市民後見人の養成の目的は、成年後見の担い手の育成です。育成された市民後見人は、家庭裁判所が成年後見人等として選任します。

重要度B 成年後見制度利用支援事業

成年後見制度利用支援事業とは、成年後見制度の利用が望ましいものの**経済的**な理由でそれがかなわないときに、その費用について支援する仕組みです。

1 成年後見制度利用支援事業の変遷

当初、成年後見制度利用支援事業は特定の認知症高齢者を対象として開始されましたが、その後、対象を拡大し、現在は、高齢者に対しては介護保険制度の**地域支援事業**（任意事業）として、障害者に対しては『障害者総合支援法』に基づく**地域生活支援事業**（必須事業）として実施されています。

ひとこと

実施市町村は増加傾向で、おおむね８割程度の市町村が実施していますが、対象者や助成の範囲は市町村によってさまざまです。

■成年後見制度利用支援事業の変遷

2001（平成13）年度	身寄りのない重度の認知症高齢者（市町村長申立ての場合に限る）を対象に事業開始
2002（平成14）年度	知的障害者へ対象拡大（支援費制度導入による）
2006（平成18）年度	認知症高齢者…**地域支援事業**として実施（改正介護保険法による）、**市町村長申立て以外の場合も含むものに対象拡大** 知的障害者及び精神障害者…**地域生活支援事業**として実施（『障害者自立支援法』施行による）
2008（平成20）年度	障害者…**市町村長申立て以外の場合も含むものに対象拡大**
2012（平成24）年度	障害者…**市町村地域生活支援事業**の１つとして必須事業化（2010〈平成22〉年の改正『障害者自立支援法』による）

例題

Q 成年後見制度利用支援事業は、市町村長申立て以外の場合を対象とすることはできない。〔第26回-問82・改〕

A × **認知症高齢者**の場合には2006（平成18）年度から、**知的障害者・精神障害者**の場合には2008（平成20）年度から、**市町村長申立て以外の場合も対象**となった。

2 成年後見制度利用支援事業の概要

成年後見制度利用支援事業は、同じ事業名称でも対象が高齢者と障害者では別の仕組みで運用される**厚生労働省管轄の国庫補助事業**です。共に費用の全部または一部が補助されます。

■成年後見制度利用支援事業の概要

	高齢者	障害者
事業対象	成年後見**制度**の利用が必要な**低所得の高齢者**	●障害福祉サービスを利用し、または利用しようとする**知的障害者及び精神障害者** ●**経済的理由**により補助を受けなければ成年後見制度の利用が困難であると認められる者
事業の位置づけ	地域支援**事業**における**任意事業**のうちの「その他の事業」	地域生活支援**事業**における**必須事業**
実施主体	市町村	
補助対象	●成年後見制度の申立てに要する経費（登記手数料、鑑定費用等） ●後見人等の報酬等	
補助内容	全部または一部を補助	

なお、成年後見制度利用支援事業は、市町村申立てに限らず、本人申立て、親族申立て等についてもその対象となります。

例題

Q 成年後見制度利用支援事業は、申立て費用だけでなく、成年後見人等の報酬も対象とすることができる。〔第26回-問82・改〕

A ○ 記述のとおり。成年後見制度利用支援事業の補助は、申立て費用、成年後見人等の報酬も対象となる。

重要度B 日常生活自立支援事業

日常生活自立支援事業とは、**認知症高齢者**、**知的障害者**、**精神障害者**等のうち判断能力が不十分であっても、福祉サービスや日常的金銭管理サービスの内容についての判断ができる人の地域での自立生活を支える事業です。

ひとこと

日常生活自立支援事業の社会福祉法上の位置づけは、第2条第3項第12号に規定された「福祉サービス利用援助事業」で、第二種社会福祉事業です。

1 日常生活自立支援事業の概要

日常生活自立支援事業は、**都道府県・指定都市社会福祉協議会**が実施主体となり、**市町村社会福祉協議会**と協力して行う事業で、**地域福祉権利擁護事業**として創設され、2007（平成19）年に現在の名称に改称されました。

判断能力が不十分となった人が福祉サービスを利用するとき、その人の意思と**自己決定を尊重**し、できる限りその人らしい生活ができるよう援助することを目的とします。利用者本人との**契約**でサービスが提供され、相談や支援計画の作成は無料ですが、契約締結後のサービスは有料です。

利用件数は年々増加しており、**6割が認知症高齢者の利用**となっています。

■日常生活自立支援事業の概要

実施主体	都道府県**社会福祉協議会**、指定都市**社会福祉協議会** →事務の一部を市町村社会福祉協議会、社会福祉法人、NPO法人等に委託でき、窓口業務等は市町村社会福祉協議会等で実施
対象者	次のいずれにも該当する者 ❶判断能力**が不十分な者**（認知症高齢者、知的障害者、精神障害者等であって、日常生活を営むのに必要なサービスを利用するための情報の入手、理解、判断、意思表示を本人のみでは適切に行うことが困難な者） →利用にあたって、認知症の確定診断や障害者手帳の有無などは条件とはならない ❷日常生活自立支援事業の契約内容を判断できる能力を有する者
援助内容	❶福祉サービスの利用援助 ❷苦情解決**制度**の利用援助 ❸住宅改造、居住家屋の貸借、日常生活上の消費契約及び**住民票の届出**等の行政手続に関する援助等 ❹上記❶～❸に伴う援助として、「預金の払い戻し、預金の解約、預金の預け入れの手続等利用者の日常生活費**の管理**」（日常的金銭管理）、「**定期的な訪問**による生活変化の察知」
利用料	実施主体が定める利用料を利用者**が負担** ●契約締結前の初期相談等に係る経費や生活保護受給世帯の利用料は**無料** ●訪問１回当たり利用料平均は1200円

例題

Q 精神障害者保健福祉手帳を所持していなければ、日常生活自立支援事業を利用することができない。　〔第27回−問82・改〕

A ×　日常生活自立支援事業の対象者は、日常生活自立支援事業の利用契約を締結する能力はあるものの、判断能力が不十分で日常生活に支障がある者である。手帳の有無は問わない。

2 日常生活自立支援事業の利用の流れ

日常生活自立支援事業において直接的な援助を行う者は**専門員**と**生活支援員**ですが、その他に、**契約締結審査会**や**運営適正化委員会**も重要な役割を担います。日常生活自立支援事業の利用の流れは、次のようになります。

■日常生活自立支援事業の利用の流れ

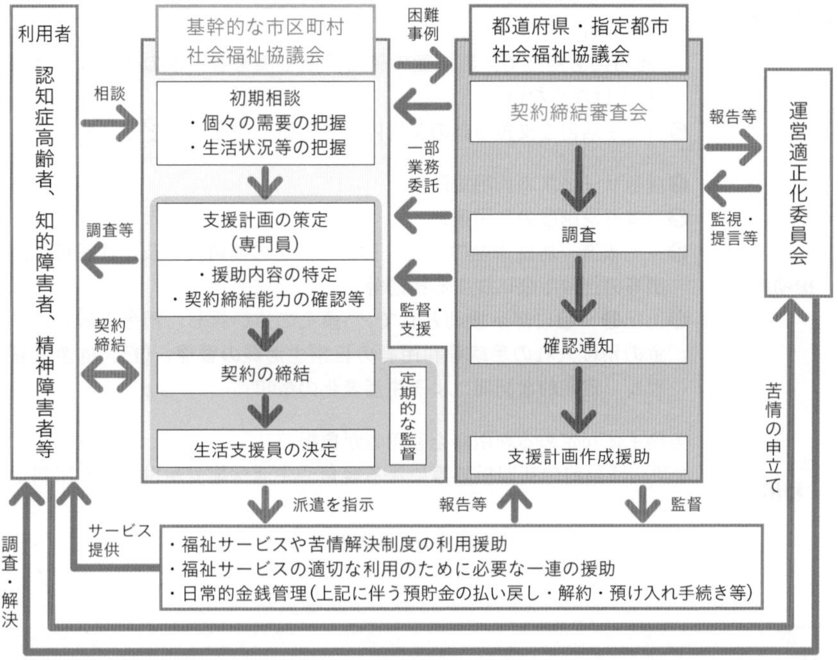

出典：厚生労働省社会・援護局地域福祉課「福祉サービス利用援助事業について」より作成

◆専門員と生活支援員

専門員は、相談の受付、申請者の実態把握や本事業の対象者であることの確認業務、支援計画作成、契約締結業務、生活支援員の指導等を行う（原則）常勤職員です。

生活支援員は、**専門員**の指示を受け具体的な援助を提供する非常勤職員です。

■援助のプロセス

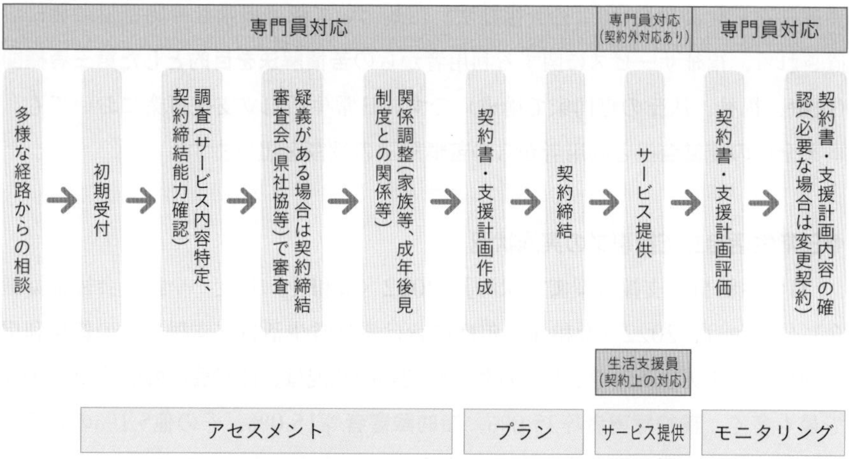

出典：厚生労働省社会・援護局地域福祉課「福祉サービス利用援助事業について」

◆契約締結審査会

契約締結審査会とは、「契約締結判定ガイドライン」に基づく専門員による契約締結能力の有無の判断が困難な場合に**審査**を行う機関です。医療、福祉、法律の専門家で構成され、**日常生活自立支援事業の実施主体**である**都道府県・指定都市社会福祉協議会**が運営します。

例題

Q 日常生活自立支援事業の契約締結に当たって、本人の判断能力に疑義がある場合は、市町村が利用の可否を判断する。

〔第31回-問81〕

A ×　本人の判断能力に疑義がある場合は、**都道府県・指定都市社会福祉協議会**が運営する**契約締結審査会**が利用の可否を判断する。

◆運営適正化委員会

運営適正化委員会は、『社会福祉法』に基づいて**都道府県社会福祉協議会**に設置される、福祉サービスに関する利用者からの**苦情解決を目的とした第三者機関**（医療、福祉、法律の専門家で構成）です。日常生活自立支援事業においても、事業全体の**運営監視**と利用者からの**苦情解決**の役割を担います。

◆日常生活自立支援事業の実施状況

「日常生活自立支援事業実施状況」（2022〈令和４〉年度　全国社会福祉協議会）によれば、2022（令和４）年度における日常生活自立支援事業の新規利用契約件数は１万866件でした。対象者別契約の状況は、**認知症高齢者**等が55.0%で最も多く、**精神障害者**等25.0%、**知的障害者**等15.0%、その他5.1%の順です。そのうち、**生活保護受給者**が42.5%を占めています。また、2022（令和４）年度末時点で、実契約者数は、５万6550件、内訳は、**認知症高齢者**等が38.0%、**精神障害者**等31.2%、**知的障害者**等25.4%、その他5.4%となっています。

3 日常生活自立支援事業と成年後見制度の相違点

日常生活自立支援事業が**契約**に基づく**公的サービス**であるのに対し、成年後見制度は、家庭裁判所の**審判**による**私法上の制度**に位置づけられます。利用に際しては、日常生活上の細やかな援助が求められる場合には日常生活自立支援事業が、日常生活の範囲を超える援助には成年後見制度が想定されます。

■日常生活自立支援事業と成年後見制度の比較

	日常生活自立支援事業	成年後見制度
対象者 （認知症高齢者・ 知的障害者・ 精神障害者等）	**精神上の理由により日常生活を営むのに支障がある者** （判断能力が一定程度あるが十分でないことにより自己の能力で様々なサービスを適切に利用することが困難な者）	**精神上の障害により事理弁識する能力について** ●能力が不十分な者＝補助 ●能力が著しく不十分な者＝保佐 ●能力を欠く常況に在る者＝後見

担い手・機関	**都道府県・指定都市社会福祉協議会** ●事業の一部委託先として基幹的社会福祉協議会 ●法人の履行補助者として専門員、生活支援員	**補助人・保佐人・成年後見人** （自然人として、親族、弁護士、司法書士、社会福祉士等及び法人）※複数可
手続き	**基幹的社協等に相談・申込み** （本人、関係者・機関、家族等） →本人と社会福祉協議会との契約	**家庭裁判所に申立て** （本人、配偶者、四親等内の親族、検察官、市町村長〈福祉関係の行政機関は整備法で規定〉等） →本人の同意 補助＝必要 保佐・後見＝不要 →家庭裁判所による成年後見人等の選任
意思能力の確認・審査や鑑定・診断	「契約締結判定ガイドライン」により確認困難な場合、契約締結審査会で審査	医師の鑑定書・診断書を家庭裁判所に提出
援助（保護）の方法・種類	本人と社会福祉協議会による援助内容の決定 ●**福祉サービスの情報提供、助言など相談** →援助による福祉サービスの利用契約手続き援助 ●**日常的金銭管理** →日常的金銭管理に伴う預貯金通帳の払い戻し等の代理、代行 →福祉サービス利用料支払いの便宜の供与 ●**書類等の預かり** →証書等の保管により、紛失を防ぎ、福祉サービスの円滑な利用を支える	家庭裁判所による援助（保護）内容の決定 ●**財産管理・身上監護に関する法律行為** →財産管理処分、遺産分割協議、介護保険サービス契約、身上監護等に関する法律行為 ●**同意権・取消権** →補助は家裁が定める「特定の法律行為」 →保佐は民法第13条第1項各号所定の行為 →成年後見は日常生活に関する行為以外の行為 ●**代理権** →補助・保佐は申立ての範囲内で家裁が定める

費用	**契約後の援助は利用者負担** ● 1 回あたり平均1200円程度 ●社会福祉事業として契約締結までの費用は公費補助	**全て本人の財産から支弁** ●申立ての手続き費用、登記の手続き費用 ●後見の事務に関する費用 ●成年後見人、監督人に対する報酬費用　等
費用の減免または助成	**生活保護受給世帯へ派遣する場合の生活支援員の賃金は、国庫補助対象経費** （自治体独自で減免している場合あり）	●**成年後見制度利用支援事業として申立て費用・後見人への報酬の補助** →介護保険制度の地域支援事業（任意）として実施（介護保険法第115条の45第３項第３号） →障害者総合支援法の地域生活支援事業（必須）として実施（障害者総合支援法第77条第１項第４号） ●**リーガルサポート（司法書士会）による成年後見助成基金**

出典：厚生労働省「福祉サービス利用援助事業について」より作成

ひとこと

日常生活自立支援事業と成年後見制度を併用することは法的には可能です。ただし、日常生活自立支援事業の実施主体である**都道府県・指定都市社会福祉協議会**によって対応が異なります。

例題

Q 日常生活自立支援事業の実施主体は、利用者が不適切な売買契約を実施した場合、それを取り消すことができる。

〔第27回-問82・改〕

A ×

日常生活自立支援事業は、**福祉サービスの利用援助**、**日常的金銭管理**、**書類等の預かり**といった援助を行う。売買契約の取消しなどは行えない。

CHAPTER

7

地域福祉と包括的支援体制

CHAPTER 7

SECTION 1

地域福祉の基本的な考え方

このSECTIONのポイント

- **地域福祉の概念と理論**…コミュニティに関する用語などを整理します
- **地域福祉の歴史**…日本、欧米の発展過程を学びます
- **地域福祉の推進主体**…地域福祉の推進とその主体についておさえましょう
- **地域福祉の主体と形成**…ボランティアや住民主体の原則、アドボカシー等についてみていきます

重要度A　地域福祉の概念と理論

「**地域福祉**」という用語が登場し、概念が論議されはじめたのは**1970年代初頭**です。ここでは、地域福祉の概念と理論から、地域福祉についてみていきます。

1　地域福祉の概念

地域福祉とは何かを、コミュニティの定義や構成要素、地域福祉の理論から考えてみましょう。

◆コミュニティの定義

地域福祉における「地域」あるいは「地域社会」は、一般的には「**コミュニティ**」を指します。コミュニティは、自然に形成されるものではなく、意図的に形成されるものといえます。

「コミュニティ」に関する定義には、種々ありますが、主なものを次に挙げます。

■コミュニティに関する定義

	提唱者	内容
コミュニティ	**マッキーヴァー** (MacIver, R.)	人々にとって**基礎的な集団**である共同生活が行われている地域空間
アソシエーション		**共通の関心事**を達成するために意図的につくり上げた組織
コミュニティ解放論	**ウェルマン** (Wellman, B.)	「コミュニティ」について、コミュニティ喪失論、存続論、解放論の３つの学説を調査し、検討の結果、**解放論**を支持する。交通通信手段の発達によって、コミュニティは地域という空間に限定されない形で新しく展開しているという理論
３つのコミュニティ定義	**ヒラリー** (Hillery, G.)	コミュニティを３つに定義づけた【社会的相互作用、地域的空間の限定性、共通の絆】
ソーシャルキャピタル	**パットナム** (Putnam, R.)	社会の信頼、規範、ネットワークといった社会組織の重要性を説く
ゲマインシャフト	**テンニース** (Tönnies, F.)	**本質意志**に基づく、親密で自然発生的な集団【家族、村落】
ゲゼルシャフト		**選択意志**に基づく、目的をもつ人からなる集団【大都市、国民社会】
地図にないコミュニティ	**ガンパート** (Gumpert, G.)	地域にこだわらない、**メディア**がつくり出す共通のものに関心をもつ人々の集まり

例題

Q マッキーヴァー（MacIver, R.）は、教会、学校、会社のような意図的につくられた機能的・結社的集団をコミュニティとして捉えた。〔第28回-問32〕

A × 教会や学校、会社のような集団は、アソシエーションである。

2 地域福祉の構造と機能

◆コミュニティ分析

奥田道大《みちひろ》は、住民の価値意識と行動様式からコミュニティの分析の枠組みとなる４つの地域モデルを提唱しました。

■奥田道大の４つの地域モデル

地域共同体モデル	伝統型住民で形成される地域【村落、町内会など】
伝統的アノミーモデル	関心の薄い住民層が多く、連帯感・帰属意識が薄い地域
個我モデル	住民の権利意識が強く、行政に働きかける力が強い地域
コミュニティモデル	住民が主体的に地域活動に参加するなど、住民自治型の地域

◆地域福祉の構成要素

岡村重夫は、『地域福祉論』（1974〈昭和49〉年）において、地域福祉の構成要素として、❶施設ではなく地域社会での具体的な援助活動としての**コミュニティ・ケア**、❷コミュニティ・ケアを可能にするための前提条件としての**一般的地域組織化活動**（一般的コミュニティづくりの組織化活動）と**福祉組織化活動**（福祉コミュニティ※づくりを進めるための組織化活動）、❸**予防的社会福祉**の３要素を挙げました。

※福祉コミュニティ
社会的に不利な立場に置かれている人に目を向け、その人々と同一であるという感情から結ばれる下位集団。

◆地域福祉に関する理論（日本）

日本における地域福祉に関する理論では、次のものが挙げられます。

■地域福祉に関する主な理論

岡村重夫	●地域福祉の本質は、社会関係の全体性を保持しつつ適切な支援を行う**コミュニティ・ケア**であり、コミュニティ・ケアの前提には**住民主体**の地域社会形成が不可欠 ●地域社会で発生する生活課題の解決を図るために、地域住民の**主体的**で**協働的**な問題解決**プロセス**を重視（**固有論**）
右《う》田《だ》紀久恵	●地域福祉の目的は、住民の生活上の問題の解決と予防、地域住民の生活権保障と社会的自己実現 ●地方自治体における福祉政策の充実や住民自治を基底に据えた**自治型地域福祉**を重視
三浦文夫	●福祉的支援が必要な住民の地域における自立と地域社会の統合を目的とする地域福祉論を展開 ●生活課題を**貨幣的ニード**と**非貨幣的ニード**に分類し、後者に対応する**在宅福祉サービス**を充実させることを重視
永田幹夫	●地域で生活する**要援護者**の**自立**と**統合**を目的とした地域福祉論を展開 ●地域福祉は、**在宅福祉サービス**、**環境改善サービス**、**組織活動**の３要素からなる
真《さな》田《だ》是《なおし》	生活の社会的・共同的な再生産の部分の遅れやゆがみを、**住民の参加**によって正すことが地域福祉に固有の内容（**運動的要素**を重視）
大橋謙策	地域福祉とは、住民が地域のなかで**自立した生活**を送れるように**ネットワーク**を広げ、必要なサービスを総合的に提供し、支援すること
牧《まき》里《さと》毎《つね》治《じ》	「地域福祉の２つのアプローチ論」を提唱し、地域福祉論を**構造的アプローチ**と**機能的アプローチ**の２つに大別した

例題

Q 岡村重夫は、生活課題を貨幣的ニードと非貨幣的ニードに分類し、後者に対応する在宅福祉サービスを充実することを重視した。
〔第29回−問32〕

A ×　記述は、三浦文夫の理論。

重要度 A

地域福祉の歴史

1 日本における地域福祉の歴史

明治期の地域福祉に係る取組は宗教家や篤志家の慈善活動から始まり、その一部が国の制度・事業に反映され、展開してきました。第二次世界大戦後、**各市町村**に社会福祉**協議会**が設置され、地域福祉の推進を担うようになりました。

■日本における地域福祉の発展過程

1891 (明治24)年	岡山博愛会	アダムス（Adams, A. P.）が日本で最初のセツルメント※を設立
1897 (明治30)年	キングスレー館	片山潜《せん》が、東京・神田三崎町に設立したセツルメント
1908 (明治41)年	中央慈善**協会**	●慈善活動の調査、慈善団体相互の連絡調整、慈善団体と慈善家との連絡調整、行政との調整などを行う団体 ●現在の全国社会福祉協議会の起源で渋沢栄一が初代会長
1917 (大正６)年	済世顧問**制度**	●**岡山県知事**の笠井信一が、ドイツのエルバーフェルト市の**救貧委員制度**を参考につくった地域の貧民の相談にのる防貧制度 ●**方面委員制度**及び**民生委員**の起源
1918 (大正７)年	方面委員**制度**	●**大阪府知事**の林市蔵と小河滋《しげ》次《じ》郎《ろう》（政治顧問）が考案 ●地域に分け、委員が生活状況の調査と救済を行う制度
1936 (昭和11)年	**方面委員令**	方面委員制度が1928（昭和３）年に**全都道府県に設置**され、この年、法制度化
1948 (昭和23)年	民生委員**法制定**	方面委員令が1946（昭和21）年に民生委員令に改まり、この年、方面委員制度が民生委員**制度**へと改められる

1951 (昭和26)年	社会福祉事業法 制定	●中央慈善協会とその後身を母体とする中央社会福祉協議会（現**全国社会福祉協議会**）発足 ●**都道府県**社会福祉協議会の法制化 ●**共同募金**の法制化
1962 (昭和37)年	「社会福祉協議会 基本要項」策定	●**全国社会福祉協議会**が策定 ●社会福祉協議会を、「**住民**が主体となる、社会福祉、保健衛生、その他生活の改善向上に関連のある公私関係者の参加、協力を得て、地域の実情に応じ、住民の福祉を増進することを目的とする民間の**自主的**な組織」と規定 ●社会福祉協議会の基本的機能は**コミュニティ・オーガニゼーション**の方法を地域社会に適用することであるとした
1979 (昭和54)年	在宅福祉サービス の戦略	地域福祉を「在宅福祉サービス」「施設福祉サービス」「組織化活動」に分類
1983 (昭和58)年	社会福祉事業法 改正	**市町村**社会福祉協議会の法制化
1992 (平成４)年	「新・社会福祉 協議会基本要項」 策定	●**全国社会福祉協議会**が策定 ●社会福祉協議会の５つの活動原則を、**❶住民ニーズ基本**、**❷住民活動主体**、**❸民間性**、**❹公私協働**、**❺専門性**、と定める
2000 (平成12)年	社会福祉事業法の 社会福祉法への 改正・改称	●**市町村**社会福祉協議会の目的は**地域福祉**の推進にあることを明文化 ●地域福祉権利擁護事業を福祉サービス利用援助事業として法制化
2008 (平成20)年	これからの 地域福祉のあり方 に関する研究会 報告書	行政や事業者・専門家と住民とは、互いに相手の特性を生かしながら、地域の生活課題の発見、解決という共通の目的のために**協働**する相手であると提言
2009 (平成21)年	「地域包括ケア 研究会報告書」	医療・介護・予防・住まい・生活支援が一体的に提供される**地域包括ケアシステム**の構築や、**地域包括支援センター**の機能強化を提言

2012 (平成24)年	「社協・生活支援活動強化方針」	●**全国社会福祉協議会**が策定 ●地域の深刻な生活課題の解決や孤立防止に向けた**行動宣言**とアクションプランを明記
2013 (平成25)年	「生活困窮者の生活支援の在り方に関する特別部会」	●「生活困窮者の自立と尊厳の確保」「生活困窮者支援を通じた地域づくり」、行政、関係機関、地域住民等が連携し、生活困窮者を支えるための地域づくりを提言 → 生活困窮者自立支援法の創設の必要性を明記
2015 (平成27)年	新たな時代に対応した福祉の提供ビジョン	**分野を問わない包括的な相談支援システム**の構築、地域の実情を踏まえた支援の総合的な提供、サービスを効果的・効率的に提供するための生産性向上について、改革の必要性を明記
2016 (平成28)年	「ニッポン一億総活躍プラン」	地域共生社会の実現が盛り込まれる
	地域力強化検討会 中間とりまとめ	●地域を「我が事」として捉える意識を醸成 ●「くらし」と「しごと」を「丸ごと」支える地域づくりの推進と公的な支援体制の協働 ●住民が主体的に地域課題を把握して解決を試みる体制づくりを提言
2017 (平成29)年	地域力強化検討会 最終とりまとめ	●地域共生が文化として定着するよう挑戦 ●専門職による多職種連携 ●地域住民等との協働による地域連携 ●縦割りの支援を当事者中心の「丸ごと」の支援とする包括的な支援体制の整備の必要性 など地域共生社会の実現に向けての新たなステージを提示。その実現のための財源として、クラウドファンディングやSIB、ふるさと納税などを取り入れることを提言
	社会福祉法改正	市町村における包括的な支援体制の整備等を推進 地域福祉計画策定が努力義務に
2019 (令和元)年	地域共生社会 推進検討会 最終とりまとめ	既存の地域資源と狭間のニーズを持つ者との間を取り持つ、新たな参加支援の機能が重要である → 重層的支援体制整備事業の整備の必要性を提言

2020 （令和２）年	社会福祉法改正	重層的支援体制整備事業の創設

※セツルメント

貧困問題の解決のために大学生や教員、社会事業家などがスラム地域に住み込み、そこに住む住民との交流を通じて、生活の向上を図ろうとする取組やその拠点となる場所を指す。このセツルメントの影響を受けて日本で設置されたのが隣保館（セツルメントハウス）であり、日清・日露戦争等を契機として都市部に発生したスラムなどで生活する住民に対する援助の拠点として始まった。

例題

Q 1951年（昭和26年）に制定された社会福祉事業法で、市町村社会福祉協議会が法制化された。〔第36回-問32〕

A × 1951（昭和26）年に制定された社会福祉事業法で法制化されたのは、都道府県社会福祉協議会。市町村社会福祉協議会が法制化されたのは、1983（昭和58）年の社会福祉事業法の改正による。

2 イギリスの地域福祉の歴史

イギリスにおける福祉に係る取組や報告書から、時代に即して重視された事柄の変遷を次に挙げます。

■イギリスにおける地域福祉の発展過程

1869年	慈善組織協会（COS）	●1800年代初頭のチャルマーズ（Chalmers, T.）による隣友運動が起源 ●慈善団体の連絡、調整、協力の組織化と、救済の適正化、貧民発生の抑制を目的とする救貧組織 ●友愛訪問員が貧困家庭を巡回し、支援（ケースワークの起源）

1880年代 ～1900年代	貧困**調査**	●**ブース**（Booth, C.）が、**ロンドン**で貧困調査を実施（市民の**30.7%**が**貧困線以下の生活**を送っていた） ●**ラウントリー**（Rowntree, B. S.）が**ヨーク市**で貧困調査を実施。第一次貧困線（絶対貧困線）、第二次貧困線の概念を提唱
1884年	トインビー・ホール	バーネット（Barnett, S.）によって設立された、**世界最初のセツルメント**
1942年	ベヴァリッジ**報告**	●第二次世界大戦後の社会保障制度の設計図を描くもの ●**最低生活は国の責任**（**ナショナル・ミニマム**）、快適生活は私的責任と考える ●社会保障の中心的な手段は**社会保険**であり、それを補う手段として**国民扶助**と**任意保険**がある ●人間社会を脅かす「**五巨人悪**」とは窮乏、怠惰、疾病、無知、不潔
1959年	**ヤングハズバンド報告**	●ソーシャルワークの機能を検討 ●ソーシャルワーカー養成課程の整備を求める
1968年	シーボーム **報告**	●地方自治体の福祉関係サービスの部門を１つに**統合**することを提唱 ●**ジェネラリスト・ソーシャルワーク**を重視 ●1970年制定の『地方自治体社会サービス法』の根拠となった報告
1969年	エイブス**報告**	社会サービスにおける**ボランティア**の役割は、専門家にはできない**新しい社会サービスを開発**することにあることを強調
1970年	**地方自治体社会サービス法**	●シーボーム報告を受けて制定 ●地方自治体を中心にコミュニティケアを推進する体制が確立される
1978年	ウルフェンデン**報告**	●「**福祉多元主義**」を提唱 ●社会サービスのシステムを、**インフォーマル部門**、**公的部門**、**民間営利部門**、**民間非営利部門**に分類

1982年	バークレイ報告	●**地域**に着目してインフォーマルな資源を含めてケアのネットワークを構築し活用する**コミュニティソーシャルワーク**を提唱 ●地方自治体社会サービス部におけるソーシャルワーカーの任務と役割について方向性を示す
1988年	ワグナー報告	**コミュニティケア**の推進に向けた**入所施設**の在り方を提唱
1988年	グリフィス報告	●**コミュニティケア**の**財政責任**や、**市場原理**、**ケアマネジメントの導入**などを提言 ●1990年制定の『国民保健サービス及びコミュニティケア法』に影響を与える
1990年	国民保健サービス及びコミュニティケア法	コミュニティ計画の地方自治体への策定義務化、権限と財源の地方自治体への一元化、ケアマネジメントや苦情処理手続きの導入等が規定された

例題

Q エイブス報告（1969年）は、地方自治体がソーシャルワークに関連した部門を統合すべきであることを勧告した。

〔第29回-問33〕

A ×　記述は、**シーボーム報告**の説明である。エイブス報告では、**ボランティアの役割**として、専門家にはできない新たな**社会サービスの開発**にあることが強調された。

3 アメリカの地域福祉の歴史

アメリカにおける福祉に係る取組が、どのように進められてきたかをみていきます。

■アメリカにおける地域福祉の発展過程

1877年	慈善組織協会（COS）	●友愛訪問員が貧困家庭を巡回し、支援 ●「施しではなく、友情を」が活動のスローガン
1886年	ネイバーフッド・ギルド	コイト（Coit, S.）らがニューヨークに設立したアメリカ初のセツルメント運動の拠点
1889年	ハル・ハウス	●アダムス（Addams, J.）がシカゴに設立した世界最大のセツルメント ●スローガン：生活困窮者の「ために」ではなく、「共に」生きる
1918年	コミュニティ・チェスト	●ニューヨーク州ロチェスター市でコミュニティ・チェストが広がる ●日本の共同募金運動の源流
1939年	レイン報告（全米社会事業会議報告書）	資源とニーズの調整を目指し、コミュニティ・オーガニゼーションの体系をまとめる

◆コミュニティ・オーガニゼーション

間接援助の１つで、**地域を対象とした組織化活動**のことを指します。リンデマン（Lindemann, E.）やレイン、ニューステッター（Newstetter, W.）、ロス（Ross, M.）、ロスマン（Rothman, J.）、ウェイル（Weil, M.）はコミュニティ・オーガニゼーションを次のように定義しました。

■コミュニティ・オーガニゼーションの定義の発展過程

1930年代	リンデマン	コミュニティ・オーガニゼーションは、ソーシャル・オーガニゼーションの１つであり、地域社会における問題を社会改良主義の視点に基づき、社会事業を遂行する教育的方策である
1939年	レインほか	【ニーズ・資源調整説】（レイン報告） コミュニティ・オーガニゼーションの機能は地域社会に生じる福祉ニーズに対して、社会資源を調整、開発することである

1947年	ニューステッター	**【インターグループワーク説】** コミュニティ・オーガニゼーションの機能とは、**各集団間の調整**や、集団と地域社会との調整を重視し、地域社会の**ニーズ**の充足を図ることである
1955年	ロス	**【組織化説（統合説）】** ●地域社会が目的を明確にし、地域社会の内外から解決可能な社会資源を見出し協力的な態度を養い育てる過程が、コミュニティ・オーガニゼーションである ●問題解決そのものではなく、プロセスを重視し行動を起こすことを提唱 → 日本の「**社会福祉協議会基本要項**」に影響（1962〈昭和37〉年）
1968年	ロスマン	既存の理論をベースに、コミュニティ・オーガニゼーションを３つのモデルに分類した。 ●**小地域開発モデル**…コミュニティの住民の活動能力を高め、全体的な調和を主たる目標とする多くの住民が地域活動に参加する**伝統的**な活動 ●**社会計画モデル**…コミュニティの問題解決を図ることを主たる目標として、計画的・合理的に**専門的技術**を駆使する活動 ●**ソーシャル・アクションモデル**…地域住民の連帯に基づいて、コミュニティの権力関係の変更や資源の移行を主たる目標とする活動
1990年代	ウェイル	ロスマンの３つのモデルでは説明ができない新しい実践群を発見。コミュニティ・オーガニゼーションを、社会経済的開発、社会運動など、計**8つの実践モデル**に新たに細分化して分類した

ひとこと

コミュニティ・オーガニゼーションが、具体的な団体や組織が地域のニーズや問題に対処するのに対し、地域の住民や関係者が協力して共通の関心事に対処し、力を集結させて問題解決や社会変革を目指す活動を、**コミュニティ・オーガナイジング**といいます。

重要度B

地域福祉の推進主体

地域福祉は、多くの人や団体・機関が担い手となります。『社会福祉法』第4条第2項では、**地域住民**、**社会福祉を目的とする事業を経営する者**、**社会福祉に関する活動を行う者**を、地域福祉を推進する主体（**地域住民等**）として位置づけています。

1 社会福祉法

『社会福祉法』は、社会福祉の目的や理念、原則を定めた法律で、各種の社会福祉関連法における福祉サービスに共通する基本的事項も規定しています。1951（昭和26）年に制定された**『社会福祉事業法』**が、2000（平成12）年に改正・改称され、現在の**『社会福祉法』**になりました。

◆社会福祉法の目的

第1条では、法の目的を次のように規定しています。

> **社会福祉法の目的**
>
> この法律は、社会福祉を目的とする事業の全分野における共通的基本事項を定め、社会福祉を目的とする他の法律と相まつて、福祉サービスの利用者の**利益**の保護及び地域における社会福祉（以下「**地域福祉**」という）の推進を図るとともに、社会福祉事業の公明かつ適正な**実施**の確保及び社会福祉を目的とする事業の**健全**な発達を図り、もつて社会福祉の**増進**に資することを目的とする。

◆社会福祉事業

第2条では、社会福祉事業について定めています。社会福祉事業は、**第一種社会福祉事業**と**第二種社会福祉事業**からなります。

●ここがポイント

	第一種社会福祉事業	第二種社会福祉事業
特徴	公共性が高く、利用者への影響が大きい事業のため、経営安定を通じた利用者保護の必要性が高い (主として入所施設サービス)	比較的利用者への影響が小さいため、第一種社会福祉事業よりも、公的規制の必要性が低い (主として在宅サービス)
経営主体	●原則、行政及び社会福祉法人（社会福祉施設を設置して第一種社会福祉事業を経営しようとするときは、都道府県知事への届出が必要） ●その他の者が第一種社会福祉事業を経営しようとするときは、都道府県知事の許可を得ることが必要 ●個別法により、保護施設並びに養護老人ホーム及び特別養護老人ホームは、行政及び社会福祉法人に限定されている	●制限なし ●全ての主体が届出をすることにより事業経営が可能
届出	●事業の開始前に都道府県知事に届出が必要 ●事業の変更の日から1か月以内に、都道府県知事への届出が必要。廃止の場合、1か月前までに届出が必要	事業の開始日、届出内容の変更、事業廃止の日からそれぞれ1か月以内に、都道府県知事への届出が必要
主な事業内容	救護施設、更生施設、乳児院、母子生活支援施設、児童養護施設、障害児入所施設、養護老人ホーム、特別養護老人ホーム、軽費老人ホーム、障害者支援施設、女性自立支援施設	助産施設、保育所、母子・父子福祉施設、老人デイサービスセンター、老人福祉センター、老人介護支援センター、障害福祉サービス事業、身体障害者福祉センター、知的障害者更生相談事業

◆福祉サービスの基本的理念

第3条では、福祉サービスの基本的理念を次のように規定しています。

福祉サービスの基本的理念

福祉サービスは、個人の尊厳の保持を旨とし、その内容は、福祉サービスの利用者が心身ともに健やかに育成され、又はその有する能力に応じ自立した日常生活を営むことができるように支援するものとして、良質かつ適切なものでなければならない。

◆地域福祉の推進

第4条では、地域福祉の推進は、地域住民が相互に人格と個性を尊重し合いながら、参加し、共生する地域社会の実現を目指して行われなければならないとして、次のように規定しています。

地域福祉の推進

地域住民、社会福祉を目的とする事業を経営する者及び社会福祉に関する活動を行う者は、相互に協力し、福祉サービスを必要とする地域住民が地域社会を構成する一員として**日常生活**を営み、社会、経済、文化その他あらゆる分野の活動に参加**する機会**が与えられるように、**地域福祉の**推進**に努めなければならない。**

また、地域住民等は、地域福祉の推進にあたっては、福祉サービスを必要とする地域住民とその世帯が抱える福祉、介護、介護予防、保健医療、住まい、就労及び教育などの地域生活課題を把握し、その解決のための支援を行う関係機関との連携に努めなければなりません。

ひとこと

第6条2項では、国及び地方公共団体は、地域生活課題の解決に資する支援が包括的に提供される体制の整備その他地域福祉の推進のために必要な各般の措置を講ずるよう努めなければならないと定めています。

ほかにも、地域福祉の推進に係るものとして、**重層的支援体制整備事業**（第106条の４）、**地域福祉計画**（第107条、108条）、**社会福祉協議会**（第109～111条）、**共同募金**（第112～124条）について定めています。

例題

Q 社会福祉を目的とする事業を経営する者は、地域福祉の推進に係る取組を行う他の地域住民等に助言と指導を行わなければならない。 〔第32回-問36〕

A × 地域住民、社会福祉に関する活動を行う者と**相互**に協力し、地域福祉の推進に**努めなければならない**。

2 地方自治体

地方自治体（地方公共団体）とは、その地域の行政を担う団体のことで、市町村や都道府県等を指します。地域レベルの福祉ニーズを充足するため、地域福祉計画として、市町村は**市町村地域福祉計画**を、都道府県は**都道府県地域福祉支援計画**を策定することが努力義務となっています。いずれも**『社会福祉法』**が定める行政計画です。

3 社会福祉法人

社会福祉法人とは、**社会福祉事業**を行うことを目的に設立された法人です。社会福祉法人は、社会福祉事業の主たる担い手としてふさわしい事業を確実、効果的かつ適正に行うため、自主的にその**経営基盤の強化**を図るとともに、その提供する**福祉サービスの質の向上**及び**事業経営の透明性の確保**を図らなければならないとされています。

◆社会福祉法人制度改革

2016（平成28）年に改正された『社会福祉法』では、福祉サービスの供給体制の整備や充実を図るために、次のような**社会福祉法人制度の改革**が盛り込まれました。社会福祉法人には、地域社会に貢献することが求められています。

●ここがポイント

社会福祉法人制度改革

経営組織のガバナンスの強化	議決機関としての **評議員会** を必置、一定規模以上の法人への **会計監査人** の導入など
事業運営の透明性の向上	財務諸表・現況報告書・役員報酬基準等の **公表** に係る規定の整備など
財務規律の強化	適正かつ公正な支出管理・いわゆる **内部留保** の明確化・社会福祉充実残額の社会福祉事業等への計画的な **再投資** など
地域における公益的な取組を実施する責務	社会福祉事業及び公益事業を行うにあたって、 **無料** または **低額** な料金で福祉サービスを提供することを責務として規定
行政の関与の在り方	所轄庁による **指導監督** の機能強化、国・都道府県・市の連携など

4 社会福祉協議会

社会福祉協議会は、**地域福祉の推進**を図ることを目的とする団体です。全国社会福祉協議会（1か所)、都道府県や指定都市を単位とする**都道府県・指定都市社会福祉協議会**（67か所)、市町村を単位とする**市町村社会福祉協議会**（1825か所）からなります（いずれも2021〈令和3〉年4月1日現在。「令和4年版厚生労働白書 資料編」より)。都道府県社会福祉協議会は**『社会福祉法』第110条**、市町村社会福祉協議会は**『社会福祉法』第109条**に規定されています。

●ここがポイント

都道府県社会福祉協議会と市町村社会福祉協議会の役割

	都道府県社会福祉協議会	市町村社会福祉協議会
事業	◆各市町村を通ずる広域的な見地から行うことが適切なもの ◆社会福祉事業に従事する者の**養成・研修** ◆社会福祉事業の**経営**に関する指導・助言 ◆**市町村社会福祉協議会**との相互の連絡・事業の調整	◆社会福祉事業の**企画・実施** ◆住民の福祉活動参加のための援助 ◆社会福祉事業に関する**調査**、**普及**、**宣伝**、**連絡**、**調整**及び**助成** ◆社会福祉事業の健全な発達を図るための事業　等
参加	都道府県の区域内において、市町村社会福祉協議会の過半数及び社会福祉事業または更生保護事業を経営する者の過半数が参加する ✔CHECK! ❶	1または同一都道府県内の2以上の市町村の区域内において、社会福祉を目的とする事業を経営する者及び社会福祉に関する活動を行う者が参加する、かつ指定都市ではその区域内における**地区社会福祉協議会**の過半数及び社会福祉事業または更生保護事業を経営する者の過半数が、指定都市以外では社会福祉事業または更生保護事業を経営する者の過半数が参加する（関係行政庁の職員も役員になれるが、役員総数の5分の1を超えてはならない）

取組	◆運営適正化委員会が設置される ◆日常生活自立支援事業の実施主体 ✔CHECK! ❷ ◆生活福祉資金貸付の実施主体 ◆福祉活動指導員が配置される	◆地域福祉活動計画を策定する（市町村地域福祉計画と相互に連携し、補完・補強しあう） ◆福祉活動専門員が配置される ✔CHECK! ❸

✔CHECK! ❶ 地区社会福祉協議会

町内会・自治会、民生委員・児童委員、ボランティアなどや地域住民により構成される、地域福祉の推進を図ることを目的とする 任意団体

✔CHECK! ❷ 日常生活自立支援事業における専門員

日常生活自立支援事業における専門員は、原則として 社会福祉士 、精神保健福祉士等 であって、一定の研修を受けた者である

✔CHECK! ❸ 福祉活動専門員

全国社会福祉協議会には 企画指導 員、都道府県社会福祉協議会には 福祉活動指導 員、市町村社会福祉協議会には 福祉活動専門 員が配置される

例題

Q 市町村社会福祉協議会は、区域内における社会福祉事業又は社会福祉に関する活動を行う者の過半数が参加するものとされている。 〔第31回-問35〕

A × 市町村社会福祉協議会において、「過半数が参加」するのは、社会福祉事業または更生保護事業を経営する者である。

5 共同募金

1918年、アメリカのロチェスターで行われた住民主体の募金活動（**コミュニティ・チェスト**）が、日本における**共同募金**の基となったといわれています。日本では、1921（大正10）年に１回目の共同募金が長崎市で行われました。その後、1947（昭和22）年に全国一斉に「国民たすけあい運動」が始まり、1951（昭和26）年制定の『**社会福祉事業法**』により制度化されました。**赤い羽根共同募金**や**地域歳末たすけあい**といった名前でよく知られています。

都道府県共同募金会では、災害支援制度として、**災害等準備金**の積立てを行っています。被災時に被災地のある都道府県共同募金会の積立金だけでは不足する場合には、ほかの都道府県の共同募金会※からの拠出も可能です。

※共同募金会
都道府県を単位とした、共同募金事業を行うことを目的として設立される社会福祉法人。共同募金会以外の者は、共同募金事業を行ってはならないと定められている（社会福祉法第113条第３項）。寄付金の公正な配分のため、共同募金会には配分委員会を設置することが義務づけられている。

■共同募金の概要

特徴	**地域福祉の推進**を図るための寄付金の募集、配分を目的とする**第一種社会福祉事業**
期間	毎年、**厚生労働大臣**の定める期間内に行われる
募金実績	●2022（令和４）年度実績：**約168億円** （1995〈平成７〉年以降、募金実績額は減少傾向にある） ●**戸別募金**（50.5%）が最も多く、次いで、**法人募金**（11.3%）、**職域募金**（3.7%）となっている
運営	公正性を担保するため、**都道府県共同募金会は配分委員会の承認を得て**、募金目標額や配分計画などを定める。その際には**都道府県社会福祉協議会**の意見を聴くこととしている
配分先	●配分先は、社会福祉を目的とする事業を経営する者に限られる ●共同募金の配分を受けた者は、その配分を受けた後**１年間**は、事業の経営に必要な資金を得るために寄付金を募集してはならない

助成	●2022（令和４）年度実績総額：約143億円 ●**活動の対象**：高齢者（21.2%）、障害児・者（12.5%）、児童・青少年（12.4%）、その他困りごとのある人（6.6%）、住民全般（44.1%）、災害等被災者（3.2%） ●**活動の目的**：社会参加・まちづくり支援（40.2%）、日常生活支援（21.3%）、社会福祉施設支援（9.9%）、その他の地域福祉（23.5%）、災害対応・防災（5.1%）

出典：社会福祉法人中央共同募金会「令和４年度年次報告書」

例題

Q 共同募金は、社会福祉を目的とする事業を経営する者以外にも配分できる。〔第36回-問38〕

A × 共同募金の配分先は、**社会福祉**を目的とする事業を経営する者に限られる。

6 特定非営利活動法人（NPO法人）

NPO法人は**20の活動分野**において、不特定かつ多数の者の利益の増進に寄与することを目的とする、**『特定非営利活動促進法』**（**NPO法**）に基づく団体です。民間、非宗教的、非政治的、自発的、利益分配をしないなどの特徴があります。また、市民の信頼を得て育成されるという理念から、情報公開が義務づけられています。NPO法人の半数以上が20の活動分野のうちの「保健、医療又は福祉の増進を図る活動」を行っています。

なお、特定非営利活動に係る事業に支障がない限り、その他の事業を行うことができますが、その場合に**利益**が生じたときは、**当該特定非営利活動に係る事業のために使用**しなければなりません。

また、**認定特定非営利活動法人**（**認定NPO法人**）と呼ばれる法人もあります。認定NPO法人は、個人や法人が寄付をした場合、課税時に優遇措置を受けられる（法人税法による**特定公益増進法人に対する寄付金**に該当）などの恩典がある団体で、**都道府県知事や指定都市の長が認定**します（**認定特定非営利活動法人制度**）。NPO法人の寄付を促すことで、その活動を支援する目的があります。

ひとこと

認定の有効期間は、認定の日から起算して**5**年です。有効期間の満了後、引き続き認定NPO法人として活動を続ける場合は、有効期間の更新を受ける必要があります。

例題

Q 特定非営利活動法人は、市民が行うボランティア活動を促進することを目的としており、収益を目的とする事業を行うことは禁止されている。〔第35回-問33〕

A × 特定非営利活動に係る事業に支障がない限り、その他の事業を行うことができるが、利益が生じたときは、当該**特定非営利活動**に係る事業のために使用しなければならない。

7 生活協同組合、農業協同組合

◆生活協同組合

消費生活協同組合（生活協同組合）は**CO・OP（コープ）**や**生協**と呼ばれており、国民生活の安定と生活文化の向上を目的とした非営利組織です。消費生活協同組合法に基づき、**組合員への最大の奉仕**をするために次の事業を行っています。

- 生活に必要な物資の供給事業
- 医療、食堂などの協同施設の利用事業
- 火災、生命、交通災害などの事故に対し、共済金を給付する共済事業
- 生活の改善と文化の向上を図る事業
- **医療**、**福祉**に関する事業
- 組合事業に関する知識の向上を図る事業

◆農業協同組合

農業協同組合は**JA**や**農協**と呼ばれており、組合員である**農業者**の生産力の増進と、生活の向上を目的とした組合組織です。農業の技術指導、資材の共同購入や農畜産物の共同販売、農業生産資金や生活資金の貸付、共済事業など、幅広い事業を実施しています。

8 社会的企業（ソーシャルビジネス）

社会的企業とは**福祉や環境、教育などの社会的課題の解決を目的**とする組織であり、その事業を起こすことを**社会的起業**といいます。利潤を優先する一般企業とも無償のサービスを提供するボランティア活動とも異なります。形態は、**NPO法人**、**協同組合**、**株式会社**などさまざまです。

9 自治会・町内会

『地方自治法』上で「**地縁による団体**」に位置づけられ、**市町村長の認可**を受けることで、その規約に定める目的の範囲内において、権利をもち義務を負います。認可により**法人格**を得て、地域のための**収益事業**を行うことができます。その区域に住所のある全ての個人は**構成員**になることができ、加入は**世帯単位**になります。近年は、加入者数が減少する自治会・町内会もあって、課題もあります。

現代の自治会・町内会が担う相互扶助の仕組みは、日本に古くから伝わる「ユイ」や「モヤイ」などに由来したものです。下記に日本にかつて存在した相互扶助の仕組みや制度について挙げます。

■日本に古くからある相互扶助の仕組み

結《ゆい》	労働力を**交換**し合う慣習
テツダイ	労働力を**一方的に無償で提供**する
モヤイ	複数の人々が労力を出し合って**1つの独立した作業や事業を行い、利益を共有する慣習**

組	地縁に基づいた**生産や自治を目的**とする相互扶助組織
講《こう》	**信仰や社交を目的**にして集まった人々が結んだ**社会集団**
頼《たの》母《も》子《し》講《こう》	**共済的・金融的機能**をもち、経済的救済を目的とした組織
五《ご》保《ほ》の制	●古代律令制下の隣保制 ●5戸を一組（保）とする、共助の機能をもった**農耕**と**貢納**のための組織
戸《こ》令《りょう》	律令制度下における**要援護者**の範囲、**私的扶養優先の原則**等を定めた条文
七《しち》分《ぶ》積《つみ》金《きん》	江戸時代、**地主・町役人**が負担していた町の経費を節約した額のなかから7割を**積立て**して、貧民や孤児を救済した制度

例題

Q 町内会は、収益事業を実施することはできない。

〔第27回-問38〕

A × 町内会は、不用品回収などで**収益を得る事業ができる。**

10 福祉避難所

福祉避難所とは、特に配慮が必要な**要配慮者**の滞在が想定される避難所のことで、『災害対策基本法』が規定する避難所の指定基準の1つです。同法が定義する要配慮者とは、「**災害時において、高齢者、障害者、乳幼児その他の特に配慮を要する者**」です。「その他特に配慮を要する者」としては、妊産婦、傷病者、内部障害者、難病患者等が想定されています。また、要配慮者のうち、災害時などに自力で避難することが困難で、円滑・迅速な避難のために特に支援を要する者を、**避難行動要支援者**といいます。

ひとこと

市町村長には、避難行動要支援者の名簿作成が義務づけられています。また、市町村長は、避難行動要支援者ごとに、個別避難計画を作成するよう努めなければなりません。

2021（令和３）年に改定された「**福祉避難所の確保・運営ガイドライン**」では、「指定福祉避難所として利用可能な施設としては、**社会福祉施設**等のように**現況において要配慮者の避難が可能な施設**のほか、一般の避難所のように、現況では指定福祉避難所としての機能を有していない場合であっても、**機能を整備することを前提に利用可能な場合を含む**ものとする」としています。

なお、一般避難所においては、**災害派遣福祉チーム**が災害時要配慮者の福祉支援を行います。

例題

Q 「福祉避難所の確保・運営ガイドライン」（2021年（令和３年）改定（内閣府）は、福祉避難所は社会福祉施設でなければならないとしている。 〔第35回-問39〕

A × 社会福祉施設に限らず、**機能を整備**することを前提に利用可能な一般の避難所も指定福祉避難所として利用可能としている。

11 民生委員・児童委員

民生委員は**福祉事務所や関係行政機関の協力機関**で、次の事柄に取り組みます。また、児童委員を兼務します。

民生委員の役割

◆住民の生活状態を必要に応じ**適切に把握**する

◆援助を必要とする人がその人の能力に応じて**自立生活**を営むことができるように生活に関する**相談**に応じ、**助言**を行う

◆援助を必要とする人が適切に福祉サービスを利用するために必要な**情報提供**を行う

◆社会福祉事業を経営する人や社会福祉に関する活動を行う人と**密接に連携**し、その事業や活動を**支援**する

◆**福祉事務所**やその他の関係行政機関の業務に**協力**する

◆必要に応じて、**住民の福祉の増進を図るための活動**を行う

●ここがポイント

民生委員・児童委員の職務の概要

職務の遂行	都道府県知事の指揮監督や市町村長の指導を受けて職務を遂行し、**守秘義務**が課される
任期	◆**3年**。再任可能 ◆任期途中で交代があった場合は、後任者の任期は、前任者の残任期間
待遇	◆給与はなく、活動費のみ支給（報酬なしのボランティア） ◆名誉職規定は2000（平成12）年に撤廃 ◆非常勤特別職の地方公務員である（地方公務員法第３条第３項第２号）
定数 ✔CHECK!	**厚生労働大臣**の定める基準を参酌《さんしゃく》して、都道府県知事が市町村の意見を聴いて市町村の区域ごとに、**都道府県の条例**で定める

選任手続き	◆市町村の民生委員推薦会が推薦した後、都道府県知事が地方社会福祉審議会に意見を聴き、厚生労働大臣に推薦する ◆厚生労働大臣が民生委員を委嘱する
相談支援内容	高齢者に関すること（58.0%）、子どもに関すること（19.7%）、障害者に関すること（4.2%）など（2022〈令和４〉年度実績）

✔CHECK! **民生委員・児童委員の定数**

2021（令和３）年度末現在、民生委員の**定数は24万548人**であるのに対し、**委嘱されているのは22万7426人**である。性別でみると、男性が37.8％、女性が62.2％と女性の方が多い。

出典：厚生労働省「令和４年度福祉行政報告例」

◆児童委員

『**児童福祉法**』に規定され、地域の子どもたちを見守り、子育ての不安や妊娠中の心配事などの相談・支援などを行います。**民生委員**に兼務規定があります。

◆主任児童委員

特定の区域を担当せず、児童福祉に関する機関や地区を担当する**民生委員・児童委員と連携して、学校、児童相談所等、関係機関との連絡・調整**を行います。あわせて児童委員の活動に対する援助や協力を行います。

◆民生委員児童委員協議会

民生委員・児童委員から構成され、**都道府県知事**が市町村長の意見を聴いて定める区域ごとに組織されます。担当区域の設定や職務に関する**連絡調整、研修、事務処理**などを行っています。定例会を開催して情報共有を図り、区域独自の見守り活動や支援活動の企画・実施をします。また、必要に応じて職務に関する意見を、関係各庁に具申することができます。

例題

Q 民生委員の定数は厚生労働大臣の定める基準を参酌して、市町村の条例で定められる。 〔第34回-問36〕

A × 民生委員の定数は、厚生労働大臣の定める基準を参酌して、**都道府県知事**が市町村の意見を聴いて市町村の区域ごとに、**都道府県**の条例で定める。

重要度B

地域福祉の主体と形成

1 ボランティア

ボランティアは、個人や団体が**自発的**かつ**無償**で社会や地域のために行う活動のことです。これは金銭報酬を得ることなく、自らの時間やスキルを提供し、他者の支援や社会の改善に貢献する意志の表れです。ボランティア活動にはさまざまな形態があり、福祉施設でのサポート、地域清掃、災害支援などが含まれます。ボランティアは社会の連帯感を高め、個人の成長やコミュニティの発展に寄与します。自らが経験することで、他者のニーズや課題に対する理解が深まり、持続可能な社会の形成に寄与する重要な活動といえます。

◆ボランティア組織（ボランティアセンター）

ボランティアを希望する者と、受け入れる側の調整を行うのが**ボランティアセンター**です。1962（昭和37）年に徳島県社会福祉協議会が始め、全国に広まった善意銀行がルーツです。今では**社会福祉協議会**はもちろん、**福祉施設**や**大学**などでも開設しています。

また、1970年代に教育の場でのボランティア活動の重要性が認識され、1977（昭和52）年に「**学童・生徒のボランティア活動普及事業**」（「ボランティア協力校」制度）が始まりました。この事業は、学童・生徒の時期から幼少者・高齢者・障害者などとの交流体験を中心に、ボランティア活動に関わることによって福祉への関心を育てることが目的です。

災害時におけるボランティア活動をとりまとめる際に設置される、**災害ボランティアセンター**も重要な役割を果たしています。地域の社会福祉協議会や行政、ボランティア団体などが協働して運営をするケースが多いです。

例題

Q 中間支援組織としてのボランティアセンターの運営主体は、社会福祉協議会、NPOといった民間非営利組織に限定されている。

〔第27回-問40〕

A × ボランティアセンターの運営主体は民間非営利組織に限定されておらず、**自治体、職場など広く設置**されている。

◆ボランティアコーディネーター

ボランティアを志願する人と、ボランティアを受け入れたいと考える人をコーディネートするのが、**ボランティアコーディネーター**です。

中央社会福祉審議会の「ボランティア活動の中長期的な振興方策について（意見具申）」（1993〈平成５〉年）を受けて、ボランティアコーディネーターの養成や**ボランティアセンター**などの配置が進められました。

2 住民主体

地域福祉の推進において、住民の主体的な参加は欠かせません。これを**住民主体の原則**といいます。住民主体とは、当事者や住民といった生活者の視点や立場に基づいた社会福祉を展開することを意味します。住民主体の原則では、住民をサービス**利用者**としてだけではなく、サービスの**提供者**、サービスの**評価者**としても捉えます。例えば、近年、全国各地で行われている「要援護者支援マップづくり」「見守りマップ」「要援護者支え合いマップ」などは、住民も巻き込みながら展開されています。マップづくりの過程が、**視覚的**な把握のみならず、参加者同士の**意見交換**を生み、自分のまちについて知り、考えるきっかけになっています。

また、住民だけでは担いきれない課題がある場合には、専門機関の支援を求めて地域福祉活動を進めていくことも必要です。

例題

Q 住民主体の原則とは、サービス利用者である地域住民が、主体的にサービスを選択することを重視する考え方である。

〔第35回-問32〕

A × 住民主体の原則とは、住民をサービス利用者としてだけではなく、サービスの**提供者**、サービスの**評価者**としても捉える原則である。

3 エンパワメント、利用者・当事者主体、アドボカシー

◆エンパワメント

エンパワメントとは、個人や集団がより力をもち、自分たちに影響を及ぼす事柄を**自分自身でコントロール**できるように支援することを指します。支援の際、援助者は利用者や利用者を取り巻く環境の強み・強さを見出す**ストレングス視点**をもつことが重要です。

◆利用者・当事者主体

利用者・当事者主体のもとでは、サービスに人を合わせるのではなく、人にサービスを合わせるための方法を考えます。サービスをどのように利用するかは、そのサービスを必要とする人が決めますが、利用者に判断がつかない場合には、利用者が可能な方法で選択肢を示すことも1つの方法となります。

◆アドボカシー

アドボカシーは、権利擁護・代弁と訳すことができます。利用者に代わって、利用者の**ニーズ**をくみ取り、希望や要望を表明する支援をアドボカシーといいます。

アドボカシーは対象者によって、

- **ケースアドボカシー**…**個人**の権利を守る活動
- **コーズ（クラス）アドボカシー**…**特定の集団**の権利を守る活動

の大きく2つに分けることができます。

さらにアドボカシーを行う主体により、次のように分類されます。

■担い手によるアドボカシーの分類

セルフアドボカシー	障害等がある当事者自身やグループが権利や利益を守る活動
シチズンアドボカシー	当事者を含む市民が主体となって権利を守るよう働きかける活動
リーガルアドボカシー	弁護士等の司法の専門家と当事者が協働して権利を守る活動
パブリックアドボカシー	公的機関や組織などが行うアドボカシー

例題

Q セルフアドボカシーとは、行政が、障害者や高齢者等の権利を擁護するよう主張することをいう。 〔第35回-問32〕

A × セルフアドボカシーとは、障害者や高齢者である**当事者自身**やグループが権利を擁護するよう主張することである。

CHAPTER 7
SECTION 2

福祉行財政システム

このSECTIONのポイント

- ◆国の役割…福祉行政における国の役割を理解しましょう
- ◆都道府県の役割…地方公共団体の種別をおさえましょう
- ◆市町村の役割…市町村は介護保険の保険者です
- ◆国と地方の関係…法定受託事務などを理解しましょう
- ◆福祉行政の組織及び専門職の役割…専門機関と専門職をおさえましょう
- ◆福祉における財源…福祉政策を支える財源について学びます

重要度B 国の役割

福祉行政においては、基本的に国が制度・政策を立案し、都道府県が広域にわたる調整を行い、市町村が直接的な住民サービスを実施します。

国の福祉行政機関の中心は**厚生労働省**です。**雇用環境・均等局**、**子ども家庭局**、**社会・援護局**、**障害保健福祉部**及び**老健局**が社会福祉に関連する事務を担当しています。

また、厚生労働省には**社会保障審議会**が設置されており、厚生労働大臣の諮問に答え、社会保障に関する重要事項に関して意見を述べる役割を担います。

重要度B 都道府県の役割

都道府県は、市町村を包括する広域の地方公共団体として、広域にわたる事務、市町村に関する連絡調整に関する事務などを処理します。福祉行政においては、社会福祉法人や社会福祉施設の認可・監督、広域調整、サービス事業者の指導監督などを行います。

都道府県（指定都市、中核市）の役割

- **社会福祉法人**の**認可・監督**
- **社会福祉施設**の設置認可・監督・設置
- **児童福祉施設**（**保育所除く**）への入所事務
- 関係行政機関及び市町村への指導等

地方公共団体は、**普通地方公共団体**と**特別地方公共団体**に分かれます。都道府県は市町村とともに普通地方公共団体に位置づけられています。

■地方公共団体の種別

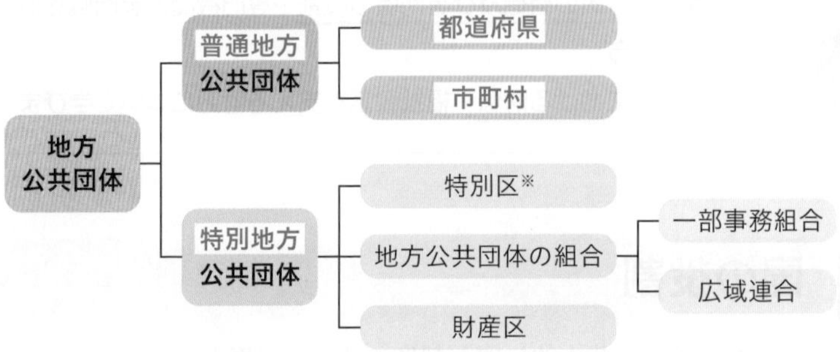

ひとこと

都道府県が行う事務のうち、**社会福祉施設の許認可など政令で定めるもの**については、指定都市（人口50万人以上）、中核市（人口20万人以上）に移譲されています。

※特別区

人口200万人以上の政令指定都市またはそれと同一道府県内の隣接市町村の人口の合計が200万人の区域において、総務大臣の認可により設置することができる。現在は東京23区のみ。特別区は原則として市に準ずる扱いを受ける。

重要度 B 市町村の役割

市町村は、**基礎的な地方公共団体**として、都道府県が処理するものとされているものを除き、地域における事務を処理します。

福祉行政においては、高齢者、障害者、児童分野などで具体的なサービスを実施するほか、**介護保険制度**の保険者としての役割も担っています。

『社会福祉法』に基づく社会福祉法人の認可・監督等については、2013（平成25）年4月1日から一定の条件のもとに**都道府県から市に移譲**されました。

ひとこと

市町村・特別区は、事務の一部を共同処理するために都道府県知事の許可を得て、**一部事務組合**を設けることができます。同様に広域計画を作成し、その事務を処理するために**広域連合**を設けることができます。広域連合の事務の例としては介護保険事務などが挙げられます。

重要度 B 国と地方の関係

1999（平成11）年の**『地方分権の推進を図るための関係法律の整備等に関する法律』（地方分権一括法）**により、国と地方が対等な関係とされたことで、福祉行政の実施についても地方公共団体の自主的な取組が求められるようになりました。同法により機関委任事務や団体委任事務が廃止され、地方公共団体の事務は**法定受託事務**と**自治事務**に区分されました。

ここがポイント

福祉行政における法定受託事務と自治事務の例

法定受託事務 ✔CHECK! 1	◆主に保護の決定・実施に関する事務 ◆『生活保護法』による保護の実施 ◆**社会福祉法人**の認可 ◆児童手当、児童扶養手当等、**福祉関係手当**の支給

自治事務 ✔CHECK! ❷	◆主に地域住民のニーズに柔軟な対応を必要とする事務 ◆『児童福祉法』などの **社会福祉** **関係法**による **措置** ◆福祉サービス利用者からの**費用徴収**

✔CHECK! ❶ 法定受託事務

都道府県や市町村、特別区が処理することとされる事務のうち、国が本来果たすべき役割に係るものであって、国・都道府県が行うべきとされるもの。国が行うべきとされる事務を第一号法定受託事務、都道府県が行うべきとされる事務を第二号法定受託事務という。

✔CHECK! ❷ 自治事務

地方公共団体が処理する事務のうち、法定受託事務以外のもの。

例題

Q 地方公共団体の事務は、自治事務、法定受託事務、団体委任事務、機関委任事務の４つに分類される。　〔第36回-問44〕

A × 地方公共団体の事務は現在、法定受託**事務**と自治**事務**の２区分となっている。

重要度B 福祉行政の組織及び専門職の役割

1 福祉行政の専門機関

福祉行政の組織・団体などの専門機関では、**福祉六法** →詳細はp.210参照 や『**障害者総合支援法**』『**介護保険法**』など社会福祉関係法に関して支援を実施しています。

■福祉行政の組織・団体

	設置義務		根拠法
	都道府県	市町村	
福祉事務所*1	義務	市：義務 町村：任意	社会福祉法
児童相談所*2	義務	指定都市：義務 中核市：任意	児童福祉法
身体障害者更生相談所	義務	指定都市：任意	身体障害者福祉法
知的障害者更生相談所	義務	指定都市：任意	知的障害者福祉法
女性相談支援センター	義務	指定都市：任意	困難な問題を抱える女性への支援に関する法律
地域包括支援センター	—	任意（委託可）	介護保険法
保健所*1	義務	指定都市、中核市 保健所政令市：義務	地域保健法
市町村保健センター	—	任意	地域保健法

*1　福祉事務所、保健所は、特別区にも設置が義務づけられている。
*2　児童相談所の設置の規定については、このほか、政令で児童相談所設置市が規定されている。また、2017（平成29）年４月１日より、政令で定める特別区は児童相談所を設置することができることとなった。

都道府県福祉事務所は福祉六法のうち**『生活保護法』『児童福祉法』『母子及び父子並びに寡婦福祉法』**を所管します。市（特別区含む）町村福祉事務所は**福祉六法に定める事務**を担当します。

例題

Q　市町村は、保健所を設置しなければならない。
〔第36回-問46〕

A　×　保健所の設置義務があるのは、**都道府県、指定都市、中核市、特別区**である。

2 福祉行政における専門職の役割

社会福祉行政における専門職は、国家資格をはじめとする各種資格や**任用資格**（特定の職種に就く〈任用される〉ための資格）をもって日々の業務にあたっています。

■相談機関に配置されている専門職

	機関	配置義務	根拠法
査察指導員＊	福祉事務所	義務（査察指導員は所長自ら行うことも可）	社会福祉法
現業員＊			
老人福祉指導主事		都道府県：任意 市町村：義務	老人福祉法
児童福祉司	児童相談所	義務	児童福祉法
身体障害者福祉司	身体障害者更生相談所	都道府県：義務	身体障害者福祉法
	福祉事務所	市町村：任意	
知的障害者福祉司	知的障害者更生相談所	都道府県：義務	知的障害者福祉法
	福祉事務所	市町村：任意	

＊福祉事務所の**査察指導員と現業員は、社会福祉主事任用資格をもつことが義務づけられている。**
配置する現業員の数は、『社会福祉法』に定める数を標準として条例で定めることとなっている。

重要度A 福祉における財源

福祉サービスの提供には、財政的な裏づけが必要です。国や地方の歳入や、保険料の財源の内訳などを整理し、福祉政策を支える費用がどのように賄われているのか理解しましょう。

1 国の財源

国の財政は**一般会計**と**特別会計**※から成り立っています。一般会計は、国の基本的な**歳入**（**一会計年度内の収入の総計**）・**歳出**（**一会計年度内の支出の総計**）

の経理です。2024（令和６）年度予算の一般会計歳入は約**112.6兆円**ですが、そのうち７割近く（約69.6兆円）が税収で賄われており、３割弱（約35.4兆円）が、将来世代の負担となる借金（**公債金**）に依存しています。

※特別会計
一般会計と区分して設けられた会計。国の行政活動が拡大し複雑化して、事業の適切な経理が難しい場合などに、一般会計と区分して、特定の歳入と歳出を経理する。

■一般会計歳入の内訳

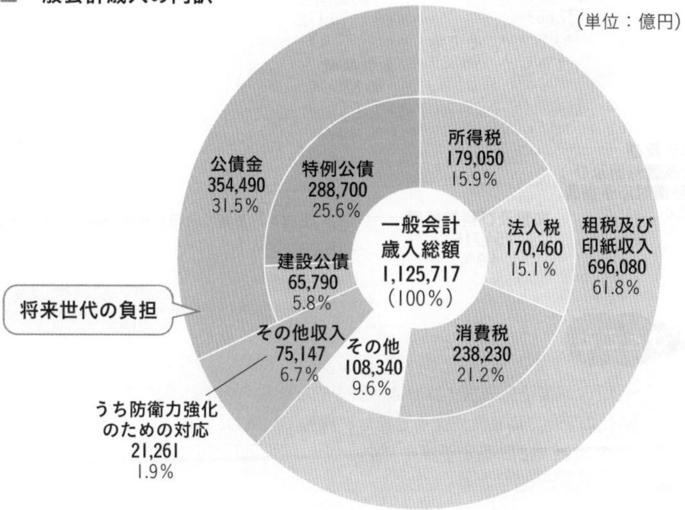

出典：財務省「令和６年度予算のポイント」

一般会計歳出をみてみると、最も多い歳出項目は**社会保障関係費**であり、社会福祉関係の費用もこれに含まれます。2024（令和６）年度の一般会計歳出についてみると、**社会保障関係費**の割合は歳出の**33.5%**を占めており、**国債費**（国債を返したり、利子を支払ったりするための経費）と**地方交付税交付金**（地方公共団体間の財政の偏りを調整するための経費）との３項目で歳出全体の７割超を占めています。

■一般会計歳出の内訳

（単位：億円）

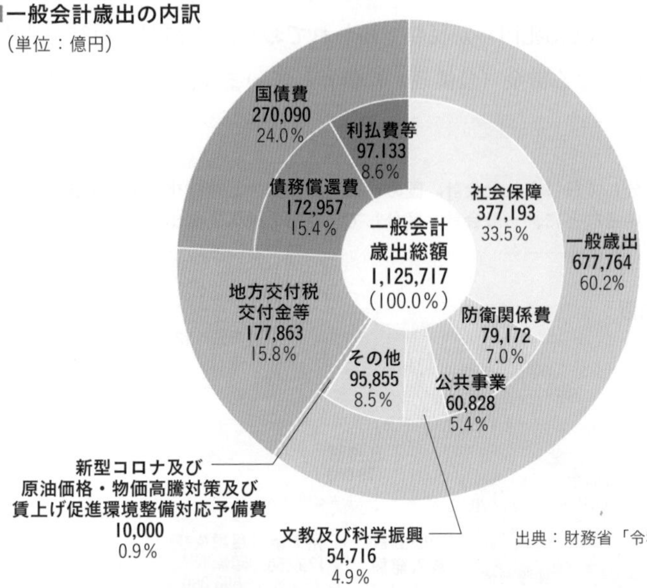

出典：財務省「令和６年度予算のポイント」

ひとこと

令和６年度予算のポイントは「歴史的な転換点の中、時代の変化に応じた先送りできない課題に挑戦し、**変化の流れ**を掴み取る予算」です。

◆消費税

税は**直接税**（納税義務者と税の負担者が一致する税）と**間接税**に区分されますが、**消費税**は**間接税**（納税義務者と税の負担者が異なる税）となります。

消費税率は、2019（令和元）年10月１日より、８％から**10%**に引き上げられました。同時に**軽減税率制度**も開始され、酒類・外食を除く飲食料品、週２回以上発行される新聞（定期購読契約に基づくもの）については８％に据え置きとされました。

消費税についての概要は次のとおりです。

●ここがポイント

消費税の概要

納税義務者	**個人事業者と法人** （課税売上高が **1000** 万円以下の事業者は **免税** ）
税率	[2019（令和元）年10月から] 標準税率 **10** ％ → 消費税 **7.8** ％ ＋地方消費税率 **2.2** ％ 軽減税率 **8** ％ → 消費税率 **6.24** ％ ＋地方消費税率 **1.76** ％
課税期間	◆**個人事業者**：**1月1日から12月31日まで**の期間 ◆**法人**：**事業年度**
非課税 となる取引(例)	◆**社会保険医療**の給付等 ◆ **介護保険** **サービス**の提供 ◆ **社会福祉** **事業**等によるサービスの提供 ◆一定の **身体障害者** **用物品**の譲渡や貸付け

2 地方の財源

地方財政の歳入は、**一般財源**とその他の財源（**特定財源**）に区分されます。一般財源の中心は**地方税**です。都道府県においても市町村においても、**最も大きな割合**を占めています。

そして地方税の次に大きな割合を占めるのが**地方交付税**です。地方交付税は、地方公共団体間の財源の不均衡を調整し、どの地域に住む住民にも標準的な行政サービスや基本的な社会資本が提供できるように**財源を保障**するためのものです。

本来、地方自治の観点からすると、行政活動に必要な財源は、それぞれの地方公共団体がその住民から徴収した**地方税**（次表ⓐ）で賄うのが理想ですが、税源の地域的な偏りがあり、多くの地方公共団体が必要な税収を確保できません。そこで、地方の税収入とすべき財源を**国**が代わって徴収し、**財政力の弱い地方公共団体に対して、地方交付税**（ⓑ）**として再配分**しています。

■地方財政の一般会計歳入（2022〈令和４〉年度）　（単位：％）

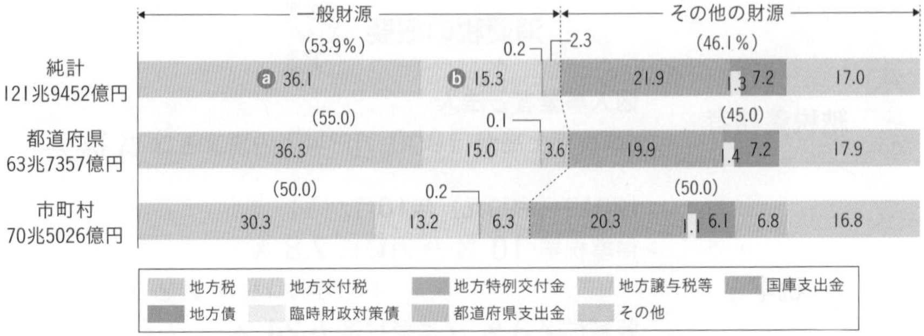

（注）国庫支出金には、交通安全対策特別交付金及び国有提供施設等所在市町村助成交付金を含む。

出典：総務省編「令和６年版地方財政白書」より作成

ひとこと

2022（令和４）年度に国税と地方税をあわせ租税として徴収された額は**120兆3899億円**です。このうち、国税が76兆3377億円（全体の63.4％）、地方税が44兆522億円（同36.6％）であり、租税総額に占める割合は**国税６割：地方税４割**となっています。

地方財政の歳出は、その行政目的によって、総務費、民生費、土木費、教育費、公債費等に大別できます。社会福祉関係費用は**民生費**（次表ⓐ）と呼ばれ、2022（令和４）年度の地方公共団体の歳出額においては全体の**25.8%**を占め、最大の費目となっています。しかし、都道府県と市町村に分けてみると歳出額の内訳に違いがあります。

都道府県においては、**教育費**（ⓑ）が最も大きな割合（**16.3%**）を占めていますが、児童福祉、生活保護に関する事務（町村については、福祉事務所を設置している町村に限る）等の社会福祉事務の比重が高い市町村においては、**民生費**（ⓒ）が最も大きな割合（**37.2%**）を占めています。

■**地方財政の目的別歳出状況**（単位：%）

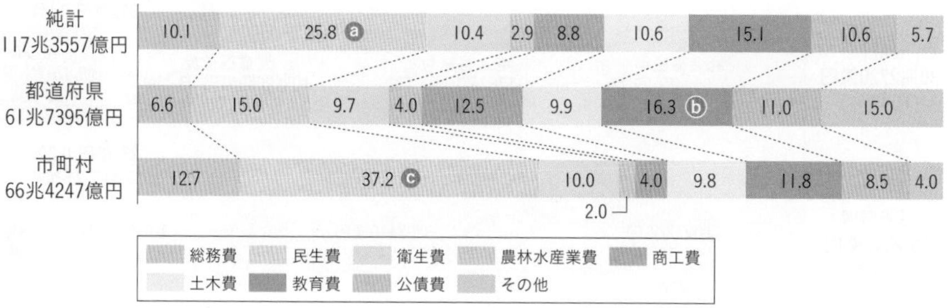

出典：総務省編「令和６年版地方財政白書」

例題

Q 地方公共団体の目的別歳出純計決算額の構成比は、高い方から、教育費、公債費、民生費の順となっている。〔第34回-問45〕

A ×　2022（令和４）年度の地方公共団体の目的別歳出純計決算額の構成比は、**民生費が25.8%**を占め最も高く、以下、教育費、土木費、公債費の順となっている。

◆民生費の内訳

2022（令和4）年度の民生費の目的別内訳をみると、**児童福祉費**が総額の**33.7%**を占め、最大の費目となっています。以下、**社会福祉費**※（29.7%）、老人福祉費（23.7%）、生活保護費（12.8%）、災害救助費（0.1%）の順となっています。

※社会福祉費
障害者等の福祉対策や他の福祉に分類できない**総合的な福祉対策**に要する経費。

■民生費の目的別内訳

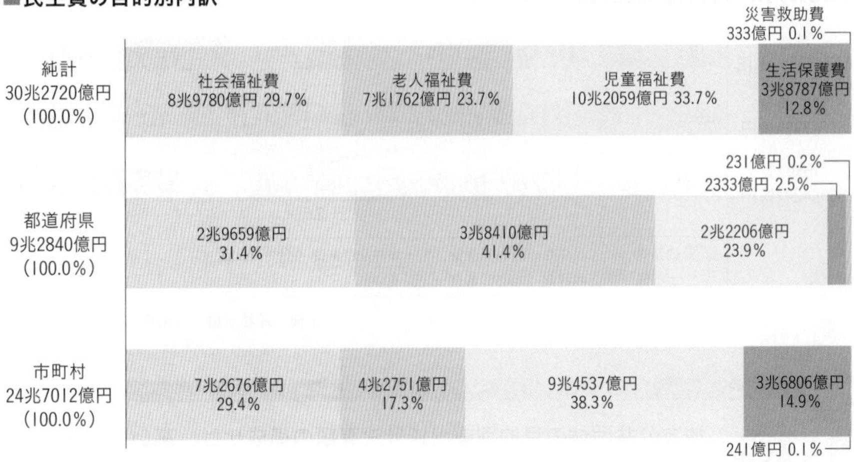

出典：総務省編「令和６年版地方財政白書」

例題

Q 目的別歳出の割合は、都道府県では社会福祉費よりも災害救助費の方が高い。〔第36回-問45〕

A × 2022（令和４）年度の民生費の目的別歳出の割合について、都道府県で最も高いのは**老人福祉費**（41.4%）であり、以下、**社会福祉費**、**児童福祉費**、生活保護費の順で、災害救助費は最も低くなっている。

◆民生費の性質別内訳

民生費の性質別の内訳をみると、**児童手当の支給**や**生活保護に要する経費**等の**扶助費**が最も大きな割合（52.9%）を占めています。市町村においても扶助費が61.5%と約６割を占めていますが、都道府県では、補助費等が73.6%を占め、最も大きな割合となっています。

■民生費の性質別内訳

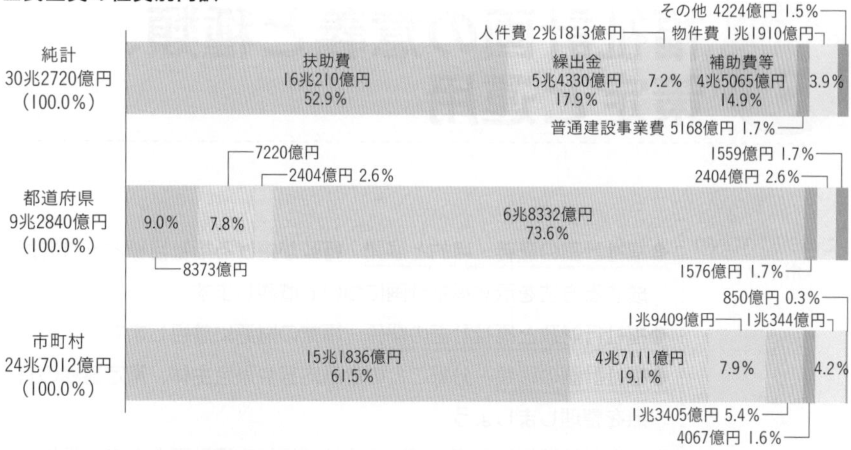

出典：総務省編「令和６年版地方財政白書」

ひとこと

2022（令和４）年度の国と地方公共団体の歳出の純計は約208兆円に上ります。このうち、国が約92兆円（全体の44.1%）、地方公共団体が約117兆円（55.9%）で、財政支出の比率はおおよそ国４割：地方６割となっています。

3 保険料財源

介護保険制度では、介護保険サービス利用時に利用者が負担する分を除いた**保険給付分についての財源は、税金と介護保険料で賄う**こととなっています。税金（公費）では**50%**を賄います。市町村、都道府県、国の負担割合は、居宅給付、施設給付等の事業の種類によって異なります。

■介護保険の公費負担割合

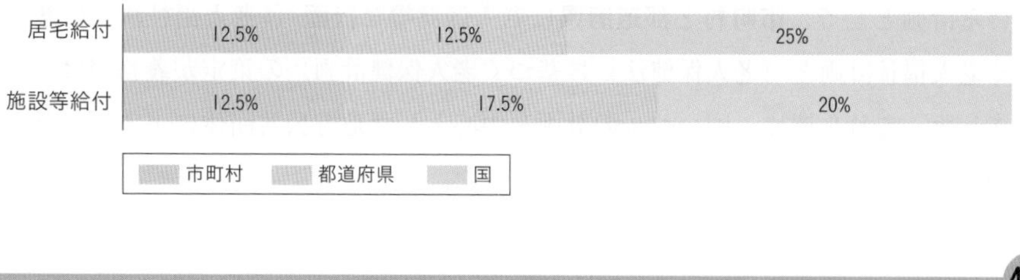

CHAPTER 7
SECTION 3

福祉計画の意義と種類、策定と運用

このSECTIONのポイント

- ◆**福祉計画の意義・目的と展開**…行政が掲げる福祉目標とそれを達成する方法を示す福祉計画について概観します
- ◆**福祉行財政と福祉計画の関係**…事業の財源に着目します
- ◆**福祉計画の種類**…分野ごとの計画内容や策定主体、策定義務の有無を整理しましょう
- ◆**市町村地域福祉計画・都道府県地域福祉支援計画の内容**…地域福祉計画の内容をみていきます
- ◆**福祉計画の策定過程と方法**…策定の手続きをおさえます
- ◆**福祉計画の実施と評価**…評価の指標を理解しましょう

重要度C 福祉計画の意義・目的と展開

日本では平成以降、少子高齢化の影響を受け福祉問題が多様化し、社会福祉の領域が拡大してきました。限られた財源のなか、多様化し拡大する福祉問題に対応するためには、福祉サービスや社会資源を効率的・計画的に整備し、提供する必要がありました。このことが度重なる福祉分野での法整備や福祉計画策定の背景にあったといえるでしょう。

1989（平成元）年に国は「**高齢者保健福祉推進十か年戦略**」（**ゴールドプラン**）を策定し、その法的基盤整備を図るために1990（平成２）年に『老人福祉法』をはじめとした**福祉関係八法改正**が行われました。このときに、高齢者分野における計画として、**市町村**と**都道府県**に**老人保健福祉計画**（『老人福祉法』に基づく老人福祉計画と『老人保健法』に基づく老人保健計画）の策定が義務づけられました。これを機に、国レベルの計画を中心とした地方公共団体による福祉計画の策定が本格的に進行するようになりました。

ひとこと

老人保健計画は、2008（平成20）年の『老人保健法』の『高齢者の医療の確保に関する法律』への改正・改称に伴い廃止されました。

■**福祉計画の変遷**

ゴールドプラン
1989（平成元）年

◆国による高齢者介護の基盤整備の指針
（長期計画的な数値目標の明確化）

↓

福祉関係八法改正
1990（平成２）年

◆**都道府県・市町村老人保健福祉計画の義務化**
（地域性を踏まえた保健福祉サービスの計画的整備）

↓

地方公共団体による個別分野別計画策定が本格化

なお、福祉計画には❶福祉サービスの**提供**や、そのために必要な資源の**計画的整備**を図ることを目的とした計画と、❷福祉サービスが的確に機能するように地域において**福祉コミュニティ**を形成することを目的とした計画があります。

❶には高齢者、障害者、児童・家庭等の分野別の計画などが挙げられます。❷は地域福祉計画などが該当します。

■**福祉計画の目的と該当例**

目的	該当する福祉計画（例）
・福祉サービスの提供 ・資源の計画的整備	●老人福祉計画 ●介護保険事業計画 ●障害者計画 ●障害福祉計画 ●次世代育成支援行動計画 ●子ども・子育て支援事業計画

ひとこと

都道府県地域福祉支援計画には、広域的な見地から調整を行うことなどを通じて市町村計画の達成を支援するという目的もあります。

例題

Q 社会福祉法では、都道府県地域福祉支援計画は、市町村地域福祉計画の達成に資するため、各市町村を通ずる広域的見地から、社会福祉を目的とする事業の健全な発展のための基盤整備に関する事項等を一体的に定める計画とされている。

〔第25回-問46〕

A ○ 都道府県地域福祉支援**計画**の計画事項には、市町村の地域福祉の**推進支援**、サービスに従事する**人材の確保**や**質の向上**なども含まれる。

重要度B　福祉行財政と福祉計画の関係

福祉行政における福祉計画を考える場合、**根拠法をもつ計画**と、**根拠法をもたない計画**に分けることができます。前者は法の規定により策定者や策定期間、計画に定める事項が決められており、分野別の福祉需要に対応するための具体的な目標や方法が定められます。一方、後者でいえば、例えば、都道府県の社会福祉施策を総合的に推進するために、都道府県が策定する総合計画の中の社会福祉分野の部門別計画などは根拠法がなくても策定できます。

福祉財政と福祉計画の関係については、計画に位置づけた事業の財源や、計画に定めるサービスを利用したときの利用者負担額あるいは保険料に与える影響などについて理解しておく必要があります。

■主な市町村福祉計画と福祉財政との関係

市町村老人福祉計画		事業の対象者が『介護保険法』による保険給付を受けられる者である場合は、市町村がその費用を支弁する必要はない
市町村介護保険事業計画	財源	公費負担**50%**と被保険者の保険料**50%**（公費負担の内訳は国25%、都道府県12.5%、市町村12.5%） ※施設等給付では、国20%、都道府県17.5%、市町村12.5%。国庫負担金25%のうち5%は調整交付金として市町村に交付
	介護予防・日常生活支援総合事業	介護保険料**50%**（第1号被保険者23%、第2号被保険者27%）と税**50%**（国25%、都道府県12.5%、市町村12.5%）
	包括的支援事業 任意事業	第1号被保険者の保険料**23%**と税**77%** （国38.5%、都道府県19.25%、市町村19.25%）
市町村障害福祉計画		自立支援給付について、国は市町村支弁費用の**50%**を負担し、都道府県と市町村はそれぞれ**25%**を負担する
市町村子ども・子育て支援事業計画		子ども・子育て支援事業を実施するために市町村が支弁する費用にあてるため、国・都道府県は**交付金**を交付することができる
市町村健康増進計画		住民の健康増進のために必要な事業を行う市町村に対して、国は当該事業に要する費用の一部を補助することができる

ひとこと

第1号保険料と第2号保険料の負担割合は介護保険事業計画ごと（3年に1回）に見直されることになっています。

重要度 B

福祉計画の種類

1 福祉計画の主体と種類

福祉計画は地域、高齢者、障害者、児童・家庭、それぞれの分野ごとに策定されます。多くの場合は国の基本指針等に基づいて、都道府県・市町村が主体となって策定します。

■福祉計画の種類

計画名	国（政府）の関与	策定義務		計画期間	根拠法
		都道府県	市町村		
都道府県地域福祉支援計画	—	努力義務	努力義務	(法に規定なし)	社会福祉法
市町村地域福祉計画					
都道府県老人福祉計画*1	都道府県に必要な助言ができる(厚生労働大臣)	義務	義務	(法に規定なし)	老人福祉法*1
市町村老人福祉計画*1					
都道府県介護保険事業支援計画	基本指針を定める(厚生労働大臣)	義務	義務	3年を一期	介護保険法
市町村介護保険事業計画					
都道府県障害者計画	障害者基本計画を策定する(政府)	義務	義務	(法に規定なし)	障害者基本法
市町村障害者計画					
都道府県障害福祉計画	基本指針を定める(厚生労働大臣)	義務	義務	3年を一期	障害者総合支援法
市町村障害福祉計画					
都道府県障害児福祉計画					児童福祉法
市町村障害児福祉計画					

都道府県行動計画*2	行動計画策定**指針**を定める（**主務大臣**）	任意	任意	**5年**を一期	次世代育成支援対策推進法
市町村行動計画*2					
都道府県子ども・子育て支援事業支援計画	基本指針を定める（**内閣総理大臣**）	義務	義務	**5年**を一期	子ども・子育て支援法
市町村子ども・子育て支援事業計画					
都道府県における子どもの貧困対策についての計画	子どもの貧困対策に関する**大綱**を定める（政府）	努力義務	努力義務	（法に規定なし）	子どもの貧困対策の推進に関する法律
市町村における子どもの貧困対策についての計画					
都道府県自殺対策計画	自殺総合対策大綱を定める（政府）	義務	義務	規定なし	自殺対策基本法
市町村自殺対策計画					

＊1　老人福祉計画は、**介護保険事業計画と一体**のものとして策定される。
＊2　次世代育成支援行動計画の策定については、都道府県・市町村は**任意**だが、従業員101人以上の一般事業主・特定事業主には行動計画の策定が**義務**づけられている。

2 医療に関する計画の主体と種類

福祉計画と同様に、医療に関する計画も策定されています。福祉計画と比べると、**都道府県**に策定義務が多く、**市町村**は策定が任意や努力義務にとどまるものが多くなっています。

■医療に関する計画の種類

計画名	国（政府）の関与	策定義務		計画期間	根拠法
		都道府県	市町村		
都道府県健康増進計画	基本方針を定める（**厚生労働大臣**）	義務	努力義務	（法に規定なし）	健康増進法
市町村健康増進計画					

医療計画	**基本方針**を定める **（厚生労働大臣）**	義務	（法に規定なし）	**6年**を一期	医療法
都道府県医療費適正化計画	●**医療費適正化基本方針** ●**全国医療費適正化計画**	義務	（法に規定なし）	**6年**を一期	高齢者の医療の確保に関する法律
医療・介護総合確保に関する計画	**総合確保方針**を定める **（厚生労働大臣）**	任意	任意	（法に規定なし）	医療介護総合確保推進法

例題

Q 健康増進法に基づく市町村健康増進計画は、策定が義務づけられている。〔第35回−問47〕

A × 市町村健康増進計画の策定は、**努力義務**である。

重要度B　市町村地域福祉計画・都道府県地域福祉支援計画の内容

地域福祉計画は、2000（平成12）年の『**社会福祉法**』によって法制化された計画です。『社会福祉法』第**4**条で「**地域福祉の推進**」が規定され、地域福祉計画はその**推進手段**として導入されました。地域福祉計画に盛り込むべき事項は『社会福祉法』第107条（**市町村地域福祉計画**）、第108条（**都道府県地域福祉支援計画**）に規定されています。

第107条、第108条は、2018（平成30）年４月に改正法が施行され、今まで任意だった地域福祉計画策定が**努力義務**となりました。また、根拠法が異なる高齢者、障害者、児童等の福祉の各分野における共通的な事項を横断的に記載し、**他の計画の「上位計画」として位置づけられるもの**とされました。

■市町村地域福祉計画に盛り込むべき事項

	具体的な内容（例）
❶地域における高齢者の福祉、障害者の福祉、児童の福祉その他の福祉に関し、共通して取り組むべき事項	●さまざまな課題を抱える者の就労や活躍の場の確保等を目的とした、**福祉以外**のさまざまな分野との連携に関する事項 ●高齢、障害、子ども・子育てなどの各福祉分野のうち、特に重点的に取り組む分野に関する事項 ●制度の狭間の課題への対応の在り方 ●**生活困窮者**のような各分野横断的に関係する相談者に対応できる体制 ●共生型サービス等の分野横断的な福祉サービス等の展開 ●就労に困難を抱える者への横断的な支援の在り方
❷地域における福祉サービスの適切な利用の促進に関する事項	●福祉サービスを必要とする地域住民に対する相談支援体制の整備 ●支援を必要とする者が必要なサービスを利用することができるための仕組み ●サービスの評価やサービス内容の開示等による利用者の適切なサービス選択の確保 ●利用者の権利擁護 ●避難行動要支援者の把握及び日常的な見守り・支援の推進方策
❸地域における社会福祉を目的とする事業の健全な発達に関する事項	●複雑多様化した生活課題を解決するため、社会福祉を目的とする多様なサービスの振興・参入促進及びこれらと公的サービスの**連携**による公私協働の実現 ●保健、医療と生活
❹地域福祉に関する活動への住民の参加の促進に関する事項	●地域住民、ボランティア団体、NPO等の社会福祉活動への支援 ●住民等による問題関心の**共有化**への動機づけと意識の向上、地域福祉推進への**主体的参加**の促進 ●地域福祉を推進する人材の養成
❺地域生活課題の解決に資する支援が包括的に提供される体制の整備に関する事項	●住民が**主体的**に地域生活課題を把握し解決を試みることができる環境の整備等 ●「**住民に身近な圏域**」において、地域生活課題を包括的に受け止める体制の整備 ●多機関の協働による市町村における包括的な相談支援体制の構築

❻その他	●市町村社会福祉協議会の基盤の整備強化等

■都道府県地域福祉支援計画に盛り込むべき事項

	具体的な内容（例）
❶地域における高齢者の福祉、障害者の福祉、児童の福祉その他の福祉に関し、共通して取り組むべき事項	市町村地域福祉計画❶に同じ
❷市町村の地域福祉の推進を支援するための基本的方針に関する事項	●市町村に対する支援 ●市町村が実施する広域事業に対する支援 ●都道府県管内の福祉サービスに関する情報の収集及び提供システムの構築
❸社会福祉を目的とする事業に従事する者の確保または資質の向上に関する事項	●人材の確保や福祉従事者に対する研修体制の整備等
❹福祉サービスの適切な利用の促進及び社会福祉を目的とする事業の健全な発達のための基盤整備に関する事項	●市町村が実施する福祉サービスの相談支援体制及び供給体制の確立のための基盤整備の促進等
❺市町村による地域生活課題の解決に資する支援が包括的に提供される体制の整備の実施の支援に関する事項	●単独の市町村では解決が難しい地域生活課題に対する支援体制の構築 ●都道府県域で推進していく独自施策の企画・立案 ●住民が主体的に地域生活課題の解決に取り組むことができる地域づくりを進めていくための人材育成、市町村間の情報共有の場づくり、市町村への技術的助言 ●その他必要な事項

出典：厚生労働省老健局長通知「地域共生社会の実現に向けた地域福祉の推進について」及び『社会福祉法』より作成

重要度 A

福祉計画の策定過程と方法

1 福祉計画等の策定プロセス

各計画は、目標を達成するために必要な手順を踏んで策定・実行されます。まず、福祉計画の策定プロセスと、各段階で必要な検討課題について、地域福祉計画を例にみてみます。

●ここがポイント

地域福祉計画の策定手順と検討課題

準備段階	◆計画策定の趣旨の確認と合意 ◆計画策定の**広報** ◆地域特性把握のための **調査** ◆地域の関係団体の活動状況の把握
↓	
住民自身による課題の把握	◆ **住民アンケート** の実施 ◆ **住民懇談** 会、**ワークショップ** 等によるニーズの明確化 ◆計画に位置づけるニーズの検討
↓	
策定委員会による計画策定	◆計画の **目標** の決定 ◆計画の策定・実施
↓	
計画評価と見直し	◆目標達成の測定 ◆必要な見直しの提言 ◆定期的に **調査**、**分析**、**評価** を行うよう努め、必要に応じて変更する

出典：社会保障審議会福祉部会（2002）「市町村地域福祉計画及び都道府県地域福祉支援計画策定指針の在り方について（一人ひとりの地域住民への訴え）」より作成

2 福祉計画の策定と変更

福祉計画を策定・変更しようとする際は、**あらかじめ関係者の意見を聴き計画内容に反映させるなどの措置を講じる**こととなっています。

また策定・変更後には計画の策定主体が所定の機関にその内容を提出します。

■福祉計画の策定・変更の際の手続き

<table>
<tr><th>計画名</th><th>意見の聴取・計画への反映等</th><th>策定・変更時の提出等</th></tr>
<tr><td>都道府県地域福祉支援計画</td><td>公聴会の開催等住民その他の者の意見を反映させるために必要な措置を講ずる（努力義務）</td><td rowspan="2">内容を公表する（努力義務）</td></tr>
<tr><td>市町村地域福祉計画</td><td>住民、社会福祉事業の経営者、社会福祉に関する活動を行う者の意見を反映させるために必要な措置を講ずる（努力義務）</td></tr>
<tr><td>都道府県老人福祉計画</td><td>（法に規定なし）</td><td>厚生労働大臣に提出</td></tr>
<tr><td>市町村老人福祉計画</td><td>都道府県の意見を聴く</td><td>都道府県知事に提出</td></tr>
<tr><td>都道府県介護保険事業支援計画</td><td>（法に規定なし）</td><td>厚生労働大臣に提出</td></tr>
<tr><td>市町村介護保険事業計画</td><td>●被保険者の意見を反映させるために必要な措置を講ずる
●都道府県の意見を聴く</td><td>都道府県知事に提出</td></tr>
<tr><td>都道府県障害者計画</td><td>合議制の機関の意見を聴く</td><td rowspan="2">策定されたときは議会に報告し要旨を公表</td></tr>
<tr><td>市町村障害者計画</td><td>合議制の機関を設置している場合はその意見を、その他の場合は障害者その他の関係者の意見を聴く</td></tr>
<tr><td>都道府県障害福祉計画</td><td rowspan="2">協議会を設置したときは協議会の意見を聴き（努力義務）、『障害者基本法』に基づく合議制の機関の意見を聴く</td><td>厚生労働大臣に提出</td></tr>
<tr><td>都道府県障害児福祉計画</td><td>内閣総理大臣に提出</td></tr>
</table>

市町村障害福祉計画／市町村障害児福祉計画	●住民の意見を反映させるために必要な措置を講じ、協議会を設置したときは協議会の意見を聴く（いずれも努力義務） ●『障害者基本法』に基づく合議制の機関を設置したときはその意見を聴く	都道府県知事に提出
都道府県行動計画	●住民の意見を反映させるために必要な措置を講ずる ●事業主、労働者、その他の関係者の意見を反映させるために必要な措置を講ずる（努力義務）	策定したときはおおむね１年に１回、計画に基づく措置の実施の状況を公表（努力義務）
市町村行動計画		
都道府県子ども・子育て支援事業支援計画	審議会その他の合議制の機関を設置している場合はその意見を、その他の場合は子どもの保護者その他の当事者の意見を聴く	内閣総理大臣に提出
市町村子ども・子育て支援事業計画	●審議会その他の合議制の機関を設置したときはその意見を、その他の場合は子どもの保護者その他の当事者の意見を聴く ●インターネットの利用等で広く住民の意見を求めるなど住民の意見を反映させるために必要な措置を講ずる（努力義務） ●都道府県に協議する	都道府県知事に提出
都道府県における子どもの貧困対策についての計画	大綱を勘案する	遅滞なく公表
市町村における子どもの貧困対策についての計画	大綱（都道府県計画が定められているときは、大綱及び都道府県計画）を勘案する	

次に、医療に関する計画の策定・変更の手続きをみてみます。

■医療に関する計画の策定・変更の際の手続き

計画名	意見の聴取・計画への反映等	策定・変更時の提出等
都道府県健康増進計画	（法に規定なし）	（法に規定なし）
市町村健康増進計画		
医療計画	**都道府県医療審議会**、市町村、高齢者医療確保法に基づく保険者協議会の意見を聴く	**厚生労働大臣**に提出し内容を**公示**する
都道府県医療費適正化計画	関係市町村（保険者協議会が組織されている都道府県は関係市町村及び保険者協議会）に協議	**公表**し（**努力義務**）**厚生労働大臣**に提出
医療・介護総合確保に関する計画	【都道府県計画】 市町村長、医療または介護を受ける立場にある者、医療保険者、医療機関、介護サービス事業者、学識経験者の団体その他の関係団体、学識経験者その他の関係者の意見を反映させるために必要な措置を講ずる（**努力義務**） 【市町村計画】 都道府県知事、医療または介護を受ける立場にある者、医療保険者、医療機関、介護サービス事業者、学識経験者の団体その他の関係団体、学識経験者その他の関係者の意見を反映させるために必要な措置を講ずる（**努力義務**）	【都道府県計画】 **厚生労働大臣**に提出 【市町村計画】 当該市町村の属する**都道府県**に提出

例題

Q 市町村は、地域福祉計画を変更しようとするときは、あらかじめ、当該地域住民の同意を得なくてはならない。

〔第27回-問46〕

A ×　住民の意見を反映させるために**必要な措置を講じるよう努める**こととされており、義務ではない。

3 福祉計画等の相互連携

各計画について、まず、福祉計画の相互連携に関する規定がどのように定められているかを正しく理解しておきましょう。

■福祉計画の相互連携

計画名	他の計画との関係
都道府県地域福祉支援計画	●根拠法が異なる高齢者、障害者、児童等の福祉の各分野における共通的な事項を横断的に記載 ●**他の計画の「上位計画」として位置づけられる**
市町村地域福祉計画	
都道府県老人福祉計画	●介護保険事業（支援）計画と一体 ●地域福祉（支援）計画と調和
市町村老人福祉計画	
都道府県介護保険事業支援計画	●老人福祉計画と一体 ●医療・介護総合確保に関する計画との整合性の確保 ●地域福祉（支援）計画、高齢者居住安定確保計画等と調和 ●医療計画との整合性の確保（都道府県介護保険事業支援計画）
市町村介護保険事業計画	
都道府県障害者計画	―
市町村障害者計画	
都道府県障害福祉計画	障害者計画、地域福祉（支援）計画と調和
市町村障害福祉計画	
都道府県障害児福祉計画	●障害福祉計画と一体 ●障害者計画、地域福祉（支援）計画と調和
市町村障害児福祉計画	
都道府県行動計画	―
市町村行動計画	

都道府県子ども・子育て支援事業支援計画	地域福祉（支援）計画、教育振興基本計画と調和
市町村子ども・子育て支援事業計画	

次に、医療に関する計画との相互連携もみていきます。

■医療に関する計画の相互連携

計画名	他の計画との関係
都道府県健康増進計画	—
市町村健康増進計画	
医療計画	医療・介護総合確保に関する都道府県計画、介護保険事業支援計画との整合性の確保
都道府県医療費適正化計画	医療計画、介護保険事業支援計画、健康増進計画との整合性の確保
医療・介護総合確保に関する計画	【都道府県計画】 医療計画、介護保険事業支援計画との整合性の確保 【市町村計画】 介護保険事業計画との整合性の確保

例題

Q 市町村障害福祉計画と市町村障害者計画は、相互の計画を一体のものとして作成することが法律で規定されている。

〔第31回-問45〕

A × 両計画は調和が保たれたものでなければならない、と規定されている。

4 福祉計画の策定方法

福祉計画の手順は、**策定**（Plan）→**実施**（Do）→**評価**（See）の**PDSサイクル**に基づき、考えることができます。策定（Plan）は計画を策定する段階、実施（Do）は計画の進行管理を行う段階、評価（See）は計画の量や質についての評価を行う段階です。しかし、このサイクルは必ずしもその順番で進むものではなく、全体としてフィードバックを繰り返しながら進んでいきます。

■**福祉計画の手順**

策定（Plan）	◆調査による**ニーズ**の明確化、計画目標の設定、具体的**プログラム**の決定、計画の対象期間の設定、計画の実施手順の明確化など、具体的な計画内容を検討し策定する段階
↓	
実施（Do）	◆計画実施状況を確認し、目標達成のための軌道修正を行うなど計画を実効性のあるものにするための**進行管理**を行う段階
↓	
評価（See）	◆計画の目標がどのように達成されたかなど、効果測定のための調査結果などを踏まえて評価を行う段階。多くの場合、**評価委員会**によって実施される

重要度 C

福祉計画の実施と評価

1 評価・監視の組織

福祉計画の実施状況の評価・監視については、策定主体のほか、別の組織が担うこともあります。評価・監視の組織には次のようなものがあります。

■評価・監視の主体・組織

計画名	評価・監視の主体・組織
障害者基本計画	障害者政策**委員会**が実施状況を監視する
都道府県行動計画	都道府県（市町村）が行動計画に基づく措置の実施の状況に関する評価を行う
市町村行動計画	
医療計画	都道府県が6年ごとに調査、分析及び評価を行う（居宅等における医療の確保に関する事項等は3年ごと）

2 施策評価の指標

行政施策を評価する指標には、次のようなものがあります。

■施策評価の指標

❶ **インプット指標**：投入された物的・人的資源
→ ❷ **プロセス指標**：活動内容、連携体制など計画実施の過程
→ ❸ **アウトプット指標**：活動の結果
→ ❹ **アウトカム指標**：結果から引き起こされた効果（成果）や変化

医療計画においては、以下のような指標が評価の際に用いられます。

■医療計画における評価指標

❶ **ストラクチャー指標**：医療サービスを提供する物質資源、人的資源及び組織体制を測る指標
→ ❷ **プロセス指標**：実際にサービスを提供する主体の活動や、他機関との連携体制を測る指標
→ ❸ **アウトカム指標**：医療サービスの結果としての住民の健康状態を測る指標

出典：「医療計画について」2012（平成24）年3月30日厚生労働省医政局長通知より作成

CHAPTER 7
SECTION 4

地域共生社会に向けた包括的支援体制

このSECTIONのポイント

- ◆地域共生社会…地域共生社会の理念と多文化共生社会についてみていきます
- ◆地域包括ケアシステムの構築方法と実際…地域包括ケアシステムと重層的支援体制整備事業についておさえましょう
- ◆生活困窮者自立支援の考え方…生活困窮者自立支援法に基づく事業内容を覚えましょう

重要度B 地域共生社会

1 地域共生社会の理念

厚生労働省によると、「地域共生社会」とは、社会構造の変化や人々の暮らしの変化を踏まえ、制度・分野ごとの『縦割り』や「支え手」「受け手」という関係を超えて、地域住民や地域の多様な主体が参画し、人と**人**、人と**資源**が世代や分野を超えつながることで、住民一人ひとりの暮らしと生きがい、地域をともに創っていく社会、とされています。

「地域共生社会」を実現するためには、「住民に身近な圏域」において、地域住民等が主体的に地域生活課題を把握し、解決を試みることができるような環境を整備し、当該圏域において関連する相談を包括的に受け止めることのできる相談支援体制を構築することが不可欠です。2008（平成20）年の「これからの地域福祉のあり方に関する研究会報告書」では、次ページの図のように重層的な圏域の設定をイメージしています。

2016（平成28）年に閣議決定された「ニッポン一億総活躍プラン」においても「地域共生社会の実現」が盛り込まれ、「我が事・丸ごとの地域づくり」の理念が強調されています。

■重層的な圏域設定のイメージ

（ある自治体を参考に作成したものであり、地域により多様な設定がありうる）

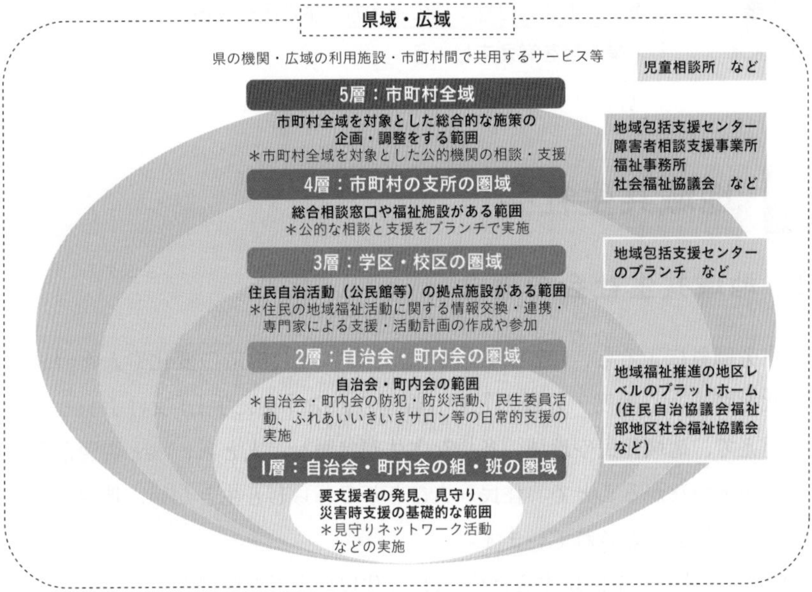

出典：厚生労働省「『これからの地域福祉のあり方に関する研究会』報告書」

2　多文化共生社会

2005（平成17）年６月、日系南米人等の外国人住民の増加を背景に、総務省に「多文化共生の推進に関する研究会」が設置され、翌2006（平成18）年３月に「多文化共生の推進に関する研究会報告書」が公表されました。そこでは、地域における多文化共生を「国籍や**民族**などの異なる人々が、互いの**文化的**ちがいを認め合い、**対等**な関係を築こうとしながら、地域社会の**構成員**として共に生きていくこと」と定義しています。そして、地方公共団体における「多文化共生の推進に係る指針・計画」の策定に資するため、「**地域における多文化共生推進**プラン」が策定されました。そこでは、多文化共生施策の推進体制の整備として、❶コミュニケーション支援、❷生活支援、❸多文化共生の地域づくりが掲げられました。

そして、2008（平成20）年から開始された、経済連携協定（EPA）に基づく外国人介護福祉士候補者の受入れなどもあり、日本国内に在留して働く外国人が急増していることから、2018（平成30）年12月、外国人材の受入れ・共生に関する関係閣僚会議において、**外国人材の受入れ・共生のための総合的対応策**が策定されました。以降、毎年度改訂が行われています。この総合的対応策には、外国人材の適正・円滑な受入れの促進に向けた取組とともに、外国人との共生社会の実現に向けた環境整備を推進すること等が盛り込まれています。

→詳細はCH 4 ・SEC 3 参照

このように、外国人住民の増加·多国籍化、在留資格「特定技能」の創設、多様性·包摂性のある社会実現の動き、デジタル化の進展、気象災害の激甚化といった社会経済情勢の変化に対応することが必要となっていることから、「地域における多文化共生推進プラン」も2020（令和２）年に改訂されました。

■地域における多文化共生推進プラン

❶コミュニケーション支援	●行政・生活情報の多言語化（ICTを活用） ●相談体制の整備 ●日本語教育の推進 ●生活オリエンテーションの実施
❷生活支援	●教育機会の確保 ●適正な労働環境の確保 ●災害時の支援体制の整備 ●医療・保健サービスの提供 ●子ども・子育て及び福祉サービスの提供 ●住宅確保のための支援 ●感染症流行時における対応

❸意識啓発と社会参画支援	●多文化共生の意識啓発・醸成 ●外国人住民の社会参画支援
❹地域活性化の推進やグローバル化への対応	●外国人住民との連携・協働による地域活性化の推進・グローバル化への対応 ●留学生の地域における就職促進

↑

多文化共生施策の推進体制の整備
- 地方公共団体の体制整備
- 地域における各主体との連携・協働

多文化共生の推進に係る指針・計画の策定

出典：総務省自治行政局国際室「「地域における多文化共生推進プラン」改訂の概要」より作成

重要度A　地域包括ケアシステムの構築方法と実際

地域ケアでは、利用者への個別対応やチームアプローチをするだけでなく、地域に点在するニーズを**集約**し、地域の利用者群に対する**支援ネットワーク**を構築することが求められます。このため、**地域包括ケアシステム**が構築され、**地域包括支援センター運営協議会**、**地域ケア会議**、**運営推進会議**、**高齢者サービス調整チーム**が有効に機能することが重要となります。

1 地域包括ケアシステム

地域包括ケアシステムという用語は、2005（平成17）年の介護保険法改正で、初めて使われました。ニーズに応じた住宅が提供されることを基本としたうえで、生活上の安全・安心・健康を確保するために、医療や介護のみならず、福祉サービスを含めた多様な生活支援サービスが**日常生活の場**（**日常生活圏域**）で適切に提供できるような地域での体制を指します。

地域包括ケアシステムでは、**自助**、**互助**、**共助**、**公助**が地域の特性に合わせてそれぞれに役割を果たすことが求められています。

ひとこと

2017（平成29）年の『介護保険法』改正は、地域包括ケアシステムの深化・推進を目的としています。地域包括支援センターが自己評価を行うだけではなく、市町村による評価も義務化されるなど、機能強化の取組がなされています。

■地域包括ケアシステムのイメージ

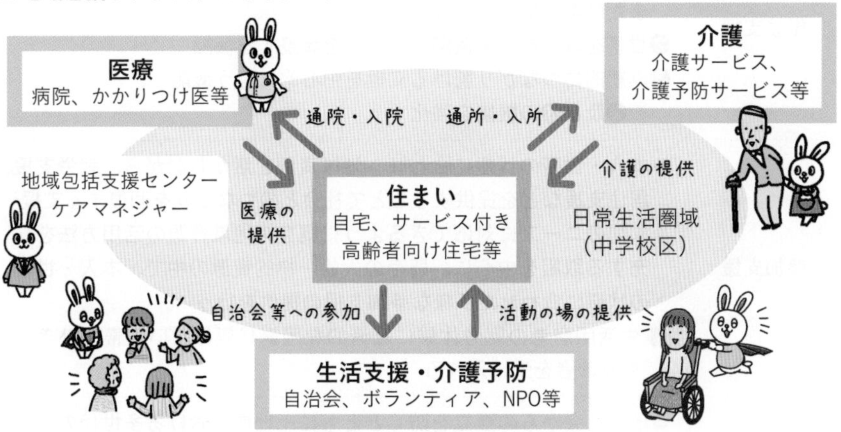

2 重層的支援体制整備事業

2020（令和2）年の社会福祉法の改正により、地域生活課題の解決に資する包括的な支援体制を整備することを目的に、市町村が行うことができる事業として、**重層的支援体制整備事業**が創設されました。重層的支援体制整備事業とは、『介護保険法』の**包括的支援事業**や、『障害者総合支援法』の地域生活支援事業における**相談支援事業**、『子ども・子育て支援法』の**地域子ども・子育て支援事業における利用者支援**、『生活困窮者自立支援法』の**生活困窮者自立相談支援事業**などを一体のもの、つまり、属性や世代を問わない相談支援として実施することにより、地域生活課題を抱える地域住民及びその世帯に対する支援体制並びに地域住民等による地域福祉の推進のために必要な環境を一体的かつ重層的に整備する事業をいいます。市町村には、重層的支援体制整備事業を実施するときは、適切かつ効果的に実施するため、「**重層的支援体制整備事業実施計画**」を策定する努力義務も課されています。

■重層的支援体制整備事業

支援	内容
相談支援	●本人・世帯の属性にかかわらず受け止める相談支援 ❶属性にかかわらず、地域の様々な相談を受け止め、自ら対応するまたは関係機関につなぐ機能 ❷世帯を取り巻く支援関係者全体を調整する機能 ❸継続的につながり続ける支援を中心的に担う機能 ※❷及び❸の機能を強化
参加支援	●本人・世帯の状態に合わせ、地域資源を活かしながら、就労支援、居住支援などを提供することで社会とのつながりを回復する支援 ●狭間のニーズに対応できるように既存の地域資源の活用方法を拡充する取組を中心に、既存の人的・物的資源の中で、本人・世帯の状態に合わせた多様な参加支援の提供を行う 例 生活困窮者の就労体験に経済的な困窮状態にない世帯のひきこもりの者を受け入れる
地域づくりに向けた支援	●地域社会からの孤立を防ぐとともに、地域における多世代の交流や多様な活躍の機会と役割を生み出す支援 ❶住民同士が出会い参加することのできる場や居場所の確保に向けた支援 ❷ケアし支え合う関係性を広げ、交流・参加・学びの機会を生み出すコーディネート機能

出典：厚生労働省　社会・援護局「全国厚生労働関係部局長会議資料」より作成

例題

Q 重層的支援体制整備事業は、市町村の<u>必須事業</u>である。
〔第36回-問35〕

A × 重層的支援体制整備事業は、市町村の任意事業である。

ひとこと

重層的支援体制整備事業を実施するにあたっては、「社会福祉士や精神保健福祉士が活用されるよう努めること」が参議院の付帯決議として付されました。

3 地域ケア会議

地域ケア会議の開催は地域包括支援センターの業務とされていましたが、2014（平成26）年の『介護保険法』改正で、**市町村**による会議の設置が規定されました（努力義務）。地域包括支援センターレベルでの地域ケア個別会議を経て、**市町村**レベルの地域ケア推進会議を開催する流れになります。また、2017（平成29）年の改正により、会議は各市町村が設置する地域ケア会議の在り方について、厚生労働省の省令に従うことが義務づけられました。

地域ケア会議には、次のような機能があります。

地域ケア会議の機能

❶個別課題の解決
→ 支援困難事例などの個別課題を取り上げ、**多職種の協働**による支援を通じて解決につなげる

❷地域包括支援ネットワークの構築
→ 会議を通じて支援が必要な人を支えるための関係者による**ネットワーク**を構築する

❸地域課題の発見
→ 個別課題の**解決事例**を蓄積することにより、地域課題の発見につなげる

❹地域づくり・資源開発
→ 住民との**役割分担**を図りながら地域に必要な資源を創出する

❺政策の形成
→ 地域課題に対応する**有効なサービス**の基盤整備などを事業化、施策化するなど、政策の形成につなげる

例題

Q 地域ケア会議では、地域包括支援センターと連携して都道府県レベルで、多職種協働による地域のネットワークを構築することが求められている。〔第28回-問35〕

A × 市町村レベルでネットワークを構築することが求められている。

4 運営推進会議

2006（平成18）年の『介護保険法』改正の「指定地域密着型サービスの事業の人員、設備及び運営に関する基準」に基づいて定められました。**認知症対応型共同生活介護**（**認知症グループホーム**）や**小規模多機能型居宅介護事業所**等には、**運営推進会議**を設置することが義務づけられています。

5 高齢者サービス調整チーム

市町村に設置され、保健・福祉・医療などに係る各種サービスを総合的に調整し、高齢者の多様なニーズに見合う最も適切なサービスを提供することを目的としています。メンバーは、**医師等医療関係者**、**施設職員**、**ホームヘルパー**などで構成されます。

重要度B 生活困窮者自立支援の考え方

1 生活困窮者自立支援法の概要

生活保護を見直すとともに、生活困窮者対策について取り組むために、2013（平成25）年に**『生活困窮者自立支援法』**が制定されました。これは、生活保護制度を利用しなければならない手前の段階で、早期の自立支援を行う新たなセーフティネットとして、2015（平成27）年に施行された法律です。

■セーフティネットの種類

第１のセーフティネット	社会保険制度・労働保険制度（年金・医療・雇用・労災・介護）
第２のセーフティネット	『生活困窮者自立支援法』 **求職者支援制度**※
第３のセーフティネット	『生活保護法』

※求職者支援制度

特定求職者（雇用保険の**失業等給付を受給できない求職者**で、**職業訓練**等を行う必要があると認める者）に対し、職業訓練の実施、給付金の支給その他の就職に関する支援を行うことを目的とする制度。

その目的は、生活困窮者※に対する自立支援策を強化して、自立の促進を図ることとされています。

※生活困窮者

就労の状況、心身の状況、地域社会との関係性その他の事情により、現に経済的に困窮し、最低限度の生活を維持することができなくなるおそれのある者。

ひとこと

生活困窮者自立支援法は、2018（平成30）年に改正され、「生活困窮者」の定義に、上記下線部が追加されました。

2 支援の内容

生活困窮者自立支援法に基づく事業は、**必須事業**と**努力義務**、**任意事業**に分類されます。都道府県、市、福祉事務所を設置する町村が実施主体となり、社会福祉協議会、社会福祉法人、NPO法人などへの委託も可能とされています（住居確保給付金は除く）。

◆生活困窮者自立相談支援事業（必須事業）

生活困窮者自立相談支援事業は、生活困窮者自立支援制度の理念を実現するための中核的な事業です。生活困窮者からの相談を受け、抱えている課題を評価・分析し、**ニーズ**を把握したうえで、**自立支援計画**を作成し、関係機関と連携して、自立に向けた支援を行います。自立相談支援機関には、**主任相談支援員**、**相談員**、**就労支援員**※が配置されることが基本となっています。

※主任相談支援員／相談員／就労支援員

- ●主任相談支援員：相談支援業務のマネジメントや社会資源の開拓等の地域への働きかけを行う者
- ●相談員：支援プランの作成など、相談支援全般を行う者
- ●就労支援員：就労支援に関する知識、技術を有する者

■生活困窮者自立相談支援事業の流れ

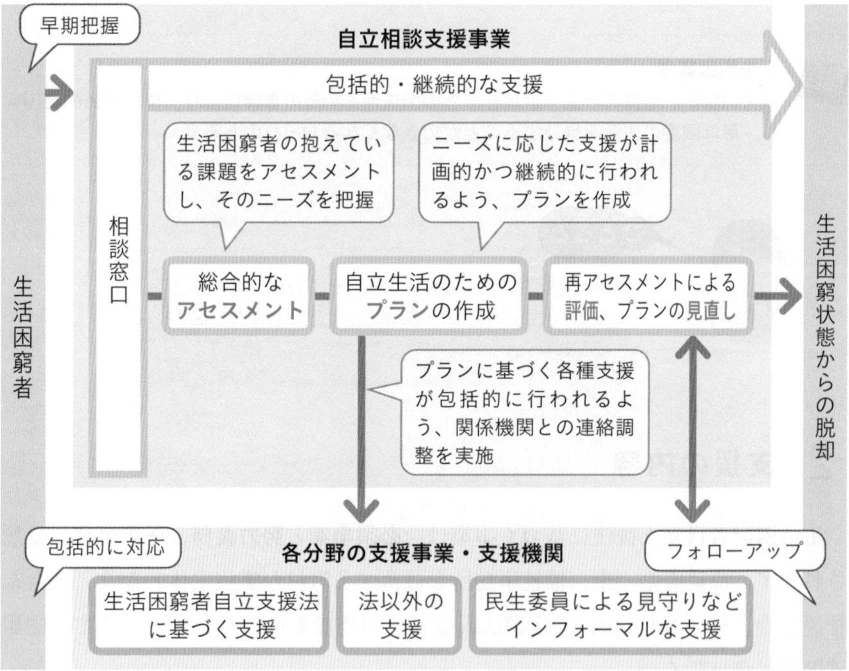

出典：厚生労働省社会・援護局地域福祉課　生活困窮者自立支援室
「生活困窮者自立支援制度について」より作成

◆生活困窮者住居確保給付金（必須事業）

離職により住居を失った、または失うおそれが高い生活困窮者に対して、安定した住居の確保と就労自立を図るため、一定期間（原則**3**か月間）で**家賃**相当額の住居確保給付金を支給します。

◆生活困窮者就労準備支援事業（努力義務）

就労準備支援事業は、一般就労に従事する準備としての**基礎能力**の形成を、計画的かつ一貫して支援する事業です。**6か月～1年**程度、プログラムに沿った支援や就労の機会の提供を行います。

◆生活困窮者家計改善支援事業（努力義務）

生活困窮者に対し、収入や支出などの状況を適切に把握し、家計改善の意欲を高めるよう支援するほか、生活に必要な資金の貸付けのあっせんを行います。

◆生活困窮者一時生活支援事業（任意事業）

一時生活支援事業は、**住居**をもたない生活困窮者に対して、一定期間（原則として**3**か月以内）、宿泊場所や衣食の提供などを行う事業です。

ひとこと

一時生活支援事業は、ホームレス緊急一時宿泊事業（シェルター事業）から移行したものです。

◆子どもの学習・生活支援事業（任意事業）

子どもの学習・生活支援事業は、**生活保護受給世帯**を含む生活困窮世帯における子ども等の生活習慣・育成環境の改善に関する助言（学校・家庭以外の**居場所づくり**や小学生等の家庭に対する**巡回支援**の強化等）や、教育及び就労（**進路**選択等）に関する相談に対する情報提供、助言、関係機関との連絡調整などを行う事業です。

3 包括的な支援体制

生活困窮者に対する包括的な支援体制の強化を目的に、2018（平成30）年の法改正で、従来の任意事業のうち、**就労準備支援事業**と**家計改善支援事業**（**家計相談支援事業**から改称）について、その実施が努力義務とされました。さらに両事業と自立相談支援事業と併せて一体的実施を促進するため、次の取組が講じられることとなりました。

■自立相談支援事業・就労準備支援事業・家計改善支援事業の一体的実施の促進

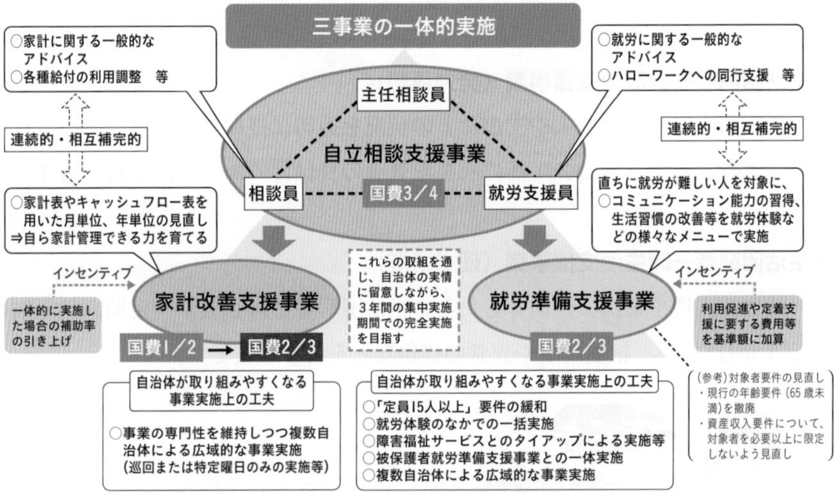

出典：厚生労働省「生活困窮者等の自立を促進するための生活困窮者自立支援法等の一部を改正する法律案の概要」より作成

例題

Q 生活困窮者自立支援法における生活困窮者とは、最低限度の生活を維持できていない者をいう。〔第36回-問33〕

A ×　生活困窮者自立支援法における生活困窮者とは、**就労**の状況、**心身**の状況、**地域社会**との関係性その他の事情により、現に経済的に困窮し、最低限度の生活を維持することができなくなる**おそれ**のある者をいう。

CHAPTER

8

障害者福祉

CHAPTER 8

SECTION 1

障害概念と特性

このSECTIONのポイント

◆国際生活機能分類（ICF）…ICFの構造を理解しましょう

◆障害者の定義と特性…各障害者の定義を覚えましょう

重要度A 国際生活機能分類（ICF）

1 ICIDHからICFへ

WHO（世界保健機関）では、障害に関する国際的な分類法として、1980年にICIDH（国際障害分類）を発表しました。その名称のとおり、ICIDHは、「障害」というマイナス面を中心とする分類でした。

2001年、WHOは、ICIDHの改訂版としてICF（国際生活機能分類）を発表しました。ICFの特徴は、障害だけでなく、「生活機能」というプラスの面を重視した分類法へと変わったことです。

2 ICFの構造

ICFでは、3つの生活機能の間の相互作用、さらには、健康状態と2つの背景因子との相互作用から、利用者の状態を分類していきます。

これらの要素を図式化すると、次のようになります。生活機能の各要素の下にあるのは、その機能が制約や制限を受けたときの状態を表したものです。

■ICF（国際生活機能分類）の構成

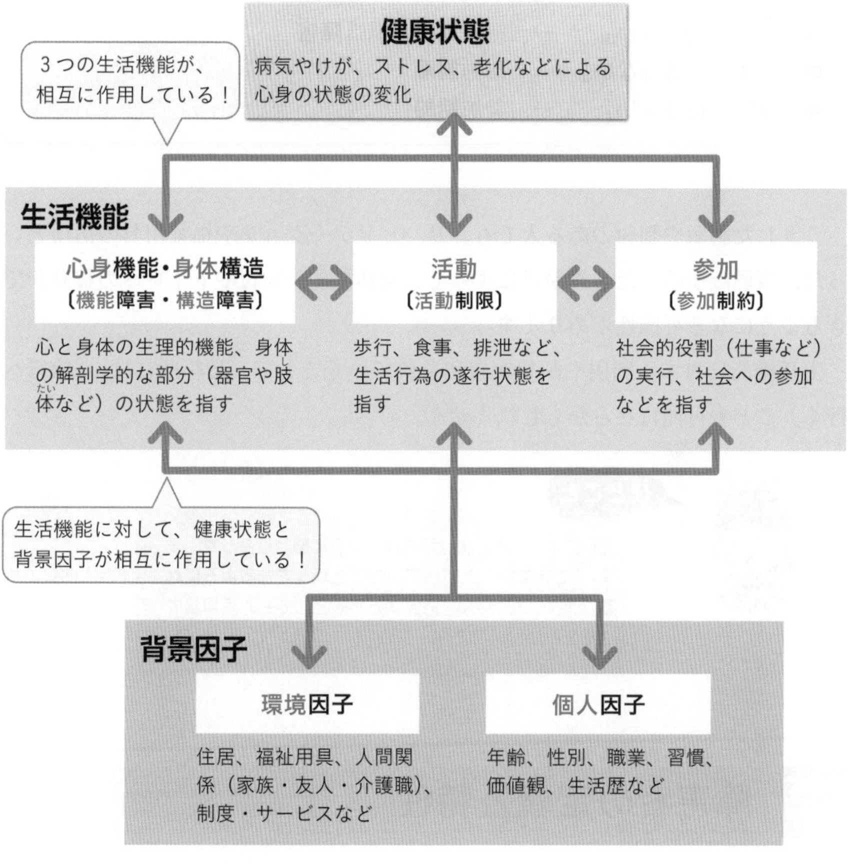

ひとこと

ICFは、障害を個人の問題としてとらえる**医学モデル**と、社会や環境によって生み出される問題としてとらえる**社会モデル**を統合して、解決法を考えていくものとされています。

この図に基づき、例えば片麻痺（からだの左右どちらかだけの麻痺）のある人の状態について分類をすると、次のようになります。

ICFに基づく状態の分類（片麻痺のある人の場合）

- 「手足が動かない」　→　機能**障害**・構造**障害**
- 「トイレに行けない」　→　活動**制限**
- 「旅行に行けない」　→　参加**制約**

こうした制限や制約のある人でも、リハビリテーションや福祉用具の活用といった、**環境因子**のはたらきかけによって、身体機能の回復やトイレへの移動ができるようになる可能性があります。

生活機能に対する制限や制約が緩和されていくことで、最終的には、「**旅行へ行く**」ことも可能になるかもしれません。

ひとこと

ICFでは、さまざまな要素が、相互に関わり合っています。「**できない**」と思っていたことが「**できるようになる**」、そのプロセスを把握する手段としても、活用していくことが大切です。

重要度 A

障害者の定義と特性

1 身体障害

『身体障害者福祉法』では、第４条において、別表に掲げる身体上の障害がある**18**歳以上の者で、都道府県知事から身体障害者手帳の交付を受けた者を身体障害者と定義しています。

身体障害者福祉法別表

一　次に掲げる視覚障害で、永続するもの
❶　両眼の視力（万国式試視力表によって測ったものをいい、屈折異常がある者については、矯正視力について測ったものをいう。以下同じ。）がそれぞれ〇・一以下のもの
❷　一眼の視力が〇・〇二以下、他眼の視力が〇・六以下のもの
❸　両眼の視野がそれぞれ一〇度以内のもの
❹　両眼による視野の二分の一以上が欠けているもの
二　次に掲げる聴覚又は平衡機能の障害で、永続するもの
❶　両耳の聴力レベルがそれぞれ七〇デシベル以上のもの
❷　一耳の聴力レベルが九〇デシベル以上、他耳の聴力レベルが五〇デシベル以上のもの
❸　両耳による普通話声の最良の語音明瞭度が五〇パーセント以下のもの
❹　平衡機能の著しい障害
三　次に掲げる音声機能、言語機能又はそしゃく機能の障害
❶　音声機能、言語機能又はそしゃく機能の喪失
❷　音声機能、言語機能又はそしゃく機能の著しい障害で、永続するもの
四　次に掲げる肢体不自由
❶　一上肢、一下肢又は体幹の機能の著しい障害で、永続するもの
❷　一上肢のおや指を指骨間関節以上で欠くもの又はひとさし指を含めて一上肢の二指以上をそれぞれ第一指骨間関節以上で欠くもの
❸　一下肢をリスフラン関節以上で欠くもの
❹　両下肢のすべての指を欠くもの
❺　一上肢のおや指の機能の著しい障害又はひとさし指を含めて一上肢の三指以上の機能の著しい障害で、永続するもの
❻　❶から❺までに掲げるもののほか、その程度が❶から❺までに掲げる障害の程度以上であると認められる障害
五　心臓、じん臓又は呼吸器の機能の障害その他政令で定める障害で、永続し、かつ、日常生活が著しい制限を受ける程度であると認められるもの

2 知的障害

法律（『知的障害者福祉法』）には、知的障害の定義はありません。知的障害は、

知能の発達に遅れがあることが特徴で、言語機能、運動機能、コミュニケーション能力、社会への適応能力などに、全般的な障害がみられます。発達期（おおむね18歳未満）に発現し、有病率は女性よりも男性のほうが高くなっています。

3 精神障害

『精神保健福祉法』では、第５条において、**統合失調症**、精神作用物質による**急性中毒**またはその依存症、知的障害その他の精神疾患を有する者を精神障害者と定義しています。

精神障害は、その原因によって内因性、外因性、心因性の３つに分類されます。

■精神障害の原因

分類	概要
内因性精神障害	原因がはっきりとせず、**先天的**な要因が関わっていると考えられる精神障害 主な疾患 **統合失調症**、**双極性障害**
外因性精神障害	身体に影響を及ぼす、脳の疾患、脳以外の器官の疾患、**アルコール**や薬物などの中毒を原因とする精神障害 主な疾患 **アルコール依存症**
心因性精神障害	ストレス、欲求不満、危機的状況によるショックなど、心理的・社会的な要因によって引き起こされる精神障害 主な疾患 心的外傷後ストレス障害（PTSD）

例題

Q 「精神保健福祉法」における精神障害者の定義に、知的障害を有する者は含まれない。 〔第33回-問61〕

A × 精神保健福祉法第５条では「**統合失調症**、精神作用物質による**急性中毒**またはその**依存症**、知的障害その他の精神疾患を有する者」を「精神障害者」として定義している。

CHAPTER 8
SECTION 2

障害者の生活実態とこれを取り巻く社会環境

このSECTIONのポイント

◆障害者の生活実態…現在の日本では、障害者がどのような暮らしをしているのかをおさえましょう

◆障害者を取り巻く社会環境…障害者文化芸術活動推進法と障害者情報アクセシビリティ・コミュニケーション施策推進法の概要をみていきます

重要度A 障害者の生活実態

厚生労働省は、2011（平成23）年、**在宅**の障害児・者等の生活実態とニーズを把握することを目的に、従来の「身体障害児・者実態調査」と「知的障害児（者）基礎調査」を統合、さらに「精神障害者保健福祉手帳所持者」及び「非所持者で、長引く病気やケガ等により、日常生活にしづらさを感じている者」も対象に「平成23年生活のしづらさなどに関する調査」を行いました。この調査は、5年に1回行われる予定で、2016（平成28）年の調査によると、障害者手帳所持者が**559.4万人**、障害者手帳非所持者で、自立支援給付等を受けている者が**33.8万人**となっています。

■在宅の障害者手帳所持者等の推計値

障害者手帳所持者	障害者手帳の種類（複数回答）			障害者手帳非所持かつ自立支援給付等を受けている者
	身体障害者手帳	療育手帳	精神障害者保健福祉手帳	
559.4万人	428.7万人	96.2万人	84.1万人	33.8万人

出典：厚生労働省「平成28年生活のしづらさなどに関する調査」（以下、同）

ひとこと

2021（令和３）年に実施予定だった「生活のしづらさなどに関する調査」は、新型コロナウイルスの影響で2022（令和４）年12月に延期されました。

1 身体障害者手帳所持者の状況

在宅で生活している身体障害者428.7万人の割合を年齢階級別にみると、約**7**割が65歳以上の高齢者となっています。また、障害種別にみると、**肢体不自由**の割合が最も高く、全体の**45.0%**となっています。

■障害の種類別にみた身体障害者手帳所持者

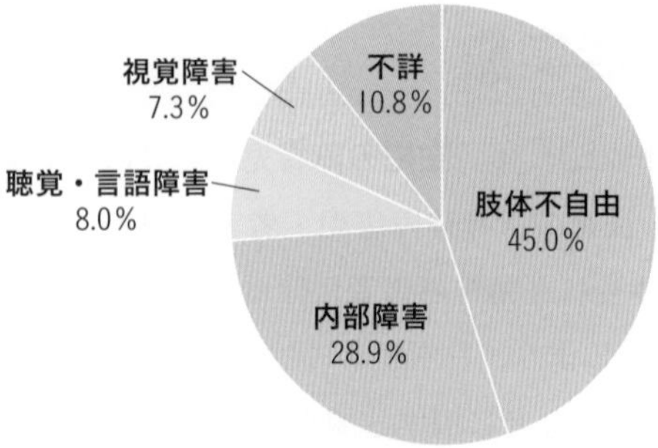

また、身体障害児（０～17歳）の障害種別の割合をみると、**肢体不自由**が**52.9**%、内部障害は22.1%、聴覚・言語障害と視覚障害はともに7.4%、不詳は8.8%となっています。

2 療育手帳所持者の状況

在宅で生活している知的障害者（療育手帳所持者）96.2万人の割合を年齢階級別にみると、17歳以下が最も多く（22.2%）、次いで**20～29歳**（19.3%）、**65歳以上**（15.5%）の順となっています。また、程度をみると、**重度**が37.3万人、その他が55.5万人となっています。

3 精神障害者保健福祉手帳所持者の状況

在宅で生活している精神障害者84.1万人の割合を年齢階級別にみると**40〜49歳**が最も多く、全体の**21.3%**となっています。また、等級別にみると、**2級**（中度）の手帳所持者が最も多く（53.7%）、次いで軽度の3級（24.3%）、重度の1級（16.3%）の順となっています。

4 障害者手帳所持者の暮らしの状況

◆住宅の種類

住宅の種類別では、身体障害者は、65歳未満では「**家族の持ち家**」に、65歳以上では、「**自分の持ち家**」に住んでいる人の割合が最も高くなっています（下表ⓐ）。知的障害者と精神障害者は、65歳未満では「**家族の持ち家**」（ⓑ）、65歳以上では「**自分の持ち家**」（ⓒ）に住んでいる人の割合が最も高くなっています。

■障害者手帳所持者の住宅の種類

	障害者手帳の種類（複数回答）					
	身体障害者手帳		療育手帳		精神障害者保健福祉手帳	
	65歳未満	65歳以上	65歳未満	65歳以上	65歳未満	65歳以上
自分の持ち家	34.8%	61.1%ⓐ	8.4%	41.4%ⓒ	11.9%	46.4%ⓒ
家族の持ち家	38.8%ⓐ	21.8%	53.9%ⓑ	22.6%	42.8%ⓑ	19.4%
民間賃貸住宅	15.1%	6.2%	12.5%	6.0%	21.4%	9.7%
社宅・職員寮・寄宿舎等	0.5%	0.2%	0.6%	—	0.8%	—
公営住宅	5.9%	6.6%	7.1%	12.0%	14.2%	13.3%
貸間	0.3%	0.2%	0.2%	0.8%	1.1%	—
グループホーム等	2.4%	1.4%	14.9%	15.0%	4.4%	6.6%
その他	0.7%	0.9%	0.8%	—	1.7%	1.0%
不詳	1.4%	1.7%	1.6%	2.3%	1.7%	3.6%

◆同居者の状況

同居者の状況をみると、65歳未満の身体障害者は、「**夫婦**で暮らしている」52.1%（右表ⓐ)、「**子**と暮らしている」29.9%（ⓑ）の割合が他の障害者と比較して高くなっています。**知的**障害者では「**親**と暮らしている」割合（ⓒ）が約**9**割と極めて高くなっています。

■障害者手帳所持者の同居者の状況

(65歳未満)

	障害者手帳の種類（複数回答）			
	所有者総数	身体障害者手帳	療育手帳	精神障害者保健福祉手帳
同居者有	80.6%	84.1%	81.0%	75.0%
夫婦で暮らしている	32.8%	52.1% ⓐ	4.3%	27.1%
親と暮らしている	65.6%	48.6%	92.0% ⓒ	67.8%
子と暮らしている	19.0%	29.9% ⓑ	3.1%	15.5%
兄弟姉妹と暮らしている	23.1%	13.3%	40.3%	19.5%
その他の人と暮らしている	5.0%	2.6%	8.6%	4.8%
一人で暮らしている	11.4%	12.2%	3.0%	18.6%
不詳	8.0%	3.7%	16.0%	6.4%

◆今後の暮らしの希望

どのように暮らしたいかについては、65歳未満では「**今までと同じように暮らしたい**」とする割合がどの種類の障害者も最も高く、**6～8割**です。また、**精神障害者**では、「一人暮らしをしたい」「今は一緒に住んでいない家族と暮らしたい」と回答した人の割合が比較的高めとなっています。

◆日中の過ごし方の状況

日中の過ごし方では、身体障害者、精神障害者で最も割合が高いのが「**家庭内**で過ごしている」でそれぞれ約4割、約5割でしたが、**知的障害者**では、「**障害者通所サービスを利用**」が約**4割**で最も高くなっています。また、「正職員」として働く割合は**身体障害者**が16.8%で最も高いものの、「正職員以外」で働いている者の割合は、全て**1～2割程度**で、それほど障害別で差がないことが見受けられます。

◆外出の状況

1年間の外出状況をみると、65歳未満では「**毎日**」が32.8％、「1週間に**3～6**日程度」が31.2％、「1週間に1～2日程度」が15.5％、「1か月に1～2日程度」が7.6％、「2週間に1～2日程度」が4.2％、「外出していない」が1.7％となっています。

◆一月当たりの平均収入

障害者手帳所持者の一月当たりの平均収入についてみると、18歳以上～65歳未満では、「**6万円以上～9万円未満**」が26.4％で最も多く、次いで「**0円以上～1万円未満**」が17.7％、「**9万円以上～12万円未満**」が11.7％の順、65歳以上では、「**6万円以上～9万円未満**」が15.6％で最も多く、次いで「**9万円以上～12万円未満**」が10.9％、「**15万円以上～18万円未満**」が9.4％となっています。

◆生活のしづらさの頻度

生活のしづらさの頻度についてみると、「**毎日**」の割合が65歳未満が35.9％、65歳以上が42.5％と最も高く、次いで「**特に生活のしづらさは無かった**」が65歳未満が24.9％、65歳以上が19.1％となっています。

◆福祉サービスの利用状況

障害者総合支援法による福祉サービスを利用している65歳未満の人は、**身体障害者**と**精神障害者**では約3割、**知的障害者**では約5割となっています。

ひとこと

就労移行支援サービス、就労継続支援（A型）サービス及び就労継続支援（B型）サービスのうち、利用実人員が最も多いのは**就労継続支援（B型）**サービスです。

利用したいが利用できないと答えた人は、どの種類の障害者も１割未満、利用していないと答えた人は、**身体障害者**と**精神障害者**では５割を超えており、**知的障害者**では約４割となっています。

介護保険法に基づくサービスの利用状況についてみると、「利用している」と答えた者の割合は40歳以上～65歳未満では**9.1%**、65歳以上では**34.4%**となっています。

◆困ったときの相談相手

困ったときの相談相手がいると答えた65歳未満の人は、どの種類の障害者も約**8～9割**で、うち約**6～7割**の人が**「家族」が相談相手**であると答えています。一方、**だれにも相談できない**と答えた人は、どの種類の障害者も**1**割未満となっています。

例題

Q 18歳以上～65歳未満の障害者手帳所持者のうち、一月当たりの平均収入として18万円以上～21万円未満と答えた者が最も多い。〔第34回-問56〕

A × 18歳以上～65歳未満の障害者手帳所持者の一月当たりの平均収入は、**6万円以上～9万円**未満が最も多い。

5 障害の原因

障害者手帳所持者の障害の原因は、障害者手帳所持者全体では、65歳未満、65歳以上ともに「**病気**」と答えた者の割合が最も高くなっています。手帳の種類別にみると、身体障害者手帳所持者は65歳未満、65歳以上ともに「病気」と答えた者の割合が最も高く、65歳未満では、36.0%、65歳以上では57.2%でした。療育手帳所持者と精神障害者保健福祉手帳所持者では、65歳未満が、「**わからない**」、65歳以上が「**病気**」が最も高い結果となりました。

■障害者手帳所持者の障害の原因

(( ) 内の数値が65歳以上)

	障害者手帳所持者	障害者手帳の種類（複数回答）		
		身体障害者手帳	療育手帳	精神障害者保健福祉手帳
総数	100.0%	100.0%	100.0%	100.0%
病気	36.4%(58.0%)	52.5%(59.5%)	12.4%(48.1%)	34.3%(46.9%)
事故・けが	7.5%(12.9%)	12.5%(13.2%)	3.3%(8.3%)	5.7%(10.2%)
災害	0.3%(0.6%)	0.2%(0.6%)	–(0.8%)	0.8%(1.5%)
出生時の損傷	7.0%(2.9%)	9.4%(2.8%)	10.3%(6.8%)	3.0%(1.0%)
加齢	2.8%(22.6%)	4.0%(22.9%)	0.6%(15.8%)	3.2%(20.4%)
その他	16.3%(4.7%)	11.9%(4.4%)	22.5%(7.5%)	17.8%(6.1%)
わからない	34.6%(10.8%)	17.2%(9.5%)	50.1%(21.1%)	46.4%(23.0%)
不詳	4.8%(7.5%)	3.0%(7.3%)	7.9%(9.0%)	3.2%(11.7%)

例題

Q 65歳以上の障害者手帳所持者の「障害の原因」は、「事故・けが」が最も多い。〔第33回-問56〕

A × 65歳以上の障害者手帳所持者の「障害の原因」で最も多いのは「病気」である。

ひとこと

生活のしづらさが生じ始めた年齢をみると、65歳未満では18歳未満と答えた割合が34.5%、65歳以上では65歳以降に生活のしづらさが生じ始めたと答えた者の割合が43.8%となっています。

重要度 C

障害者を取り巻く社会環境

1 障害者文化芸術活動推進法

文化芸術活動を通じた障害者の**個性**と**能力**の発揮及び社会参加の促進を図るため、2018（平成30）年、『障害者による文化芸術活動の推進に関する法律』（**障害者文化芸術活動推進法**）が制定、施行されました。障害者による文化芸術活動の推進は、次に掲げる事項を旨として行われなければならないと規定されています。

障害者文化芸術活動推進法の基本理念

❶文化芸術を創造し、享受することが人々の生まれながらの権利であることに鑑み、国民が障害の有無にかかわらず、文化芸術を鑑賞し、これに参加し、又はこれを創造することができるよう、障害者による**文化芸術活動を幅広く促進**すること

❷専門的な教育に基づかずに人々が本来有する創造性が発揮された文化芸術の作品が高い評価を受けており、その中心となっているものが障害者による作品であること等を踏まえ、障害者による**芸術上価値が高い作品等の創造に対する支援を強化**すること

❸地域において、障害者が創造する文化芸術の**作品等の発表**、障害者による文化芸術活動を通じた交流等を促進することにより、住民が心豊かに暮らすことのできる住みよい地域社会の実現に寄与すること

また、国及び地方公共団体に対して、以下の責務を課しています。

国及び地方公共団体の責務等

- 国は、基本理念にのっとり、障害者による文化芸術活動の推進に関する**施策**を総合的に策定し、及び実施する責務を有する
- 地方公共団体は、基本理念にのっとり、障害者による文化芸術活動の推進に関し、国との**連携**を図りつつ、自主的かつ主体的に、その地域の**特性**に応じた施策を策定し、及び実施する責務を有する

このほか、**文部科学大臣**及び**厚生労働大臣**は、障害者による文化芸術活動の推進に関する施策の総合的かつ計画的な推進を図るため、**基本計画**を定めなければならないこと、また、地方公共団体は、**基本計画を勘案**して、当該地方公共団体における**障害者による文化芸術活動の推進に関する計画を定めるよう努めなければならない**ことなども規定されています。

2 障害者情報アクセシビリティ・コミュニケーション施策推進法

障害者が、あらゆる分野の活動に参加するためには、情報の十分な取得利用・円滑な意思疎通が極めて重要であるにもかかわらず、障害があることで**多くの情報格差に直面**しています。そのような情報格差を解消するため、2022〈令和4〉年に『障害者による情報の取得及び利用並びに意思疎通に係る施策の推進に関する法律』(障害者情報アクセシビリティ・コミュニケーション施策推進法)が制定されました。

◆基本理念

障害者による情報の取得等に係る施策の推進は、次に掲げる4つの事項を旨として行われなければならないとされています。

基本理念

❶障害の種類・程度に応じた**手段**を選択できるようにする
❷日常生活・社会生活を営んでいる**地域**にかかわらず等しく情報取得等ができるようにする
❸障害者でない者と同一内容の情報を**同一時点**において取得できるようにする
❹高度情報通信ネットワークの利用・情報通信技術の活用を通じて行う(**デジタル**社会)

ひとこと

この法律と前項の障害者文化芸術活動推進法における「障害者」とは、障害者基本法第２条第１号に規定する障害者をいいます（p.502参照）。

◆国・地方公共団体の責務等

国及び地方公共団体には、以下の責務等が明記されています。

国及び地方公共団体の責務等

- 国は、基本理念にのっとり、障害者による情報の取得及び利用並びに意思疎通に係る**施策を総合的に策定**し、及び実施する
- 地方公共団体は、基本理念にのっとり、その**地域の実情**を踏まえ、障害者による情報の取得及び利用並びに意思疎通に係る施策を策定し、及び実施する
- 国及び地方公共団体は、障害者による情報の取得及び利用並びに意思疎通に係る施策が**障害者でない者**による情報の十分な取得及び利用並びに円滑な意思疎通にも資するものであることを認識しつつ、当該施策を策定し、及び実施する

◆事業者の責務等

事業者は、障害者がその必要とする情報を十分に取得し及び利用し並びに円滑に意思疎通を図ることができるようにするよう努めるとともに、国または地方公共団体が実施する施策に**協力**するよう努めなければならないとされています。

このほか、国民には障害者の情報取得に関する**関心**や**理解**を深める努力義務や、関係者相互の協力・連携の努力義務、また、障害者による情報の取得等に係る施策を講ずるに当たっては、障害者等の意見を聴き、尊重するよう努めなければならないとされています。

CHAPTER 8

SECTION 3 障害者福祉の歴史

このSECTIONのポイント

◆障害者福祉の理念…障害者福祉の基本理念となるリハビリテーション、ノーマライゼーション、ソーシャルインクルージョンについて概要をみていきます

◆障害者権利条約と障害者基本法…障害者権利条約の批准の経緯と障害者基本法について理解しましょう

◆障害者福祉制度の発展過程…戦後から現代までの日本の障害者福祉制度の成立・発展の流れと国際的な障害者に関する取組の歴史をおさえましょう

重要度A 障害者福祉の理念

障害者福祉の理念として重要なのは、リハビリテーション、ノーマライゼーション、ソーシャルインクルージョンです。

1 リハビリテーションとノーマライゼーション

「リハビリテーション」は、心身の機能の回復にとどまらず、障害のある人が最適な能力を発揮できるようにすることで、人間らしく生きる権利・名誉・尊厳の回復＝**全人間的復権**をめざす理念です。

リハビリテーションでは、生活の視点を重視し、利用者の残された能力を生かこと・引き出すことで、自立を支援していきます。

「ノーマライゼーション」は、障害のある人も、そうでない人も、分けへだてなく生活（普通に生活）していけるような社会の実現をめざす理念です。

1950年代に、デンマークの**バンク-ミケルセン**（Bank-Mikkelsen, N.）によ

って提唱され、その後、**ニィリエ**（Nirje, B.）や**ヴォルフェンスベルガー**（Wolfensberger, W.）などが理論化を進めていきました。ノーマライゼーションの理念が日本国内に広がり始めたのは、「**完全参加と平等**」をテーマに掲げた1981（昭和56）年の「**国際障害者年**」からです。

2 ソーシャルインクルージョン

「ソーシャルインクルージョン」は、社会のあらゆる人々をその構成員として**包み込み**、共に**生き**、共に**支え合う**ことをめざす理念です。

ソーシャルインクルージョンという考え方の前段階には、**インテグレーション**（統合）や**インクルージョン**（包括）という理念があり、併せて理解しておくことが大切です。

ここがポイント

ソーシャルインクルージョンと関係する理念

インテグレーション（統合）

障害者と健常者を区別するのではなく、**社会のなかで共に生活できる**ような状態をめざす理念

↓ ◆インテグレーションの考え方を発展させると…

インクルージョン（包括）

共生できる場をつくるということに限らず、その人に合った生き方を選んでいけるように、**共に支え合う**ことをめざす理念

↓ ◆インクルージョンの考え方を社会全体に広げると…

ソーシャル・インクルージョン

高齢者や障害者、ホームレスや外国籍の人など、**あらゆる人々**を社会の構成員として包み込み、共に生き、共に支え合うことをめざす理念

重要度 A

障害者権利条約と障害者基本法

1 障害者権利条約の批准

世界各国の障害者団体が「Nothing about us without us（私たち抜きに私たちのことを決めるな）」をスローガンに、条約の起草段階から参加、発言し、その意見が反映されて、2006（平成18）年に国連で「**障害者の権利に関する条約**」（**障害者権利条約**）が採択されました。以降、障害者の権利に関する取組が国際的に求められるようになりました。日本では2007（平成19）年にこの条約に署名※をしていますが、国内法がまだこの条約の内容に適していなかったため、この時点では批准※することができませんでした。

2009（平成21）年、内閣に「**障がい者制度改革推進本部**」が立ち上げられました。その後、まずは障害者施策の基本法である『**障害者基本法**』を2011（平成23）年に改正、条約の**社会モデル**の考え方を踏まえて**障害の定義**を見直し、**社会的障壁**という概念を法的に明確にし、障害者の**差別**の禁止などを盛り込みました。

2011（平成23）年には、『**障害者虐待の防止、障害者の養護者に対する支援等に関する法律**』（**障害者虐待防止法**）が制定され、障害者の虐待防止に対して**国**と**自治体**の責務が定められました。

2012（平成24）年には、『障害者自立支援法』に代わり『**障害者の日常生活及び社会生活を総合的に支援するための法律**』（**障害者総合支援法**）が制定（翌年施行）され、順次、制度の見直し、新しい障害福祉サービスの創設がなされています。

また、2013（平成25）年には、障害者差別に対する取組について具体的に示すため、『**障害を理由とする差別の解消の推進に関する法律**』（**障害者差別解消法**）が制定されました。このような国内法の整理を経て、「障害者の権利に関する条約」を2014（平成26）年に批准することになりました。

2016（平成28）年には、『**障害者総合支援法**』の改正があり、その大部分は2018（平成30）年に施行されています。

※署名／批准

署名とは、国家が条約に拘束される意思を表明することをいう。
批准とは、署名を行った後、国会の承認、天皇による認証を通して条約を締結する手続きのこと。

ひとこと

『障害者差別解消法』では、「障害者」について、『障害者基本法』と同様に「障害の社会モデル※」に基づいた定義がなされました。

※障害の社会モデル

障害（バリア）は、健常者を規準にしている社会のあり方が作りだしているものという考え方のこと。この考え方は、2006年に国連総会で採択された「障害者の権利に関する条約」で示された。

2 障害者基本法の概要

1970（昭和45）年、日本の障害者施策に関する基本的法律として、『**心身障害者対策基本法**』が制定されました。その後、**国際障害者年**（1981年）、**国連・障害者の十年**（1983～1992年）などに対応して、政府は「障害者対策に関する長期計画」（1982～1992年）を策定、障害者施策について取組を進めていくことになります。

「障害者対策に関する長期計画」終了後、1993（平成５）年に10年にわたる施策の基本的方向と具体的方策を示した「障害者対策に関する新長期計画」が策定されました。同年、それに合わせて『心身障害者対策基本法』が改正され、法律名も『**障害者基本法**』に改称されることになりました。

『障害者基本法』への改称時、及び2004（平成16）年、2011（平成23）年の改正における各ポイントは、次ページのようになります。この中で、大幅改正となった2004（平成16）年の改正では、障害者本人の自立への努力義務規定や、国と地方公共団体による重度障害者への保護等の努力義務規定などが削除されています。

ここがポイント

障害者基本法改正のポイント

1993（平成５）年の改正	◆『心身障害者対策基本法』を『障害者基本法』に改称 ◆ 精神障害者 を障害者として位置づける ◆国際障害者年における「完全参加と平等」の考え方を加える ◆12月９日を 障害者の日 と定める ◆ 障害者基本計画 の策定を国に義務づけ、都道府県、市町村に 障害者計画 の策定努力義務を規定
2004（平成16）年の改正	◆障害者の 自立と社会参加 の支援等の推進を明記 ◆ 障害者差別 の禁止を明記 ◆障害者の日を 障害者週間（12月３～９日）に改正 ◆都道府県と市町村について 障害者計画 の策定を義務化
2011（平成23）年の改正	◆障害者の定義に 発達障害 や「その他の心身の機能の障害」が追加され、あわせて 社会的障壁 も追加 ◆ 共生社会 を実現するにあたって旨とすべき事項の追加 ◆ 差別の禁止 を第４条に集約。合理的配慮 の考え方の導入

✔CHECK!

✔CHECK! 合理的配慮

合理的配慮とは、除去をする 側に 過度な負担 がかかることがない範囲で、社会的障壁 を取り除くことを指す。例えば、エレベーターのないビルは下肢など歩行に障害のある人にとって社会的障壁となるが、エレベーターの設置などの改修費用は、ビルの所有者に対して過度な負担がかかると判断される場合がある。改修の代わりに、障害者が階段を上るための手助けを行うなどの便宜を図ることが、合理的配慮といえる。

例題

Q 2004年（平成16年）に改正された障害者基本法では、障害者に対する差別の禁止が基本理念として明文化された。

〔第36回-問57〕

A ○ 2004（平成16）年の障害者基本法の改正では、障害者の差別の禁止が明文化されるとともに、障害者の**自立**と**社会参加**の支援等の推進が明記された。

◆障害者基本法における障害者の定義

『障害者基本法』における障害者とは、次のものをいいます。

障害者基本法第2条第1号

「**身体障害**、**知的障害**、**精神障害**（**発達障害**を含む。）その他の**心身の機能の障害**がある者であつて、障害及び**社会的障壁**により継続的に日常生活又は社会生活に相当な制限を受ける状態にあるもの」

◆障害者基本法の目的と基本原則

『障害者基本法』の目的は、次のとおりです。**共生社会**の実現に向けた法制度を築いていくための基本的法律としての性格をもっています。

障害者基本法の目的

「全ての国民が、障害の有無にかかわらず、等しく基本的人権を享有するかけがえのない個人として尊重されるものであるとの理念にのっとり、全ての国民が、障害の有無によって分け隔てられることなく、相互に**人格**と**個性**を尊重し合いながら**共生**する社会を実現するため、障害者の自立及び社会参加の支援等のための施策に関し、基本原則を定め、及び**国**、**地方公共団体等**の責務を明らかにするとともに、障害者の自立及び社会参加の支援等のための施策の基本となる事項を定めること等により、障害者の自立及び社会参加の支援等のための施策を総合的かつ計画的に推進すること」

基本原則としては、「**地域社会における共生等**」（第３条）、「**差別の禁止**」（第４条）、「**国際的協調**」（第５条）が規定されています。

共生社会とは、障害のあるなしを問わず同じ人権をもち、人間らしく暮らし、生きていく権利をもてる社会であるといえます。以下の事柄が図られることが必要とされています。

「地域社会における共生等」において図られるべき事項

◆全て障害者は、社会を構成する一員として社会、経済、文化その他あらゆる分野の活動に参加する機会が確保されること

◆全て障害者は、可能な限り、どこで誰と生活するかについての選択の機会が確保され、地域社会において他の人々と共生することを妨げられないこと

◆全て障害者は、可能な限り、言語（**手話**を含む）その他の意思疎通のための手段についての選択の機会が確保されるとともに、情報の取得または利用のための手段についての選択の機会の拡大が図られること

また、共生社会の実現に向けて、国は、基本原則に関する国民の理解を深めるような施策を講じなければならず、また**国民**も共生社会の実現に向けて協力するという責務が示されています。

◆障害者基本計画

障害者基本計画とは、障害者の自立及び社会参加の支援等のための施策の総合的かつ計画的な推進を図ることを目的とした、障害者のための施策に関する基本的な計画のことで、**政府**が策定をします。障害者基本計画は、５年から10年おきに見直されます。都道府県、市町村は政府が策定した**障害者基本計画**を基本として、各自治体の障害者の状況を踏まえ、それぞれ**都道府県障害者計画**、**市町村障害者計画**を作成することが義務づけられています。

例題

Q 現行の障害者基本法では、市町村障害者計画の策定は、市町村の判断に委ねると規定されている。　〔第28回-問62・改〕

A × 2004（平成16）年の『障害者基本法』の改正により都道府県と市町村が行う障害者計画は策定が義務化されている。

◆障害者政策委員会及び審議会その他の合議制の機関

障害者政策委員会とは、国の障害者基本計画を策定するうえで意見を述べ、また、障害者基本計画の実施状況を監視し、必要に応じて内閣総理大臣を通じて各大臣に勧告することなどを役割とする機関です。**内閣府**に設置されています。『障害者基本法』には、「政策委員会の委員は、**障害者、障害者の自立及び社会参加に関する事業に従事する者**並びに学識経験のある者のうちから、内閣総理大臣が任命する」と明記されています。

また、都道府県においては、都道府県障害者計画を策定するにあたって意見を述べ、実施状況を監視する等の役割をもつ機関として、**審議会その他の合議制の機関**を置くこととされています。なお、市町村については、任意設置となっています。

例題

Q 障害者政策委員会の委員に任命される者として、障害者が明記されている。　〔第32回-問61〕

A ○ 障害者政策委員会の委員は、障害者、障害者の自立及び社会参加に関する事業に従事する者並びに学識経験のある者のうちから、内閣総理大臣が任命する。

重要度A 障害者福祉制度の発展過程

1 日本の障害者施策の歴史

日本における障害者福祉制度について、第二次世界大戦後の障害者福祉の成り立ちから『障害者自立支援法』(現『障害者総合支援法』)制定までの発展の流れを理解しましょう。

◆身体障害者福祉

第二次世界大戦後、戦争での負傷を原因として身体障害のある人が急増しました。その対応として1949(昭和24)年に日本初の障害者福祉の法律である『**身体障害者福祉法**』が制定され、1950(昭和25)年に施行されました。この法律では、国に身体障害者更生援護施設の設置が義務づけられました。それまでは貧困対策の一環として行われてきた障害者施策が、貧困対策から分離されたといえます。

その後、1960(昭和35)年には、『**身体障害者雇用促進法**』(現『**障害者の雇用の促進等に関する法律**』)が制定され、障害者の雇用施策が法制化されました。

◆知的障害者福祉

1960(昭和35)年に『**精神薄弱者福祉法**』(現『**知的障害者福祉法**』)が制定されました。当時、知的障害児の対応は『**児童福祉法**』において行われていましたが、**18歳以上**になった知的障害児の対応が問題となり、独自の法制化が求められていました。『精神薄弱者福祉法』では、支援の在り方について主に施設入所を中心に規定されていました。これ以降、日本の障害者福祉は入所支援を中心に考えられるようになりました。

◆精神障害者福祉

精神障害者福祉の分野では、1950(昭和25)年に『精神病者監護法』と『精神病院法』を統合した『**精神衛生法**』(現『**精神保健及び精神障害者福祉に関する法律**』)が制定されました。同法では、精神病者に対する医療と保護を目的に、

私宅監置の廃止、都道府県に対して**精神科病院**の設置の義務づけ、**精神衛生鑑定医制度**の新設などが定められました。

その後、1984（昭和59）年に発覚した**宇都宮病院事件**※を契機に、1987（昭和62）年、『精神衛生法』を『**精神保健法**』に改正、精神障害者の人権擁護や、社会復帰の促進に関する制度が整備されることになりました。

※宇都宮病院事件
栃木県宇都宮市にある精神科病院で、病院職員による患者への日常的な暴行が虐待死により発覚した事件。精神障害者の人権問題が意識されるようになった。

例題

Q 昭和59年の宇都宮病院事件は、病院における非人道的な処遇が国際的にも注目され、昭和62年の<u>精神衛生法</u>の成立に影響を与えた。〔第23回-問130〕

A × 宇都宮病院事件が法成立に影響を与えたのは、**精神保健法**である。

◆**基本法の制定**

1970（昭和45）年に障害者施策の基本的法律として『**心身障害者対策基本法**』が制定されました。この法律において、「心身障害者の福祉に関する施策は、心身障害者の**年齢**並びに心身障害の**種別**及び**程度**に応じて、かつ、有機的連携の下に総合的に、策定され、及び実施されなければならない」と規定されました。

その後、同法を改正する形で、1993（平成５）年、『**障害者基本法**』が成立しました。『心身障害者対策基本法』では、その対象が**身体障害者**と**知的障害者**のみでしたが、この『障害者基本法』の改正によって、**精神障害者**も障害者であることが初めて位置づけられました。

2 日本の障害者施策の発展

◆福祉関係八法から障害者自立支援法の制定まで

1990（平成２）年に**福祉関係八法**の改正 →詳細はp.212参照 が行われ、障害者福祉の分野では、**在宅福祉サービスの整備が**進められることとなりました。また、各種福祉サービスについて、**市町村に措置権限を移行**する方向性が出されるなど、市町村が中心となって福祉施策が行われるようになりました。

そして、2000（平成12）年には**社会福祉基礎構造改革**が行われ、障害者施策も見直されてきています。

■障害者施策の変遷（1993〈平成５〉～2005〈平成17〉年）

1993（平成５）年	「障害者対策に関する新長期計画」（**第１次障害者基本計画**）策定
1995（平成７）年	●「**障害者プラン～ノーマライゼーション７か年戦略～**」を発表 ●『精神保健法』の改正法として、『精神保健及び精神障害者福祉に関する法律』（**精神保健福祉法**）が成立 → 障害者保健福祉手帳制度や社会復帰の促進及び自立援助と社会経済活動参加のための充実が図られた
1999（平成11）年	**『精神保健福祉法』**が再度改正され、グループホーム、ホームヘルプ、ショートステイの**在宅サービスが制度化**
2002（平成14）年	●2003（平成15）～2012（平成24）年度の10年間を期間とする「**障害者基本計画**（第２次）」が策定され、「**重点施策実施５か年計画**」（前期・後期）として、実施されることとなった → **具体的な数値目標**を設定したことが特徴
2003（平成15）年	●『心神喪失等の状態で重大な他害行為を行った者の医療及び観察等に関する法律』（医療観察法）制定 ●**支援費制度**施行 → **措置**制度から**利用**制度に転換することを目的としていた。制度の対象は**身体障害者、知的障害者・児**

2004（平成16）年	●『**障害者基本法**』の改正で**障害者の**差別**の禁止**が新たに規定される →「何人も、障害者に対して、障害を理由として、差別することその他の権利利益を侵害する行為をしてはならない」 ●『発達障害者**支援法**』制定
2005（平成17）年	●『障害者自立支援法』（現『**障害者総合支援法**』）制定 →障害種別ごとでのサービスの格差や地域格差、財源問題などに対応するものであった

例題

Q 1997（平成９）年から2000（平成12）年にかけて社会福祉基礎構造改革が行われ、障害種別ごとに分かれていた制度が一元化された。〔第25回-問56〕

A × 2005（平成17）年の『障害者自立支援法』の制定において、**障害種別ごとに分かれていた制度が一元化**された。

3 国際社会での障害者施策の歴史

1971年に「知的障害者**の権利宣言**」が提唱され、障害者の人権について初めて国連で語られると、その後、1975年には知的障害者だけではなく、全ての障害者の人権について述べた「障害者**の権利宣言**」が提唱されました。この宣言に沿って各国が取り組めるように打ち出されたのが、1981年の「国際障害者年」です。ここでは完全参加と平等をテーマとし、さらにノーマライゼーションの理念が促進されました。

国連は1982年には、「障害者に関する世界行動計画」を採択し、障害者施策のモデルを提示、翌1983年から1992年までを「国連・障害者の十年」として、行動を具体化するよう各国に求めました。

ひとこと

「国際障害者年」「国連・障害者の十年」は、日本に大きな影響を与え、これらによって日本の脱施設化が進み始めました。

「国連・障害者の十年」以後、それに続く取組として、アジア太平洋地域における障害者への認識を高め、障害者施策の質の向上を目指す「アジア太平洋障害者の十年」（1993～2002）が採択されました。これは、2002年、また2012年にそれぞれ10年延長され、行動計画として「びわこミレニアム・フレームワーク」（2002）、「仁川《インチョン》戦略」（2012）が採択されています。

また障害者の権利に関する事項では、1993年には、医療や教育、就労、社会保障など、障害者に関わる重要な課題に対して、各国が取り組むべき具体的指針である「**障害者の機会均等化に関する標準規則**」が国連で採択されますが、これは条約とは異なり法的拘束力はないものでした。その後、2001年にメキシコの提案による「障害者の権利及び尊厳を保護・促進するための包括的総合的な国際条約」決議が採択され、それに基づき開かれたアドホック委員会を経て、2006年に、「**障害者の権利に関する条約**」（**障害者権利条約**）が採択されることとなりました。

ここがポイント

国連の障害者に関する取組

知的障害者の権利宣言（1971年）	知的障害者は、実際上 **可能な限り** において他の人間と同等の権利を有する
障害者の権利宣言（1975年）	障害者は、その障害の原因、性質及び程度にかかわらず、**同年齢の市民と同等の基本的権利** を有する

国際障害者年（1981年）	障害者の権利宣言の趣旨に基づき決議されたもので、**完全参加と平等**をテーマとしている
障害者に関する世界行動計画（1982年）	国際障害者年の趣旨をより具体的なものとするため採択。**機会の均等化**を促進するよう提唱 ✔CHECK!
国連・障害者の十年（1983～1992年）	**完全参加と平等**を目標とし、障害者に関する世界行動計画の積極的な障害者施策の推進を各国に求めた
障害者の機会均等化に関する標準規則（1993年）	障害者の**医療**、**リハビリテーション教育**、**雇用**、**社会保障**などの分野において、「障害者に関する世界行動計画」が目標とする完全参加と平等の実現に向けた標準的な指針
障害者の権利に関する条約（2006年）	障害を理由とする**差別**を禁止し、合理的配慮を含め、障害者に他者と平等な権利を保障する国の**責務**を定めた条約

✔CHECK! 機会の均等化

障害者の機会均等化に関する標準規則（1993年）によれば、機会の均等化とは、「社会の仕組みと、サービスや活動、情報、文書といった環境を、**全員**に、特に障害がある人々に利用できるようにする過程」とされている。

ひとこと

国際的な障害者スポーツの大会として、オリンピックの直後にパラリンピックが行われています。これは1948年、イギリスの病院での脊髄損傷者が参加する競技会の開催がきっかけでした。

CHAPTER 8
SECTION 4

障害者総合支援法

このSECTIONのポイント

◆障害者総合支援法の概要…法制定の背景や目的、内容、法改正の流れなどを理解しましょう

◆自立支援給付…障害者総合支援法の柱の１つである自立支援給付の種類・内容などについておさえましょう

◆地域生活支援事業…障害者総合支援法のもう１つの柱である地域生活支援事業の内容などについておさえましょう

重要度A　障害者総合支援法の概要

1　法制定の背景

◆支援費制度

2000（平成12）年に行われた**社会福祉基礎構造改革**に伴い、2003（平成15）年から実施されたのが**支援費制度**です。これにより、従来の行政機関がサービス利用を決定する**措置制度**から利用者が主体となってサービスを選択する**利用（契約）制度**へ移行しました。しかし、サービス利用者数の急激な増大や、それに伴う財源問題、実施する自治体によってサービスの格差が大きい、また、**精神障害者については対象外**であるなど、新たな問題点が指摘されるようになりました。

◆障害者自立支援法の制定

2005（平成17）年に**『障害者自立支援法』**が制定されました。これにより身体障害者、知的障害者に精神障害者を含めた、**３分野の障害者施策が一元化**されました。同法では、障害の状況に合わせ選択する、日中活動の場と生活の場に分けたサービス体系（**介護給付、訓練等給付、地域生活支援事業**等）を新たにつくり上げたことが大きな特徴になっています。

また、障害福祉サービスの支給決定の手続きにおいて、市町村審査会が行う審査及び判定の結果に基づき、**障害程度区分**の認定が行われるようになりました。そして、利用者負担を**応能負担**※から**応益負担**※とすることで、所得にかかわらず定率**1割**の負担が原則となりました。

利用者負担の変更は、財源の確保のための施策でもありましたが、定率であることが問題視され、さらなる制度改革が求められるようになりました。その際、見直しをするまでの間のつなぎとして、2010（平成22）年に法改正が行われ、利用者負担は**応能負担**へ戻り、**発達障害**もサービスの対象に含むといった見直しが図られました。また、この改正では、**発達障害者**が新たに障害者の範囲に含まれました。

※応能負担／応益負担
利用者が所得に応じた料金を負担することを応能負担といい、利用者の所得にかかわらず、サービスの内容に応じた料金を負担することを応益負担という。

---

2 障害者総合支援法への改正

2012（平成24）年に『障害者自立支援法』の改正法として成立したのが、**『障害者の日常生活及び社会生活を総合的に支援するための法律』**（**障害者総合支援法**）です。施行は2013（平成25）年４月と2014（平成26）年４月の２段階に分けて行い、サービスの対象に**難病患者等を含む**などの変更がなされました。

障害者総合支援法の施行内容

□2013（平成25）年に施行
- ●**基本理念**の創設
- ●法の定める障害者の範囲に**難病患者**等を追加
- ●地域生活支援事業に新たな事業内容を追加

□2014（平成26）年に施行
- ●障害程度区分を**障害支援区分**に変更
- ●**重度訪問介護**や地域移行支援の対象を拡大
- ●共同生活介護を、**共同生活援助**に一元化

◆目的、基本理念

『障害者総合支援法』の目的と基本理念は次のとおりです。

ここがポイント

障害者総合支援法の目的（第１条要約）

❶障害者や障害児が、基本的人権を享有する **個人としての尊厳** にふさわしい日常生活・社会生活を営むことができるように、必要な給付や支援を **総合的に** 行う

❷ **障害の有無** にかかわらず、国民が相互に人格と個性を尊重し、安心して暮らすことのできる **地域社会の実現** に寄与する

障害者総合支援法の基本理念（第１条の２要約）

❶すべての国民が、障害によって分けへだてられることなく、相互に人格と個性を尊重し合いながら **共生する社会** を実現する

❷すべての障害者と障害児が、可能なかぎり身近な場所において、必要な日常生活・社会生活を営むための支援を受けられることによって、**社会参加の機会** が確保され、**社会的障壁※の除去** に資することを旨《むね》に、支援を **総合的かつ計画的に** 行わなければならない

※社会的障壁

障害者や障害児が日常生活・社会生活を送るうえで妨げとなるような事物、制度や慣行、観念などのこと。

ひとこと

障害者総合支援法は、成立時に３年後の見直しをすることになっており、順次改正、施行されています。

3 支給決定のプロセス

『障害者総合支援法』のサービスを利用するには、原則、市町村の支給決定を受けなければなりません。市町村に障害支援区分の申請を行った後、申請した障害者の心身の状態を確認するために**認定調査**（**全国統一基準**）が行われます。調査は市町村が行うことになっていますが、**指定一般相談支援事業所**等に調査を委託することも可能です。認定調査を受けた後、市町村による**一次判定**、**市町村審査会**※による**二次判定**を経て、「**区分１**」～「**区分６**」までの**障害支援区分認定**が行われます。これに基づき、障害福祉サービスの支給決定がなされることになります。

障害支援区分に該当しない場合は「**非該当**」として、介護給付は利用できませんが、訓練等給付は利用することができます（訓練等給付のみの利用、ならびに障害児については障害支援区分認定の必要なし）。なお、市町村は、支給決定にあたって必要があると認めるときは、市町村審査会や、身体障害者更生相談所、知的障害者更生相談所、精神保健福祉センター、児童相談所等に意見を聴くことができるとされています。

※市町村審査会

障害支援区分認定や支給要否決定に関する**審査判定業務**を行う機関。必要な数の合議体を設置することとなっており、１つの合議体を構成する委員は**５人**を標準として市町村が条例で定めることになっている。任期は２年で、委員は市町村長が任命する。

ここがポイント

障害支援区分認定とサービス支給決定のプロセス

申請	障害者やその家族などが、市町村にサービス利用のための **申請** を行う
↓	
認定調査	市町村の調査員や相談支援事業者などが、「移動や動作等」「身の回りの世話や日常生活等」「意思疎通等」などの **80 項目**について調査する
↓	
一次判定	認定調査の結果と医師意見書の一部をコンピューターに入力し、判定する
↓	
二次判定	市町村の設置する **市町村審査会** が、一次判定の内容を基にして認定調査で得られた特記事項、医師意見書などに基づき、判定する。障害者本人や家族の意見を聴くこともできる
↓	
認定と通知	二次判定の結果を受け、市町村が、非該当もしくは **障害支援区分 1 ～ 6** のうち、いずれかの認定を行い、結果を **通知** する
↓	
サービス等利用計画案の作成	利用者は、**指定特定相談支援事業者** に計画案の作成を依頼し、市町村に提出する
↓	
支給決定	提出された計画案などを踏まえ、**市町村** によってサービス支給の決定がなされる

例題

Q 市町村は、介護給付費等の支給決定を受けようとする障害者又は障害児の保護者に対し、支給決定後に、サービス等利用計画案の提出を求める。 〔第35回-問57〕

A ✕ 支給決定前にサービス等利用計画案を市町村に提出する。

4 サービス利用に係る費用

障害福祉サービスを利用するには、費用の一部を負担することになっており、**原則1割負担**となっています。ただし、負担上限額が決められていて、それ以上の支払いは必要ありません。原則、生活保護世帯と市町村民税非課税世帯については**利用料0円**となっています。

負担上限額は世帯ごとに決められます。世帯の範囲については、**本人及び配偶者**となっており、その他の家族の収入は考慮されません。ただし、障害児については、保護者の属する住民基本台帳での世帯となっています。

■利用者負担の上限月額

	対象	生活保護 非課税世帯	市町村民税課税世帯	
障害福祉サービス （居宅・通所）	障害者	0円	所得割16万円未満 9300円	所得割16万円以上 3万7200円
	障害児	0円	所得割28万円未満 4600円	所得割28万円以上 3万7200円
障害福祉サービス （入所）	障害者	0円	3万7200円	
	障害児	0円	所得割28万円未満 9300円	所得割28万円以上 3万7200円

重要度A 自立支援給付

『障害者総合支援法』において、障害者の支援のための施策は、大きくは**自立支援給付**と**地域生活支援事業**の２つに分けることができます。自立支援給付には**介護給付**、**訓練等給付**、**相談支援**、**自立支援医療**、**補装具**があります。

■障害者総合支援法の給付・事業

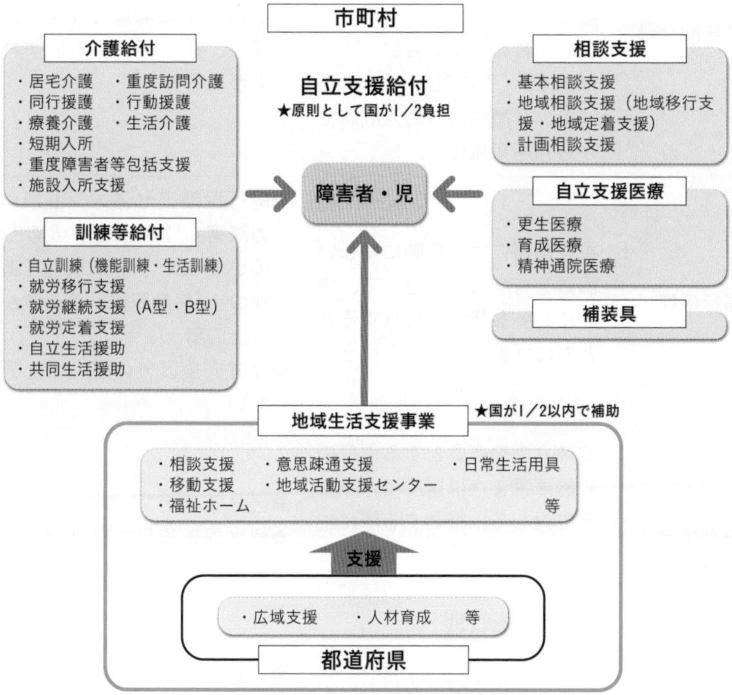

（注）自立支援医療のうち、精神通院医療の実施主体は都道府県及び指定都市

1 介護給付

介護給付には、**居宅介護**、**重度訪問介護**、**同行援護**、**行動援護**、**療養介護**、**生活介護**、**短期入所**、**重度障害者等包括支援**、**施設入所支援**があります。それぞれ、利用できる障害支援区分が決まっており、障害者の状況に応じて利用されます。

■介護給付の内容と利用基準

	内容	障害支援区分の条件など
居宅介護	居宅において、入浴・排泄・食事の介護等を提供	●区分１以上 ●身体介護を伴う通院等介助は区分２以上
重度訪問介護	**常時介護**を必要とする障害者に対して、入浴・排泄・食事の介護、外出時の移動中の介護を総合的に提供。家事援助として育児支援も含む ※2016（平成28）年の改正で、医療機関への入院時でも利用可能に	●区分４以上 ●**２肢以上に麻痺等**があり、歩行、移乗、排尿、排便のいずれも介助がいる者　など
同行援護	視覚**障害**により移動に著しい困難を有する者に対して、移動に必要な情報を提供するとともに移動の援護等を行う	●同行援護アセスメント票の**「視力障害」「視野障害」**及び「夜盲」のいずれかが１点以上であり、かつ、「移動障害」の点数が１点以上の者 ●障害支援区分の認定は必要としない
行動援護	常時介護を必要とする重度の知的障害または重度精神障害者に対して、行動する際に生じ得る危険を回避するために必要な援護や外出時の移動中の介護等を提供	●区分３以上 ●認定調査項目で行動関連項目が一定以上の点数の者
療養介護	病院などの医療施設において機能訓練、療養上の管理、看護、医学的管理のもとの介護、日常生活上の世話の提供	●気管切開を伴う人工呼吸器による呼吸管理を行っている区分６の者 ●筋ジストロフィー患者、重症心身障害者で区分５以上の者　など
生活介護	障害者支援施設等で入浴・排泄・食事介護・創作的活動または生産活動の機会の提供	●常時介護が必要な者で区分３以上（施設入所者は区分４以上）の者 ●50歳以上の場合は区分２以上（施設入所者は区分３以上）

短期入所 （ショートステイ）	居宅で介護を行う者の疾病等の理由により、障害者支援施設等への短期間の入所を必要とする者に対して、入浴・排泄・食事介護等を提供	●福祉型短期入所の場合は区分1以上 ●医療型短期入所では遷延《せんえん》性意識障害の者、筋萎縮性側索硬化症（ALS）等の運動ニューロン疾患を有する者、及び重症心身障害児・者　など
重度障害者等包括支援	介護の必要度が著しく高い場合、居宅介護等のサービスを包括的に提供	区分6に該当し、意思疎通に著しい困難を有する者で**四肢全て**に麻痺があり寝たきり状態にある者のうち、❶人工呼吸器による呼吸管理を行っている身体障害者、❷最重度知的障害者、または障害支援区分の認定調査項目のうち行動関連項目等の合計得点が一定以上の者
施設入所支援	施設に入所している者のうち、主に夜間に入浴・排泄・食事介護等を提供	●生活介護の利用者のうち、区分4以上（50歳以上の場合は区分3以上） ●自立訓練や就労移行支援等を受けている者であって必要性が認められる者　など

2 訓練等給付

訓練等給付には、**自立訓練（機能訓練・生活訓練）**、**就労移行支援**、**就労継続支援（A型・B型）**、**就労定着支援**、**自立生活援助**、**共同生活援助**の6種類があります。介護給付と違い、障害支援区分認定は必要ありませんが、認定調査は実施します。共同生活援助については、2014（平成26）年4月より、共同生活介護との統合が行われ、機能として介護サービスを包括している**介護サービス包括型**と、必要に応じて外部サービスで介護サービスを利用する**外部サービス利用型**の2種類ができました（介護を必要とする場合は、原則、障害支援区分認定が必要）。さらに、本体住居からおおむね20分以内で移動可能な距離に**サテライト型住居**を設置することも可能になっています。

■訓練等給付の内容

	内容	標準利用期間
自立訓練（機能訓練）	**身体障害者**のリハビリテーション、身体機能の維持、回復などを行う	原則1年6か月
自立訓練（生活訓練）	**知的障害者**と**精神障害者**の生活能力の維持、向上のための訓練を行う	原則2年
就労移行支援	就労を希望する**65歳未満**の障害者に対して、**一定期間**生産活動等の機会を提供し、就労に必要な知識や能力の向上を図る訓練を行う	原則2年
就労継続支援 （A型：雇用型・ B型：非雇用型）	通常の事業所に雇用されることが困難な者に対して就労の機会や生産活動等の機会を提供し、その知識や能力の向上を図る訓練等を行う	特になし
就労定着支援	一般就労に移行した障害者に対して、就業に伴う生活面の課題に対応できるよう、相談、指導及び助言や、**事業所・家族**との連絡調整等の支援を行う	最大3年
自立生活援助	施設入所支援や共同生活援助を受けていた障害者等が居宅で自立した生活を送れるよう、定期的な**巡回訪問**や随時通報による相談に応じ、助言等を行う	原則1年
共同生活援助 （グループホーム）	主に**夜間**において共同生活を営む住居で**相談**、**入浴**、**排泄**、**食事の介護**その他の**日常生活上の援助**、一人暮らし等を希望する者に対する支援や退居後の相談等を行う	特になし

（注）2022（令和4）年12月に成立した改正法の公布から3年以内の政令で定める日より、新しい訓練等給付として「就労選択支援」が追加される。

ひとこと

自立訓練、就労移行支援、就労継続支援A型には、障害者本人の希望を尊重し、より適切なサービス利用を図る観点から、**暫定支給決定**の仕組みがあります。

例題

Q 就労移行支援は、通常の事業所に雇用されることが困難な障害者に対して、雇用契約の締結等による就労の機会を提供するとともに、必要な訓練等の便宜を供与することである。

〔第26回-問57〕

A ×　記述は、**就労継続支援（A型）**である。就労移行支援は**就労を希望する65歳未満の障害者**に対して、一定期間生産活動等の機会を提供し、就労に必要な知識や能力の向上を図る訓練を行う。

◆共生型サービス

障害者が65歳となると、介護保険のサービスを優先して利用することになりますが、利用している事業所が介護保険の指定を受けていない場合は、なじみの事業所を変えなければならないという不都合がありました。

2017（平成29）年６月に成立した『地域包括ケアシステムの強化のための介護保険法等の一部を改正する法律』により、介護保険法、障害者総合支援法等のいずれかの指定を受けている事業所は、**共生型サービス事業所**として、もう一方の制度における指定を受けやすくなるように、基準の緩和が図られました。

■共生型サービスの対象サービス（相互対応型）

障害福祉サービス		介護保険サービス
居宅介護 重度訪問介護	⟷	訪問介護
生活介護＊ 自立訓練（機能訓練・生活訓練） 児童発達支援＊ 放課後等デイサービス＊	⟷	通所介護 地域密着型通所介護
短期入所	⟷	（介護予防）短期入所生活介護

＊主として重症心身障害者等を通わせる事業所を除く

3 相談支援

相談支援には、**基本相談支援**、**地域相談支援**と**計画相談支援**があります。基本相談支援は、全ての相談支援事業所が実施します。それに加え、地域相談支援を行う事業所を**一般相談支援事業所**、計画相談支援事業を行う事業所を**特定相談支援事業所**と呼びます。

■相談支援事業所の支援内容

一般相談支援事業所 （都道府県等が指定）		特定相談支援事業所 （市町村が指定）
地域相談支援	基本相談支援	計画相談支援
●地域移行支援 ●地域定着支援		●サービス利用支援 ●継続サービス利用支援

◆基本相談支援

基本相談支援では、地域の障害者等からの相談全般に対して情報提供や助言を行います。また、権利擁護のために必要な援助なども行います。

◆地域相談支援

地域移行支援及び**地域定着支援**の2種類を指します。地域相談支援は指定一般相談支援事業所（**都道府県**、**指定都市**、**中核市**が指定）が実施します。

■地域相談支援の内容

地域移行支援	障害者支援施設、精神科病院等に入所している障害者に対して、住居の確保やその他の地域における生活に移行するための活動に関する相談等を実施
地域定着支援	居宅において単身生活をする障害者等に対して、地域における生活を維持するために常時の連絡体制を確保し緊急時の支援や相談等を実施

◆計画相談支援

計画相談支援給付は、**サービス利用支援**と**継続サービス利用支援**の２種類があり、指定特定相談支援事業所（**市町村**が指定）が実施します。

■計画相談支援の内容

サービス利用支援	障害者が各種サービスを申請・利用しようとする際に障害者の心身の状況、おかれている環境等を勘案し、利用する障害福祉サービスまたは地域相談支援の種類、内容等を定めた**サービス等利用計画案**の作成、及び支給決定後の**サービス等利用計画**の作成
継続サービス利用支援	作成したサービス等利用計画の内容が適切かどうか、定められた期間ごとにサービス等利用計画を見直し、必要に応じて計画の変更、関係者との連絡調整を行う

なお、自身でサービス利用計画を作成（セルフプラン）することも可能です。ただし、その場合は継続サービス利用支援を利用したプランの見直しはできません。

例題

Q 地域相談支援では、地域生活から施設入所や精神科病院への入院へ向けた移行支援を行う。〔第34回-問57〕

A ×　地域相談支援では、施設や精神科病院等に入所している者に対して、地域生活に移行するための支援（**地域移行支援**）を行う。

4 自立支援医療

自立支援医療とは、心身の障害を除去・軽減するための医療について、医療費が原則**1割負担**となる公費負担医療制度です。

実施主体は原則として**市町村**ですが、精神通院医療に関しては**都道府県**が実施主体で支給認定も同様です。支給認定にあたっては、支給認定の有効期間、指定自立支援医療機関を定めて、それらを記載した**自立支援医療受給者証**が交付されます。

ひとこと

指定自立支援医療機関以外の医療機関では自立支援医療を利用することができません。

■自立支援医療

	対象	申請先	実施主体
更生医療	18歳以上の身体障害者*	市町村	市町村
育成医療	18歳未満の身体障害児	市町村	市町村
精神通院医療	精神疾患等を有する人	都道府県（市町村を経由）	都道府県

＊身体障害者福祉法に基づき身体障害者手帳の交付を受けた者

自立支援医療の自己負担額は原則として医療費の１割負担（**応能負担制度**）です。世帯の状況によって負担なし、もしくは上限額が定められる場合があります。

例題

Q 自立支援医療の種類にかかわらず、支給認定は都道府県が行う。
〔第36回-問59〕

A ×　自立支援医療のうち、更生医療と育成医療は、**市町村**が支給決定を行い、精神通院医療については**都道府県**が実施主体として支給決定を行う。

5 補装具

『障害者総合支援法』に定める**補装具**とは、障害者等の身体機能を補完し、または代替し、かつ、長期間にわたり継続して使用されるものです。義肢や装具のほか、補聴器や車いす、歩行器などが該当します。補装具は金額も高額になりがちなことから、その購入・貸与に対して補助が行われます。2018（平成30）年

４月より、障害者の事情に合わせ適切と考えられる場合に限り、「貸与」が新たに補装具費の支給の対象となりました。これは、子どもの成長に伴い短期間での補装具交換が必要となる場合などを考慮したものです。

負担上限額は、３万7200円ですが、生活保護世帯及び市町村税非課税の低所得世帯は利用者負担がありません。ただし、一定以上の所得がある世帯の場合は、補装具費支給の対象から外される場合もあります。

補装具費の対象となる条件

❶身体の欠損または失われた身体機能を補完・代替するもので、障害個別に対応して設計・加工されたもの
❷身体に装着（装用）して日常生活や就学・就労に用いるもので、同一製品を継続して使用するもの
❸給付に際して専門的な知見を要するもの

補装具の支払い方法は、先に全額払ったうえで補助分が戻る**償還払い**と、実負担分だけ支払う**代理受領方式**の２通り用意されています。

補装具費支給制度の実施主体は**市町村**です。障害者（障害児の場合は保護者）が**市町村長**に**申請**し、市町村より補装具費の支給を受けることになります。

6 その他の自立支援給付

障害福祉サービスと補装具関連サービスなどの１か月あたりの自己負担額の合計が、定められた金額を超えて利用者負担が高額になる場合があります。その際、**高額障害福祉サービス等給付費**が支給されます。他にも**特定障害者特別給付費**、**療養介護医療費**があります。

■その他の自立支援給付

高額障害福祉サービス等給付費	１か月あたりの自己負担額の合計が定められた金額を超えて、**利用者負担が高額**になる場合に支給（夫婦で障害福祉サービスを利用した際など） ※**補装具**にかかる費用も**合算対象**

特定障害者特別給付費	低所得である障害者を対象として、入所施設で提供される食事代や居住費用に対して支給
療養介護医療費	医療を必要とするとともに常時介護を必要とすると認められた障害者を対象として、医療にかかる部分の費用に対して支給

例題

Q 障害福祉サービスの利用者負担額と補装具の利用者負担額を合算して一定の額を超える場合、特定障害者特別給付費が支給される。 〔第26回-問57〕

A × 障害福祉サービスの利用者負担額と補装具の利用者負担額を合算して一定の額を超える場合、支払われるのは、**高額障害福祉サービス等給付費**である。

重要度A 地域生活支援事業

地域生活支援事業は、市町村や都道府県が各地域の実情に応じて柔軟に運用することができる制度です。**市町村地域生活支援事業**と**都道府県地域生活支援事業**に分かれています。

市町村、都道府県共に事業の内容には**必須事業**と、実施を選択できる**任意事業**の２種類があります。必須事業は障害者支援の中核的なものが設定されています。任意事業には**福祉ホーム**の運営などの日常生活支援や、社会参加支援、権利擁護支援、就業・就労支援などがあり、各自治体の状況に合わせて実施の判断がされています。

2017（平成29）年度より、国として促進すべき事業は「地域生活支援促進事業」に位置づけられ、質の高い事業実施が図られています。

1 市町村地域生活支援事業

市町村地域生活支援事業は、特性上、地域での生活に密着したサービスが多く配置されています。これらの事業は、市町村自体が実施するほか、委託によって行うことも可能です。

■市町村地域生活支援事業（必須事業）

理解促進研修・啓発	地域社会の住民に対して障害者等に対する理解を深めるための**研修・啓発事業**
自発的活動支援	障害者等やその家族、地域住民等が自発的に行う**活動**に対する**支援事業**
相談支援	●福祉サービスの利用援助（情報提供、相談等）、社会資源を活用するための支援（各種支援施策に関する助言・指導等）、権利擁護のために必要な援助、専門機関の紹介等 ●上記のほか、**基幹相談支援センター等機能強化事業**、**住居入所等支援事業**（居住サポート事業）がある
成年後見制度利用支援	**成年後見制度**の利用に要する費用のうち、成年後見制度の申立てに要する経費（登記手数料、鑑定費用等）及び後見人等の報酬等の全部または一部を補助する
成年後見制度法人後見支援	法人後見実施のための研修、法人後見の活動を安定的に実施するための組織体制の構築、法人後見の適正な活動のための支援等
意思疎通支援	**手話通訳者**及び**要約筆記者**の**派遣**（点訳、代筆、代読、音声訳等による支援を含む）
日常生活用具給付等	日常生活上の便宜を図るため、障害者等に日常生活用具を給付または貸与する
手話奉仕員養成研修	聴覚障害者等との交流活動の促進、市町村の広報活動などの支援者として期待される日常会話程度の**手話**表現技術を習得した手話奉仕員を**養成研修**する

移動支援	市町村ごとに柔軟な形態で移動支援を実施することにより、社会生活上必要不可欠な外出、及び余暇活動等の社会参加のための外出の際の移動を支援する
地域活動支援センター機能強化	利用者に対し創作的活動、生産活動の機会の提供等、地域の実情に応じた支援を行う**基礎的事業**に加えて実施し、地域活動支援センター（次項参照）の機能を充実強化する

◆地域活動支援センター

地域活動支援センターは、障害者が地域で自立した日常生活及び社会生活が送れるように支援することを目的に、次のように分類されています。

■地域活動支援センターの類型と内容

地域活動支援センターⅠ型	専門職員（**精神保健福祉士等**）を配置し、医療・福祉及び地域の社会基盤との連携強化のための調整、**地域住民ボランティア**育成、障害に対する理解促進を図るための**普及啓発**等の事業を実施する。なお、相談支援事業をあわせて実施または委託を受けていることを要件とする
地域活動支援センターⅡ型	地域において雇用・就労が困難な在宅障害者に対し、機能訓練、社会適応訓練、入浴等のサービスを実施する
地域活動支援センターⅢ型	地域の障害者のための援護対策として地域の障害者団体等が実施する通所による援護事業の実績をおおむね**5**年以上有し、安定的な運営が図られている

また、2010（平成22）年に、地域の相談の拠点として市町村に地域の専門的・総合的相談を支援する**基幹相談支援センター**も設置されました。

→詳細はp.584参照

2 都道府県地域生活支援事業

都道府県地域生活支援事業では、市町村では実施することが難しい専門性の高い事業や広域的な対応が必要な事業を行います。

■都道府県地域生活支援事業（必須事業）

専門性の高い相談支援事業	●**発達障害者支援センター運営事業** ●高次脳機能障害及びその関連障害に対する支援普及事業
専門性の高い意思疎通支援を行う者の養成研修事業	●**手話通訳者・要約筆記者養成研修事業** ●盲ろう者向け通訳・介助員養成研修事業 ●失語症者向け意思疎通支援者養成研修事業
専門性の高い意思疎通支援を行う者の派遣事業	●手話通訳者・要約筆記者派遣事業 ●盲ろう者向け通訳・介助員派遣事業
意思疎通支援を行う者の派遣に係る市町村相互間の連絡調整事業	市町村域または都道府県域を越えた広域的な派遣を円滑に実施するため、**市町村間では派遣調整ができない場合**には、都道府県が市町村間の派遣調整を行う
広域的な支援事業	●都道府県相談支援体制整備事業 ●精神障害者地域生活支援広域調整等事業 ●**発達障害者支援地域協議会**による体制整備事業

例題

Q 地域生活支援事業の実施については、市町村は必ず行わなければならないが、都道府県はその判断に任されている。

〔第26回-問58〕

A ×　都道府県にも、市町村と同様、**必須事業**及び**任意事業**が設定されている。

CHAPTER 8

SECTION 5

身体障害者福祉法

このSECTIONのポイント

◆身体障害者福祉法の概要…法制定の背景や目的、内容、関連する施設などを理解しましょう

重要度B 身体障害者福祉法の概要

1 身体障害者福祉法の目的と対象

『身体障害者福祉法』は、第二次世界大戦後の1949（昭和24）年に制定されました。制定当初は、身体障害者が職場復帰するための支援が主な目的で、傷痍軍人だけではなく対象を**国民全般**としていました。そのため、同法における障害者の定義は、「身体上の障害のため**職業**能力が損傷されている18歳以上の者であって、都道府県知事から身体障害者手帳の交付を受けた者」とされていました。

現行の『身体障害者福祉法』は、**『障害者総合支援法』**と相まって、身体障害者の**自立**と社会経済活動への参加を促進するため、身体障害者を**援助**し、及び必要に応じて**保護**し、もって身体障害者の**福祉の増進**を図ることを目的としています。ここでいう身体障害者とは、「身体上の障害がある**18歳以上**の者であって、**都道府県知事**から**身体障害者手帳**の交付を受けた者」とされています。

2 身体障害者手帳制度

身体障害者手帳は、身体障害者であることを国が認める制度といえます。身体障害は、それぞれの状態に応じて身体障害者障害程度等級表に基づき１級から**７級**まで区分されています。このうち、身体障害者手帳に記載されるのは**６級**

までとされており、**7級**単独では障害者手帳は交付されませんが、**7級**の障害が2つ以上ある場合は、あわせて**6級**として認定されます。

身体障害者手帳は、身体障害者であることの証明をするだけではなく、**『障害者総合支援法』**のサービスを受ける際にも必要になります。また、公共交通機関の運賃割引、各種税の優遇措置など、身体障害者手帳を所持することによって受けることができるサービスもあります。

身体障害者手帳の交付を希望する場合、**医師の診断書**などを添えて、**市町村**に申請を行い、**都道府県知事**等より交付されます。認定期間は原則無期限ですが、治療等により障害の程度が変化することが予測される場合は、1年以上5年以内で**再認定**が行われることになります。

■身体障害者手帳の障害の種類と等級

障害種別		等級
視覚障害		1～6級
聴覚または平衡機能の障害	聴覚障害	2～4、6級
	平衡機能障害	3、5級
音声機能、言語機能またはそしゃく機能の障害		3～4級
肢体不自由		1～7級
心臓、じん臓、もしくは呼吸器またはぼうこうもしくは直腸、小腸、ヒト免疫不全ウイルスによる免疫もしくは肝臓の機能の障害	心臓機能障害	1、3～4級
	じん臓機能障害	1、3～4級
	呼吸器機能障害	1、3～4級
	ぼうこうまたは直腸の機能障害	1、3～4級
	小腸機能障害	1、3～4級
	ヒト免疫不全ウイルスによる免疫機能障害	1～4級
	肝臓機能障害	1～4級

ひとこと

乳幼児に係る障害認定は、障害の種類に応じて、障害の程度を判定することが可能となる年齢（おおむね満３歳）以降に行います。

例題

Q 身体障害者手帳に記載される身体障害の級別は、障害等級1級から３級までである。〔第35回-問61〕

A × 身体障害の等級は、1級から7級まで区分されており、身体障害者手帳に記載されるのは6級までである。

3 身体障害者更生相談所

身体障害者更生相談所とは、身体障害者の自立と社会経済活動への参加を促進するための援助と必要な保護（**更生援護**）の利便のため、及び**市町村**の援護の適切な実施の支援のために、**都道府県**に設置されるものです（**設置義務**）。身体障害者更生相談所は、『身体障害者福祉法』の規定により**身体障害者福祉司**※を置かなければならないとされています。なお、市町村の設置する福祉事務所にも、**身体障害者福祉司**を置くことができます。

※身体障害者福祉司
身体障害者更生相談所の業務のうち、専門的な知識や技術を必要とするものを行う専門職。都道府県に配置される場合は市町村に対して、市町村に配置される場合は、福祉事務所の所員に対して技術的・専門的な指導を行う。

例題

Q 都道府県が設置する身体障害者更生相談所並びに市町村が設置する福祉事務所には、身体障害者福祉司を置かなければならない。〔第24回-問132〕

A × 身体障害者更生相談所には**身体障害者福祉司**は必置だが、**市町村福祉事務所**については**配置義務はない。**

4 身体障害者社会参加支援施設

『身体障害者福祉法』第5条に**身体障害者社会参加支援施設**が規定されています。これらは、身体障害者の社会参加への助力となるよう運営される施設です。

■身体障害者社会参加支援施設

身体障害者福祉センター	無料または低額な料金で、身体障害者に関する各種の相談に応じ、身体障害者に対し、機能訓練、教養の向上、社会との交流の促進及びレクリエーションのための便宜を総合的に供与する施設
補装具製作施設	無料または低額な料金で、補装具の製作または修理を行う施設
盲導犬訓練施設	●無料または低額な料金で、盲導犬の訓練を行う ●視覚障害のある身体障害者に対し、盲導犬の利用に必要な訓練を行う施設
視聴覚障害者情報提供施設	無料または低額な料金で、点字刊行物、視覚障害者用の録音物、聴覚障害者用の録画物その他各種情報を記録した物であって専ら視聴覚障害者が利用するものを製作し、もしくはこれらを視聴覚障害者の利用に供し、または点訳（文字を点字に訳すことをいう）もしくは手話通訳等を行う者の養成もしくは派遣その他の厚生労働省令で定める便宜を供与する施設

CHAPTER 8

SECTION 6

知的障害者福祉法、精神保健福祉法

このSECTIONのポイント

◆知的障害者福祉法の概要…法制定の背景や目的などを理解しましょう

◆精神保健福祉法の概要…法制定の背景や、目的、内容、法改正の流れなどを理解しましょう

重要度B 知的障害者福祉法の概要

『知的障害者福祉法』は、1960（昭和35）年に『精神薄弱者福祉法』として公布された法律であり、1998（平成10）年制定（翌年施行）の『精神薄弱の用語の整理のための関係法律の一部を改正する法律』に基づいて、法律名が現行のものになりました。『障害者総合支援法』と相まって、「知的障害者の自立と社会経済活動への参加を促進するため、知的障害者を援助するとともに必要な保護を行い、もって知的障害者の福祉を図ることを目的」とした法律です。『身体障害者福祉法』と違い、**知的障害者の法的な定義はされていない**ことが特徴です。

1 療育手帳制度

『知的障害者福祉法』には知的障害の定義がないため、知的障害者であることを示す手帳制度として、1973（昭和48）年に厚生事務次官通知として「**療育手帳**制度について」が出されています。

療育手帳制度は全国にありますが、法的に定められたものではないため、自治体によって内容に若干の違い（手帳の名称〈愛の手帳など〉や等級の分け方など）があります。交付に関しては身体障害者手帳と同様、都道府県知事等による交付となっており、各種税制上の減免などを受けることが可能です。ただし身体障害者手帳と異なり、こちらは**おおむね2年**（自治体によって異なる）の有期認定となっています。手続きについては、市町村が窓口になりますが、**18歳未満は**児童相談所、**18歳以上は**知的障害者更生相談所での判定が必要です。

2 知的障害者更生相談所

知的障害者更生相談所は都道府県に設置された機関です（**設置義務**）。市町村の更生援護の実施に関して、市町村相互の連絡調整、情報の提供等必要な援助、また、知的障害者に関する専門的な知識及び技術を必要とする相談及び指導を行うなどといった役割をもちます。知的障害者更生相談所は、『知的障害者福祉法』の規定により、知的障害者福祉司※を置かなければならないとされています。なお、市町村の設置する福祉事務所にも、**知的障害者福祉司**を置くことができます。

※知的障害者福祉司
知的障害者更生相談所の業務のうち、専門的な知識や技術を必要とするものを行う専門職。都道府県に配置される場合は市町村に対して、市町村に配置される場合は、福祉事務所の所員に対して技術的・専門的な指導を行う。

例題

Q 知的障害者福祉法において、市町村は、知的障害者更生相談所を設けなければならないと規定されている。〔第34回-問60〕

A × 知的障害者更生相談所の設置義務は、都道府県に課されている。

重要度B 精神保健福祉法の概要

『精神保健及び精神障害者福祉に関する法律』（**精神保健福祉法**）は、精神障害者の医療や保護、また、『障害者総合支援法』とともに、精神障害者が社会復帰するために必要な施策の規定、さらに**精神疾患**の発生の予防や精神的健康を保てるようにするための施策について規定しています。

1 精神保健福祉法の変遷

『精神保健福祉法』は、1995（平成７）年に『**精神保健法**』が改正・改称されたものです。→『精神保健法』成立までの変遷は、p.506参照 改正・改称の背景には、1993（平成５）年に『障害者基本法』が成立したことが挙げられます。精神障害者が同法の対象として位置づけられたことなどを踏まえ、法の目的としても「**自立**と**社会参加**の促進のための援助」という福祉の要素が強化されました。

『精神保健法』から『精神保健福祉法』までの変遷過程は次のとおりです。

■**精神保健法～精神保健福祉法の変遷**

年	主な改正の内容
1987（昭和62）年	『**精神保健法**』成立（『精神衛生法』の改正・改称） → 人権擁護・社会復帰 ●任意入院制度・応急入院制度の新設 ●精神衛生鑑定制度から精神保健指定医制度へ変更・精神医療審査会制度の新設 ●社会復帰施設の法定化
1993（平成５）年	『**精神保健法**』一部改正 ●精神障害者地域生活援助事業（**グループホーム**）の法制化 ●精神障害者社会復帰促進センターを全国で１か所設置
1995（平成７）年	『**精神保健福祉法**』成立（『精神保健法』の改正・改称） → 社会復帰施策の強化 ●**精神障害者保健福祉手帳**制度の創設 ●通院患者リハビリテーション事業を**精神障害者社会適応訓練事業**として法制化 ●社会復帰施設の４類型（生活訓練施設、授産施設、福祉工場、福祉ホーム）の明記 ●公費負担医療の医療保険優先化 ●精神保健指定医制度の充実
1999（平成11）年	『**精神保健福祉法**』一部改正 → 精神障害者の人権擁護 ●仮入院制度の廃止 ●精神医療審査会の機能強化（委員数の制限廃止など） ●**移送**制度の新設 ●精神障害者地域生活支援センターを社会復帰施設に追加

	●**精神保健福祉センター**での通院医療費公費負担・精神障害者保健福祉手帳の審査及び精神医療審査会の事務局業務の追加 ●精神障害者居宅生活支援事業を法定化 ●福祉サービスの利用に関する相談、助言等を**市町村**中心で行うなど**市町村**の役割強化

2005（平成17）年には、『障害者自立支援法』等の施行及び、精神保健医療福祉の改革ビジョン等に基づいた改正が行われました。また、精神分裂病から**統合失調症**に呼称が変更されました。

精神保健福祉法（2005〈平成17〉年）の改正ポイント

◆精神障害者の定義のなかで、精神分裂病が**統合失調症**に改められる

◆法律の目的に、「**障害者自立支援法**と相まつて」と文言を追加

◆障害者自立支援法の施行に伴う**精神保健福祉センター**の業務規程の整理

◆地方精神保健福祉審議会を義務設置から**任意**設置に変更

◆精神障害者通院医療費公費負担制度に関する規定の削除

◆**市町村**による精神障害者の福祉に関する相談指導の**義務規定化**

◆市町村に**精神保健福祉相談員**の配置を可能とした

◆精神障害者居宅生活支援事業に関する規定を削除

◆**精神医療審査会**の合議体の医療委員数を３人から２名以上に変更

◆緊急でやむを得ない場合に12時間を限度として**精神保健指定医**※の診察がなくても**特定医師**※の診察により任意入院患者に対する退院制限、医療保護入院または応急入院を行うことができる仕組みの導入

◆改善命令等を受けた精神科病院に入院する任意入院患者の定期病状報告を条例に基づき求めることができる仕組みの導入

◆精神障害者社会復帰施設に関する規定の削除

※精神保健指定医／特定医師

精神保健指定医とは、『精神保健福祉法』第18条に規定され、3年以上の精神科診療経験または5年以上の診療経験と研修を受けた者で、行動制限に係る判断を行うことができる医師。

特定医師とは、医籍登録後4年以上経過し、かつ、精神科臨床経験が2年以上ある医師。

2013（平成25）年には、**地域移行の促進**を進めるため、さらなる改正が行われました。特に大きな改正点として、精神障害者に治療を受けさせる義務などを課していた**保護者制度が廃止された**ことが挙げられます。

精神保健福祉法（2013〈平成25〉年）の改正ポイント

- ◆精神障害者の医療の提供を確保するための指針の策定（**厚生労働大臣**）
- ◆**保護者制度**の廃止
- ◆**医療保護入院**における保護者の同意要件を外し、**家族等**※のうちのいずれかの者の**同意**を要件とした
- ◆精神科病院の管理者に、**退院後生活環境相談員**の設置、地域援助事業者との連携、退院促進のための体制整備を義務づけ
- ◆**精神医療審査会**の委員として、「精神障害者の保健または福祉に関し学識経験を有する者」を規定
- ◆**精神医療審査会**に対して、**退院等の請求**ができるものとして、入院者本人とともに家族等を規定

※家族等

本法律でいう「家族等」とは、配偶者、親権者、扶養義務者、後見人または保佐人を指す。

2022（令和4）年には、法が精神障害者の**権利擁護**を図るものであることを明確にするとともに、精神障害者の**希望**や**ニーズ**に応じた**支援体制の整備**を図るため、次の改正が行われました。

精神保健福祉法（2022〈令和４〉年）の改正ポイント

◆市町村等が実施する精神保健相談支援について、対象者を精神障害者のほか**精神保健に課題**を抱えるものにも拡大

◆家族等が同意・不同意の意思表示を行わない場合にも、**市町村長**の同意により医療保護入院を行うことを可能とする。同意を行う家族等から患者本人に虐待等を行った者を除外

◆医療保護入院者等（本人及び同意を行った家族等）に対して行う告知の内容に、入院措置を採る**理由**を追加

◆医療保護入院の入院期間を定め、入院者について、一定期間ごとに入院の要件の**確認**を行う

◆**市町村長**同意による医療保護入院者を中心に、本人の希望のもと、入院者の体験や気持ちを丁寧に聴くとともに、必要な情報提供を行う**入院者訪問支援**事業を創設（都道府県および指定都市の任意事業）

◆虐待防止のための取組を推進するため、精神科病院において、従事者等への**研修**、普及**啓発**等を行う。また、従事者による虐待を発見した場合に都道府県等に**通報**する仕組みを整備

例題

Q 精神保健指定医の指定は、1年の精神科診療経験が要件とされている。〔第33回-問61〕

A × 精神保健指定医の指定要件の1つとして、**3**年以上の精神科診療経験が必要とされている。

2 精神保健福祉法の特徴と対象

この法律の特徴は、『身体障害者福祉法』及び『知的障害者福祉法』と異なり、精神障害者についての医療と福祉の両方を規定している法律であるということです。

対象としては、法第５条に、「**統合失調症**、**精神作用物質**による急性中毒又はその依存症、**知的障害**その他の**精神疾患**を有する者」と規定されています。知的障害者の福祉に関する諸規定は『知的障害者福祉法』に規定されていますので、ここでいう知的障害とは**医療**に関して規定されていると理解する必要があります。

3 精神障害者保健福祉手帳

精神障害者保健福祉手帳は、**知的障害者を除く精神障害者**に対して交付されます。交付申請は**市町村**を通じて行い、**精神保健福祉センター**の判定のもと、**都道府県知事**等によって交付されます。

ただし、申請時に障害年金の年金証書の写しがある場合は、精神保健福祉センターの判定は必要とされません。逆に、精神障害者保健福祉手帳があっても、年金の等級決定には影響がないことに注意が必要です。

精神障害は治療等によって状態に変化が生じやすいこともあり、**2年**の有期認定となっています。なお、手帳による税制上の優遇などは他の手帳と同様にありますが、公共交通機関の減免はない（一部の市営交通などを除く）など、他の手帳に比べて受けられるサービスは少なくなっています。

■**精神障害者保健福祉手帳の障害等級**

1級	日常生活の用を弁ずることを不能ならしめる程度のもの
2級	日常生活が著しい制限を受けるか、または日常生活に著しい制限を加えることを必要とする程度のもの
3級	日常生活もしくは社会生活が制限を受けるか、または日常生活、もしくは社会生活に制限を加えることを必要とする程度のもの

ひとこと

従来、航空各社の国内線運賃の障害者割引の対象は、身体障害者と知的障害者に限定されていましたが、精神障害者も対象となりました。写真付きの精神障害者保健福祉手帳があれば、最大半額になります。

例題

Q 精神障害者保健福祉手帳の更新は、5年ごとに行わなければならない。〔第29回-問60〕

A ✕ 精神障害者保健福祉手帳の更新は、**2年**ごとに行わなければならない。

4 精神保健福祉センター

精神保健福祉センターは**都道府県等**に置かれ、精神保健の向上及び精神障害者の福祉の増進を図るための機関としての役割を担っています。

精神保健福祉センターの業務内容

◆精神保健及び精神障害者の福祉に関する知識の普及を図り、及び調査研究を行うこと

◆精神保健及び精神障害者の福祉に関する相談及び指導のうち**複雑**または**困難**なものを行うこと

◆**精神医療審査会**※の事務を行うこと

◆**精神障害者保健福祉手帳**の申請に対する決定及び障害者総合支援法における**自立支援医療費**に規定する**支給認定**（精神障害者に係るものに限る）に関する事務のうち専門的な知識及び技術を必要とするものを行うこと

◆市町村が障害者総合支援法における介護給付費等の支給の要否の決定、または地域相談支援給付費等の給付の要否の決定を行うにあたり意見を述べること

◆市町村の求めに応じて、介護給付費等の支給決定業務または地域相談支援給付決定の業務に関して、技術的事項についての協力その他必要な援助を行うこと

※精神医療審査会

精神障害者の人権に配慮し、適正な医療及び保護を確保するために、精神科病院に入院している精神障害者の処遇等について**書類審査**や**退院・処遇改善請求の審査**を行うために都道府県に設置される機関。主に医療保護入院の届出、措置入院・医療保護入院の定期病状報告に対する審査、入院患者の退院請求、処遇改善請求に対する審査を行う。

ひとこと

精神保健福祉センターは、精神保健及び精神障害者の福祉に関する相談や精神障害者やその家族、その他の関係者を訪問して必要な情報の提供、助言その他の援助を行うための**精神保健福祉相談員**を置くことができます。

例題

Q 精神医療審査会は、都道府県の社会福祉協議会に設置するものとされている。〔第33回-問61〕

A × 精神医療審査会は**都道府県**に設置することが定められている。

5 入院制度

『精神保健福祉法』に基づく入院制度には、大きく分けて、**任意入院**、**措置入院**、**医療保護入院**、**応急入院**の４つがあります。それぞれ本人の状況に応じて利用される入院形態は異なります。

医療保護入院に関しては、以前は保護者の同意が必要でしたが、見直しがなされ、家族等（**配偶者**、**親権者**、**扶養義務者**、**後見人**または**保佐人**）のうちいずれかの者の同意でも認められるようになりました。また、2024（令和６）年４月１日より、家族等が同意・不同意の意思表示を行わない場合にも、市町村長の同意により医療保護入院を行うことが可能となっています。

■精神保健福祉法に基づく入院制度

任意入院	●精神障害者**本人の同意**をもって入院を行う ●入院の際、入院中の権利事項について説明したうえで、入院同意書を得る必要がある ●退院についても本人が希望する場合は退院させなければならないが、**精神保健指定医**の診察により**72時間**（特定医師の場合は12時間）に限り退院制限を行える
医療保護入院	1名の精神保健指定医（または特定医師）の診察の結果、本人の同意を得ることが難しいものの、入院の必要性があり、かつ家族等が同意・不同意の意思表示を行わない場合にも本人の居住地等の**市町村長**の同意により、入院させることができる。なお、入院期間は、入院から**6**か月を経過するまでは**3**か月以内とし、**6**か月を経過した後は**6**か月以内（家族等の同意の確認など、一定の要件を満たす場合において、入院期間の更新ができる）
措置入院	●**自傷他害***のおそれがあり、**2名以上**の精神保健指定医の診察の結果、入院の必要性を認めた場合、都道府県知事もしくは政令指定都市市長の決定により入院措置を行う ●自傷他害のおそれが著しく、緊急の場合、**1名**の精神保健指定医の診察で**72時間**に限り、入院措置をとることができる（**緊急措置入院**）
応急入院	**1名**の精神保健指定医（または特定医師）の診察の結果、医療及び保護のため即刻入院が必要と認め、緊急で家族等の同意が得られない場合、**72時間**（特定医師の場合は12時間）に限り入院させることができる

＊自身の生命や身体を害する行為、また他人の生命や身体、自由、貞操、名誉、財産等に害を及ぼすこと。

例題

Q 任意入院では、入院者から退院の申し出があった場合、精神保健指定医の診察により、<u>24時間以内</u>に限り入院させることができる。 〔第35回-問62〕

A × 任意入院では、本人が退院を希望する場合は退院させなければならないが、精神保健指定医の診察により72時間（特定医師の場合は12時間）に限り退院制限を行える。

CHAPTER 8

SECTION 7

児童福祉法、発達障害者支援法

このSECTIONのポイント

◆児童福祉法（障害児支援関係）の概要…法律で規定されている事業内容、関連施設の位置づけなどについて理解しましょう

◆発達障害者支援法の概要…発達障害の理解が進んでいった経緯と、それに伴う法整備の過程、法律の目的や関連施設の位置づけ、役割などを理解しましょう

重要度B 児童福祉法（障害児支援関係）の概要

障害児に関しては『児童福祉法』に規定されており、身体障害、知的障害、精神障害（発達障害を含む）、難病の児童を指します。障害児関係の施策については、**在宅サービス**は**『障害者総合支援法』**、**施設サービス**は主に**『児童福祉法』**で定められています。

ここでは『児童福祉法』における現在の支援内容についてみていきます。

◆障害児通所支援

障害児通所支援には、大きく分けて**児童発達支援**、**放課後等デイサービス**、**居宅訪問型児童発達支援**、**保育所等訪問支援**の４つがあります。このうち、**児童発達支援**は、療育の観点から集団療育及び個別療育を行う必要があると認められる未就学の障害児等に対して、児童発達支援センター等により、「日常生活における**基本的な動作の指導**、知識技能の付与、**集団生活への適応訓練**」等を行うものです。

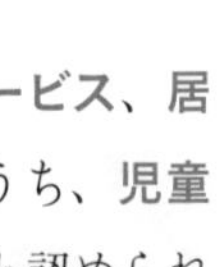

■障害児施設の種類と主なサービス内容

通所型	児童発達支援	日常生活における基本的な動作の指導、知識技能の付与、集団生活への適応訓練等の支援
	放課後等デイサービス	児童発達支援センター等の施設による、生活能力向上のための必要な訓練、社会との交流促進等の支援
訪問型	居宅訪問型児童発達支援	重度の障害等により外出が著しく困難な障害児に対する、居宅訪問による発達支援等
	保育所等訪問支援	保育所、乳児院・児童養護施設等の訪問により、障害児が障害児以外の児童との集団生活への適応ができるようにするための専門的な支援等

放課後等デイサービスは、幼稚園と大学を除いた『学校教育法』第１条に規定する学校に就学している障害児に対して、「授業の終了後又は休業日に**児童発達支援センター**その他の厚生労働省令で定める施設に通わせ、**生活能力**の向上のために必要な訓練、**社会との交流の促進**その他の便宜を供与する」ものとされています。

居宅訪問型児童発達支援は、重度の障害等により、外出が著しく困難な障害児の居宅を訪問して、発達支援を提供するサービスです。2016（平成28）年の法改正により創設され、2018（平成30）年４月からサービスが開始されました。「日常生活における基本的な動作の指導、知識技能の付与、集団生活への適応訓練」等の支援が行われます。

保育所等訪問支援は、保育所などに通所している障害児に対して、**集団生活**が無事に送れるように専門的な支援などを行う事業とされています。具体的には障害児に対する指導経験がある児童指導員・保育士などが施設等を訪れ、障害児以外の児童との集団生活に適応できるように障害児の支援を行います。ここでいう施設とは**保育所**、**幼稚園**、**小学校**や**放課後児童クラブ**などのみではなく、**乳児院・児童養護施設**も対象になっています。

ひとこと

肢体不自由児を対象とした医療型児童発達支援については、2024（令和6）年度より、全ての障害児を対象とする児童発達支援に一元化されました。

例題

Q 保育所等訪問支援の目的は、障害が疑われる児童の早期発見である。〔第27回-問61〕

A × 保育所等訪問支援の目的は、保育所などに通所している**障害児**が、**集団生活**に適応できるよう支援を行うことである。

◆障害児入所支援

障害児入所支援は、**福祉型障害児入所施設**と**医療型障害児入所施設**に分けられ、福祉型は、**専門医療を必要としていない障害児**を対象として、医療型については、対象が**知的障害児、肢体不自由児、重症心身障害児であって医療が必要な者**と定められています。入所には手帳の有無は問われず、**児童相談所**等により**療育**の必要性が認められた児童も対象となっています。

■障害児入所支援の役割

福祉型障害児入所施設	**保護**、**日常生活**の指導、**知識技能**の付与
医療型障害児入所施設	保護、日常生活の指導、独立自活に必要な知識技能の付与及び**治療**

◆障害児福祉計画策定の義務化

法改正により、2018（平成30）年度から市町村、都道府県に**障害児福祉計画**の策定が義務づけられました。障害児福祉計画は、障害児通所・入所支援などについてサービスの提供体制を計画的に確保することを目的としており、具体的には、障害児の通所支援や相談支援などの目標や必要な見込み量を定めるよう規定されています。なお、市町村及び都道府県は障害児福祉計画を**障害福祉計画と一体のものとして作成することができる**とされており、2021（令和３）年度より、第２期計画が始まっています。

◆障害児相談支援

障害児相談支援事業所は、どの施設を使うのか、どのようなサービスが必要なのかなどといったことを記した**障害児支援利用計画**の作成を行う**障害児支援利用援助**と、利用介護後、利用状況の**モニタリング**を実施する**継続障害児支援利用援助**を行います。なお、障害者入所支援についての入所判断は児童相談所が行うため、障害児相談支援事業所では対応していません。

障害者総合支援法の相談支援事業とは別の制度となるため、障害者と障害児のどちらも対応したい場合は、**両方の指定**を取ることが必要です。

重要度C　発達障害者支援法の概要

発達障害はもともと知的障害でも精神障害でもない、制度の狭間の存在ともいえる障害でした。2005（平成17）年に**『発達障害者支援法』**が施行され、ようやく発達障害という概念が法律で規定されることになりました。

『発達障害者支援法』では、発達障害を「**自閉症**、**アスペルガー症候群**その他の**広汎性発達障害**、**学習障害**、**注意欠陥多動性障害**その他これに類する**脳機能**の障害であってその症状が通常**低年齢**において発現するものとして政令で定めるもの」としています。なお、政令で定めるものについては、「**心理的発達**の障害並びに**行動**及び**情緒**の障害」としています。

概要は次のとおりです。

ひとこと

アメリカ精神医学会作成の「精神疾患の診断・統計マニュアル」（DSM）が第５版（DSM-5）に改訂される際に、自閉症やアスペルガー症候群といった分類を含む広汎性発達障害が自閉症スペクトラム障害という名称に統合されています（日本精神神経学会では、「自閉スペクトラム症」）。

ここがポイント

発達障害者支援法の概要

目的	◆発達障害の **早期発見** と発達支援に関する国及び地方公共団体の **責務** を明らかにする ◆学校教育での発達障害者への支援、就労支援、 **発達障害者支援センター** の指定等について定めることにより、発達障害者の生活全般にわたる支援を図る
発達障害者	✔CHECK! 発達障害がある者であって発達障害及び **社会的障壁** により **日常生活** 又は **社会生活** に制限を受けるもの。18歳未満のものは **発達障害児**

✔CHECK! **社会的障壁**

この法律において「社会的障壁」とは、発達障害がある者にとって日常生活又は社会生活を営む上で障壁となるような社会における **事物、制度、慣行、観念** その他一切のものをいう（第２条第３項）

例題

Q 発達障害者支援法における「発達障害者」とは、発達障害がある者であって発達障害及び社会的障壁により日常生活又は社会生活に制限を受けるものをいう。〔第29回-問61〕

A ○ 同法第２条第２項に規定されている。また、**発達障害児**とは発達障害者のうち**18歳未満**のものと定義されている。

また、発達障害者支援に対する行政や国民の責務について、次のように規定されています。

◆国及び地方公共団体の責務

国及び地方公共団体は、**発達障害の早期発見**のため必要な措置を講じること、発達障害児に対する**就学前後の発達支援、発達障害者に対する就労、地域における生活等に関する支援**及び発達障害者の**家族に対する支援**が行われるよう、必要な措置を講じることと定められています。

また、発達障害者の支援等の施策を講じるにあたっては、関係者との連携確保や協力体制の整備を行うことなどと定められています。

◆都道府県の責務

都道府県は、市町村の求めに応じ、児童の発達障害の**早期発見に関する技術的事項についての指導・助言**、市町村に対する必要な**技術的援助**を行うよう努めなければならないと定められています。

◆市町村の責務

市町村は、児童に発達障害の疑いがある場合には、継続的な相談を行うよう努め、必要に応じ**早期に医学的・心理学的判定を受けることや助言を行う**ものとすることと定められています。

◆国民の責務

国民は、発達障害者の福祉について理解を深め、発達障害者の自立及び社会参加に協力するように努めなければならないと定められています。

◆2016（平成28）年の改正内容

『発達障害者支援法』は2016（平成28）年に改正、施行されました。これは、発達障害者支援の一層の充実を図るためのものです。主な改正の内容は次のとおりです。

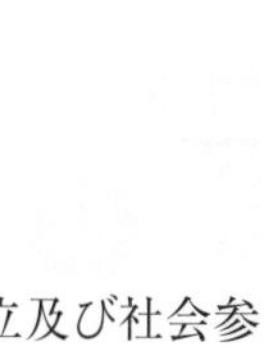

発達障害者支援法の主な改正のポイント

◆目的規定…切れ目ない支援を行うことの重要性を明示

◆発達障害者の定義…「**社会的障壁**」について追記

◆基本理念の新設…社会参加の機会の確保。他の人々と**共生**することを妨げられないことなど

◆国及び地方公共団体の責務…**相談体制**の整備

◆発達障害者の支援のための施策…教育、情報の共有の促進、就労の支援、権利利益の擁護、司法手続における配慮、家族等の支援など

◆発達障害者支援センター…身近な場所で必要な支援を受けられるよう適切な配慮をする

◆発達障害者支援地域協議会…**都道府県**は、地域の実情に応じた支援体制の整備について協議を行う**発達障害者支援地域協議会**を置くことができる

◆国民に対する普及及び啓発…国及び**地方公共団体**が広報、啓発活動を実施

例題

Q 都道府県は、支援体制の課題を共有するとともに、関係者の連携の緊密化を図るため、発達障害者支援地域協議会を設置しなければならない。〔第32回-問60〕

A × 都道府県は、地域の実情に応じた支援体制の整備について協議を行う発達障害者支援**地域協議会**を**置くことができる**とされている。

◆発達障害者支援センター

発達障害者支援センターは、**都道府県、指定都市**で運営されている施設で、発達障害に対する相談助言や発達支援※、発達障害児・者の地域における支援のために各種機関との連絡調整などを行う専門機関です。

※発達支援

『発達障害者支援法』における「発達支援」とは、発達障害者に対し、その心理機能の適正な発達を支援し、及び円滑な社会生活を促進するため行う個々の発達障害者の特性に対応した医療的、福祉的及び教育的援助をいう。

発達障害者支援センターは大きく分けて、**相談支援**、**発達支援**、**就労支援**、**普及啓発・研修**の４つの役割をもっています。

発達障害者支援センターの役割

- ◆発達障害の早期発見、早期の発達支援等に資するよう、発達障害者及びその家族その他の関係者に対し、専門的に、その相談に応じ、または**情報の提供**もしくは**助言**を行う
- ◆発達障害者に対し、専門的な**発達支援**及び**就労**の**支援**を行う
- ◆医療、保健、福祉、教育、労働等に関する業務を行う関係機関及び民間団体並びにこれに従事する者に対し、発達障害についての**情報の提供**及び**研修**を行う
- ◆発達障害に関して、医療、保健、福祉、教育、労働等に関する業務を行う関係機関及び民間団体との**連絡調整**を行う

ひとこと

発達障害者支援センターの職員等には、職務上知ることのできた個人の秘密を漏らしてはならないという秘密保持義務が課されます。

CHAPTER 8

SECTION 8

障害者虐待防止法、障害者差別解消法

このSECTIONのポイント

◆**障害者虐待防止法の概要**…法律の目的や内容、障害者虐待防止施策についておさえましょう

◆**障害者差別解消法の概要**…障害者差別解消法の目的、内容などを理解しましょう

重要度B 障害者虐待防止法の概要

『障害者虐待の防止、障害者の養護者に対する支援等に関する法律』（**障害者虐待防止法**）は、**2011**（**平成23**）年６月に制定、2012（平成24）年10月１日から施行されました。『障害者虐待防止法』は、障害者虐待の防止だけではなく、虐待を受けた障害者の保護、自立支援、養護者に対する支援などを行い、障害者の権利を擁護することを目的としたもので、そのための様々な取組について規定されています。

1 各種定義

『障害者虐待防止法』における障害者の定義は、『**障害者基本法**』第２条第１号に規定する障害者をいう、とされています。 →詳細はp.502参照

また、次のように障害者虐待を定義しています。

障害者虐待の定義

- **養護者**による障害者虐待
- **障害者福祉施設従事者**等による障害者虐待
- **使用者**※による障害者虐待

※使用者

『障害者虐待防止法』においては、障害者を雇用する事業主のほかに、当該障害者が派遣労働者である場合には、当該派遣労働者に係る労働者派遣の役務の提供を受ける事業主その他これに類するものとして政令で定める事業主を含むこととしている。

障害者虐待の類型と内容は次のとおりです。

■障害者虐待の類型と内容

身体的虐待	●障害者の身体に外傷が生じ、もしくは生じるおそれのある暴行を加えること ●正当な理由なく障害者の身体を拘束すること
性的虐待	●障害者にわいせつな行為をすること ●障害者をしてわいせつな行為をさせること
心理的虐待	●障害者に対する著しい暴言 ●著しく拒絶的な対応 ●不当な差別的言動その他の障害者に著しい心理的外傷を与える言動を行うこと
放棄・放置（ネグレクト）	●障害者を衰弱させるような著しい減食、長時間の放置 ●養護者以外の同居人、施設利用者、他の労働者による**身体的虐待**、**心理的虐待**、性的虐待と同様の行為の放置その他の障害者を養護すべき職務上の義務を著しく怠ること
経済的虐待	●障害者の財産を不当に処分すること ●その他障害者から不当に財産上の利益を得ること

例題

Q 地域の住民による虐待は、「障害者虐待防止法」における虐待にあたる。〔第25回-問62・改〕

A ×　同法の定義によれば、障害者虐待は、**養護者**、**障害者福祉施設従事者等**、**使用者**によるものとされているので、地域の住民による虐待は該当しない。

2 虐待防止施策

『障害者虐待防止法』では、**国及び地方公共団体**等に対して、障害者虐待の防止に関わる責務や、障害者虐待の早期発見の努力義務規定を課しています。

国及び地方公共団体の責務等

- 関係省庁相互間その他関係機関及び民間団体の間の連携の強化、民間団体の支援その他必要な**体制の整備**に努めなければならない
- 専門的知識及び技術を有する人材の確保及び資質向上のための研修等必要な措置を講ずるよう努めなければならない
- 障害者虐待に係る**通報義務**、**人権侵犯**事件に係る救済制度等について必要な広報その他の啓発活動を行う
- 関係機関は、相互に緊密な**連携**を図りつつ、障害者虐待の**早期発見**に努めなければならない

国民に対しても、障害者虐待を受けたと思われる障害者を発見した場合、**速やかな通報**を義務づけています。**養護者**または**障害者福祉施設従事者**等による障害者虐待を受けたと思われる障害者を発見した場合は**市町村**に、**使用者**による障害者虐待を受けたと思われる障害者を発見した場合は、**市町村**または**都道府県**に通報しなければなりません。

◆市町村障害者虐待防止センター、都道府県障害者権利擁護センター

市町村及び都道府県には、福祉事務などの障害者福祉を担当する部局または市町村、都道府県の施設において、それぞれ**市町村障害者虐待防止センター**、**都道府県障害者権利擁護センター**の機能を果たすことが規定されています。

ひとこと

都道府県は、障害者虐待の防止、虐待を受けた障害者の保護、自立支援、養護者に対する支援を適切に実施するため、福祉事務所その他関係機関、民間団体等との連携協力体制を整備しなければなりません。

■市町村障害者虐待防止センター、都道府県障害者権利擁護センターの役割

市町村障害者虐待防止センター	●養護者、障害者福祉施設従事者等、使用者による障害者虐待に関する**通報**または**届出の受理** ●養護者による障害者虐待の防止及び養護者による障害者虐待を受けた障害者の**保護のための相談、指導及び助言** ●障害者虐待の防止及び**養護者**に対する支援に関する**広報・啓発**
都道府県障害者権利擁護センター	●**使用者**による虐待に関する**通報**または**届出の受理** ●市町村が行う措置に関する市町村相互間の連絡調整、市町村に対する**情報提供、助言その他の援助** ●障害者及び養護者支援に関する**相談、相談機関の紹介** ●障害者及び養護者支援のための**情報提供、助言**、関係機関との**連絡調整**等 ●障害者虐待の防止及び養護者支援に関する**情報の収集分析、提供** ●障害者虐待の防止及び養護者支援に関する**広報・啓発** ●その他障害者虐待の防止等のために必要な**支援**

ここがポイント

障害者虐待防止施策

養護者による障害者虐待

［市町村の責務］相談等、居室確保、連携確保

虐待発見 →（通報）→ 市町村

❶事実確認（立入調査等）
❷措置（一時保護、後見審判請求）

障害者福祉施設従事者等による障害者虐待

［設置者等の責務］虐待防止等のための措置の実施

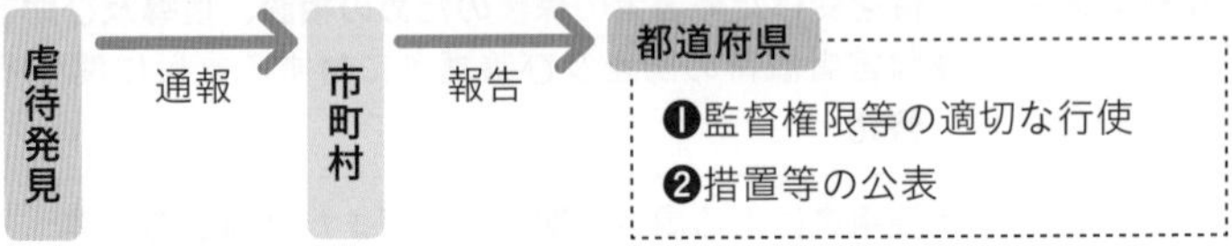

使用者による障害者虐待 ✔CHECK!

［事業主の責務］虐待防止等のための措置の実施

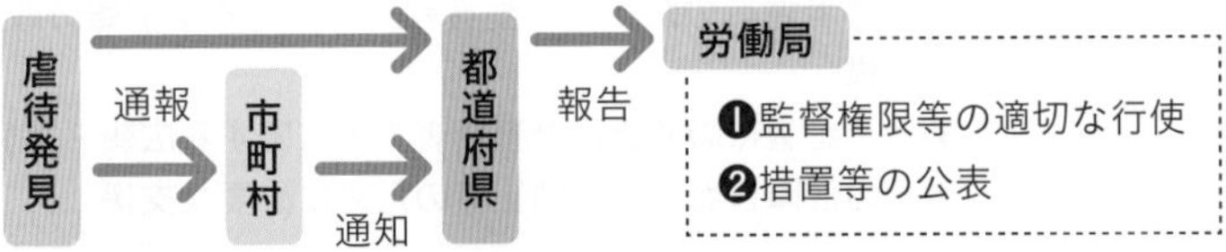

出典：厚生労働省「障害者虐待の防止、障害者の養護者に対する支援等に関する法律の概要」より作成

✔CHECK! 使用者による障害者虐待の場合の地方自治体の義務

使用者による障害者虐待の場合は、市町村 及び 都道府県 に通報する義務がある。通報・届出を受けた市町村は都道府県に通知し、それを受けた都道府県は、都道府県 労働局 に**報告する義務**がある。

例題

Q 都道府県及び都道府県障害者権利擁護センターは、使用者による障害者虐待の通報を受けたときは、公共職業安定所（ハローワーク）に報告しなければならない。〔第25回-問62〕

A × 使用者による障害者虐待では、労働局への報告を行うことになっている。労働局は、**監督権限等の適切な行使**を行うこと、**措置等の公表**をすることが求められる。

重要度B 障害者差別解消法の概要

障害者差別への対策は障害者支援においても重要な課題です。障害のある人が差別を受けることから社会参加がしにくくなってしまう、というケースは少なくありません。そこで、2013（平成25）年に**『障害を理由とする差別の解消の推進に関する法律』**（障害者差別解消法）が制定され、2016（平成28）年より施行されています。この法律は、全ての国民が、障害の有無によって分けへだてられることなく、相互に人格と個性を尊重し合いながら共生する社会の実現に向け、障害を理由とする差別の解消を推進することを目的としています。

ここがポイント

障害者差別解消法の概要

不当な差別的取扱いの禁止	**国・地方公共団体等、事業者**は、その事務又は事業を行うにあたり、障害を理由として障害者でない者と不当な差別的取扱いをすることにより、障害者の**権利利益**を侵害してはならない
合理的配慮の提供義務	**国・地方公共団体等**はその事務又は事業を行うにあたり、障害者から現に**社会的障壁**の除去を必要としている旨の意思の表明があった場合において、その実施に伴う負担が過重でないときは、障害者の**権利利益**を侵害することとならないよう、当該障害者の性別、年齢及び障害の状態に応じて、**社会的障壁**の除去の実施について必要かつ**合理的配慮**を提供しなければならない

→詳細はp.501参照

ひとこと

法制定時は事業者の合理的配慮の提供は努力義務でしたが、法改正により義務化されました（2024〈令和６〉年４月１日より施行）。

例題

Q 「不当な差別的取扱いの禁止」について、国・地方公共団体等には義務が、民間事業者には努力義務が課されている。〔第33回-問57〕

A × 国・地方公共団体等、民間事業者共に義務が課されている。

◆障害者差別解消支援地域協議会

同法に基づき、国や地方公共団体は、障害者差別を解消するための取り組みを効果的・円滑に行うことを目的として、**障害者差別解消支援地域協議会**（協議会）を組織できるものとされています。

協議会は、障害者差別の解消に関わるさまざまな機関によって構成され、障害者差別に関する**相談**体制の整備、差別解消のための協議や取り組み、紛争防止・解決の支援などを行います。

なお、協議会には**秘密保持義務**に違反した場合の罰則が設けられています。

例題

Q 国や地方公共団体の関係機関は、地域における障害を理由とする差別に関する相談や差別解消の取組のネットワークとして、障害者差別解消支援地域協議会を設置できる。〔第33回-問57〕

A ○ 記述のとおり。障害者差別解消支援地域協議会の設置は任意である。

ひとこと

この法律と前項の障害者虐待防止法における「障害者」とは、障害者基本法第２条第１号に規定する障害者をいいます（p.502参照）。

CHAPTER 8

SECTION 9

バリアフリー法、障害者雇用促進法、障害者優先調達推進法

このSECTIONのポイント

◆**バリアフリー法の概要**…高齢者・障害者等の日常生活の円滑化を目指したバリアフリー法の内容や、国や地方公共団体に課せられた責任などについておさえましょう

◆**障害者雇用促進法の概要**…障害者雇用促進法の目的や、成立の経緯、内容、最近の改正の内容などについておさえましょう

◆**障害者優先調達推進法の概要**…法律の成立までの流れ、目的、内容などを理解しましょう

重要度C　バリアフリー法の概要

『高齢者、障害者等の移動等の円滑化の促進に関する法律』（**バリアフリー法**）は、『高齢者、身体障害者等が円滑に利用できる特定建築物の建築の促進に関する法律』（**ハートビル法**）と『高齢者、身体障害者等の公共交通機関を利用した移動の円滑化の促進に関する法律』（**交通バリアフリー法**）の２つのバリアフリー対策の法律を統廃合し、**建造物**と**交通施設**のバリアフリーについて、**より一体的に整備**を行えるようにすることを目的に、2006（平成18）年12月に施行されました。

2018（平成30）年５月に改正法が成立し、基本理念として、法律に基づく措置は、「**社会的障壁の除去**」及び「**共生社会の実現**」に資するよう行われなければならない旨が規定されました。

基本理念

この法律に基づく措置は、高齢者、障害者等にとって日常生活又は社会生活を営む上で障壁となるような社会における事物、制度、慣行、観念その他一切のものの除去に資すること及び全ての国民が年齢、障害の有無その他の事情によって分け隔てられることなく**共生する社会の実現**に資することを旨として、行われなければならない

◆国、地方公共団体、施設設置管理者等、国民の責務

同法では、国や地方公共団体等に、次の責務を課しています。

■国、地方公共団体、施設設置管理者等、国民の責務

国の責務 (第４条)	●国は、高齢者、障害者等、地方公共団体、施設設置管理者その他の関係者と協力して、基本方針及びこれに基づく施設設置管理者の講ずべき措置の内容その他の移動等円滑化の促進のための施策の内容について、**移動等円滑化**の進展の状況等を勘案しつつ、関係行政機関及びこれらの者で構成する会議における定期的な**評価**その他これらの者の意見を反映させるために必要な措置を講じた上で、適時に、かつ、適切な方法により検討を加え、その結果に基づいて必要な措置を講ずるよう努めなければならない ●国は、教育活動、広報活動等を通じて、移動等円滑化の促進に関する**国民の理解**を深めるとともに、高齢者、障害者等が**公共交通機関**を利用して移動するために必要となる支援その他の移動等円滑化の実施に関する国民の協力を求めるよう努めなければならない
地方公共団体の責務 (第５条)	**地方公共団体**は、国の施策に準じて、**移動等円滑化**を促進するために必要な措置を講ずるよう努めなければならない
施設設置管理者等の責務 (第６条)	**施設設置管理者**その他の高齢者、障害者等が日常生活又は社会生活において利用する施設を**設置**し、又は**管理**する者は、移動等円滑化のために必要な措置を講ずるよう努めなければならない

国民の責務 （第 7 条）	**国民**は、高齢者、障害者等の自立した日常生活及び社会生活を確保することの重要性について理解を深めるとともに、これらの者が**公共交通機関**を利用して移動するために必要となる支援その他のこれらの者の円滑な移動及び施設の利用を確保するために必要な**協力**をするよう努めなければならない

また、公共交通事業者等に対して、高齢者、障害者等に対し、公共交通機関を利用する際の**介助**、旅客施設における**誘導**、移動するために必要となる**情報**の適切な提供、その職員に対し、移動等円滑化を図るために必要な**教育訓練**などの努力義務を課しています。

ひとこと

施策内容の評価等を行う会議は、関係行政機関及び高齢者、障害者等、地方公共団体、施設設置管理者その他の関係者で構成されます。高齢者や障害者など、当事者が含まれていることがポイントです。

◆バリアフリー化の対象と基準適合義務

バリアフリーの対象物は、日常生活で利用する施設（道路、駐車場、公園など）を含め、生活空間全体で、それらのバリアフリー化を図るための具体的な措置を講ずることを規定しています。

具体的には

●駅を中心とした地区

●高齢者や障害者などが利用する施設が集中する地区（**重点整備地区**）

について、全体のバリアフリー化を促進させるものです。

また、公共機関の旅客施設や車両、道路、路外駐車場、都市公園、建築物については、新設・改良時のバリアフリー化基準（**移動等円滑化基準**）の適合義務が定められています。

◆基本構想・移動等円滑化促進方針

市町村は、**基本方針**※に基づき、単独でまたは共同して、当該市町村の区域内の重点整備地区について、移動等円滑化に係る事業の重点的かつ一体的な推進に関する基本的な構想（**基本構想**）を作成するよう努めるものとされています。

さらに、2018（平成30）年の法改正で、市町村に基本方針に基づいて、当該市町村の区域内の**移動等円滑化促進地区**について、**移動等円滑化の促進に関する方針**（**移動等円滑化促進方針**）の**策定努力義務**が課されました。移動等円滑化促進地区とは、次の要件に該当する地区をいいます。

移動等円滑化促進地区

- **生活関連施設**（**高齢者**、**障害者**等が日常生活または社会生活において利用する旅客施設、官公庁施設、福祉施設その他の施設）の所在地を含み、かつ、生活関連施設相互間の移動が通常**徒歩**で行われる地区
- **生活関連施設**及び**生活関連経路**（生活関連施設相互間の経路）を構成する一般交通用施設（道路、駅前広場、通路その他の一般交通の用に供する施設をいう）について移動等円滑化を促進することが特に必要であると認められる地区
- 当該地区において移動等円滑化を促進することが、**総合的な都市機能の増進**を図る上で有効かつ適切であると認められる地区

また、市町村が移動等円滑化促進方針を作成しようとするときは、あらかじめ、**住民**、生活関連施設を利用する**高齢者**、**障害者**等その他利害関係者、関係する**施設設置管理者**及び**都道府県公安委員会**の意見を反映させるために必要な措置を講ずることや、移動等円滑化促進方針を作成したときは、**遅滞なく公表**することなどが規定されました。

※基本方針

移動等円滑化を総合的かつ計画的に推進するため、主務大臣が定める、「移動等円滑化の促進に関する基本方針」をいう。具体的には、移動等円滑化の意義及び目標に関する事項や、移動等円滑化のために施設設置管理者が講ずべき措置に関する基本的な事項など。

ひとこと

バリアフリー法は2020（令和２）年にも改正法が成立し、小学校では2020（令和２）年度から、中学校で2021（令和３）年度から「心のバリアフリー」教育が実施されています。

重要度C　障害者雇用促進法の概要

『障害者の雇用の促進等に関する法律』（**障害者雇用促進法**）は1987（昭和62）年に施行された法律です。その目的は、障害者の**職業生活**を**安定**させることのほか、以下のようなものがあります。

- 障害者の**雇用促進**を進めていくために、必要となる政策について規定
- 障害者であることによって生じる雇用上の**不平等**をなくすための方策について規定
- **職業リハビリテーション**の実施

このような目的を果たすために、**企業**が障害者を雇用できる環境を整えるための各種施策が規定されています。

もともとは1960（昭和35）年に**『身体障害者雇用促進法』**として制定された法律で、『障害者雇用促進法』として1987（昭和62）年に改正・改称された際、**知的障害者**も同法の対象となりました。

2002（平成14）年の改正では、障害者雇用支援施策として、**障害者就業・生活支援センターにおける支援事業**や、**職場適応援助者**（**ジョブコーチ**）**事業**が創設されました。その後も障害者雇用の施策は拡大を続けています。

障害者就労支援基盤整備事業では、就労移行支援事業所などの福祉施設に対して、障害者雇用に実績のある企業関係者などのノウハウを活用する就労支援セミナーの実施等により、福祉施設における就労支援機能の向上を図っています。

1 障害者雇用率制度

同法では、企業種別ごとに、一定の割合（**法定雇用率**）で障害者を雇用する**義**

務を課しています。2024（令和６）年４月より、**法定雇用率**は次のとおりに定められています。

■各企業・機関における法定雇用率

事業主区分	法定雇用率
民間企業（常用雇用労働者40.0人以上）	2.5%
国、地方公共団体、特殊法人など	2.8%
都道府県などの教育委員会	2.7%

なお、法定雇用率は、段階的に引き上げることが決定しており、2026（令和８）年７月１日から民間企業については、2.7%、国・地方公共団体については、3.0%、都道府県などの教育委員会については、2.9%に引き上げられることになっています。

2005（平成17）年、『障害者雇用促進法』の改正があり、精神障害者に対する雇用対策の強化が図られ、2006（平成18）年より、**精神障害者**（**精神障害者保健福祉手帳**の保持者）も各企業の実雇用率に算定できることになりました。

雇用率は例外として、所定労働時間が週に**30時間以上**の重度身体障害者または重度知的障害者については１人を２人としてカウントできる「**ダブルカウント方式**」があります。また、**20時間以上30時間未満**の短時間労働をしている者については**0.5人**としてカウント（ハーフカウント）できるよう定められています。

■雇用率の例外規定

対象	規定内容
一部の短時間労働者 （週所定労働時間10時間以上20時間未満の精神障害者、重度身体障害者及び重度知的障害者）	１人を**0.5人**として計算
短時間労働者 （週所定労働時間20時間以上30時間未満）	●１人を**0.5人**として計算* ●**重度身体障害者**または**重度知的障害者**については１人として計算
週30時間以上働く重度身体障害者 または重度知的障害者	１人を**２人**として計算

*精神障害者である短時間労働者については１人として計算（当分の間）。

2 障害者雇用納付金制度

障害者雇用納付金制度とは、障害者の雇用に伴って生じる事業主の**経済的負担**の調整と障害者の**雇用水準**の引上げを目的とした制度です。

高齢・障害・求職者雇用支援機構により、**雇用率未達成企業**（常用雇用労働者数100人超）は**障害者雇用納付金**が徴収されます。そして、その納付金を財源として、**雇用率達成企業**に対して**障害者雇用調整金**や**報奨金**などの支給が行われます。

ここがポイント

障害者雇用納付金制度の概要

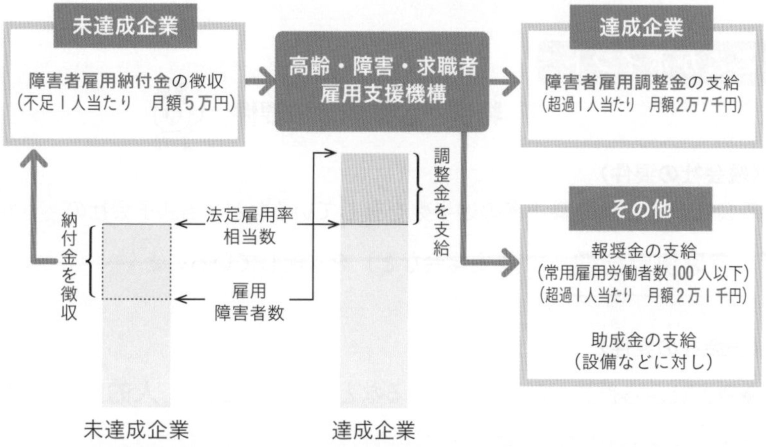

出典：厚生労働省「障害者雇用納付金制度の概要」より作成

◆障害者雇用率達成指導

雇用率未達成企業は、障害者雇用納付金を支払っても雇用義務を果たしたことにはならず、**公共職業安定所**による**障害者雇用率達成指導**が行われます。

障害者雇用率達成指導では、**雇入れ計画**の作成や計画の**適正実施勧告**などを行いますが、正当な理由もなく雇用状況に改善がみられない場合には、**厚生労働大**

臣によって**企業名が公表**されます。なお、2023年（令和５年）において、障害者の法定雇用率が課せられる民間企業のうち法定雇用率を達成している企業の割合は**50.1%**（前年比1.8ポイント増）です。

3 特例子会社制度

特例子会社制度とは、事業主が障害者の雇用に**特別の配慮**をした子会社（**特例子会社**）を設立して一定の要件を満たすと、特例として、その子会社に雇用されている労働者も**親会社に雇用されているとみなし、親会社に合算**して障害者雇用率を算定できる制度です。

なお、特例子会社をもつ親会社については、**関連会社を含めたグループ全体**を親会社に合算して障害者雇用率を算定することができます。

ここがポイント

特例子会社認定の要件

〈親会社の要件〉

親会社が子会社の議決権の過半数を有しているなど、当該子会社の **意思決定機関** （株主総会など）を支配していること

〈子会社の要件〉

◆親会社から役員が派遣されているなど、親会社との **人的関係** が緊密であること

◆雇用される障害者が **5人** 以上で、かつ、全従業員に占める割合が **20%** 以上であること。また、雇用される障害者に占める **重度身体障害者**、**知的障害者** 及び **精神障害者** の割合が **30%** 以上であること

◆障害者のための施設の改善、専任の指導員の配置など、障害者の **雇用管理** を適正に行うに足りる能力を有していること

◆障害者の雇用の **促進** 及び **安定** が確実に達成されると認められること

4 障害者職業生活相談員の選任

『障害者雇用促進法』に基づき、障害者を**5人**以上雇用する事業所では、厚生労働省が定める資格を有する従業員のうちから**障害者職業生活相談員**を選任し、障害のある従業員の職業生活全般に関する相談・指導を行わせます。

障害者職業生活相談員になるためには、**公共職業安定所**に選任の**届出**をすることが必要です。

障害者職業生活相談員の要件

次の❶または❷のいずれかに該当する者

❶**高齢・障害・求職者雇用支援機構**が実施する「障害者職業生活相談員資格認定講習」を修了した者

❷次のいずれかに該当する者

- **職業能力開発総合大学校**の長期課程の指導員訓練（福祉工学科に係るものに限る）の修了者
- 大学等卒業者で、**1年**以上の障害者の職業生活に関する相談などの実務経験を有する者
- 高校等卒業者で、**2年**以上の障害者の職業生活に関する相談などの実務経験を有する者
- **3年**以上の障害者の職業生活に関する相談などの実務経験を有する者

重要度 C　障害者優先調達推進法の概要

障害のある人が自立した生活を送るうえで、働くということは重要な要素となります。しかし、働く場は必ずしも多くなく、また働いても十分な賃金を得ることができないことも問題視されていました。そこで障害者雇用の確保や、施設等における仕事の確保などを通じて、**経済的な安定を図る**ことができるよう対応が求められ、2012（平成24）年に**『国等による障害者就労施設等からの物品等の調達の推進等に関する法律』**（障害者優先調達推進法）が制定されました（翌年施行）。

この法律は、国等による障害者就労施設等※から物品などを調達することに関し、**障害者就労施設等の受注の機会を確保**するために必要な事項等を定め、障害者就労施設等が供給する物品などの需要の増進を図ることを目的としています。これにより、国等には、優先的に施設等から物品などを購入する努力義務が課されることになりました。

※障害者就労施設等

障害福祉サービス事業所のほか、特例子会社などの障害者を多く雇用している企業、自宅等において物品の製造、役務の提供などを行っている障害者（在宅就業障害者）や、それを支援する団体（在宅就業支援団体）を指す。

例題

Q 国は、障害者就労施設、在宅就業障害者及び在宅就業支援団体から優先的に物品等を調達するよう努めなければならない。

〔第34回-問62〕

A ○　障害者優先調達推進法に基づき、国等には、優先的に障害者就労施設等から物品などを購入する努力義務が課されている。

CHAPTER 8

SECTION 10

障害者と家族等の支援における関係機関と専門職の役割

このSECTIONのポイント

- ◆国の役割…国がどのような役割を担っているかをおさえましょう
- ◆市町村の役割…市町村がどのような役割を担っているかをおさえましょう
- ◆都道府県の役割…市町村の役割との違いを理解しましょう
- ◆指定障害福祉サービス事業者等の役割…指定障害福祉サービス事業者や指定障害者支援施設設置者の位置づけや役割をおさえましょう
- ◆国民健康保険団体連合会の役割…国民健康保険団体連合会の位置づけや役割をおさえましょう
- ◆労働関係機関の役割…各労働関係機関の役割や支援の内容をおさえましょう
- ◆教育機関の役割…教育機関や配置される職員の役割が大切です
- ◆専門職の役割…障害者総合支援法に基づく事業に携わる専門職の役割や職分を理解しましょう
- ◆障害者総合支援法における組織の役割と実際…相談支援事業所や基幹相談支援センター、協議会の役割や職分を理解しましょう

重要度C 国の役割

国は、支給決定やサービスの内容についての基準を定めています。自立支援給付については、国が**2分の1**を負担することになっています。

また、**厚生労働大臣**は、各種サービスの提供体制を整備し、事業が円滑に実施されるようにするための**基本指針**を定めることになっています。

厚生労働大臣が基本指針において定める内容

- 障害福祉サービス及び相談支援の提供体制の確保に関する基本的事項
- 障害福祉サービス、相談支援並びに市町村及び都道府県の**地域生活支援事業**の提供体制の確保に係る目標に関する事項
- **市町村障害福祉計画**及び**都道府県障害福祉計画**の作成に関する事項
- その他自立支援給付及び地域生活支援事業の円滑な実施を確保するために必要な事項

市町村及び都道府県は、**基本指針**に即して、**障害福祉計画**を作成することになっています。障害福祉計画は2006（平成18）年度から第１期計画が始まり、2024（令和６）年度より第７期計画が始まっています。

例題

Q 「障害者総合支援法」における行政の役割として、厚生労働大臣は、障害者福祉サービス等の提供体制を整備するために障害者基本計画を定める。〔第26回-問58・改〕

A ×

障害者基本計画は『障害者基本法』に基づいて策定される。『障害者総合支援法』において、厚生労働大臣が定めるのは**基本指針**で、市町村及び都道府県が**障害福祉計画**を策定する。

重要度A 市町村の役割

『障害者総合支援法』における市町村の主な役割を覚えておきましょう。

障害者総合支援法における市町村の主な役割

- ◆**介護給付費**、**訓練等給付費**、**地域相談支援給付費**、**自立支援医療費**（精神通院医療を除く）及び**補装具費**等の支給認定
- ◆**障害支援区分**の認定（認定調査は指定一般相談支援事業者等に調査を委託することも可能）
- ◆市町村地域生活支援事業の実施
- ◆**市町村障害福祉計画**の策定
- ◆指定特定相談支援事業者の指定など
- ◆障害者福祉に関して、必要な調査、指導など

ひとこと

政令指定都市の役割については、**市町村とほぼ同じ**です。一部異なるのは、自立支援医療における**精神通院医療**について、都道府県のように、支給に係る認定事務やその医療機関の指定を行うことができる点などです。

◆市町村障害福祉計画の策定

市町村は、厚生労働大臣が定めた基本指針に沿って、**市町村障害福祉計画**を定めることになっています。

→詳細はCH 7 ・SEC 3 参照

例題

Q 「障害者総合支援法」に定められている市町村の役割として、市町村障害福祉計画を策定するよう努めなければならない。

〔第32回－問59・改〕

A × 市町村障害福祉計画の策定は、**義務**である。

重要度 A

都道府県の役割

『障害者総合支援法』に定める都道府県の主な役割は、次のとおりです。

障害者総合支援法における都道府県の主な役割

◆**精神通院医療**の支給認定

◆都道府県地域生活支援事業の実施

◆**都道府県障害福祉計画**の策定

◆障害福祉サービス事業者等の指定など

◆**審査請求**への対応

◆障害福祉サービス等情報の調査・公表

◆市町村に対する必要な助言、その他の援助など

◆都道府県障害福祉計画の策定

都道府県は、厚生労働大臣が定めた基本指針に沿って、**都道府県障害福祉計画**を定めることになっています。 →詳細はCH 7・SEC 3 参照

◆障害福祉サービス事業者等の指定

都道府県知事は、障害福祉サービス事業者等の申請に基づいて、**各種事業、施設の指定**を行います。なお、これらは政令指定都市、中核市の市長も行うことになっています。

逆に、都道府県知事は何らかの問題が生じた場合、書類の提出や出頭を要請したり、立入調査をすることができます。場合によっては、都道府県知事は指定の全部、もしくは一部を取消しや期間を定めて停止するなど指導・監督の権限ももっています。

◆審査請求の審査及び障害者介護給付費等不服審査会の設置

市町村が行う**障害福祉サービスの支給決定**（支給量等の決定）と**支払い決定**

（サービスの利用後の請求額）に不満がある場合、**都道府県知事**に対して**審査請求**が可能です。都道府県知事は審査請求に対応するため、**障害者介護給付費等不服審査会**を設置することができます。

◆障害福祉サービス等情報の調査・公表

障害福祉サービス等を提供する事業所が拡大するなかで、利用者がそれぞれの要望に応じて良質なサービスを選択できるようにすることや、事業者のサービス向上が求められています。このため2018（平成30）年４月より、施設・事業者が障害福祉サービスの内容等を**都道府県**に**報告**し、都道府県がその内容を**公表**する障害福祉サービス等の情報公表制度がスタートしました。

■障害福祉サービス等の情報公表制度の仕組み

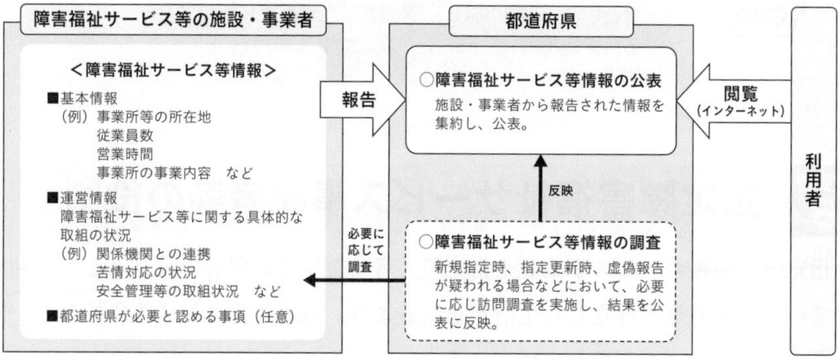

出典：厚生労働省「障害保健福祉関係主管課長会議（平成28年３月８日開催）資料」

◆市町村への支援

都道府県は、市町村が単独で市町村審査会を設置せず、共同で設置しようとする場合、**市町村間の調整**を行い、運営において技術的な**指導**を行うこととされています。

また、**身体障害者更生相談所**、**知的障害者更生相談所**、**精神保健福祉センター**などを配置し、市町村からの問合せに対応する役割を担っています。**精神保健福祉センター**の役割は、**精神障害者**の福祉に関する相談及び指導のうち**複雑または困難なもの**であることに注意が必要です。

■身体障害者更生相談所、知的障害者更生相談所、精神保健福祉センターの役割

身体障害者更生相談所	知的障害者更生相談所	精神保健福祉センター
●市町村の援護の実施に関する市町村相互間の**連絡調整** ●専門的な知識や技術を必要とする相談及び指導 ●医学的、心理的及び職能的判定の実施		●精神保健及び精神障害者の福祉に関する知識の普及を図ること及び調査研究 ●精神保健及び精神障害者の福祉に関する相談及び指導（**複雑または困難なもの**） ●自立支援医療の支給認定（精神障害者に係るものに限る）に関する事務のうち専門的な知識及び技術を必要とするもの

ひとこと

『身体障害者福祉法』では、身体障害者更生相談所の業務として、必要に応じて『障害者総合支援法』に規定する補装具の処方を行うことが規定されています。

重要度B　指定障害福祉サービス事業者等の役割

指定障害福祉サービス事業者や指定障害者支援施設設置者の役割として、利用している障害者等が自立した生活が送れるよう、意思決定に対する支援など、障害者の立場に立った支援が求められます。

なお、これら事業者の主な役割は以下のとおりです。事業者はそれぞれの役割を市町村や公共職業安定所などの各種機関と**連携**して行うことが求められています。

指定障害福祉サービス事業者や指定障害者支援施設設置者の役割

- ◆提供拒否の禁止
- ◆身体拘束の禁止
- ◆運営規程を定める
- ◆知り得た秘密の保持
- ◆個別支援計画の作成
- ◆就労に向けた支援
- ◆利用者の相談に応じる
- ◆業務管理体制の整備
- ◆苦情解決に努める
- ◆障害者虐待の防止
- ◆障害福祉サービス等情報の報告

重要度B 国民健康保険団体連合会の役割

国民健康保険団体連合会（国保連）は、**各都道府県**に設置されています。障害者福祉においては、**市町村**等からの委託があった場合、介護給付費、訓練等給付費などについての支払い業務を行います。従来は委託できるのはあくまでも点検・支払い業務のみでしたが、2018（平成30）年度より請求内容の審査についても委託できるようになっています。

市町村が委託できる給付費一覧

◆介護給付費

◆訓練等給付費

◆特定障害者特別給付費

◆地域相談支援給付費

◆計画相談支援給付費

◆障害児通所給付費

◆障害児相談支援給付費

例題

Q 国民健康保険団体連合会は、市町村から委託を受けて介護給付費等の支払業務を行う。〔第27回-問58〕

A ○ **国民健康保険団体連合会**は、市町村から委託があった場合、**介護給付費等の支払業務**を行っている。

重要度B 労働関係機関の役割

『障害者自立支援法』（現『障害者総合支援法』）が制定されたことによって、就労支援に対する改革が行われ、施設における福祉的就労にとどまるのではなく、**一般就労に向けた取組**が求められるようになり、労働関係機関との連携も重要になってきました。

1 公共職業安定所

公共職業安定所は『**職業安定法**』に基づいて設置され、**国**によって運営されています。**就職する希望をもつ全ての者**（フリーターなどの若者、母子家庭の母、生活保護受給者、高齢者、障害者など）を支援する最後のセーフティネットとしての役割を担っており、地域の総合的雇用サービス機関として、**職業紹介**、**雇用保険**、**雇用対策**などの業務を一体的に実施しています。

◆障害者トライアル雇用

事業主が障害者トライアル雇用求人を事前にハローワーク等に提出し、これらの紹介によって、対象者を原則３か月の有期雇用で雇い入れ、一定の要件を満たした場合、対象者１人当たり、月額最大**４万円**（最長３か月間）の助成金を受けることができます。

ひとこと

精神障害者を初めて雇用する場合は、月額最大 **8** 万円の助成金を受けることができます。また、精神障害者は最大 **12** か月トライアル雇用期間を設けることができます。ただし、助成金の支給対象期間は３か月間に限ります。

2 障害者職業センター

障害者職業センターは、『**障害者雇用促進法**』に基づき設置され、**身体障害者**、**知的障害者**、**精神障害者**などを対象として業務を行っています。**高齢・障害・求職者雇用支援機構**が運営する施設です。

障害者職業センターには、❶**障害者職業総合センター**（全国１か所）、❷**広域障害者職業センター**（全国２か所）、❸**地域障害者職業センター**（各都道府県に設置）の３種類があります。

■障害者職業センターの業務内容

	設置	業務内容
障害者職業総合センター	全国1か所（千葉県）	職業リハビリテーションサービスの基盤整備と質的向上を図るため、障害者雇用に関する**研究**、支援技法の**開発・改良**、各種**研修**などを行う
広域障害者職業センター	全国2か所（埼玉県、岡山県）	職業適性などを理解・把握するための**職業評価**、就職に必要な技能・知識などを習得するための**職業訓練**、就職活動に必要な情報提供や指導を行う**職業指導**などを行う
地域障害者職業センター	各都道府県（47か所［支所除く］）	**公共職業安定所**や**障害者就業・生活支援センター**との密接な連携の下、障害者に対する専門的な職業リハビリテーションサービス、事業主に対する障害者の雇用管理に関する相談・援助、地域の関係機関に対する助言・援助を行う。また職場適応援助者（ジョブコーチ）による人的支援事業を行う

3 障害者就業・生活支援センター

障害者就業・生活支援センターは、『**障害者雇用促進法**』に基づき設置されている施設です。センター窓口での相談や職場・家庭訪問などを実施し、関係機関と連携しながら、**就業支援担当者**と**生活支援担当者**が協力して、**就業面**及び**生活面**における一体的な相談・支援を行います。

■障害者就業・生活支援センターの概要

支援の対象者	●就職を希望している障害者 ●在職中の障害者
運営主体	**民法法人**（**一般社団法人及び一般財団法人**）、**社会福祉法人**、**NPO法人**、**医療法人**であって、**都道府県知事が指定したもの**

障害者就業・生活支援センターは、**都道府県の障害保健福祉圏域**※ごとに1か所ずつを目標に設置されており、障害者職業センターよりも身近な相談場所としての役割を果たしています。

※障害保健福祉圏域

1つの市町村だけでは対応困難な各種のサービスに対して広域的にサービスを提供できる体制を築くため、都道府県の医療計画における2次医療圏や老人保健福祉圏域を参考に、複数市町村を含む広域圏域として設定したもの。

■障害者就業・生活支援センターの業務内容

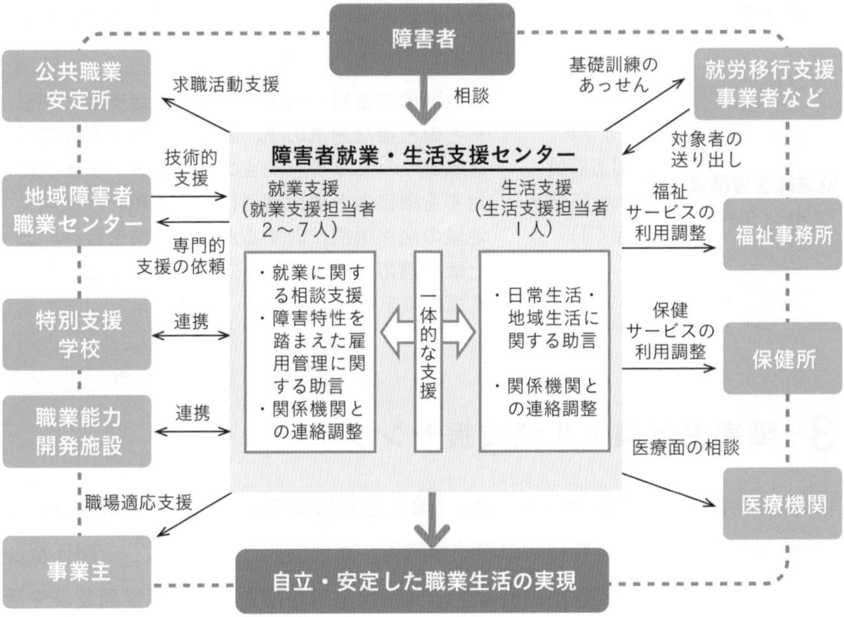

出典：厚生労働省「障害者就業・生活支援センターの概要」より作成

ひとこと

障害者就業・生活支援センターは、2023（令和5）年4月現在、**全国337か所**に設置されています。

例題

Q 障害者就業・生活支援センターは、「障害者総合支援法」に基づく協議会の運営の中心的な役割を担うこととされている機関である。 〔第31回-問60〕

A × 障害者就業・生活支援センターは、**障害者雇用促進法**に基づき都道府県知事が指定する、職業生活での自立を図るために継続的な支援を必要とする障害者に対し、就業面と生活面の一体的な相談・支援を行う機関である。

重要度C 教育機関の役割

教育機関では、**特別支援学校**、**特別支援学級**が障害児の対応を担っています。しかし、近年では、発達障害などがあっても普通学校に通級し、大学に進学するケースも増え、一般教育機関でも対応策を講じるようになってきています。

教育現場では、**スクールソーシャルワーカー**、キャンパスソーシャルワーカーといった形で、学校の中にソーシャルワーカーを配置し、児童生徒の個々の問題に取り組んでいく教育機関が増えてきています。

また、幼稚園などでも、障害児を受け入れるための取組として、児童発達支援センターと協力して対応を行っているケースも存在します。

重要度B 専門職の役割

『障害者総合支援法』に関連する専門職の役割をみていきます。

1 相談支援専門員の役割

相談支援専門員は、**指定相談支援事業所**ごとにおかれる職種で、**一定の実務経験**をもち、**都道府県による研修**（**相談支援従事者初任者研修**）を受けることによってなることができます。

相談支援専門員は、指定相談支援事業所ごとに**必ず1人**は配置され、専らその業務（**指定計画相談支援**）に従事するものとされています。ただし、支障がない範囲内であれば、その他の業務や、他事業所等の職務を行うことができるとされています。

相談支援専門員は、障害者のニーズを知り、アセスメントに基づいた**サービス等利用計画**を作成します。サービス等利用計画作成時は、福祉サービス等の担当者を招集した**サービス担当者会議**を開催します。

また、利用者が病院または障害者支援施設等への入院または入所を希望する場合は、病院または障害者支援施設等への**紹介**その他の便宜の提供を行います。障害者が**地域**で**自立**した生活を送れるようにするため、包括的で効果的なサービスの提供を目指し、関係機関と調整に努めます。

加えて、地域づくり、人材育成、困難事例への対応など地域の中核的な役割を担う専門職を育成するとともに、相談支援専門員のキャリアパスの明確化、目指すべき将来像及びやりがいをもって長期に働ける環境を整えるため、**主任相談支援専門員**の制度が創設されました。主任相談支援専門員になるためには、相談支援専門員として**3**年以上の**実務経験**のほか、**主任相談支援専門員研修**の受講が必要です。

ひとこと

相談支援専門員になるための実務経験は、障害者の保健・医療・福祉の分野における相談支援の業務及び介護の直接支援業務、障害者の就労・教育の分野における相談支援の業務に携わっていたこととされています。なお、相談支援専門員として勤務を続ける場合、５年に１回以上、現任研修を受ける必要があります。

例題

Q 相談支援専門員は、指定相談支援事業所において指定計画相談支援を行う者として配置されている。〔第35回-問59〕

A ○ 相談支援専門員は、指定特定相談支援事事業所に1人以上配置される。

2 サービス管理責任者の役割

サービス管理責任者は、**療養介護、生活介護、自立訓練（機能訓練・生活訓練）、就労移行支援、就労継続支援A型、就労継続支援B型、就労定着支援、自立生活援助、共同生活援助**に配置される職種で、利用者の**個別支援計画**を策定することが業務の中心となっています。

サービス管理責任者になる要件は「指定障害福祉サービスの提供に係るサービス管理を行う者として厚生労働大臣が定めるもの等」に規定されています。この規定によると、サービス管理責任者になるためには、相談支援業務などの実務経験が**3年以上必要**（実務経験の内容により異なる）であるほか、相談支援従事者初任者研修とあわせて、都道府県の実施するサービス管理責任者研修を受講することが必要です。

例題

Q 市町村は、地域生活支援事業としてサービス管理責任者研修を実施し、事業所や施設のサービスの質の確保を図らなければならない。〔第25回-問137〕

A × サービス管理責任者研修を実施するのは、**都道府県**である。

3 居宅介護従業者の役割

『障害者総合支援法』におけるサービスには、居宅介護などの**ホームヘルプサービス**があり、そこで活躍するのが**居宅介護従業者**です。利用者の日常生活を維持し、社会生活が行えるようサポートすることが大きな役割となっています。そのため、利用者の意思を尊重した支援が重要です。

『障害者総合支援法』に定められたホームヘルプサービスは次のとおりです。5種類のサービスは事業種別に**指定障害福祉サービス事業**と**地域生活支援事業**の2つに分類されます。

■障害者総合支援法におけるホームヘルプサービス

	サービス種別	対象
指定障害福祉サービス事業	居宅介護	身体・知的・精神・障害児
	重度訪問介護	身体・知的・精神
	同行援護	身体・障害児
	行動援護	知的・精神・障害児
地域生活支援事業	移動支援	身体・知的・精神・障害児

例題

Q 居宅介護従業者は、病院又は障害福祉施設への紹介その他の便宜の提供を行う者として配置されている。 〔第35回-問59〕

A × 記述の業務を行うのは、**相談支援専門員**である。

重要度B 障害者総合支援法における組織の役割と実際

相談支援事業所、基幹相談支援センター、協議会の役割などをみていきます。

1 相談支援事業所の組織体系

相談支援事業所の事業内容は、大きく3つの役割に分かれています。1つが一般的な相談支援を行うもので、どこの相談支援事業所でも行われているものです。主に計画相談を行う**指定特定相談支援事業所**、地域移行、地域定着を行う**指定一般相談支援事業所**があります。

■相談支援の内容

基本相談支援	障害児者からの相談（交付税）
特定相談支援	サービス利用に関する**計画相談支援**（個別給付）
一般相談支援	**地域移行**、地域定着に関する**地域相談支援**（個別給付）

このほか、障害児の通所サービス利用に係る相談を担当する**指定障害児相談支援事業所**があります。なお、障害児の入所サービスについては児童相談所が対応します。

2 相談支援事業所の活動の実際

相談支援事業は、サービス利用に必要なことから、**指定特定相談支援事業所**が圧倒的に多い状況です。実際のサービス利用にあたって、適切なプランが立てられているかどうかは極めて重要であるため、指定特定相談支援事業所は各障害福祉サービス事業所と密に連携しながら、プラン作成、再アセスメントを実施していきます。

■指定特定相談支援事業者と障害福祉サービス事業者の関係

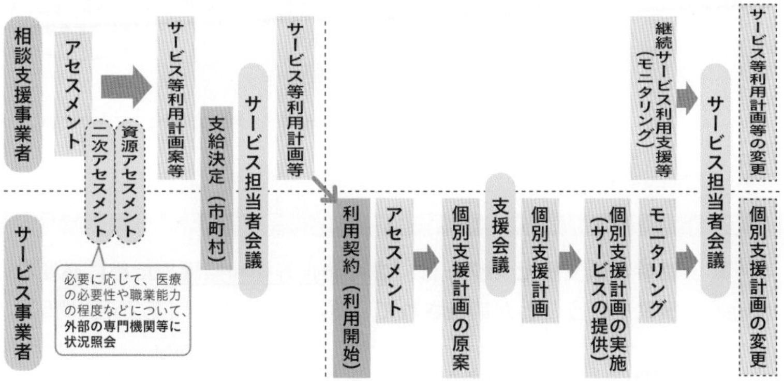

（注）点線枠部分は、必要により実施

出典：厚生労働省「計画相談支援における現状と厚生労働省の取組」

3 基幹相談支援センターの役割

地域における相談支援の中核的な役割を担う機関として、**基幹相談支援センター**があります。基幹相談支援センターでは、3障害に対応した総合的、専門的な相談支援を実施します。また、地域の相談支援事業者への**専門的指導**を行うなど、地域における相談支援の中核になることが期待される機関です。地域の相談支援体制強化のため、地域相談支援事業者への専門的**指導・助言**、相談支援事業者の**人材育成**なども行います。

設置は**市町村**もしくは**市町村が委託した者**で、**努力義務設置**となっています。

■基幹相談支援センターの役割

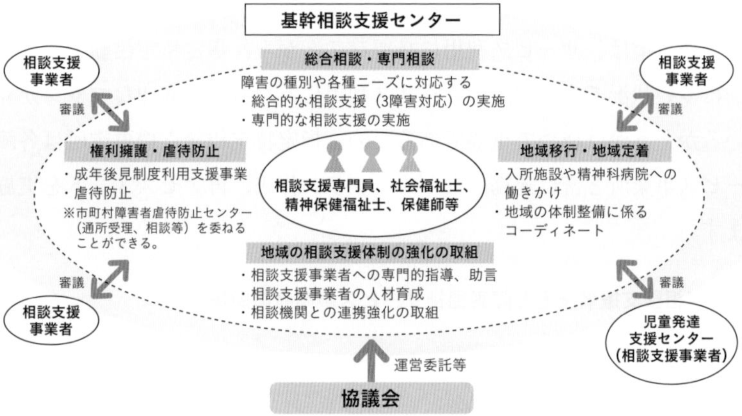

出典：厚生労働省「基幹相談支援センターの役割のイメージ」

例題

Q 基幹相談支援センターは、虐待防止等権利擁護のために必要な援助を行うことが期待されている。〔第25回-問57〕

A ○ 記述のとおり。基幹相談支援センターは、障害者等に対する虐待の防止及びその早期発見のための関係機関との連絡調整その他の障害者等の権利の擁護のために必要な援助を行う。

4 協議会の役割

協議会は、地域における障害者等への支援体制に関する課題について情報を共有し、関係機関等の連携の緊密化を図るとともに、**地域の実情**に応じた体制の整備について協議を行うものとされており、地方公共団体は、単独または共同して設置に努めることになっています。以前は「**自立支援協議会**」の名称で、法に規定はありませんでしたが、法改正に伴い、地域支援体制づくりに重要な役割を果たす「協議会」として法律上位置づけられました。

■**協議会の機能**

情報機能	困難事例や地域の現状・課題等の情報共有と情報発信
調整機能	●地域の関係機関によるネットワーク構築 ●困難事例への対応の在り方に対する協議、調整
開発機能	地域の社会資源の開発、改善
教育機能	構成員の資質向上の場として活用
権利擁護機能	**権利擁護**に関する取組を展開
評価機能	●**委託相談支援事業者**の運営評価 ●サービス利用計画作成費の支給対象者、重度障害者等包括支援事業等の評価　など

例題

Q 「障害者総合支援法」に基づく協議会の運営の中心的な役割を担うこととされている機関は、地域包括支援センターである。
〔第31回-問60〕

A × 協議会が運営を委託する先は**基幹相談支援センター**である。

CHAPTER

9

刑事司法と福祉

CHAPTER 9

SECTION 1

刑事司法と少年司法

このSECTIONのポイント

◆刑事司法…刑法の基本原理と犯罪の成立要件、刑事事件の手続きについて学びます

◆少年司法…非行少年に対する司法手続きの流れをみておきましょう

重要度B 刑事司法

1 刑法の基本原理

『刑法』は、犯罪行為に対する法的な規制や処罰を定める法律の一部であり、社会の秩序と安全を維持するために制定されています。『刑法』における基本的な原理として、「**罪刑法定主義**」「**行為主義**」「**責任主義**」が挙げられています。これらは、現代の刑法制度の基盤となっており、法の下での平等と正義を確保するための原則です。

■刑法の基本原理

罪刑法定主義	「法において罪と刑が**あらかじめ**定められていなければならない」という原則。行為が罪であるかどうかや、その罪に対する刑罰がどのようなものかは、**法律で厳格に規定**されていなければならない。個別の行為が罪であるとみなされる前に、法律においてその行為が禁止されているかどうかが明確に定められていなければならない
行為主義	罪を成立させるためには、法律で禁止されている**具体的な行為**が必要であるという原則。主観的な意図や心理状態が重要視され、ある行為が罪であるかどうかは、その行為が実際に行われたかどうかといった**客観的な事実**に基づいて判断される。ただし、未遂や準備行為も罰せられることがある

責任主義	罪を犯した者はその**責任**を問われなければならないという原則。法的責任は、個人の**能力**や**意志**に基づいて定められ、無罪能力者や心神喪失者などは責任を問われないとされる。責任主義は、正義と公正さを確保するために、罪を犯した者に対しては適切な刑罰が科せられるべきだとする立場を表している

ひとこと

これらの原則は、法の下での平等と公正な刑罰の確保を目的としており、多くの現代の刑法制度において基本的な原則として受け入れられています。

2 犯罪の成立要件と責任能力

犯罪の成立要件や責任能力に関する法的な概念は、国や地域によって異なる場合がありますが、一般的な法的原則に基づくと次のようになります。

◆構成要件

一般的に、犯罪が成立するためには、法定の**構成要件**が満たされる必要があります。これは、法律で明示された犯罪の要素や条件です。例えば、窃盗罪の場合、不法侵入や持ち去りといった要素が含まれます。

◆違法性

犯罪行為は**法律で禁止**されている必要があります。法に違反する行為でなければ、犯罪は成立しません。違法性は法律の規定に基づきます。

◆責任能力

犯罪行為の際、加害者はその行為に責任を負う必要があります。法的な責任は、個人が自分の行動や行為について法的に問責を受けることを指します。責任能力は、個人が**自分の行動に対して責任を負うことができる精神的・心理的な状態**を指します。一般的には、加害者が犯罪をした時点で正常な精神状態であることが求められます。心神喪失等の理由で責任能力が制限される場合もあります。

3 刑事事件の手続き

犯罪をした成人に対する刑事司法手続きの流れは次のとおりです。

■成人の刑事司法手続きの流れ

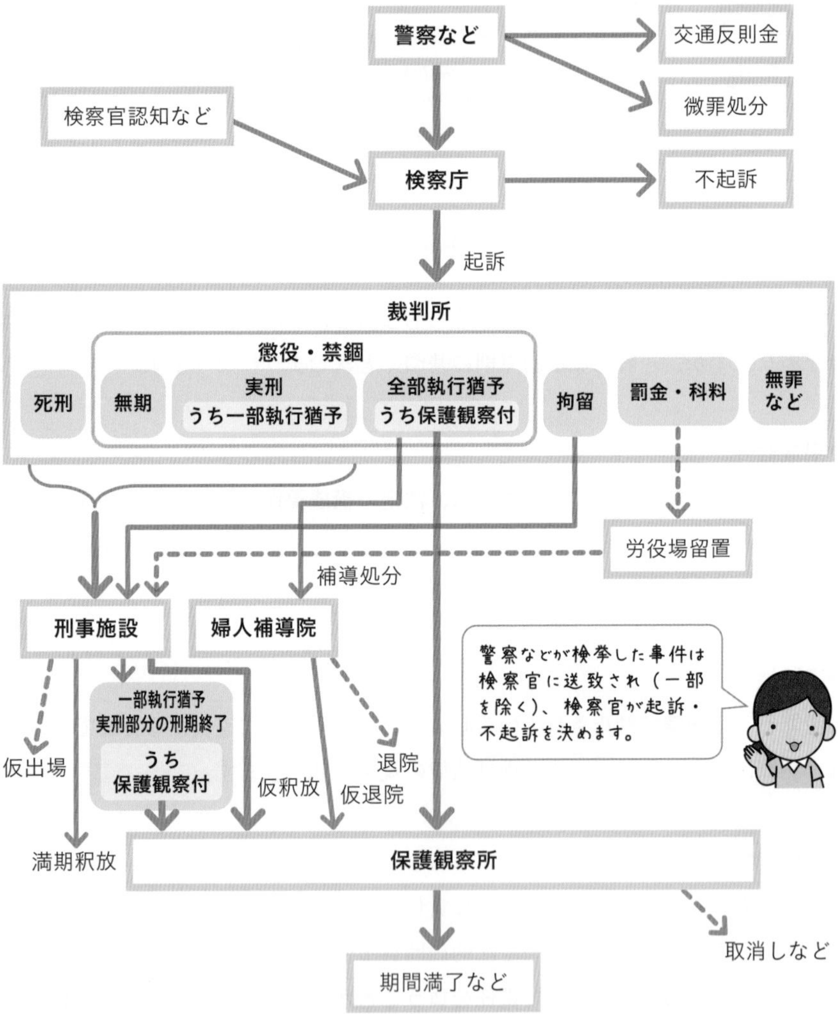

出典：法務省「令和５年版犯罪白書」より作成

重要度 B

少年司法

1 少年法の基本原理

『少年法』は、未成年者を社会からの悪影響や危険から保護し、その健全な育成を促進することを目的としています。これには**教育的アプローチ**が含まれ、未成年者を更生させ、社会への適切な統合を図ることが重要視されています。

少年法の基本原理は、未成年者に対して刑罰を課すのではなく、**更生**や**教育**を重視することです。適切な対応や指導を通じて、彼らが社会的に貢献できるようになることが期待されています。

2 非行少年

『少年法』では**20歳**に満たない者を「少年」といい、家庭裁判所に付すべき非行少年を❶**犯罪少年**、❷**触法少年**、❸**虞犯《ぐはん》少年**の３つに区分しています。

●ここがポイント

非行少年の区分

犯罪少年	14 歳以上 20 歳未満の罪を犯した少年
触法少年	14 歳未満で刑罰法令に触れる行為を行った少年
虞犯少年	一定の事由があり、その性格または環境に照らして、将来、罪を犯し、または刑罰法令に触れる行為をするおそれのある少年（18歳・19歳については特定少年〈p.595参照〉として虞犯の適用除外）

✔CHECK! 虞犯少年の一定の事由

✔CHECK!

❶ 保護者 の正当な監督に服しない性癖があること

❷正当の理由がなく 家庭 に寄りつかないこと

❸ 犯罪性 のある人もしくは 不道徳 な人と交際し、または いかがわしい場所 に出入りすること

❹ 自己 または 他人 の徳性を害する行為をする性癖があること

例題

Q 少年法は、家庭裁判所の審判に付すべき少年として、犯罪少年、触法少年、虞犯少年、不良行為少年の4種類を規定している。

〔第33回-問148〕

A ×

少年法では、家庭裁判所の審判の付すべき少年として、犯罪少年、触法少年、虞犯少年の３種類が規定されている。

3 少年事件の手続き

『少年法』には、未成年者に対する司法手続きにおいて、一般の成人とは異なる特別な手続きが定められています。これは、未成年者の心理的・社会的な発達を考慮し、厳罰的な措置を控え、更生を優先する趣旨が込められています。

■非行少年に対する手続きの流れ

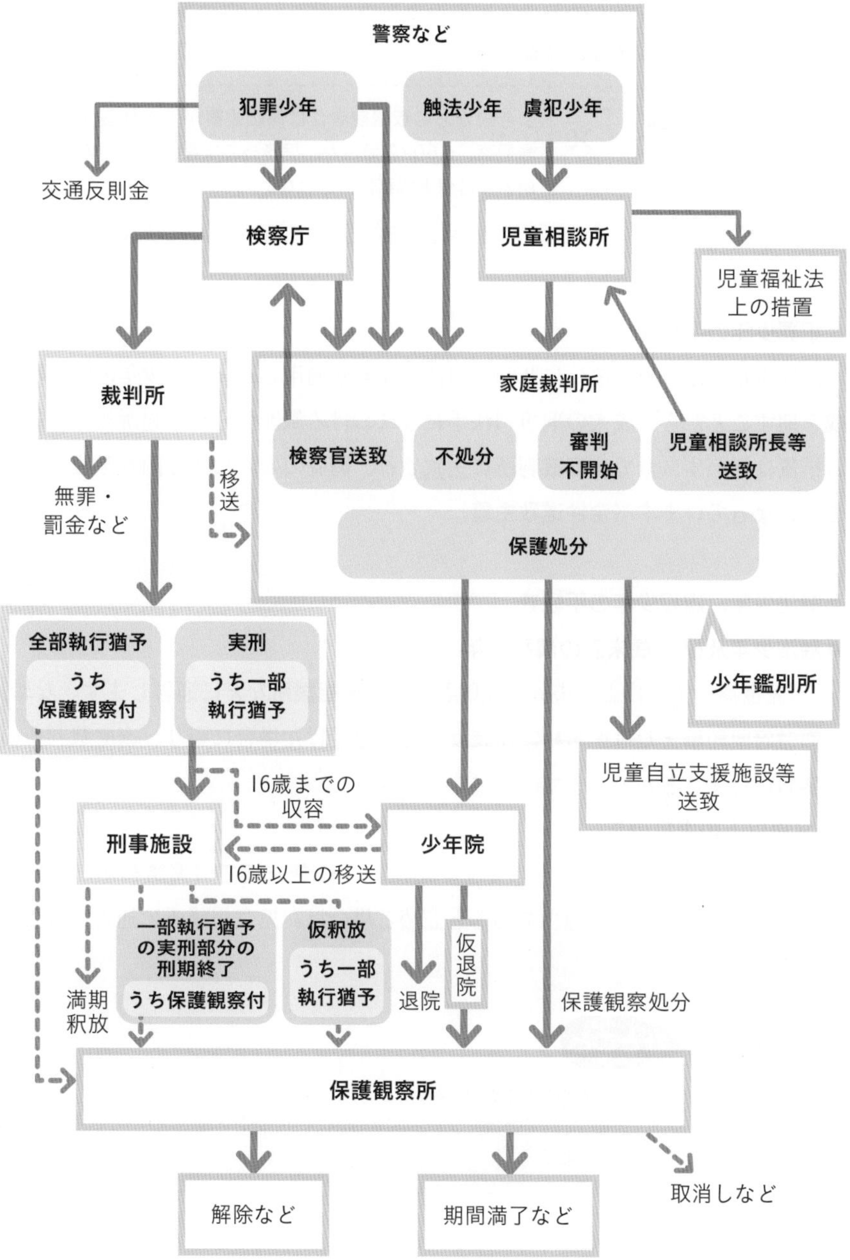

出典：法務省「令和５年版犯罪白書」より作成

例題

Q 少年院からの仮退院者や児童自立支援施設からの退所者には保護観察が付される。　〔第28回-問147〕

A × 少年院からの仮退院者には保護観察が付される（2号観察、p.602参照）が、児童自立支援施設からの退所者には保護観察は付されない。

◆犯罪少年の手続き

犯罪少年には『**少年法**』に基づく司法手続きが適用されます。少年の**健全な育成**を期すことから、成人の刑事司法手続きにおける微罪処分や不起訴処分にあたる措置は行わず、全て**家庭裁判所**に送致され、調査ののちに処分内容を決定することになっています（**全件送致主義**）。

◆触法少年、虞犯少年の手続き

●触法少年及び14歳未満の虞犯少年

『**児童福祉法**』による措置を原則とし、**児童相談所**などに通告します。なお、**都道府県知事**または**児童相談所長**から送致を受けた場合に限り、家庭裁判所の審判に付すことができます。

●14歳以上の虞犯少年

原則、**家庭裁判所**に通告します。ただし、**18歳未満**で『**児童福祉法**』による措置にゆだねるのが適当であると認める場合は、児童相談所に通告することができます。

ひとこと

おおむね12歳以上の少年について、家庭裁判所が特に必要と認める場合には、少年院送致の保護処分をすることが可能です。

例題

Q 家庭裁判所は、18歳未満の少年については、都道府県知事又は児童相談所長から送致を受けたときに限り、これを審判に付すことができる。〔第33回-問148〕

A × 家庭裁判所は、都道府県知事または児童相談所長から送致を受けた場合に限り、触法少年および14歳未満の虞犯少年を審判に付すことができる。

◆特定少年の手続き

2022（令和４）年４月に施行された改正民法で、成人年齢が18歳に引き下げられることや選挙権年齢の引下げなどの社会情勢の変化及び少年による犯罪の実情に鑑み『少年法』が改正されました（2022〈令和４〉年４月施行）。

法の適用年齢は従来どおり20歳未満とし、新たに**18歳**と**19歳**を「**特定少年**」と位置づけ、成人と同様の刑事手続きを取る特例を設けました。全事件を家庭裁判所に送致する全件送致主義は従来どおりで、これまでの16歳以上が故意の犯罪行為で被害者を死亡させた事件に加えて、**１年以上の懲役・禁錮**※に当たる罪（強盗や強制性交など）を犯した特定少年は、検察官送致（逆送）とすることとされました。

※懲役・禁錮
懲役は、受刑者を刑事施設に拘置し、刑務作業が科せられる刑罰。禁錮は、同様に受刑者を刑事施設に拘置するが、刑務作業は科せられない。2022（令和４）年に刑法が改正（同６月17日公布）され、両者を一元化した拘禁刑（刑事施設に拘置）が創設された。一律の刑務作業は課せられず、受刑者の特性に応じて再犯防止プログラムなどの教育の充実が図られることとなっている（公布の日から３年以内に施行）。

ひとこと
起訴後は実名報道も可能となります。

CHAPTER 9

SECTION 2

更生保護制度

このSECTIONのポイント

◆更生保護制度の概要…犯罪をした者や非行少年の再犯防止や改善更生を助けるための制度であることを踏まえ、その歴史や内容などについて、おさえておきましょう

◆保護観察…保護観察の対象者と内容などをおさえましょう

◆生活環境の調整…種類と主な実施内容を整理しましょう

◆仮釈放等…仮釈放の種類と許可基準を覚えましょう

◆更生緊急保護…更生緊急保護の対象と実施内容をおさえます

◆更生保護制度を構成するその他の制度…犯罪被害者等施策、恩赦等について学びましょう

◆更生保護制度の近年の動向…近年の関連法の制定や事業・制度についておさえておきましょう

重要度A 更生保護制度の概要

更生保護制度は、『**更生保護法**』 →詳細はp.598参照 により規定されており、犯罪をした者や非行少年の立ち直りを援助し、再び**犯罪**や**非行**に陥るのを防ぎ、**地域**の安全を守ることを目的としています。

更生保護制度は、警察、検察、裁判、矯正の諸制度と同様に、犯罪や非行を摘発し、刑罰や保護処分を行う**刑事司法の一環**です。

1 更生保護制度の歴史

日本最古の史書『日本書紀』には持統天皇が罪囚の赦免を行ったとの記述があり、これが日本の更生保護の起源といわれています。更生保護が制度として具体化したのは江戸時代に入ってからです。

明治時代に入ると民間の篤志家らによって更生保護事業は拡大していき、**1949（昭和24）年**制定の『犯罪者予防更生法』により、更生保護が国の制度として創設されました。

■更生保護制度の成り立ち

1790（寛政２）年	松平定信、人足寄場《にんそくよせば》を設置 → 犯罪者や無宿者に職業訓練を行い、社会復帰を支援
1888（明治21）年	金原明善《きんぱらめいぜん》、**出獄人保護会社**を設立 → 出獄人の保護が目的。日本で最初の更生保護施設
1905（明治38）年	**執行猶予制度**の導入
1922（大正11）年	**起訴猶予制度**の導入 **旧少年法**制定 → 少年保護司による保護観察の実施
1939（昭和14）年	司法保護事業法制定 → 司法保護団体、司法保護委員を制度化
1942（昭和17）年	**少年審判所**と**矯正院**（現少年院）を全国に適用
1949（昭和24）年	犯罪者予防更生法制定 → 更生保護を制度化
1950（昭和25）年	**更生緊急保護法**、**保護司法**制定
1952（昭和27）年	**保護観察所**などを設置
1954（昭和29）年	**執行猶予者保護観察法**制定
1995（平成７）年	更生保護事業法制定 → 更生保護法人を創設
1998（平成10）年	**保護司法**改正 → 保護司会、保護司会連合会を法定化
2007（平成19）年	更生保護法制定
2013（平成25）年	**薬物使用等の罪を犯した者に対する刑の一部の執行猶予に関する法律**制定 **更生保護法**改正

ひとこと

「更生保護」の語を法律上初めて使用したのは、**犯罪者予防更生法**です。

2 更生保護法

『犯罪者予防更生法』と**『執行猶予者保護観察法』**を整理・統合させたものとして、**2007（平成19）年**に**『更生保護法』**が制定されました。

●ここがポイント

更生保護法の目的（概要）

犯罪をした者及び非行のある少年に対し、**社会内において適切な処遇を行う**ことにより、再び**犯罪や非行**をすることを防ぎ、これらの者が**善良な社会の一員として自立し、改善更生すること**を助けるとともに、**恩赦の適正な運用**を図るほか、**犯罪予防の活動の促進**などを行い、

社会を保護し、個人及び公共の福祉を増進 すること

◆更生保護の内容

『更生保護法』に基づいて行われる更生保護には、主に次のものがあります。

更生保護の内容

- ●保護観察 →詳細はp.600参照
- ●生活環境の調整 →詳細はp.605参照
- ●仮釈放等 →詳細はp.607参照
- ●更生緊急保護 →詳細はp.609参照
- ●犯罪被害者等施策 →詳細はp.611参照
- ●恩赦 →詳細はp.612参照
- ●犯罪予防活動 →詳細はp.613参照

ひとこと

矯正施設などで行われる処遇は「**施設内処遇**」、保護観察を中心とする更生保護などの処遇は「**社会内処遇**」と呼ばれます。

例題

Q 更生保護の処遇は、矯正施設における施設内処遇を主とする。
〔第34回-問147〕

A × 更生保護は、犯罪をした者や非行少年に対して、社会内において適切な処遇を行い、犯罪や非行を防ぐことを目的としている。

重要度 A　保護観察

保護観察の目的は、**犯罪をした者**、**非行少年**に対し、**社会内**で通常の社会生活を営ませながら**指導監督**及び**補導援護**を行うことにより、その再犯防止と改善更生を図ることです。

保護観察の実施機関は**保護観察所**で、**保護観察官**と**保護司**が**協働**で行います。

→保護観察官についてはp.617、保護司についてはp.618参照

●ここがポイント

指導監督と補導援護

指導監督 保護観察の**権力**的な性格を有する	◆ 面接 その他の適当な方法により保護観察対象者と接触を保ち、その行状を把握する ◆保護観察対象者が遵守事項を守り、 生活行動指針 に即して生活・行動するよう必要な指示その他の措置をとる ✔CHECK! ◆特定の犯罪的傾向を改善するための 専門的処遇 を実施する
補導援護 保護観察の**福祉**的な性格を有する	◆適切な住居などの 宿泊場所 を得たり、そこに 帰住 したりすることを助ける ◆ 医療 や 療養 、 教養訓練 を受けることを助けたり、就労支援を行ったりする ◆ 生活環境 の改善・調整や、社会生活の適応に必要な 生活指導 を行う ◆その他、対象者が健全な社会生活を営むために必要な 助言 その他の 措置 を行う

✔CHECK! 生活行動指針

保護観察における指導監督を行うために個別に定める、 生活 と 行動 に関する指針。指導の基準となるが、遵守事項より規範性が低く、これに違反しても 不良措置 →詳細はp.604参照 につながることはない。

ひとこと

保護観察所は、地方裁判所の管轄区域ごとに設置されている、法務省の地方支分部局にあたる組織です。

例題

Q 保護観察では、保護観察官が指導監督、保護司が補導援護を行う役割分担を行っている。〔第28回-問147・改〕

A ×　保護観察の指導監督と補導援護は、**保護観察官と保護司の情報共有と連携**により実施されている。

1 保護観察の対象者と流れ

保護観察の対象者と流れは、次のとおりです。

■**保護観察の対象者**

	保護観察対象者	期間
1号観察	保護観察処分少年 （家庭裁判所で保護観察に付された者）	原則**20歳**に達するまでまたは**2年間** （例外的に**23歳**まで）
2号観察	少年院**仮退院者** （少年院からの仮退院を許された者）	原則**20歳**に達するまで （例外的に**26歳**まで）
3号観察	仮釈放者（仮釈放を許された者）	残刑期間
4号観察	保護観察付執行猶予者 （裁判所で刑の全部または一部の執行を猶予され保護観察に付された者）	執行猶予の期間
5号観察	婦人補導院**仮退院者** （婦人補導院からの仮退院を許された者）	補導処分の残期間

■保護観察の流れ

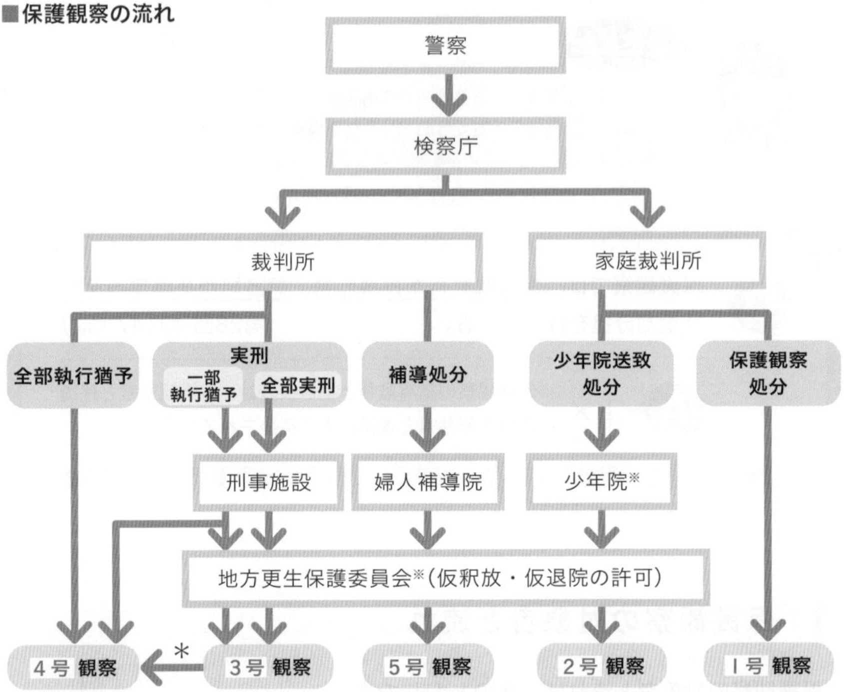

＊保護観察付一部猶予者が仮釈放を許された場合は、仮保釈中の保護観察が終了した後、一部猶予期間中の保護観察が開始される

出典：法務省「「更生保護」とは」より作成

※少年院／地方更生保護委員会

少年院は保護処分もしくは少年院において懲役または禁錮の刑の執行を受ける者に対し、矯正教育その他の必要な処遇を行う施設。なお、少年鑑別所は、家庭裁判所の求めに応じ、送致された少年を一定期間収容して鑑別を行う施設。

地方更生保護委員会は、法務省の機関で、全国８か所におかれている。３人以上の政令で定める人数以内の委員をもって組織され、保護観察官が配属されている。

ひとこと

保護観察処分少年（1号観察）、保護観察付執行猶予者（4号観察）を対象とした保護観察のことを**プロベーション**、少年院仮退院者（2号観察）、仮釈放者（3号観察）、婦人補導院仮退院者（5号観察）を対象とした保護観察のことを**パロール**と呼びます。

2 一般遵守事項・特別遵守事項

保護観察対象者には守るべき遵守事項があり、『更生保護法』第50条に定める法定事項である**一般遵守事項**と、事情に応じて**保護観察所長**または**地方更生保護委員会**※が定める**特別遵守事項**があります。

●ここがポイント

一般遵守事項と特別遵守事項

一般遵守事項 保護観察対象者**全員**が守るべきこと	◆再び犯罪や非行をすることがないよう、健全な生活態度を保持すること ◆**保護観察官**や**保護司**による指導・監督を誠実に受けること ◆速やかに住居を定め、その地を管轄する**保護観察所長**に届出をすること ◆届け出た住居に住むこと ◆転居または**7日**以上の旅行をするときは、あらかじめ**保護観察所長**の許可を受けること
特別遵守事項 保護観察対象者の事情に応じて**個別**に守るべきこと	◆**犯罪**や**非行**に結びつくおそれのある特定の行動をしないこと ◆労働従事、通学などの健全な生活態度を保持し、実行継続すること ◆生活上、身分上の特定事項を**保護観察官**または**保護司**に申告すること ◆犯罪的傾向を改善するために体系化された**専門的処遇プログラム** →詳細はp.615参照 を受けること ◆改善更生のための施設（**自立更生促進センター**、**就業支援センター**など）へ宿泊し、指導監督を受けること →詳細はp.621参照 ◆社会貢献活動に従事すること

特別遵守事項の内容は、１号観察と４号観察の場合は、**保護観察所長**が定め、２号観察と３号観察、５号観察の場合は、**地方更生保護委員会**が定めます。１号観察と４号観察の場合は、保護観察に付する旨の言渡しをした**家庭裁判所**などの意見を聴くこととされています。

3 良好措置・不良措置

保護観察対象者の生活態度などを踏まえ、次の措置がとられることがあります。

■良好措置と不良措置

良好措置	対象 保護観察の成績が良好で、保護観察を継続する必要がないと認められる者 内容 保護観察対象者への期間満了前の保護観察の**解除**、保護観察付執行猶予者の**仮解除**、少年院仮退院者への**退院**の措置など
不良措置	対象 保護観察の成績が不良である者（保護観察中に再び犯罪や非行をしたり、遵守事項を守っていない者など） 内容 保護観察付執行猶予者に対する刑の執行猶予の**言渡しの取消し**、仮釈放者に対する仮釈放の**取消し**、少年院仮退院者への少年院への**戻し収容**など

例題

Q 保護観察の不良措置として、少年院仮退院者には退院の措置がある。〔第32回-問147〕

A ×　少年院仮退院者への**退院**の措置は、良好措置である。

重要度 C 生活環境の調整

対象者の**釈放後の帰住環境**を整備することなどによって、再犯や非行に陥ることなく、その社会復帰が円滑に行われるようにするために、**生活環境の調整**が行われます。

1 生活環境の調整の内容

生活環境の調整は、**保護観察所長**が行うこととされていますが、実際には、**保護観察官**が行います。なお、保護観察所長は、必要に応じて**保護司**に協力を要請することができます。

生活環境の調整の種類は、

- 保護観察における**補導援護**としての生活環境の調整
- **矯正施設**に収容中の者に対する生活環境の調整
- **保護観察付執行猶予者**の裁判確定前の生活環境の調整
- **更生緊急保護**としての生活環境の調整

で、主な実施内容は、

- 釈放後の**住居**の確保
- **引受人**（対象者の改善更生のために特に協力する者）の確保
- 引受人以外の家族、関係人の理解及び協力の要請
- 釈放後の**就業先**・**通学先**の確保
- 対象者の改善更生を妨げる生活環境の改善
- 公共の**衛生福祉**に関する機関などとの調整

などです。

2016（平成28）年６月からは、『更生保護法』の一部改正により**地方更生保護委員会**の機能が強化され、対象者に指導・助言・連絡調整を行うこと、対象者に対する調査を行うことができるようになりました。

また、保護観察付一部執行猶予者について、猶予期間に先立って仮釈放がない

場合、**地方更生保護委員会**が生活環境の結果を踏まえて審理し、その者が居住している住居を釈放前に特定することができるようになりました（**住居特定審理**）。

例題

Q 生活環境の調整は、本人の改善更生の度合いに応じて行われ、実効性を高めるために、本人の現状を最も把握している矯正施設職員によって行われる。〔第23回-問148〕

A × 生活環境の調整は、**保護観察官**と**保護司**が協働して行う。

2 特別調整

刑事施設や少年院などの矯正施設からの出所者のうち、高齢または障害により**福祉的支援**を必要とする者に対し、釈放後速やかに、適切な**介護**、**医療**などの福祉サービスを受けられるよう支援するため、2009（平成21）年度より**法務省**と**厚生労働省**が連携して「**特別調整**」を行っています。

特別調整は、**保護観察所**からの依頼により、各**都道府県**が設置する**地域生活定着支援センター** →詳細はp.614参照 が中心となり実施しています。

特別調整の対象

❶**高齢**または**障害**があること
❷釈放後の**住居**がないこと
❸釈放後に**福祉サービス**が必要であること
❹**特別調整**の対象とすることが相当であると認められること
❺**本人**が特別調整の対象となることを希望していること
❻本人が関係機関への**個人情報**の提供に同意していること
→ 6つの要件**全て**に該当する人が対象

重要度 C 仮釈放等

刑事施設や少年院などの矯正施設に収容されている者について、収容期間の満了前に釈放することを**仮釈放等**といいます。**更生**の機会を与え、円滑な社会復帰を図ることを目的に行われます。

仮釈放等の種類には、❶**仮釈放**、❷**仮出場**、❸**少年院からの仮退院**、❹**婦人補導院**からの仮退院の４つがあります。なお、仮釈放や**少年院**からの仮退院、**婦人補導院**からの仮退院の期間中は保護観察に付されますが、**仮出場**の場合には保護観察には付されません。

仮釈放等の許否や取消しの判断は、**地方更生保護委員会**が行います。

■仮釈放等の流れ

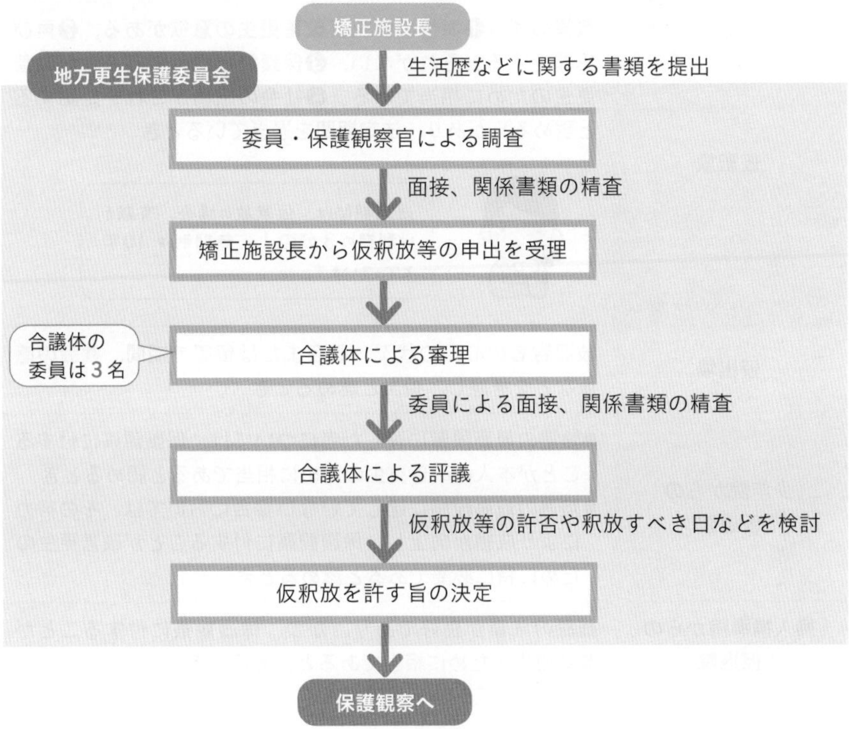

出典：法務省「『更生保護』とは」より作成

例題

Q 保護観察を実施する機関は、仮釈放については裁判所、保護処分については地方更生保護委員会である。〔第26回-問147〕

A × 保護観察を実施する機関は保護観察所である。地方更生保護委員会は仮釈放等の許否の判断などを行う。

1 仮釈放等の許可基準

次のような場合に、仮釈放等が認められます。

■仮釈放等の許可基準

仮釈放	**改悛《かいしゅん》の状**（❶悔悟《かいご》の情及び**改善更生**の意欲がある、❷再び**犯罪**をするおそれがない、❸**保護観察**に付することが改善更生のために相当である、❹**社会**の感情がこれを是認すると認める）があり、**法定期間**を過ぎているとき 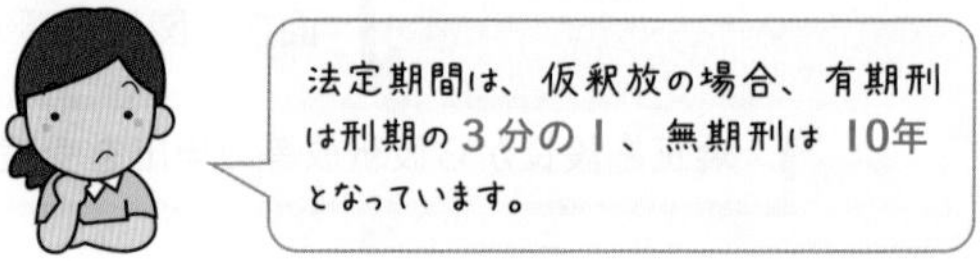
仮出場	被収容者の**心身**の状況、収容または留置の期間、**社会**の感情などを考慮し、相当と認めるとき
少年院からの仮退院	●処遇の**最高段階**に達した者については、**保護観察**に付することが本人の改善更生のために相当であると認めるとき ●処遇の**最高段階**に達していない場合においては、その努力により成績が向上し、**保護観察**に付することが改善更生のために特に必要であると認めるとき
婦人補導院からの仮退院	**補導**の成績が良好であり、かつ、**保護観察**に付することが改善更生のために相当であると認めるとき

重要度 B

更生緊急保護

更生緊急保護は、満期釈放などにより社会に戻ったものの、家族や身寄りがなく、援助や保護を受けることができない場合に、本人の申出を受けて、主に**衣食住**に関する支援を行うものです。

対象者が進んで**法律**を守る善良な社会の一員となることを援護し、その速やかな**改善更生**を保護することを目的に行われます。

■更生緊急保護の概要

実施主体	保護観察所長が自ら行うか、**更生保護法人**などに委託して行う
実施期間	対象者が刑事上の手続きまたは保護処分による身体の拘束を解かれた後、**6**か月を超えない範囲内（必要があると認められる場合には、さらに**6**か月を超えない範囲内で延長が可能）において**本人の意思**に反しない場合に限り行う
実施内容	●金品の給与または貸与 ●宿泊場所の供与 ●帰住に関する援助 ●医療・療養に関する援助 ●就職や教養訓練に関する援助 ●職業の補導 ●社会生活に適応させるために必要な生活指導 ●生活環境の改善または調整

例題

Q 更生緊急保護は、対象となる者からの申出がない場合は<u>職権</u>で行うことができる。〔第32回-問148〕

A × 更生緊急保護は、対象となる者からの申出がない場合、職権で行うことはできない。

1 更生緊急保護の対象

更生緊急保護は、**保護観察所長**がその必要があると認めたときに限り行われます。次の❶～❸の全てにあてはまる者が対象となります。

更生緊急保護の対象

❶ 刑事上の手続きまたは保護処分による**身体の拘束**を解かれた者

- 懲役、禁錮または拘留の刑の執行を**終わった**者
- 懲役、禁錮または拘留の刑の執行の**免除**を得た者
- 懲役または禁錮の刑の全部の執行猶予の言渡しを受け、その裁判が**確定**するまでの者
- 懲役または禁錮の刑の**全部**の執行猶予の言渡しを受け、**保護観察**に付されなかった者
- 懲役または禁錮の刑の**一部**の執行猶予の言渡しを受け、その猶予の期間中保護観察に付されなかった者であって、その刑のうち執行が猶予されなかった部分の期間の執行を終わった者
- 訴追を必要としないため**公訴**を提起しない処分を受けた者
- **罰金**または**科料**の言渡しを受けた者
- **労役場**から出場し、または仮出場を許された者
- **少年院**から退院し、または仮退院を許された者（保護観察中の者を除く）

❷ **親族**からの援助や、**公共の衛生福祉**に関する機関などの保護を受けられない、または、それらのみでは改善更生できないと認められた者

❸ 更生緊急保護を受けたい旨を**申し出た**者

例題

Q 懲役・禁錮の刑につき執行猶予の言渡しを受けた者は、更生緊急保護を受けることができない。〔第29回-問148〕

A × 懲役または禁錮の刑の全部の執行猶予の言渡しを受け、**保護観察に付されなかった者**については、更生緊急保護を受けることができる。

重要度 C　更生保護制度を構成するその他の制度

1 犯罪被害者等施策

犯罪被害者等の権利や利益の保護を図ることを目的に、**2004（平成16）年**に**『犯罪被害者等基本法』**が制定されました。この法律では、犯罪被害者等のための施策に関する基本理念や**国・地方公共団体・国民**の責務、施策の基本事項について規定されています。

犯罪被害者等基本法の基本理念

- 犯罪被害者等は**個人の尊厳**が尊重され、その尊厳にふさわしい処遇を保障される権利を有する
- 被害の**状況及び原因**、犯罪被害者等が**おかれている状況**などの事情に応じた適切な施策を講じる
- 再び平穏な生活を営むことができるようになるまでの間、**途切れる**ことなく支援を行う

そして、『犯罪被害者等基本法』に基づき、犯罪被害者等のための施策の総合的かつ計画的な推進を図るため、**2005（平成17）年**に**犯罪被害者等基本計画**が策定されました。この計画では、国が取り組むべき具体的な施策を示しています。

さらに、**2011（平成23）年**には**第２次犯罪被害者等基本計画**、**2016（平成28）年**には**第３次犯罪被害者等基本計画**、2021（令和３）年には、2021（令和３）年４月１日から2026（令和８）年３月31日を計画期間とする**第４次犯罪被害者等基本計画**が策定されました。

◆更生保護における犯罪被害者等施策

更生保護においては、犯罪被害者等のために、**❶意見等聴取制度**、**❷心情等伝達制度**、**❸被害者等通知制度**、**❹相談・支援**の４つの施策が行われています。

●ここがポイント

更生保護における犯罪被害者等施策

意見等聴取制度	**地方更生保護委員会**が、刑事施設からの**仮釈放**及び少年院からの**仮退院**の審理において、犯罪被害者等から仮釈放・仮退院に関する意見を述べることができる制度
心情等伝達制度	**保護観察所**が、犯罪被害者等から被害に関する心情や意見を聴取し、保護観察中の加害者に伝達する制度
被害者等通知制度	**地方更生保護委員会**が、加害者の**仮釈放**・**仮退院**の審理に関する事項について、保護観察所が、仮釈放者及び保護観察付執行猶予者の**保護観察**の処遇状況に関する事項について、犯罪被害者等に通知する制度
相談・支援	主に保護観察所が、犯罪被害者等からの相談に応じ、関係機関の紹介などを行う

2 恩赦

恩赦とは、**行政権**によって刑事裁判の内容を変更し、その効力を**変更**もしくは**消滅**させる制度をいいます。

恩赦は、**政令恩赦**と**個別恩赦**の２つに分けられ、**❶大赦**、**❷特赦**、**❸減刑**、**❹刑の執行の免除**、**❺復権**の５つの種類があります。

恩赦の区分

□ **政令恩赦**
政令で恩赦の対象となる罪や刑の種類を定めて、一律に行う恩赦

□ **個別恩赦**
特定の者に対して、個別の審査を経て行う恩赦

■個別恩赦の手続きの流れ

刑事施設長、保護観察所長、検察官が中央更生保護審査会に上申 → 中央更生保護審査会は必要な調査や審査を経て、法務大臣に実施を申し出る → 内閣が閣議により実施を決定し、天皇がこれを認証

■恩赦の種類と実施方法

	内容	政令恩赦	個別恩赦
大赦	●有罪の言渡しそのものの**効力**を失わせる ●有罪の言渡しを受けていない者については、**公訴権**を消滅させる	○	
特赦	有罪の言渡しそのものの**効力**を失わせる		○
減刑	●言渡しを受けた刑の**減軽** ●執行猶予中の者については、刑の**減軽**と執行猶予期間の**短縮**	○	○
刑の執行の免除	言い渡された刑そのものは変更せず、刑の執行のみを免除する		○
復権	刑の執行を終了した者や刑の執行の免除を受けた者に対し、有罪の言渡しを受けたために喪失・停止されている資格を**回復**させる	○	○

3 犯罪予防活動

犯罪予防活動とは、犯罪や非行の予防のために、国民の理解促進や犯罪の原因となる社会環境の改善などに努める活動のことです。

犯罪予防活動には、**❶世論の啓発**、**❷社会環境の改善**、**❸地域住民の活動の促進**などがあります。その1つとして、法務省が推進する「**社会を明るくする運動**」があります。これは、犯罪や非行の防止と罪を犯した人たちの更生について全ての国民が理解を深め、それぞれの立場において力を合わせ、犯罪のない地域社会を築こうとする全国的な運動です。

重要度 B

更生保護制度の近年の動向

1 地域生活定着促進事業

高齢または**障害**により、福祉的支援を必要とする矯正施設退所予定者及び退所者などの**社会復帰**を支援するために、**2009（平成21）年度**より、**法務省**と**厚生労働省**が連携し、**地域生活定着促進事業**を行っています。

地域生活定着促進事業では、各都道府県に１か所ずつ（北海道は**2**か所）設置されている**地域生活定着支援センター**が矯正施設や保護観察所などと連携し、支援対象者に対して矯正施設入所中から退所後まで一貫した相談支援を実施しています。

■地域生活定着支援センターの主な業務

コーディネート業務	**保護観察所**からの依頼に基づき、**矯正施設入所者**を対象に、福祉サービスに関する**ニーズ**の確認を行い、受入れ先施設などのあっせんまたは福祉サービスに関する申請支援などを行う
フォローアップ業務	コーディネート業務を経て矯正施設から退所後、社会福祉施設などを利用している人に関して、**受入れ先施設**などに対して必要な助言を行う
被疑者等支援業務	保護観察所から依頼のあった**刑事司法**手続の段階にある**被疑者・被告人**等と面接（面会）等を行うことで、釈放後、速やかに地域のなかで生活ができるよう福祉サービスの**ニーズ**内容を確認し、事業所等のあっせんまたは必要な福祉サービスを受けられるように**申請**支援を行う
相談支援業務	刑の執行または保護処分を受けた後、矯正施設から退所した人の福祉サービスの利用に関して、**本人**または**関係者**からの相談に応じ、助言や支援を行う

2 刑の一部執行猶予制度

2013（平成25）年に制定された**『刑法等の一部を改正する法律』**及び**『薬物使用等の罪を犯した者に対する刑の一部の執行猶予に関する法律』**により、

2016（平成28）年から**刑の一部執行猶予制度**が導入されました。この制度は、比較的罪の軽い**初犯者**、**薬物使用者**などを対象に、3年以下の懲役・禁錮刑のうち、刑の一部の執行を1～5年の範囲で猶予するものです。なお、刑の一部の執行猶予期間は、刑期とともに**判決時**に言い渡されます。

対象者は、刑期途中から社会に出て、その状況に応じて**保護観察**を受けながら立ち直りを図ります。

ひとこと

一部執行猶予に期間中に保護観察に付すかどうかは任意ですが、薬物使用等の罪を犯した者については、必ず保護観察が付されます。

例題

Q 刑の一部の執行猶予制度において、保護観察が付されることはない。〔第36回-問150〕

A × 刑の一部の執行猶予期間中も保護観察に付することができる。なお、刑の一部の執行猶予の対象者のうち、**薬物使用**等の罪を犯した者については、必ず保護観察が付される。

3 保護観察における専門的処遇プログラム

『**更生保護法**』に基づき、ある種の犯罪的傾向を有する保護観察対象者に対しては、**指導監督**の一環として、その傾向を改善するために、心理療法の1つである**認知行動療法**を理論的基盤として開発された**専門的処遇プログラム**が行われています。専門的処遇プログラムを受けることは、**特別遵守事項**として義務づけられています。

■専門的処遇プログラム

性犯罪者処遇プログラム	性犯罪に結びつくおそれのある認知の**偏り**、**自己統制力**の不足などの自己の問題性について理解させるとともに、再犯防止のための具体的な方法を習得し、**犯罪的傾向**を改善することを目的としたもの
薬物再乱用防止プログラム	依存性薬物の悪影響を認識させ、その**再乱用防止**のための具体的な方法と、**薬物依存**からの回復に資する発展的な知識とスキルを習得させることを目的としたもの。教育課程※と**簡易薬物検出検査**（尿検査や唾液検査）を組み合わせて実施する
暴力防止プログラム	**自己の思考傾向**を自覚させ、その思考傾向の変容を促すとともに、危機的な場面で暴力行為を**回避**する方法を身につけさせることを目的としたもの
飲酒運転防止プログラム	アルコールが心身及び自動車などの運転に与える影響を認識させ、**飲酒運転**に結びつく自己の問題性について理解させるとともに、再犯防止のための具体的な方法を習得させることを目的としたもの

※教育課程

コアプログラムとステップアッププログラムの２段階で行われる。コアプログラムは、薬物の悪影響と依存性、自己の問題性を理解させ、薬物再乱用防止のため、おおむね２週間に１回の頻度で具体的な方法を習得させる（３月程度で全５回）。ステップアッププログラムは、発展課程（コアプログラムで履修した内容を定着、応用、実践）、特修課程（依存回復に資する発展的な知識及びスキルを習得）、特別課程（❶外部の専門機関・民間支援団体の見学、❷家族を含めた合同面接）で構成されており、おおむね１月に１回の頻度で原則として保護観察終了まで実施。

例題

Q　薬物再乱用防止プログラムの実施期間中、簡易薬物検出検査を受けることまでは求められない。〔第33回−問150・改〕

A　×　薬物再乱用防止プログラムでは、**教育課程**と簡易薬物検出検査（尿検査や唾液検査）を組み合わせて実施する。

CHAPTER 9

SECTION 3

更生保護制度における団体・専門職等の役割と連携

このSECTIONのポイント

- ◆**保護観察官・保護司**…両者の業務内容、連携について理解しましょう
- ◆**更生保護施設**…目的や概要を理解しましょう
- ◆**自立支援を行うその他の施設**…自立更生促進センター、就業支援センター、自立準備ホームの概要をおさえましょう
- ◆**民間協力者**…更生保護を支える団体、個人について理解しましょう
- ◆**刑事司法・少年司法関係機関との連携**…裁判所、検察庁、矯正施設との連携について整理します
- ◆**福祉機関・団体との連携**…福祉事務所と児童相談所との連携をおさえましょう
- ◆**その他の団体との連携**…ハローワーク等との連携についてみておきます

重要度A 保護観察官・保護司

1 保護観察官

保護観察官は、**保護司**との密接な協力の下、犯罪をした者や非行少年に対して、通常の社会生活を送らせながら、対象者やその家族と**面接**を行ったり、電話や郵便などで連絡をとったりして、その改善更生を助けるとともに、自立した生活を営むことができるよう援助する**国家公務員**です。

なお、保護観察官には、保護観察を中心とした更生保護の専門職として、医学、心理学、教育学、社会学その他の更生保護に関する専門的知識が要求されます。そのため、保護観察官になるには、国家公務員採用総合職試験、法務省専門職員

（人間科学）採用試験（保護観察区分）または国家公務員採用一般職試験に合格する必要があります。

ひとこと

対象者との面接は、**保護観察所に呼び出す**ほか、対象者の自宅や職場、学校などを**訪問**して行います。

■**保護観察官の概要**

主な業務	保護観察、生活環境の調整、更生緊急保護、犯罪予防活動
配置	●保護観察所（全国50か所〈各都道府県１か所・北海道４か所〉） ●地方更生保護委員会（全国８か所）

例題

Q 保護観察官は、都道府県庁及び保護観察所に配置される。

〔第33回－問147〕

A × 保護観察官は、保護観察所のほか、**地方更生保護委員会**にも配置される。

2 保護司

保護司は、犯罪をした者や非行少年の改善更生を地域で支援する**非常勤の国家公務員**（実質的には**民間のボランティア**）です。**給与**は支給されませんが、**職務に要した費用**については実費弁償の形で支給されます。

保護司は、次ページの要件を全て備えた者のなかから**保護観察所長**が候補者を**保護司選考会**に諮問し、その意見を聴いた後、**法務大臣**に推薦し、法務大臣によって委嘱されます。なお、保護司の欠格事由として、禁固以上の刑に処せられた者、法務省令で定められた心身の故障により職務を適正に行うことができない者などがあります。また、成年被後見人または被保佐人も保護司になることはできません。

保護司の要件

- 人格及び行動について、**社会的信望**を有すること
- 職務の遂行に必要な**熱意**及び**時間的余裕**を有すること
- 生活が**安定**していること
- 健康で**活動力**を有すること

保護司は、**保護観察官**では十分でないところを補い、**地方更生保護委員会**または**保護観察所長**の指揮監督を受けて、**地方更生保護委員会**または**保護観察所**の所掌業務に従事します。具体的には、保護観察官との協力の下、対象者を保護観察所に呼び出したり、自宅の訪問をしたりして面接を行うほか、犯罪予防のための啓発及び宣伝活動などを行ったりします。

■**保護司の概要**

主な業務	**保護観察、生活環境の調整、犯罪予防活動**
配置	**保護区**（法務大臣が都道府県の区域を分けて定める区域）
任期	**2 年（再任可能）**
定数	**5 万2500人以下**（実人員は減少傾向）

ひとこと

保護司は、職務を行うにあたって知り得た関係者の身上に関する秘密を**尊重**し、その**名誉保持**に努めなければなりません。

例題

Q 保護司は、検察官の指揮監督を受ける。　〔第36回-問148〕

A ×　保護司は、**地方更生保護委員会**または**保護観察所長**の指揮監督を受ける。

◆保護司会、保護司会連合会

保護司は、**保護区ごと**に**保護司会**、**都道府県ごと**に**保護司会連合会**を組織しています。

保護司会は、**犯罪予防活動の計画**の策定や**保護司**の職務に関する連絡及び調整、保護司の**研修**などの業務を行います。一方、保護司会連合会は、**保護司会**の任務に関する連絡及び調整などの業務を行います。

◆更生保護サポートセンター

更生保護サポートセンターは、**保護司・保護司会**が地域で更生保護活動を行うための拠点です。**企画調整保護司**（保護観察所長より指名を受けた保護司）が駐在し、**保護司の支援**、関係機関との連携による**地域ネットワークの構築**などを行います。

例題

Q 保護司の<u>活動拠点</u>として、更生保護サポートセンターが設置されている。 〔第31回-問148〕

A ○ 更生保護サポートセンターは、保護司・**保護司会**が、地域の関係機関・団体と連携しながら地域で**更生保護**活動を行うための拠点である。

重要度B 更生保護施設

更生保護施設は、円滑な**社会復帰**を助け、**再犯**を防止することを目的とした施設です。**生活基盤**をもたないなどの理由ですぐに自立更生ができない者を一定期間保護し、**宿泊場所**や**食事**などを提供したり、**自立**に向けた指導や援助、酒害・薬害教育やSST（社会生活技能訓練）などの**専門的な処遇**を行います。

なお、更生保護施設が被保護者の保護に要した費用のうち、保護観察所長の委託に基づく保護に要した費用については、**更生保護委託費支弁基準**に従い、全額を**国**が支弁します。

●ここがポイント

更生保護施設の概要

収容保護の対象	◆ 保護観察 の対象者 ◆ 更生緊急保護 の対象者
運営主体	◆ 更生保護法人　◆ 社会福祉法人 ◆ NPO法人　◆ 一般社団法人
収容期間	◆保護観察の対象者 → 保護観察 に付されている期間内 ◆更生緊急保護の対象者 → 最大**6か月**間（場合によっては、さらに**6か月**を超えない範囲での延長が可能）

例題

Q 更生保護施設の運営は、社会福祉法人に限定される。
〔第28回-問149〕

A × 更生保護施設は、**更生保護法人**、**社会福祉法人**、**NPO法人**、**一般社団法人**によって運営されている。

重要度 C

自立支援を行うその他の施設

1 自立更生促進センター、就業支援センター

自立更生促進センター、**就業支援センター**とは、親族や民間の更生保護施設では円滑な社会復帰のために必要な環境を整えることができない**刑務所出所者**などを対象とした施設です。

国が設置した一時的な宿泊施設（保護観察所に併設）を提供し、**保護観察官**が直接、濃密な指導監督と手厚い**就労支援**を行います。

自立を支援する施設

□ **自立更生促進センター**
特定の問題性に応じた**重点的・専門的な処遇**を行う施設
福島県**福島市**と福岡県**北九州市**に設置

□ **就業支援センター**
主に農業などの**職業訓練**を行う施設
北海道雨竜郡沼田町と**茨城県ひたちなか市**に設置

2 自立準備ホーム

自立準備ホームとは、あらかじめ登録された**NPO法人**や**社会福祉法人**などに、**保護観察所**が、宿泊場所や食事の提供、生活指導などを委託するものです。

自立準備ホームは、更生保護施設への収容には限界があることなどから、社会のなかにさらに多様な受け皿を確保する方策として**2011（平成23）年度**から開始された**緊急的住居確保・自立支援対策**によって設置されました。

例題

Q 仮釈放者を対象に犯罪傾向などの問題性に応じた重点的・専門的処遇を行うために、自立更生促進センターが全都道府県に設置されている。〔第27回－問150・改〕

A × 自立更生促進センターは、2021（令和）年３月現在、福島市及び北九州市の２か所に設置されている。

重要度 C 民間協力者

更生保護を支える民間協力者の主なものとして、次のようなものがあります。

更生保護制度における民間協力者の種類

- **更生保護女性会**…犯罪をした者や非行少年の**更生支援**活動を行う**女性ボランティア**団体
- **BBS*会**…………非行少年たちの**立ち直り**や自立の支援、非行防止活動を行う**青年ボランティア**団体
- **協力雇用主**………**刑務所出所者**などを積極的に雇用し、改善更生に協力する民間の**事業主**

*Big Brothers and Sisters Movementの略

重要度 A 刑事司法・少年司法関係機関との連携

保護観察所などの更生保護機関は、刑事司法・少年司法関係機関と連携しながら対象者の改善更生と社会復帰に向け取り組んでいます。

1 裁判所との連携

裁判所には、❶**最高裁判所**、❷**高等裁判所**、❸**地方裁判所**、❹**家庭裁判所**、❺**簡易裁判所**があります。このうち、刑事事件では**地方裁判所**を中心に、少年事件では**家庭裁判所**と連携しています。

◆地方裁判所との主な連携

地方裁判所は、民事事件や刑事事件の**第一審**を行う裁判所（簡易裁判所と分担）です。

地方裁判所との主な連携

- ◆保護観察の対象者の生育歴や犯行・非行歴などの情報を**保護観察所**と共有
- ◆特別遵守事項の新規設定や変更時に、**保護観察所長**は地方裁判所に意見を聴くことが可能
- ◆仮釈放の審理や仮釈放の取消し決定時に、**地方更生保護委員会**は地方裁判所がもつ情報の提出を求める
- ◆保護観察の対象者が、正当な理由なく定められた住居に居住しなかったり、遵守事項を遵守しなかったことを疑うに足りる十分な理由があり、かつ、正当な理由なく**保護観察所**への出頭の命令に応じないまたは応じないおそれがある場合に、地方裁判所に**引致状**の発布を求める

◆家庭裁判所との主な連携

家庭裁判所は、家事事件や少年事件などを取り扱う裁判所です。

家庭裁判所との主な連携

- ◆保護観察の対象となった少年の**少年調査記録**（生育歴や性格、環境、犯行・非行歴などの情報）などを**保護観察所**と共有
- ◆特別遵守事項の新規設定や変更時に、**保護観察所長**は家庭裁判所に意見を聴くことが可能
- ◆保護観察所への**処遇勧告**
- ◆保護観察所長の申出により、**地方更生保護委員会**が、少年院仮退院者が遵守事項を遵守しなかったと認める場合、家庭裁判所に対して戻し収容の決定の申請を行う

ひとこと

家庭裁判所の審判に付すべき少年の取調や、少年の生育歴や性格、環境などについての調査は、**家庭裁判所調査官**が行います。

例題

Q 家庭裁判所は、審判を開始する前に、少年鑑別所に命じて、審判に付すべき少年の取調その他の必要な調査を行わせることができる。 〔第28回-問150〕

A × **家庭裁判所調査官**が、心理学、教育学、社会学などの専門知識・技法を活用して行う。

2 検察庁との連携

検察庁には、❶**最高**検察庁、❷**高等**検察庁、❸**地方**検察庁、❹**区**検察庁の4種類があります。検察庁は、**検察官**の行う事務（事件に関する捜査、起訴・不起訴の処分、裁判の執行の指揮監督など）を総括する機関です。

検察庁との主な連携

- ◆保護観察の対象者の再犯容疑事件を**受理**した場合、検察官は**保護観察所**に通知する
- ◆保護観察付執行猶予者について、刑の執行猶予の言渡しを取り消すものと認める場合、**保護観察所長**は検察官に対し、刑の**執行猶予の取消し**の申出をする
- ◆更生緊急保護の実施の必要があるか否かについて、**保護観察所長**は検察官の意見を聴かなければならない
- ◆**更生緊急保護**の制度及び申出の手続きについて対象者に教示する

ひとこと

2013（平成25）年より、一部の保護観察所と検察庁が連携して、**更生緊急保護に関する釈放前の事前調整**が実施されています。

3 矯正施設との連携

矯正施設とは、❶**刑務所**、❷**少年刑務所**、❸**拘置所**、❹**少年院**、❺**少年鑑別所**、❻**婦人補導院**のことです。

矯正施設との主な連携

- ◆少年院収容者や刑事施設の受刑者の**生活環境の調整**
- ◆少年院収容者の仮退院を審理する場合、**地方更生保護委員会**は**少年院長**の意見を聴かなければならない
- ◆刑事施設の受刑者の仮釈放を審理する場合、**地方更生保護委員会**は**刑事施設長**の意見を聴かなければならない
- ◆特別遵守事項の新規設定や変更時に、**少年院長**及び**刑事施設長**の意見が表明されている場合は尊重する

重要度 C 福祉機関・団体との連携

保護観察所などの更生保護機関は、福祉機関などとも連携しながら対象者の改善更生と社会復帰に向け取り組んでいます。

1 福祉事務所との連携

保護観察対象者が、健全な社会生活を営むために必要な医療、食事、住居などを得られない状況にある場合には、**保護観察所長**は、福祉事務所などの関係機関から支援を受けられるよう援護します。

2 児童相談所との連携

保護観察対象者が**18歳未満**の場合には、『**児童福祉法**』の措置を優先させます。また、**触法少年**と**14歳未満の虞犯少年**については、『児童福祉法』の措置で対応

するのが国の基本方針となっているため、児童相談所との連携も重要となります。

重要度B その他の団体との連携

上記以外に保護観察所などの更生保護機関が連携している機関・団体には、次のようなものがあります。

更生保護機関が連携するその他の機関・団体

◆**公共職業安定所（ハローワーク）**

2006（平成18）年度から、法務省と厚生労働省が連携して刑務所出所者等総合的就労支援対策を実施。保護観察や更生緊急保護の対象者に、担当制による職業相談・職業紹介、トライアル雇用やセミナー・事業所見学会の実施などの総合的な就労支援を行っている

◆**NPO法人、社会福祉法人**

自立準備ホームの制度を開始するなど、主に、住居支援、就労支援、社会貢献活動に関して連携している

◆**日本司法支援センター（法テラス）**

情報提供業務、民事法律扶助業務、犯罪被害者支援業務などを行っている

例題

Q 公共職業安定所（ハローワーク）は、個々の保護観察対象者に対し、求人開拓から就職まで<u>総合的な就労支援</u>を行っている。

〔第35回-問149〕

A ○ ハローワークでは、法務省と厚生労働省が連携し、刑務所出所者等総合的就労支援対策を実施している。保護観察対象者には、担当制による職業相談・職業紹介、トライアル雇用やセミナー、事業所見学会の実施などの総合的な就労支援を行っている。

CHAPTER 9

SECTION 4

医療観察制度

このSECTIONのポイント

- ◆医療観察制度の概要…再発防止、社会復帰を促進させることを目的とした医療観察制度の概要についておさえておきましょう
- ◆審判の手続きと処遇内容…審判の手続きの処遇の流れについて理解しましょう
- ◆社会復帰調整官…処遇のコーディネーター役として、その要件をおさえておきましょう

重要度B　医療観察制度の概要

医療観察制度は、**2003（平成15）年**に制定された『**心神喪失等の状態で重大な他害行為を行った者の医療及び観察等に関する法律**』（**医療観察法**）に基づく制度です。

医療観察制度では、対象者に対し、継続的かつ適切な**医療**並びにその確保のために必要な**観察**及び**指導**を行うことによって、**病状の改善**及びこれに伴う同様の行為の**再発の防止**を図り、**社会復帰**を促進することを目的としています。

●ここがポイント

医療観察制度の対象者

心神喪失※または**心神耗弱《こうじゃく》**※の状態で重大な他害行為を行い ✔CHECK!

- ◆心神喪失者または心神耗弱者と認められて**不起訴**処分となった者
- ◆心神喪失を理由として**無罪**の裁判が確定した者
- ◆心神耗弱を理由として刑を**減軽**する旨の裁判が確定した者
  - → 実刑になる者は除く

のいずれかに該当する者

✔CHECK! 重大な他害行為

❶ 殺人 、❷ 放火 、❸ 強盗 、❹ 不同意わいせつ 、❺ 不同意性交等（これらの未遂等も含む）、❻ 傷害（軽微なものを除く）にあたる行為をいう。

※心神喪失／心神耗弱

心神喪失とは、精神障害のために通常の刑事責任を問えない状態のこと。
心神耗弱とは、精神障害があるが限定的な刑事責任を問える状態のこと。

◆医療観察制度導入の背景

医療観察制度導入の背景には、❶**『精神保健及び精神障害者福祉に関する法律』**（精神保健福祉法）**に基づく措置入院**※での対応では専門的な治療が困難である、❷退院後の継続**的医療**の確保に関する実効性のある仕組みがない、❸**精神保健指定医**の負担が大きい、❹都道府県を越えた連携の確保が困難であるなどの問題がありました。

※精神保健福祉法に基づく措置入院

２名以上の精神保健指定医の診察により、自傷他害のおそれがあると認められた場合に、都道府県知事の措置で行われる入院のこと。

例題

Q 「医療観察法」が定める医療観察制度の対象となる行為は、殺人、放火、強盗、不同意わいせつ不同意性交等及び傷害等に当たる行為である。〔第35回−問150・改〕

A ○ 記述のとおり。なお、刑法の改正により、強制わいせつ、強制性交が、それぞれ不同意わいせつ、不同意性交に改められた。

重要度 B

審判の手続きと処遇内容

1 医療観察制度の処遇の流れ

検察官による申立てを受けた地方裁判所では、裁判官１名と**精神保健審判員**※１名により、**鑑定入院**の結果などを通じて、『医療観察法』の対象となるかの審判がされ、対象となる場合は、入院医療または通院医療のいずれかの決定がなされます。その際、必要に応じて**精神保健参与員**※は、対象者の処遇に関して、**精神保健福祉の観点**から意見を述べることになっています。

なお、鑑定入院では、鑑定医により入院、通院の必要性、『医療観察法』の対象となるかどうかを判定します。鑑定医は、地方厚生局が作成した鑑定医名簿から事件ごとに任命されることになっています。

鑑定入院期間は、検察官による申立ての場合、鑑定入院命令の執行日から**原則２か月**とされています（再入院のための保護観察所長の申立ての場合は１か月)。ただし、地方裁判所が必要があると認める場合は、１か月を超えない範囲で延長することが可能です。

※精神保健審判員／精神保健参与員

精神保健審判員は、精神保健判定医（精神保健審判員の職務を行うのに必要な学識経験を有する医師）のなかから、事件ごとに選任される。精神保健審判員は、審判において裁判官とともに合議体を形成し、精神障害者の医療に関する学識経験に基づき意見を述べるなどして、対象者の処遇を決定する。なお、精神保健審判員は、特別職の国家公務員である。

精神保健参与員は、精神障害者の保健及び福祉に関する専門的知識及び技術をもつ精神保健福祉士等から指定される。指定は、厚生労働大臣が地方裁判所ごとに作成・送付した名簿に記載された者から、地方裁判所が事件ごとに指定する。

医療観察制度の処遇の流れは次のとおりです。

■医療観察制度の処遇の流れ

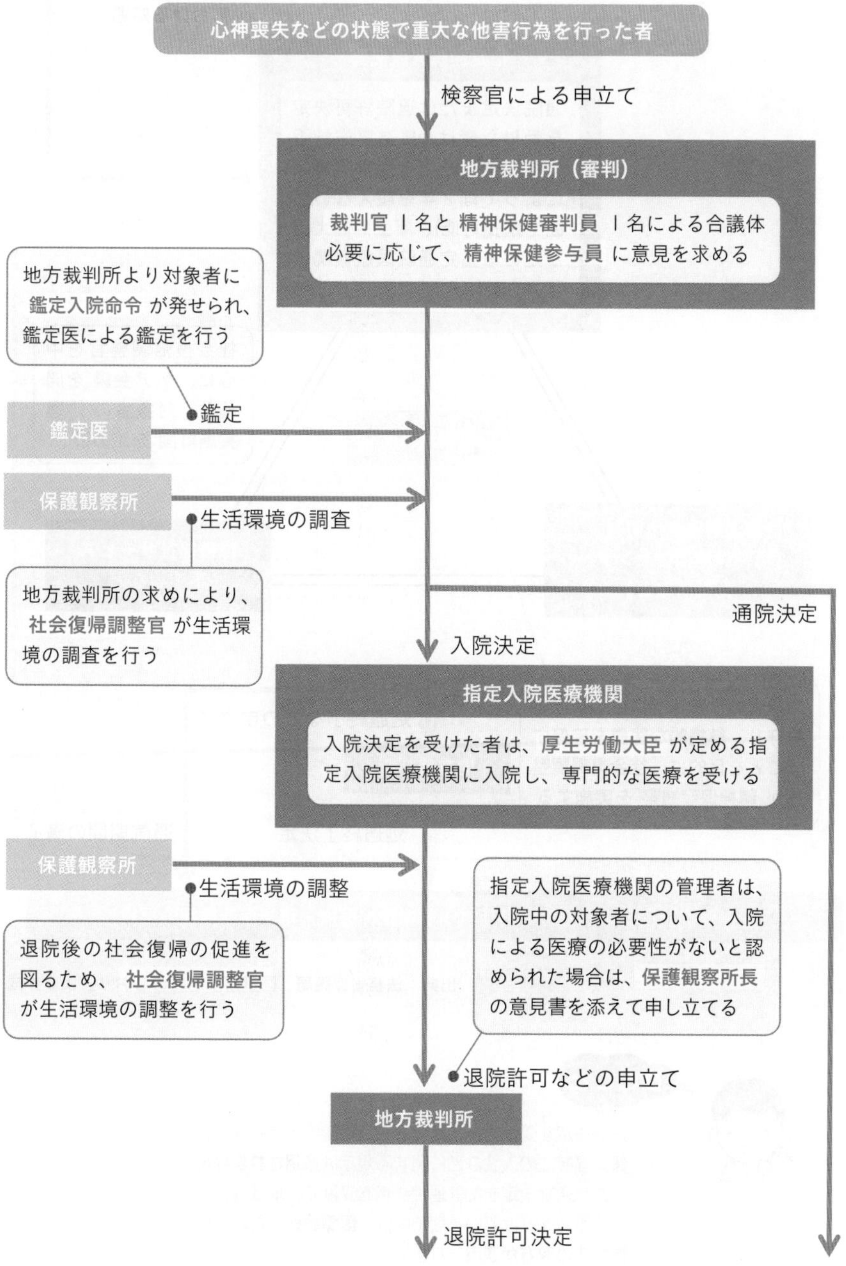

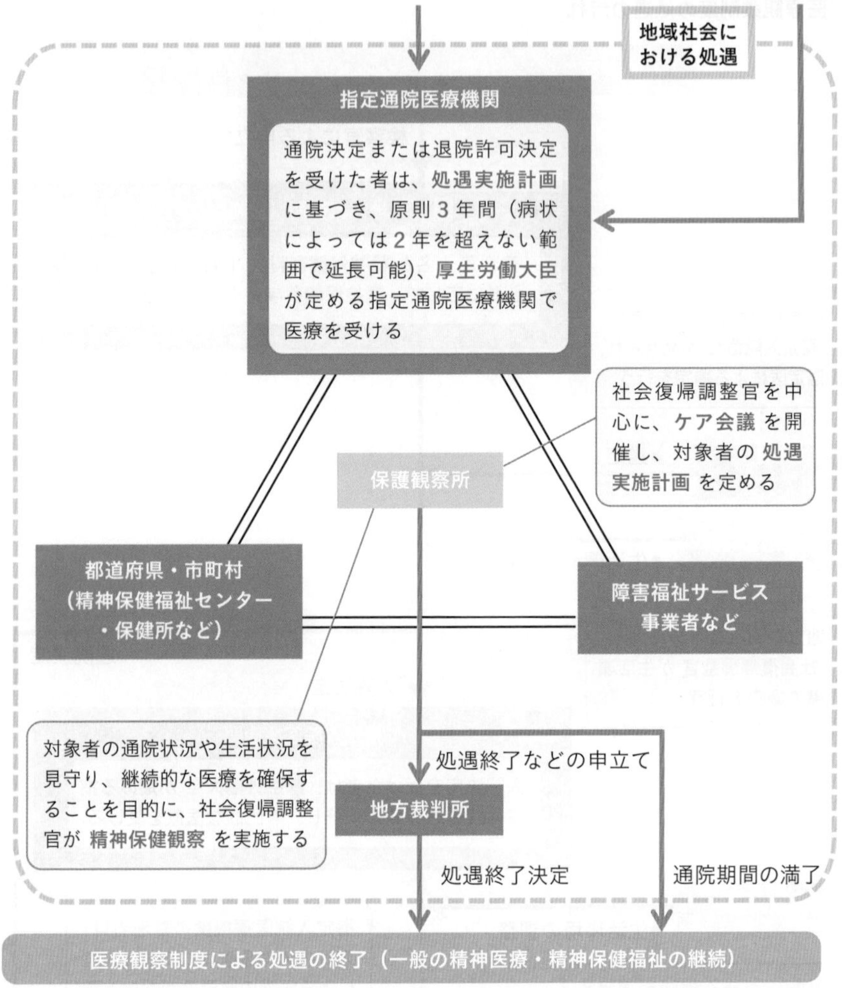

出典：法務省保護局「医療観察制度のしおり」より作成

ひとこと

入院決定を受けて、指定入院医療機関に入院中は、精神保健福祉法の入院などに関する規定は**適用されません。**一方、通院決定または退院決定を受けて、地域社会における処遇を受けている期間中は、**医療観察法と精神保健福祉法の双方が適用**されます。

◆精神保健観察

精神保健観察は、**通院決定**または**退院許可決定**を受けた医療観察対象者が、指定通院医療機関による医療を受ける期間中に適用される制度です。精神保健観察の実施機関は、保護観察所であり、保護観察所に配属される**社会復帰調整官**がその事務に従事します。

精神保健観察に付された者は、その居住地を管轄する**保護観察所の長**に当該居住地を届け出るほか、

❶一定の**住居**に居住すること
❷**住居**を移転し、または長期の**旅行**をするときは、あらかじめ、**保護観察所の長**に届け出ること
❸**保護観察所の長**から**出頭**または**面接**を求められたときは、これに応ずること

という「**守るべき事項**」が規定されています。

精神保健観察に付される期間は、医療観察制度の処遇の終了までであり、原則、裁判所において通院決定や退院決定を受けた日から**3年間**です。

例題

Q　入院決定を受けた者に対して医療を実施する指定入院医療機関は、都道府県知事が指定した病院である。　〔第35回-問150〕

A　×　指定入院医療機関を指定するのは、**厚生労働大臣**である。

2 保護観察所の役割

医療観察制度における**保護観察所**の主な役割は、❶**生活環境の調査**、❷**生活環境の調整**、❸**精神保健観察**、❹関係機関の**連携**の確保です。これらは**社会復帰調整官**が中心となって行います。

重要度 A　社会復帰調整官

社会復帰調整官は、医療観察制度の処遇に従事する専門スタッフとして、『**医療観察法**』に基づいて**保護観察所**に配置されています。対象者の処遇に審判の当初から**一貫して関与**し、関係機関相互の連携が確保されるよう、処遇のコーディネーター役を果たします。

社会復帰調整官の要件は次のとおりです。

社会復帰調整官の要件

❶医療観察制度の対象となる精神障害者の円滑な社会復帰に関心と熱意を有すること
❷**精神保健福祉士**の資格を有すること、または、精神障害者の保健及び福祉に関する高い専門的知識を有し、かつ、**社会福祉士**、**保健師**、**看護師**、**作業療法士**、**公認心理師**もしくは**臨床心理士**の資格を有すること
❸精神保健福祉に関する業務において**8**年以上の実務経験を有すること
❹大学卒業以上の学歴を有すること、または大学を卒業した者と同等と認められる資格を有すること

例題

Q 社会復帰調整官は、精神保健観察のケア会議に支援対象者の参加を求めることができる。〔第31回-問150〕

A ○ 精神保健観察のケア会議は、**社会復帰調整官**を中心に開催される。関係機関との連携のため、支援対象者に参加を求めることができる。

CHAPTER

10

ソーシャルワークの基盤と専門職

CHAPTER 10
SECTION 1

社会福祉士及び精神保健福祉士の法的な位置づけ

このSECTIONのポイント

◆社会福祉士及び介護福祉士法…『社会福祉士及び介護福祉士法』における社会福祉士の定義や義務規定を覚えましょう
◆精神保健福祉士法…『精神保健福祉士法』における精神保健福祉士の定義や義務規定を覚えましょう

重要度A 社会福祉士及び介護福祉士法

社会福祉士及び**介護福祉士**の資格を定めて、その業務の適正を図り、社会福祉の増進に寄与することを目的として、**1987（昭和62）年**に**『社会福祉士及び介護福祉士法』**が制定されました。

2007（平成19）年には、近年の介護・福祉ニーズの多様化・高度化に対応し、人材の確保・資質の向上を図るために、「**定義規定**」や「**義務規定**」などについて大幅に改正されました。

1 社会福祉士の定義

社会福祉士の定義については、**第2条**で定められています。

2007（平成19）年の改正によって、**他のサービス関係者との連絡・調整**を行うことが明確化されました（次ページ、下線部参照）。

社会福祉士の定義

→ **専門的知識**及び**技術**をもって、
→ **身体上**もしくは**精神上**の障害があることまたは環境上の理由により日常生活を営むのに支障がある者の福祉に関する相談に応じ、
→ 助言、指導、福祉サービスを提供する者または医師その他の保健医療サービスを提供する者その他の関係者（福祉サービス関係者など）との**連絡**及び**調整**その他の援助を行うこと（**相談援助**）を業とする者をいう。

2 社会福祉士の欠格事由

欠格事由とは、資格の登録を受けることができない条件のことです。2019（令和元）年、「**成年被後見人等の権利の制限に係る措置の適正化等を図るための関係法律の整備に関する法律**」の施行により、成年被後見人等を資格・職種・業務等から一律に排除する規定等を設けている各制度について見直しが行われました。社会福祉士についても、『社会福祉士及び介護福祉士法』第3条第1項に挙げられていた欠格事由の「成年被後見人または被保佐人」は、「心身の故障により社会福祉士または介護福祉士の業務を適性に行うことができない者として厚生労働省令で定めるもの」に改められました。

社会福祉士の欠格事由と、対象年数

- **心身の故障**により社会福祉士または介護福祉士の業務を適正に行うことができない者として厚生労働省令で定めるもの
- 禁錮《きんこ》以上の刑に処せられ、その執行を終わり、または執行を受けることがなくなった日から起算して**2**年を経過しない者
- 「社会福祉士及び介護福祉士法」などの規定であって政令で定めるものにより、罰金の刑に処せられ、その執行を終わり、または執行を受けることがなくなった日から起算して**2**年を経過しない者
- 信用失墜行為の禁止、秘密保持義務に違反したことで、社会福祉士または介護福祉士の登録を取り消され、その取消しの日から起算して**2**年を経過しない者

3 社会福祉士の義務

2007（平成19）年の改正によって、「**誠実義務**」と「**資質向上の責務**」の規定が追加され、他職種との「**連携**」の規定が見直されました。

●ここがポイント

社会福祉士の義務

誠実義務（第44条の２）	社会福祉士は、その担当する者が **個人の尊厳** を保持し、 **自立** した日常生活を営むことができるよう、常にその者の立場に立って、 **誠実** にその業務を行わなければならない
信用失墜行為の禁止（第45条） ✔CHECK! ❶	社会福祉士の **信用** を傷つけるような行為をしてはならない
秘密保持義務（第46条） ✔CHECK! ❷	社会福祉士は、正当な理由がなく、その業務に関して知り得た人の **秘密** を漏らしてはならない。社会福祉士でなくなった後においても、同様とする
連携（第47条）	業務を行うにあたっては、その担当する者に、福祉サービス及びこれに関連する保健医療サービスその他のサービスが総合的かつ適切に提供されるよう、 **地域** に即した創意と工夫を行いつつ、福祉サービス関係者などとの **連携** を保たなければならない
資質向上の責務（第47条の２）	社会福祉を取り巻く環境の変化による業務の内容の変化に適応するため、相談援助などに関する **知識** 及び **技能** の向上に努めなければならない

名称の使用制限（第48条）	社会福祉士でない者は、社会福祉士という 名称 を使用してはならない

✔CHECK! ❸

✔CHECK! 社会福祉士の主な罰則

❶「信用失墜行為の禁止」に違反した場合、 登録 の取消しまたは期間を定めた 名称 の使用停止

❷「秘密保持義務」に違反した場合、 登録 の取消しまたは期間を定めた 名称 の使用停止、 1 年以下の懲役または 30 万円以下の罰金

❸「名称の使用制限」に違反した場合、 30 万円以下の罰金

ひとこと

社会福祉士及び介護福祉士法では、**介護福祉士**にも前記と同様の義務と罰則が課せられています。なお、2011（平成23）年の法改正によって、喀痰吸引と経管栄養が介護福祉士の業務として認められましたが、社会福祉士は行うことはできません。

例題

Q 社会福祉士の「秘密保持義務」は、社会福祉士の業務を離れた後においては適用されない。〔第33回-問91〕

A ×

社会福祉士及び介護福祉士法第46条に「社会福祉士又は介護福祉士は、正当な理由がなく、その業務に関して知り得た人の秘密を漏らしてはならない。**社会福祉士又は介護福祉士でなくなった後**においても同様とする」と規定されている。

4 国家資格としての社会福祉士

社会福祉士は、**『社会福祉士及び介護福祉士法』**に基づく**名称独占**の国家資格です。

国家資格の種類

□ 名称独占資格	□ 業務独占資格
●その資格を有する者だけが、その**名称**を使用することができる資格 ●無資格者でも、その名称を名乗らなければ業務を行うことは**可能**	●その資格を有する者だけが、その**業務**を行うことができる資格 ●無資格者は、その業務を行うことは**不可**

ひとこと

国家試験に合格しても、社会福祉士として**登録**しなければ、社会福祉士の名称を使用して働くことはできません。

◆認定社会福祉士・認定上級社会福祉士

2007（平成19）年に『社会福祉士及び介護福祉士法』が改正された際の附帯決議に、**認定社会福祉士**制度の必要性が盛り込まれたことを受け、**認定社会福祉士認証・認定機構**により設定された**民間資格**です（５年ごとの更新制）。より高度な実践能力をもつ社会福祉士の確保を目的としており、社会福祉士の資質向上の取組の１つです。

認定要件として、社会福祉士としての一定の**実務経験**や、認定社会福祉士認証・認定機構での**研修の受講**などがあります。

認定社会福祉士制度による資格

☐ **認定社会福祉士**
所属組織を中心にした分野において、高度な専門性を発揮できる能力を有する社会福祉士

☐ **認定上級社会福祉士**
自らの実践に加え、複数の分野において高度な知識と卓越した技術を有する社会福祉士

ひとこと

認定社会福祉士は、「**高齢**」「**障害**」「**児童・家庭**」「**医療**」「**地域社会・多文化**」の〝分野〟ごとに認定されます。

例題

Q 社会福祉士の名称は、国家試験の合格をもって使用することができる。〔第35回-問91〕

A × 国家試験に合格しても、社会福祉士として登録しなければ、社会福祉士の名称を使用することはできない。

重要度C 精神保健福祉士法

精神保健福祉士は、**『精神保健福祉士法』**に基づく国家資格です。社会福祉士と同様に**名称独占**の資格です。

『精神保健福祉士法』は、**精神保健福祉士**の資格を定めて、その業務の適正を図り、精神保健の向上及び精神障害者の福祉の増進に寄与することを目的として、**1997（平成9）年**に制定されました（施行は**1998〈平成10〉年**）。なお、精神保健福祉士が法制化されたことを受け、当時の「日本精神医学ソーシャル・ワーカー協会」が、1999（平成11）年に「**日本精神保健福祉士協会**」へ名称変更、2004（平成16）年に社団法人、2013（平成25）年に公益社団法人に移行し、

精神保健福祉士の職能団体として「**精神保健福祉士の倫理綱領**」や「**精神保健福祉士業務指針**」を定めています。

1 精神保健福祉士の定義

第2条では、精神保健福祉士について、次のように定義しています。

精神保健福祉士の定義

→ **専門的知識**及び**技術**をもって、

→ **精神科病院**その他の医療施設において精神障害の医療を受け、または精神障害者の**社会復帰の促進**を図ることを目的とする施設を利用している者の**地域相談支援**の利用に関する相談その他の社会復帰に関する相談または精神障害者及び**精神保健に関する課題**を抱える者の精神保健に関する相談に応じ、

→ 助言、指導、**日常生活**への適応のために必要な**訓練**その他の援助を行うこと（**相談援助**）を業とする者をいう。

ひとこと

精神保健福祉士の欠格事由と対象年数は、社会福祉士（介護福祉士）と同様です。

2 精神保健福祉士の義務と罰則

『精神保健福祉士法』では、精神保健福祉士の**義務**や**罰則**について、次のように規定されています。

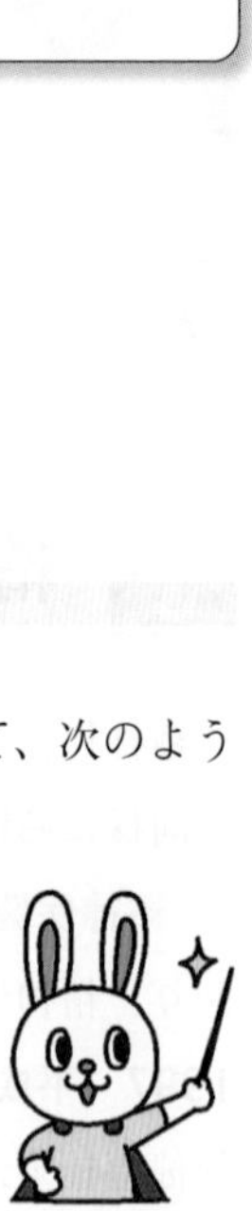

■精神保健福祉士の義務と主な罰則

義務	「**誠実義務**」(第38条の２)「**信用失墜行為の禁止**」(第39条) 「**秘密保持義務**」(第40条)「**連携等**」(第41条) 「**資質向上の責務**」(第41条の２)「**名称の使用制限**」(第42条) 「連携等」とは? ●業務を行うにあたり、保健医療サービス、障害福祉サービス、地域相談支援に関するサービスなどの関係者との**連携**を保たなければならない(第41条第１項) ●精神障害者に**主治の医師**があるときは、その**指導**を受けなければならない(第41条第２項)
罰則	●「信用失墜行為の禁止」に違反した場合 →**登録**の取消しまたは期間を定めた**名称**の使用停止 ●「秘密保持義務」に違反した場合 →**登録**の取消しまたは期間を定めた**名称**の使用停止、**１年**以下の懲役または**30万円**以下の罰金 ●精神障害者に主治の医師があったが、その指導を受けなかった場合 →**登録**の取消しまたは期間を定めた**名称**の使用停止 ●「名称の使用制限」に違反した場合 →**30万円**以下の罰金

ひとこと

社会福祉士には、主治の医師との指導・指示関係における規定はありません。保健師、看護師、理学療法士、作業療法士は医師からの指示を受けなければなりません(保健師・看護師は、歯科医師も含みます)。

例題

Q 社会福祉士及び介護福祉士法における社会福祉士と精神保健福祉士法における精神保健福祉士に関する記述のうち、これらの法律に明記されている共通する責務は資質向上である。

〔第34回－問91〕

A ○ **誠実義務**、**信用失墜**行為の禁止、**秘密保持義務**、名称の**使用制限**なども介護福祉士を含め共通した義務として明記されている。

CHAPTER 10
SECTION 2
ソーシャルワークの概念

このSECTIONのポイント

- ◆**国際ソーシャルワーカー連盟の定義**…国際ソーシャルワーカー連盟によるソーシャルワーク専門職のグローバル定義と変遷についておさえておきましょう
- ◆**全米ソーシャルワーカー協会の倫理綱領**…ソーシャルワークの６つの価値と６つの倫理基準をおさえておきましょう
- ◆**国際ソーシャルワーカー連盟と国際ソーシャルワーク学校連盟による倫理**…ソーシャルワークの原理を学びましょう

重要度A　国際ソーシャルワーカー連盟の定義

2000年、国際ソーシャルワーカー連盟（IFSW）の総会にて、**「ソーシャルワークの定義」**が採択されました。

ソーシャルワークの定義

［ソーシャルワーク専門職］は、
→ **人間の福利（ウェルビーイング）**の増進を目指して、
→ 社会の変革を進め、
→ 人間関係における問題解決を図り、
→ 人びとの**エンパワーメント**と**解放**を促していく。
［ソーシャルワーク］は、
→ 人間の行動と社会システムに関する理論を利用して、
→ 人びとがその環境と相互に影響し合う接点に介入する。
［**人権**と**社会正義**の原理］は、ソーシャルワークの拠り所とする基盤である。

また、**2014年**には、同様に国際ソーシャルワーカー連盟において新しい定義として、「**ソーシャルワーク専門職のグローバル定義**」が採択されました。

「ソーシャルワークの定義」と比べると、よりマクロレベルの視点が強化されています。

ソーシャルワーク専門職のグローバル定義

ソーシャルワークは、社会変革と社会開発、社会的結束、および人々の**エンパワメント**と**解放**を促進する、**実践**に基づいた専門職であり学問である。
社会正義、人権、集団的責任、および多様性尊重の諸原理は、ソーシャルワークの中核をなす。
ソーシャルワークの理論、社会科学、人文学、および**地域・民族固有の知**を基盤として、ソーシャルワークは、**生活課題**に取り組み**ウェルビーイング**を高めるよう、人々やさまざまな構造に働きかける。
この定義は、各国および世界の各地域で展開してもよい

《注釈》

◆中核となる任務

ソーシャルワーク専門職の中核となる任務には、社会変革・社会開発・社会的結束の促進、および人々のエンパワメントと解放がある
ソーシャルワークは、相互に結び付いた歴史的・社会経済的・文化的・空間的・政治的・個人的要素が人々の**ウェルビーイング**と発展にとってチャンスにも障壁にもなることを認識している、実践に基づいた専門職であり学問である。構造的障壁は、不平等・差別・搾取・抑圧の永続につながる。人種・階級・言語・宗教・ジェンダー・障害・文化・性的指向などに基づく抑圧や、特権の構造的原因の探求を通して批判的意識を養うこと、そして構造的・個人的障壁の問題に取り組む行動戦略を立てることは、人々の**エンパワメント**と解放をめざす実践の中核をなす。不利な立場にある人々と連帯しつつ、この専門職は、貧困を軽減し、脆弱で抑圧された人々を解放し、**社会的包摂**と**社会的結束**を促進すべく努力する
社会変革の任務は、個人・家族・小集団・共同体・社会のどのレベルであれ、現状が変革と開発を必要とするとみなされる時、ソーシャルワークが介入することを前提としている。それは、周縁化・社会的排除・抑圧の原因となる構造的条件に挑戦し変革する必要によって突き動かされる。社会

変革のイニシアチブは、人権および経済的・環境的・社会的正義の増進において人々の主体性が果たす役割を認識する。また、ソーシャルワーク専門職は、それがいかなる特定の集団の周縁化・排除・抑圧にも利用されない限りにおいて、**社会的安定の維持**にも等しく関与する

社会開発という概念は、介入のための戦略、最終的にめざす状態、および（通常の残余的および制度的枠組に加えて）政策的枠組などを意味する。それは、（持続可能な発展をめざし、ミクロ－マクロの区分を超えて、複数のシステムレベルおよびセクター間・専門職間の協働を統合するような）全体的、生物―心理―社会的、およびスピリチュアルなアセスメントと介入に基づいている。それは社会構造的かつ経済的な開発に優先権を与えるものであり、経済成長こそが社会開発の前提条件であるという従来の考え方には賛同しない

◆原則

ソーシャルワークの大原則は、人間の内在的価値と尊厳の尊重、危害を加えないこと、**多様性の尊重**、人権と社会正義の支持である

人権と社会正義を擁護し支持することは、ソーシャルワークを動機づけ、正当化するものである。ソーシャルワーク専門職は、人権と集団的責任の共存が必要であることを認識する。集団的責任という考えは、一つには、人々がお互い同士、そして環境に対して責任をもつ限りにおいて、はじめて個人の権利が日常レベルで実現されるという現実、もう一つには、共同体の中で互恵的な関係を確立することの重要性を強調する。したがって、ソーシャルワークの主な焦点は、あらゆるレベルにおいて人々の権利を主張すること、および、人々が互いのウェルビーイングに責任をもち、人と人の間、そして人々と環境の間の相互依存を認識し尊重するように促すことにある

ソーシャルワークは、第一・第二・第三世代の権利を尊重する。第一世代の権利とは、言論や良心の自由、拷問や恣意的拘束からの自由など、**市民的・政治的権利**を指す。第二世代の権利とは、合理的なレベルの教育・保健医療・住居・少数言語の権利など、**社会経済的・文化的権利**を指す。第三世代の権利は自然界、生物多様性や世代間平等の権利に焦点を当てる。これらの権利は、互いに補強し依存しあうものであり、**個人の権利**と**集団的権利**の両方を含んでいる

「危害を加えないこと」と「多様性の尊重」は、状況によっては、**対立**し、**競合する価値観**となることがある。たとえば、女性や同性愛者などのマイ

ノリティの権利（生存権さえも）が文化の名において侵害される場合などである。『ソーシャルワークの教育・養成に関する世界基準』は、ソーシャルワーカーの教育は基本的人権アプローチに基づくべきと主張することによって、この複雑な問題に対処しようとしている（以下略）

◆知

ソーシャルワークは、複数の学問分野をまたぎ、その境界を超えていくものであり、広範な科学的諸理論および研究を利用する。ここでは、「科学」を「知」というそのもっとも基本的な意味で理解したい。ソーシャルワークは、常に発展し続ける自らの理論的基盤および研究はもちろん、コミュニティ開発・全人的教育学・行政学・人類学・生態学・経済学・教育学・運営管理学・看護学・精神医学・心理学・保健学・社会学など、他の人間諸科学の理論をも利用する。ソーシャルワークの研究と理論の独自性は、その**応用性**と**解放志向性**にある。多くのソーシャルワーク研究と理論は、サービス利用者との双方向性のある対話的過程を通して共同で作り上げられてきたものであり、それゆえに特定の実践環境に特徴づけられる

この定義は、ソーシャルワークは特定の実践環境や西洋の諸理論だけでなく、先住民を含めた**地域・民族固有の知**にも拠っていることを認識している。植民地主義の結果、西洋の理論や知識のみが評価され、地域・民族固有の知は、西洋の理論や知識によって過小評価され、軽視され、支配された。この定義は、世界のどの地域・国・区域の先住民たちも、その独自の価値観および知を作り出し、それらを伝達する様式によって、科学に対して計り知れない貢献をしてきたことを認めるとともに、そうすることによって西洋の支配の過程を止め、反転させようとする。ソーシャルワークは、世界中の先住民たちの声に耳を傾け学ぶことによって、西洋の歴史的な科学的植民地主義と覇権を是正しようとする。こうして、ソーシャルワークの知は、先住民の人々と共同で作り出され、ローカルにも国際的にも、より適切に実践されることになるだろう（以下略）

◆実践

ソーシャルワークの正統性と任務は、人々がその環境と相互作用する接点への介入にある。環境は、人々の生活に深い影響を及ぼすものであり、人々がその中にある様々な社会システムおよび自然的・地理的環境を含んでいる。ソーシャルワークの参加重視の方法論は、「生活課題に取り組みウェルビーイングを高めるよう、人々やさまざまな構造に働きかける」と

いう部分に表現されている。ソーシャルワークは、できる限り、「**人々のために**」ではなく、「**人々とともに**」働くという考え方をとる。社会開発パラダイムにしたがって、ソーシャルワーカーは、システムの維持あるいは変革に向けて、さまざまなシステムレベルで一連のスキル・テクニック・戦略・原則・活動を活用する。ソーシャルワークの実践は、さまざまな形のセラピーやカウンセリング・グループワーク・コミュニティワーク、政策立案や分析、アドボカシーや政治的介入など、広範囲に及ぶ。この定義が支持する解放促進的視角からして、ソーシャルワークの戦略は、抑圧的な権力や不正義の構造的原因と対決しそれに挑戦するために、人々の希望・自尊心・創造的力を増大させることをめざすものであり、それゆえ、介入のミクローマクロ的、個人的ー政治的次元を一貫性のある全体に統合することができる。ソーシャルワークが全体性を指向する性質は普遍的である。しかしその一方で、ソーシャルワークの実践が実際上何を優先するかは、国や時代により、**歴史的・文化的・政治的・社会経済的条件**により、**多様**である（以下略）

例題

Q 「ソーシャルワーク専門職のグローバル定義」（2014年）が「ソーシャルワークの定義」（2000年）と比べて変化した内容として、人間関係における問題解決を図ることが加えられた。

〔第33回−問92〕

A ×　人間関係における**問題解決**を図ることが謳われたのは、2000年の「ソーシャルワークの定義」である。

重要度C　全米ソーシャルワーカー協会の倫理綱領

全米ソーシャルワーカー協会（NASW）は、**1996年**に「**倫理綱領**」を採択しました（2008年に改訂）。

前文において、ソーシャルワーカーの使命として、人間の**福祉**の向上と人間の基本的な**ニーズ**を満たすことを挙げ、**ソーシャルワークの６つの価値**に基づいた倫理原則と、ソーシャルワークの実践や倫理的判断の指針となる倫理基準について明記しています。

ソーシャルワークの６つの価値

❶ サービス	❷ 社会正義	❸ 人間の尊厳と価値
❹ 人間関係の重要性	❺ 誠実	❻ 専門職の力量

なお、倫理基準は、**❶クライエント**、**❷同僚**、**❸所属組織**、**❹専門職**、**❺専門性**、**❻社会**の６つに分類されています。

ひとこと

全米ソーシャルワーカー協会は、**世界で最も規模の大きい**ソーシャルワーカーの職能団体です。

重要度C 国際ソーシャルワーカー連盟と国際ソーシャルワーク学校連盟による倫理

2004年、**国際ソーシャルワーカー連盟**と**国際ソーシャルワーク学校連盟（IASSW）**によって、「**ソーシャルワークにおける倫理—原理に関する声明**」が採択されました。

この文書は、国際ソーシャルワーカー連盟が採択した「**ソーシャルワークの定義**」に基づき、原理として、「**人権と人間の尊厳**」と「**社会正義**」を挙げています。

ソーシャルワークにおける倫理—原理に関する声明

人権と人間の尊厳

❶自己決定権の尊重

ソーシャルワーカーは**自分で選択し決定する**人々の権利を尊重しなければならない。それは彼らの価値観・生活上の選択がいかなるものであれ、

他者の**権利**や**利益**を侵害しない限りにおいてはである

❷参加の権利の促進

ソーシャルワーカーはサービスを利用する人々の**完全参加を促進**しなければならない。そこで彼らは自分たちの生活に影響するあらゆる決断や行動の側面でエンパワーされる

❸個々の人間を全体として捉える

ソーシャルワーカーは家族・コミュニティー・社会と自然の環境の中で、**全体としての人間**に関心を払わなければならない。そして人間の生活のあらゆる側面を認識しようとしなければならない

❹ストレングスの認識と発展

ソーシャルワーカーはあらゆる個人・グループ・コミュニティーの**ストレングス**に焦点を当て、**エンパワメント**を促進すべきである

社会正義

❶否定的な差別への挑戦

ソーシャルワーカーは、**不当な理由**（能力・年齢・文化・性別・結婚しているか否か・社会経済的地位・政治的意見・皮膚の色・人種もしくはその他の身体的特徴・性的志向や精神的信条など）による**否定的差別**に挑戦する責任がある

❷多様性を認識すること

ソーシャルワーカーは、自分たちが実践する社会での**民族的・文化的な多様性**を認識し、尊重しなければならない。そこで個人・家族・グループ・コミュニティーに違いがあることを考慮しなければならない

❸資源の公正な分配

ソーシャルワーカーは**資源**が公正に**ニーズ**に従って配分されるように保証しなければならない

❹不当な政策や実践に挑戦すること

ソーシャルワーカーには、**雇用者・政策決定者・政治家・一般市民**の関心を、資源が不適切で、資源の配分・政策・実践が抑圧的・**不公平**若しくは**有害**な状況に向けさせる責務がある

CHAPTER 10
SECTION 3

ソーシャルワークの基盤となる考え方

このSECTIONのポイント

- ◆ソーシャルワークの価値…ソーシャルワークの基盤となる、価値を理解しておきましょう
- ◆ソーシャルワークの理念…「人権尊重」「社会正義」といった理念について学びます

重要度C ソーシャルワークの価値

ソーシャルワークの価値とは、ソーシャルワーク専門職が、専門職集団のなかで共有する「**良い**」とされる共通の性質のことであり、ソーシャルワーク実践を方向づけるものです。

1 ソーシャルワークの3つの価値前提

ブトゥリム（Butrym, Z.）はソーシャルワークの価値前提として、**❶人間尊重**、**❷人間の社会性**、**❸人間の変化の可能性**の3つを示しました。

■ソーシャルワークの3つの価値前提

人間 尊重	人間であること自体に価値がある
人間の 社会 性	人間はそれぞれにその独自性をもち、その貫徹のために他者に依存する存在である
人間の 変化 の可能性	人間は変化するものであり、成長、向上する可能性をもっている

例題

Q 「人間の変化の可能性」は、環境の変化と人間の変化及び成長との因果関係に基づく決定論的な人生観に依拠する。

〔第25回-問93〕

A ×　「人間の変化の可能性」は、人間は変化するものであり、成長、向上する可能性をもっているという考え方である。

重要度 B

ソーシャルワークの理念

1 人権尊重

人が生まれながらにもっている権利のことを**人権**といいます。人権には、**固有性**、**不可侵性**、**普遍性**があります。

人権の基本的性格

◆**人権の固有性**
→人は生まれながらにして誰もが人間としての権利をもっている

◆**人権の不可侵性**
→**公共の福祉**に反しない限り、誰かに奪われたり制限されたりするものではない

◆**人権の普遍性**
→人種、性別、出自、身分、年齢などにかかわらず全ての人が普遍的にもつことができる

ソーシャルワーク専門職が価値に基づく実践を行うための行動の基準を定めている**日本社会福祉士会**の「**社会福祉士の倫理綱領**」には、「社会福祉士は、すべての人々を、出自、人種、民族、国籍、性別、性自認、性的指向、年齢、身体的精神的状況、宗教的文化的背景、社会的地位、経済状況などの違いにかかわらず、**かけがえのない存在**として尊重する」と明示されており、**人権**を尊重して活動にあたる専門職であることを示しています。 →詳細はp.674参照

2 社会正義

社会正義とは、人間の間に**不公平**がなく、**公正**な社会のことを指します。**日本社会福祉士会**の「**社会福祉士の倫理綱領**」では、「差別、貧困、抑圧、排除、無関心、暴力、環境破壊などの無い、**自由**、**平等**、**共生**に基づく社会正義の実現を目指す」と明示されており、社会福祉士には**社会正義**の実現を目指した活動が求められます。

3 利用者本位

利用者本位とは、利用者が、自分の生活について自分の意思で自由に選択し決定を行うこと（**自己決定**）ができるよう、利用者の意思を最大限尊重していくという考え方です。

ソーシャルワーク専門職は、利用者が自己決定した事柄については**専門的判断**を行いつつも尊重しますが、利用者の自己決定に基づく行為が**重大な危険**を伴うと予想される場合には、その行動を制限することがあります。

◆自己決定と判断能力

ソーシャルワーク専門職は、利用者が自己決定できるよう**専門的知識**や**情報**を提供するなどして、決定の過程を支援しなければなりません。これは**判断能力**が不十分な利用者においても同様で、本人に代わって決定を行ったり、専門職が決定を主導したりするのではなく、**利用者の意思を尊重した自己決定が行われるように支援**していくことが基本的な姿勢です。

例題

Q 利用者に判断能力の低下が疑われる場合は、専門職が主導して支援のあり方を決めなければならない。〔第27回-問95〕

A × 利用者に判断能力の低下がある場合であっても、専門職が主導することは**自己決定権の侵害**となる。

4 尊厳の保持

尊厳の保持とは、その人が人としてかけがえのない存在として認識され、その権利が尊重されることを指します。

日本社会福祉士会の「**社会福祉士の倫理綱領**」でも、「社会福祉士は、すべての人が人間としての尊厳を有し、価値ある存在であり、平等であることを深く認識する」と明示されています。

5 権利擁護

権利擁護とは、人の有する権利が守られることを指します。権利擁護の過程では、権利をもつ人の意思と主体性を尊重していくことが大切です。

守られるべき権利

□ **基本的人権**
- 人が生まれながらにもつ権利
- 日本国憲法第11条に規定

□ **生存権**
- 健康で文化的な最低限度の生活を営む権利とされ、社会福祉や社会保障の根拠となっている
- 日本国憲法第25条に規定

◆アドボカシー

利用者の権利擁護のための代弁・代行活動のことです。また、利用者の支援を通して権利を守ることでもあります。利用者の権利が侵害された状態が調整や交渉によっても解決しない場合は、福祉施設や行政機関などとも対決します。

アドボカシーは対象者によって、

- **ケースアドボカシー**…個人の権利を守る活動
- **コーズ（クラス）アドボカシー**…特定の集団の権利を守る活動

の大きく2つに分けることができます。

さらにアドボカシーを行う主体により、次のように分類されます。

■担い手によるアドボカシーの分類

セルフ アドボカシー	障害等がある当事者自身やグループが権利や利益を守る活動
シチズン アドボカシー	当事者を含む市民が主体となって権利を守るよう働きかける活動
リーガル アドボカシー	弁護士等の司法の専門家と当事者が協働して権利を守る活動
パブリック アドボカシー	公的機関や組織などが行うアドボカシー

例題

Q コーズアドボカシーとは、クライエントの権利を守るために、法的な手段を用いる活動である。〔第32回-問94〕

A × コーズ（クラス）アドボカシーとは、特定の**集団**の権利を守る活動をいう。記述は、**リーガル**アドボカシーの説明である。

6 自立支援

福祉分野における「**自立**」とは、人権意識の高まりや**ノーマライゼーション**の思想の普及を背景として、「**自己決定**に基づいて主体的な生活を営むこと」「障害があってもその**能力**を活用して社会活動に参加すること」を意味します。

ソーシャルワーク専門職は、利用者が自らの**生活**を自らの**責任**で営むことを基本としつつ、生活の維持が難しい場合には必要な援助を行います。

7 社会的包摂（ソーシャル・インクルージョン）

社会的包摂（ソーシャル・インクルージョン）とは、さまざまな課題を抱えている人々を排除せず、**全て**の人々を構成員として包み込み、共に生きることができる社会を目指す考え方です。

ひとこと

社会的包摂（ソーシャル・インクルージョン）の対《つい》になる考え方として、社会のさまざまな領域において特定の人々を排除する**社会的排除（ソーシャル・エクスクルージョン）**があります。

8 ノーマライゼーション

ノーマライゼーションとは、**障害の有無**にかかわらず、誰もが当たり前に、ありのままで生活するという考え方です。障害者福祉の分野の中心的概念でもありますが、今は分野にかかわらずソーシャルワークの価値として存在します。

◆ノーマライゼーションの歴史

ノーマライゼーションの考え方は、1950年代に**デンマーク**の**バンク-ミケルセン**（Bank-Mikkelsen, N.）によって提唱され、その後、**スウェーデン**の**ニィリエ**（Nirje, B.）らによって理論化されました。また、**ヴォルフェンスベルガー**（Wolfensberger, W.）によって、アメリカやカナダに紹介されました。

バンク-ミケルセンが中心となって制定された**デンマーク**の『**1959年法**』は、ノーマライゼーションを世界で初めて法律の基本的理念として位置づけました。

●ここがポイント

ノーマライゼーションに関する人物

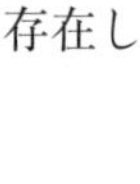

バンク-ミケルセン

- ◆「ノーマライゼーションの生みの父」といわれている
- ◆デンマークの**知的障害者の親の会**の人々との関わりから、施設改革と人間的な支援を訴えた

ニィリエ	◆「ノーマライゼーションの育ての父」といわれている ◆知的障害者の日常生活をできるだけ社会の主流となっている規範や形態に近づけるために ノーマライゼーションの８つの原理 を示した ✔CHECK!
ヴォルフェンスベルガー	◆北米でノーマライゼーションの理論を普及させた ◆知的障害者自身が能力価値を高め、「社会的役割」を獲得することを重視した

✔CHECK! ノーマライゼーションの８つの原理

❶１日のノーマルなリズム　❷１週間のノーマルなリズム
❸１年のノーマルなリズム
❹ライフサイクルにおけるノーマルな発展的経験
❺ノーマルな個人の要求や自己決定権の尊重
❻その文化におけるノーマルな性的環境
❼その文化におけるノーマルな経済水準とそれを得る権利
❽その地域におけるノーマルな環境形態と水準

例題

Q ノーマライゼーションの原理を八つに分けて整理したのは、ソロモン（Solomont, B.）である。〔第30回-問95・改〕

A ×　ニィリエである。ソロモンは、**エンパワメント**の考え方を初めて提唱し、広めた人物。

CHAPTER 10

SECTION 4

ソーシャルワークの形成過程

このSECTIONのポイント

- ◆ソーシャルワークの源流…源流となる活動や組織をおさえておきましょう
- ◆ソーシャルワークの基礎確立期…専門技術としての基礎の確立過程を理解しましょう
- ◆ソーシャルワークの発展期…発展期の流れ、診断主義と機能主義の違いをおさえておきましょう
- ◆ソーシャルワークの展開期…診断主義、機能主義を継承した理論の流れをおさえておきましょう
- ◆ソーシャルワークの統合化…統合化の段階を整理しておきましょう
- ◆日本におけるソーシャルワークの形成過程…民間レベルでの取組など時代ごとに理解しておきましょう

重要度B　ソーシャルワークの源流

産業革命以降、イギリスでは**貧困問題**が深刻になり、富裕層と労働者層の格差が生まれました。国は『エリザベス救貧法』や『新救貧法』によって救済を行っていましたが、社会の発展とともに、それまでの救貧法では対応しきれない状況となったため、**民間の慈善団体**による慈善活動が盛んになりました。

→エリザベス救貧法、新救貧法についてはp.284参照

1 YMCA（キリスト教青年会）

YMCA（キリスト教青年会）は、**1844年**に**イギリス**の**ロンドン**で設立されました。キリスト教精神にのっとり、聖書研究会や社会活動、クラブ活動などのグループ活動を行い、キリスト教の啓蒙や**生活改善運動**に取り組みました。これら

の活動は**グループワーク**の起源とされています。

なお、**1855年**には、女性の団体として、**YWCA**（**キリスト教女子青年会**）が設立されました。

2 慈善組織協会（COS）

慈善組織協会（**COS**）は、**1869年**に**イギリス**の**ロンドン**で設立されました。無計画な慈善活動による救済の偏りを防止し、効果的な救済を行うために、各慈善団体間の連絡・調整を行い、慈善活動の組織化を図りました。

慈善組織協会では、貧困の原因は**個人**にあるとし、「救済に値する貧民」と「救済に値しない貧民」に区別し、援助活動を行いました。特徴的な活動として、救済の重複や不正受給の抑制のための**被救済者の登録**や、**友愛訪問員による個別訪問活動**（**友愛訪問**）の実施があります。友愛訪問は、後の**ケースワーク**に発展します。慈善組織協会は、友愛訪問員の広い知識と社会的訓練によって、友愛訪問活動の科学化を追求しました。

例題

Q 慈善組織協会（COS）は、把握した全ての貧困者を救済の価値のある貧困者として救済活動を行った。〔第29回-問93〕

A × 貧困者が救済に値するか否かを判断し、**救済に値する貧困者のみ**を救済の対象とした。

3 セツルメント

セツルメントとは、知識や財産をもつ人（教員や学生、聖職者など）がスラム街に住み込み、スラムに住む社会的に弱い立場にある人たちと生活を共にしながら社会福祉の向上を図る運動のことです。子どもたちに対するグループ活動、地域を援助するという視点をもち、**社会改良**を目指しました。

■代表的なセツルメントと先駆者

トインビー・ホール	●世界で初めてのセツルメント活動の拠点として、**1884年**に**イギリス**の**ロンドン**で建設された ●初代館長は**バーネット**（Barnett, S.） ●労働者や児童への教育、セツルメントに参加した人（**セツラー**）の**地域**の社会資源への参加などの活動を行った
ネイバーフッド・ギルド	1886年、コイト（Coit, S.）らがニューヨークに設立したアメリカ初のセツルメント運動の拠点
ハル・ハウス	●**アダムス**（Addams, J.）がトインビー・ホールでの学習を踏まえて、**1889年**、**アメリカ**の**シカゴ**に設立。当時世界最大のセツルメント ●シカゴのスラム街に住む**移民**への支援が目的 ●子どもたちを対象にしたさまざまなグループ活動はのちの**グループワーク**へと発展していった

例題

Q コイト（Coit, S.）が創設したハル・ハウスは、アメリカにおけるセツルメント活動に大きな影響を及ぼした。

〔第33回-問94〕

A × コイトが創設したのは、**ネイバーフッド・ギルド**。ハル・ハウスを創設したのは、**アダムス**である。

重要度B ソーシャルワークの基礎確立期

イギリスでの慈善組織協会の活動はアメリカに渡り、**リッチモンド**(Richmond, M.) が**ケースワーク**として発展させていきました。

1 全米慈善矯正会議

アメリカのボルチモア慈善組織協会で友愛訪問員として活動していたリッチモ

ンドは、援助者の専門的知識や訓練の重要性を感じ、1897年の**全米慈善矯正会議**にて、**応用博愛学校の必要性**を提唱しました。

この提案に基づいて、1898年にニューヨークの慈善組織協会で講習会が開催され、**専門教育**へと発展していきました。

また、リッチモンドは慈善組織協会での経験を基に、『**社会診断**』などの著書を発表し、ケースワークの体系化を目指しました。

●ここがポイント

リッチモンドの代表的な著作

『貧困者への友愛訪問』（1899年）	**友愛訪問**を、「貧困者の家庭の喜び、悲しみ、意見、感情そして人生全体に対する考え方を共感できるよう身近に知ること」と定義した
『社会診断』（1917年）	**「社会的証拠の収集→比較・推論→社会診断」**という過程によって、クライエントのおかれている社会的状況とパーソナリティをできるだけ正確に捉えていく方法を**社会診断**と定義した
『ソーシャル・ケース・ワークとは何か』（1922年）	ケースワークを、「**人間**と**社会環境**との間を個別に意識的に調整することを通して、**パーソナリティ**を発達させる諸過程から成り立っている」と定義した

ひとこと

リッチモンドはケースワークの体系化に大きな功績を残したため、「**ケースワークの母**」と呼ばれています。

例題

Q リッチモンドは、『ソーシャル・ケース・ワークとは何か』において、ケースワークを人間と社会環境との間を調整し、パーソナリティを発達させる諸過程と定義した。　〔第35回-問95〕

A ○　ケースワークを、「人間と社会環境との間を個別に意識的に調整することを通して、パーソナリティを発達させる諸過程から成り立っている」と定義した。

2 ミルフォード会議

リッチモンドの活動などにより、ソーシャルワークが専門化していくなかで、ケースワークの共通基盤を求める動きがあり、**1923～1928年**にアメリカで**ミルフォード会議**が開催されました。

1929年に発表された**報告書**では、ケースワークにおける「**ジェネリック**」（**一般性**）と「**スペシフィック**」（**専門性**）の概念が提起され、**ジェネリック・ソーシャル・ケースワーク**の重要性の認識の下に、その特性が示されました。

ケースワークの２つの捉え方

□**ジェネリック・ソーシャル・ケースワーク**
各分野に共通する概念や知識、技術などの基本となる部分のケースワーク

□**スペシフィック・ソーシャル・ケースワーク**
特定の分野で、専門的な概念や知識、技術などを用いて行うケースワーク

重要度B ソーシャルワークの発展期

ソーシャルワークの発展期には、**診断主義学派**と**機能主義学派**が登場しました。機能主義学派は診断主義学派に対立する形として提唱されたもので、両派は激しい論争を繰り広げました。

1 診断主義学派

診断主義学派は、1920年代頃より形成されました。その背景には、第一次世界大戦による戦争神経症の出現と治療的な要請が大きかったこと、軍隊における精神医学サービスを求められたことが挙げられます。

診断主義学派は**フロイト**（Freud, S.）の**精神分析**の理論を基礎としており、診断主義学派ケースワークは**ハミルトン**（Hamilton, G.）によって理論的に体系化されました。

診断主義学派の特徴

◆クライエントの問題の**心理的側面**に焦点を当てる
◆**パーソナリティ**の発達に焦点を当てた生活史の聴取
◆**面接**を中心とした長期的援助（1対1の関係を重視）
◆**援助者**の主導性
◆調査―診断―治療の過程を重視

ひとこと

診断主義学派は、クライエントのパーソナリティの変容に重きを置いたため、**心理治療的機能が大きくなり、社会改良的視点が薄れていった**という指摘もあります。この時代は、ソーシャルワーカーが「**小さな精神科医**」と揶《や》揄《ゆ》された時代でもありました。

2 機能主義学派

機能主義学派は、1930年代頃より台頭してきました。診断主義学派のようにクライエントの過去にさかのぼり心理的な問題やパーソナリティに着目するのではなく、**現在**に着目し、ケースワーカーが所属する**機関**の機能を効果的に用いて問題の解決を目指していくことをケースワーカーの役割としました。

機能主義学派は**ランク**（Rank, O.）の**意志心理学**を基礎としており、機能主義学派ケースワークは**ロビンソン**（Robinson, V.）らによって提唱されました。

機能主義学派の特徴

◆「**疾病の心理学**」よりも「**成長の心理学**」
◆「**治療**」よりも「**援助**」
◆**機関**の機能の枠に沿った援助
◆援助者中心よりも**クライエント中心**
◆開始—中間—終結の時間的展開を重視

リッチモンドが提唱した、「人と社会環境への働きかけ」「社会改良」という視点はどちらの学派も弱く、その意味ではソーシャルワークの機能を十分に捉えていなかった理論といえます。

診断主義学派はのちの「**心理社会的アプローチ**」に、機能主義学派はのちの「**機能的アプローチ**」にその理論が継承されていきます。 →詳細はp.689参照

重要度 B

ソーシャルワークの展開期

1 1950年代以降のソーシャルワークの展開

1920年代から続いていた診断主義学派と機能主義学派の論争は、「**人間の心理的な問題**」へと援助の関心が集まり、社会環境への視点を失っていきました。また、1950年代になると、貧困問題、黒人の公民権運動、福祉権運動などの社会問題が発生していましたが、この頃のソーシャルワークは**精神分析**に傾倒していたと言えます。そのため、貧困者への援助や社会変革を担わないソーシャルワークが、結果として貧困者に**自助の努力**を求めることになり、その在り方が厳しく批判されました。

そのようななか、ソーシャルワークに**社会環境を捉える視点**を取り戻そうとする取組が活発になりました。

◆「リッチモンドに帰れ」

心理的側面への着目に傾倒したソーシャルワークに対し、リッチモンドの時代からの伝統である**社会環境への視点**を取り戻すべき、という原点回帰を主張する

「リッチモンドに帰れ」という言葉を**マイルズ**（Miles, A.）が提唱しました。

◆問題解決アプローチ

診断主義学派と機能主義学派の折衷アプローチとして、**パールマン**（Perlman, H.）が「**問題解決アプローチ**」→詳細はp.690参照を体系化しました。このアプローチでは、「生きることは絶え間のない問題解決の過程」として、診断主義学派と機能主義学派の優れた面を取り入れようとしました。

◆「ケースワークは死んだ」

パールマンは、論文「ケースワークは死んだ」において、社会問題の解決にケースワーカーが社会変革を促進する役割をもつべきであるが、現状ではその役割を担っていないと批判しました。一方でそのようななかでもケースワークが具体的な生活困難に立ち向かうことは、社会問題の一部分の解決に働きかける動きであるとし、ケースワークの**存在意義**と**再生の可能性**を示唆しました。

◆「ソーシャルワークの性格」

ベーム（Boehm,W.）は、著書『ケースワークの基礎』で述べている論文「ケースワークの性格」において、ソーシャルワークとは人と環境の相互利用によって個人または集団の社会生活機能を高めることであり、その社会のなかの支配的な価値に相当するものではないと述べました。

例題

Q ハミルトン（Hamilton, G.）は、社会科学とのつながりを意識して、「リッチモンドに帰れ」と原点回帰を提唱した。

〔第34回－問92〕

A × 「リッチモンドに帰れ」と原点回帰を提唱したのは、**マイルズ**である。

2 1960年代以降のソーシャルワークの展開

1960年代以降、ソーシャルワークは「**個人**」を対象にするのか、「**社会**」を対象にするのかという二元論を克服することを目指し、多くのモデルやアプローチが提唱されるようになりました。二元論の克服は、個人と社会の両方を対象にし、ソーシャルワークの存在意義を取り戻す取組でもありました。

■代表的なモデルやアプローチと提唱者

ホリス (Hollis, F.)	**心理社会的アプローチ** →詳細はp.689参照 の中心概念として「**状況の中の人**」を提唱した
バートレット (Bartlett, H.)	著書『ソーシャルワーク実践の共通基盤』において、**価値**や**知識**、**介入技術**はソーシャルワーク実践の**共通基盤**であるとし、三者の均衡が重要であるとした。ただし、実践者の立場においては、**価値**と**知識**が優先されるべきとした
ターナー (Turner, F.)	著書『ソーシャルワーク・トリートメント―相互連結理論アプローチ』において、多様な実践モデルやアプローチを整理し、それぞれの理論は相互に影響を及ぼし合い、結びついていると論じた
アプテカー (Aptekar, H.)	著書『ケースワークとカウンセリング』において、**機能**主義の立場に立ちつつ、**診断**主義の理論を積極的に取り入れ、ケースワークとカウンセリングを区別した
シュワルツ (Schwartz, W.)	個人と社会の関係は共生的な相互依存関係であるとし、ソーシャルワーカーの媒介機能を重視する**相互作用**モデルを展開
ジャーメイン (Germain, C.) **ギッターマン** (Gitterman, A.)	**生態学**を基に、**生活モデル** →詳細はp.695参照 と**生態学的アプローチ**を提唱し、人と環境との**交互作用**に焦点を当てた

ひとこと

バートレットは、人々が試みる対処と環境からの要求との交換や均衡を、**社会生活機能**という概念で説きました。

例題

Q ターナーは、機能主義の立場に立ちつつ、診断主義の理論を積極的に取り入れ、ケースワークとカウンセリングを区別した。

〔第36回-問95〕

A ×　ターナーは、相互連結理論アプローチを提唱。記述は、アプテカーの理論。

重要度C　ソーシャルワークの統合化

1970年代以降、**ケースワーク、グループワーク、コミュニティ・オーガニゼーション**（**コミュニティワーク**）の**共通基盤**を明確にして、一体化して捉えようとする動きがみられるようになりました。この動きのことを、ソーシャルワークの**統合化**といいます。

●ここがポイント

ソーシャルワークの統合化の段階

第1段階 **コンビネーション・アプローチ**	ケースワーク、グループワーク、コミュニティ・オーガニゼーションの３つの方法を**合体**させたもの。援助で最も適切な方法を適宜組み合わせていく取組
第2段階 **マルチメソッド・アプローチ**	ケースワーク、グループワーク、コミュニティ・オーガニゼーションに**共通する原理**を抽出し、**共通基盤**を確立させようとする取組
第3段階 **ジェネラリスト・アプローチ**	専門職としての**共通基盤**を確立したうえで、ケースワーク、グループワーク、コミュニティ・オーガニゼーションそれぞれの方法を捉え直そうとする取組

アメリカにおけるソーシャルワークの統合化の背景には、複雑化、深刻化するクライエントの生活問題に、**細分化**され**専門分化**されたソーシャルワークの機関やサービスが、対応できていないのではないかという危機感がありました。

◆ジェネラリスト・ソーシャルワーク

ソーシャルワークの**共通基盤**を基にし、**総合的・包括的**に取り組むソーシャルワークを**ジェネラリスト・ソーシャルワーク**といいます。

ソーシャルワーク統合化により発展した到達点ともいえるもので、この考え方は、今日のソーシャルワーク実践に大きな影響を及ぼしています。

なお、現在のジェネラリスト・ソーシャルワークでは、従来のケースワーク、グループワーク、コミュニティ・オーガニゼーションといった分類ではなく、**ミクロ、サブ、メゾ、エクソ、マクロ**の各レベルで支援を行います。

ミクロ・ソーシャルワーク	ミクロレベル	**個人・家族**を対象とした支援
サブ・ソーシャルワーク	サブレベル	**補助的な人や機関**などを対象とした支援
メゾ・ソーシャルワーク	メゾレベル	**組織・集団・地域住民**を対象とした支援
エクソ・ソーシャルワーク	エクソレベル	**行政や近親者の関わる環境**などを対象とした支援
マクロ・ソーシャルワーク	マクロレベル	**社会・制度**などを対象とした支援

→詳細はp.685参照

重要度 B

日本におけるソーシャルワークの形成過程

1 明治期から第二次世界大戦まで

この時代の社会福祉は、貧困対策を中心とし、非行少年、障害児・者に対する**入所施設での処遇**が中心的でした。国は富国強兵政策を推進している時代であり、社会福祉事業への積極的な関与はみられず、**民間**レベルでの取組が中心となったのもこの時代の特徴といえます。

●ここがポイント

明治期から第二次世界大戦までの動向

民間慈善事業	◆主に貧困児童や非行少年、障害がある人への支援を中心として展開 ◆代表的なものに、石井十次による 岡山孤児院 、留岡幸助による 家庭学校 、石井亮一による 滝乃川学園 、野口幽香による 二葉幼稚園 などがある
感化救済事業	◆非行少年の教育保護が大きな目的 ◆1900（明治33）年には 感化法 が制定され、不良少年などへの処遇機関として 感化院 が設立された
セツルメント活動	◆日本のセツルメント活動の先駆けは、片山潜による キングスレー館 の設立（1897〈明治30〉年） ◆1923（大正12）年の関東大震災をきっかけにセツルメント活動が拡大し、東京帝国大学セツルメントなどが活動を展開させていった ◆日本初の公営セツルメントは大阪市立市民館（1921〈大正10〉年設立）
貧困問題に対応する専門職の制度	◆ 済世顧問 制度 →1917（大正６）年、笠井信一が創設 ◆ 方面委員 制度 →1918（大正７）年、林市蔵と小河滋次郎が創設
医療ソーシャルワークの萌芽	1929（昭和４）年、聖路加国際病院に医療社会事業部が設置され、 医療ソーシャルワーカー として浅賀《あさか》ふさが採用された

2 第二次世界大戦後

第二次世界大戦後の日本の社会福祉は**連合国軍最高司令官総司令部**（GHQ）の主導で行われました。福祉事務所に**ケースワーク**、社会福祉協議会に**コミュニティ・オーガニゼーション**が導入された一方で、入所施設での処遇が基本である日本の社会福祉の仕組みが**生活支援**を中心として発展してきました。

●ここがポイント

第二次世界大戦後の動向

社会福祉教育	1946（昭和21）年、日本社会事業学校 が設立
専門職の配置	社会福祉主事 、 児童福祉司 、 身体障害者福祉司 を設置。ソーシャルワーク実践の期待が高まった

ひとこと

1948（昭和23）年には、GHQの指導のもと、杉並保健所に医療社会事業係として専任の医療ソーシャルワーカーが配置されました。

例題

Q 第二次世界大戦直後には、社会福祉教育の実践が連合国軍最高司令官総司令部（GHQ）の指示で中断された。〔第27回-問93〕

A × 第二次世界大戦後、日本の社会福祉はGHQの主導によって整備されていき、1946（昭和21）年には日本社会事業学校が創設され、社会福祉教育の実践が始まった。

3 1980年代以降の日本のソーシャルワークの動向

日本の社会福祉は**2000（平成12）年**の**社会福祉基礎構造改革**を境に、大きく変化していきました。「措置」から「**契約**」へ、「入所施設や入院」から「**地域生活**」へ、という流れのなかで、**ケアマネジメント**が制度的にも導入され、ソーシャルワークの在り方が大きく変化しています。また、社会福祉士の活躍の場は狭義の社会福祉分野にとどまらず、司法、就労支援、教育などへ広がりをみせています。

ここがポイント

1980年代以降の動向

ソーシャルワーク専門職の国家資格化	国家資格として、1987（昭和62）年に**社会福祉士**、1997（平成9）年に**精神保健福祉士**が誕生
社会福祉基礎構造改革の影響	利用者の**自己選択**・**自己決定**を尊重した**契約**方式への転換により、利用者の権利を行使できる実践が求められるようになった
日本学術会議の提言	「ソーシャルワークが展開できる社会システムづくりへの提案」（2003〈平成15〉年）にて、ソーシャルワークはますます必要とされており、ソーシャルワークが機能するための制度・施策の整備を含めた**社会システム**づくりが求められるとした

CHAPTER 10
SECTION 5

ソーシャルワークの倫理

このSECTIONのポイント

- ◆専門職倫理の概念…専門職倫理の概念について、理解しましょう
- ◆倫理綱領…社会福祉士がとるべき行動の基準を学びます
- ◆倫理的ジレンマ…「価値の優先順位」をおさえましょう

重要度B　専門職倫理の概念

ソーシャルワーク専門職は価値を根底にもち、価値の実現を目指して、倫理に基づいた実践活動を展開していきます。そのなかでは、次のような状況が考えられます。

実践活動で考えられる状況

◆パターナリズムに陥りやすい

→ 利用者との上下関係が生じやすく、専門職の主導的、保護的な支援に陥りやすい

◆利用者の個人情報を把握している

→ 利用者の個人情報を把握しているということは、私的に利用できる立場でもある

◆倫理的ジレンマが生じる

→ 実践では、利用者の考え、家族の考え、社会の考え、専門職の価値など多様な価値観が入り乱れる

そこで、ソーシャルワーク実践として価値と倫理に基づいた行動であるかということを常に吟味していくための**専門職倫理**が必要となります。

●ここがポイント

ソーシャルワーク実践の価値と倫理

価値	ソーシャルワーク実践の **理念** 、 **方向性** 、 **基盤** となるもの
倫理	価値を具体的に実践していくための **取決め** 、**方針** 、 **指針** となるもの

重要度B 倫理綱領

価値に基づく実践を行うために**専門職がとるべき行動の基準**を定めているものを、**倫理綱領**と呼びます。倫理綱領は倫理的判断をする際の指針となるもので、専門職には必要不可欠なものです。

1 日本社会福祉士会の「社会福祉士の倫理綱領」

公益社団法人日本社会福祉士会の「**社会福祉士の倫理綱領**」は、1995（平成7）年に採択した「ソーシャルワーカーの倫理綱領」を改訂し、2005（平成17）年に採択したものを、2020（令和２）年に改訂・採択し直したものです。前文に続いて「**原理**」「**倫理基準**」から構成されています。

◆原理

「原理」では、❶人間の**尊厳**、❷**人権**、❸社会**正義**、❹**集団的責任**、❺**多様性**の尊重、❻**全人的**存在の６つが述べられています。

■社会福祉士の倫理綱領の原理

人間の尊厳	社会福祉士は、すべての人々を、出自、人種、民族、国籍、性別、性自認、性的指向、年齢、身体的精神的状況、宗教的文化的背景、社会的地位、経済状況などの違いにかかわらず、かけがえのない存在として尊重する
人権	社会福祉士は、すべての人々を生まれながらにして侵すことのできない権利を有する存在であることを認識し、いかなる理由によってもその権利の抑圧・侵害・略奪を容認しない
社会正義	社会福祉士は、差別、貧困、抑圧、排除、無関心、暴力、環境破壊などの無い、自由、平等、共生に基づく社会正義の実現をめざす
集団的責任	社会福祉士は、集団の有する力と責任を認識し、人と環境の双方に働きかけて、互恵的な社会の実現に貢献する
多様性の尊重	社会福祉士は、個人、家族、集団、地域社会に存在する多様性を認識し、それらを尊重する社会の実現をめざす
全人的存在	社会福祉士は、すべての人々を生物的、心理的、社会的、文化的、スピリチュアルな側面からなる全人的な存在として認識する

◆倫理基準

「倫理基準」では、実践を想定して、どのような倫理基準をもち行動するべきかについて、❶**クライエント**に対する倫理責任、❷**組織・職場**に対する倫理責任、❸**社会**に対する倫理責任、❹**専門職**としての倫理責任の 4 つが述べられています。

◆社会福祉士の行動規範

日本社会福祉士会は、「**社会福祉士の倫理綱領**」に基づき、社会福祉実践において従うべき行動のガイドラインとして「**社会福祉士の行動規範**」を定めています（倫理綱領に合わせて2021〈令和 3 〉年に改訂・採択）。そこにはより具体的な行動の指針が述べられています。

■社会福祉士の行動規範（抜粋）

項目	具体的な行動の内容
クライエントに対する倫理責任	●クライエントとの専門的援助関係を最も大切にし、それを自己の利益のために利用してはならない ●業務の遂行に際して、クライエントの意思を尊重し、その利益の最優先を基本にしなければならない ●クライエントに対する先入観や偏見を排し、クライエントをあるがままに受容しなければならない ●クライエントが必要とする情報を、適切な方法やわかりやすい表現を用いて提供しなければならない ●クライエントの自己決定を尊重して支援しなければならない ●クライエントが自らの人生に影響を及ぼす決定や行動のすべての局面において、完全な関与と参加を促進しなければならない ●クライエントの利益と権利を擁護するために、最善の方法を用いて意思決定を支援しなければならない ●クライエントのプライバシーを尊重し、秘密を保持しなければならない ●クライエントから開示の要求があった場合は、原則として記録を開示しなければならない ●クライエントに対していかなる差別や虐待も行ってはならない ●クライエントの権利を擁護し、その権利の行使を促進しなければならない ●業務を遂行するにあたり情報処理技術を適切に使用しなければならない
組織・職場に対する倫理責任	●所属する組織・職場の基本的な使命や理念を認識し、最良の実践を行わなければならない ●同僚や上司・部下の職責や専門性の違いを尊重し、敬意を払って接しなければならない ●自らが所属する組織・職場において倫理綱領および行動規範が適切に理解されるよう働きかけなければならない ●組織・職場において、倫理綱領に基づいた倫理的実践を推進しなければならない ●組織・職場におけるあらゆる虐待、差別的・抑圧的な行為、ハラスメントを認めてはならない ●人々のニーズや社会状況の変化に応じて組織・職場の機能をアセスメントし、必要な改革を図らなければならない

社会に対する倫理責任	●あらゆる差別、貧困、抑圧、排除、無関心、暴力、環境破壊などを認識した場合は、専門的な**視点**と方法により、解決に努めなければならない ●人権と**社会正義**が守られるよう、人々とともに社会に働きかけなければならない ●人権と社会正義に関する課題について**グローバル**社会に働きかけなければならない
専門職としての倫理責任	●最良の実践を行うため必要な資格を所持し**専門性**の向上に務めなければならない ●倫理綱領を遵守し、専門職として**社会的信用**を高めるように努めなければならない ●専門職としての信用を失墜する行為をしてはならない ●専門職としての社会的信用を保持するために必要な働きかけを**相互**に行わなければならない ●専門職として不当な批判を受けることがあれば、連帯してその立場を**擁護**しなければならない ●専門職として教育・訓練・管理を行う場合、それらを受ける人の専門性の向上に寄与しなければならない ●調査・研究を行うにあたっては、その目的、内容、方法などを明らかにし、クライエントを含む研究対象の不利益にならないように、最大限の**倫理的配慮**を行わなければならない ●自らが個人的・社会的な困難に直面する可能性があることを自覚し、日頃から**心身の健康の増進**に努めなければならない

重要度 B

倫理的ジレンマ

倫理的ジレンマとは、相反する複数の倫理的な根拠があり、どれも重要であると判断できる場合に、どうすることが適切なのかと**葛藤**することを指します。

ソーシャルワーク実践では、「**守秘義務**との関係」「**自己決定**との関係」「**専門職倫理**との関係」などにおいて倫理的ジレンマが起こりやすくなります。

1 倫理的原理のスクリーン（EPS）

ドルゴフ（Dolgoff, R.）らは、倫理的ジレンマに対処するために「**倫理的原理のスクリーン**（Ethical Principles Screen：EPS）」を提唱し、**価値の優先順位**を明らかにしました。倫理的ジレンマが生じた場合は、この順位に基づいて優先的に判断を導き出します。

■倫理的原理のスクリーン

1. **生命の保護**の原則
2. **平等と不平等**の原則
3. **自己決定と自由**の原則
4. **危害最小**の原則
5. **生活の質**の原則
6. **個人情報**と**守秘義務**の原則
7. **誠実**と**開示**の原則

例題

Q 倫理的原理の優先順位を明らかにした「倫理的原理のスクリーン（Ethical Principles Screen：EPS）」では、クライエントの生活の質が最も優先される。〔第25回-問96〕

A × 最も優先されるのは、「**生命の保護**の原則」である。

2 守秘義務違反の正当化

ビューチャンプ（Beauchamp, T. L.）と**チャイルドレス**（Childress, J. F.）は、守秘義務違反が**正当化**される場合として、次のような状況を挙げています。

守秘義務違反が正当化される場合

- **第三者**に重大な危害が及ぶことが予測される
- **危害**を起こす可能性が高い
- リスクのある人への**警告**や**保護**以外に選択肢がない
- 守秘義務を破ることによって**危害**を予防できる
- 患者に対する危害が**最小限**で**許容範囲内**である

例題

Q V病院はこの地域の急性期医療の拠点であり、複数の社会福祉士が働いており、円滑な退院支援を心掛けている。D社会福祉士が担当したEさんは一人暮らしの85歳の男性で、猛暑による脱水症状のため緊急搬送された。入院して10日目で全身状態は落ち着き、D社会福祉士にEさんの速やかな退院支援を行うよう依頼があった。Eさんは今回の入院で一人暮らしが不安になり、当面V病院での入院継続を希望している。困惑したD社会福祉士は、同僚のF社会福祉士にも相談することにした。

D社会福祉士が抱える倫理的ジレンマとして、最も適切なものを1つ選びなさい。

1　クライエントの利益に対する責任と、記録の開示
2　クライエントに対する責任と、所属機関に対する責任
3　同僚に対する責任と、専門性への責任
4　クライエントとの信頼関係と、信用失墜行為の禁止
5　守秘義務と、制度や法令遵守に対する責任

〔第32回-問96〕

A **2** D社会福祉士は、入院継続を希望する**利用者**に対する責任と、早期退院を促したい**病院**に対する責任との間に倫理的ジレンマを抱えている。

CHAPTER 11

ソーシャルワークの理論と方法

CHAPTER 11

SECTION 1

人と環境との交互作用に関する理論とソーシャルワーク

このSECTIONのポイント

◆システム理論…相互に関係し合った「まとまり」を意味する「システム」を理解しましょう

◆ソーシャルワークの対象の概念と範囲…援助の対象を５つのレベルでとらえ、各レベルの特徴などをおさえましょう

重要度A　システム理論

システムとは、**相互に関係し合った**「まとまり」を意味します。下図のように、社会を構成する個人、集団、地域なども１つのシステム（＝サブシステム）として捉えます。システム理論では、それぞれのシステムが関係し合いながら全体を構成していると考え、その**交互作用**に着目しながら**全体**に働きかける視点をもっています。

■システム…相互に関係し合ったまとまり

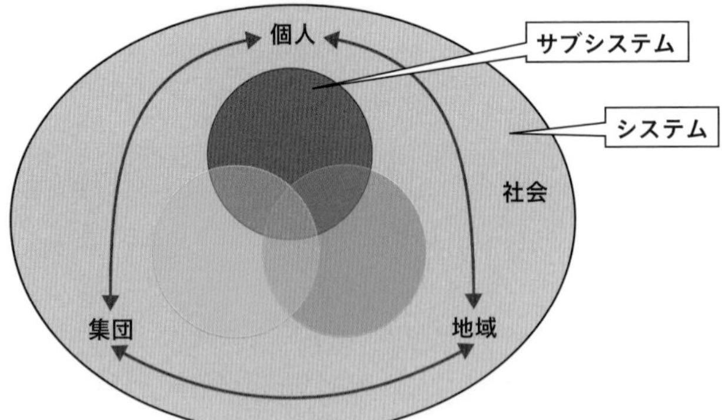

●ここがポイント

ソーシャルワークにおけるシステム理論の視点

人と環境との交互作用	「人」とその人を取り巻く「環境」は常に**交互作用**している。交互作用に焦点化しながら環境との調和を図る
システムとしての全体性	個人、家族、集団、地域などをシステムと捉える。相互に影響し合うシステム全体に働きかける
システム理論に基づく対象理解	人にとって環境は調和と不調和の両方の要因になり得る。個人と環境の状況を見極め、**包括的**に介入する

1 一般システム理論

一般システム理論は、**ベルタランフィ**（Bertalanffy, L.）によって提唱されました。一般システム理論の概念では、**生物、自然、機械、人間などもシステムとして捉え、それらには共通する同じ性質がある**としました。また、**開放システム**と**閉鎖システム**についても提示しました。

システムの分類

□ **開放システム**
- 外部との情報やエネルギーのやり取り（交換）が**ある**システム
- 生物体を含むほとんどは開放システム

□ **閉鎖システム**
- 外部との情報やエネルギーのやり取り（交換）が**ない**システム
- 実際にはほとんど存在し得ない理論的な存在

開放システムの変容の最終状態は、その作用によって結果が異なるとしています。

ひとこと

ゴールドシュタイン（Goldstein, H.）は、一般システム理論を基盤として、**戦略**、**ターゲット**、**段階**という３つの次元からなる**ユニタリー・アプローチ**を提唱しました。

例題

Q 外部と情報やエネルギーの交換を行っているのは、閉鎖システムである。 〔第32回-問98〕

A × 外部と情報やエネルギーの交換を行っているのは、開放システムである。

2 サイバネティクス

サイバネティクスとは「**自己制御**」といわれるもので、**ウィーナー**（Wiener, N.）により提唱されました。システムは常に作動し変動するものですが、サイバネティクスは**フィードバックにより起こる**と考えます。フィードバックとは、システムが生み出した結果を評価し、目標達成に資するよう差し戻すことをいいます。サイバネティクスは、システムが外界との関係に対応しながら、目的達成のために最適行動をとるように**自己制御**しようとする仕組みだといえます。

3 自己組織性

生物は自身の力で自らを形成することができますが、人のつくり出す社会的なシステムも同様の性質をもつとする考えです。周りの環境が変化したときは、**自らのシステムを維持・変動させ適応に向かおうとする性質**のことを**自己組織性**といいます。

人、家族、集団、地域などの自己組織性に着目しながら、ソーシャルワークを展開することが求められます。

ひとこと

生物には、生命を維持するために、外部環境の変化に対して内部環境を安定した状態に維持しようとする性質があります。これを、**ホメオスタシス**（恒常性）といいます。

4　4つのサブシステム

ピンカス（Pincus, A.）と**ミナハン**（Minahan, A.）により、**ソーシャルワーク実践**において関心をもつべき4つのサブシステムが提唱されました。この4つは相互に影響し合っていると考えます。

■ソーシャルワーク実践における4つのサブシステム

クライエント・システム	**援助対象**とする個人、家族、集団、地域など
チェンジ・エージェント・システム（ワーカー・システム）	**援助主体**のソーシャルワーカーとソーシャルワーカーが所属する機関や組織、職員
ターゲット・システム	変化をもたらし問題解決を図るために働きかける対象。人、機関、組織が含まれる
アクション・システム	問題解決、目標達成を目指しターゲットに働きかける人、資源、活動などの**媒体**

例題

Q ピンカスとミナハンの実践モデルにおけるターゲットシステムは、目標達成のために、ソーシャルワーカーと協力していく人々を指す。　〔第36回−問98〕

A ×　ターゲット・システムは、変化をもたらし**問題解決**を図るために働きかける人、機関、組織を指す。記述は、**アクション・システム**。

5 人と環境の実践

ケンプ（Kemp, S.）らは、著書『人―環境のソーシャルワーク実践』において、人と環境の相互作用について、特に**環境アセスメント**を重視することを提唱しました。環境を、❶知覚された環境、❷自然的・人工的・物理的環境、❸社会的・相互作用的環境、❹制度的・組織的環境、❺社会的・政治的・文化的環境の５種類に細かく分類することで、クライエントを取り巻く環境の課題を分析・対処し、環境資源を活用できるようにすることにつなげ、ソーシャルネットワークの動員を行い、環境におけるアセスメント、契約、介入により目標を達成すべきと考えました。また、この目標の達成のために、ソーシャルワーカーとクライエントは協働すべき存在であると位置づけています。

ひとこと

ケンプらは、環境がクライエントのニーズをどの程度満たしているかを調べることが必要だと主張しました。クライエントの環境とクライエント自身のアセスメント、どちらも重要視しています。

例題

Q ケンプ（Kemp, S.）らによる「人―環境のソーシャルワーク実践」では、ソーシャルネットワークの活用に対し、一定の制限を加えた。 〔第31回－問98〕

A × ケンプらは、ソーシャルネットワークの**動員**を強調し、環境における**介入**によって目標を達成すべきとした。

重要度 B

ソーシャルワークの対象の概念と範囲

ソーシャルワークの対象は、貧困や障害といった特定の課題を範囲としているわけではありません。日常生活のなかにさまざまな課題があると捉え、**個人**だけでなく、**集団**や**組織**、**地域**や**社会**も含みます。これらは次の**5**つのレベルで理解することができます。

■各レベルの概要

レベル	概要
ミクロレベル	●**個人**や**家族**が対象 ●人権侵害や自己実現が阻害されている状況などに直接介入することで、問題の解決と目標達成を目指す
サブレベル	●クライエントに関わる**補助的な人**や**機関**などが対象 ●間接的なアプローチを通して、補助的な環境への変化を促し、直接的な環境への影響も考慮する。
メゾレベル	●**グループ**、**組織**、**地域住民**が対象 ●ミクロレベルよりもさらに広い範囲（学校や職場、自治体など）に対してアプローチし、社会的排除などに着目する
エクソレベル	●**行政**や**マスメディア**、**近親者の関わる環境**が対象 ●メゾレベルとマクロレベルの間に位置するところで、より良い社会環境への変容を促す。
マクロレベル	●**社会**や**国家**、**制度・政策**が対象 ●ミクロ、エクソレベルのニーズを社会全体のものとして捉え、社会全体の変革・向上や福利の増進を志向する

例題

Q 大学で修学支援を担当するJ相談員は、障害のあるKさんの希望に基づき、関係部署と調整して学内に手すりを増設した。これは、マクロレベルの介入である。〔第27回-問99・改〕

A × メゾレベルの介入である。メゾレベルは、職場や学校、地域などが相当する。

CHAPTER 11

SECTION 2

ソーシャルワークの実践モデルとアプローチ

このSECTIONのポイント

◆実践モデル・アプローチの歴史的展開…実践モデル・アプローチの歴史的な展開、流れを理解しましょう

◆実践モデル・アプローチの特徴…各実践モデル・アプローチの特徴を理解しましょう

重要度A 実践モデル・アプローチの歴史的展開

ソーシャルワークの発展とともに、たくさんの**実践モデル**や**アプローチ**が提唱されてきました。まずは歴史的な展開を確認し、全体の流れをつかみましょう。

■ソーシャルワークにおける実践モデル・アプローチの展開図

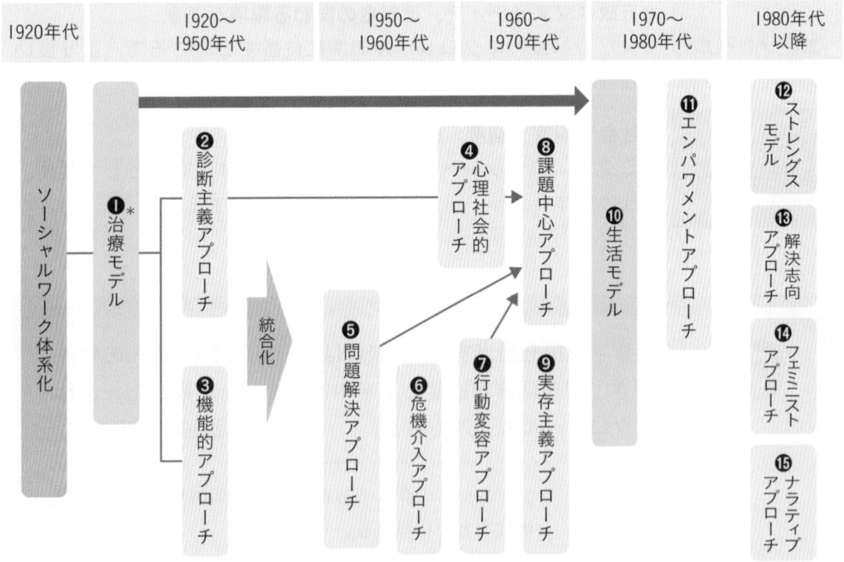

＊❶〜⓯の丸数字はp.688からの見出しに対応

■ソーシャルワークにおける実践モデル・アプローチの変遷

1920年代	リッチモンド（Richmond, M.）による、ソーシャルワークの体系化
1920 ～ 1950年代	診断**主義アプローチ**に対する批判から、機能的**アプローチ**が登場 → 両者の激しい対立へ → 基盤とする心理学派やソーシャルワーカーの役割への考え方などに違いがあり、互いを批判し合った
1950 ～ 1960年代	診断主義アプローチと機能的アプローチの対立への批判 → 統合**化**への動き → ソーシャルワークの実践や研究が、理論上の論争に終始しクライエントが置き去りにされていること、両主義とも精神分析**に傾倒**し、社会環境への視点が欠けていることへの批判が高まった 
1960 ～ 1970年代	ソーシャルワークの実効性を検証するもこれが認められず → これまでの精神分析や治療的**アプローチ**に偏ったケースワークでは、多様な課題には対応できないことが報告された 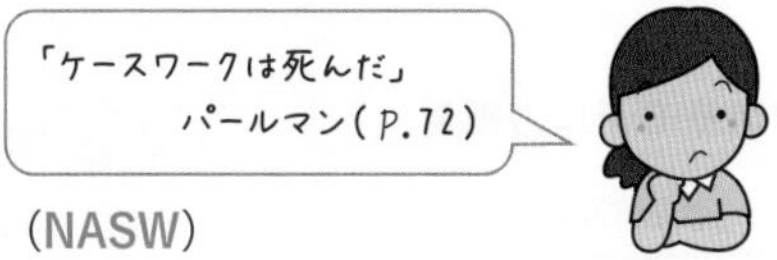 全米ソーシャルワーカー協会（NASW） → 権利擁護、社会変革を重視
1970 ～ 1980年代	治療**モデル**から生活**モデル**への移行期 ●治療モデル…**治療プロセス**重視。主体はソーシャルワーカー ●生活モデル…**人と環境の相互作用**重視。主体はクライエント
1980年代 以降	●援助対象の強さや能力に焦点化したストレングス**モデル**への着目と拡大 ●**科学性**を追求してきた「モダニズム」から、**主体性**や**実存性**を重視する「ポスト・モダニズム」への潮流

ひとこと

実践モデルとアプローチは厳密には区分けできませんが、実践モデルを「**課題などの起きている事象の捉え方**」、アプローチを「**具体的な課題解決に向けた方法**」と理解すると良いでしょう。

重要度A 実践モデル・アプローチの特徴

p.000「ソーシャルワークにおける実践モデル・アプローチの展開図」に基づき、みていきます。

1 治療モデル

治療モデルは、**医学・医療領域**で特に有用とされるモデルです。**医学モデル**ともいわれています。

■治療モデルの概要

代表的な人物	特徴
リッチモンド	●個人の**精神内界**に着目する ●クライエントの**状況の診断**と**処遇**（治療）の過程を重視する

2 診断主義アプローチ

診断主義アプローチは、**フロイト**（Freud, S.）の**精神分析**の理論、特にパーソナリティ論に影響を受け発展したものです。

■診断主義アプローチの概要

代表的な人物	特徴
トール (Towle, C.) **ハミルトン** (Hamilton, G.)	●クライエントの**心理的側面**を重視する ●過去の**生活史**と**パーソナリティ**の発達に焦点化する ●ソーシャルワーカーが主導する**長期的**な援助 ●**調査―診断―治療のプロセス**を重視する

3 機能的アプローチ

機能的アプローチは、診断主義アプローチへの批判として提唱され、**ランク**(Rank, O.)の**意志心理学**の影響を受けながら発展したもので、クライエントのもつ潜在的な可能性と**社会的機能**を高める力の解放を焦点とします。

キーワードはwill(**意志**)とform(**フォーム**)です。人間のもつ自由な意志とソーシャルワーカーや機関の機能に即したフォーム(支援プログラム等)を重視しています。

■機能的アプローチの概要

代表的な人物	特徴
ロビンソン (Robinson, V.) **タフト** (Taft, J.) **スモーリー** (Smalley, R.)	●クライエントの**自由意志**を尊重する ●クライエントを中心に捉える ●ソーシャルワーカーの所属する機関の「**機能**」を提供する ●**初期—中期—終期の時間的展開**を重視する

4 心理社会的アプローチ

心理社会的アプローチは、**リッチモンド**のソーシャルワーク理論を源流とし、**診断主義アプローチ**の概念を発展させて確立したものです。

■心理社会的アプローチの概要

代表的な人物	特徴
ホリス (Hollis, F.)	●クライエントと社会的側面、あるいは、個人と社会環境との全体的な関連性を捉える「**状況の中の人**」が中心概念 ●クライエントが**社会関係**のなかでニーズを満たせるように援助する

ホリスは、心理社会的アプローチの介入技法として、❶**持続的支持**、❷**直接的支持**、❸**浄化法**、❹**人と状況の全体的反省**、❺**パターンの力動的反省**、❻**発達的反省**の６つを提唱しました。

■心理社会的アプローチの介入技法

持続的支持	はげましや**傾聴**、受容
直接的支持	援助者自身が方向性を示すこと
浄化法	事実を説明させ（**探索**）、感情を表出させる（**浄化**）こと
人と状況の全体的反省	周囲の人との関係や環境に関して、自身の考えや感情に気づかせること
パターンの力動的反省	行動の傾向や感情のパターンを明確にすること
発達的反省	幼少期の経験などについて考察し、気づきを与えること

例題

Q 心理社会的アプローチは、精神分析理論を導入したもので、人は意志を持っていると考え、意志の力を活用した援助を行う。
〔第27回-問100〕

A × 意志の力を活用して援助を行うのは、**機能的アプローチ**の特徴である。

5 問題解決アプローチ

問題解決アプローチは、**デューイ**（Dewey, J.）の**合理的問題解決論**や、社会学の**役割理論**などの知見を取り入れながら体系化させたもので、対立していた診断主義と機能主義の折衷的な理論として登場しました。

問題解決アプローチの概念は、その後提唱された主要なモデルやアプローチに多大な影響を与えています。

■問題解決アプローチの概要

代表的な人物	特徴
パールマン (Perlman, H.)	●クライエントが主体的に問題解決しようとする「**過程**」をケースワークと捉え、**ワーカビリティ**※を重視する ●社会的役割を果たすうえで生じる問題や葛藤に対し、**クライエント自身**が対処できるよう援助する

ひとこと

問題解決アプローチにおける支援プロセスは、①**接触**、②**契約**、③**活動**の各段階で経過します。接触段階では問題や目標の明確化など、契約段階ではアセスメントと目標設定など、活動段階では支援計画の実行と評価などを行います。

※ワーカビリティ

クライエント自身のもつ問題解決を図ろうとする能力のこと。❶援助を受けようとする動機（motivation）、❷問題解決能力（capacity）、❸その能力を用い問題に対処する機会（opportunity）に着目して支援する必要がある。

◆４つのP

パールマンは、著書『ソーシャル・ケースワーク―問題解決の過程』において、ケースワークに共通する構成要素として、

❶**人**（person）、❷**問題**（problem）、❸**場所**（place）、❹**過程**（process）の４つを挙げました。これらを「**４つのＰ**」といいます。

なお、のちに「**専門家**」（professional）、「**制度や資源**」（provisions）の２つを含めて、「６つのＰ」として提唱されました。

ひとこと

パールマンは「4つのP」のうち、特に「**過程**」（process）を重視しました。

例題

Q 問題解決アプローチでは、クライエントのニーズを機関の機能との関係で明確化し、援助過程の中で、社会的機能を高めるための力の解放を焦点とする。〔第35回-問99〕

A × 記述は、**機能的**アプローチである。

6 危機介入アプローチ

危機介入アプローチは、身近な人との別れや自然災害など、さまざまな**危機**（身体的・精神的な急性の感情的混乱）に直面し、強い不安やショック状態にあるクライエントへの援助として導入されたものです。

キューブラー-ロス（Kübler-Ross, E.）の死の受容過程研究や、**リンデマン**（Lindemann, E.）と**キャプラン**（Caplan, G.）による精神保健領域で発達した**危機理論**を活用して体系化されました。

■危機介入アプローチの概要

代表的な人物	特徴
ラポポート (Rapoport, L.) **キューブラー-ロス** **リンデマン** **キャプラン**	●危機に直面したクライエントに対し、**短期間**に、積極的に介入することで、クライエントの**社会的機能の回復**を目指す ●悲しみや絶望感などの**感情表出**を促し、受容と共感を通してサポートする

例題

Q 危機介入アプローチは、生活上の深刻な問題に対処するため、長期処遇の方法として理論化されている。〔第27回-問102・改〕

A × 危機介入アプローチは、できるだけ早い段階で介入し援助する**短期**処遇の方法として理論化された。

7 行動変容アプローチ

行動変容アプローチは、**スキナー**（Skinner, B. F.）の**学習理論**や、これを基盤とする**行動療法**の知見などをソーシャルワークに導入し、発展したものです。行動の変容を目指すことから、極めて具体的なアプローチといえます。

行動変容アプローチは、学習理論のなかでも特に、**オペラント条件づけ**や**認知行動療法**を基盤としています。オペラント条件づけとは、行動によって生じる結果（報酬や罰）によって、自発的にある行動を変化させること、あるいは学習することをいいます。例えば、「宿題をやってくるたびにほめることで、宿題を忘れずにやってくるようになった」というケースがあります。

■**行動変容アプローチの概要**

代表的な人物	特徴
トーマス (Thomas, E.) **バンデューラ** (Bandura, A.)	●**バンデューラ**は、**社会的学習理論**を提唱し、他者の行動を観察・模倣すること（**モデリング**）で学習できると示した ●望ましい行動を増やし、望ましくない行動を減らすといった**行動変容**を目標とする

例題

Q 行動変容アプローチは、役割理論を導入したもので、条件反射の消去あるいは強化により、特定の問題行動の変容を図る。
〔第27回-問100〕

A × 行動変容アプローチでは、**学習理論**を導入した。役割理論は、社会的役割やおかれている立場に着目したものである。

8 課題中心アプローチ

課題中心アプローチは、**問題解決アプローチ**や**心理社会的アプローチ**などの既存の技術を**再構成**し、より系統的で効果的な方法を提示したものです。

■課題中心アプローチの概要

代表的な人物	特徴
リード (Reid, W.) **エプスタイン** (Epstein, L.)	●短期処遇**による問題解決と計画性**が重視されるため、解決すべき課題と優先度を明確化 ●**「課題」**（task）とは、現在起きている問題に対して対応すべき「行動」（action）のことをいう

例題

Q リード（Reid, W.）とエプスタイン（Epstein, L.）の課題中心アプローチは、クライエントが解決を望む問題を吟味し、計画的に取り組む短期支援である。〔第34回-問100〕

A ○ 課題中心アプローチは、短期間で計画的に援助を行うことを重視する。

9 実存主義アプローチ

実存主義アプローチは、ハイデッガー（Heidegger, M.）やキルケゴール（Kierkegaard, S.）らによる実存主義思想による概念を用いて、クリル（Krill, D.）が提唱したアプローチです。

■実存主義アプローチの概要

代表的な人物	特徴
クリル (Krill, D.)	●クライエントが自らの存在意味を把握し、自己を安定させることで、疎外からの解放を目指す ●ロゴ（意味）セラピーやゲシュタルト療法などさまざまな心理療法に取り入れられている

例題

Q 実存主義アプローチでは、その接触段階で、クライエントの動機づけ・能力・機会についてのソーシャルワーカーからの探求がなされる。 〔第35回-問99〕

A × 記述は、**問題解決**アプローチである。

10 生活モデル

生活モデルはライフモデルともいわれるもので、現在のソーシャルワーク理論や実践において、中核となる**エコロジカルアプローチ**のモデルです。生活モデルでは、**人**と**環境**の関係性に着目し、全体を捉えるという視点をもちます。

■生活モデルの概要

代表的な人物	特徴
ジャーメイン (Germain, C.) **ギッターマン** (Gitterman, A.)	●治療モデルへの批判に対し、問題点を克服しようと試みた ●**生態学**や**システム理論**を基盤としている ●クライエントを、治療の対象ではなく、環境との**相互作用**を通じて成長する**生活主体者**と捉える ●人と環境との関わりを含めて、全体的かつ多面的に**アセスメント**する ●人と環境が調和できることを目標とし、**クライエント自身の対処能力**（**コンピテンス**）に着目する

ひとこと

エコロジカルアプローチでは、空間という場や時間の流れが、人々の価値観やライフスタイルに影響すると捉えるのが特徴です。

例題

Q 生活モデルでは、クライエントを環境から一方的に影響を受ける人と捉える。　〔第33回-問106〕

A × 生活モデルにおけるクライエントは、環境と**相互作用**を及ぼす人と捉える。

11 エンパワメントアプローチ

エンパワメントアプローチとは、アメリカの公民権運動で着目された**エンパワメント**の概念をソーシャルワークに援用したアプローチです。クライエントが自分の置かれている**抑圧状況を認識**し、**潜在能力**に気づき、**対処能力**を高めることに焦点を当てます。

■エンパワメントアプローチの概要

代表的な人物	特徴
ソロモン (Solomon, B.) **リー** (Lee, J.)	●**クライエントのもつ力**（**パワー**※）**に着目**し、その力を引き出し活用するアプローチ ●**ソロモン**は、パワーを引き出すプロセスを「**エンパワメント**」と称し、これを重視した ●クライエントとソーシャルワーカーの協働で対等な関係（**パートナーシップ**）と、パワーレス※を生み出す構造（**マクロレベル**）への働きかけを重視する ●クライエントだけでなく**取り巻く環境の強さ**も重要とする ●**個人**（ワーカー・クライエント関係の構築）、**対人**（教育）、**組織**（資源の確保）、**社会**（ソーシャルアクション）の4つの次元における力の獲得を目指す

※パワー／パワーレス

パワーとは、人が、環境との関わりを通して自らの生活を維持向上させようとコントロールしていく力のこと。

パワーレスとは、人や環境との不調和や敵対的関係によって引き起こされる、無力（パワーが欠如している）状態のこと。

例題

Q エンパワメントアプローチでは、クライエントが、自らの置かれた社会状況を認識しないように注意する。〔第35回-問100〕

A ×　エンパワメントアプローチでは、クライエントが自分の置かれている抑圧状況を認識し、潜在能力に気づき、対処能力を高めることに焦点を当てる。

12 ストレングスモデル

ストレングスモデルは、クライエントがもつ**強さ**や**問題解決能力**に焦点化します。ストレングスモデルは、今日のソーシャルワーク実践において、重要な視点となっています。クライエントのもつ強さを見出し、それらを意味づけすることを重視します。エビデンス（客観的な証拠）よりも、ナラティブ（クライエント自身が紡ぐストーリー）が尊重されます。

■**ストレングスモデルの概要**

代表的な人物	特徴
サリービー (Saleebey, D.) **ラップ** (Rapp, C.) **ゴスチャ** (Goscha, R.)	●**クライエントの強み**（**ストレングス**）を評価し、クライエントを課題解決の「**主体**」と捉える ●**地域**を資源のオアシスとして捉える ●**社会資源**や**地域**の**潜在力**も活用する ●クライエントとソーシャルワーカーの援助関係を重視し、クライエント自身が捉える現実や価値を重視する

例題

Q ストレングスモデルは、クライエントの病理を正確に捉えることを重視する。〔第36回-問99〕

A × ストレングスモデルは、問題を抱えるクライエントのもつ**強さ**を見出し、それらを**意味づけする**ことを重視する。

13 解決志向アプローチ

解決志向アプローチは、臨床心理学で用いられている**ブリーフセラピー**（**短期療法**）をソーシャルワークに援用したもので、課題を解決するための志向そのものに着目します。

■解決志向アプローチの概要

代表的な人物	特徴
シェザー (Shazer, S.) **バーグ** (Berg, I.)	●問題の因果関係や客観的事実ではなく、解決に向けた志向となる**解決構築**を重視する ●問題が解決した状態を**短期間**で実現することに焦点を当てる ●クライエントこそが「専門家」という姿勢（**無知の姿勢**）をとる ●クライエント自身のもつ解決イメージや解決のための資源を重視し、**クライエントから教わる姿勢**（**ワン・ダウン・ポジション**）を貫く

解決志向アプローチの面接では、次のような質問法を活用します。

■解決志向アプローチにおける質問法

ミラクル・クエスチョン	問題が解決したときの状況について**イメージ**させる質問 例 あなたが寝ている間に奇跡が起こり、問題が全て消え去ったとしたら、目の前には、どのような景色が見えていると思いますか？

スケーリング・クエスチョン	今の状況や今後の見通しを「**数字**」で置き換え、評価してもらう質問 例 これまでの状況のなかで、最も良いときを10点、最も悪いときを1点としたら、今は何点ぐらいですか？
コーピング・クエスチョン	過去にクライエント自身が問題を切り抜けてきたときの**対処方法**を振り返る質問（どのように対処してきたかについて尋ねる質問として、**サバイバル・クエスチョン**がある） 例 あなたはこのようなたいへんな状況のなか、今までどのように切り抜けてこられたのですか？
エクセプション・クエスチョン	これまでに経験した、問題が起こらなかった**例外的な状況**について尋ねる質問 例 その問題が起こらなかったときはありますか？ それはいつ、どのような状況のときでしょうか？
サポーズ・クエスチョン	問題解決後の状況を想像してもらうことで、**未来**を志向してもらう質問 例 もしも近い将来、今抱えている問題が解決したら、その時あなたは何をしてみたいですか？

例題

Q コーピング・クエスチョンは、クライエントがこれからどのように問題に対処するかを尋ねる質問法である。
〔第25回-問109・改〕

A × コーピング・クエスチョンでは、**過去に行ってきた**対処方法について尋ねる。

14 フェミニストアプローチ

フェミニストアプローチとは、女性に対する**不当な扱い**や**抑圧**からの解放を目指す**フェミニズム**の考えを基盤として発展したアプローチです。

ソーシャルワーカーには、女性が直面しうる性的な暴力や商取引に対するデリケートな視点が求められます。また、国内外にある職業や教育に対する不当な差別や抑圧が存在していることを自覚し、社会問題として顕在化させ変革していくことが必要です。

■フェミニストアプローチの概要

代表的な人物	特徴
ドミネリ (Dominelli, L.)	●社会的・文化的な性（ジェンダー）に着目し、女性ゆえに**社会的な抑圧**を受けている状況からの解放を目指す ●男性からの暴力、性的搾取、職業上の差別など、**女性が受けているさまざまな問題を顕在化し**、これらの根絶を目指し、**社会変革**を意図する

例題

Q フェミニストアプローチは、クライエント自らが問題を解決するための課題を設定し、あらかじめ決められた期間の中で課題を達成することを目指す。　〔第31回-問103〕

A × 記述は、**課題中心アプローチ**の説明である。フェミニストアプローチは、女性に対する社会的な抑圧からの解放を目指す。

15 ナラティブアプローチ

ナラティブアプローチとは、**社会構成主義**※の影響を受けて発展したアプローチです。

※社会構成主義

私たちが現実として認識しているものは、さまざまな交流や対話を通して、社会的に構築されたものであるという考えのこと。これらは、常に変化している動的なものであり、人々の解釈や認識によって現実がつくられていくと捉える。

■ナラティブアプローチの概要

代表的な人物	特徴
ホワイト (White, M.) **エプストン** (Epston, D.)	●目の前の現実は、言語による人との対話で共有するという**認識論**を基盤とする ●客観性や実証主義を批判し、**主観性**や**実存性**を重視する ●ソーシャルワーカーは傾聴に徹し、**無知の姿勢**で臨む ●**ドミナントストーリー**※から、**オルタナティブストーリー**※をつくり、問題からの解放を目指す

※ドミナントストーリー／オルタナティブストーリー

ドミナントストーリーとは、クライエントがそれまでの生活のなかで紡いできたもので、たくさんの問題が存在する物語のこと。
オルタナティブストーリーとは、クライエントとソーシャルワーカーが協働して描く、新しい物語のこと。

ひとこと

クライエントの主体性や語りを重視するナラティブアプローチは、ポストモダンの影響を受けたソーシャルワークといえます。

例題

Q ナラティブ・アプローチは、専門性に基づく支援者の知識に着目した。〔第30回-問100〕

A × ナラティブ・アプローチ（物語モデル）は、**社会構成主義**の視点をソーシャルワークに取り入れたものである。専門性に基づく支援者の知識に着目するのではなく、利用者の語る「**物語**」に着目する。

CHAPTER 11

SECTION 3

ソーシャルワークの過程

このSECTIONのポイント

◆受理面接（インテーク）

◆事前評価（アセスメント）

◆支援の計画（プランニング）

◆支援の実施（インターベンション）

◆経過観察（モニタリング）と評価（エバリュエーション）

◆支援の終結（ターミネーション）と効果測定

◆アフターケア…相談援助の各過程（プロセス）を７つに区分し、特徴や留意点をおさえましょう

■相談援助の過程

❶受理面接（インテーク）→❷事前評価（アセスメント）→❸支援の計画（プランニング）→❹支援の実施（インターベンション）→❺経過観察（モニタリング）と評価（エバリュエーション）→❻支援の終結（ターミネーション）と効果測定→❼アフターケア

（❺から❷へ戻る矢印）

重要度A 受理面接（インテーク）

相談援助は、クライエントからの相談や援助者のケース発見からスタートします。インテークは援助のプロセスにおける**最初**の段階で、エンゲージメントとも呼ばれます。

1 インテークの意義

インテークは、単なる事務的な受付とは異なります。援助者の支援や何らかのサービスを利用しようとする人（申請者）が持ち込んだ課題に対し、それが**❶サービスの対象となるか**、**❷自施設・機関でサービス提供が可能か**を見極めることが必要です。

この段階での申請者は、「自分の抱えている問題をどうしたらよいのか」「自分の話を聞いてもらえるだろうか」という不安を抱いています。援助者には、**安心して話をしてもらえるような姿勢**を示すことが求められます。

2 目的と方法

インテークは、**クライエントと援助者の出会いの場面**です。次のような流れで進められ、２者間の**信頼関係（ラポール）**を形成していきます。

ここがポイント

インテークの流れ

ニーズの把握	「**個別化**」した傾聴を行い、その人固有の状況を理解する。また、主訴だけでなくその背後にあるニーズを把握する
↓	
機能の説明	**自己紹介**及び機関の機能を説明する。**秘密**を保持することの説明や、面接時間の確認・合意をしておくことが必要
↓	
提供の判断	**スクリーニング**（自機関の機能で対応可能かどうかを見極め、援助を受理するかの判断）し、自機関の機能では問題解決が困難と判断された場合は、**リファーラル**（適切な他機関を紹介）する

↓

契約の締結	申請者が援助者の援助を受けたいと考えているかどうかの意思確認をし、意思があり自機関でサービス提供が可能であれば契約（ エンゲージメント ）を結ぶ。説明と同意（ インフォームド・コンセント ）が完了した時点で「 ワーカー・クライエント 関係」が形成され、次の段階の アセスメント へ進む

3 留意点

インテークは、クライエントと援助者が初めて出会う場面であるため、双方に緊張が生じることが予想されます。時に不安や怒りなど、情緒的な混乱が生じる場合もあるため、**感情の浄化**（**カタルシス**）を意識します。

援助者は、話しやすい姿勢や温かな関心を向けながら、**緊急度を把握**したり、**当面取り組むべき課題を明確**にしたりします。

例題

Q 相談援助の過程におけるインテーク面接の段階では、クライエントの課題と分析を基に援助計画の作成を行う。

〔第34回－問102〕

A × 援助計画の作成を行うのは、**プランニング**の段階である。

重要度A 事前評価（アセスメント）

アセスメントとは、援助を開始するにあたって、クライエントなどに関する**情報を収集・分析**しながら、**解決に向けた道筋**をつけることです。相談援助のプロセスにおいては極めて重要で、アセスメントを軸に支援は展開します。

1 アセスメントの意義

実際に**支援計画**を立てるうえでは、適切なアセスメントが不可欠です。ここでは、援助のために必要となる、**クライエント**や**家族**、**環境**、**社会資源**などに関する情報を集めますが、これは単なる情報収集とは異なります。

得られた情報から、クライエントのおかれている状況や直面する問題を分析し、**プランニング**に向けた総合的評価を行います。

2 目的・方法

アセスメントでは、❶**情報の収集**、❷**情報の分析**、❸**総合評価**という3つの手順を踏みます。

●ここがポイント

アセスメントの流れ

情報の収集	本人や家族などからの情報収集はもちろん、ほかの関係者や資料などからも情報を得る。本人を取り巻く **環境** や居住する **地域** 、 **社会資源** や **社会参加** の状況なども含めて、必要な情報を幅広く確認する
↓	
情報の分析	得た情報を分析し、解決すべき **課題** や **ニーズ** 、これからの **希望** などを明らかにする。これらは本人が十分に状況を把握していないこともあるため、十分なコミュニケーションをとりながら進める
↓	
総合評価	分析した結果を踏まえ、現在の状況を総合的に評価する。分析によって明らかにされた **ニーズ** を基にして、具体的な支援の **目標設定** に向けた検討を行う

3 留意点

アセスメントは、援助者が単独で一方的に行うことは望ましくありません。クライエントが抱える課題解決に向けた取組ですので、**援助者とクライエントとの協働**により実施することが求められます。また、他職種や関係者と連携しながら総合的に評価する視点が必要です。

アセスメントを効果的に行うためのアセスメントツールには、**ジェノグラム**や**エコマップ**などのマッピング技法 →詳細はp.718参照 や、PIE（Person-in-Environment)、**インターライ方式**などがあります。

■アセスメントツール

PIE (Person-in-Environment)	●クライエントが抱える社会生活機能の問題を**記述・分類・記録**するためのアセスメントツール ●クライエントの社会的役割、環境的な要因に着目しつつ、クライエントの強みを測定する側面をもつ
インターライ方式	●介護や支援を必要とする**高齢者**へのアセスメントツール ●クライエントの**ニーズ**や**能力**を包括的に把握するために用いる ●MDS（Minimum Data Set）を発展させたもので、2009年に開発された

ひとこと

インターライ方式は、アセスメント項目に**クライエントの居所を問わない**「コア項目」が設定されているため、施設・在宅を行き来することが多いクライエントに特に有効です。

例題

Q PIE（Person-in-Environment）は、クライエントが訴える社会生活機能の問題を記述し、分類し、コード化する。

〔第31回-問104〕

A ○ PIEとは、クライエントの**社会生活機能の問題**を記述、分類し、記録するためのものである。

重要度B 支援の計画（プランニング）

プランニングとは、文字どおり、**支援計画を作成**し、**立案**することをいいます。アセスメントに基づき援助の具体的な方法を検討し、支援の実施に向け取り組む段階です。

1 プランニングの意義

プランニングは、「**アセスメント**」と「**インターベンション**」の間に位置づくものです。計画段階で明確な目標設定や支援方法を示すことで、実際の支援がスムーズに展開されます。

2 目的・方法

プランニングでは、主に❶**目標設定**、❷**具体的な支援内容と方法**、❸**期間や頻度**を検討します。

◆目標設定

長期と**短期**に分け、段階を追った目標を設定します。これにより、目の前のことだけでなく、中長期的な視点でクライエントの課題解決と目標達成に向けた支援を検討できます。短期目標では月単位、長期目標は月～年単位で達成したいものを掲げます。特に長期目標では、「将来どうありたいのか」という人生の希望や目標を設定します。クライエントの**強み**に着目し、現在できていることやできそうなこと、興味があることを活かす視点が求められます。また、優先度や緊急性なども考慮する必要があります。

◆具体的な支援内容と方法

実際に提供するサービスの内容や提供方法などを検討します。フォーマル、インフォーマルを問わず多様な**社会資源**を導入することや、クライエント自身の**能力**や**環境**を考慮したものを選定します。

◆期間や頻度

いつまでに目標を達成するのか、どのくらいの頻度で支援するのか、など具体的な数値を示すことで、より具体的で現実的な計画となります。

3 支援方針・内容の説明と同意

支援計画は、援助者のみで立案するのではなく、**クライエントと協働して行うことが望ましい**です。これにより、クライエント自身が改めて自分自身の課題を認識し、問題解決に向けた意欲を高めることができます。ただし、クライエントの要望だけを聞き取るのではなく、専門的判断に基づき必要なサービスや支援の中身を検討することが必要です。

また、支援計画を策定する際は、クライエントに対し十分な説明を行い、同意を得ることが求められます。これにより、専門職としての**説明責任**（**アカウンタビリティ**）を果たします。

4 具体的な計画の種類

実際に立案する支援計画には、一般的な支援計画はもちろん、介護保険制度における**ケアプラン**（「**介護予防サービス計画**」「**居宅サービス計画**」「**施設サービス計画**」など）があります。また、障害者福祉分野での「**サービス等利用計画**」においても、これまでに示したポイントに沿った計画が立案されます。

5 留意点

プランニングは、援助者だけでなく、組織全体あるいは複数の組織で行うこともあります。その際は**ケア会議**を開催し、**クライエントに関わる援助者の合意形成や情報共有が必要**です。

例題

Q プランニングにおいて、短期目標は、将来的なビジョンを示すものとして設定する。 〔第35回－問101〕

A × 将来的なビジョンを示すものとして設定するのは、**長期目標**である。

重要度C 支援の実施（インターベンション）

インターベンションは**介入**といわれるもので、立案された支援計画を**実行**に移すことをいいます。クライエントの強み（ストレングス）に着目し、**エンパワメント**を活用できるような支援が必要です。

1 支援の意義

インターベンションは、**実際にサービスなどが提供される**段階です。プランニングまでは計画段階でしたが、ここからは、設定した目標や内容に沿って、多くの人や機関との関わりを通した具体的な取組が展開されます。

2 目的・方法

インターベンションには、「**直接的な介入**」と「**間接的な介入**」の２つの働きかけがあります。これらは、どちらか一方というよりも、２つを組み合わせながら展開していきます。

2つの働きかけ

□ **直接的な介入** 面接やサービスの提供などによる、**クライエント本人**への働きかけ	□ **間接的な介入** 社会資源の活用や開発などの、クライエントを取り囲む**環境**への働きかけ

3 留意点

インターベンションには、**多くの人や機関が関わる**ことが想定されます。そのため、**情報共有**が求められますが、同時に**守秘義務**にも十分な注意を払うことが必要です。

重要度B 経過観察（モニタリング）と評価（エバリュエーション）

モニタリングとは、支援が開始されてからの**経過観察**（中間評価）のことで、支援過程の点検、チェックという意味があります。**エバリュエーション**とは、支援の有効性や成果に関する**事後評価**のことです。

1 モニタリングとエバリュエーションの意義

モニタリングやエバリュエーションは、一定期間の支援を行ったうえで、その間の支援内容を点検、評価するものです。支援は漫然と行って良いわけではありません。**常に内容を確認、チェック**しながら進めることが重要です。

2 目的・方法

モニタリングとエバリュエーションは、それぞれ意味合いが違うため、確認する点も次のように異なっています。

モニタリングとエバリュエーションの確認事項

□ **モニタリング**
→ 支援**経過の観察**
❶支援計画の提供や実施状況
❷クライエントのニーズに対する充足度や満足度
❸新たな課題やニーズの発見

□ **エバリュエーション**
→ 一定の支援実施後の事後**評価**
❶支援目標のゴールとその達成度
❷クライエントやその周辺環境への影響と変化
❸支援方法の妥当性や適切さ

3 留意点

モニタリングの結果、問題や不都合が生じている場合は、**再アセスメント**を行い、支援計画を見直し修正します。その際は、**支援目標を再設定**し、具体的な支援内容や方法を改めて検討することになります。

ひとこと

モニタリングの対象には、クライエントやその家族とともに、サービス提供者等の支援者も含まれます。また、状況に応じて、文書や電話で行うこともあります。

例題

Q モニタリングは、支援を開始するため、クライエントの問題を把握し、援助関係を形成する段階である。〔第33回－問105〕

A ✕ 記述の段階は、**インテーク（受理面接）**である。

重要度B 支援の終結（ターミネーション）と効果測定

問題が解決すると支援関係の契約は終了となり、支援は**終結**を迎えます。その際に**支援の妥当性**や**成果**に対する**効果測定**をすることで、それらを今後の支援に活用します。

1 支援の終結と効果測定の目的、方法

◆支援の終結（ターミネーション）

支援は、

❶クライエント自身の力を活用して問題が解決された

❷課題は残るもののクライエントが自ら対応できる

❸それらの状況をクライエントと援助者が共通認識している

という場合に「**終結**」となります。

一方、援助者はまだ支援が必要と考えるものの、クライエントが支援を必要としていない場合などは、終結ではなく「**中断**」と考え、再度援助関係が構築できるように働きかける必要があります。

◆効果測定

効果測定とは、ケースを積み上げ、**支援計画の妥当性や効果を測ること**をいいます。これにより、「援助者としての支援の質や技術を蓄積する」「クライエントや社会に対する**説明責任**（アカウンタビリティ）を果たす」ことができます。

効果測定には、次のような方法があります。

■効果測定の方法

単一事例実験計画法（シングル・システム・デザイン）	●個々の事例に対して、支援がどれだけ**効果的に機能したかを測定**する方法 ●それぞれの状態をグラフ化し視覚的に示しながら、支援の**因果関係**を捉える ●**支援を受ける前**（**ベースライン期〔A〕**）と**支援を受けた後**（**インターベンション期〔B〕**）の状況を比較することで、**介入**の効果を測る。最も基礎的な方法は、A期とB期の比較を行う「**A-Bデザイン**」である
集団比較実験計画法	同じ課題を抱えるクライエントを、**支援した群**（**実験群**）と**支援しない群**（**統制群**）に分け、両者を比較する

事例研究法	特定のケースに関し、**数量化**が困難なものを**質的**に分析し、評価する
グランプリ調査法	**支援方法**の違いによって比較し、それぞれの支援による成果や課題を比較・検証する
メタ・アナリシス法	●既存の調査結果を踏まえ、支援方法の成果を明確化する方法 ●過去の調査を統合することで、特定の支援方法の効果を**一般化**する

例題

Q シングル・システム・デザイン法では、クライエントを、実験群と統制群に分けて測定する。 〔第32回−問104〕

A × シングル・システム・デザイン法では、**ベースライン期**と**インターベンション期**の状況を比較し、介入の効果を測定する。記述は、**集団比較実験計画法**の説明。

2 留意点

支援が終結したからといって、クライエントが再度相談に訪れることを否定するものではありません。必要があれば、いつでも**援助者**を活用しても良いことを伝えるなどの工夫が必要です。

ひとこと

支援の評価には、「**プロセス評価**」（援助の過程全体に関する評価）と「**アウトカム評価**」（援助によって得られた成果に対する評価）があります。

重要度 B

アフターケア

1 アフターケアの目的、方法

アフターケアとは、「**支援終結後の援助**」のことをいいます。クライエントとの援助関係が終結したとしても、再び支援が必要となる場合に備え、いつでも支援を再開できるように準備しておくことや**フォローアップ**※の体制を整えておくことが必要です。

※フォローアップ
クライエントに対する支援の効果やその後の状況を確認・把握すること。再度同じような問題を抱える可能性が高いクライエントにとって特に有効。

ひとこと

アフターケアでは、問題の新たな発生や **再発** が起きていないか確認をすることが重要です。

2 留意点

より効果的なアフターケアのためには、**関係する機関や他職種との協力**や連携により、状況を見定めておくことが必要です。関係機関とのネットワーク構築なども視野に入れた取組が求められます。

例題

Q 相談援助の過程における<u>フォローアップ</u>は、クライエントの生活上の<u>ニーズを明らかにする段階</u>である。〔第34回－問105〕

A ×　フォローアップは、相談援助が終結したクライエントの状況を**調査・確認**する段階である。記述は、**インテーク**の段階。

CHAPTER 11
SECTION 4
ソーシャルワークの記録

このSECTIONのポイント

◆記録の意義と目的、方法…記録の種類や様式、また記録における文体とマッピング技法についておさえておきましょう

重要度A 記録の意義と目的、方法

1 記録の意義と目的

記録とは、援助実践の証拠そのものです。また、援助の**内容**、**過程**、**結果**などを残すことで、実践の根拠となり、援助の評価にも活用されます。

記録を通してより良い援助へと発展させることが、記録の目的です。

■主体別の記録の目的

主体	目的
援助者	備忘録や実践の振り返りのための資料とする ❶**クライエント**と共に行う振り返り → **説明責任（アカウンタビリティ）**を果たす ❷**専門職同士**で行う振り返り → **スーパービジョン**や**コンサルテーション**の材料となる
施設や機関	●施設・機関内における**専門職**としての責任を明確化する ❶専門職としての実践を明示する ❷他職種との情報共有に用いる ●**施設**としての責任を明確化する 自施設の実践を他施設や地域住民に対して明示する

また、**ケーグル**（Kagle, J.）は、記録の目的を次の10点にまとめています。

ケーグルによる10の記録の目的

❶クライエントの**ニーズ**を明確にする

❷サービス内容を**文書化**する

❸ケースの**継続**を維持する

❹専門職間の**コミュニケーション**を促進する

❺クライエントとの情報を**共有**する

❻**スーパービジョン**や**コンサルテーション**を促進する

❼援助**過程**とその影響を確認する

❽**教育**に役立てる

❾業務管理上の**課題**に対するデータを提供する

❿**調査**・**研究**に役立てる

2 記録の方法

記録は、記録者のみならず、他者（**クライエント**や**同僚**、**他職種**など）と**共有**します。そのため、記録の種類、様式、文体の種類や特徴を踏まえ、事例の内容や状況に応じた記録作成の技術が求められます。

■主な記録の種類

フェイスシート	クライエントの**基本情報**となる氏名や年齢、住所、職業、家族構成などを項目ごとにまとめて記載したもの
アセスメントシート	●**課題**や**ニーズ**を理解するために必要な情報と、専門職としての分析や判断を盛り込んだもの ●クライエントに対する総合的な理解のために用いられる
プロセスシート	目標に対する援助過程を時系列に記述したもの

プランニングシート（支援計画書）	**目標設定**や具体的な**援助内容**などを記載した、支援計画を示すもの
クロージングシート	終結時の記録。全体の振り返りや目標達成の評価を記述する

3 記録の様式、文体

記録の様式には、次のようなものがあります。

■記録の様式

過程記録（経過記録）	援助に関わるさまざまな状況を、**時間の経過**に沿って記述したもの
要約記録	●援助内容やその結果を要約したもの ●援助が長期にわたる場合などは、**定期**的に作成しておくと良い
項目記録	●援助内容をいくつかの**項目**ごとに整理し、その要点をまとめたもの ●**要約記録**の１つ
逐語記録	●クライエントの会話を**そのまま**記録にしたもの ●膨大な量になることが多いが、状況がよりリアルに伝わるため、**スーパービジョン**などで活用しやすい ●**叙述体**の原型

記録は、目的や様式に合わせて、文体を統一します。主な文体には次のようなものがあります。

■記録の文体

叙述体	援助に関わるさまざまな状況を、**時間の経過**に沿って記述したもの ●**過程叙述体**…クライエントとのやり取りを**詳細**に記録したもの ●**圧縮叙述体**…過程叙述体を圧縮したもの。**過程記録**の多くはこの形式をとる

説明体	●クライエントとの会話や援助内容などについて、援助者がその**趣旨を解釈**や**分析**、**判断**や**考察**を記録したもの ●事実と考察等を明確に分けて記述する
要約体	●説明体をさらに整理し、**短文化**したもの ●**系統立て**と**主眼点**が明確化されているのが特徴
逐語体（会話体）	利用者との会話をその言葉どおりありのままに記したもの。逐語記録の多くはこの形式をとる

ひとこと

記録の書き方の１つに「**SOAP（ソープ）方式**」があります。「Subjective」（主観）、「Objective」（客観）、「Assess-ment」（評価）、「Plan」（計画）の各項目に沿って記録するもので、医療機関のカルテなどでよくみられます。

例題

Q ソーシャルワークの記録における逐語体では、出来事に対するソーシャルワーカーの解釈や見解を記述する。

〔第33回-問115〕

A × ソーシャルワークの記録における逐語体は、ソーシャルワーカーとクライエントの会話における発言をありのままに再現して記述する。ソーシャルワーカーの解釈や見解を記述するのは、**説明体**である。

◆マッピング技法

クライエントに関わる**人**や**社会資源**などを図式化したものをマッピングといい、視覚的に理解するうえで役立ちます。

マッピングの技法には、主に次のものがあります。

●ここがポイント

主なマッピング技法

ジェノグラム

「世代関係図」や「家族関係図」といわれる

◆ 3 **世代**以上の 家族 **関係**を明らかにするのに有効

◆開発者：ボーエン（Bowen, M.）

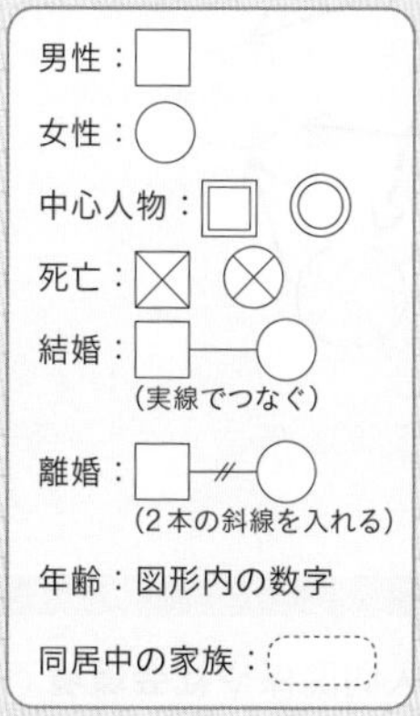

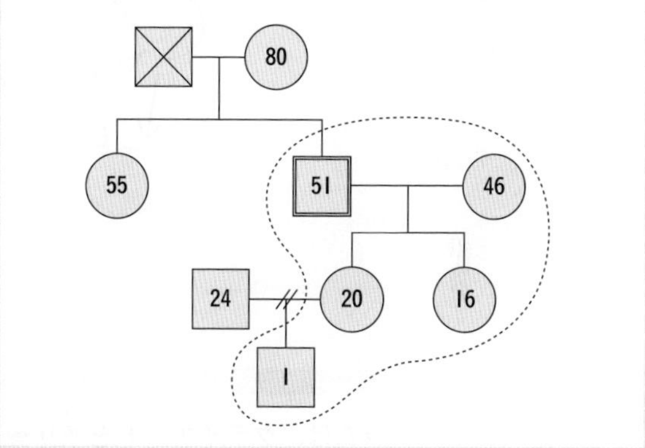

エコマップ

「生態地図」や「社会関係図」といわれる

◆周囲の 人 や 社会資源 との関係を図式化したもの

◆クライエントがおかれた状況を把握するのに有効

◆開発者：ハートマン（Hartman, A.）

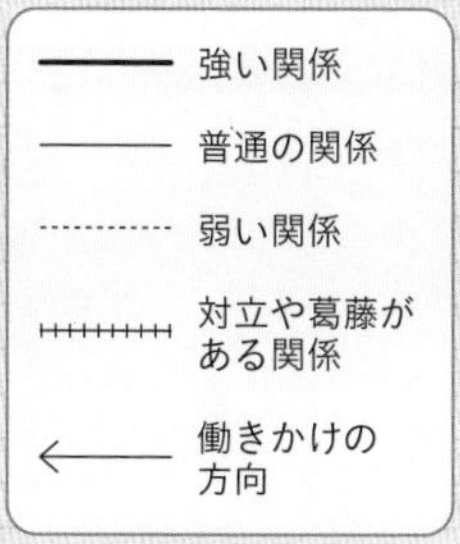

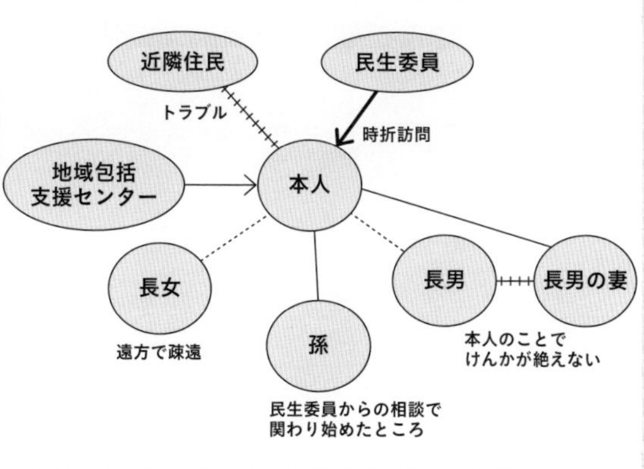

ソシオグラム

成員間の選択や拒否、無関心といった関係を、**社会測定**の知見を活用して図式化したもの

◆ **小集団**における人間関係の構造を明らかにすることができる

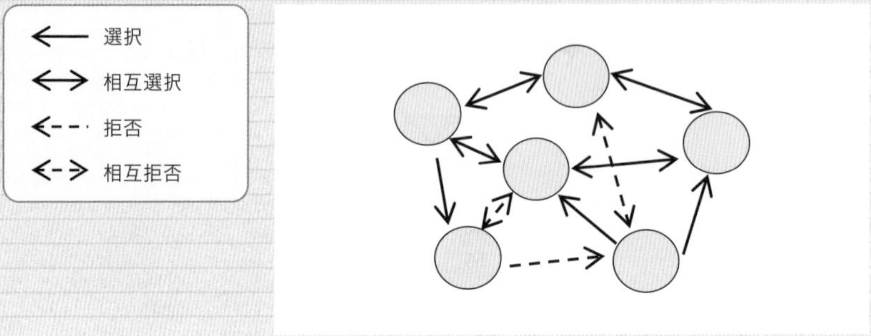

例題

Q <u>ジェノグラム</u>は、クライエントを取り巻く人間関係や社会環境における資源のネットワークを可視化したものである。

〔第33回-問112〕

A ×

ジェノグラムは、世代関係図のことである。クライエントを取り巻く人間関係や社会環境における資源のネットワークを可視化したものは、**エコマップ**（生態地図、社会関係図）である。

SECTION 5 ケアマネジメント

このSECTIONのポイント

◆ケアマネジメントの意義と目的…介護保険制度で導入されたケアマネジメントの目的を理解しておきましょう

◆ケアマネジメントの方法・留意点…ソーシャルワークの過程と基本的に同じ流れとおさえておきましょう

重要度A ケアマネジメントの意義と目的

1 ケアマネジメントの意味

マネジメント（management）を直訳すると、取扱いや管理することを意味します。そのため、相談援助の場面でいうケア（ケース）マネジメントとは、「クライエントの**ニーズ**に対し、多様なサービスなどをうまく調整すること」と捉えることができます。

2 ケアマネジメントの意義

ケア（ケース）マネジメントとは、援助者がクライエントと**社会資源**などを結びつけ、調整する多種多様な活動のことをいいます。

この活動を通して、クライエントの**ニーズ**を充足し、より良い生活と**QOL**※**の向上**を目指します。また、「できるだけ**地域**で生活すること」を志向するため、ケア（ケース）マネジメントは、**社会資源**の開発やサービス提供のためにかかる**社会保障費**の抑制につながると考えられ、費用対効果が高い援助の方法として広まりました。

※QOL
Quality Of Lifeの略で、「生活の質」「人生の質」のこと。

◆ケアマネジメントの構成要素

ケア（ケース）マネジメントには、３つの構成要素があります。

ケアマネジメントの構成要素

- **クライエント**…ケア（ケース）マネジメントを必要とする人。本人やその家族など
- **社会資源**………クライエントの**ニーズを充足する**ために用いるもの
- **援助者**…………クライエントと社会資源の間を**調整**する人。介護保険法では**介護支援専門員（ケアマネジャー）**と呼称される

◆ケアマネジメント導入の経緯

「ケースマネジメント」も「ケアマネジメント」もほぼ同義で用いられていますが、もともとはケースマネジメントが用いられていました。

イギリスでケアマネジメントと表現されるようになってからは、ケアマネジメントが多用される傾向にあります。

■ケースマネジメント、ケアマネジメント導入の経緯

ケースマネジメント	アメリカ 1970年代以降、**精神疾患**がある人に対する脱施設化の動きに伴い、**地域生活**移行に向けたプログラムとして定着 → その後、**高齢者福祉分野**、**障害者福祉分野**全般へ拡大
ケアマネジメント	イギリス 1990年、**コミュニティケア法**が施行 → **コミュニティケア**を推進する手段に位置づけられる 日本 2000（平成12）年、**介護保険法**が施行 → 援助方法としてケアマネジメントが用いられる → ケアマネジメントという表現が一般的になった

3 ケアマネジメントの目的

ケア（ケース）マネジメントの目的は、人間の尊厳を守ることであり、クライエントの自己決定と自立を支え、「自分らしい生活」を営むことができるようにしていくことです。

ケア（ケース）マネジメントの基盤となるのは**クライエントのニーズ**です。そのため、ケア（ケース）マネジメントは、**ニーズ優先アプローチ**である必要があります。

アプローチの分類

□ サービス優先アプローチ

- **既存のサービス**や**社会資源**を基盤に、サービスを調整しようとすること
- 「サービスありき」の考え方となるため、**サービス事業者の都合**などが優先される危険がある

□ ニーズ優先アプローチ

- クライエントのニーズを基盤に、サービスや社会資源を調整・提供すること
- 「ニーズありき」の考えに基づき、**必要なサービス**を適切に提供することが求められる

ひとこと

ニーズとは、単なるクライエントの**希望**や**要望**（**デマンド**）とは異なります。ケア（ケース）マネジメントでは、クライエントのもつ課題を軽減し、**QOL**を高めるために本当に必要なものは何かを見極めることが大切です。

例題

Q ケースマネジメントでは、複数の組織から類似の機能を持つサービスが用意されるなど、手厚いサービスが提供される。

〔第29回-問109・改〕

A × ケース（ケア）マネジメントにおいては、類似機能の重なりは避け、クライエントの**ニーズに沿った適切な量と質**のサービスの提供が求められる。

重要度 A

ケアマネジメントの方法・留意点

1 ケアマネジメントの過程

ケア（ケース）マネジメントの過程は、ソーシャルワークの過程 →詳細はp.702参照 と基本的に同じです。

●ここがポイント

ケア（ケース）マネジメントの流れ

ケースの発見	スクリーニング（選別）を行い、インフォームド・コンセント（説明と同意）の下、インテーク（初回面接）となる
↓	
アセスメント	効果的に行うため、必要な項目をまとめた「アセスメントシート」を活用することがある
↓	
目標設定とケアプランの作成	生活上の希望や願いなどの大目標を設定する。そのうえで長期・短期の目標を設定し、具体的な支援内容や提供するサービスを検討する。提供時期や頻度も示す
↓	
ケアプランの実施	プランに基づき計画を実行する。複数のサービスが導入されることが多いため、担当者が集まるサービス担当者会議を開催する
↓	
モニタリング（中間評価）	サービスが適切に提供されているか、クライエントにとって有効かをチェックする。過不足があれば、「再アセスメント」する
↓	
再アセスメント	課題や問題点を明確化し、ニーズを再評価する
↓	
終結	クライエント自身がプランを立案できる場合や死亡した場合に終結となる

例題

Q ケアプランの作成とは、ケアマネジメントの対象となるかどうかを確認することである。 〔第33回-問111〕

A × ケアプランの作成とは、アセスメントした情報をもとに、ケア計画を立案することである。ケアマネジメントの対象になるかを確認するのは**スクリーニング**である。

2 プラン（ケアプラン）作成時の留意点

ケア（ケース）マネジメントにおいて、**クライエントのニーズと適切な社会資源を接合**する**ケアプラン作成**は重要な要素のひとつです。

◆ケアマネジメントのモデル

ケア（ケース）マネジメントには、支援の範囲や目的によって、次のようなモデルがあります。

■ケアマネジメントのモデル

最小限モデル	支援範囲はせまく限定的であるものの、クライエントのケアプランを作成し、サービス提供者へ送致するまでの**中核的な機能に焦点化**したもの
包括的モデル	社会資源の開発に向けた**弁護機能**やサービスの質の監視に加え、市民教育が含まれる
システム指向モデル	クライエントの権利擁護、支援システム開発などによって、クライエントの暮らす地域の**ケアシステムを変革**する
コーディネーションモデル	クライエントに対して、**効果的かつ効率的**なサービスの調整をめざす
利用者指向モデル	**クライエントを尊重**し、利用者本人の利益を実現させるソーシャルワークの価値や倫理に基づいたもの

◆ケアプラン作成時の７つの留意点

シュナイダー（Schneider, B.）は、ケアプラン作成時における７つの留意点を示しています。

ケアプラン作成時の７つの留意点

❶前段階で実施された**アセスメント結果**に基づく
❷クライエントがケアプランの作成過程に参加する
❸プランは設定したケースの**目標**に向けられる（目標志向）
❹プランは特定の期間の計画とする
❺フォーマル、インフォーマル両方のサービスやサポートが含まれる
❻クライエントの**負担感**を意識する
❼定型化された用紙に**文書化**する

例題

Q ケースマネジメントの範囲や目的に関するモデルについて、クライエント本人を尊重し、利用者の利益を向上させるというソーシャルワークの価値、倫理を基盤にするものをシステム指向モデルという。〔第32回－問111〕

A × システム指向モデルは、クライエントの権利擁護、支援システム開発などによって、クライエントの暮らす地域のケアシステムを**変革**するものをいう。記述は、**利用者指向**モデルの説明である。

CHAPTER 11

SECTION 6

集団を活用した支援

このSECTIONのポイント

- ◆グループワークの意義と目的…グループワークの特性を理解しましょう
- ◆グループワークの原則…コノプカの14の原則を覚えましょう
- ◆グループワークの展開過程…グループワークの流れをおさえておきましょう
- ◆セルフヘルプグループ…特徴、留意点を理解しましょう

重要度A グループワークの意義と目的

グループワークとは、グループを構成する個人（メンバー）間に働く**相互作用**を活用し、個々人の問題解決やニーズの充足、あるいは成長を促進するために用いる援助技術です。

1 グループワークの定義

グループワークは、**セツルメント運動**や青少年活動、社会改良運動を源流として発展してきた援助技術の1つです。特に、1930年代のアメリカでは、青少年の健全育成と教育を目的としたグループ活動が積極的に展開され、グループワークの発展に影響を与えました。

1935年に**ニューステッター**（Newstetter, W.）により、グループワークが初めて定義され、その後、**コイル**（Coyle, G.）によって理論的に体系づけられました。

グループワークの定義として代表的なものは次のとおりです。

■グループワークの定義

ニューステッター	自発的なグループ参加を通して、個人の発達と社会適応を図る教育的過程。そして、そのグループを社会的に望ましい諸目標まで推し進める手段として活用すること
コイル	任意につくられたグループで、余暇を利用して、グループリーダーの援助の下に実践される一種の教育的活動。グループでの経験を通して個人の成長と発達を図るとともに、社会的に望ましい目的のために各成員がグループを利用すること
トレッカー (Trecker, H.)	社会事業の１つの方法。社会事業団体内のグループに属する各人が、プログラム活動のなかで、各自のニーズと能力に応じてほかの人々と結びつき、成長の機会をもつ経験を与えられるもの。その目的は、個人、グループ、及び地域社会の成長と発達にある
コノプカ (Konopka, G.)	ソーシャルワークの１つの方法。意図的なグループ経験を通じて、個人の社会的機能の力を高めるもの。そして、個人、集団、地域社会の諸問題に、より効果的に対処しうるよう、人々を援助するもの
ヴィンター (Vinter, R.)	個人を望ましい方向に向けて治療する治療モデル。各メンバーの目標達成のためにワーカーが積極的に介入する

ひとこと

コイルはセツルメントやYWCA（キリスト教女子青年会）の活動に関わり、グループワークの理論を展開しました。そのため、「**グループワークの母**」と呼ばれています。

2 グループダイナミックス

グループダイナミックスは「**集団力学**」といわれるもので、集団によって生み出される力のことをいいます。

個人は、自らの考えや価値観、行動規範などについて集団から影響を受けます。

しかし、個人が集団に影響を与えることもあるため、援助者はこれを十分理解したうえで援助を行います。

重要度B グループワークの原則

トレッカーは、グループワークについて、ソーシャルワークの**価値観**に立脚すること、パワーの根源はメンバー間の**相互作用**にあることを強調しました。

また、**コノプカ**はグループワークについて、14の原則を示しています。

コノプカのグループワークの14の原則

❶メンバーの個別化

→グループワークでは**集団**を対象として援助するが、焦点化しているのは個人であり、一人ひとりのメンバーを個別のものと捉える

❷グループの個別化

→メンバーの個別化と同時に、グループ自体も個別の存在として捉える

❸受容

→**援助者**はメンバー個々を受け入れていることを示す

❹意図的な援助関係

→援助者とメンバー間の意図的な**援助関係**を形成する

❺協力関係の構築援助

→メンバー間で**協力関係**が構築できるように援助する

❻グループ過程の変更

→必要に応じて**グループワーク**の展開を変更する

❼参加の奨励、❽問題解決への参加

→メンバーに対しグループへ参加することを促し、メンバー個々の**意欲**や**主体性**が育つように働きかける。**仲間**意識を育てることも重要

❾葛藤解決

→メンバー間に生じた緊張や対立を避けることなく、メンバー同士の相互理解や協力を引き出しながら、葛藤を緩和、解決するように働きかける。葛藤はグループにとっての**危機**であると同時に、**成長**の機会ともなりうる

⑩経験

新しい人間関係の形成や出来事の達成、物事の成就などを通して、メンバーが多様な経験をするよう促す

⑪制限の原則

メンバー間の人間関係やグループの目標設定を壊す言動などを制限する。これにより、個々人の成長とグループとしての発展を促す

⑫プログラム活用

診断的評価に基づきプログラムを活用する

⑬継続的評価

メンバー、グループに対して継続的に評価する

⑭援助者自身の活用

訓練された援助者自身を活用する

ひとこと

シュワルツ（Schwartz, W.）により提唱された**相互作用モデル**は、メンバー間の相互作用により、**お互いが支え合うシステムをつくり出すことを目的とするモデル**です。援助者の中心的な機能は、クライエントとサービスを結びつける媒介者の役割にあります。

例題

Q グループワークでは、メンバー自身やグループ内の葛藤は、回避することが必要である。〔第31回-問113〕

A ×　グループワークでは、メンバー自身やグループ内の葛藤を避けようとせず、相互理解を引き出しながら、葛藤の緩和や解決を目指すことが必要。

重要度B　グループワークの展開過程

グループワークは、次のような流れで展開します。複数人が集まる「**集団**」を

対象とするため、特徴や留意点を踏まえて援助することが必要です。

■グループワークの展開過程

❶準備期〈援助の開始前の段階〉

- **◆メンバーとの予備的な接触**
- **◆グループ計画の立案**
  → グループの**主旨**や**目的**、**活動内容**を計画する。また、メンバーの募集方法、形態（固定または流動）などを検討する
- **◆波長合わせ（予備的感情移入）**
  → メンバーの感情（不安、葛藤、期待など）やニーズ、状況などをあらかじめ理解する

↓

❷開始期〈初回にメンバーが揃い、グループが動き始めるまでの段階〉

- **◆契約**
  → 援助者とメンバー間で行われる目標達成に向けた**合意**形成。双方でグループワークの**共通認識**をもつ
- **◆援助関係の樹立**
  → メンバー間の**つながり**を支援し、援助関係を樹立する。緊張状態にあるグループに対しては、**アイスブレイク**（緊張状態を氷に例えて、それを壊すという意味）などを取り入れて、緊張を解きほぐす

↓

❸作業期〈自分たちの課題に取り組み、目標達成に向けて動いている段階〉

- ◆グループの組織化に向けて、メンバー同士の**支え合い**の体制をつくり、側面的に支援する
- ◆グループのルールやメンバーの役割が決まり、**グループ規範**が形成される
- ◆メンバー間の人間関係が深まり、**われわれ感情**が生まれる
- ◆メンバー間で摩擦や対立、孤立が生じた際には、メンバーとグループ双方に働きかけ、メンバー同士で協力し解決できるよう支援する

↓

❹終結期・移行期〈援助を終了し、次のステップへの移行を支援する段階〉

- ◆目標の達成、予定した期間の終了、グループ活動による効果が期待できない場合などに、**援助終了**を判断する
- ◆グループ活動による成果やこれからの課題をメンバー間で共有できる機会を設定し、感情を分かち合えるように支援し、その後の生活に活かせるよう促す
- ◆グループ活動を**評価**し、次の段階への出発を後押しする

ひとこと

開始期までは、まだ援助者主導で展開されます。作業期でメンバー間の相互援助システムの形成が促進されます。

例題

Q グループワークの展開過程において用いられる主な援助技術において、作業期には、波長合わせがなされる。

〔第30回-問113・改〕

A ×　波長合わせとは、メンバーの**感情**などを**あらかじめ理解しておくこと**をいう。「予備的感情移入」ともいい、準備期において行われるものである。

重要度A　セルフヘルプグループ

セルフヘルプグループ（**自助グループ**）とは、援助者などの**専門職**から独立したグループです。グループワークの終結後、クライエントのみでセルフヘルプグループを形成する場合など、セルフヘルプグループの形成過程や形成後の側面支援に専門職が関与します。

また、セルフヘルプグループは、同じ課題や目標をもつ者同士が集まるため、

自分が援助されると同時に援助する立場にもなります。**リースマン**（Riessman, F.）は、この援助し援助される関係のことを「**ヘルパー・セラピー原則**」（**援助者治療原則**）と名づけました。これは、特に「援助する側が最も援助を受ける側になる」という意味で用いられます。

ひとこと

セルフヘルプグループの具体例として、「難病の患者会」「依存症の当事者会」「介護者の家族会」などがあります。近年では、ひきこもりやLGBT（性的少数者）の会などが活動しています。

例題

Q 自助グループは、専門職や専門機関の援助を継続的に受けることで成り立ち、同じ問題を抱えた人が、グループの力を使って問題解決を図るものである。〔第27回-問113〕

A ×　セルフヘルプ（自助）グループは、クライエントの**自主性に基づき**形成されたグループである。専門職や専門機関が主導するものではない。

CHAPTER 11

SECTION 7

スーパービジョンとコンサルテーション

このSECTIONのポイント

◆スーパービジョンとコンサルテーション…スーパービジョンの3つの機能と5つの形態を覚えましょう

重要度A スーパービジョンとコンサルテーション

スーパービジョンとは、熟練した援助者（**スーパーバイザー**）から、経験が少なく未熟な援助者（**スーパーバイジー**）に対し、3つの機能（**管理的機能**、**教育的機能**、**支持的機能**）を提供する過程をいいます。

1 スーパービジョンの意義と目的

スーパービジョンの目的は、**スーパーバイジー**に対する支持的な関わりや教育・訓練などを行うことで、クライエントに対するより良い援助を提供することにあります。スーパービジョンの契約は、スーパービジョンを**開始する時点**で行われている必要があり、スーパーバイザーはスーパーバイジーの成長に責任を負っています。また、スーパービジョンが行われることで、仕事に対する満足度を高め、**バーンアウト**（**燃え尽き症候群**）※や離職を軽減させる効果もあります。

※バーンアウト（燃え尽き症候群）

継続する強いストレスなどに対処できず、一気にやる気や意欲が乏しくなる心身の状態のこと。対人援助職などに多くみられる傾向にある。

カデューシン（Kadushin, A.）はスーパービジョンの機能として、次の3つを示しました。

■スーパービジョンの3つの機能

管理的機能	●職場や組織の業務に関する**管理**的な機能 ●**人員配置**や**職場環境の整備**、**組織改革**も含まれる ●職場の上司としての働きと類似する
教育的機能	●実践に必要な知識や技術を教育し、**専門職**として成長させる機能 ●「スーパーバイザーの援助場面に同席させる」「事例を一緒に振り返る」などにより、専門職としての成長を促す
支持的機能	●スーパーバイジーを心理的、情緒的に支える機能 ●受容、共感、傾聴など支持的に関わることで、スーパーバイジーが抱えるさまざまな**葛藤**や**ストレス**などを軽減させる ●**自己覚知**（援助者が、自身のもつ感情を自覚し理解すること）を促すことで、**バーンアウト**を防ぐ機能も期待できる

ひとこと

スーパービジョンは全ての援助者に実施されるべきですが、現状としては十分ではありません。なお、**認定社会福祉士**になるには、認定社会福祉士認証・認定機構が定めるスーパービジョンの実績が必要です。

例題

Q スーパービジョンの支持的機能は、スーパーバイジーが適切に業務を行うよう目配りすることである。　〔第35回-問113〕

A ×　スーパービジョンの支持的機能は、ストレスに対応するようスーパーバイジーの**精神面**を支える機能。記述は、管理的機能。

◆スーパービジョンの形態

スーパービジョンには、次の5つの形態があります。

■スーパービジョンの5つの形態

個人スーパービジョン	スーパーバイザーとスーパーバイジーが1対1で行うもので、最も基本的な形態 ●長所　個別的で丁寧な関わりが可能。短時間で双方の信頼関係が構築されやすい ●短所　一定の時間を要するため日常的な実施が難しい
グループ・スーパービジョン	1人のスーパーバイザーが複数のスーパーバイジーに対して行うもの ●長所　相互作用を通して、共感や気づきを得ることができる。議論や検討によって、学習効果の高まりが期待できる ●短所　グループで話し合えない個別的なことは取り上げられない。メンバー間の関係性に影響されやすい。信頼関係を築くのに時間がかかる
ピア・スーパービジョン	ピア（仲間）や同僚同士で実施するもの。スーパーバイザーが不在の場合など、代替的に行う ●長所　仲間・同僚同士のため、比較的すぐに実施することができる ●短所　スーパーバイザーとスーパーバイジーの2つの役割を担うことになるので、お互いの成長を目的としているという意識づけが難しい
セルフ・スーパービジョン	自分自身で行うもの。直面した困難な援助事例などについて、自らが客観的に振り返る ●長所　他者との時間設定や場所の調整が不要 ●短所　自らがスーパーバイザー、スーパーバイジー両方の役割を担うため、高度なスキルが必要
ライブ・スーパービジョン	実際の援助を目の前で展開する（ライブで実施している）ことを通して行われるもの ●長所　リアルな援助場面から学びを得ることができるため、教育的機能が高まる ●短所　クライエントに対する支援と同時並行でスーパービジョンを実施するため、高度なスキルが必要

ひとこと

スーパーバイザーとスーパーバイジーによる「スーパービジョン関係」が、援助者とクライエントとの「援助関係」に並行し、影響を与えることを、**パラレルプロセス**といいます。良きスーパービジョン関係が形成されると、援助関係にも良い影響を与えます。

例題

Q 複数のスーパーバイジーがスーパーバイザーの同席なしに行うスーパービジョンの形態をグループ・スーパービジョンという。
〔第33回-問114〕

A × グループ・スーパービジョンは、1名のスーパーバイザーにつき、スーパーバイジーがグループ（複数）で行うものをいう。記述は、**ピア・スーパービジョン**である。

2 コンサルテーション

スーパービジョンが援助者同士による機能であることに対し、援助を展開するうえで特定の領域に関する知識や技術が必要になった際に、**他職種**から**助言**や**指導**を受けることを**コンサルテーション**といいます。

コンサルテーションは他職種によるものであるため、「**管理的機能**」は有しません。また、助言を行う者を**コンサルタント**、助言を求める援助者を**コンサルティ**といい、両者の関係は**対等**です。

2　コンサルテーション

CHAPTER

12

社会福祉調査の基礎

CHAPTER 12

SECTION 1

社会福祉調査の意義と目的

このSECTIONのポイント

- ◆社会調査の意義と目的…政策決定や国民生活の向上につなげることが社会調査の意義や目的です
- ◆社会調査の対象…対象別の社会調査の例をおさえておきましょう
- ◆統計法の概要…法律の概要や法改正のポイント、規定されている主な統計についておさえておきましょう

重要度B　社会調査の意義と目的

社会調査とは、人口や景気の変動、貧困などといった社会に起こる多くの出来事・問題についての**データを収集**し、**分析**を行うことにより現状認識を深めていくことを目的とした一連の過程を指します。

次のような社会調査を行うことでさまざまな現状が明らかになり、**政策決定**や**国民生活の向上**につながっていきます。このことが社会調査の意義といえます。

社会調査の種類

◆**センサス**

→**現状を知る**ことを目的に**国や公的機関**が実施するもの（例 国勢調査）

◆**フィールドワーク**

→研究者が個人やグループで行うもの

◆**社会踏査《とうさ》**

→**社会的な問題の解決**を目的とするもの（例 一人暮らしの高齢者の課題調査）、**営利**や**サービス向上**などを目的とするもの（例 デイサービスセンターの利用者満足度調査）

◆**学術調査**
→ 研究を目的として教育・研究機関や行政機関等が実施するもの（例 限界集落における集落機能等の実態に関する調査）

ひとこと

国民の意識や動向を把握するための**世論調査**や、企業が市場のニーズを把握するために実施する**市場調査**なども社会調査の1つです。

例題

Q センサスとは、企業の社会貢献活動を把握することを目的とした社会調査である。 〔第31回-問84〕

A × センサスとは、国勢調査などに代表される国勢のさまざまな側面について知るための国や公的機関が行う調査のことである。

対して、社会福祉調査は、社会福祉の分野において様々な**社会的ニーズ**や問題を理解し、解決策を見つけるために行われる社会調査の一形態です。これは一般的に、社会的な健康、生活条件、福祉サービスの提供、社会的な不平等、さらには特定の人々やグループのニーズに焦点を当てることがあります。社会福祉調査の目的は、特定の社会的課題や問題を詳細に調査し、その**原因**や**影響**を理解することです。

重要度B 社会調査の対象

社会調査は、個人だけではなく、**企業などの法人や地方公共団体などの**組織も調査対象となります。

■対象別社会調査

調査対象	調査の例
個人	国勢調査、患者調査、毎月勤労統計調査、労働力調査
企業	工業統計調査、商業統計調査
学校	学校基本調査
病院	医療施設調査
家計	家計調査（対象世帯*に家計簿をつけてもらい分析対象とする）
価格	小売物価統計調査、住宅・土地統計調査

*①学生の単身世帯、②病院・療養所の入院者、矯正施設の入所者等の世帯、③料理飲食店，旅館または下宿屋（寄宿舎を含む）を営む併用住宅の世帯、④賄い付きの同居人がいる世帯、⑤住み込みの営業上の使用人が４人以上いる世帯、⑥世帯主が長期間（３か月以上）不在の世帯、⑦外国人世帯については、世帯としての収入と支出を正確に計ることが難しいことなどの理由から、調査対象外。

ひとこと

「国勢調査」の調査対象者は、その時点で３か月以上日本に住んでいる、または住むことになっている人で、**外国人も含まれます。**

例題

Q 社会調査は、市場の構成要素である企業は調査対象とせず、社会の基本的な構成要素としての個人を対象とする。

〔第27回-問84〕

A × 社会調査は、個人だけではなく、企業や病院などの組織も対象となる。

重要度B 統計法の概要

『統計法』は、**公的統計（国の行政機関や地方公共団体などが作成する統計）**の作成及び提供に関して、基本となる事項を定めた法律です。**1947（昭和22）**

年に制定されました。

2007（平成19）年、『統計法』は60年ぶりに改正され（2009〈平成21〉年より全面施行）、「行政のための統計」から「**社会の情報基盤としての統計**」へと統計の位置づけが変わりました。

ここがポイント

統計法の主な改正ポイント

公的統計の体系的整備	公的統計の整備に関する施策の総合的かつ計画的な推進を図るため、**基本的な計画**を閣議によって決定することを法定化（おおむね５年ごとに変更）
統計データの利用促進	**学術研究**のために、一般からの委託に応じた統計の提供や、匿名性を確保した**調査票情報**※の利用に関する規定を整備し、統計データの**二次利用**を促進
秘密の保護	調査票などの取扱者（民間委託先も含む）の適正管理や**守秘義務**、**目的外使用**の禁止を規定
統計委員会の設置	基本計画案など法律の定める事項について、専門的かつ中立公正な調査・審議を行う第三者機関として**統計委員会**を内閣府（現在は**総務省**）に設置

※調査票情報
統計調査によって集められた情報のうち、文書、図画または電磁的記録に記録されているもの。

◆2018（平成30）年の改正

公的統計の効率的な作成及び調査票情報の活用を図るため、2018（平成30）年に、2007（平成19）年の全面改正以来の改正法が成立しました。主な改正事項は次のとおりです。

ここがポイント

2018（平成30）年の主な改正ポイント

行政機関等の責務等の規定設置	行政機関等は、**基本理念**にのっとり、公的統計を作成する責務を有することとし、また、公的統計が合理的な**意思決定**を行うための基盤となる重要な情報であることに関して国民の理解を深め、公的統計の作成に関して関係者等の協力を得るよう努めなければならないとされた
調査票情報の提供対象の拡大	調査票情報の提供対象が、**学術研究**の発展に資する統計の作成等を行う者等に拡大。さらに、提供した調査票情報を用いて作成された統計は、**インターネット**など適切な方法により公表するものと規定
統計委員会の機能強化	統計委員会について、政府が定める公的統計の整備に関する**基本計画**の実施状況を調査審議し、必要があると認めるときは、総務大臣または総務大臣を通じて関係行政機関の長に勧告することができるように規定。また、統計委員会に、**幹事**を置くことを規定 CHECK!

✔CHECK! 統計委員会の幹事

幹事は、総務省及び関係行政機関の職員のうちから、**内閣総理大臣**が任命

また、基幹統計を作成する行政機関の長から必要な資料の**提供**等の**協力**を求められた関係者等は、その求めに応じる努力義務や、調査票情報を提供する際には、**情報保護**を徹底することも規定されました。

例題

Q 調査を実施する行政機関は、その機関内に統計委員会を置かなければならない。 〔第30回－問84〕

A × 統計委員会は、**総務省**に設置される。

1 基幹統計

『統計法』では、「**国勢統計**」「**国民経済計算**」「**行政機関が作成する統計のうち総務大臣が指定する特に重要な統計**」を**基幹統計**と呼びます。

なお、国の行政機関が行う統計調査は、これらの「基幹統計」を作成するために行われる「基幹統計調査」と、それ以外の「一般統計調査」とに分けられます。

2022（令和４）年１月１日現在、基幹統計は**53**統計あります。

■統計法で定められている主な基幹統計

管轄	統計名
内閣府	国民経済計算
財務省	法人企業統計
総務省	国勢統計、労働力統計、家計統計、社会生活基本統計　など
文部科学省	学校基本統計、学校保健統計、学校教員統計
厚生労働省	人口動態統計、医療施設統計、患者統計、国民生活基礎統計　など
国税庁	民間給与実態統計
農林水産省	農林業構造統計、漁業構造統計、牛乳乳製品統計　など
経済産業省	経済産業省生産動態統計、石油製品需給動態統計、商業動態統計　など
国土交通省	港湾統計、建築着工統計、鉄道車両等生産動態統計　など

ひとこと

上記「基幹統計」のなかで「労働力」統計を作成するために総務省が行う労働力調査は、**調査時点で就労も求職もしていない人も対象**となります。

例題

Q 一般統計調査には、基幹統計調査も含まれる。〔第35回-問85〕

A × 行政機関が行う統計調査のうち**基幹統計調査**以外のものを、一般統計調査という。

◆基幹統計調査における規定

基幹統計を作成するために基幹統計調査が行われますが、正確な統計を作成する必要性が高い重要な統計調査であることから、次のような規定があります。

基幹統計調査における規定

◆報告義務

→ 正確な結果を確保するため、基幹統計調査の回答を求められた者が、報告を**拒む**ことや**虚偽**の報告を行うことを禁止

◆かたり調査の禁止

→ 調査対象者の情報保護や公的統計の信用性確保のため、基幹統計調査と紛らわしい**名称**や**説明**を行って情報を得ることを禁止

◆地方公共団体による事務の実施

→ 調査事務の一部を**法定受託事務**として、**地方公共団体**が行うこととする

ひとこと

統計法第８条では、基幹統計を作成したときは、インターネットなどの適切な方法で**公表**しなければならないと規定されています。

例題

Q 基幹統計の公表の場合には、インターネットを利用した公表が禁じられている。 〔第30回-問84〕

A × 基幹統計の公表については、**インターネット**の利用その他の適切な方法により公表しなければならないと規定されている。

◆国勢統計と国民経済計算

国勢統計（**国勢調査**により作成される統計）は『統計法』第５条、**国民経済計算**は『統計法』第６条で基幹統計として規定されています。

法定の基幹統計

□ **国勢統計**

- **外国籍**の人なども含めた国内の全ての人と世帯の実態（世帯員数、性別、職業など）把握のため作成
- **10年ごとに国勢調査を実施**（調査実施年から**5年目には**無作為抽出による**簡易調査を実施**）

□ **国民経済計算**

- 国民経済の活動状況を多面的・総合的に表す指標として作成
- 作成基準の設定や変更の場合には、**統計委員会**の意見を聴き、**公示**しなければならない
- 毎年少なくとも**1回**は作成

例題

Q 基幹統計調査である国勢調査は、10年ごとに無作為抽出による調査が行われる。 〔第30回-問84〕

A × 国勢調査は、**5**年ごとに無作為抽出による調査が行われる。

CHAPTER 12
SECTION 2

社会福祉調査における倫理と個人情報保護

このSECTIONのポイント

◆社会福祉調査における倫理…調査者が守らなければならない倫理規程についておさえておきましょう

◆個人情報保護…調査対象者のプライバシーの尊重のための方法などを学びます

重要度B 社会福祉調査における倫理

1 日本社会福祉士会が定めた社会福祉調査に関する倫理規程

日本社会福祉士会の「**社会福祉士の行動規範**」→詳細はp.674参照において、調査・研究を行う際に社会福祉士が心がけるべきこととして、次のように定めています。

「社会福祉士の行動規範」（調査・研究）

社会福祉士は、調査・研究を行うにあたっては、その**目的**、**内容**、**方法**などを明らかにし、クライエントを含む研究対象の不利益にならないように、最大限の**倫理的配慮**を行わなければならない

❶調査・研究を行うにあたっては、日本社会福祉士会が定める**研究倫理**に関する規程などに示された内容を遵守しなければならない

❷調査・研究の対象者とその関係者の**人権**に最大限の配慮をしなければならない

❸事例研究などにケースを提供するにあたっては、ケースを**特定**できないように配慮し、その関係者に対して事前に**了解**を得なければならない

2 社会調査協会が定めた社会調査に関する倫理規程

一般社団法人社会調査協会は、社会調査を行うために、調査対象者の立場を尊重することや、教育・指導する際には、社会調査における倫理的な問題について十分配慮し、調査員や学習者に注意を促さなければならないことを提唱し、次のような「**倫理規程**」を定めています（一部抜粋編集）。

社会調査協会「倫理規程」

◆社会調査は、常に科学的な手続きにのっとり、**客観的**に実施されなければならない

◆社会調査は、実施する国々の国内法規及び国際的諸法規を**遵守**して実施されなければならない

◆調査者は、故意、不注意にかかわらず社会調査に対する**社会の信頼**を損なうようないかなる行為もしてはならない

◆調査対象者の協力は、**自由意志**によるものでなければならない

◆調査者は、調査対象者から求められた場合、**調査データの提供先と使用目的**を知らせなければならない

◆調査者は、原則として、調査データが**当該社会調査以外の目的には使用されない**ことを保証しなければならない

◆調査者は、調査対象者の**プライバシー**の保護を最大限尊重し、調査対象者との**信頼関係**の構築・維持に努めなければならない

◆調査者は、調査対象者をその性別・年齢・出自・人種・エスニシティ・障害の有無などによって**差別的**に取り扱ってはならない

◆調査対象者が**満15歳以下**である場合には、まず保護者もしくは学校長などの責任ある**成人の承諾**を得なければならない

◆調査者は、記録機材を用いる場合には、原則として調査対象者に調査の**前または後**に、**調査の目的**及び**記録機材を使用すること**を知らせなければならない

◆調査対象者から**要請**があった場合には、当該部分の記録を**破棄**または**削除**しなければならない

◆調査者は、調査記録を**安全**に管理しなければならない。とくに調査票原票・標本リスト・記録媒体は**厳重**に管理しなければならない

出典：社会調査協会倫理規程　http://jasr.or.jp/jasr/documents/rinrikitei.pdf

ひとこと

調査対象者への**謝礼**は、調査協力への感謝の気持ちを表すために行うので、倫理規程には反しません。ただし、著しく高額な物などは不適切とされています。

例題

Q 施設にボランティア活動に来る小学生に質問紙調査をする際、本人たちの了承を得るだけでよい。〔第33回-問85〕

A × 対象者が15歳以下である場合、保護者や学校長などの責任ある**成人の承諾を得なければならない**。

重要度B 個人情報保護

社会福祉調査を行う際には、調査対象者の**プライバシー**の尊重のため、個人情報の保護を行う必要があります。社会福祉調査では、個人の**生活歴**や**病歴**、**収入**、**家族構成**などの個人情報が多数含まれることから、**第三者**の目に触れないよう、慎重な取扱いが求められます。

ひとこと

個人情報保護法における「個人情報」とは、**生存**する個人に関する情報で、その情報に含まれる氏名、生年月日などの記述により、特定の個人を**識別**できるもの、または個人識別符号が含まれるものとされています。

ここがポイント

社会福祉調査を行う過程での個人情報保護の方法

調査開始前	調査者及び調査協力スタッフに対し、調査説明会を開いたり、倫理規程を守る旨の **誓約書** を取ったりして、 **倫理規程** **や** **守秘義務** **の遵守**の徹底を図る
↓	
調査時	調査対象者に対して、 **調査同意書** 及び **同意撤回書** を用意する ◆調査同意書…調査の目的や個人情報の取扱いについて説明したうえで調査に協力することを同意した書面 ◆同意撤回書…一度同意したものの、考えが変わり、自分のデータを調査対象から外してほしい旨の申出を行うための書面
↓	
コンピューターへのデータ入力時・分析段階	◆重要情報はパスワードなどによる **アクセス制限** を設ける ◆コンピューターウイルスによる情報流出防止のため、ネットワークの **セキュリティ対策** を万全にする ◆調査対象者の氏名や住所など個人の識別が可能な情報は、ID番号に置き換えたり、固有名詞を記号化したりして、 **匿名** **化**する。その際、元データは **破棄** する ◆共同研究者間であっても、調査票の回答内容や調査対象者に関する情報は、個別に特定できないように **加工** して利用するようにする
↓	

調査終了後	保有する必要がなくなった調査票や録音データなどの調査資料は、速やかに**破棄**する。個人情報保護法では、個人情報の保存期間について規定はない。しかし、法令に保存期間の規定がある文書（**法定保存文書**）は、規定に従った保存期間を定めて遵守する必要がある（例 税務関連文書は7年、労働者名簿は3年)。また、その他の文書についても、調査機関が独自の保存期間を定めることが多い。

ひとこと

社会調査では、調査対象者の抽出のために、選挙人名簿や住民基本台帳を用いることが多くなりますが、これらは自由に閲覧することはできず、実施する社会調査が「**公益性が高いと認められる**」場合に限り、閲覧が許可されます。

例題

Q 社会調査は公益性が高いため、調査で得られた個々の調査対象者の氏名、性別、年齢などの属性は、公表すべきである。

〔第30回-問85〕

A ×　社会調査によって得られた個人情報は厳重な管理の下、調査目的**以外の用途に使われることがないようにしなければならない**。よって、調査対象者の氏名、性別、年齢などの属性は公表してはならない。

CHAPTER 12
SECTION 3
量的調査の方法

このSECTIONのポイント

- ◆全数調査と標本調査…調査対象によって分類される全数調査と標本調査について学びます
- ◆横断調査と縦断調査…調査が行われる時間軸によって分類される横断調査と縦断調査について学びます
- ◆自計式調査と他計式調査…回答の記入方式によって分類される自計式調査と他計式調査について学びます
- ◆質問紙の作成方法と留意点…調査結果に影響することのない質問紙の作成についておさえておきましょう

重要度A 全数調査と標本調査

量的調査は調査対象によって、**全数**（悉皆《しっかい》）**調査**と**標本調査**に分類できます。

調査対象別の調査方法

□ **全数調査**	□ **標本調査**
母集団**全体**を調べていく調査	母集団から**一部**を**抽出**して行う調査

ここがポイント

全数調査と標本調査の長所・短所

全数調査	●長所	**標本**誤差※が生じず、結果に対する**信頼性**が高い
	●短所	対象集団が大きくなりやすいため、調査にかかる**時間**や**労力**、**調査費用**が大きい

標本**調査**	●長所	全数調査に比べ、**労力**や**調査費用**が節減できる
	●短所	標本抽出の仕方が不適切であったり、標本数が少なすぎたりすると**標本誤差**が大きくなり、調査対象全体の特徴を正確に反映できない

※標本誤差

母集団の数値（全数調査の調査結果）と、母集団から抽出した調査結果（標本調査の調査結果）との差のこと。標本調査では、母集団の一部分を調査対象とするため、調査結果は母集団の値とは一致せず、何らかの差が生じる。一方、回答者の誤答や記入漏れ、調査者の入力や集計のミスなどで生じる標本誤差以外のすべての誤差を非標本誤差という。非標本誤差の１つで、あるべき測定結果に対して、何らかの要素が影響して測定結果にばらつきが生じる差のことを測定誤差といい、全数調査と標本調査のいずれでも生じる。

1 標本調査の標本抽出法

標本調査における標本抽出の方法には、**無作為（確率）抽出法**と**有意（非確率）抽出法**があります。

標本抽出の方法

□無作為（確率）抽出法
- 母集団から調査対象者の選ばれる**確率**が**等しく**なるように、くじなどを用いて**無作為**に選んでいく方法
- 母集団の性質について統計的に推測することが**可能**

□有意（非確率）抽出法
- 募集や紹介などによって調査対象者を集めるなど、調査者が**恣意的**に選んでいく方法
- 調査者の**主観的**な判断が入るため、母集団の性質を統計的に予想するのが**難しい**

■主な標本抽出法

無作為（確率）抽出法	単純無作為抽出法	サイコロや乱数表※を使って、母集団から調査対象者を無作為に抽出する方法 ●長所/●短所 精度は高いが、母集団名簿が必要で、母集団が大きいと時間がかかる
	系統抽出法	母集団に通し番号をつけ、最初の調査対象者を無作為に選び、その後一定間隔で抽出する方法 ●長所/●短所 抽出台帳に何らかの規則性がある場合、標本に偏りが生じる可能性がある
	多段抽出法	何段階かの抽出作業を行って抽出する方法 ●長所/●短所 多段階になるほど標本誤差が大きくなる
	層化抽出法	母集団をいくつかのグループに分け、グループの大きさに応じて調査対象者を抽出する方法 ●長所/●短所 母集団の性質をグループ分けする知識が必要になる
有意（非確率）抽出法	応募法	募集に応じた協力者を調査対象者とする方法
	スノーボール法	調査対象者から知人や友人を紹介してもらい、雪だるま式に対象者数を増やす方法
	機縁法	身近な縁故関係にある者を調査対象者とする方法
	割当法	母集団の構成比率に合わせて任意の調査対象者を抽出する方法

※乱数表
0～9までの数字を、それぞれの数字が現れる確率が同じになるように不規則に並べた表のこと。

例題

Q 系統抽出法では、抽出台帳に規則性がない場合、標本に偏りが生じる。〔第35回-問86〕

A × 系統抽出法では、抽出台帳に何らかの規則性がある場合、標本に偏りが生じる可能性がある。

重要度 B

横断調査と縦断調査

行われる調査を時間軸によって、**横断調査**と**縦断調査**に分けることができます。

時間軸別の調査方法

□ **横断調査**

- 1回のみ調査を行い、調査実施の時点における各種データを**横断**的に**比較**する調査
- 変数の間に因果関係を調査するのが困難
- 調査によって得られたデータを**横断データ**（**クロスセクションデータ**）と呼ぶ

□ **縦断調査**

- 特定の調査対象に対して、一定の**時間間隔**をおいて**繰り返し**行う調査
- 因果関係を推測するのに向いている
- 調査によって得られたデータを縦断データ（時系列データ）と呼ぶ
- ・**動向調査**
  ・**パネル調査**
  ・**コーホート調査**
  の３種類がある

■縦断調査の種類

動向調査（傾向分析・トレンド調査）	●同じ調査対象集団に定期的に調査を行い、その集団における特性の**変化の傾向**を把握する調査 ●調査対象集団の定義は変わらないが、集団内の個々が同一とは限らない
パネル調査	同じ対象者（パネル）を繰り返し調査する**追跡調査** ●長所　因果**関係**を調査するのに有効 ●短所　対象者を固定して行うため、対象者の死亡などの理由で第２回、第３回と回を重ねるごとに調査対象が脱落していく、「**パネルの摩耗**（または脱落）」がある
コーホート調査	**ある期間に生まれた集団**（コーホート）に対して、一定期間ごとに同一内容の調査を繰り返し行う調査

■横断調査と縦断調査の例

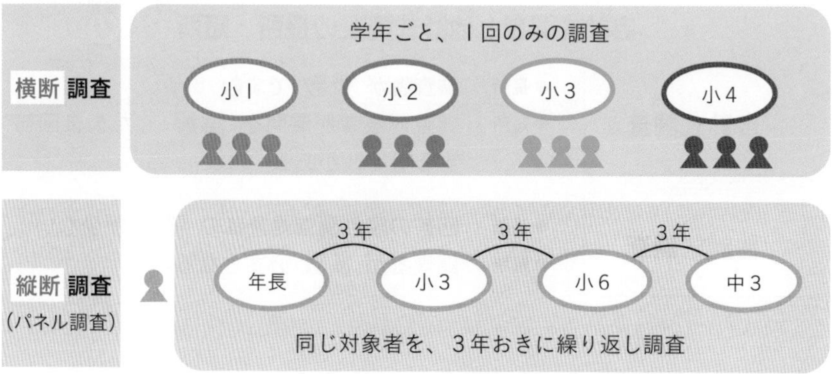

例題

Q パネル調査では、調査を重ねるごとに調査対象者が増加する傾向にある。〔第34回－問85〕

A × パネル調査は対象者を固定して行うため、調査を重ねるごとに調査対象が脱落していく、「パネルの摩耗（または脱落）」がある。

重要度B 自計式調査と他計式調査

調査は、回答の調査票への記入の仕方によって、**自計式（自記式）調査**と**他計式（他記式）調査**に分類できます。

回答方式別分類

□ 自計式調査	□ 他計式調査
調査対象者が自ら調査票に回答を記入する調査方式	調査員が調査対象者に質問をし、**調査員**が調査票に回答を記入する調査方式

ここがポイント

自計式調査と他計式調査の長所・短所

自計式調査	長所	調査者が **少数** ですむ
	短所	調査対象者が質問を **誤解** したまま回答する可能性がある
他計式調査	長所	回答の際の調査対象者の **誤解** が少ない
	短所	調査者が **多数** 必要となる

自計式調査と他計式調査は、調査票の配付方法・回収方法によってそれぞれ次のように分類することができます。調査の方式だけでなく、調査法ごとの長所と短所も理解しておきましょう。

■自計式調査と他計式調査の種類

自計式調査	留置《とめおき》調査	調査者が調査対象者を訪問して調査票を配付し、一定期間後に回収する方法 ●長所 調査対象者の都合に合わせることが可能なため、回収率が高くなる傾向がある ●短所 調査対象者本人が記入したかどうか不明
	集合調査	調査対象者を一定の場所に集め、その場で調査票の配付・回収を行う方法 ●長所 調査費用や時間の効率が良い調査を行うことが可能 ●短所 会場の雰囲気が調査結果に影響し、**バイアス**（偏り）がかかる可能性がある
	郵送調査	郵送で調査票の配付・回収を行う方法 ●長所 調査費用を抑えられる。広範囲にわたる調査が可能 ●短所 回収率が低くなることが多い

自計式調査	インターネット**調査**	調査対象者がインターネットのWebサイトから直接回答を入力していく方法 ●長所　調査費用が安く、回答と同時に集計が可能 ●短所　ネットワーク機器を利用できる人しか対象とならない
他計式調査	訪問面接（個別面接）**調査**	調査者が調査対象者と面接を行い、口頭で質問する方法 ●長所　誤記入や質問の誤解が少ない。複雑な質問が可能 ●短所　多くの調査者と調査費用、時間が必要
	電話**調査**	調査者が調査対象者に電話をし、質問する方法。**RDD法**※や**CATI**※などがある ●長所　簡単に実施でき、短期間に広範囲にわたる調査が可能 ●短所　調査拒否の可能性が高い。時間に**限り**があるため、質問項目数が限られる

※RDD法／CATI

RDD（Random Digit Dialing）法とは、コンピューターで無作為に数字を組み合わせた電話番号に電話をかけて行う電話調査のこと。

CATI（Computer Assisted Telephone Interviewing）とは、コンピューターを使った電話調査のこと。オペレーターがコンピューターの指示に従い質問を読み上げ、回答を入力する。

ひとこと

プライバシーに関する質問は、自計式の方が他計式よりも望ましいといえます。

例題

Q 留置調査は、質問への回答を<u>他計式</u>で記入する社会調査である。
〔第36回－問87〕

A ×　留置調査は、調査者が調査対象者を訪問して調査票を配付し、一定期間後に回収する方法で、自計式である。

重要度 A

質問紙の作成方法と留意点

量的調査では、主に**質問紙（調査票）**を用いて調査を行います。質問紙の質問項目、回答形式、質問文の長さ、質問順序などに調査結果が影響されることがありますので、作成の際には十分な考慮が必要です。

1 質問の内容

質問文の作成の際には、何を明らかにしたいのかを十分に検討しておくことが重要です。そのために、

- 客観的な事実を問う質問（**インパーソナル**な質問）

  例 「あなたは、豚肉を食べますか」

- 主観的評価や本人の意識を問う質問（**パーソナル**な質問）

  例 「あなたは、特定の宗教を信じていますか」

を区別して使用する必要があります。

なお、回答者に誤解を与えたり、混乱を招いたりすることを防ぐため、専門用語はなるべく使用せず、言葉づかいは平易にし、次の事項を避けるようにします。

質問紙作成時に避けるべき事項

◆**ダブルバーレル質問**
→ 2つ以上のことを一度に聞く質問
例 「喫煙や飲酒を毎日しますか？（はい／いいえ）」

◆**ステレオタイプ語**
→ 一定のイメージがついた用語
例 「介護の仕事をどう思いますか？」

◆**否定疑問文**
→ 「～でないとは思いませんか」のような表現
例 「飲食店の屋内禁煙に例外を設けるべきではないと思いませんか？」

例題

Q 一つの質問文で複数の事項を問うことは、複数の回答が同時に得られるので、質問紙の作成において望ましいと考えられている。

〔第33回-問88〕

A × 正確な回答が得られにくいため、2つのことを一度に聞く**ダブルバーレル質問は避けるべき**である。

2 質問の順番

質問は、**簡単なものから始め、後半に複雑な質問を配置するのが原則**です。なお、専門用語を使用した質問をするときは、まず、その用語の理解の有無について質問し、その用語を知っている者にのみ尋ねます。

◆キャリーオーバー効果

関連する質問はなるべく近くに配置するようにしますが、前の質問の答えが次の質問の答えに影響する**キャリーオーバー効果**に注意する必要があります。キャリーオーバー効果を避けるためには、**別の質問を間にはさむ、類似の質問をする**などの質問配置上の工夫をします。

例 「未成年の喫煙には、タバコの自販機が多いことが原因のひとつだと思いますか?」

「タバコの自販機の数を減らすべきだと思いますか?」

例題

Q キャリーオーバー効果を避けるため、質問の配置は、内容に関係なくランダムな順番で行うことが望ましい。

〔第28回-問96〕

A × キャリーオーバー効果を最小限にとどめるように、別の質問を間にはさむ、類似の質問をするなどの質問配置上の工夫をする。

3 回答方式

回答方式にはさまざまな形式がありますが、大きく**選択肢法**と**自由回答法**に分けることができます。

◆選択肢法

選択肢法には、**単数回答方式**と**複数回答方式**（**複数選択法**）があります。

選択肢法の種類

□ **単数回答方式**
選択肢のなかからあてはまるものを**1つだけ**選ぶ方法

□ **複数回答方式（複数選択法）**
選択肢のなかからあてはまるものを**複数**選ぶ方法

選択肢法では、選択肢が意味する**内容**がほかの選択肢と重ならないように注意しなければなりません。また、一般的に回答者には、「はい」と回答する傾向（**イエステンデンシー**）があるので、選択肢の**並べ方**にも留意しなければなりません。

選択肢に用いられる主な質問法

◆リッカート尺度法

→「当てはまる」「やや当てはまる」「どちらでもない」「やや当てはまらない」「当てはまらない」などの段階に分けた選択肢を用いて回答させる方法

◆SD（Semantic Differential）法

→イメージや印象について、「速い／遅い」「良い／悪い」などの反対の意味をもつ形容詞対を用いて回答させる方法

ひとこと

選択肢が多すぎると、選択するのが難しくなり、回答者の負担が大きくなってしまいます。また、集計にも時間がかかってしまうので、選択肢の数は必要最小限にとどめるようにします。

例題

Q リッカート尺度は、「当てはまる」「どちらともいえない」「当てはまらない」などというように多段階で程度を測定する選択肢で回答を求めるものである。 〔第32回-問88〕

A ○ **リッカート**尺度は、記述のように、段階に分けた選択肢を用いて回答させる方法である。

◆自由回答法

自由回答法とは、質問紙にスペースをとって**自由に書き込めるような質問形式**です。多様な回答が得られるという長所がありますが、回収した後の**集計・分析**に手間がかかるので、あらかじめ分析の仕方を考えておく必要があります。

例題

Q 配布した質問紙の回収後の集計作業を効率的に行うため、自由回答法を多く用いることが望ましい。 〔第35回-問88〕

A × 自由回答法は回答しづらく、集計も難しくなるため、通常は**選択肢法**を主とし、必要に応じて自由回答法を用いるようにする。

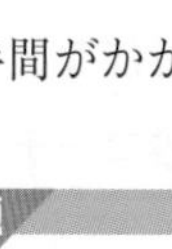

ひとこと

回答者の基本情報（氏名、年齢、職業、家族構成など）を記入してもらう欄のことを**フェイスシート**といいます。質問紙の最初か最後に置かれることが多いです。

CHAPTER 12

SECTION 4

量的調査のデータの集計と分析方法

このSECTIONのポイント

- ◆**調査票のデータ化**…量的調査の分析のための各工程についておさえておきましょう
- ◆**測定**…得られたデータの種類や分類について理解します
- ◆**量的調査のデータの集計方法**…データの基本となる単純集計とクロス集計を学びます
- ◆**量的調査のデータの分析方法**…データの分析の方法と種類について学びます

重要度B 調査票のデータ化

量的調査の分析を行うためには、まず、回収された調査票を分析可能なデータに加工していく必要があります。そのために、**❶エディティング**、**❷コーディング**、**❸データ入力作業**の3段階の工程を設けます。

●ここがポイント

データ化のプロセス

エディティング	◆調査票に **記入漏れ** や **不完全・不明** な回答項目がないかチェックし、**誤記**があれば **訂正** する ◆**矛盾する回答**がある場合も **訂正** を行う（例 独身と答えているのに配偶者の年齢を回答している） ◆不明点があった場合、調査対象者に **再調査** を行うこともある

↓

↓

コーディング	◆あらかじめ作成しておいた**コード表**（調査票上の質問ごとにデータをどの部分に入力していくかの対応表）に基づき、調査票に**コード**をつける（プリコーディング） ◆**自由回答**で多かった質問をコード化し、集計を可能にしていく作業を行うこともある（アフターコーディング）

↓

データ入力作業	◆コーディングの段階でつけられた**コード**に基づき、回答をデータとしてコンピューターに入力する ◆入力時のミスを見つけるため、入力後に**エラーチェック**を行う

ひとこと

調査票で記入者が回答していないところは、**欠損値**として数値を割り当てる必要があります。また、1問も回答されていない状態の調査票は、回収後、**無効票**として扱います。

重要度B 測定

測定とは、一定の規則や基準を用いて、調べたい対象の経験的な特性に数値や記号を与える手続きのことです。

調査の結果得られたデータを**数値**で表したものを**変数**といいます。変数には、

- **質的データ**：性別や血液型などの単に分類や種類を区別するデータ
- **量的データ**：身長や気温のように測定された数値が意味をもつデータ

があります。質的データは**名義尺度**と**順序尺度**、量的データは**間隔尺度**と**比例尺度**に分類することができます。

■質的データと量的データの種類

質的データ	名義尺度	カテゴリーの区別に用いられる尺度。順序に意味はない 代表値算出　平均値：できない　中央値：できない 最頻値：できる 例 性別、郵便番号、血液型
	順序尺度	大小関係を示すための尺度。値の間隔には意味がない 代表値算出　平均値：できない　中央値：できる 最頻値：できる 例 評価の推移（改善・変わらない・悪化）、順位
量的データ	間隔尺度	数値の差が等間隔で、間隔に意味のある尺度。順序尺度の性質も備えている。ゼロは任意の位置で、マイナスの値もとり得る 代表値算出　平均値：できる　中央値：できる 最頻値：できる 例 温度、西暦、偏差値
	比例尺度	数値の差とともに、絶対ゼロの値をもつことから数値の比率にも意味がある尺度。比率が計算できるため「比率尺度」とも呼ぶ。マイナスの値をとり得ない 代表値算出　平均値：できる　中央値：できる 最頻値：できる 例 身長、体重、給料、経過時間

→平均値・中央値・最頻値についてはp.771参照

尺度は、比例尺度、間隔尺度、順序尺度、名義尺度の順番で尺度水準が高いとされます。

例題

Q 名義尺度で測定した変数は、中央値を求めることができる。
〔第36回-問88〕

A × 名義尺度は、代表値のうち最頻値を求めることはできますが、中央値と平均値を求めることはできない。

1 信頼性と妥当性

同じ調査を繰り返し行って同じような結果になるとき、その調査は**信頼性がある**といいます。信頼性を検討する方法には、**再検査法**、**平行検査法**、**折半法**、**内部一貫法**があります。

■信頼性を検討する方法

再検査法	同一対象者に期間をあけて**同一**の調査を行い、相関関係を調べる方法
平行検査法	同一対象者に**同等の２つ**の調査を行い、相関関係を調べる方法
折半《せっぱん》法	１つの調査を２つの調査となるように**分割**し、その２つの調査を行い、相関関係を調べる方法
内部一貫法	複数の調査項目間に内的整合性があるかを調べるために**クロンバックのα係数**を用いる方法

ひとこと

クロンバックのα係数とは、内部一貫法による信頼性を定められた公式で計算するための尺度です。**数値が高いほど信頼性が高い**と見なされます。

調査が仮説を検証するものになっているとき、その調査は**妥当性がある**といいます。妥当性には主に次の３種類があります。

■妥当性の主な種類

内容的妥当性	調査結果が仮説を**検証**するものになっていること
基準関連妥当性	調査結果が関連する調査の結果と**相関**するものになっていること
構成概念妥当性	調査全体が調査の**意図**を反映したものになっていること

社会調査の測定では、信頼性と妥当性のどちらも満たされていなければなりません。

例題

Q 信頼性を検討する手法の一つである折半法とは、調査対象者を半分ずつに分けて、それぞれに同一の測定を行う方法のことである。〔第22回-問78〕

A × 折半法は、1つの調査を2つに分けて行い、両者の結果の相関関係を調べる方法である。

重要度A

量的調査のデータの集計方法

1 データの集計

データ入力が完了したら、次は集計を行います。集計には、1つの変数を集計する**単純集計**と、2つ以上の変数の集計を行う**クロス集計**があります。

◆単純集計

単純集計とは、回答全体のなかで何人の人がその選択肢や数値を選んだかを**数**（**度数**）や**比率**で示したものをいいます。量的調査においては、まず全ての設問で単純集計を行い、全体の傾向をみることが多いです。

単純集計を行う場合に用いられるのが、**度数分布表**です。度数分布表とは、1つの変数について、それぞれのカテゴリー（階級）に当てはまる度数をまとめた表のことです。

◆クロス集計

クロス集計とは、2～3に限定した項目についての軸をクロスさせて分析するものです。項目間の関係を分析する際に広く用いられ、性別や年代別など回答者の**基本的属性**別に集計することが多いです。

クロス集計表の**表側**を**独立変数**（結果に影響を与える原因となる変数：説明変数）、**表頭**を**従属変数**（独立変数により影響を与えられた結果となる変数：目的変数）といいます。変数間の関連を観察するには、**実数**（**観測度数**）と共に**百分率**（**相対度数**）を表示するとわかりやすくなります。

■クロス集計表の例

表頭

	ネコが好きですか？ はい	ネコが好きですか？ いいえ	計
男性	60 (60%)	40 (40%)	100 (100%)
女性	30 (60%)	20 (40%)	50 (100%)
計	90 (60%)	60 (40%)	150 (100%)

表側

実数：観測度数
百分率：相対度数

周辺度数
（行や列ごとの度数の合計）

2 データの視覚化

グラフを用いて集計したデータの**視覚化**を行うことで、直観的にデータの傾向や分布を理解することができます。

ここがポイント

主なグラフの種類

ヒストグラム

データの 分布 の様子をみるときに用いられる

◆横軸にデータの 階級 、縦軸に 度数 をとる

例

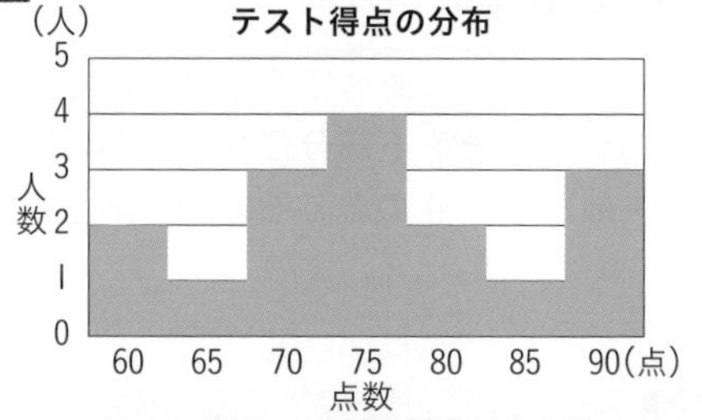

レーダーチャート

複数 の指標を使って測定したデータを比較するときに用いられる

◆全体の バランス や 特徴 をみるのに有効

例

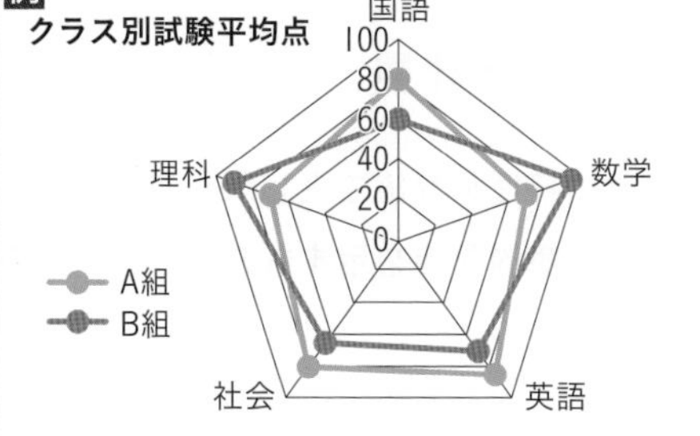

散布図

2つの 変数 の 関連 をみるときに用いられる

◆ 2種類の変数のデータについて、該当するところに点を打って示す

例

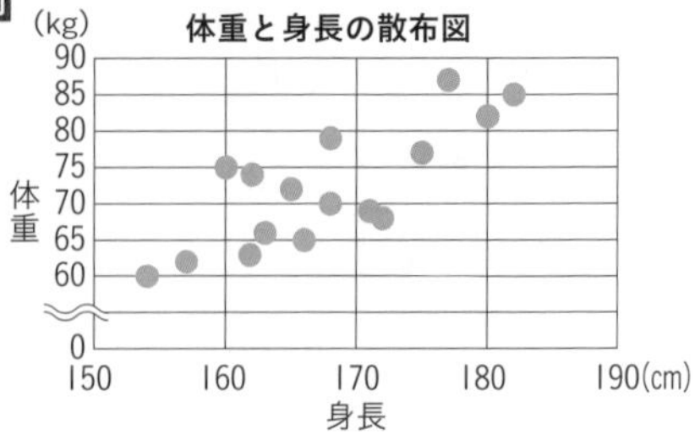

箱ひげ図

四分位を用いてデータを示す ✔CHECK!

◆複数のデータの 散布度 (バラつき、散らばり具合)をみるのに有効

例

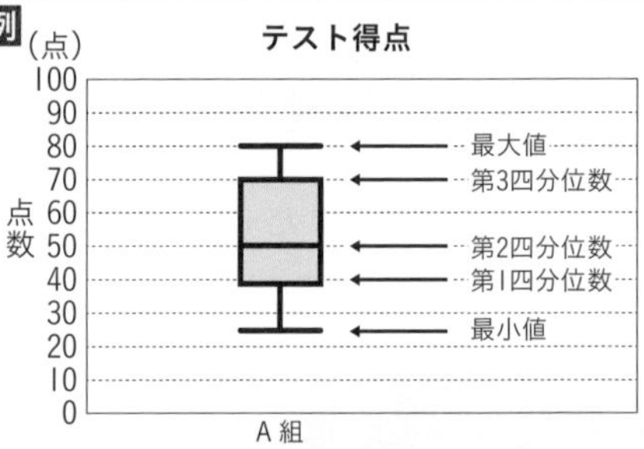

✔CHECK! 四分位

データを昇順に並べて4等分したもの。小さい値から数えて1/4のところのデータを第 1 四分位数、2/4のところのデータを第 2 四分位数(=中央値)、3/4のところのデータを第 3 四分位数という。

重要度A 量的調査のデータの分析方法

1 基本統計量

データの**特性**を数値で表したものを**基本統計量**といいます。基本統計量には、**データの代表的な値を示すもの**と、**データの散布度を示すもの**があります。

■データの代表的な値を示す主な基本統計量

平均値	**データの総和をデータの数**で割った値
中央値	データを低いものから順番に並べ、ちょうど**真ん中にくる**値 （データが偶数の場合は、中央の 2 つのデータの**平均値**）
最頻値	最も**頻繁**に出現する値

ひとこと

これらの代表値にはそれぞれ長所と短所があるので、適切に組み合わせて用いましょう。例えば、平均値は外れ値（他のデータと比較して極端に差が大きい値）の影響を受けやすいので、同時に中央値も確認した方がよいということです。

■データの散布度（散らばりの程度）を示す主な基本統計量

範囲	**最大値**と**最小値**の差
偏差	各データと**平均値**との差
分散	各データが**平均値**からどれくらい散らばっているか、その程度を測るもの 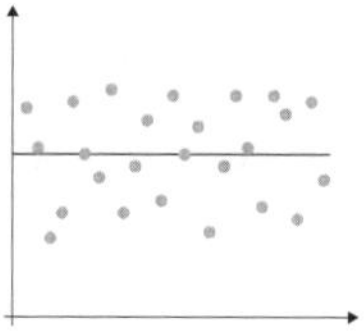
標準偏差	**分散**の**正**の平方根（データの単位と揃えることで計算しやすくしたものであり、平均からの離散具合を測るという点は、分散と同じである）
四分位範囲	**第 3 四分位数**と**第 1 四分位数**の差

例題

Q 中央値とは、データの中で出現率が一番高い値のことである。
〔第31回-問88〕

A × 中央値とは、データを低いものから順番に並べ、ちょうど真ん中にくる値のことである。記述は、最頻値の説明である。

2　2変数の分析の方法

「身長と体重の関係」や「男女別の疾病の発生率」など、２つ以上のデータを分析していく方法として、次のようなものがあります。

■ **2変数以上のデータの分析方法**

ピアソンの積率相関係数	●２つの量的**データ**の関連の程度を示す指標 ●**相関係数**は１から−１までの値をとり、１に近いほど正の相関があり、−１に近いほど負の相関があるとされる ●相関係数が０であっても、必ずしも２つの変数に関係がないとはいえない
***t*検定**	２つのグループのデータの平均値が、統計学的に差があるかどうかを検証する方法
カイ二《に》乗《じょう》検定	●クロス集計の結果が統計的に有意な（偶然とは考えにくい）差であるかどうかを検証する方法 ●質的**データ**にも使用できる
回帰分析	従属**変数**（結果となる変数）を独立**変数**（原因となる変数）から予測する方法
オッズ比	●２つのグループでの事象の発生率（ある病気の発症率など）の差を比較する指標 ●最大値は無限大、最小値は０

例題

Q ピアソンの積率相関係数の値は0から1の範囲の間で変動する。

〔第28回-問87・改〕

A ×

値は−1から1の間で変動する。

3 3変数以上の分析の方法

3つ以上の変数を使った分析も行われており、**多変量解析**と呼ばれています。分析方法には、次のようなものがあります。

■ 3変数以上のデータの分析方法

重回帰分析	**独立変数**が２つ以上ある場合の回帰分析
ロジスティック回帰分析	**従属変数**が２値の場合の回帰分析。２値変数への影響を調べるためのもの
一元配置分散分析	３つ以上の**グループの差**を検証するもの
因子分析	多数のデータから一定の**特性要因**を探索するもの

例題

Q ロジスティック回帰分析は、2つの連続量変数の論理的に正しいと思われる因果関係の検証のために用いられる。

〔第24回-問80〕

A ×

ロジスティック回帰分析は、**2つの変数が2値変数にどう影響するか**を調査するために用いるものである。

CHAPTER 12

SECTION 5

質的調査の方法

このSECTIONのポイント

- ◆観察法…観察法の種類と特徴についておさえておきます
- ◆面接法…面接法の種類と特徴についておさえておきます
- ◆アクションリサーチ…問題解決のための方法としてのプロセスを理解します

重要度B 観察法

観察法とは、調査対象者に対して、視覚的な観察や聞き取り、対象者に関連する文書や写真などの資料などを用いて、全体的に調査対象者のことを理解していく調査方法です。観察方法の違いによって、**統制的観察**、**参与観察**、**非参与観察**に分けられます。

■観察法の種類

		内容	観察方法の限定
統制的観察		●観察の場面や方法を**事前に厳密に定める**方法 ●対象者の特定の事項を集中的に知りたい場合に行う ●実験室のような人工的な環境をつくり、その中を観察して行うことも多いため、実験室**的観察**ともいわれる	限定する
非統制的観察	参与観察	●**調査対象者と**生活や活動を共にしながら記録を行い、情報を収集する方法 ●客観的な視点を損なう可能性があるため、過度な信頼関係（オーバーラポール）とならないように注意する	限定しない
	非参与観察	●調査者は観察者**に徹し**、見聞きした情報を収集する方法 ●対象者に了解を得てマジックミラー（ワンウェイミラー）を使うことがある	限定しない

なお、参与観察では、生活や活動の参加の度合いに応じて調査者の立場を、**参加に徹する「完全な参加者」**、**参加を重視する「観察者としての参加者」**、**観察を重視する「参加者としての観察者」**、**観察に徹する「完全な観察者」**の４種類に分類することができます。調査者はより良いデータ収集のために、状況に応じてこれらの立場を選択していきます。

ひとこと

観察法は質的データの収集が主な目的ですが、**量的データの収集**においても用いられることがあります。

例題

Q 観察法における「完全な観察者」は、観察に徹して、その場の活動には参加しない。〔第33回-問90〕

A ○ 観察法における調査者の立場には、❶完全な参加者、❷観察者としての参加者、❸参加者としての観察者、❹完全な観察者の４種類がある。

重要度 A 面接法

面接法とは、調査者が直接質問をし、調査対象者が回答をするやり取りを中心に情報を収集する調査方法です。調査方法としては、大きく**個別インタビュー**と**グループインタビュー**の２つに分けることができます。どちらも**調査対象者の回答内容**が主な分析対象となります。

ここがポイント

インタビューでの注意点

〈インタビュー開始前〉

◆目的や質問内容、討議ルールなどを **説明** する

◆インタビューの録音や撮影などを行う場合、原則として **事前** に調査対象者の **許可** を得る

〈インタビュー時〉

◆調査対象者との一定の **信頼関係（ラポール）** を構築していくことが重要。ただし、客観的な視点を損なう可能性があるため、参与観察同様、**オーバーラポール** とならないように注意する

◆会話の書き取りを優先させずに、調査対象者の話を **傾聴** し、**相づち** や発言を展開させるような **質問** をするなどして、より多くの情報を収集することに重点をおく

1 個別インタビュー

個別インタビューは基本的に１対１で行われるもので、**構造化面接**、**半構造化面接**、**非構造化面接**の３種類に分類されます。

■個別インタビューの種類

構造化面接	質問項目や質問順序を**あらかじめ**決めておき、それに厳密に沿って進めていく方法。調査者の面接能力にかかわらず、一定の回答を得ることができる
半構造化面接	あらかじめ詳細な質問項目は用意せず、大まかな質問項目だけを決めておき、状況に応じて質問項目や質問順序を**変えていく**方法
非構造化面接	質問項目を特に決めずに、状況に応じて**自由**に質問をしていく方法

例題

Q 構造化面接では、対象者に語りたいことを自由に話してもらうことが重要である。 〔第36回-問89〕

A × 構造化面接は、質問項目や質問順序を**あらかじめ**決めておき、それに**厳密**に沿って進めていく方法である。

2 グループインタビュー

グループインタビューは、**複数**の調査対象者に対してインタビューを行い、そこで語られたことを情報として収集していく方法です。個別インタビューでは得られない参加者間の**相互作用**を期待し、参加者間のやり取りを重視する調査手法となるため、調査者には、対象者同士の**会話を促す**ことも求められます。**調査対象者が多すぎると情報の収集がうまくいかないことがある**ため、6～7人程度とするのが一般的です。なお、調査対象者の抽出は**有意（非確率）抽出法**によって行われる場合が多いです。

グループインタビューでは、調査対象者が複数いるため、メンバー同士の発言が**刺激**となってさまざまな発言が出たり話題が展開したりし、個別インタビューとは違った知見が収集できます。

◆フォーカス・グループインタビュー

フォーカス・グループインタビューとは、少人数のグループに対して行うインタビューです。**座談会形式**で行われるため、**多様性**のある意見を収集することが期待されます。マーケティング調査などに用いられています。

インタビュー開始前に、目的や質問内容、討議ルールなどを説明するインタビューガイドを準備しておくと、よりスムーズに進行することができます。

ひとこと

グループインタビューの記録係は、参加者の**非言語的反応**も含めて記録します。

例題

Q グループインタビューの対象者の選定は、有意標本抽出によって行われる場合が多い。〔第28回-問88〕

A ○ 対象者の選定は、**無作為標本抽出**によるものが理想であるが、グループインタビューの場合、長時間のインタビューに協力できる数名の対象者を選ぶ必要があるため、実質的に紹介などの**有意標本抽出**になることが多い。

3 その他の面接法

面接法には、前出の個別インタビューやグループインタビューのほか、

- 調査対象者に自分の人生を客観視するのではなく、あくまで主観的に語ってもらう**ライフストーリー・インタビュー**
- 調査対象者を単に情報収集のための対象とみなすのではなく、調査者と調査対象者の相互行為によって生み出されるデータを収集する**アクティヴ・インタビュー**
- 調査者と調査対象者が１対１で向き合い、質問を重ねることで調査対象

者の深層心理を探る**深層面接**
などがあります。

重要度B アクションリサーチ

アクションリサーチとは、調査者と調査対象者が**協力**して現状を明らかにし、**問題解決**のために多様な調査や実践を行う方法です。「**計画**」→「**実施**」→「**事実の発見**」の循環を基本プロセスとし、調査で得られた知見を実践活動に結びつけ、問題解決を目指します。

なお、アクションリサーチでは、観察だけでなく、面接を行ったり、質問紙調査のような**量的調査**を取り入れたりすることがあります。

ひとこと

質的調査の調査方法には、主に観察法と面接法が用いられますが、質的調査と量的調査を組み合わせて実施する**ミックス法**が利用されることもあります。

例題

Q アクションリサーチの目的は、科学的な<u>因果関係の検証</u>である。
〔第28回-問89・改〕

A ×　アクションリサーチでは、調査を行う研究者が当事者と協働して、**問題解決**を目指して調査や研究を進める。

CHAPTER 12
SECTION 6

質的調査のデータの分析方法

このSECTIONのポイント

- ◆質的調査におけるデータ…観察記録や録音データ、公的機関による記録、日記などが主なものです
- ◆質的調査のデータの分析方法…分析方法の種類とそれぞれの特徴をおさえておきましょう

重要度B 質的調査におけるデータ

質的調査で得られるデータは、量的調査で得られる集計可能な**数的**データとは違い、観察記録やインタビューの録音データや映像データ、調査対象者の手紙、日記、官公庁などの公的機関による記録などが主となります。

ひとこと

インタビューの録音データを文字に起こしたものを**逐語記録**と呼びます。逐語記録では回答拒否や事実誤認と思われる発言もそのまま記録します。

重要度A 質的調査のデータの分析方法

質的調査のデータを分析していくための方法として、**KJ法**や**グラウンデッド・セオリー・アプローチ（GTA）**などが知られています。

1 KJ法

KJ法とは、日本の文化人類学者の**川喜田二郎**が考案した、フィールドワークなどで集めた意見やデータの分類と集約を通して、**新しい発想**や**仮説**を**創造**するための方法です。

なお、「KJ」という名称は、考案者のイニシャルに由来しています。

ここがポイント

KJ法によるデータ分析のプロセス

カード化

調査によって得られたデータを細かく分けていき、1つ1つを**カード**に記入していく。記入が終われば全体の記録を改めて確認する

↓

グループ編成

内容の似ているカードを**グループ化**し、内容を要約した**グループ名**をつけていく。その後、グループ名を基にさらに集約を行っていく

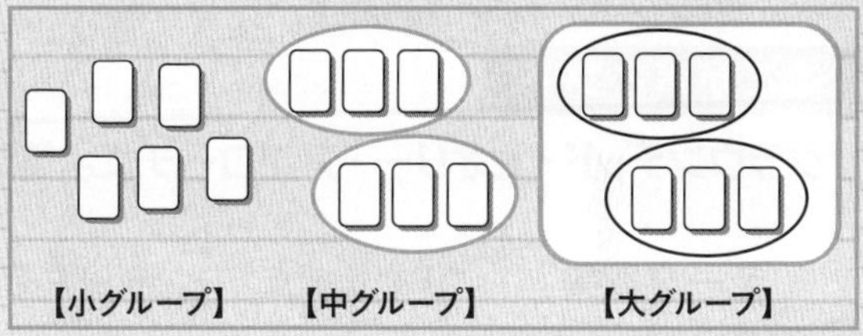

↓

図解化

模造紙などに各グループを配置した図を作成し、**因果関係**（原因と結果、時期の前後）を書き込んでいく

↓

文章化

図解化したものを基に**言語化**を行っていくことで、他者に伝えられる知見をつくっていく

例題

Q KJ法は、質的データの分析において、主として仮説の検証を試みる際に活用される。 〔第22回-問83〕

A × KJ法は、仮説を創造する方法として用いられる。

2 グラウンデッド・セオリー・アプローチ（GTA）

グラウンデッド・セオリー・アプローチは、アメリカの社会学者である**グレイザー**（Glaser, B.）と**ストラウス**（Strauss, A.）が考案した、データの分類を行い、データ間の相互関係を考慮したうえで**新たな理論の構築**を目指していく方法です。看護や福祉の分野で伝統的に使われています。

論者により分析のプロセスに若干の違いはあるものの、原則的に次のような段階を踏んでいきます。

ここがポイント

グラウンデッド・セオリー・アプローチによるデータ分析のプロセス

データ収集　多様な調査方法でデータを収集する

↓

テキスト化　観察結果（**フィールドノーツ**）や**逐語記録**などの形で、大量の文字データをつくる

↓

切片化　得られた文字データを**細分化**し、分類する

↓

↓

コーディング	切片化したデータに **コード** をつけていき（ **オープン・コーディング** ）、コードをグループ化して **カテゴリー** をつくり、単一のカテゴリーと複数のサブカテゴリーを関連づける（ **軸足コーディング** ）。カテゴリーができたら、複数のサブカテゴリーから新たなカテゴリーをつくっていく作業（ **選択的コーディング** ）を行う

↓

理論化	これ以上カテゴリーが思いつかない状態（ **理論的飽和** ）まで **データ収集** と **コーディング** を繰り返していく

ひとこと

インタビュー等において、調査対象者が使用した単語やフレーズをそのままコードとして用いることを**インビボ・コーディング**といいます。

例題

Q 研究がある程度進展した段階で、比較的少数の概念的カテゴリーにコードを割り振っていくことをオープン・コーディングという。 〔第26回-問90〕

A × オープン・コーディングとは、収集し、切片化したデータにコードを割り振っていくことである。

3 その他の分析方法

エスノグラフィー（民族誌）	ある集団や社会の行動様式に関する記録及びそこから知見を生み出す方法を**エスノグラフィー**という。**インタビュー**や**参与観察**、**質問紙調査**などの調査方法を用いてデータを収集し、分析する
会話分析	調査対象者がどのように会話を成立させているかを解明するための方法を**会話分析**という。会話の形式や構造だけでなく、その内容、音声、イントネーション、身振り、表情などにも関心を向け、逐語記録を作成する。また、会話分析を中心に、集団の特徴を明らかにするための研究方法を**エスノメソドロジー**と呼ぶ
ソシオグラム	**人間関係の構造**を明らかにするために、ある組織や集団の構成員同士の関係について、矢印などを用いて図式化したものを**ソシオグラム**という

例題

Q エスノグラフィーでは、調査者の客観的立場を維持するために、参与観察によってデータを収集してはいけない。

〔第27回-問89〕

A ×　エスノグラフィーでは、フィールドでのインタビューや参与観察などの**質的調査**の手法によってデータを収集する。

ひとこと

1つの事象について、正確を期すために調査者、データ収集や分析方法などが異なったものを取り入れることを、**トライアンギュレーション**といいます。「観察法」と「面接法」を取り入れるなどの例があります。

索引 Index

う

え

き

く

け

こ

さ

し

そ

た

ち

つ

て

と

な

ひ

ふ

ま

み

む

め

2025年版《ねんばん》

みんなが欲《ほ》しかった！ 社会福祉士《しゃかいふくしし》の教科書《きょうかしょ》 共通科目編《きょうつうかもくへん》

（2018年版　2017年７月20日　初版　第１刷発行）

2024年５月27日　初　版　第１刷発行

編 著 者　TAC社会福祉士受験対策研究会
発 行 者　多　田　敏　男
発 行 所　TAC株式会社　出版事業部
（TAC出版）

〒101-8383 東京都千代田区神田三崎町3-2-18
電 話 03(5276)9492（営業）
FAX 03(5276)9674
https://shuppan.tac-school.co.jp/

組　版　朝日メディアインターナショナル株式会社
印　刷　株式会社　光　邦
製　本　株式会社　常　川　製　本

ISBN 978-4-300-11078-2
N.D.C. 369

書籍の正誤に関するご確認とお問合せについて

書籍の記載内容に誤りではないかと思われる箇所がございましたら、以下の手順にてご確認とお問合せをしてくださいますよう、お願い申し上げます。

なお、正誤のお問合せ以外の**書籍内容に関する解説および受験指導などは、一切行っておりません。**
そのようなお問合せにつきましては、お答えいたしかねますので、あらかじめご了承ください。

1 「Cyber Book Store」にて正誤表を確認する

TAC出版書籍販売サイト「Cyber Book Store」の
トップページ内「正誤表」コーナーにて、正誤表をご確認ください。

CYBER BOOK STORE TAC出版書籍販売サイト

URL:https://bookstore.tac-school.co.jp/

2 1の正誤表がない、あるいは正誤表に該当箇所の記載がない ⇒ 下記①、②のどちらかの方法で文書にて問合せをする

★ご注意ください★

お電話でのお問合せは、お受けいたしません。
①、②のどちらの方法でも、お問合せの際には、「お名前」とともに、
「対象の書籍名(○級・第○回対策も含む)およびその版数(第○版・○○年度版など)」
「お問合せ該当箇所の頁数と行数」
「誤りと思われる記載」
「正しいとお考えになる記載とその根拠」
を明記してください。
なお、回答までに1週間前後を要する場合もございます。あらかじめご了承ください。

① ウェブページ「Cyber Book Store」内の「お問合せフォーム」より問合せをする

【お問合せフォームアドレス】

https://bookstore.tac-school.co.jp/inquiry/

② メールにより問合せをする

【メール宛先 TAC出版】

syuppan-h@tac-school.co.jp

※土日祝日はお問合せ対応をおこなっておりません。
※正誤のお問合せ対応は、該当書籍の改訂版刊行月末日までといたします。

乱丁・落丁による交換は、該当書籍の改訂版刊行月末日までといたします。なお、書籍の在庫状況等により、お受けできない場合もございます。
また、各種本試験の実施の延期、中止を理由とした本書の返品はお受けいたしません。返金もいたしかねますので、あらかじめご了承くださいますようお願い申し上げます。

TACにおける個人情報の取り扱いについて
■お預かりした個人情報は、TAC(株)で管理させていただき、お問合せへの対応、当社の記録保管にのみ利用いたします。お客様の同意なしに業務委託先以外の第三者に開示、提供することはございません(法令等により開示を求められた場合を除く)。その他、個人情報保護管理者、お預かりした個人情報の開示等及びTAC(株)への個人情報の提供の任意性については、当社ホームページ(https://www.tac-school.co.jp)をご覧いただくか、個人情報に関するお問い合わせ窓口(E-mail:privacy@tac-school.co.jp)までお問合せください。

(2022年7月現在)

やさしくわかる!

文系のための
東大の先生が教える
食と栄養

監修　加藤久典
東京大学大学院特任教授

はじめに

私たちの健康を支える根幹が食であることはいうまでもありません。超高齢社会において，人々の健康への関心がますます高まっています。食と健康に関する膨大な情報が毎日飛び交っています。そんな中で私たちは何を信じたら良いのでしょうか。**あるものを食べるのが万能であるかのような表現や，逆にこれは絶対に食べてはいけないというような書き方をしているのは，注目を集めたいだけという可能性が大ですので注意が必要でしょう。**そのような情報を見たら，いったん落ち着いて本書の内容などを思い起こし，科学的な判断をするよう心がけてください。本書では，バランスの良い食生活の重要性をわかっていただけると思います。

1時間目では，各種の栄養素のはたらきや必要量について紹介しています。2時間目では人のからだのしくみについて，栄養素の取り込みにはじまり，各臓器の働きについて分子レベルから組織レベルまで解説しています。3時間目では，正しい食事の取り方について，様々な病気の予防の観点を中心に詳しく説明しています。4時間目には，機能性食品などで注目されている食品や最近話題の食事法などについて，科学的に説明しています。

食や栄養，健康に関する情報は日々進歩しています。少し前までは常識として信じられていたことが実は間違いであったり，全く新しい発見がされたりという繰り返しです。それらを正しく解釈するために，そして科学の進歩を楽しみながら自分の健康を見つめていくために，本書が皆様の役に立つことを願ってやみません。

監修
東京大学大学院農学生命科学研究科特任教授
加藤 久典

目次

1 時間目 栄養の基本

STEP 1
五大栄養素を正しく知ろう

2 時間目 食を楽しむ体のしくみ

STEP 1

栄養素を取りこむしくみ

STEP 2

おいしさを感じるしくみ

3時間目 科学的に正しい！理想的な食事法

STEP 1

健康と美容のための食事法

STEP 2

食事で病気を改善しよう

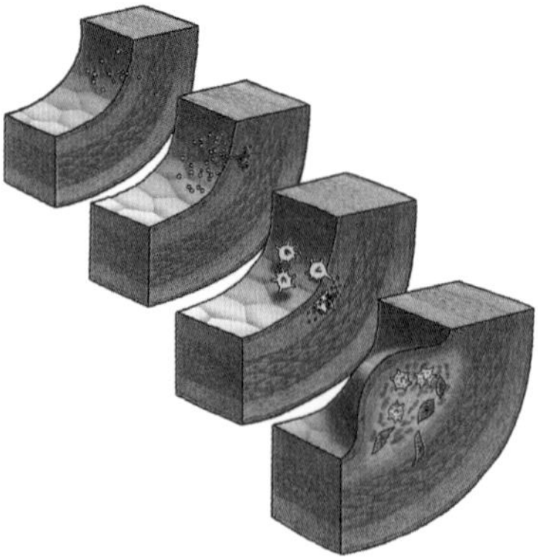

4時間目 食と栄養の気になる話

STEP 1

話題の食品たちを斬る

STEP 2

気になる食事のあれこれ

とうじょうじんぶつ

加藤久典先生

東京大学で栄養学を
教えている先生

理系アレルギーの
文系サラリーマン（27才）

1

時間目

栄養の基本

STEP 1

五大栄養素を正しく知ろう

人は生きるためにさまざまな食材から栄養素をとっています。人が生きていくうえで必要な五つの栄養素について，まずは理解していきましょう。

人の体に欠かせない！　五大栄養素

先生，最近，すごく忙しくて，昼も夜もインスタントラーメンばかりです……。
さすがにちょっと飽きてきました。

それはいけませんね。
十分な栄養がとれていないんじゃないでしょうか。

栄養のことなんて考えたこともありません。
やっぱり，毎日インスタントじゃまずいですか？

インスタント食品もたまにはいいでしょうが，日ごろから，さまざまな食品から必要な栄養素をとらないと，健康を損ねますよ。

うぅむ。
栄養素って具体的には，どんなものがあるんですか？

人が生きていくために必要な栄養素は，**炭水化物**，**タンパク質**，**脂質**，**ビタミン**，**ミネラル**の5種類に大きく分けられます。これらを**五大栄養素**といいます。中でもとくに炭水化物，タンパク質，脂質は**三大栄養素**とよばれ，エネルギー源となったり，人体を形づくる材料となったりします。三大栄養素は別名**エネルギー産生栄養素**ともいいます。

五大栄養素かぁ。
その中でも三大栄養素って，なんかすごく大事！って感じがしますね。

ええ。
私たちが呼吸をしたり，動きまわったり，考えたり，体を成長させたりするときなど，ありとあらゆることに栄養素が必要です。

食品に含まれる栄養素の種類や割合は，食品ごとに大きくちがいます。ですから，健康な体を維持するには，さまざまな食品から栄養素をとることが重要なんですよ。

インスタントラーメンばかりじゃ，過剰になったり，不足する栄養素もあるってことですね。

先生！　私たちが生きていくために大切な栄養素について，もっと教えてくれませんか？

わかりました。それではこれから，食と栄養の世界を見ていきましょう。

よろしくお願いします！

炭水化物は，体のエネルギー源

五大栄養素って，それぞれ体の中での役割がちがうわけですよね？　いったい体の中ではどのように使われているんでしょうか？

では，五大栄養素が体の中でどのようにはたらくのかを具体的に見ていきましょう。
まずは，三大栄養素の中の**炭水化物**です。

炭水化物って，ご飯やパン，麺とかに含まれていますよね。たしか**エネルギー**になるって聞いたことがあります。

そうですね。
ほかにもイモや砂糖，果物の中にも炭水化物は豊富に入っています。炭水化物というのは**単糖**という物質，およびそれらがいくつかつながってできた物質です。
単糖には，**グルコース（ブトウ糖）**や**フルクトース（果糖）**，**ガラクトース**などがあります。

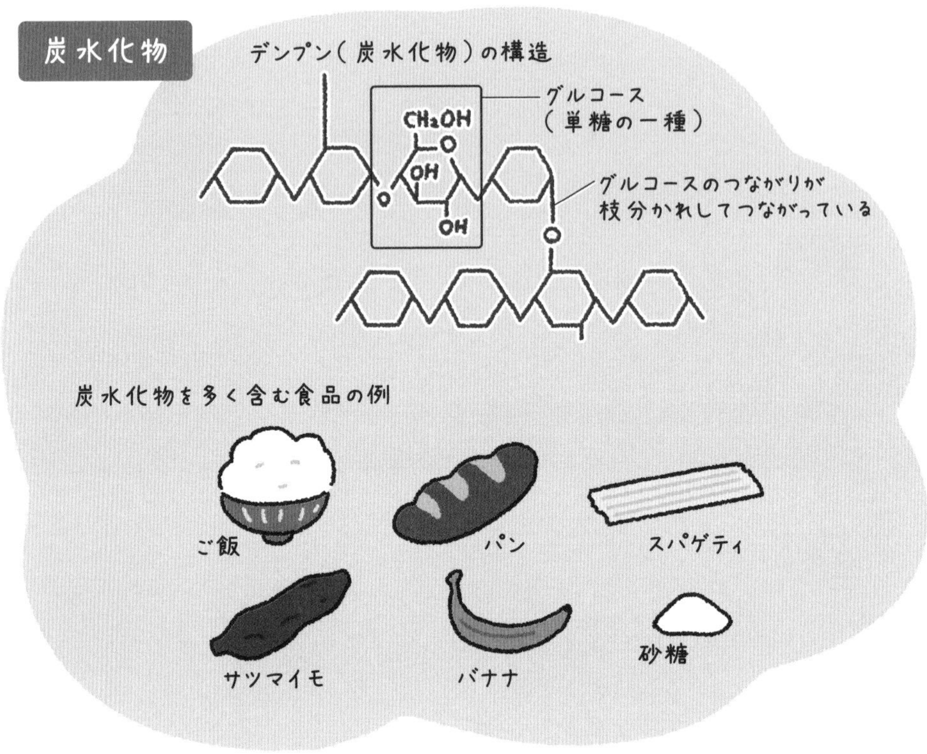

グルコースや果糖は聞いたことがあります。それらや，それらがつながったものが炭水化物ってことですね。

そういうことです。
炭水化物は，単糖の種類やつながり方によって，体内でエネルギーのもととなる**糖質**と，エネルギーにならない**食物繊維**の二つに大きくわけられます。
ここではまず，**糖質**のはたらきについて，くわしく説明しましょう。

お願いします！

食品から体内に入った糖質は，体でエネルギーをつくる材料になります。
このエネルギーによって，私たちは体温を一定に保ったり，筋肉を動かしてさまざまな動きをしたり，心臓や脳などの臓器をはたらかせたりしています。
エネルギーがなければ，私たちのすべての生命活動は止まってしまいます。

糖質，めっちゃ大事ですね！

そうですよ。
穀類やイモなどには，グルコース（ブドウ糖）が数十〜数万個つながってできた**デンプン**（炭水化物）が豊富に含まれています。このデンプン1グラムからは，約4キロカロリーのエネルギーを得ることができます。

4キロカロリー？

1日にとるべきエネルギーは，成人男性が**約2500キロカロリー**，成人女性が**約1800キロカロリー**といわれています。
なお，炭水化物以外にも，私たちは脂質やタンパク質からもエネルギーを得ています。

ふむふむ。糖質は，エネルギーを得るためにとらないといけないんですね！

はい。また，デンプンを消化する過程では，さまざまな分子が生じます。**これらは，タンパク質の成分であるアミノ酸や，脂質，体の設計情報をになう分子であるDNA（デオキシリボ核酸）の材料にもなります。**

体の材料にもなるのかぁ。
食品からとった糖質は，どうやってエネルギーになったり，体の材料になったりするんでしょうか？

少し細かい話になりますが，グルコースがつながった**デンプン**を例に，体内に入った糖質がどのように利用されるのか，見てみましょう。
デンプンは口から入ったあと，最終的に小腸で**グルコース**にまで分解されます。そしてバラバラにされたグルコースは，血液を介して体中の細胞に運ばれていきます。
このときの血液中のグルコースの濃度を**血糖値**といいます。

血糖値って聞いたことあります。血液中のグルコースの濃度のことだったんですね。

ええ。
さて，細胞の中に入ったグルコースは，細胞内の酵素がおこす化学反応によって，**ピルビン酸**という分子になります。
さらに，このピルビン酸が細胞内の**ミトコンドリア**の中に入り，さまざまな分子に変えられていきます。

みとこんどりあ？

はい。ミトコンドリアは，**エネルギーの生産工場**ともいえる細胞の中の小器官です。
ミトコンドリアは複雑に曲がりくねった膜をもっていて，この膜にエネルギーを生産するために必要な酵素が埋めこまれているんです。

ミトコンドリアにおけるATP合成のしくみ

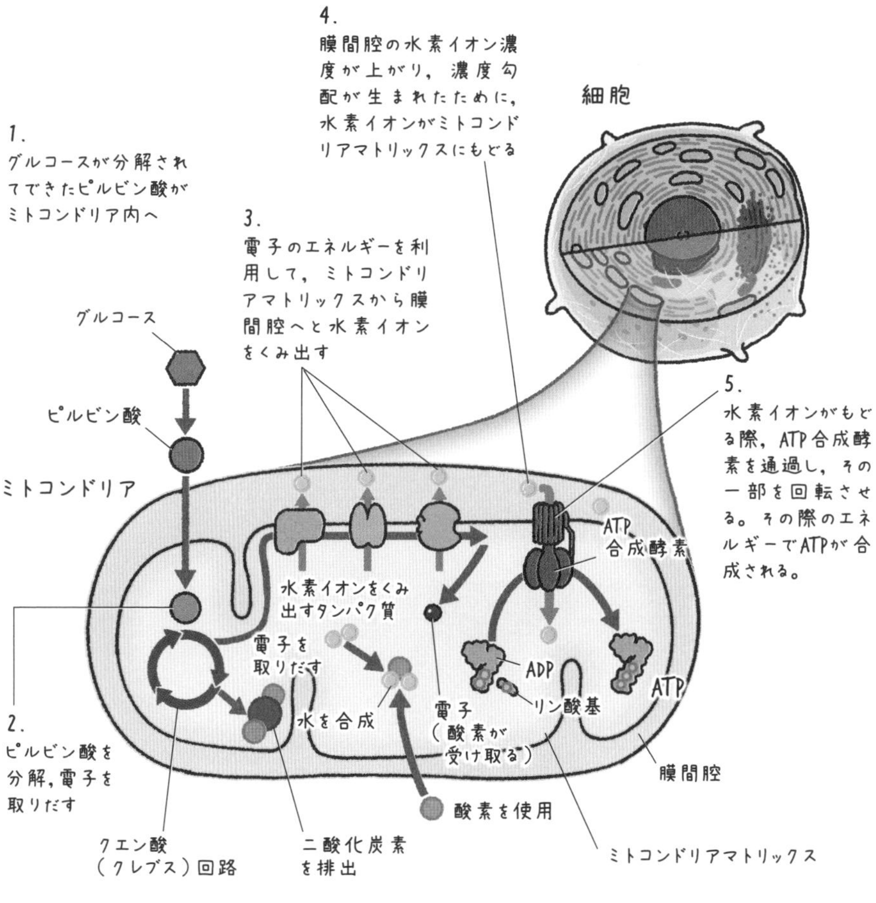

ふぅむ。いったいどうやってエネルギーを生産するんでしょうか？

ピルビン酸がさまざまな分子に変えられる反応で，高いエネルギーをもった**電子**が取りだされます。ミトコンドリアの膜に埋まった酵素たちが，この電子を利用して，**ATP**という分子を合成します。このATPこそ体内のエネルギーの源です。

ぎょえー複雑！
えーてぃーぴーって何ですか？

ATPは，私たちの体の中でエネルギー源として使われる分子です。ATPには，リン酸という部品が三つつながっています。このリン酸が一つ外れるときに大きなエネルギーが放出されるのです。
私たちの細胞は，ATPを分解して得られるエネルギーをさまざまな反応に利用しているんですよ。

ATP
ATPは，アデノシン（Adenosine）に三つ（Tri）のリン酸（phosphate）が統合した物質。

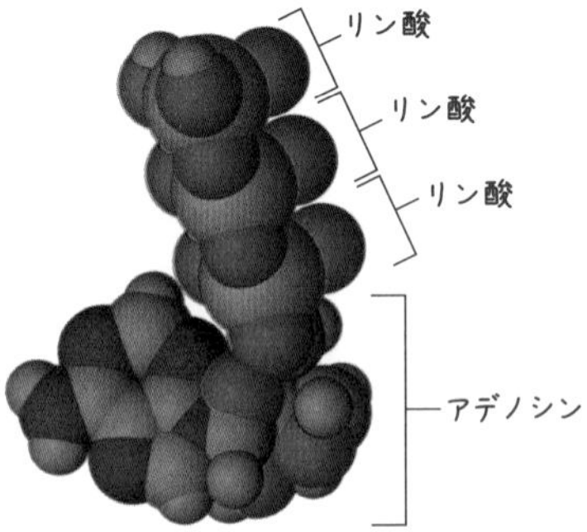

むずかしい……。
ともかくデンプンはグルコースに分解されたあと，ATPの合成に使われるわけですね。

はい，そういうことです。
グルコース1分子あたり**三十数個のATP**が合成されます。
ただ，血中のグルコースは，すぐに分解されてATPに変えられるわけではなく，いざというときにそなえて，一部は肝臓にたくわえられます。
そして肝臓では，グルコースはつなげられて**グリコーゲン**という大きな分子となって貯蔵されます。私たちが十分な量のグルコースを食べ物から摂取できないときは，このグリコーゲンが分解されてグルコースとなり，エネルギー不足に陥らないようにしています。

うまくできてるんですね。
糖質ってあまりいいイメージをもっていませんでしたが，生きていくうえで重要な栄養素なんですね。

そのとおりです。もちろんとりすぎはよくありませんが，だからといってとらなすぎると，体を維持することができなくなるので注意しましょう。

食物繊維は栄養になるの？

炭水化物である糖質は，体のエネルギー源として重要だってことはわかりました。
たしか食物繊維も炭水化物に含まれるんですよね？　食物繊維もやっぱりエネルギー源になるんでしょうか？

エネルギー源になりますが，それほど大きくありません。
食物繊維というのは，野菜や果物，海藻，キノコ類などに含まれる**ヒトの消化酵素で分解されない物質**の総称なんです。

え，分解されない？

ヒトの体は，糖質やタンパク質，脂質などを，だ液や膵液などの消化液に含まれる**消化酵素**を使って分解し，吸収して栄養にしています。ところがヒトの体には，食物繊維を分解できる消化酵素がないため，食物繊維を吸収して栄養にすることができにくいのです。

食物繊維は，ほとんど吸収されないんですか!?

そうなんです。
食物繊維の一つである**セルロース**を見てみると，糖質であるデンプンと同じように，グルコースを基本単位としてできています。グルコースがずらーっと結合したのがセルロースなんです。

デンプンもグルコースがずらーっとつながったものですよね？　何がちがうんですか？

糖質であるデンプンと食物繊維であるセルロースは，グルコースのつながり方がちがいます。そのため，ヒトの消化酵素では，セルロースを切断することはできません。

食物繊維と糖質の構造

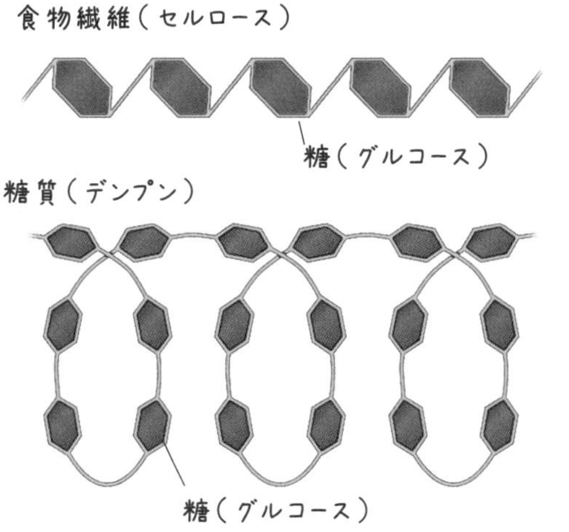

食物繊維のセルロースと糖質のデンプンは，糖のつながり方がことなるため，セルロースは直線状の構造，デンプンはらせん状の構造をしている。

部品が同じでも，くっつきかたがちがうと，消化できるかできないかが変わるんですね。
それにしても，食物繊維って，健康や美容のためにすごく大事だってよくテレビとかでやっているのに，まさか食べても意味のないものだったなんんて……。

いえいえ，意味がないわけではありません！
食物繊維だって私たちの体にとって，とても大事なものなんですよ！

そうなんですか!?

はい。
食物繊維は，便秘や下痢を解消するはたらきがあります。さらに，腸内細菌がつくる毒素（リポポリサッカライド）やガス（メタンガスなど）を減らして，腸の調子をととのえます。

吸収されないのに？
いったいなぜそんなはたらきができるんでしょうか？

食物繊維には，**水溶性**のものと**不溶性**のものがあり，体内でのはたらき方が少しことなります。先にこの2種類のちがいについて，お話ししておきましょう。

すいようせいとふようせい？

食物繊維には，水に溶ける**水溶性の食物繊維**と，水に溶けない**不溶性の食物繊維**の2種類があります。
次の表は，それぞれの分類に属する主な食物繊維を紹介しています。
食物繊維の水への溶けやすさは，主に**糖のつながり方**（結合様式）によって決まります。糖が枝分かれしてつながっている食物繊維は主に**水溶性**で，糖のつながりがとくに長いものはぬるぬるした食感をしています。

主な食物繊維

	名前	多く含む食品
水溶性	ペクチン	果物，野菜
	グルコマンナン	こんにゃく精粉
	アルギン酸	昆布，わかめ
	β-グルカン	大麦，オーツ麦
	イヌリン	ごぼう，キクイモ
不溶性	セルロース	果物，野菜，穀類
	ヘミセルロース	穀類，野菜，豆類
	キチン	キノコ，エビやカニの殻
	リグニン	ココア，ピーナッツ

主な食物繊維を，水に溶ける水溶性と，水に溶けない不溶性に分類した表。糖が枝分かれしてつながる食物繊維は主に水溶性，糖が直線状につながる食物繊維は不溶性が多い。

たしかに表を見ると，水溶性の食物繊維を含んでいる食べ物って，昆布やわかめ，こんにゃくとか，なんかぬるぬるしているものがありますね。

そうでしょう。
一方，糖が枝分かれせずにつながっている食物繊維は水に**不溶性**のものが多く，ざらざらした食感をしています。

なるほど。
……でも先生，水に溶けるか，溶けないかのちがいで腸内のはたらきにちがいが出るんですか？

そうなんです。

水に溶けない不溶性の食物繊維は，腸の中の掃除をする役割が大きいです。

不溶性の食物繊維は，繊維が折り重なって網目のような構造をつくるため，すきまに水を取りこむことができます。すると体積が増えてふくらみ，大腸を刺激して，排便をうながします。

また，毒素やガスを便といっしょに押しだして，おなかの調子をととのえる効果もあります。

水溶性の食物繊維と不溶性の食物繊維の，大腸でのはたらき

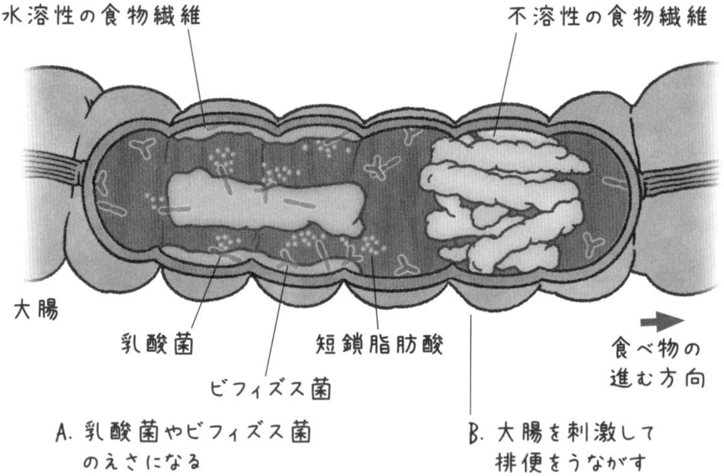

水溶性の食物繊維は，大腸で乳酸菌やビフィズス菌のえさになる（A）。乳酸菌やビフィズス菌は，水溶性の食物繊維を分解して，短鎖脂肪酸にかえる。短鎖脂肪酸は，大腸の粘膜のエネルギー源になったり，小腸の細胞から食欲をおさえるホルモンが分泌されるのをうながしたりする。一方，不溶性の食物繊維は，水を吸収してふくらみ，大腸を刺激して排便をうながす（B）。なお，イラスト上での腸に対する腸内細菌，食物繊維，短鎖脂肪酸の縮尺は実際とはことなる。

よくサツマイモのような食物繊維をたくさん含んだ食品をとると，おならがたくさん出るっていいますけど，そういうしくみなんですね。

ええ。一方，水に溶ける水溶性の食物繊維は，大腸にすむ**乳酸菌**や**ビフィズス菌**などの**えさ**となります。
乳酸菌やビフィズス菌といった“善玉菌”が増えると，毒素やガスをつくる腸内細菌の“悪玉菌”の勢力が衰えて減るため，おなかの調子がよくなるのです。

へーっ，食物繊維って腸内細菌のえさになるんですね。

そうなんです。
さらに乳酸菌やビフィズス菌は，水溶性の食物繊維を分解して，**短鎖脂肪酸**とよばれる物質に変えます。
短鎖脂肪酸は，大腸の粘膜から吸収されて粘膜のエネルギー源となり，水やミネラルを吸収する粘膜のはたらきを活発にします。

じゃあ，間接的に食物繊維は，私たちの栄養になっているってことですか？

はい，そういうことですね。
また，水溶性食物繊維には，ほかにもいくつかはたらきがあります。**まず，肝臓や脂肪組織で脂肪の合成を調節したり，小腸の細胞から食欲をおさえるホルモンが分泌されるのをうながしたりします。**

ほぉ。

さらに水溶性の食物繊維は，糖質や脂質を包みこんで，それらが小腸で消化酵素によって分解されないようにして，**糖質**や**脂質**の吸収をさまたげます。

それっていいことなんですか？

ええ。糖質や脂質の吸収がある程度，おさえられるということなので，**糖尿病**や**メタボリックシンドローム**の予防に有効だと考えられています。

そうか，水溶性の食物繊維は糖質や脂質のとりすぎをおさえる役割もあるんですね。やっぱり食物繊維って，ちゃんととったほうがいいんですね。

そうですよ。食物繊維の摂取量は生活習慣病の発症率や死亡率と関連しています。
このため，厚生労働省の「日本人の食事摂取基準」（2020年版）では，1日にとる食物繊維の理想的な目標量として，**男性21グラム**，**女性18グラム**と考えられるとしています。

実際にはどれくらい食べているんでしょうか？

厚生労働省の「国民健康・栄養調査」（2016年）によると，実際に摂取された1日の食物繊維の量は，成人男性は平均15.0グラム，成人女性は平均14.4グラムでした。

私たちの現代の食生活では，食物繊維は不足しがちみたいですね。

最近では，特別に精製された水溶性の食物繊維の一つ**難消化性デキストリン**という物質が，食物繊維の不足分を補う目的で，さまざまな食品に添加されています。食物繊維が不足している人は，試してみるのもいいかもしれませんね。

そうなんですか。
じゃあ，その……なんたらデキストリンをたくさんとれば，問題解決ですね。やったぁー！

ただし！　難消化性デキストリンのとりすぎは，腸から便に水分が過剰に移動したり，腸内細菌がつくる酸（主に乳酸とコハク酸）が増えたりして，おなかがゆるくなる可能性があるので注意が必要です。

そうか，何事もやりすぎはよくないってことですね。

体の大部分は，タンパク質でできている

次は**タンパク質**について説明します。タンパク質は，**アミノ酸**という分子がつながってできた栄養素です。

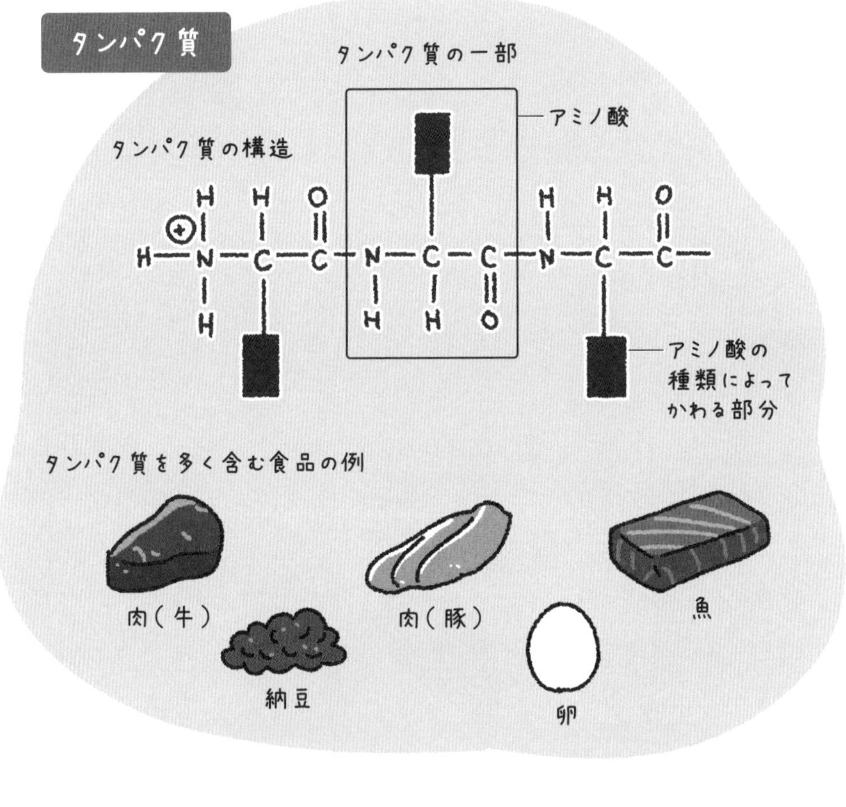

そういえばこの前，BSの科学ドキュメンタリー番組で，小惑星にアミノ酸が発見されたっていってましたよ。アミノ酸って，生命にとって必要な分子なんですよね！

よくご存じで！
そうです，アミノ酸は地球上の生き物にとって必要なものです。ヒトの体内のタンパク質を構成するアミノ酸は全部で**20種類**あり，その並び方によって，タンパク質の形や機能はかわってきます。

タンパク質っていうと，牛肉や豚肉，鶏肉や魚肉などに多く含まれているイメージです。

そうですね。タンパク質は，私たち人間をはじめとしたさまざまな生き物の体を構築する物質です。筋肉をはじめ，髪の毛，骨，皮膚などの材料として，タンパク質は使われています。

タンパク質は全身をつくっている

ふむふむ。タンパク質は体をつくる材料であると……。

さらに，先ほど糖などを分解する消化酵素の話をしましたが，この**消化酵素**もタンパク質です。

そうなんですか！

はい。このほか，目の網膜で光をとらえる分子（ロドプシン），体中に酸素を運ぶ分子（ヘモグロビン），体の外から侵入してきた病原体をやっつける「抗体」とよばれる分子，さらにはATPを合成する酵素など，体内ではたらくさまざまな分子はタンパク質なのです。

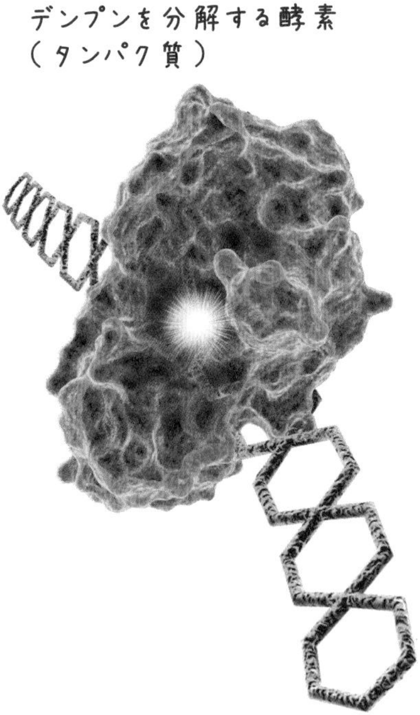

ヒトの体って，タンパク質づくしなんですね。どれくらいの種類があるんですか？

どのような数え方をするかによってちがってきますが，ヒトの体には，**約10万種類**のタンパク質があることが知られています。

10万種類!?　ものすごいですね！
じゃあ，体内で使われるタンパク質をつくるために，外から栄養素としてタンパク質を摂取する必要があるわけですね。

はい，そういうことです。
食品中に含まれるタンパク質は，アミノ酸にまでバラバラに分解されて主に小腸で吸収されます。アミノ酸はその後，血液を通って体中の細胞に供給され，新たなタンパク質の材料となるのです。

ということは，肉からとったタンパク質が，そのまま体のタンパク質になるわけではないということですか？

そういうことです。
食べたタンパク質は一度アミノ酸に分解されるわけですから，そのまま体内で使われるわけではありません。

なるほど。

なお，ヒトのタンパク質に含まれるアミノ酸は20種類ありますが，そのうち11種類は私たちの体内で合成できます。

しかし残りの9種類は**必須アミノ酸**とよばれ，ヒトの体内では合成できないため，必ず食品からとる必要があります。

私たちは牛や豚，鳥などのほかの動物の体からタンパク質をもらっているんですね。感謝の気持ちをもって食べないといけませんね。

あぶらは，予備のエネルギー

炭水化物（糖質，食物繊維），タンパク質ときて，次に紹介するのが**脂質**です。

これで**三大栄養素**がそろうことになりますね。
でも脂質って，なんとなく肥満の原因になる悪いイメージしかありません。
できるだけ食べないほうがいいんですよね？

いやいや，とんでもないです！
脂質も体にとって必要不可欠な栄養素なんです。
たしかにとりすぎはよくありませんが，とらなすぎるのもだめです。脂質は，私たちの体内で**予備のエネルギー源**になります。
さらに**細胞をおおう膜の材料**にもなるんです。

ほうほう。脂質もエネルギーのもとになり，さらに細胞の膜の材料になると……。

はい。脂質は，水に溶けない栄養素の総称で，いわゆる**あぶら**のことです。
食材をいためるときに使う植物油，動物の肉に含まれる脂，バターなどに多く含まれています。

ふむふむ。

化学的に見ると，脂質は，主に**脂肪酸**でできています。
脂肪酸とは，炭素原子が数個〜二十数個，鎖のようにつながった分子です。

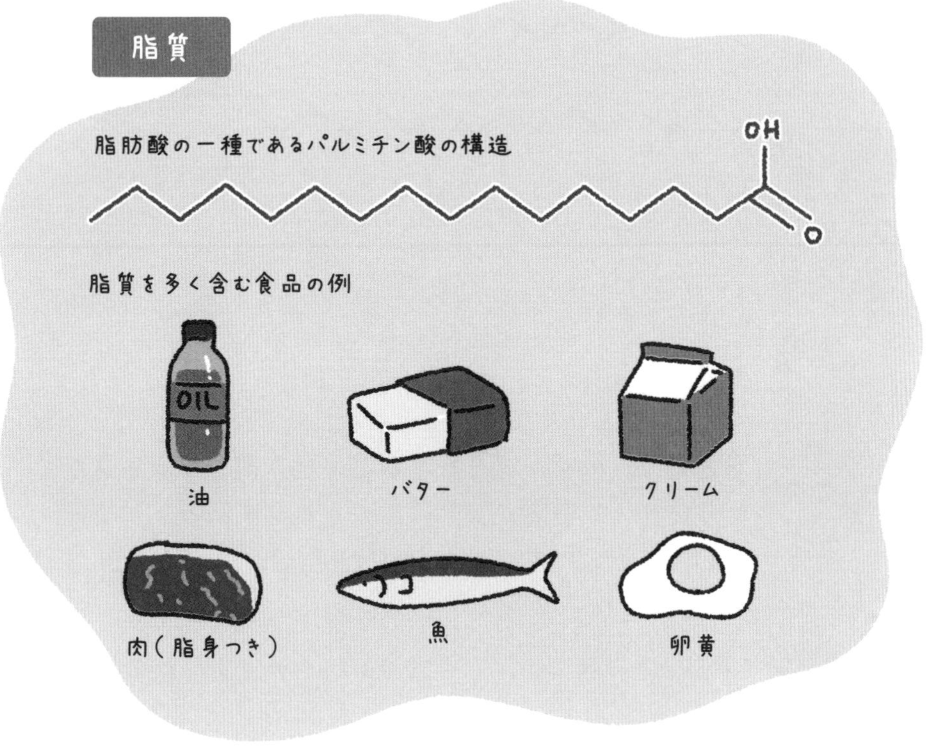

細長い分子なんですね。

そうです。
たとえば，よく聞く中性脂肪は，グリセリンという分子に脂肪酸がくっついた物質のことです。

中性脂肪の一種

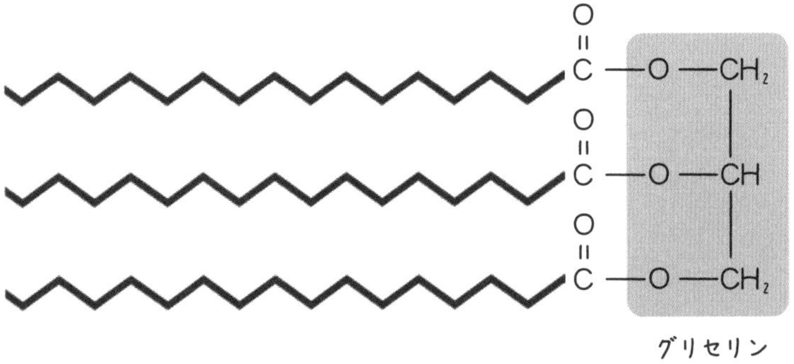

脂質は体の中でどのように利用されるんでしょうか？

たとえば，食品に含まれている中性脂肪は，脂肪酸などに分解されて**小腸**の細胞に吸収されます。
そして，その中でふたたび**中性脂肪**，**リン脂質**，**コレステロール**などがつくられます。

うわぁ，また新しい物質が出てきた……。

まず，**中性脂肪**は，主に体の皮下にある**脂肪組織**にたくわえられます。
この皮下の脂肪は分解されると，エネルギー（ATP）をつくるもとになります。
炭水化物よりもエネルギーをつくる時間がかかりますが，1グラムあたりの脂肪がつくるエネルギー量は，炭水化物よりも大きいです。

これが予備のエネルギー源ってことですね。

はい，そうです。
次に**リン脂質**ですが，これは細胞の膜を構成する主な成分となります。

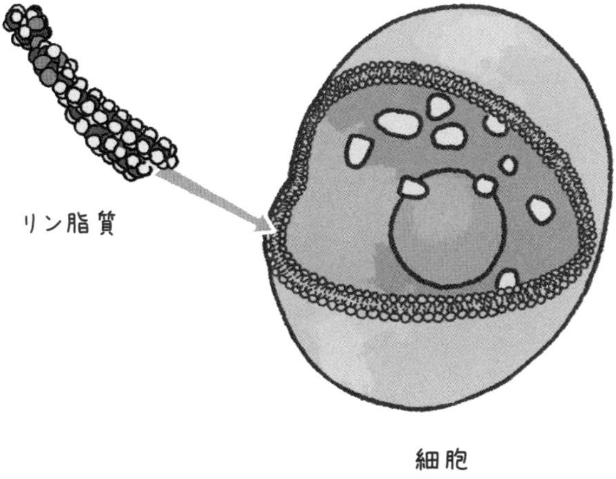

ほほう！

私たちの細胞の膜は，このイラストのように，リン脂質でできた二つの層が向き合ってできています。
リン脂質の層は，イオンやある程度の大きさの分子を通しません。

完全にすべてのものを遮断しちゃうんですか？

いえ，リン脂質の膜の中には，ゲートの役割をするタンパク質があり，そのゲートを通ることのできる物質は細胞の内外を行き来することができるのです。ただし，油に近い性質の物質は，ゲートを通らないで通過する場合もあります。

な～るほど！

それから，**コレステロール**も，リン脂質同様，細胞膜の構成成分になります。さらに，**胆汁酸**やさまざまな**ホルモン**の材料になります。

へぇー，コレステロールって悪いやつってイメージでしたけど，ちゃんと体の中で役に立っているんですね。
なぜコレステロールは体に悪い！　っていわれているんでしょうか？

実はコレステロールは，**善玉コレステロール**と**悪玉コレステロール**があります。悪玉コレステロールが増えると，血管に蓄積して，動脈硬化につながる危険性があるんです。コレステロールについてはのちほどくわしく説明しましょう。

ビタミンは縁の下の力持ち

さて，次は**ビタミン**です。
ビタミンは，炭水化物，タンパク質，脂質を除いた有機化合物の中で，体内でほとんど合成できない**有機化合物**の分子のことです。
ビタミンは三大栄養素のように，エネルギー源となったり，体を形づくる材料となったりすることはありません。
しかし，私たちの体には必要なものです。

ビタミンはなぜ私たちの体に必要なんですか？

ビタミンは必要とされる量はわずかです。**しかし，ビタミンは，体内でさまざまな生理機能を調整する重要な役割をもっています。**とくに，体内の化学反応を進める酵素のはたらきを助ける**補酵素**としての機能が多いです。

ほこうそ？

消化酵素などの酵素の中には，補酵素が結合していないと，機能を発揮しないものが多くあるんです。
たとえば，**ビタミンB_2**や**ナイアシン**は，炭水化物やタンパク質，脂質からエネルギーを取りだす反応をになう酵素の補酵素としてはたらきます。
同じくビタミンの**葉酸**は，DNAを合成する酵素や，赤血球をつくる酵素の補酵素としてはたらきます。

へー，ビタミンの多くは酵素のお助け役なんですね。

そうなんです。
また，1種類のビタミンが，さまざまな機能をもつこともあります。たとえば，野菜や果物に多く含まれることで知られる**ビタミンC**は，皮膚や骨などの成分となるコラーゲンの合成を助けたり，ホルモンを合成したり，鉄を小腸で吸収されやすい形に変えたりと多様なはたらきをもっています。

ビタミン

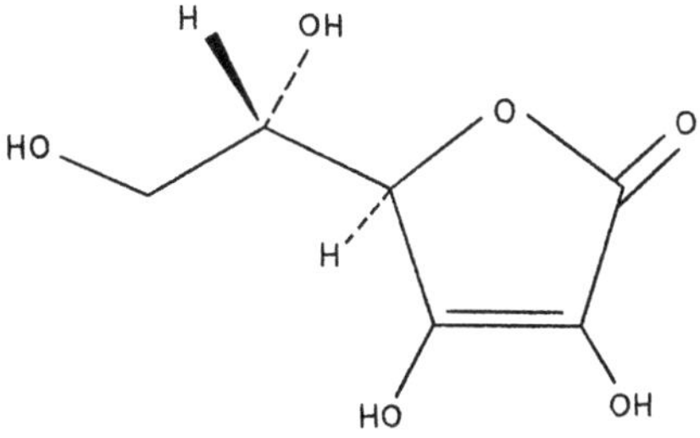

ビタミンC

はたらきものなんですね。

そうですよ。
ビタミンが不足すると，さまざまな不調が体にあらわれます。たとえば，**ビタミンB_1**は，炭水化物などからエネルギーを取りだすのに必要なので，ビタミンB_1が不足するとエネルギーをつくることができず，疲れを感じやすくなります。

私が疲れやすいのも，ビタミンB_1が足りないからかも……。

もしそうなら，今のうちにちゃんと摂取するようにしないといけませんね。
もし長期にわたって極端なビタミンB_1不足になると，足にむくみが出たり，足がしびれたりする，**脚気**というビタミンB_1欠乏症になります。

ふぅむ。気をつけないといけませんね。

はい。現代の日本では重い症状が出ることはほとんどありませんが，炭水化物，タンパク質，脂質が中心の食べ物ばかりを食べているとビタミンB_1不足となり，脚気予備軍のような症状があらわれるおそれはあります。とくに，かたよった食事をしている若者にそのような症状がみられます。

ビタミンってAとかBとかCとかたくさんありますよね。いったい何種類くらいあるんですか？

ヒトが生きていくために必要なビタミンとして，現在は**13種類**が知られています。次のページに13種類を表にまとめました。

もっとたくさんあるんだと思っていました。
表を見ると，ビタミンBには4種類もあるのに，ビタミンFは存在しない……。ビタミンの名前ってどうやってつけられているんでしょうか？

おおむね発見された順番にアルファベットがふられてつけられます。

	種　類	多く含まれる食品の例	主な機能の例
脂溶性（油になじみやすい）	ビタミンA	アンコウの肝臓，レバー（牛，豚，鶏），ニンジン，モロヘイヤ	皮膚や粘膜を正常な状態に保つ。目の網膜で光を受け取るタンパク質「ロドプシン」の成分になる。抗酸化作用をもつ。
	ビタミンD	サケ，サンマ，キクラゲ，干しシイタケ	小腸からのカルシウムの吸収をうながす。骨からカルシウムをとかして，血液中のカルシウム濃度を高くする。
	ビタミンE	植物油，アーモンド，キングサーモン，カボチャ	抗酸化作用をもつ。毛細血管を拡張させる。
	ビタミンK	納豆，アシタバ，ツルムラサキ，オカヒジキ	止血する。骨からカルシウムが溶けだすことをおさえる。
水溶性（水になじみやすい）	ビタミンB_1（チアミン）	玄米，そば，豚肉，ウナギ（蒲焼き），エンドウマメ	炭水化物からエネルギーを取りだす反応を助ける。神経の機能を正常に保つ。
	ビタミンB_2（リボフラビン）	レバー（牛，豚，鶏），ウナギの蒲焼き，卵，牛乳，納豆	炭水化物，タンパク質，脂質からエネルギーを取りだす反応を助ける。抗酸化作用をもつ。
	ナイアシン	タラコ，カツオ，レバー（牛，豚）	炭水化物，タンパク質，脂質からエネルギーを取りだす反応を助ける。アルコールの分解を助ける。
	ビタミンB_6	マグロ，カツオ，レバー（牛），バナナ	タンパク質の分解と再合成を助ける。神経に情報を伝える物質やヘム（血中で酸素を運ぶ分子の成分で酸素と結合する部分）の合成を助ける。
	ビタミンB_{12}（コバラミン）	レバー（牛，豚，鶏），菜の花，芽キャベツ，ホウレンソウ	DNAの合成を助ける。
	葉酸	レバー（牛，豚，鶏），菜の花，枝豆	DNAの合成を助ける。造血を助ける。
	パントテン酸	レバー（牛，豚，鶏），子持ちカレイ，ニジマス	炭水化物，タンパク質，脂質からエネルギーを取りだす反応を助ける。ホルモンやHDLコレステロールの合成を助ける。
	ビオチン	レバー（牛，豚，鶏），落花生，卵	炭水化物，タンパク質，脂質からエネルギーを取りだす反応を助ける。皮膚の炎症をおこす物質の排泄を助ける。
	ビタミンC	赤ピーマン，ブロッコリー，柿，キウイフルーツ	コラーゲンの合成を助ける。抗酸化作用をもつ。腸内での鉄の吸収を助ける。ホルモンの合成を助ける。

ただビタミンB群については，もともと似たような作用をもつビタミンとして一つにまとめられていたのが，のちに複数の化合物からなることがわかり，数字をふってさらに細かく分類されたといういきさつがあります。

ふむふむ。
それじゃあ，ビタミンFやGはなぜないんですか？
ビタミンKはあるのに。

実は，ビタミンFやGもかつて存在したことがありました。しかし，ビタミンFは脂肪酸の一種，ビタミンGはビタミンB_2と同じであることがわかったため，**欠番**となったのです。

ふむふむ。

ほかにも，**ビタミンB_4**は，名前がついたあとでアルギニンとシスチンというアミノ酸の混合物だったことがわかったため，現在は欠番となっています。

表の中には葉酸とかナイアシンとか，“ビタミンなんたら”じゃないものも混ざっていますね。

発見された順番から，葉酸は**ビタミンB_9**，ビオチンは**ビタミンB_7**とよばれることもあります。ただ，葉酸，ビオチンの名前のほうがより一般的ですね。

わずかな量でもあなどれない，ミネラル

さて最後に説明するのは，**ミネラル**です。

ミネラルもよく聞きます。
ミネラルウォーターとか，ミネラルが豊富な麦茶とか発売されてます。ミネラルって，どういったものなんでしょうか？

私たちの体のおよそ94〜95％は，酸素，炭素，水素，窒素の四つの元素からできています。ミネラルは，残りの約4〜5％を占める元素のことをいいます。

たった4〜5％！
すくなっ！

人体を構成する元素
（重さの割合）

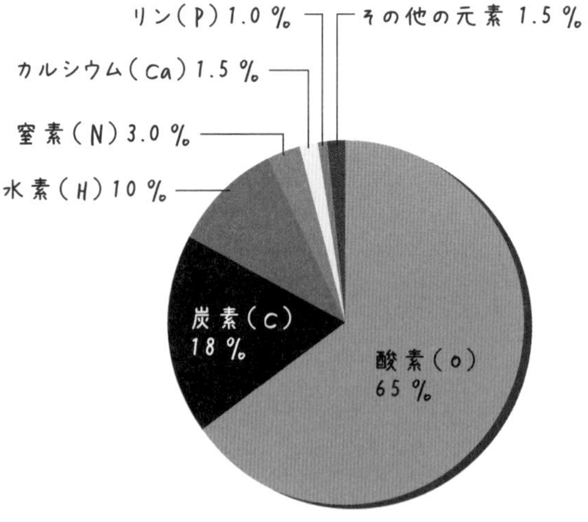

分類	元素名 （紫色は必須元素）	割合	体重60kg中に 含まれる量
多量元素	酸素	65 %	39 kg
	炭素	18 %	11 kg
	水素	10 %	6.0 kg
	窒素	3 %	1.8 kg
	カルシウム	1.5 %	900 g
	リン	1 %	600 g
少量元素	硫黄	0.25 %	150 g
	カリウム	0.2 %	120 g
	ナトリウム	0.15 %	90 g
	塩素	0.15 %	90 g
	マグネシウム	0.05 %	30 g
微量元素	鉄	……	5.1 g
	フッ素	……	2.6 g
	ケイ素	……	1.7 g
	亜鉛	……	1.7 g
	ストロンチウム	……	0.27 g
	ルビジウム	……	0.27 g
	臭素	……	0.17 g
	鉛	……	0.10 g
	マンガン	……	86 mg
	銅	……	68 mg
超微量元素	アルミニウム	……	51 mg
	カドミウム	……	43 mg
	スズ	……	17 mg
	バリウム	……	15 mg
	水銀	……	11 mg
	セレン	……	10 mg
	ヨウ素	……	9.4 mg
	モリブデン	……	8.6 mg
	ニッケル	……	8.6 mg
	ホウ素	……	8.6 mg
	クロム	……	1.7 mg
	ヒ素	……	1.7 mg
	コバルト	……	1.3 mg
	バナジウム	……	0.17 mg

注：1 mg = 0.001 g

ミネラルって，何種類くらいあるんですか？

現在，厚生労働省が日本人の食事摂取基準を設けているミネラルは13種類ですが，ヒトが必要とするミネラルは，それ以外にもあります。代表的なものを右の表にまとめました。

こう見ると，ミネラルって，学校の化学の授業で出てきた元素がたくさんありますね。
ミネラルはどうやって消化・吸収されるんでしょうか？

食べ物に含まれるミネラルは，消化の過程でイオンの形となって水に溶けこみます。溶けたミネラルは，主に**小腸**で吸収されることが多く，その後，毛細血管に送られて全身をめぐります。

ミネラルって体の中では，どんなはたらきをしているんですか？

たとえば，ミネラルであるカルシウムやリンは骨や歯を形成します。また，硫黄はつめや髪をつくるなど，体の構成成分となります。
カルシウムは，**筋肉の収縮**や**神経細胞の情報伝達**，成長ホルモンなどの**ホルモンの分泌**，**血液凝固**などにもかかわっています。

カルシウムめっちゃ大事ですね！

種類	多く含まれる食品の例	主な機能の例
カルシウム（Ca）	牛乳，ヨーグルト，チーズ，干しエビ	骨や歯を形成する。筋肉の収縮を助ける。神経間の情報の伝達をおさえる。ホルモンの分泌を助ける。細胞の分裂を調節する。
リン（P）	ワカサギ，シシャモ，牛乳，レバー（牛，豚，鶏）	骨や歯を形成する。DNAの材料になる。ATPの材料になる。細胞膜を構成しているリン脂質の材料になる。
カリウム（K）	ホウレンソウ，バナナ，ジャガイモ	体液の浸透圧を調節する。神経間の情報の伝達を助ける。細胞内外での物質の出し入れを助ける。血圧を下げる。
硫黄（S）	卵	解毒作用を助ける。皮膚，つめ，髪を形成する。
ナトリウム（Na）	食塩，みそ，梅干し，辛し明太子	体液の浸透圧を調節する。神経間の情報の伝達を助ける。細胞内外での物質の出し入れを助ける。
塩素（Cl）	食塩	殺菌を行う胃酸の成分。体液の浸透圧を調節する。神経間の情報の伝達をおさえる。
マグネシウム（Mg）	アーモンド，玄米，大豆，ホウレンソウ	骨や歯を形成する。筋肉の収縮を助ける。血管を広げて血圧を下げる。神経間の情報の伝達をおさえる。エネルギーの生産を助ける。
鉄（Fe）	レバー（豚，鶏）	体中に酸素を運ぶタンパク質「ヘモグロビン」の成分。血液中の酸素を筋肉に取りこむタンパク質「ミオグロビン」の成分。
亜鉛（Zn）	カキ，レバー（豚），牛肉	DNAやタンパク質の合成を助ける。舌が味を感じるのを助ける。生殖機能を維持する。
銅（Cu）	タコ，レバー（牛），ソラマメ	鉄をヘモグロビンに取りこまれる形にかえる。抗酸化作用をもつ。コラーゲンの合成を助ける。髪の合成を助ける。
ヨウ素（I）	真昆布，ヒジキ，マダラ	発育をうながす。全身の基礎代謝（じっとしていても生命を維持するために必要な，エネルギーを使う反応）をうながす。
セレン（Se）	アンコウの肝臓，タラコ，クロマグロ	抗酸化作用をもつ。
マンガン（Mn）	緑茶，栗，ショウガ	骨の発育をうながす。抗酸化作用をもつ。炭水化物，タンパク質，脂質からエネルギーを取りだす反応を助ける。
モリブデン（Mo）	大豆，納豆，レバー（牛，豚，鶏）	DNAの分解で生じた物質を尿酸（最終的な老廃物）にかえるはたらきをうながす。
クロム（Cr）	青のり，きざみ昆布，ヒジキ	炭水化物，脂質からエネルギーを取りだす反応を助ける。
コバルト（Co）	モヤシ，納豆	ビタミンB_{12}の構成成分。造血を助ける。

それから，ナトリウムやカリウムのように，体液の浸透圧などの体内の環境を保つものもあります。

しんとうあつ？

細胞膜を通して液体の移動をおこす圧力のことです。
たとえば，細胞の中は一般的に物質の濃度が高いため，物質の濃度が低い外側から，細胞の中に液体が入ってこようとします。逆に細胞の外のほうが濃度が高いと，細胞から外に液体が出ていこうとします。
このようにして生じる力が浸透圧です。

なるほど。ナトリウムやカリウムは，細胞内外の物質の濃度を調整するのに使われるわけですね。

また，ミネラルの中には，ビタミンのように，酵素のはたらきを助けるものもあります。たとえば，DNAやタンパク質の合成にかかわる酵素の中には，亜鉛と結合することで機能するものが多くあります。

表を見ると，鉄とかの金属も多くありますね。
体の中に金属があるなんて，ちょっと不思議です。

そうかもしれませんね。
鉄は，血液中で酸素を運ぶ役割をもっています。
酸素を運ぶ赤血球の中には鉄が含まれており，この鉄を含んだ部分に酸素がくっつくんです。ですから，体内の鉄が不足すると，全身のすみずみまで酸素を運ぶことができなくなります。

こうしておきる病気を**鉄欠乏性貧血**とよび，頭痛や立ちくらみ，疲れやすいなどの症状があらわれます。

鉄が不足するだけで病気になるなんて，こわいですね。
そういえば，最近では鉄とかの**サプリメント**もたくさんあるじゃないですか。サプリメントってどうなんですか？

たしかに，現代の私たちはビタミンやミネラルが不足気味で，さまざまな体調の不良があらわれることも多くなっています。
ただし，サプリメントをとる際には注意が必要です。
たとえば，ある一つのミネラルが不足している場合，ほかのビタミンやミネラルも不足していることが多いです。そのような人は，まずは食事全体を見直し，そのうえでマルチビタミンやマルチミネラルなど，複数のビタミンやミネラルが含まれているサプリメントを摂取して全体的に底上げするのがよいでしょう。

いろんなミネラルやビタミンが含まれた食事をとるのが第一なんですね。

はい。それに，**とりすぎによる害（過剰症）**にも注意しなければなりません。たとえば，鉄不足だからといって，鉄のサプリメントを大量にとりつづけると，吐き気や下痢などの胃腸障害を引きおこすことがあります。
サプリメントは，ビタミンやミネラルが食事だけではどうしても不足してしまうときに，適切な量をとることを心がけるのがよいでしょう。

理想的な栄養素の配分

糖質，タンパク質，脂質。これが体の中でエネルギー源となる三大栄養素ですよね。それぞれの栄養素ってどれくらいの配分でとるのがいいんでしょうか？
私は油っこい食べ物が大好きなんで，人よりも脂質をたくさんとっている気がします。
これってやっぱり肥満になりやすいんでしょうか？

では，三大栄養素のカロリーについて考えてみましょう。まず**糖質**ですが，糖質1グラムは**約4キロカロリー**に相当します。**タンパク質**も1グラムで**約4キロカロリー**です。

だいたい同じなんですね。

では**脂質**はどうかというと，1グラムで**9キロカロリー**です。
同じ重さを摂取するとすれば，脂質が最もカロリーが高いということになります。

やっぱり……。

脂質を多く含む食品は，食べた本人に食べすぎの感覚はなくても，結果的に**カロリーが過剰**になる危険性が高いんです。
この意味では，「油っこいものを食べると太りやすい」というのはまちがいではないといえますね。

油っこい食べ物は，やっぱりだめなんですね。トホホ……。先生，もし同じカロリーの分だけ食品をとったらどうなんでしょうか？　摂取したカロリーの量が同じ場合に，栄養素の種類によって太りやすさに差はあるんですか？

カロリーが同じであれば，食品や栄養素による太りやすさのちがいは，基本的にはありません。
ご飯（米）であろうがパンであろうが，肉であろうがマヨネーズであろうが，あるいは栄養素としては糖質であろうが脂質であろうがタンパク質であろうが，1000キロカロリーは1000キロカロリーというわけです。ただし，消化のされやすさで多少変わります。

なるほど。カロリーを基準にするととくに太りやすい栄養素はないってことか。でも，脂質はカロリー過多になりがちだから，今度から食べないようにします！

食べすぎはだめですが，脂質を極端に制限するのもよくありません。脂質は今まで説明してきたように，細胞膜の材料としても使われており，また，ビタミンの吸収を助けるはたらきももっています。それから，一部の脂質は人体で合成できない必須の栄養素ですから，必ず食事からとらないといけません。

もし，脂質を減らしすぎるとどうなるんでしょうか？

脂質を極端に減らした食事をつづけると，血管や細胞膜が弱くなったり，視力が低下したりといった悪影響が出る可能性があります。

うぅむ。脂質もとらなすぎるのはよくないんですね。
そういえば，ダイエットには糖質を制限するのがいいって聞いたことがあります。
糖質を減らすのはどうなんですか？

糖質制限ダイエット，流行しているようですね。
これについては4時間目でくわしくお話ししますが，やはり極端な糖質制限はすすめられません。

なぜですか？

糖質を制限することは，血糖値（血液中のグルコースの濃度）の急上昇を防ぐ効果があるとして，**糖尿病**の患者には有効とする説もあります。
でも，糖質を制限することによってタンパク質を摂取する割合が増えます。その結果，**腎機能障害**をもつ人の症状を悪化させる可能性があります。

タンパク質って，とりすぎると腎臓によくないんですか!?
じゃ，じゃあ，タンパク質をとらないとどうなるか教えてください。

タンパク質は私たちの体をつくる材料です。そのタンパク質の量を制限することは，体の構成要素の不足につながるので，これは問題外です。

た，たしかに。
じゃあ，結局，それぞれの栄養素をどれくらいとればいいんでしょうか？

肥満症の治療のガイドラインとして，世界保健機構（WHO）では，栄養素の理想的な配分を糖質55〜60％以上，脂質20〜30％以下，タンパク質15％以上と推奨しています。また，日本肥満学会のガイドラインでは，糖質50〜60％，脂質20〜25％，タンパク質15〜20％となっています。
いずれにしても，健康のためには，各栄養素をバランスよく摂取することが重要ということです！

はい，できるだけかたよらない食事を心がけます！

偉人伝

ビタミンB_1の発見者，鈴木梅太郎

ビタミンは，私たちの生命活動に必要不可欠です。農芸化学者の鈴木梅太郎は，「脚気」という病の研究から，その予防に不可欠なビタミンを発見・抽出しました。

鈴木梅太郎は1874年，静岡県で農家の次男として生まれました。子どものころから学問好きで，帝国大学農科大学を首席で卒業しました。そして1901年，27歳のときにヨーロッパに留学します。そこでドイツの有機化学者エミール・フィッシャーのもとでタンパク質について学んだあと，1906年に帰国。その翌年に農科大学教授となりました。

脚気の原因究明からオリザニンを発見

当時の日本では，脚気が流行し，人々を苦しめていました。脚気にかかると，食欲の低下やけん怠感がおこり，やがて手足の痛みやしびれ，そして筋力がおとろえてきます。重症化すると心臓の機能が低下するなど，とても怖い病気です。玄米食から白米食に変わっていった江戸時代から脚気は増えはじめ，白米食が普及した明治時代には，多くの脚気患者が出ていたのです。

脚気は白米食が原因でおこるのではないかと指摘されていましたが，決定的な証明にはいたっていませんでした。興味をもった鈴木は，ニワトリなどを白米で飼育する実験をした結果，脚気と同じような症状が出ることを認め，それを1910年（明治43）に発表します。そして同じ年に，米糠《こめぬか》に含まれる新しい栄養素を抽出することに成功します。鈴木は

この栄養素を「オリザニン」と命名しました。この名前は，稲の学名である「oryza」からきています。当時の人々を苦しめた脚気は，このオリザニンの不足が原因でおこっていたのです。

鈴木は翌1911年に論文で発表しましたが，のちにポーランドの科学者フンクが鈴木と同じ物質を抽出してこれを「ビタミン」と命名し，これが定着するようになりました。鈴木が発見したオリザニンは，現在ではビタミンB_1とよばれています。

鈴木はその後も研究生活をつづけ，理化学研究所の創設に参加するなど，多くの業績を残し，1943年（昭和18）4月に文化勲章を受章しました。しかし同年9月，腸閉塞によって69歳でこの世を去りました。私たちの健康に重要なビタミンの命名者はフンクですが，はじめて抽出・発見したのは，鈴木梅太郎であることにまちがいありません。

2

時間目

食を楽しむ体のしくみ

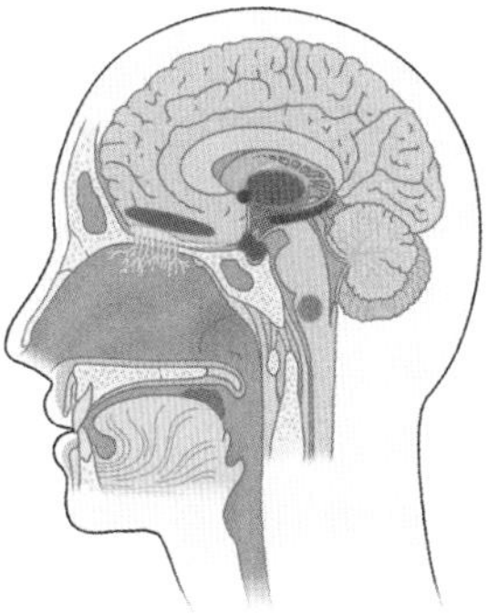

STEP 1

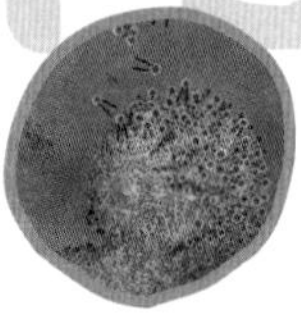

栄養素を取りこむしくみ

私たちが食事によって取りこんだ栄養素は，体内でどのような処理を受けて吸収されるのでしょうか？　口の中から大腸にいたるまでの，“食べ物の長い旅路”を，順番に見ていきましょう。

食べ物の消化は口からはじまる

この2時間目STEP1では，食べ物がいかに消化されて，体内に吸収されるかを見ていきましょう。
食べ物に含まれる栄養素は，そのままでは体に吸収することはできません。そのため，私たちの体は，食べ物を細かくしたり，化学反応によって分解したりして，栄養素を吸収できる形に変えているんです。
これが**消化**です。

消化っていうと，胃とか腸とかですよね？

ええ。私たちが食べたものは，口腔，食道，胃，小腸，大腸という約10メートルもある，ひとつづきの管を旅します。この管を**消化管**といいます。

10メートル!?
めちゃくちゃ長いですね！

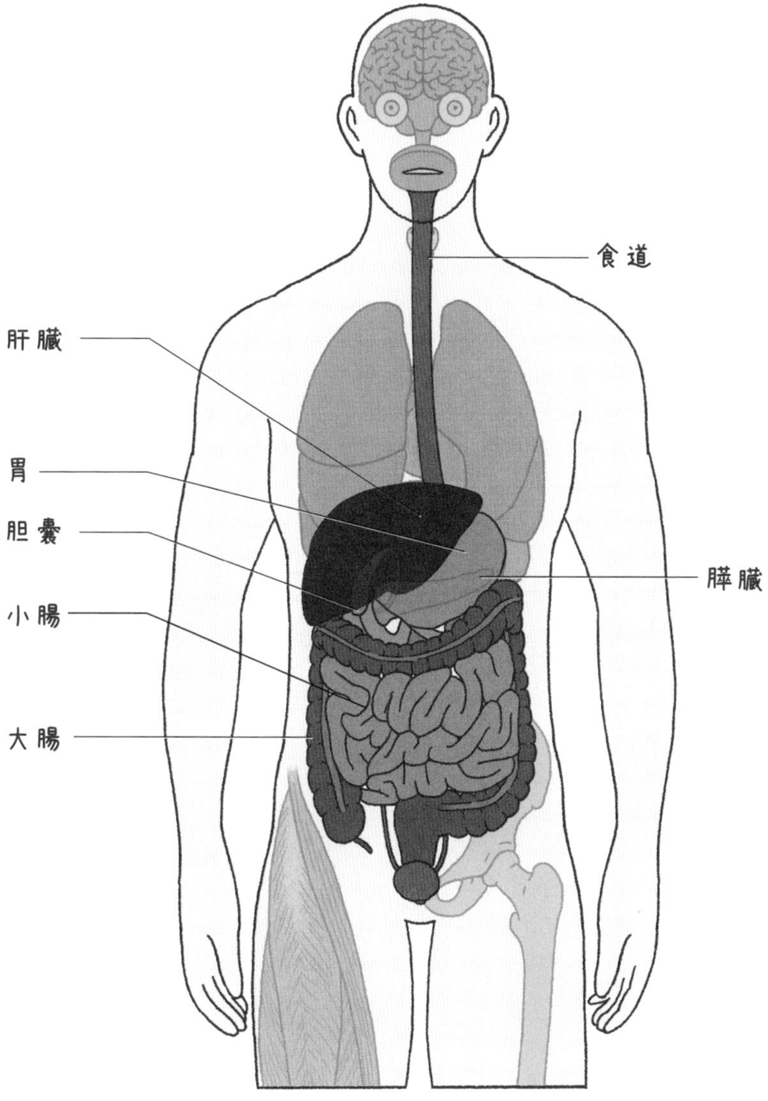
食道
肝臓
胃
胆嚢
膵臓
小腸
大腸

口に入った食べ物は，この消化管を通って，**約24～72時間後**に便として肛門から排泄されます。

長旅ですね～。

では，具体的に消化の旅を見ていきましょう。
まずは口からスタートです。
食べ物の消化は，口の中（口腔）から，すでにはじまっているのです。

口の中で消化!?

食べ物が各消化器を通る所要時間

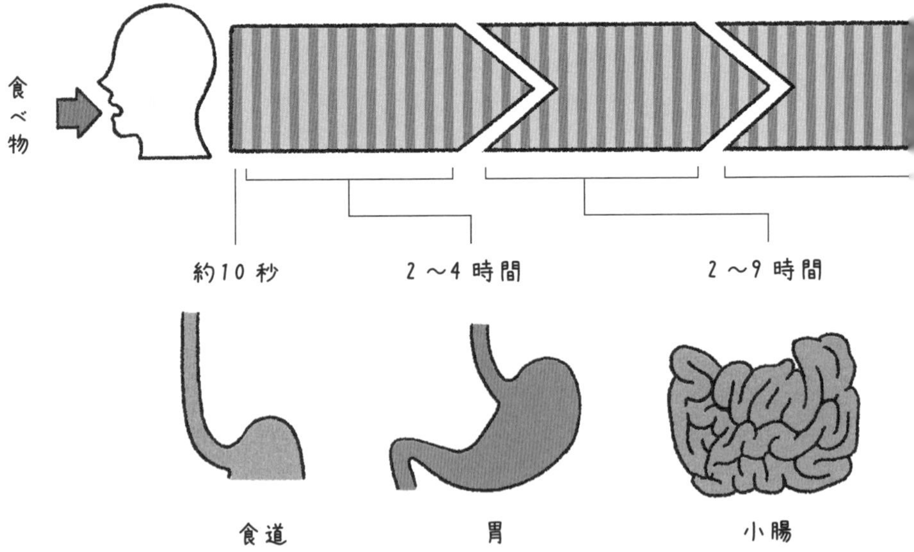

「おいしそうなソースの香りがしてきて，思わずつば（唾液）があふれ，飲みこんだ」といった経験を，一度はしたことがあるでしょう？
実はこの唾液は，食べ物を分解する消化液の一種なんです。ですから，唾液の分泌は消化の準備といえるでしょう。

ほぉ！　唾液が消化液とは。
唾液ってどうやって出ているんですか？

唾液は，口の中の**唾液線**という組織から分泌されます。
たとえば，唾液線の一つである耳下腺には，首の横をのぼる頸動脈が枝分かれして入りこんでおり，**血液**が供給されています。**この血液を原料にして唾液がつくられるんです。**

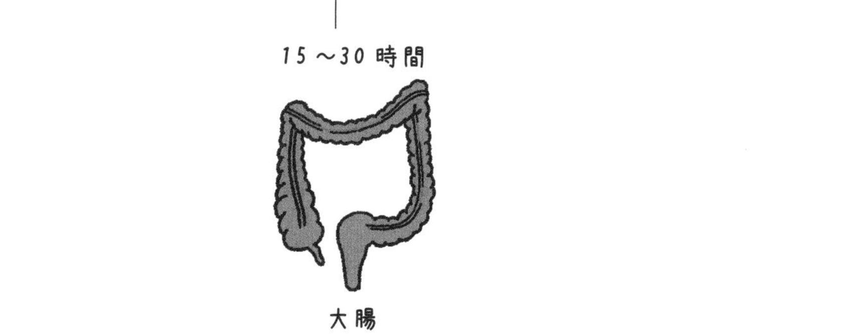

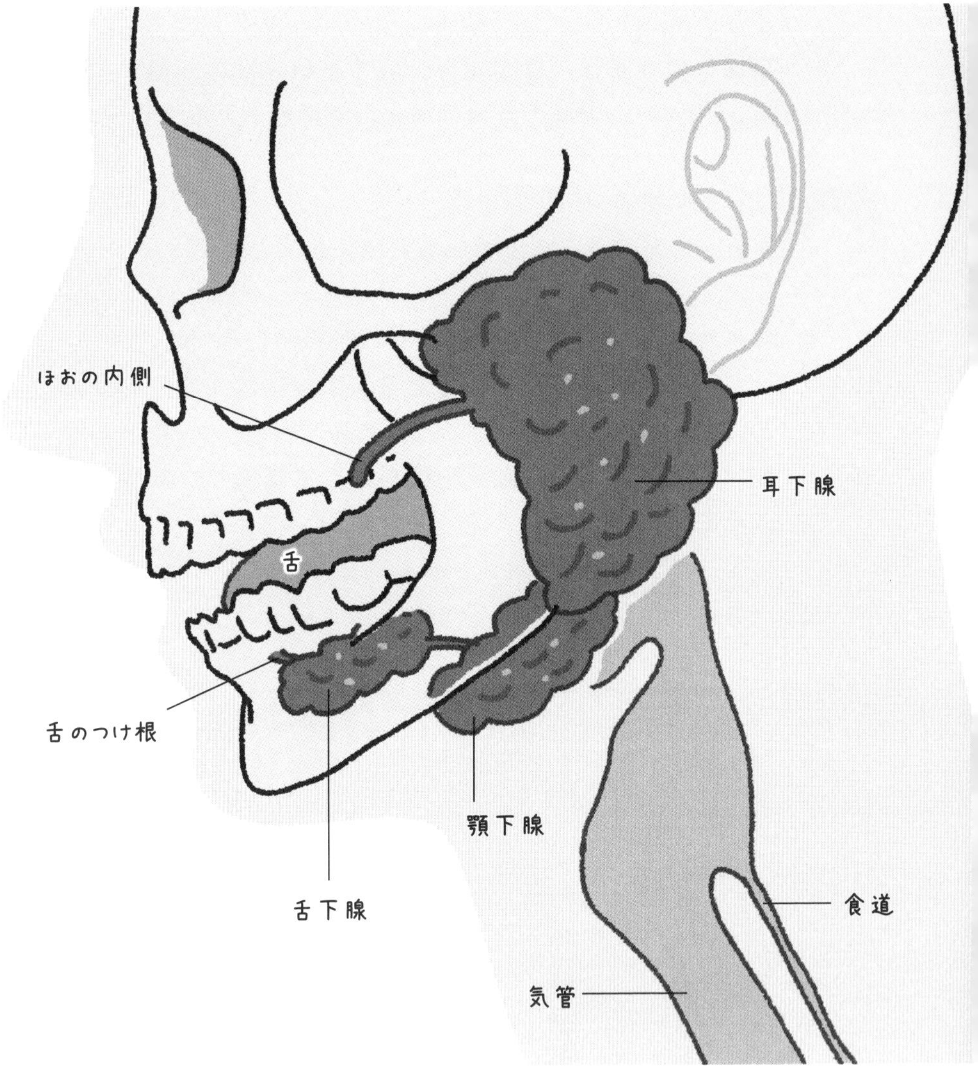
ほおの内側
耳下腺
舌
舌のつけ根
顎下腺
舌下腺
食道
気管

へーぇ，唾液ってもともと血液だったんですね。
でも，血とはちがって鉄のような味はしませんし，色だって全然ちがいますよ。

唾液線の中の細胞が，血液から水分など一部の成分だけをくみだして唾液の原液としているんですよ。赤血球などは，くみだされません。この唾液の原液に，唾液線の細胞が分泌する**消化酵素**や**粘液成分**がくわえられて唾液がつくられます。
食事のときなどには，唾液線に入りこんだ血管に血液を増やす電気信号が送られるんですよ。

なるほど。
「これから食事をするから，唾液をたくさん出すために血流を増やせ！」っていう命令が来るわけですね。それで，唾液に含まれている消化酵素っていうのは？

唾液には**アミラーゼ**や**マルターゼ**という消化酵素が含まれていて，食物の中の**デンプン**を分解するはたらきをもっています。

そういえば先生，梅干しを食べると唾液が大量に出ますよね？　どうしてですか？　梅干しを消化するには，大量に消化酵素が必要ってこと？

すっぱいもの，つまり「酸性のもの」は，歯の表面をとかしてしまうおそれがあります。したがって，唾液を一気にどばっと出すことで，歯や，口の粘膜を守っていると考えられています。

そうか！　口の中に入ってきた，歯や粘膜によくないものをうすめたり，洗い流したりしているわけですね。

唾液で炭水化物は短くなる

食べ物を噛むという動作は，歯で物理的に食べ物をすりつぶすためだけではなく，唾液と食べ物をまぜるためでもあります。

食べ物と唾液の中の消化酵素をまぜ合わせるわけですね。私も子供のころ，よく母から「よく噛んで食べなさい！」って言われました。

たとえばハンバーガーを食べるとすると，パンから炭水化物，肉からタンパク質や脂質がとれます。唾液によって消化されるのは，主に炭水化物の**デンプン**です。いくら唾液とまぜても，実はほぼタンパク質や脂質は消化されません。
唾液の消化酵素のほとんどを占めるアミラーゼが，タンパク質も脂質も分解することはできないためです。

じゃあ，デンプンはどうなるんです？

ご飯やパン，イモなどに含まれるデンプンは多数のグルコース（ブドウ糖）が数十～数万個もつながったものです。アミラーゼはそれを二つセット（マルトース）になるまで切っていくことができます。

ご飯をよく噛んだとき，じんわりした甘味を感じませんか？

はい，ご飯ってよく噛むと甘いですよね！

その甘みは，マルトースによるものです。
まだ体に吸収できるわけではありませんが，これが消化の第一段階です。

甘みを感じるってことは，ちゃんとご飯がアミラーゼで分解されているってことなんですね。

ええ。
このほか，アミラーゼによる分解は，デンプンが入っている食材を食べやすくする効果もあります。
ヒトは進化の過程で，デンプンを加熱して食べるようになりました。しかし，加熱したデンプンはのりのように粘着質になり，口の中にはりついてしまいます。アミラーゼによる分解は，加熱したデンプンが口の中にはりつかないようにして食べやすくする役割もあるんです。

うまくできてますね。

アミラーゼは，デンプンの分子を短く切断する

グルコースが長くつながってできたデンプンは，アミラーゼによって最終的にグルコース二つがつながったマルトースへ分解されます。一方，タンパク質や脂質はアミラーゼでは分解されません。なお，各要素の大きさは誇張してあります。

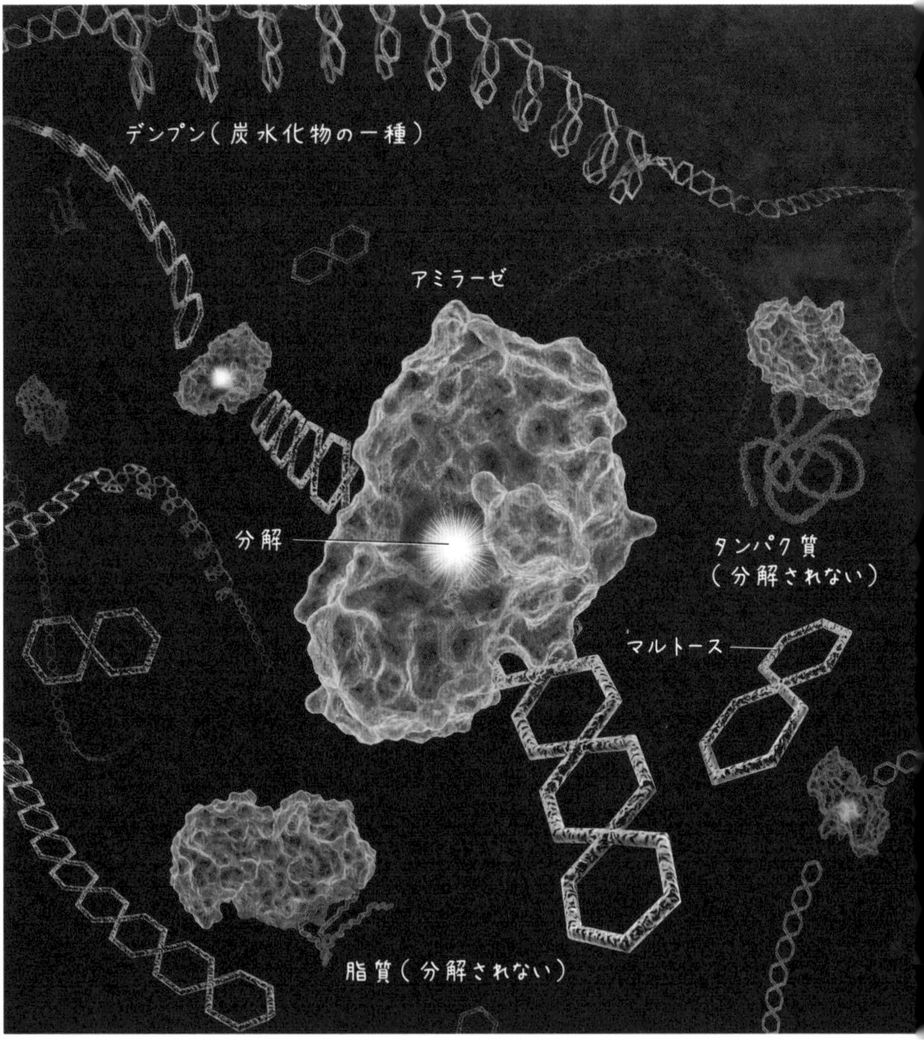

注：アミラーゼの立体構造はPDB ID: 3DHP（Ragunath, C., Manuel, S.G.A, Sait, H.M., Kasinathan, C., 2008），脂質の立体構造はPDB ID: 4RFをもとにしました。

タンパク質は，胃で切り刻まれる

口の中で噛み砕かれた食べ物は，次に**胃**に向かいます。

やっぱり消化といえば，胃ですよね！
胃では食べ物はどうなるんでしょうか？

唾液に含まれている消化酵素のアミラーゼは炭水化物（デンプン）を分解しますが，胃では**胃液**によって，**タンパク質**が分解されます。

今度はタンパク質かぁ……お肉が分解されるわけですね。
胃液ってどういうものなんですか？

胃液とは，塩酸（つまり胃酸）や消化酵素，粘液などがまざったものをいいます。胃液はpH1〜2という**強い酸性**です。その効果で食べ物の繊維をやわらかくしたり，食べ物を**殺菌**したりします。**飲みこんだ食べ物が体内で腐ることがないのは，胃で殺菌されるからなんですよ。**

へぇ，胃では食べ物の殺菌までしているんですね。
その強い酸によって，タンパク質が分解されるんですか？

いえ，そういうわけではありません。
「酸は物を溶かす」というイメージがあるので，胃酸がタンパク質を消化していると誤解されやすいのですが，基本的に胃酸自体は，からまった構造をしているタンパク質の分子をときほぐすだけです。

タンパク質を切断する
胃の消化酵素「ペプシン」

食べ物と唾液がまざって，のどを通るくらいの大きさになったものを「食塊」といいます。食塊が胃の中に入り，食塊に含まれているタンパク質が消化される流れをえがきました（1～3）。胃の内表面には，何筋ものヒダが走っています。小彎（イラスト左）のヒダは比較的，胃に沿ってまっすぐですが，大彎（イラスト右）のヒダはよりうねっています。水などの液体は主に小彎側のヒダをつたって流れ，ほとんど胃にとどまらないといいます。

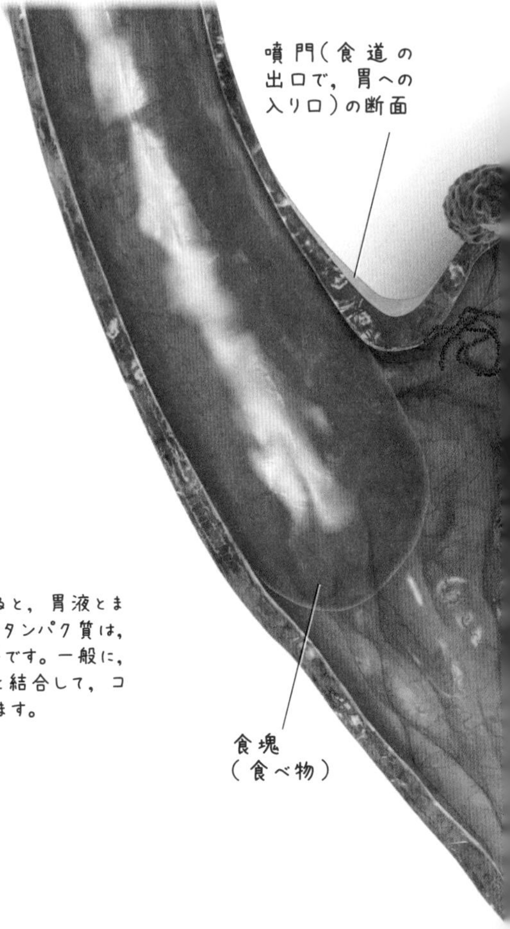

1. 食べ物が胃へ入る

食べ物が胃へ入り，ある程度たまると，胃液とまぜ合わされます。肉や魚に豊富なタンパク質は，アミノ酸が鎖のようにつながった分子です。一般に，鎖のところどころが鎖の別の部分と結合して，コンパクトにまとまった状態になっています。

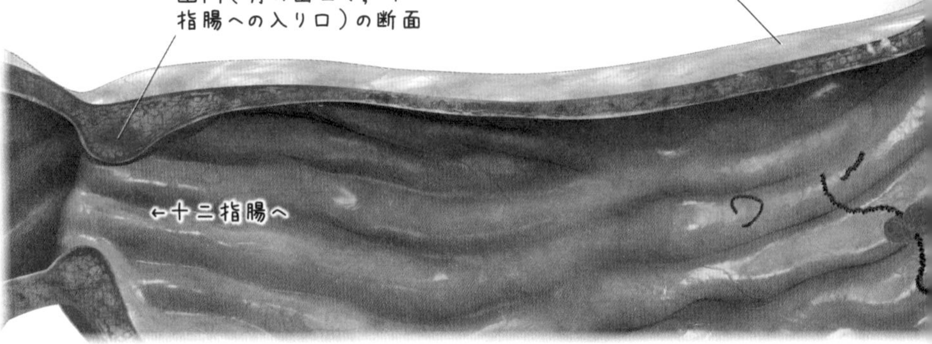

2. 胃酸がはたらく

胃液には胃酸(塩酸, HCl)が含まれています。胃酸によって, 食塊のタンパク質は, ときほぐされます。また胃酸によって, ペプシンの効力をおさえている“リミッター”がはずれ, ペプシンが活性化します。

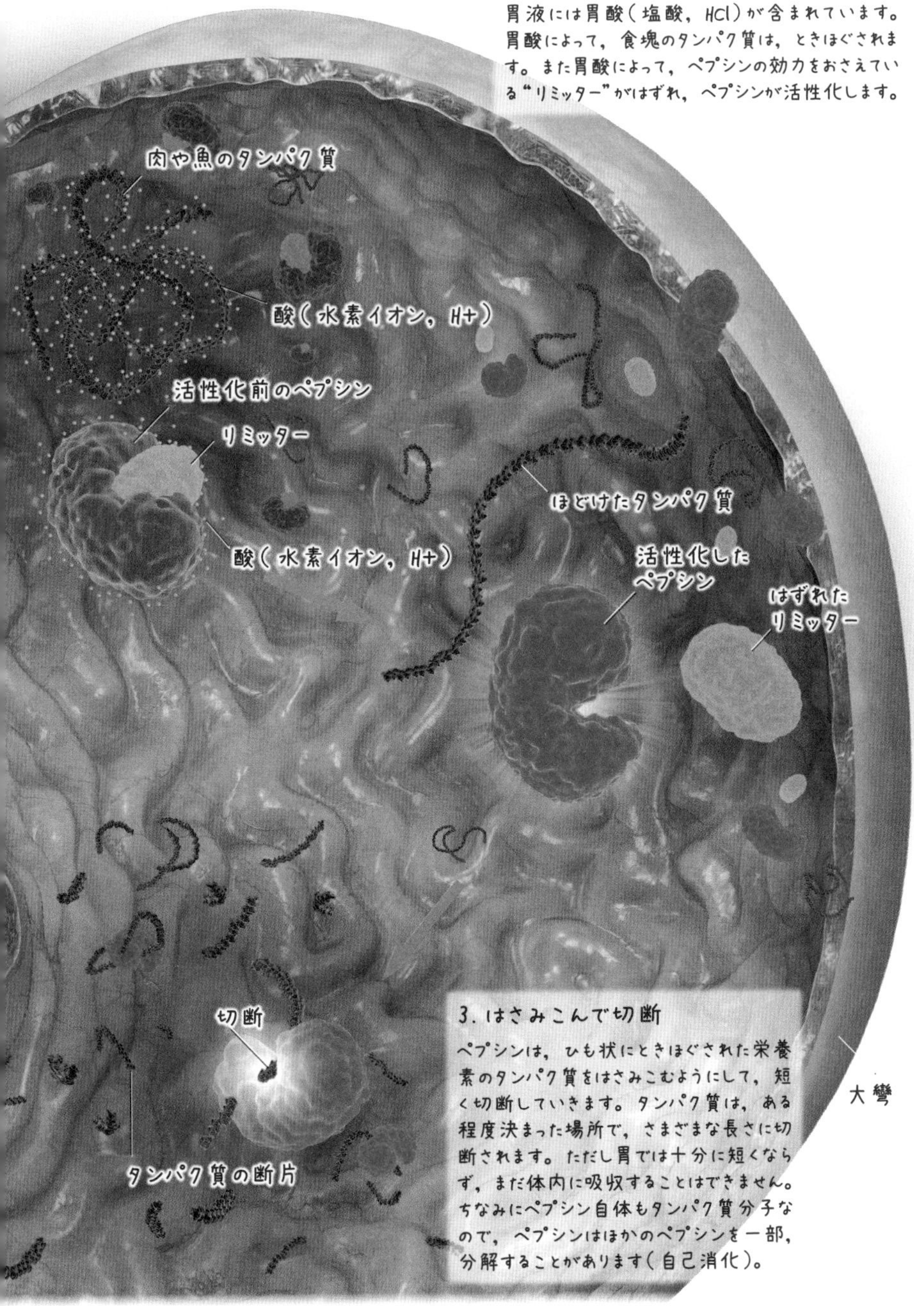

3. はさみこんで切断

ペプシンは, ひも状にときほぐされた栄養素のタンパク質をはさみこむようにして, 短く切断していきます。タンパク質は, ある程度決まった場所で, さまざまな長さに切断されます。ただし胃では十分に短くならず, まだ体内に吸収することはできません。ちなみにペプシン自体もタンパク質分子なので, ペプシンはほかのペプシンを一部, 分解することがあります(自己消化)。

ときほぐされたタンパク質の分子を体が吸収できるよう短く切断していくのは，消化酵素**ペプシン**です。

ぺぷしん！ なんか呪文みたいですね。

タンパク質の分子は**アミノ酸**の分子が数十〜数千個つながってできています。ペプシンはその長いタンパク質分子をおおざっぱに切断していきます。ただ，胃では十分には短くならず，まだ体内に吸収することはできません。

そういえば，胃もタンパク質でできていますよね？
胃はペプシンで分解されないんですか？

はい，二つの理由で分解されることはありません。
まず，ペプシンは胃の細胞の中でつくられますが，細胞の中では効力を発揮できません。
胃の中に分泌されて，強酸性の環境におかれてはじめて，“リミッター”がはずれて，タンパク質の分子を短く切る効力を発揮できるのです。

なるほど。でも，ペプシンをつくる細胞の内部は大丈夫でしょうけど，胃の表面はやばいんじゃないですか？

胃の表面は，胃液を中和する成分を含んだ**粘液**でおおわれています。この粘液によって保護されていますから，胃の表面が分解されることもないんですよ。

自分の体を分解しないようにちゃんとしたしくみがあるんですね！

胃は，体の中のミキサー

胃に食べ物がある程度たまって広がると，胃は筋肉の壁を動かして，食べ物を分解する胃液とまぜる**蠕動《ぜんどう》運動**を活発にはじめます。これによって，食べ物をどろどろのかゆ状にします。

ミキサーみたいですね。
胃の蠕動運動ってどういう動きなんですか？

筋肉のはたらきで胃にくびれがつくられて，そのくびれが胃の中身をしぼりだすように入り口から出口の方向へ移動していくんです。

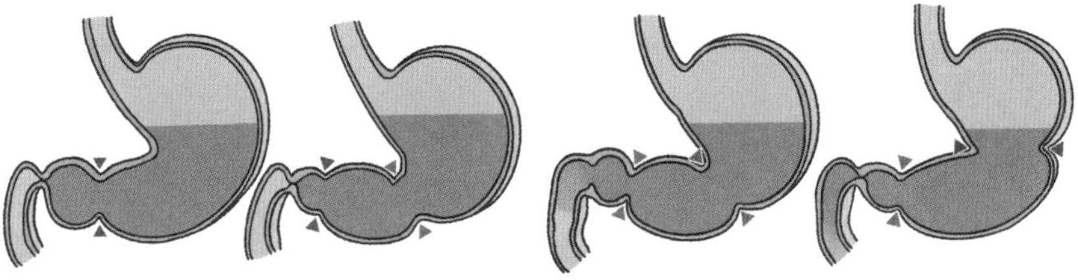

1. くびれが生じる
くびれ（収縮輪。赤い三角形で位置を示した）が生じます。

2. 中身が“逆流”する
1で生じたくびれは，胃の出口へ移動しながら弱まります。出口は閉じているので，中身が入り口へあともどりするように流れて，かきまぜられることになります。一方で，より強いくびれ（グレーの三角形の位置）が別に生じます。

3. 十二指腸へ排出される
2で生じたくびれが胃の出口へ移動します。ある程度消化とかくはんが進むと出口が開き，中身が十二指腸へしぼりだされます。また，新たなくびれも生じます（ピンク色の三角形の位置）。

4. かくはんがつづく
出口はふたたび閉じ，3で生じたくびれが胃の出口へ移動すると，中身はふたたびあともどりするように流れ，かきまぜられます。これをくりかえして，胃の中身は少しずつ排出されていくのです。

でも，先生，胃がそんなに活発に動いているの，感じたことありませんよ。

満腹になって胃がふくらんだ感覚は実感できますが，くびれは自覚できないんです。ですが，実は胃には，1分間に3回程度，くびれが生じているようです。

胃ってものすごく活発に動いていたんですね。

こうした動きができるのは，**筋肉**の構造によります。
食道や腸は縦方向と横方向の2層の筋肉でできていますが，胃は，縦と横に斜め方向を加えた，計3層の筋肉でできています。それらがのびちぢみすることで，胃はヒョウタンのようにくびれることができます。こうして胃の内容物は，次の十二指腸に送られることになります。

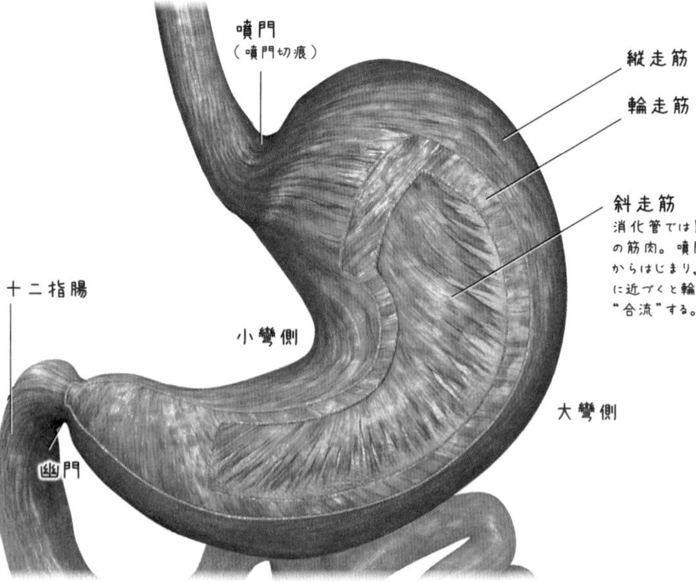

また，嘔吐するときには，逆に十二指腸から胃へ「逆蠕動」がおきて，内容物が胃へ逆流することもあります。

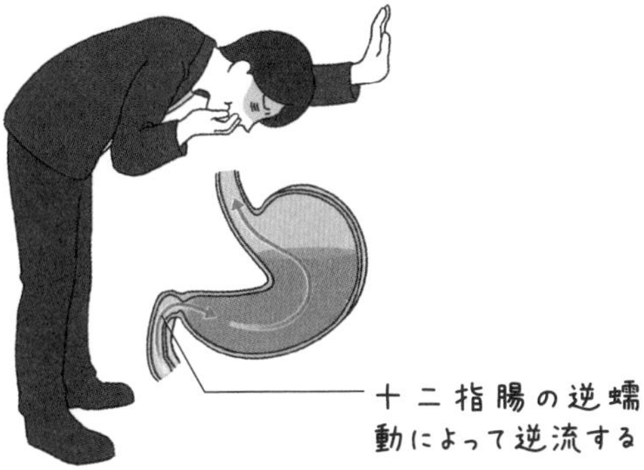

なるほど。嘔吐のときは，食べ物の消化のときの流れとは逆ですもんね。ところで，空腹のときって蠕動運動は止まっているんですか？

いいえ，胃は空腹のときにも蠕動運動をしています。

胃がカラッポなのに？　必要ないじゃないですか。

蠕動運動によって，食べ物の残りかすや，はがれた胃の粘膜の上皮細胞などを掃除しているようです。食事中にくらべて，空腹のときには，胃はより規則的に強く，くびれます。この運動は，小腸から出るホルモンによって引きおこされます。

食後の後始末ってことか。
胃は自分で掃除もするんですね。

消化のエース，膵臓

さて，胃で消化されてかゆ状になった食べ物は，次の**十二指腸**に送られます。

じゅうにしちょうってなんですか？

十二指腸は小腸のはじめの領域といえます。
外径４～６センチメートル，長さ25センチメートルほどの管です。

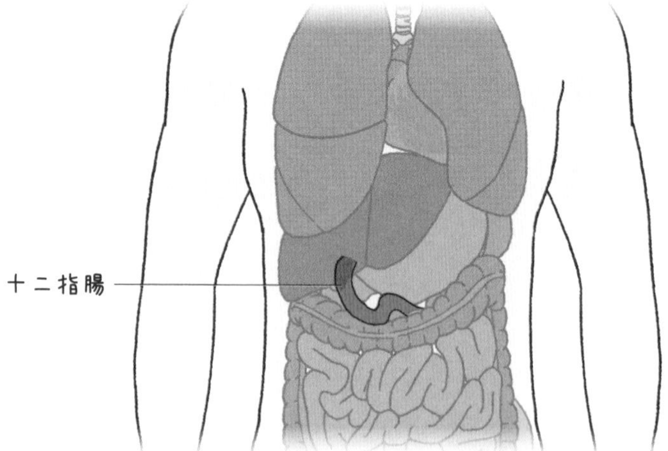

十二指腸という名前は，指12本分の幅と同じ長さであるためにつけられたそうですよ。

12本も指ないのに……。

十二指腸には，膵臓が分泌する**膵液**と，肝臓でつくられて胆嚢で濃縮される**胆汁**が流れています。
この二つの消化液が食べ物の消化を進めます。

すいえきと，たんじゅう？

まず，膵液は膵臓でつくられる強力な消化液です。
膵液には複数の消化酵素が含まれていて，炭水化物，タンパク質，脂質という三大栄養素をすべて分解することができます。
膵液は消化の中心的な役割をはたす消化液なのです！

膵液すごい！

膵液に含まれている消化酵素の中でもとくに重要なのが**トリプシン**です。

また呪文がきましたね。

トリプシンはタンパク質を分解する酵素です。さらに食べ物に含まれるタンパク質を分解するだけでなく，トリプシンにはほかの消化酵素を活性化するはたらきもあります。トリプシンによって膵液に含まれた消化酵素が次々と活性化していき，タンパク質の消化が進むのです。

そんなにすごい消化酵素があるのに，膵臓自身は分解されないんですか？
胃と同じようなしくみがあるんですか？

実は膵臓が分泌するトリプシンは，膵臓から十二指腸へ出て，十二指腸の粘膜がつくる酵素によって，はじめて効力を発揮できる形になります。ですから，膵臓自体は分解されないのです。

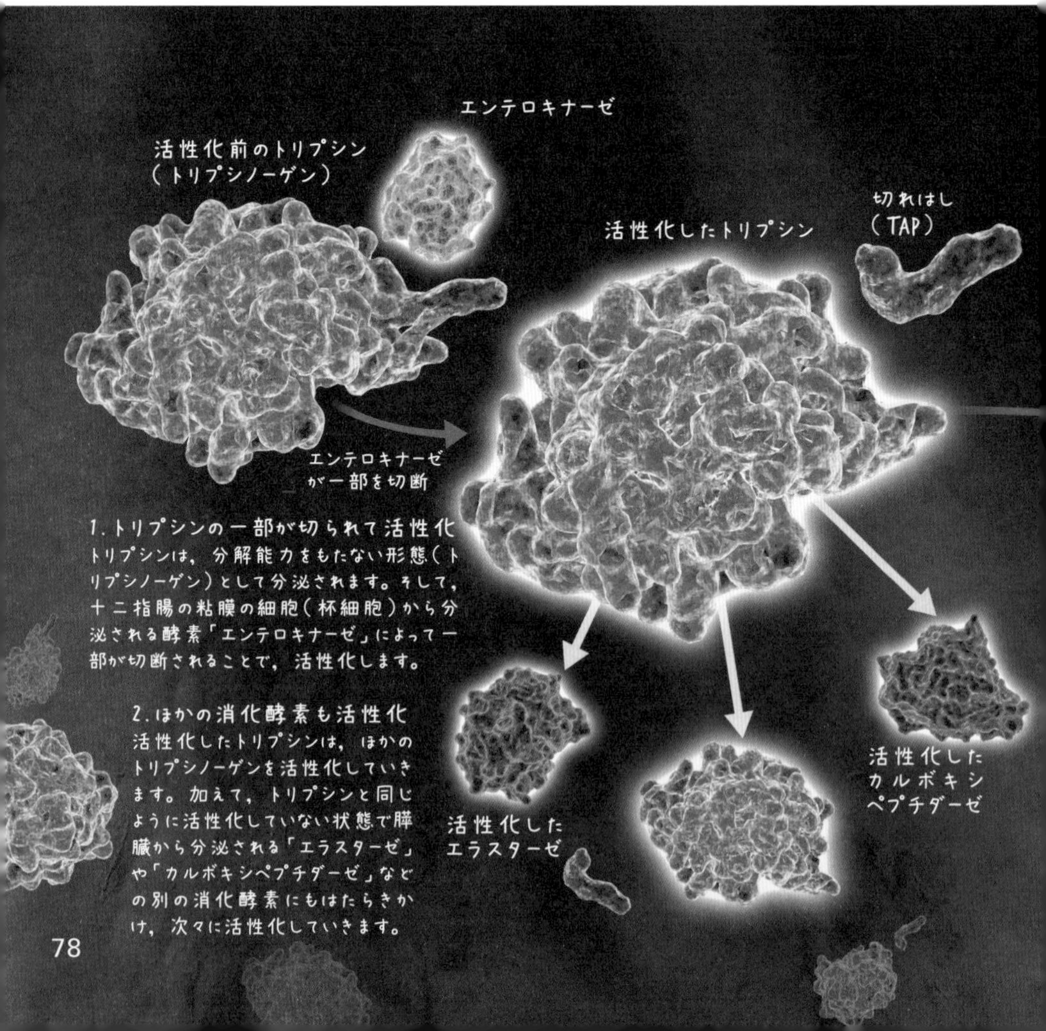

また膵臓の中には，トリプシンにくっついて，はたらきを阻害するタンパク質もあります。
さらに十二指腸は，胃と同じように内側が粘液で守られています。

なるほど！　膵臓の中には二重の防護体制があって，自身は消化されないんですね。これまた，よくできたしくみですね！

消化酵素は“ねずみ算式”に活性化する

活性化前のトリプシン(トリプシノーゲン)が十二指腸へ出て，活性化し，ほかの消化酵素とともに，タンパク質(アミノ酸の鎖)を分解する流れをえがきました(1〜4)。胃の消化酵素は，鎖をざっくりと短くしました(ペプシン)。十二指腸で活性化した消化酵素は，短くなった鎖をさらに細かく分解していくのです。なお，各酵素に対してアミノ酸の大きさは誇張しています。

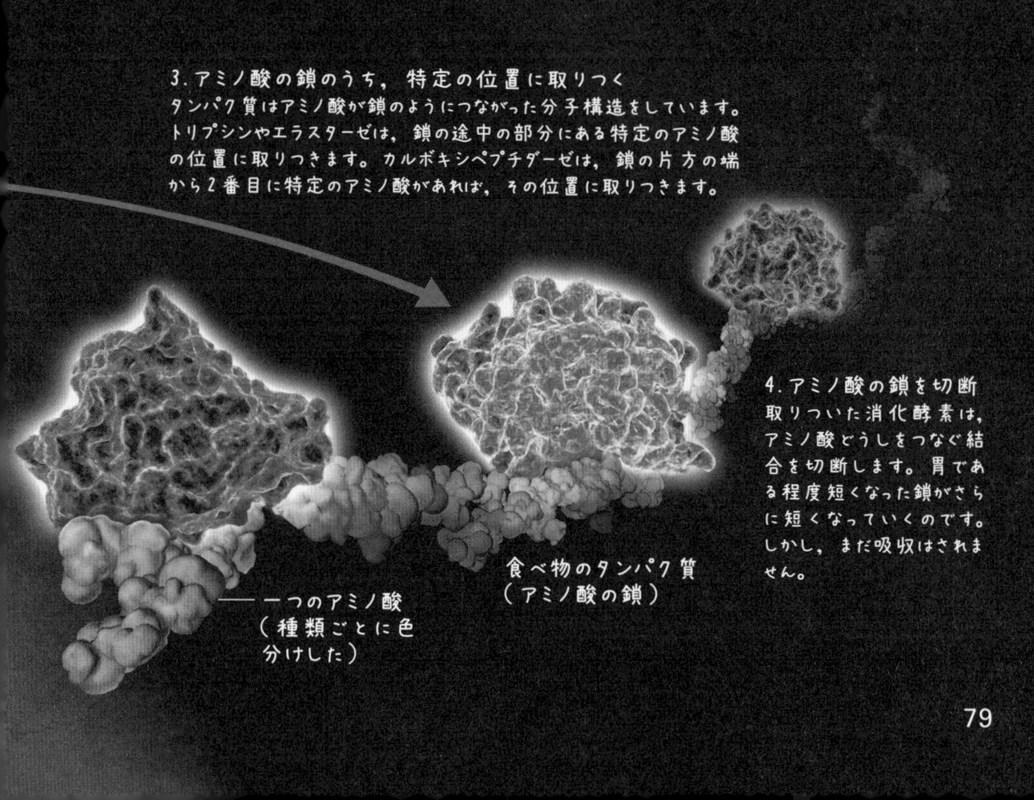

胆汁で油をときほぐす

十二指腸では，タンパク質だけでなく，脂質の分解も本格的に行われるようになります。脂質の50〜70％は十二指腸以降で分解されるといわれています。
十二指腸には，胆嚢にたくわえられていた深緑色の**胆汁**が流れ出てきて，脂質の処理にかかります。

今までの話の流れからすると，その胆汁に脂質を分解する消化酵素が含まれているんですね！

いいえ，水分などを除けば，胆汁の成分の約50％は**胆汁酸**という物質で，消化酵素は含まれていません。
脂質の分解は主に膵液に含まれる**リパーゼ**という酵素がにないます。しかし胆汁に含まれている胆汁酸も，脂質の分解には欠かせません。
胆汁酸は脂質をときほぐすはたらきがあるんです。

ときほぐす？　どういうことですか？

胆汁酸の役割は石けんによく似ています。
どちらの分子にも，水にくっつきやすい部分と，油にくっつきやすい部分の両方があります。胆汁酸は，油にくっつきやすい部分を脂質につきさして，水にくっつきやすい部分を水に向けます。
すると，大きな脂質のかたまりから一部が浮いて水に溶けるようになります。

本来まざりにくい水と油を橋渡しするのです。こうして脂質は水（消化液）にとけることで，リパーゼと出会いやすくなります。

胆汁酸には，リパーゼがよくはたらくように，脂質を水に溶けるようにするはたらきがあるんですね。

そういうことです。
もし膵臓に**炎症**や**がん**が生じてリパーゼが分泌されなくなったり，胆汁酸が沈殿してしまったりすると，脂質の消化がうまくいかなくなります。
そうなると**脂肪便**が出ることがあります。

脂肪便？

脂肪便とは，大量に灰色がかった便が出る状態です。この灰色は，脂肪の色合いとされています。脂肪便は消化不良の状態をあらわしており，適切な治療が必要になります。

ゲゲッ！　へたすると，がんとか膵臓の炎症なのかもしれないってことですか！　便をチェックするって，健康にとって重要なことなんですね。

脂質が消化されるまで

イラストでは，膵液に含まれている消化酵素の「リパーゼ」が，中性脂肪を分解する流れをえがきました（1～4）。背景は水分の中を表現しています。

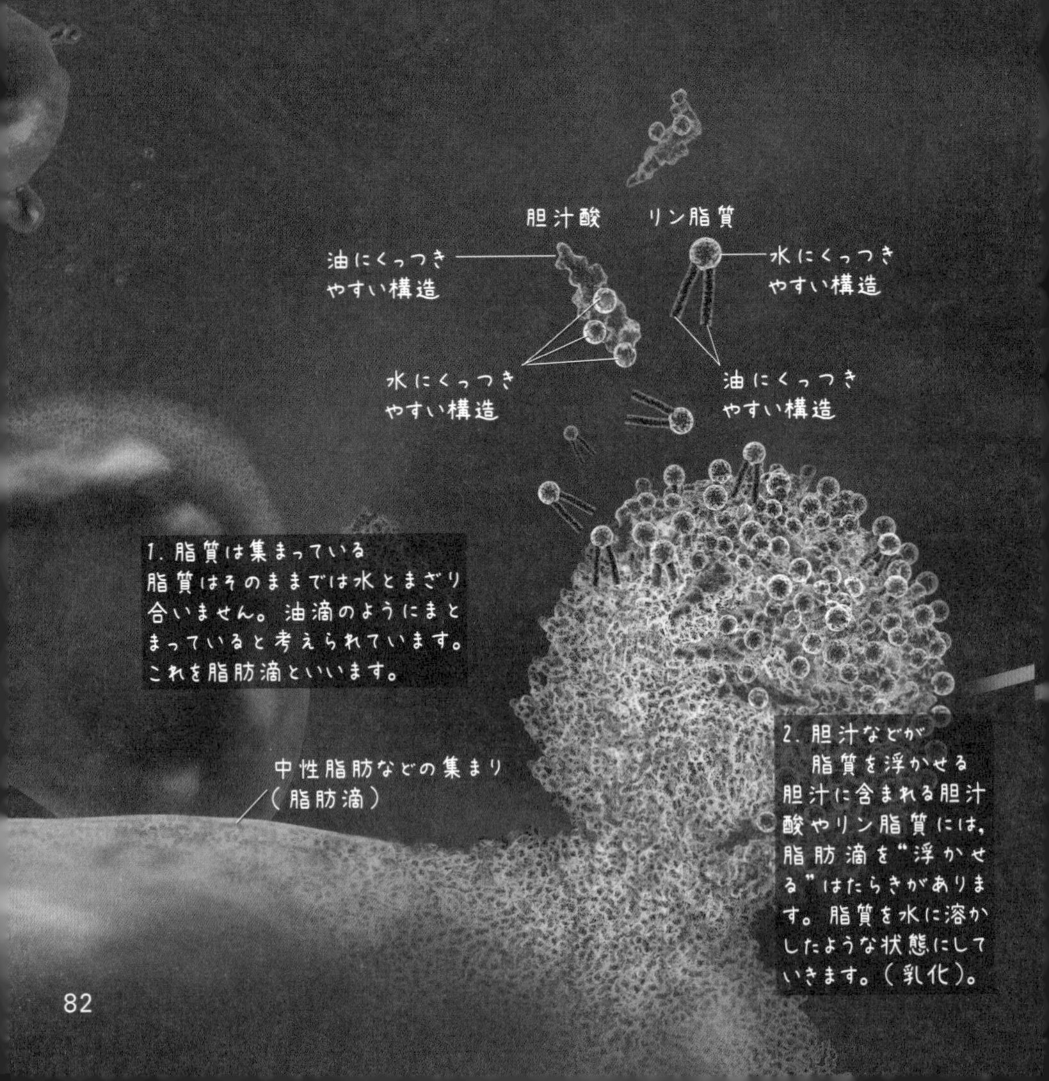

1. 脂質は集まっている
脂質はそのままでは水とまざり合いません。油滴のようにまとまっていると考えられています。これを脂肪滴といいます。

2. 胆汁などが脂質を浮かせる
胆汁に含まれる胆汁酸やリン脂質には，脂肪滴を“浮かせる”はたらきがあります。脂質を水に溶かしたような状態にしていきます。（乳化）。

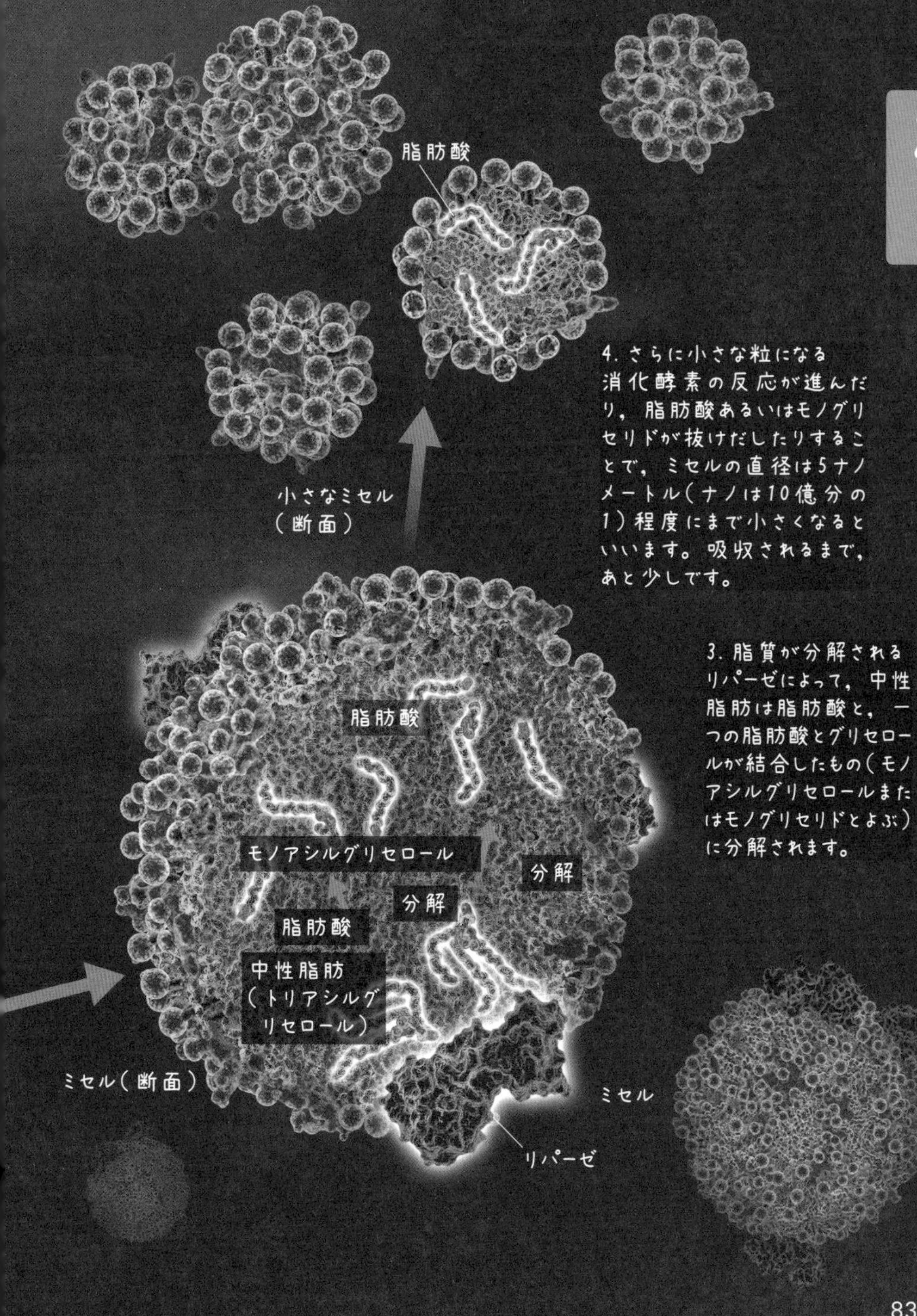

4. さらに小さな粒になる
消化酵素の反応が進んだり，脂肪酸あるいはモノグリセリドが抜けだしたりすることで，ミセルの直径は5ナノメートル（ナノは10億分の1）程度にまで小さくなるといいます。吸収されるまで，あと少しです。

3. 脂質が分解される
リパーゼによって，中性脂肪は脂肪酸と，一つの脂肪酸とグリセロールが結合したもの（モノアシルグリセロールまたはモノグリセリドとよぶ）に分解されます。

小腸の毛で栄養素を吸収

十二指腸を通ってきた食べ物は，**空腸**，**回腸**と運ばれていきます。ここで食べ物の最終的な消化と栄養分の吸収が行われます。

くうちょう？　かいちょう？

十二指腸以降の小腸の上部4割くらいの領域を空腸といい，それ以降の小腸の領域を回腸というんですよ。

イラストで見ると，小腸ってすっごく長いんですね。

普段は2～3メートルほどの長さです。
さらに，筋肉がゆるむと6～7メートルにもなります。

どっひゃー，ものすごい！

小腸の管の内側には，輪っか状のヒダが多数あります。さらに，このヒダの表面には，高さ1ミリメートル前後の突起が無数に並んでいます。この突起は**絨毛**《じゅうもう》とよばれます。

なぜそんな入り組んだ構造をしているんですか？

小腸の内側の**表面積**を大きくするためです。表面積が広いほど，消化酵素によって分解されてきた栄養素がより多く小腸の細胞にふれ，効率よく吸収されるのです。

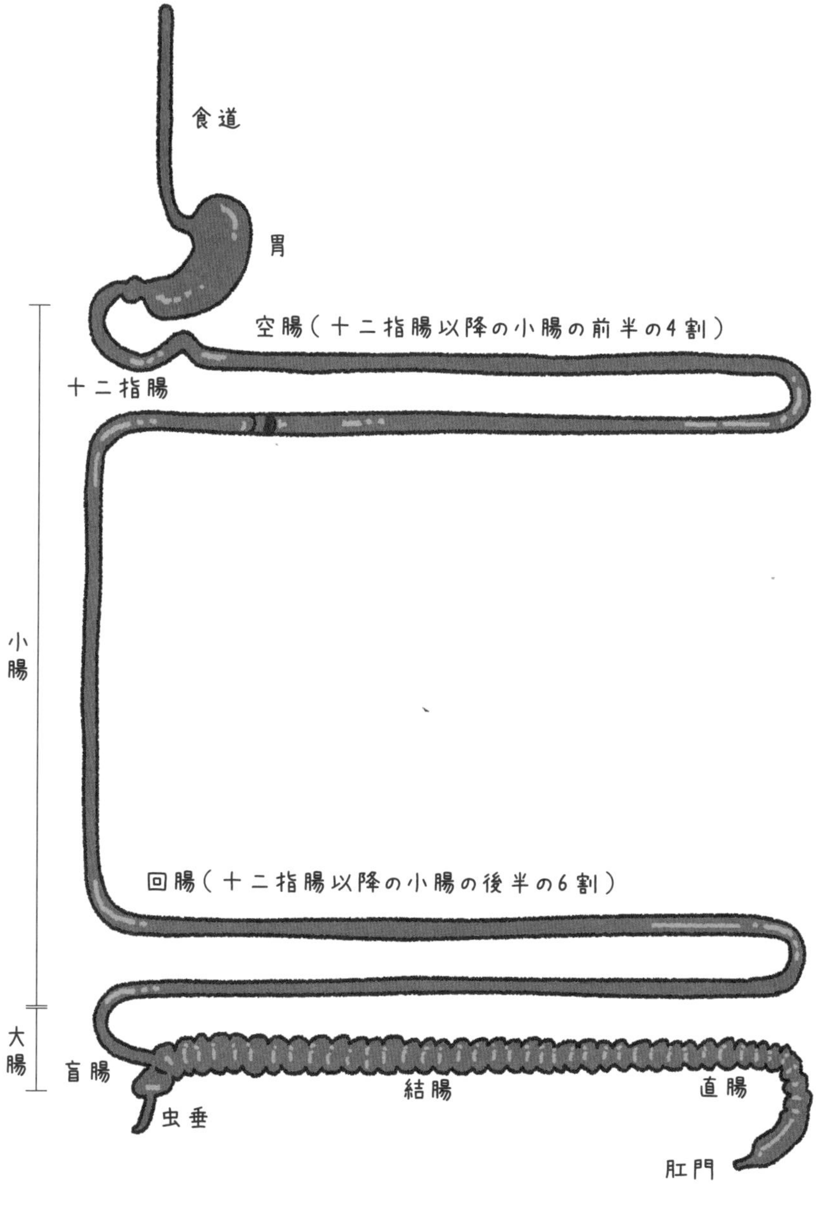
食道
胃
空腸（十二指腸以降の小腸の前半の4割）
十二指腸
小腸
回腸（十二指腸以降の小腸の後半の6割）
大腸
盲腸
結腸
直腸
虫垂
肛門

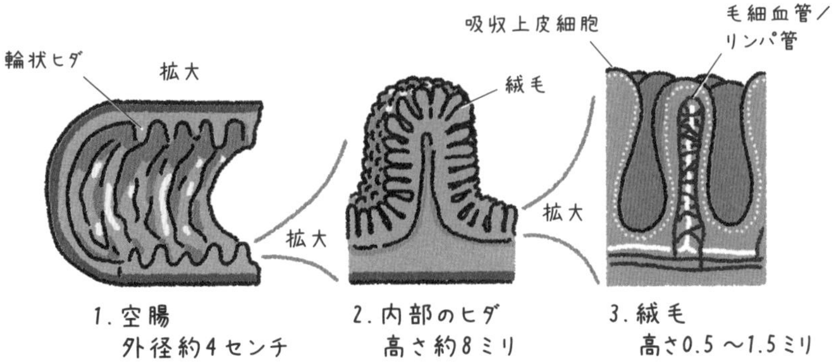

なるほど！
いろんな栄養素を効率よく吸収するために，小腸はでこぼこしているわけですね。それで，小腸にたどりついた栄養素はどういう状態なんでしょうか？

まず，デンプンがアミラーゼによって分解されてできた**マルトース**がたどりつきます。マルトースはグルコースが2個結合したものです。
ただし，デンプンには，アミラーゼでは分解しきれない部分があり，分解途中の「デキストリン（限界デキストリン）」も，小腸にたどりつきます。

マルトースやデキストリンはそのまま小腸の細胞の中に吸収されるんですか？

いいえ，そのままでは吸収できません。
マルトースやデキストリンなどは，最終的に**グルコース**にまで分解されて吸収されます。

この分解反応は，小腸細胞の表側に無数にある微細な突起，**微絨毛**でおきます。ここには**消化酵素**がたくさん埋めこまれているんです。

びじゅうもう？　絨毛よりももっと細かいんですか。

そうなんです。
絨毛の表面部には小さな上皮細胞が並んでいます。この上皮細胞の表面に見られる極小の突起が微絨毛なんです。

へぇ，小腸の表面の細胞には小さな毛が生えているんですね。

さて，糖質については，グルコースまで分解されて，小腸の上皮細胞に吸収されていきます。
次は，魚や肉などからとった**タンパク質**です。タンパク質は，胃液や膵液の消化酵素によって短く切られて，3～8個のアミノ酸がつながった**オリゴペプチド**になって小腸にたどりつきます。微絨毛には，オリゴペプチドの端から単独のアミノ酸を次々と切り落とす消化酵素も埋めこまれています。こうして分解されたアミノ酸が小腸の上皮細胞で吸収されます。

小腸の表面って，**分解工場**みたいですね。

ええ。ただ，上皮細胞では，単独のアミノ酸だけでなく，2～3個のアミノ酸がつながった分解途中のペプチドも吸収されます。分解途中のペプチドは**上皮細胞の中**で，消化酵素によって，単独のアミノ酸にまで分解されることが多いです。

デンプンやタンパク質の最終分解

タンパク質の消化途中の状態であるオリゴペプチドや，デンプンの消化途中の状態であるマルトースやデキストリンが，小腸細胞でそれぞれ分解され，吸収されていくところをえがきました（1～3）。なお，栄養素や消化酵素，通り道の大きさは誇張しており，表現上，微絨毛側を強調しています。また実際には，複数種の消化酵素と無数の種類の通り道があります。

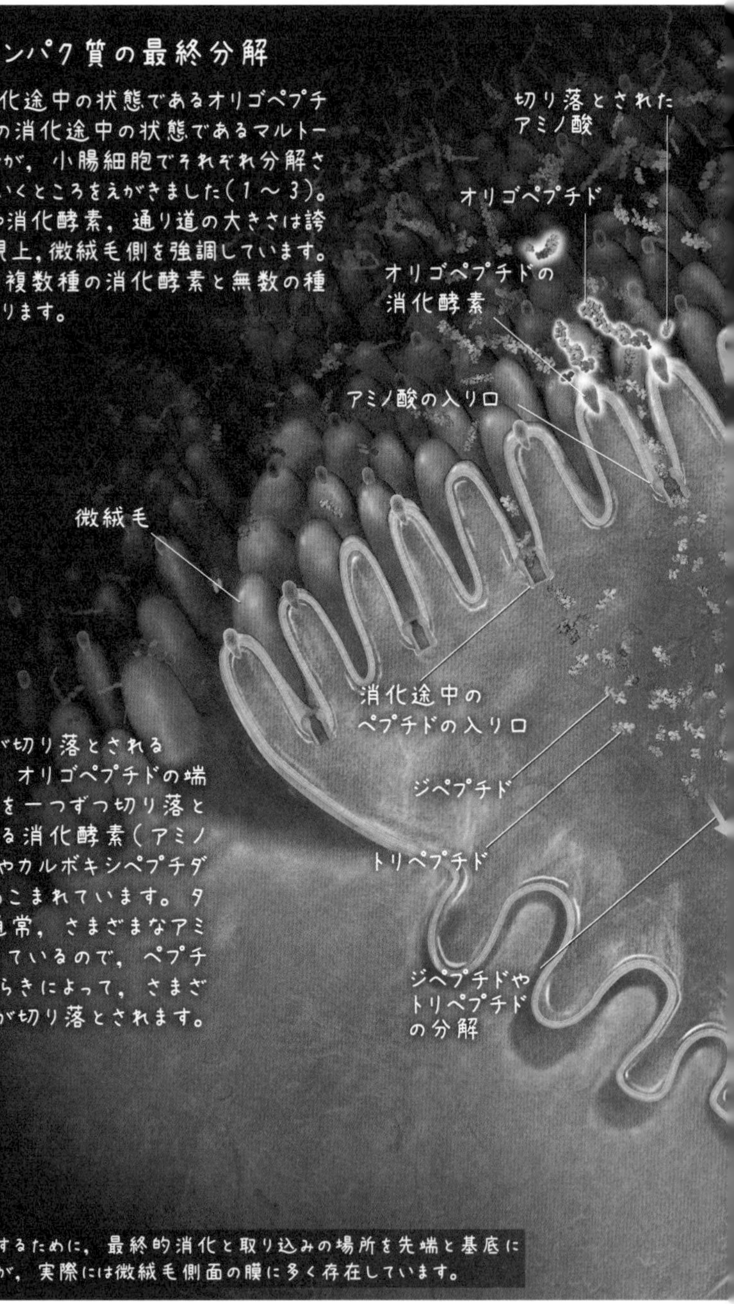

1a. アミノ酸が切り落とされる微絨毛には，オリゴペプチドの端からアミノ酸を一つずつ切り落とすことのできる消化酵素（アミノペプチダーゼやカルボキシペプチダーゼ）が埋めこまれています。タンパク質は通常，さまざまなアミノ酸からできているので，ペプチダーゼのはたらきによって，さまざまなアミノ酸が切り落とされます。

注：わかりやすくするために，最終的消化と取り込みの場所を先端と基底に示していますが，実際には微絨毛側面の膜に多く存在しています。

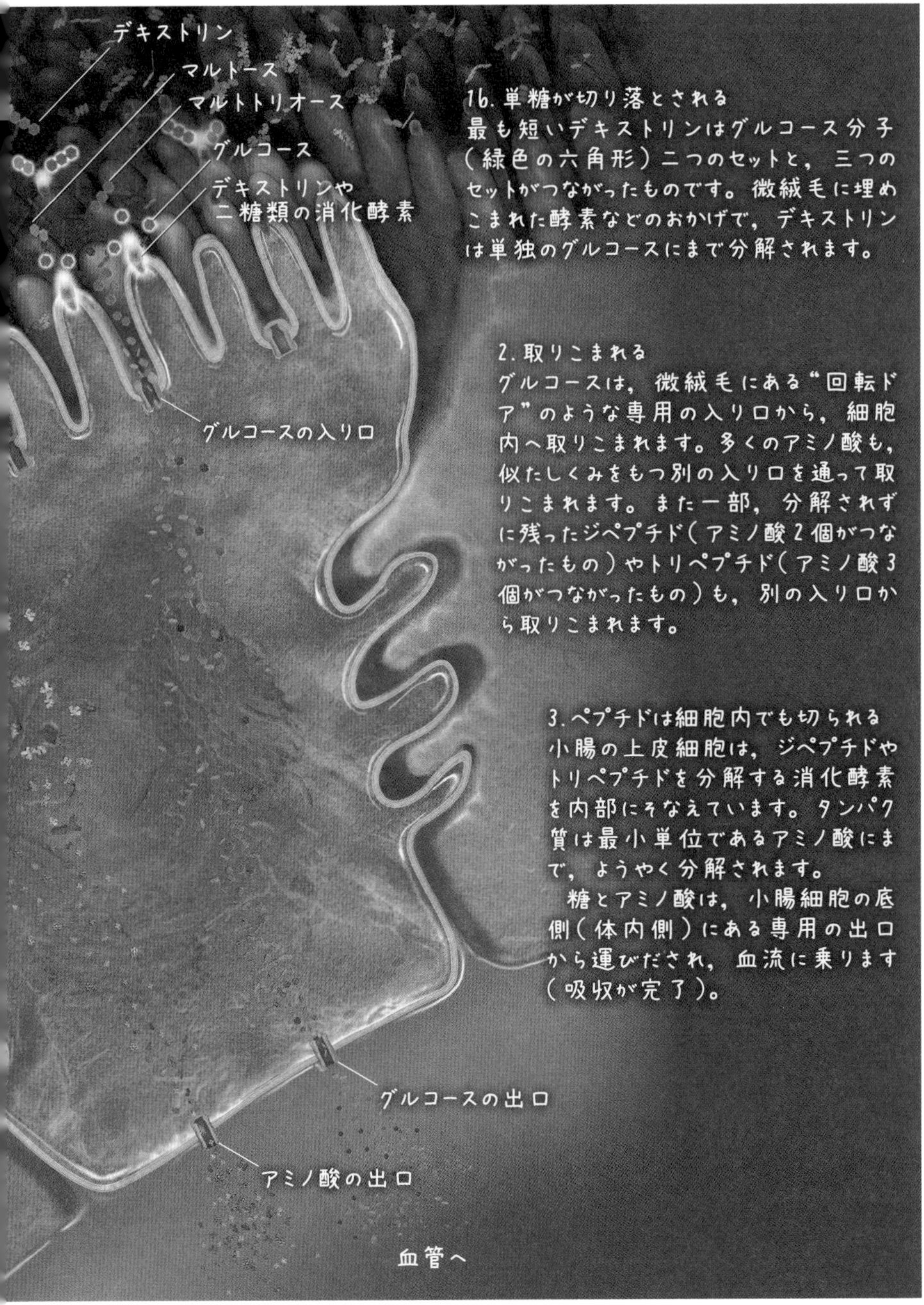

1b. 単糖が切り落とされる
最も短いデキストリンはグルコース分子（緑色の六角形）二つのセットと，三つのセットがつながったものです。微絨毛に埋めこまれた酵素などのおかげで，デキストリンは単独のグルコースにまで分解されます。

2. 取りこまれる
グルコースは，微絨毛にある“回転ドア”のような専用の入り口から，細胞内へ取りこまれます。多くのアミノ酸も，似たしくみをもつ別の入り口を通って取りこまれます。また一部，分解されずに残ったジペプチド（アミノ酸2個がつながったもの）やトリペプチド（アミノ酸3個がつながったもの）も，別の入り口から取りこまれます。

3. ペプチドは細胞内でも切られる
小腸の上皮細胞は，ジペプチドやトリペプチドを分解する消化酵素を内部にそなえています。タンパク質は最小単位であるアミノ酸にまで，ようやく分解されます。
　糖とアミノ酸は，小腸細胞の底側（体内側）にある専用の出口から運びだされ，血流に乗ります（吸収が完了）。

へぇ，小腸の細胞の中でも分解がおきるんですね。
じゃあ，最後の脂質は？

脂質は胆汁酸が包む“球”に取りこまれた状態で小腸に運ばれます。そして，この球がさけて，小腸の上皮細胞へと取りこまれます。上皮細胞の中では，さらに運び屋の役割をする**カイロミクロン**という大きなかたまりになります。カイロミクロンは上皮細胞の底から放出されて，リンパ管へと入ります。そしてやがて血液中に入っていきます。

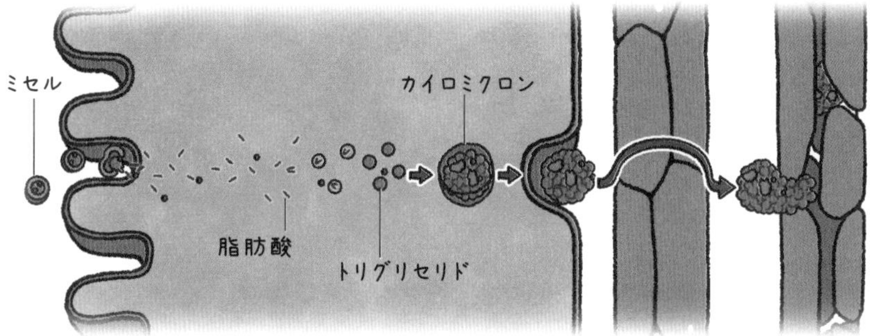

大腸では腸内細菌が消化のサポート

食べ物の長い旅も最後です。
ついに**大腸**にたどりつきました。

大腸では**便**がつくられるんですよね!?

ええそうです。
ただ，このとき実は大腸で“食べかす”が便になる間に，消化酵素にたよらない“消化”がおきています。

消化酵素にたよらない消化？

それは**腸内細菌**による消化です。
腸内細菌が，水に溶けるタイプの食物繊維を分解したり，消化・吸収しきれなかった食事に由来する分子の一部を別の形に変えたりしているのです。

腸内細菌が!?

ええ。
腸内細菌は，ヒトには分解できない食物繊維を分解して単糖をつくり，それを取りこんで活動します。その過程の副産物として，**酪酸**などの短い分子の脂肪酸（炭素数2〜4個の短鎖脂肪酸）がつくられます。
これらは主に大腸の細胞が粘液をつくったり水分を吸収したりするためのエネルギー源として使われています。

腸内細菌が食物繊維からつくった物質を私たちも利用しているんですね。

はい，そういうことです。
ほかにもものすごい種類と量の物質が腸内細菌によってつくられており，それらが細胞どうしの結合を強めて病原体の侵入を防ぐバリア機能を強化したり，免疫系にはたらきかけるシグナルになったりしています。

腸内細菌の集団が行う“消化”

腸内の細菌は，多様な細菌を含む「腸内細菌叢」という集団として，共生していると考えられています。右ページに，いわゆる善玉菌として知られる「ビフィズス菌（ビフィドバクテリウム属など）」や「乳酸菌（ラクトバチルス属など）」などが，短鎖脂肪酸をつくっているところや，長鎖脂肪酸に変換しているところをえがきました。ここでえがいたのは一部の分解や変換のみで，実際にはさまざまな反応をおこしています。なお，栄養素の大きさは誇張しています。

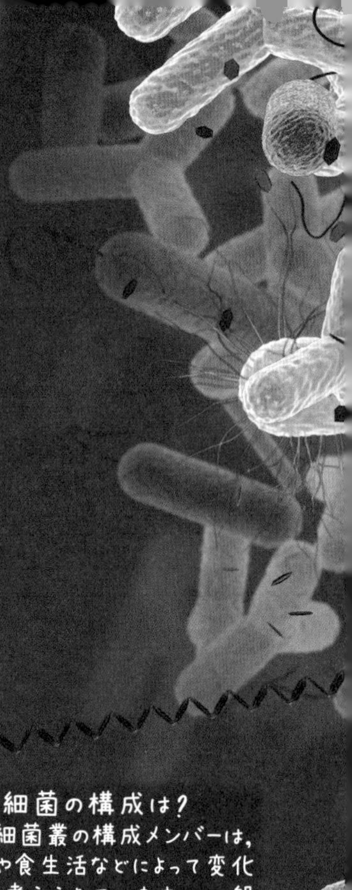

便の3割が腸内細菌

大腸の内容物は，運ばれるにつれて徐々に水分を失い，便として排出されます。便の固体成分のうち，およそ3割前後が腸内細菌だといいます。一度の排便量が150グラム程度だとすれば，50グラム程度は細菌なのです。

腸内細菌の構成は？

腸内細菌叢の構成メンバーは，年齢や食生活などによって変化すると考えられています。一般に，幼児期から青年期の間では，ビフィズス菌や，状況によってよい影響や悪い影響のどちらもあたえるいわゆる日和見菌のバクテロイデス属菌などが最も多く（便1グラムあたりに10億～1000億個），次に大腸菌や乳酸菌など（同10万～1億個），そして酪酸をつくるものもある一方で有害作用の報告もあるクロストリジウム属菌など（同～1万個）といった構成です。

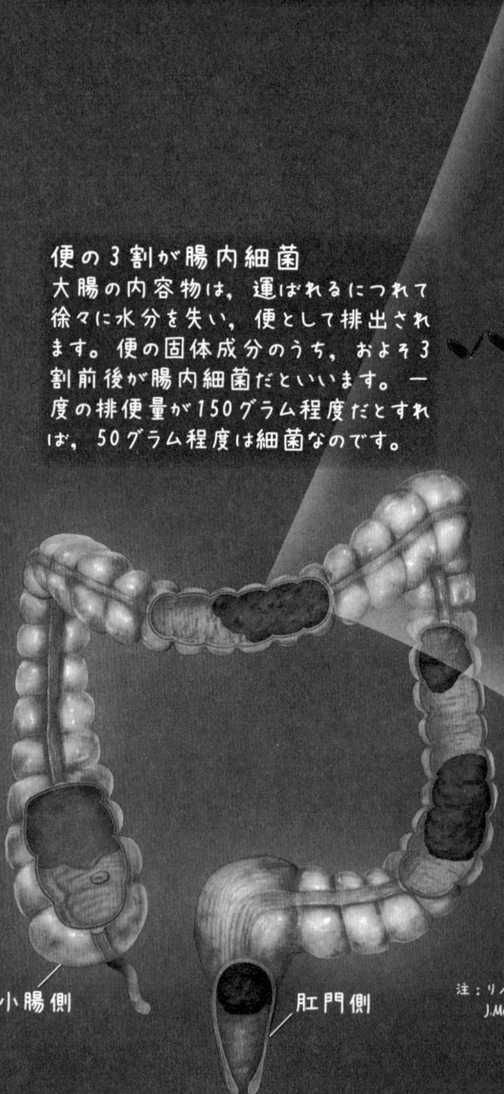

注：リノール酸の立体構造はPDB ID: 2Q9S（Gillilan, R.E. et al.(2007) J.Mol.Biol. 372: 1246-1260）の一部をもとにしました。

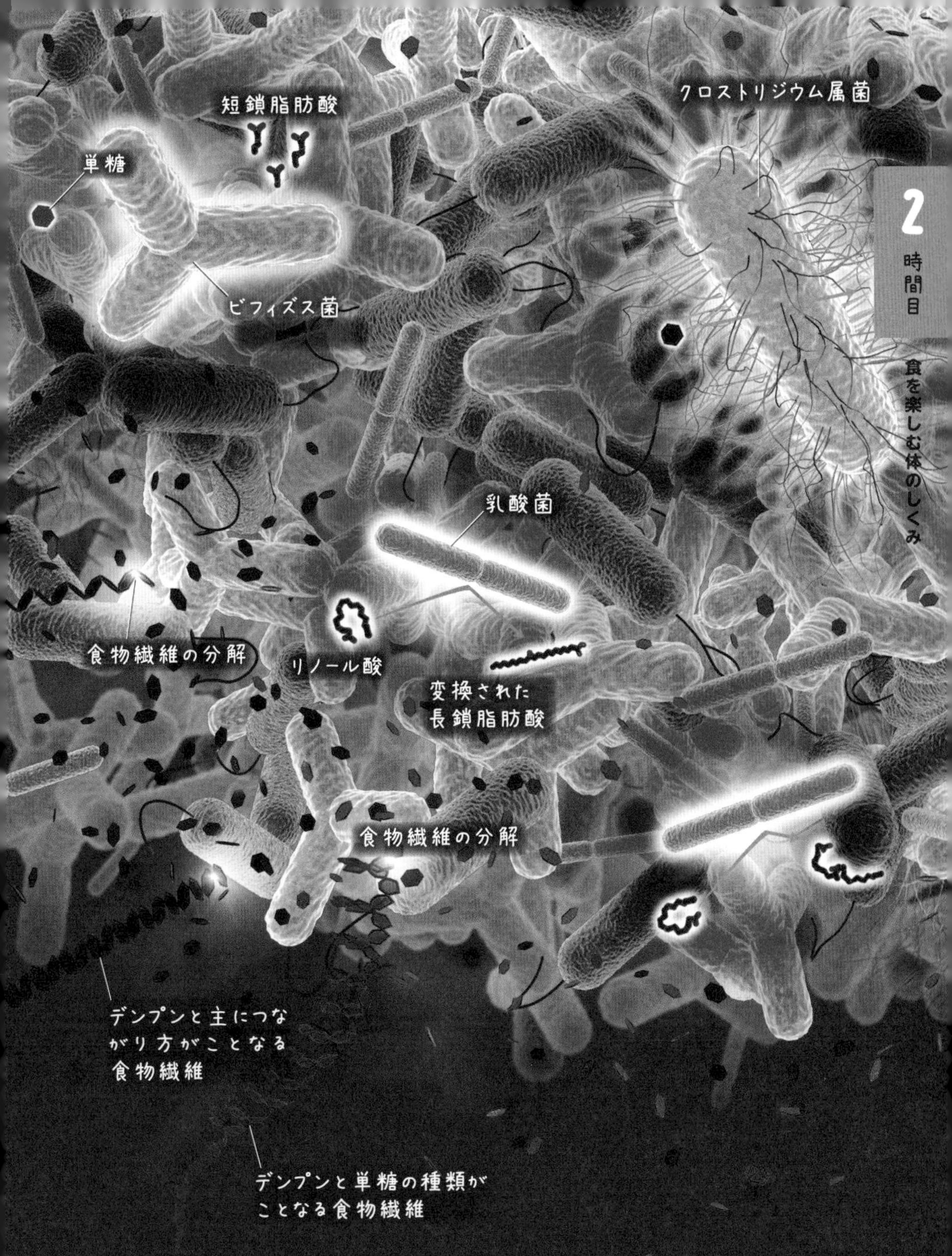
短鎖脂肪酸
クロストリジウム属菌
単糖
ビフィズス菌
乳酸菌
食物繊維の分解
リノール酸
変換された
長鎖脂肪酸
食物繊維の分解
デンプンと主につな
がり方がことなる
食物繊維
デンプンと単糖の種類が
ことなる食物繊維

腸内細菌って，すごい！
なんでもつくりだす万能工場みたいですね。

さらに腸内細菌は，ビタミンなどの微量成分を吸収性の高い形にかえることもあります。
また，摂取量をおさえたいプリン体などの食事成分を分解・吸着し，吸収をおさえることもあります。

腸内細菌って私たちの体に欠かせない存在だったんですね。

そうですよ。
最近では，腸内細菌のバランスが健康に大きくかかわっていることも明らかになりつつあります。

STEP 2

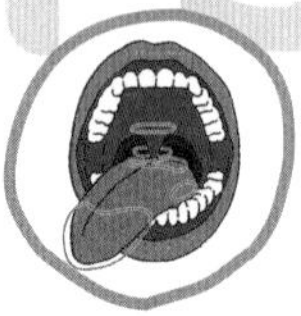

おいしさを感じるしくみ

私たちの体には，食事を感じるためのさまざまなしくみがあります。「おいしい」と感じたり，「もっと食べたい」と思ったりするメカニズムを探っていきましょう。

鼻は，数万種類のにおい物質をかぎ分けられる

ここからは，「食事を楽しむ」ための人体のしくみをご説明しましょう。
まずは**におい**です。

においってとっても大事ですよね！
この前，お祭りの縁日を歩いていると，**ソースやきそば**のいいにおいにつられて，つい買って食べてしまいました。

ソース焼きそばのこげたソースの香りかぐと，食欲をそそられますよね。
私たちは，ソース焼きそばのにおいをふっとかいだだけで，すぐにそれが何かわかります。
これは，鼻と脳が連係してにおいを一瞬のうちに分析することで，こげたソースのにおいを特定しているからです。

たしかに，隣の家の晩ご飯とか，においをかぐだけでわかるときありますよね。
私たちはどうやって，においを感じて，においのもとを特定しているんでしょうか？

においの正体は，空気中にただよう，さまざまな小さな物質（分子）です。
それは，食べ物に由来するものだったり，天敵の生物の体から発せられたものだったりします。
私たちは，それらのにおい物質のわずかな**形**のちがいから何の物質かを正確に識別しているのです。

私たちは，どれくらいの種類のにおい物質を識別することができるんですか？

ヒトが識別できるにおい物質は，**数万種類**をこえると考えられています。

どっひゃー！　すごい！
いったいどうやって，そんなものすごい種類のにおいを識別しているんですか？

におい物質を識別している場所は，鼻の奥にある**嗅上《きゅうじょう》皮《ひ》**というところです。ここには，**嗅細胞**という細胞が並んでいます。この嗅細胞がにおい物質をつかまえて，その情報を脳に送っています。

嗅細胞は，どうやってにおい物質をつかまえているんですか？

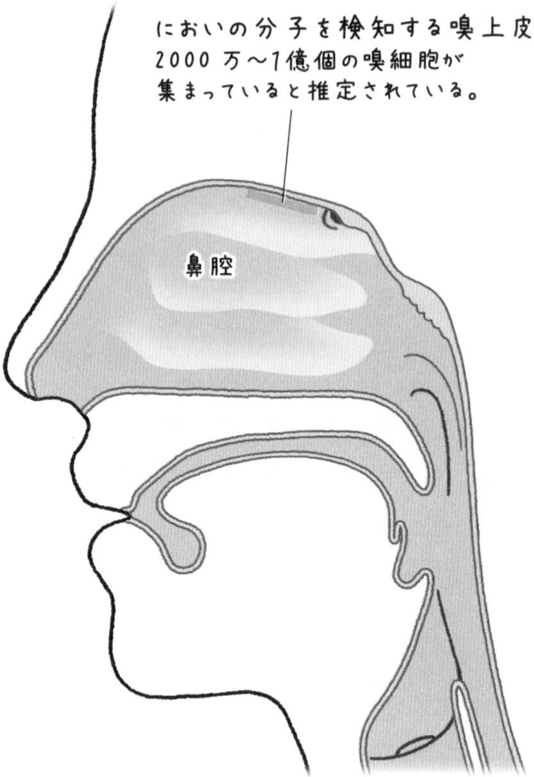

嗅細胞からはたくさんの**毛**が出ていて，ここに**嗅覚受容体**という，におい物質をつかまえるタンパク質があります。この嗅覚受容体にはさまざまな種類があり，それぞれことなる形のくぼみをもっています。くぼみににおい物質がぴったり入りこむと，嗅細胞はその情報を脳に送ります。

ほぉ，嗅覚受容体にはまるかどうかで，においを識別しているんですね。

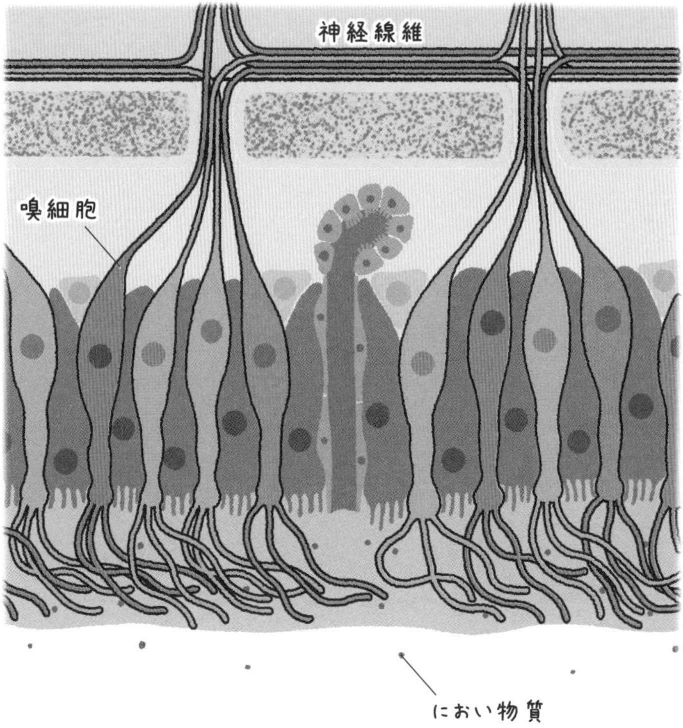

私たちは，数万種類のにおいをかぎ分けられるということでしたから，数万種類の嗅覚受容体が私たちの鼻にはあるってことなんでしょうか？

いいえ，ヒトの嗅覚受容体は**約400種類**しかありません。

たった400種類ほどの受容体で，どうして数万ものにおいを識別できるんですか？

におい物質の多くは，その分子のさまざまな部分で，いくつかの種類の受容体に結合します。
そして，受容体ごとに「このにおい分子は『OH基』という構造をもっている」とか，「『ケトン』という構造がある」というふうに，一つのにおい物質について断片的な情報を脳に伝えているのです。

一つのにおい物質が，いくつかの種類の受容体に結合するってことですか？

そのとおりです。
受容体自体は400種類しかなくても，**受容体の組み合わせ**は無数にありえます。ヒトは，「におい物質を感知した受容体の組み合わせ」によって，数万種類ものにおい物質を識別しているというわけです。

なるほど。組み合わせか～。
ソース焼きそばみたいに，いいにおいをかぐと，すっごくお腹が空きますよね。
これはなぜなんでしょうか？

嗅上皮で認識したにおい物質の情報は，脳のさまざまな場所に送られます。たとえば，脳の**扁桃体**というところでは「そのにおいが好きかどうか」という**情動**についての情報が，**海馬**では「過去にかいだことがあるにおいかどうか」という**記憶**の情報が加わります。

数万種のにおいを識別するカギは「受容体の組み合わせ」

受容体の組み合わせでにおい分子を識別するしくみを模式的にあらわしたものです。①のにおい分子は，分子のどこかが受容体A，B，Dにぴったり入るので，A，B，Dが反応します。一方，②のにおい分子は受容体AとDだけが反応します。受容体AやDだけでは，①と②を区別できませんが，「A，B，Dが反応」という組み合わせと，「A，Dだけが反応」という組み合わせを比較すれば，におい分子①と②を区別できます。

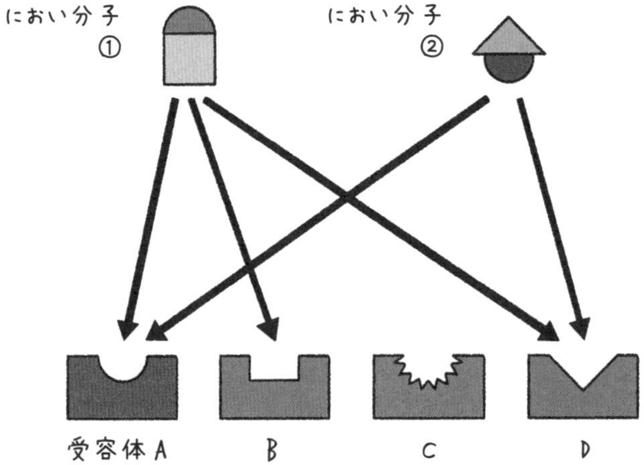

縁日でのソースやきそばのにおいに誘われるのは，そうした脳にある過去の記憶や感情による情報処理が行われているからなんですよ。

ふっとにおいをかいだ一瞬の間に，脳のさまざまな場所でにおいを分析していたんですね。

においの情報は脳のさまざまな場所に伝わる

においの情報が伝わる径路の概略を示しました。においの情報は，嗅細胞で感知されると，すぐ上にある脳の一部である「嗅球」に伝わります。そして，においの情報が「反応した受容体の組み合わせ」として「嗅覚野」に伝わり，においがイメージされるのです。ここでつくられたにおいのイメージは，記憶をつかさどる海馬に伝わると，「学生時代によく通ったカレー屋のにおいだ！」などと，過去にかいだにおいと突き合わせて解釈されます。また，情動をつかさどる扁桃体に伝わると「いいにおい」，「いやなにおい」などの評価が下されます。

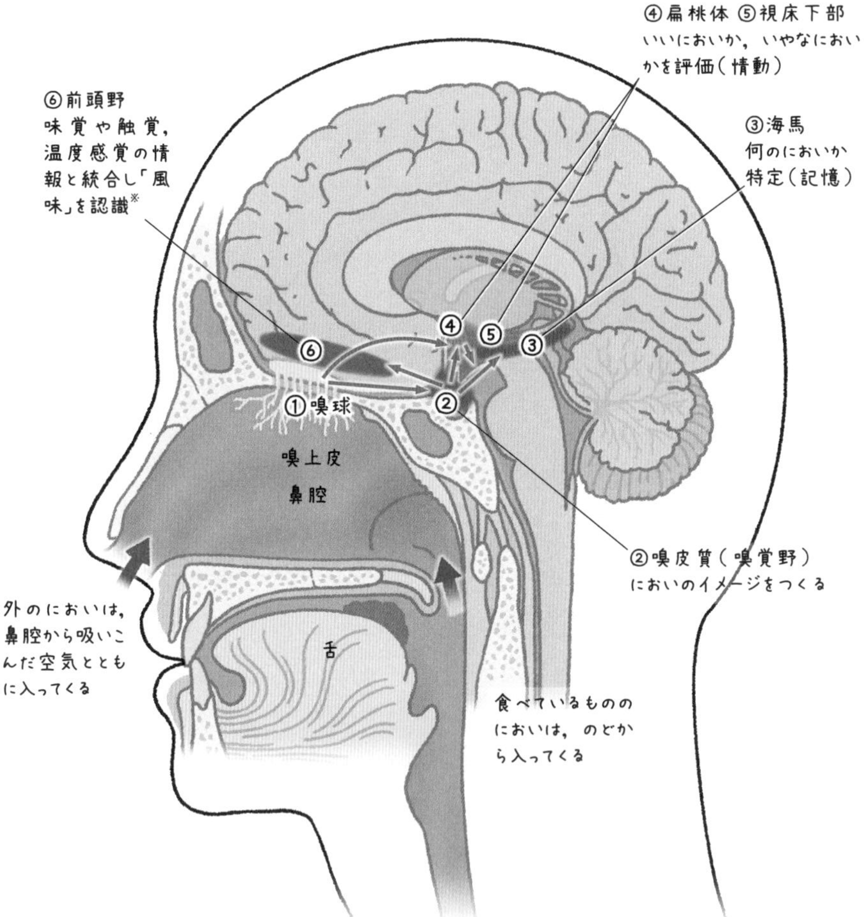

※：風味を感じるだけでなく，においの識別にもかかわっていることがサルを使った研究結果などで示されています。

舌は，苦味に最も敏感

先生，においもたしかに大事ですけど，やっぱり食事といえば，味でしょう！　味を感じるしくみについても教えてください！

味は舌で検出します。

そんなの常識すぎます。
「舌の先端では甘味，側面では酸味，そして根元付近では苦味を感じる」っていうことも知ってますよ！

いえいえ，そのいわゆる“味覚地図”のとらえ方は正確ではないんですよ。

ネットとかでよくいわれてますけど，正しくないんですか!?

実際には，舌は基本的にどの部分でも，①苦味，②酸味，③甘味もしくは塩味の順に敏感です。
苦味物質を検知できる濃度の下限は酸味物質の数十分の１以下，甘味物質や塩味物質の数百分の１以下です。

じゃ，じゃあ，“味覚地図”の知識って，どうして広まったんでしょうか？

その誤解は，1900年ごろの研究にもとづいてえがかれた“味覚地図”がわかりやすかったため，一人歩きして広まったと考えられます。

近年の研究でも，舌の部位による味の種類の感受性に明確な差はなく，一致した結論はありません。

うぅむ。

ただし，味の感じやすさ自体は，舌の場所によってちがいます。なぜなら，味のもととなる物質を検知する**味蕾**《みらい》という組織は，舌全体にまんべんなく分布しているわけではなく，舌の先や根元付近，側縁後方などに集中しているからです。

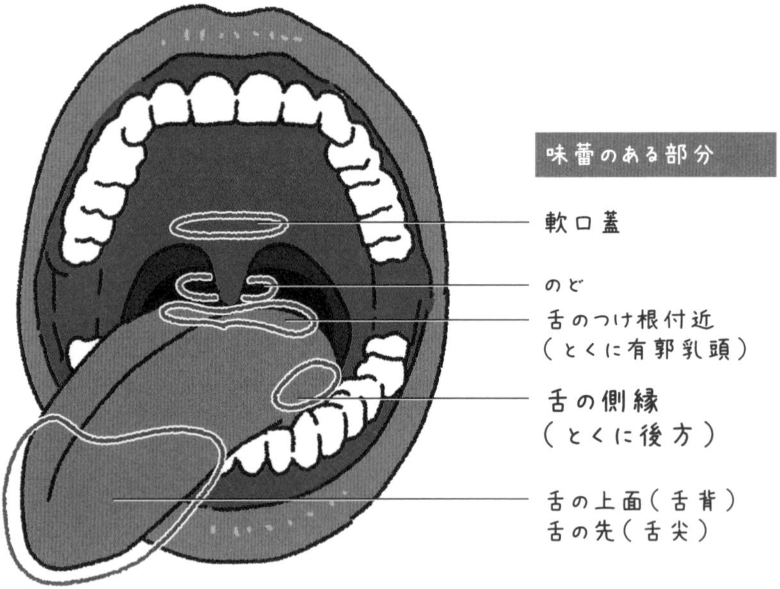

みらい？
ふゅーちゃーですね!?

味蕾です。味蕾とは，50〜100個の細胞の集合体です。ここに味のもととなる物質を検出・反応して神経細胞へ信号を送る味細胞が含まれています。

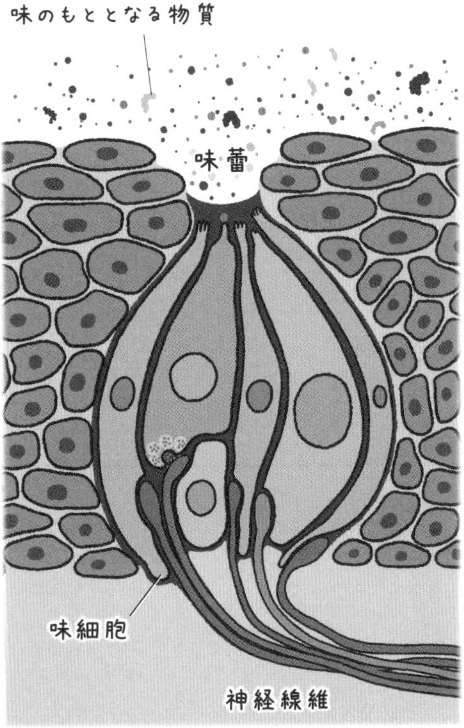

面白い形ですね！　これが舌の上にあるんですか？

そうです。舌の上にある味蕾は，**舌乳頭**とよばれる突起状の構造に組みこまれています。舌乳頭は4種類あり，味蕾が最も多く集まっているのは，舌のつけ根付近にある**有郭乳頭**です。有郭乳頭は10個前後あり，一つ一つに200個以上（最大250個ほど）もの味蕾が集中しています。

こんなでこぼこした構造が舌にあるなんて，知りませんでした！

有郭乳頭の端は，舌を思いきり前に出して横へ曲げるようにすれば見えますよ。鏡で確認してみてください。

有郭乳頭

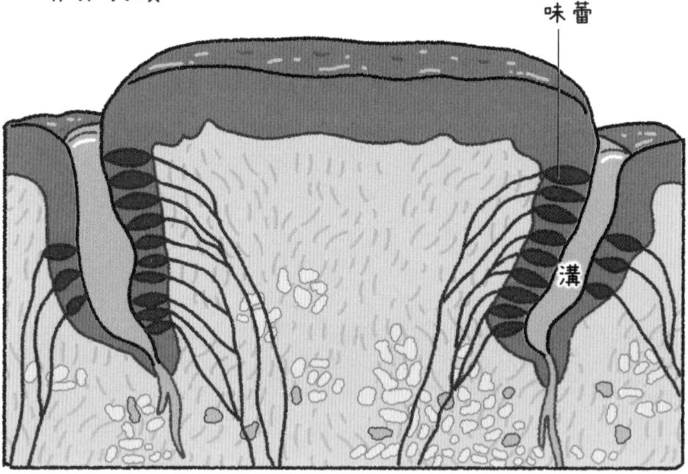

ホントですか!?　帰ったらやってみます！
味蕾って口の中に全部で何個くらいあるんでしょうか？

味蕾の数は胎児期〜乳児期に最も多く**約1万個**あり，成人では**約6000〜7000個**に減ります。成人の味蕾の約80％は舌の上にあり，残り約20％は，のどや口内奥の天井部のやわらかい部分（軟口蓋）にあります。

味蕾って，舌だけにあるわけじゃないんですね。

そうなんです。
ビールを飲んだりしたときに**のどごし**を感じませんか？

はい！　**あののどごしがたまんないですよね!!**

のどにある味蕾は，水を飲むだけでも反応することが知られています。この反応が，いわゆる「のどごし」につながるようです。

そうだったんですか！　味蕾のおかげで，味だけでなく，のどごしも楽しむことができるんですね。

味蕾の細胞は，10日くらいで入れかわります。
これによって味への感度が保たれています。この細胞の入れかわりにかかわるさまざまな酵素には，**亜鉛**が必須です。

そのため，栄養素の亜鉛が不足すると，細胞の入れかわりがとどこおり，**味覚障害**につながることがあります。

栄養として，ミネラルの亜鉛もちゃんととらないと，味を楽しむことができなくなるってことですね。

おいしさは脳で感じる

口の中に入れたものが，自分にとって栄養になるものなのか，それとも有害なのか。それは，分子構造のわずかなちがいで決まります。そのためのセンサーが，口の中にある味蕾です。基本的には，私たちは栄養になるものは**好ましい味**と感じ，有害なものは**いやな味**に感じます。また，消化できず，栄養にならないものの味は通常感じません。

私たちの体にとって有益な食べ物がおいしく感じられやすいわけですね。そもそも，どうやって，おいしい，まずいって判断されるんでしょうか？

では，食べ物を「おいしい」と感じるときの，口内と脳のはたらきをみていきましょう。まず，味蕾で味の分子を感知すると，その情報は味覚神経を通って**延髄**の**弧《こ》束《そく》核《かく》**という部位に送られます。そして味の情報をもとに，即座に**反射的な反応**がおきます。

反射的な反応？

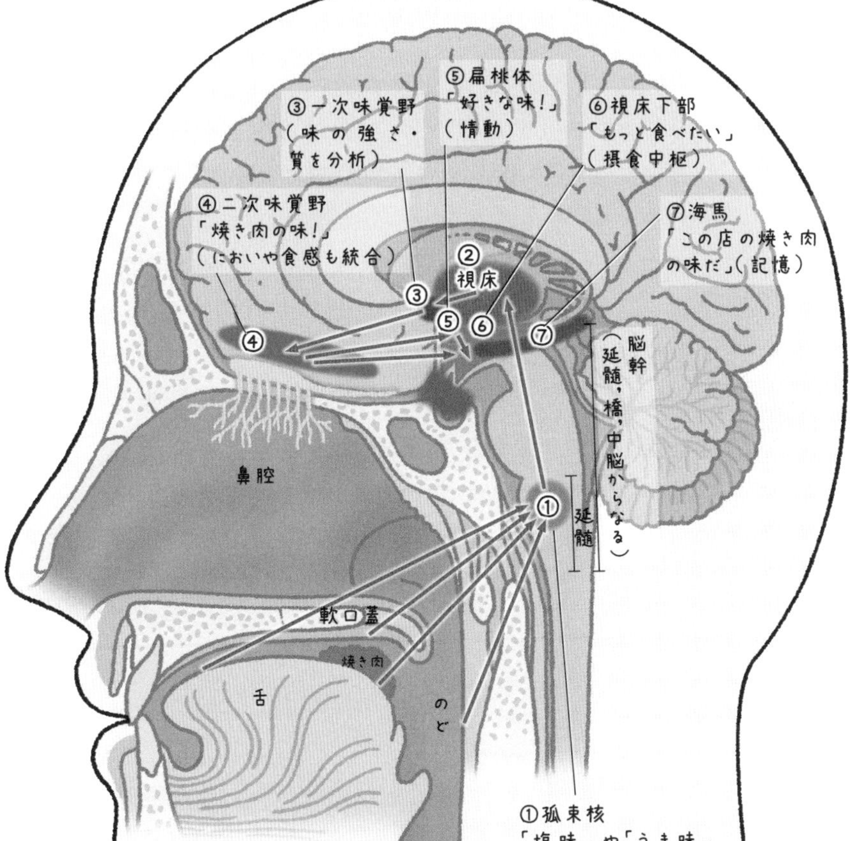

味細胞
味細胞は，舌の表面のほか，上あごの奥の「軟口蓋」という部分や，のどにも分布している。

唾液が分泌されたり，酸っぱいものや苦いものを食べたときに顔をしかめたり吐き気をもよおしたりする反応です。

梅干しを食べたときに，自然と唾液がたくさん出るとかがそうですね。

そうです。
つまり，まず，栄養か有害かという重要な判断が真っ先におき，体内に取り入れるか吐きだすかという対応を，一気に完了してしまうのです。このように，味の基本的な選別と反射的な反応は，延髄を含む脳幹でおきるため，大脳に障害があってもおこります。

なるほど～。

さらに「塩味」や「うま味」などの味情報は，弧束核から，視床を経て大脳の**一次味覚野**に送られ，味の強さや質が分析されます。

ほうほう。

そして，**二次味覚野**で嗅覚や触覚からの風味・食感などの情報と組み合わされます。たとえば，私たちが焼き肉を食べたとき，この二次味覚野で**焼き肉の味のイメージ**が形成されるんです。

普段はまったく意識せずに「焼肉，うめぇ～！」とか思ってバクバク食べてますけど，脳ではそんないくつもの段階を経ているのか。

「焼肉，うめぇ〜！」というような**情動**は，**扁桃体**でつくられます。扁桃体で食べているもの（焼き肉）が好きかきらいかという情動の情報が判断されたのちに，**視床下部**で食欲をつかさどるホルモンが分泌されるなどの現象がおきます。さらに**海馬**では，味の記憶が形成されます。

いろんな段階を経て，食べ物をおいしいって感じることができるわけですね。

ちなみに，孤束核で「いやな味」に分類されても，大脳で「おいしい味」として感じられるようになることがよくあります。

どういうことですか？

味の中には**苦味**や**酸味**がありますよね。苦みや酸味は，そもそもいやな味であり，毒や腐敗物のサインだといえます。

たしかに！　日が経った食べ物を口に入れて，酸っぱかったりすると「腐ってる！」って思って，すぐに吐き出しますね。

実際に，味覚の実験で，赤ちゃんの口内に，酸っぱいものや苦みのあるものを含ませると，すぐにいやがる表情を浮かべることが知られています。
しかし，グレープフルーツの酸味や苦味，コーヒーの苦味が好きだという人は多いですよね。これらの味をおいしいと感じるのは，それらが安全な食べ物で，体によい作用をするものだと大脳が学習した結果なのです。

あぶらをとると，快楽物質が放出される

焼き肉といえば，とくにカルビとか豚トロとか，あぶらの多い部位がとくに好きなんですよ〜。

あぶらが多い部位はおいしいですよね。
でも，そもそも純粋なあぶらは味もにおいもないんですよ。
甘味，うま味，塩味，酸味，苦味の五つは**基本味**とよばれますが，あぶら，つまり脂質の味は，基本味ではありません。

あぶらって，味がしないんですか!?
そんなことないような気がするんですけど。
じゃあ，なぜあぶらを多く含んだ料理はおいしいんでしょうか？

たしかに，あぶらののったマグロのトロや霜降り肉，カルビ，豚トロのおいしさは，あぶらのおいしさですし，ラーメンはうま味とあぶらの組み合わせの代表格，ケーキは甘味とあぶら（乳脂肪）の組み合わせの代表格です。
どちらもあぶらの存在によって単純なうま味，甘味よりもおいしくなり，やみつきになりやすいといえるでしょう。

やっぱり，あぶらですよね！
味はしないのに，なぜあぶらがあるとおいしく感じるんですか？

これまであぶらは食べ物の**食感**に影響をおよぼすことでおいしさを引き立てる，といわれてきました。しかし，あぶらのおいしさはどうもそれだけでは説明がつかないようです。近年になり，いくつかあぶらをおいしく感じるメカニズムが明らかになりつつあります。

ほぉ！

まず，舌の上の**味蕾**には，あぶら（脂質）が分解されてできる**脂肪酸**と結合する**受容体**があることが明らかにされています。
食品中の脂質が分解されてできた，わずかな脂肪酸を口の中で受容しているのだと考えられています。

ということはやはり口の中であぶらを感じているわけですね。

そうですね。
さらに次のような興味深い実験結果もあります。
マウスにレバーを押すとエサがもらえることを学習させ，実験をくりかえすたびにエサを得るのに必要なレバー押しの回数を増やしていく実験です。

この実験で何がわかるんですか？

このような実験は，**レバー押しオペラント実験**とよばれます。
あきらめずに何回までレバーを押すかで，そのエサに対する“やみつき度”が評価できるわけです。

回数が多ければ，それだけ欲しがっているってことですね。

そういうことです。
この実験では，マウスは**10％の砂糖水**では平均で**50回程度**であきらめましたが，**100%のコーン油**なら**100回以上**レバー押しをするようになったそうです。
これは，マウスがコーン油に対して，かなり強くやみつきになったことを示しています。

やっぱりマウスもあぶらが好きなんですね！　でも味がしないのになぜあぶらを欲しがるんでしょうか？

たしかにあぶらの味はしませんが，どうもあぶらをとると，脳で**快楽物質**が出るようなんです。
マウスがあぶらを舌で受け取ったあとに，脳内で**βエンドルフィン**や**ドーパミン**という報酬系のニューロンが活性化することが，その後の研究で明らかになったんです。

いやいや，**全然意味がわかりません！**

βエンドルフィンやドーパミンは，幸福感を感じさせる脳内の物質です。とくにドーパミンはやみつきにかかわり，**欲しい**という欲求をあたえる物質です。

つまり，あぶらを食べると，幸福感を感じてもっと欲しいって思うということですか！

そうです。**あぶらが舌で受容されるとドーパミンがもっと欲しいという期待感を駆り立て，βエンドルフィンがおいしさと幸福感の快感を生み，いっしょに食べたもののおいしさが増強されると考えられます。**
これが，あぶらが無味無臭であってもおいしく，やみつきを生む理由の一つなのでしょう。

あぶら（脂肪）って，幸福感をあたえる栄養素なんだ。
……これじゃあ，あぶらっこい食べ物をやめられずに，肥満になる人が多くなるのもうなずけます。私も気をつけなくちゃ。

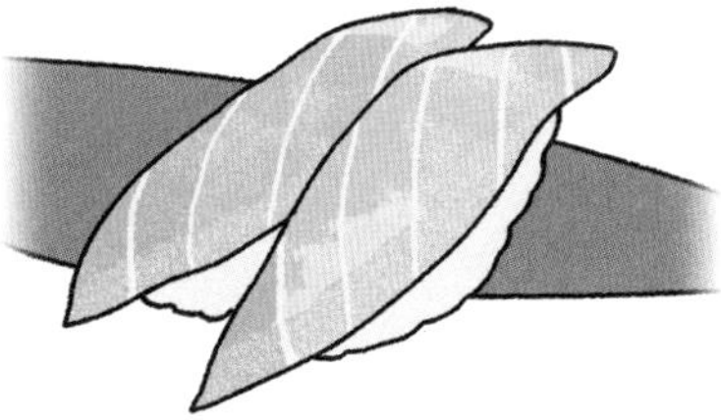

胃や腸でも味を感じている!?

私たちは食事をすると，口の中で味を感じますね。ところが実は，**胃**や**腸**も食べ物を感じているって，知ってましたか？

いやいや，胃や腸が味を感じるわけないでしょう。
味って漢字にもちゃんと口へんがついていますよ！

そもそも，舌にある味細胞が味覚を感じとるのは，味細胞に味物質をとらえる**味覚受容体**があるからです。味覚受容体で甘味をもたらす糖類や，うま味のもととなるアミノ酸の分子をとらえて，その情報が脳に伝わることで，私たちは味を感じることができます。
この味覚受容体が実は胃や腸にも存在しているんです。

お腹で味なんて，感じたことありませんよ！

ええ，これら胃腸の受容体がとらえた物質の味を直接脳が感じることはありません。

なぁんだ。
じゃあ，機能していないわけなんですね。

いえいえ，ちゃんと大事な役割をはたしているようですよ。たとえば，ある研究では，うま味を感じとる胃腸の受容体に，うま味成分であるグルタミン酸が結合すると，消化酵素や胃酸の分泌が促進されたとの結果が出たそうです。このほかにも消化管内で分子を認識することで，**消化の調節**が行われていると考えられています。

胃や腸は，お腹に入ってきた食べ物を識別して，消化を調整しているってことですか!?
面白いですね！

おいしさは味だけでは決まらない

味の感じ方は，人によってことなります。
たとえば，ブロッコリーなどの野菜を食べたときに，苦味を強く感じる人と，あまり感じない人がいることが知られています。

ブロッコリーか。
私もあまり得意ではありません。

後者の人々は，ほかの味は普通に感じることができるので，味覚に問題がある「味覚障害」ではなく，**味盲**《みもう》といいます。

どうしてそういったことがおこるんですか？

味の感じ方がことなるのは，苦味の受容体の**遺伝子**にちがいがあるためです。
苦味を強く感じる受容体をもつ人は，苦味の感じ方が弱い受容体をもつ人にくらべ，子供のころに野菜をさける傾向があるといわれています。ただし大人になると，そのような差はなくなっていくと考えられています。

なるほど。

このように，おいしさというのは，その食べ物に含まれている味のもととなる物質やにおい物質だけで決まるものではないんです。

たとえば，溶けてしまったアイスクリームが，凍っていたときよりも甘ったるく感じたことってありませんか？　あるいは，熱いスープが冷めたときも，味が濃くなったように感じられることは？

ああ，たしかに！　そう感じたことはあります。

これは，味蕾の味細胞内にある，味の情報を伝える**酵素**が，体温くらいのときに最もよくはたらくためです。

どういうことですか？

つまりですね，食べたものが低温や高温だと，味細胞の酵素のはたらきが一時的に弱くなり，味を感知するはたらきが鈍くなるんです。だから高温や低温の食べ物は，この効果をふまえて，強めに味つけされているそうです。

へぇ，食べ物の温度によって，味の感じ方が変わるんですね。

そうなんです。
時間がたってこれらの食べ物が常温になってしまうと，味細胞の酵素のはたらきが強くなりすぎて，味が濃くなったように感じられるというわけです。

面白いですね！

温度以外にも，私たちが食べ物を味わうとき，五つの基本的な味覚に加えて，さまざまな要素が影響しています。たとえば，風邪を引いて，味がわからなくなってしまうことがありませんか？

あります！　この前，風邪を引いた時に食べたおかゆが，味がしませんでしたよ。

これは，味覚が鈍くなったのではなく，**嗅覚**が弱まったせいなんです。試しに鼻をつまんでお茶やジュースを飲んでみると，かなり単純な味に感じられるはずです。
私たちが普段料理を味わうとき，嗅覚の影響も大きく受けているわけです。

ふむふむ。

それから，**辛さ**も食べ物の風味にかかわる重要な要素ですが，実は味覚では感じていません。

どういうことですか!?
辛味っていいますよ。

味蕾にある味細胞が感知するのは甘味・うま味・塩味・酸味・苦味の5種類だけなんです。辛さは**痛覚**と同じセンサーで感じており，味覚神経ではなく**三叉神経**という別の神経で脳に伝わるのです。熱さも同じセンサーで感じています。

たしかに，あんまり辛いと，舌や口の中が痛くなりますもんね。

また，あざやかな色のキノコを“毒々しい”と感じることがあるように，**見た目の印象**もおいしさにかかわっています。どんな大好物の料理，たとえばステーキだったとしても，お肉がもし水色だったら，食べたくなくなりますよね。

水色のステーキなんて，まったく食欲がそそられません！

私たちの祖先がネズミのような姿だったときは，主に嗅覚と味覚にたよって食べ物や毒を判別していました。
しかし現在は，嗅覚と味覚に加えて，「食べたことがあるかどうか」や「毒のある食べ物に似ているか」などの**視覚的記憶**にもたよって，安全で栄養が多いかどうかを効率よく判定し，苦味すらも「おいしい」と感じるようになる複雑なしくみを構築したわけです。

味覚だけでなく，視覚情報や高度な脳の処理，そして記憶も「おいしさ」に関係しているわけですね。

やきそば
やきそば

3

時間目

科学的に正しい！
理想的な食事法

STEP 1

健康と美容のための食事法

バランスよく栄養素をとることが大切なのは当然ですが，どのような食事が健康や美容によいのでしょうか？　肥満対策や年齢に応じた食事の内容や仕方を，見ていきます。

食事の回数を３回にすると，血糖値が上がりにくい

ここからは，健康に過ごすための食事法について，考えていきましょう。

先生，私，あまり朝おきてすぐってお腹が空かないので，けっこう**朝食**を抜くんです。
休みの日なんかは昼ごろおきるので，夕食だけっていうこともあります。でも，やっぱり１日３食ちゃんと食べたほうがいいんでしょうか？

たしかに現代の日本では標準的には3食がすすめられています。しかし歴史的にみると，１日３食になったのは最近のことで，原始時代には1日１食，獲物がとれないときには数日間食べないこともあったようです。
日本で3食が習慣になったのは**江戸時代後半**で，それ以前は**２食**が一般的でした。

へぇ，昔は2食が主流だったんですね。

現代でも，**多忙**や**ダイエット**により，朝食を抜く人が多いようです。厚生労働省が実施した「国民健康・栄養調査（2017年）」によると，朝食をとらない人（栄養剤・果物・飲み物などのみの人も含む）の割合は**男性15.0％**，**女性10.2％**です。

私も朝ご飯を食べるくらいなら，寝ていたい派です。

年齢別では男女ともに**20代**が朝食をとらない割合が最も多く，**男性30.6％**，**女性23.6％**に上ります。
また，朝食を抜いた1日2食だけでなく，今や1日1食，1日5食，週末だけ断食，といったさまざまなダイエット法も考案されています。

やっぱり，1日3食が健康にはいいんでしょうか？

食事回数と肥満や健康に関する研究は数多く行われていますが，実は1日何食がベストなのかは明確な結論が出ていないといえるでしょう。
ただ，たとえばアメリカでは，朝食をとらない人は，とる人の5倍も肥満になりやすいという結果が報告されています[※1]。また，朝食を抜くことは糖尿病のリスクの上昇につながるようです。ですから，やはり朝食はとったほうがよいと思います。

なぜ朝食を抜くと，肥満や糖尿病になるんでしょうか？

肥満には，食後の血糖値の急激な上昇が大きく関係しています。**朝食をとったほうが，その日の昼食後や夕食後の血糖値の上昇がおさえられるんです。**
次のグラフを見てください。1日1食，2食，3食のそれぞれの場合に，食後の血糖値の上昇度合いを比較したものです。縦軸は血糖値の値で，午前8時の値を100％としています。

朝食をとった場合は，血糖値があまり大きく上昇していませんね。

そうなんです。
朝食をとると，食後の急激な血糖値の上昇がおさえられるため，肥満につながりにくいと考えられているのです。

なるほど〜。最近，体重が気になりはじめたんで，今後はできるだけ朝食を食べるようにします！
朝食にはどんなものを食べるといいんでしょうか？

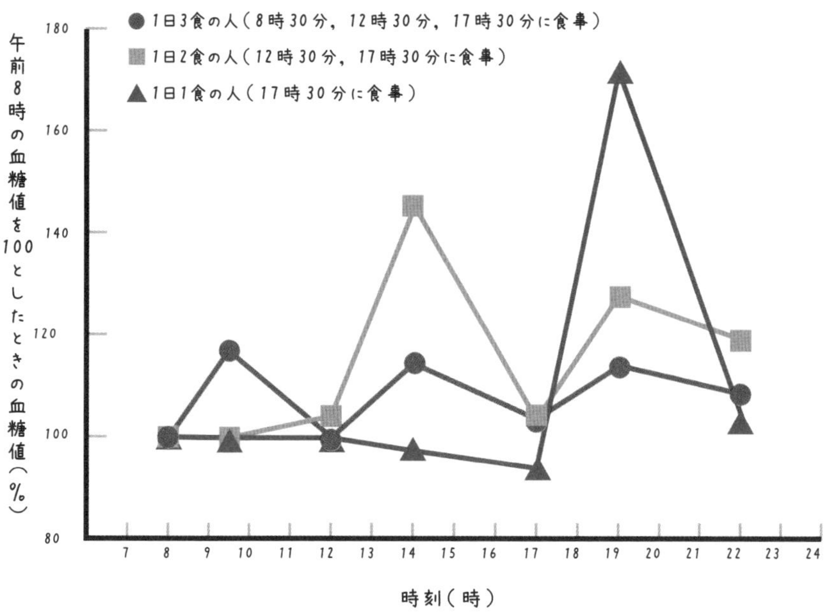

通常，食事をして血糖値が上がると，血糖値を下げるためにインスリンが分泌されます。ところが朝はインスリンの効果を弱めるホルモンの分泌量が多いため，朝食の時間帯は1日のうちで最も血糖値が上昇しやすいです。そのため朝食では，ご飯やパンなどの糖質ばかりでなく，肉や魚，卵などのタンパク質や脂質もしっかりと食べたほうがよいでしょう。

朝からしっかりいろんなものを食べるのが，健康への第一歩なんですね。

※1：Yunsheng Ma et. al., *American journal of epidemiology*, (2003) doi:10.1093/aje/kwg117

年齢に応じて食べ方は変えた方がよい

先生，25を過ぎてから，急にお腹が出てきました。10代のころは気にせずにいくら食べても太らなかったのに……。食べる量は，そんなに変わっていないんですけどね。

10代のころと同じように食事をしていたら，そうかもしれませんね。食べ物を食べて消化したり，代謝したりする能力は，生まれてから成長するまでの間に発達し，やがて老化していきます。
ですから，食事の内容や食べ方は，年齢に応じてかえていかなければいけないものなのです。

そういえば，会社の上司も「昔とくらべて，あまり食べられなくなったなぁ」って言ってました。
年齢に応じて，食事はどのように変えていくべきなんでしょうか？

では，年代別にみていきましょう。
まず，生まれたばかりの**赤ちゃん**にはまだ歯が生えておらず，栄養はもっぱら母乳やミルクから摂取します。しかし生後5～6か月ごろから，母乳やミルクだけでは必要な栄養が補えなくなります。
離乳食で使う食材ややわらかさ，分量などは赤ちゃんの噛む能力，飲みこむ能力，消化器官の発達に合わせて変えていき，徐々に普通の食事に近づけていきます。

ふむふむ。

乳・幼児期（0〜6歳）

乳・幼児期は，発育のために多くのエネルギーと栄養素が必要です。消化機能が未成熟なので，生まれた直後は母乳やミルクだけで栄養をとっていますが，成長につれて離乳食，普通食へと食事の形をかえていきます。食物アレルギーを発症しやすいのもこの時期です。また，大人とくらべると免疫力が弱いため，調理の際の衛生管理には細心の注意が必要です。

次に，小学校から高校の**学童期・思春期**になると，食習慣が乱れがちになります。たとえば，夜ふかしをしていてつい朝食を抜いて登校したり，おやつを食べすぎたりしてしまうといった経験は，だれにでも身に覚えがあるのではないでしょうか。
また，インスタント食品やスナック菓子などを好んで食べて，栄養がかたよることも多くなります。

学童および思春期（6〜18歳）

体が大きくなるため，成人にくらべてたくさんのエネルギーと栄養素が必要です。この時期に確立された食習慣は今後改善することがむずかしくなるため，生活習慣病予防のためにも健康によい食習慣を確立することが大切です。たとえば，朝食抜きや間食・夜食のとりすぎ，スナック菓子やインスタント食品のとりすぎ，野菜不足やカルシウム不足はさけるようにしましょう。とくに女子の場合は月経がはじまるため，鉄分不足に注意する必要があります。

私もそうでした。ってか，そのころからずーっと今までそんな感じかもしれません。

ええ，この時期の食習慣は，大人になってから改善することがむずかしいものなんです。
ですから，この時期にこそ，3食しっかり食べる，栄養バランスのとれた食事をとるなど，健康的な食習慣を送ることを心がけないといけません。

あららら……。
うーむ，今から頑張って変えていきます。

はい，それがよいと思います。
10代のころは体が育ちざかりなうえに，部活など運動することが多いので食欲は旺盛です。その食欲のまま20代，30代に突入すると，今度は運動量に対して食べすぎてしまうことになり，**肥満**を招くことになります。

あー，まさに今の私の状況ですね。

そうですね。2017年度の「国民健康・栄養調査」によると，20～59歳の男性の肥満の割合は平均で31.4%，女性は14.8%です。
なお肥満とは，**BMI25以上**の状態のことをいいます。

だいたい男性の3人に1人が肥満なんですね。

そうなんです。一方で，近年では女性の**やせ**や**栄養不足**も問題になっています。

成人期

成人期は摂取エネルギーが過剰になりがちで，生活習慣病のリスクが高まります。その一方で，20代女性はダイエットによる低体重が問題になっています。また，栄養バランスのかたよった食事をとることで，特定の栄養素が不足して病気になることもあります。

やせは，**BMIが18.5未満**とされていますが，2017年度の国民健康・栄養調査によると，20～59歳の女性の**21.7%**がやせです。

そんなに!?
日本では食料が足りないってことはないでしょうけど。

BMIの算出法と肥満の分類

BMI＝体重（キログラム）÷身長（メートル）^{2}

BMIによる肥満の分類

18.5未満	やせ
18.5以上25未満	正常
25以上	肥満

やせの原因は，発展途上国では食糧不足であることが多いのですが，日本のような先進国では，**無理なダイエット**が原因となることが多いです。しかも，やせによって栄養素やエネルギーが不足することで，かかりやすくなる病気もありますから，軽く見てはいけません。

ダイエットが原因ですか……。
ほどほどにしないとですね。

女性の場合，妊娠中に栄養素やエネルギーの過不足があると，母体や胎児の健康に影響することもあります。妊娠中には胎児や胎盤，増加した血液などで体重は増えますが，体重は増えすぎても増えなすぎてもいけません。

もし，増えすぎたり，増えなすぎたりしたらどうなるんでしょうか？

妊婦

妊娠すると，胎児を育てるために母体はさらに多くのエネルギーと栄養素を必要とします。しかし，近年ではエネルギーが過剰に摂取される傾向にあるため，肥満になりすぎない注意も必要です。また，妊娠中は鉄分，カルシウムが不足しやすくなります。

体重が増えすぎると，**妊娠糖尿病**や**妊娠高血圧症候群**などを発症しやすくなり，母体や胎児が危険にさらされます。一方，妊婦の体重があまり増えないと，胎児が**飢餓状態**になり，出生体重が2500g未満の**低出生体重児**が生まれやすくなります。
低出生体重児は，出産後に死亡したり病気にかかりやすくなったりする確率が高く，成人後には生活習慣病にかかるリスクが高いことが知られています。ですから，妊娠中の食事，栄養管理はとても大切です。

胎児の健康にも影響するわけだから，本当に大切ですね。

はい，そのとおりです。
最後に**高齢者**の栄養状態です。

高齢になると，食が細くなるっていいますよね。

ええ。とくに一人暮らしだったり，家に閉じこもりがちだったりする人は，栄養不足になる傾向があります。これは，生活の活動量が減ったり，心配や悩み事をだれにも話せなくなってストレスをためやすくなったりして，**食欲不振**におちいりやすいからです。

高齢者

高齢者は生活活動量の減少や精神的なストレス，薬の副作用など，さまざまな理由で食欲不振がおきやすく，栄養が不足しがちです。また，咀嚼や嚥下能力が低下し，嚥下障害をおこしやすくなります。これは誤嚥性肺炎の原因にもなります。この場合は，流動食やゼリー食，とろみをつけた食事などで対応していきます。

なるほど。

近年は核家族化の進行によって，高齢者の一人暮らしの世帯が増える傾向にあるので，栄養不足の高齢者も増えていくことが心配されています。

じゃあ，高齢者の食欲不振を何とかするには，どうすればいいんでしょう？

軽い運動を行ったり，食べる場所を変えたり，味つけが単調にならないように工夫したりするとよいでしょう。
歯の衰えや口の中の炎症なども食欲不振の原因となるので，定期的に歯科医の診察も受けたほうがいいです。

ふむふむ。祖母が一人暮らしなので，教えてあげます。

また，年を取ると物を噛んだり（咀嚼），飲みこんだり（嚥下）する能力も落ちていきます。このため食べ物が食道ではなく気管に入ってしまい，**誤嚥性肺炎**の原因にもなるので，やわらかい食事や飲みこみやすい食事を用意する必要があります。

やわらかい食事ですね！

ええ。ただ，やわらかい食事は，どうしてもタンパク質やビタミン，ミネラルが不足しがちなので，その人の咀嚼・嚥下能力に合わせて，これらの栄養素を取りこんだ調理のしかたが必要になります。

肥満解消には，食事の量だけでなく内容も大事

私は，やはり**肥満**が心配です。
急に体重も増えて，お腹も出てきて……。

肥満の原因は，**食べすぎ**と**運動不足**です。
とくに食事に関しては，食事の量だけでなく，食事の内容や食べ方なども肥満を招きます。

肥満ってやっぱり体に悪いんですよね？
てか，そもそも肥満ってどういう状態なんでしょうか？

肥満とは，「体の**脂肪**の量が体重に対して異様に増加している状態」のことをいいます。仮に体重が重くても，脂肪率が低ければ肥満ではありませんし，体重が軽くても脂肪率が高ければ肥満です。

ほぉ。
じゃあ，体重だけではわからないってことですね。

そうですね。
ただ，体脂肪率を厳密に測るのはむずかしいので，肥満かどうかを判定するために，先ほども紹介した**BMI**が使われています。日本肥満学会では，BMIが**25以上**の人を肥満としています。

さっきも出てきましたけど，BMIって何でしょうか？

BMIは，Body Mass Indexの頭文字をとったもので，**体重（kg）÷身長（m）の2乗**で計算できます。身長170センチメートルの男性だと，BMI25はだいたい72キログラムくらいですね。

肥満とBMI

肥満の人と標準的な体型の人の大きなちがいは，体の組成を占める脂肪の割合（脂肪率）です。しかし，肥満を測る指標として，最近では体格指数（BMI）が広く用いられています（イラスト）。

体重とBMIの関係（男性）

身長（cm）	体重（kg）	BMI
170	66.5	23.0
170	69.5	24.0
170	72.3	25.0

体重とBMIの関係（女性）

身長（cm）	体重（kg）	BMI
160	58.8	23.0
160	61.5	24.0
160	64.0	25.0

身長170センチメートルの人（男性の例）と，160センチメートルの人（女性の例）の体重とBMIの関係をあらわした表です。どちらの場合でも，BMIの値が25をこえてしまうと肥満となってしまうので，注意が必要です。

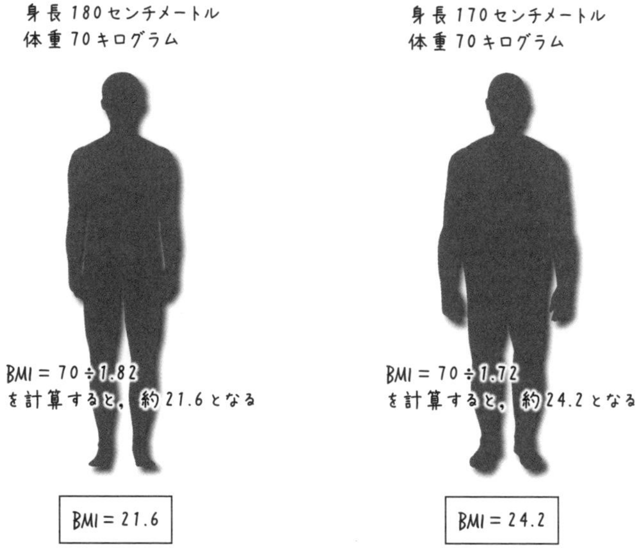

一口に肥満といいますが，皮膚の下に脂肪がつく**皮下脂肪型肥満**と，内臓の周囲に脂肪がついている**内臓脂肪型肥満**があります。
このうち，とくに危ないのが**内臓脂肪型肥満**です。

なぜ，内臓脂肪型肥満は危ないんですか？

内臓脂肪型肥満の人は，糖尿病や高血圧，脂質異常症，虚血性心疾患などの生活習慣病にかかりやすい傾向にあるんです。

やばいですね……。
私も内臓脂肪型肥満じゃないか心配になってきました。

日本では，ウエストの周囲の長さが男性で**85センチメートル以上**，女性で**90センチメートル以上**の人は，内臓脂肪型肥満の疑いがあると診断されます。
BMIが25未満でも内臓脂肪型肥満がみられる場合もあり，こちらは**かくれ肥満**とよばれています。

かくれ肥満か……。
なぜ内臓脂肪型肥満になると，生活習慣病にかかりやすくなるんでしょうか？

実は，脂肪をためこんだ内臓脂肪細胞からは，高血圧や糖尿病，高脂血症，心筋梗塞の原因となる物質がさかんにつくられて体内に放出されるんです。
また，生活習慣病のほかにも，肥満は**変形性関節症**や**腰痛**，**睡眠時無呼吸症候群**の原因にもなります。

変形性関節症や腰痛は，重くなった体重によって関節に負担がかかることで発症します。

生活習慣病だけではないんですね。
睡眠時無呼吸症候群って聞いたことあります。
寝ている間に息が止まるんですよね？

そうです。肥満によって上気道がせまくなり，寝ている間に呼吸停止が何度もおきます。睡眠時無呼吸症候群を発症すると，夜間に熟睡できないため昼間も眠くなります。睡眠時無呼吸症候群は運転中にふと気がつくと眠ってしまい，**交通事故**を引きおこす原因になるため，社会問題になっています。

肥満ってこわいなぁ……。
どうすれば解消できるんでしょうか？

肥満を解消するには，**食事**と**運動**といった，生活習慣の改善が欠かせません。

ただ食べる量を減らすだけでもいいんでしょうか？

いいえ，ただ食事を大幅に減らすだけだと，体が飢餓状態に適応してしまい，**やせにくい体質**になってしまいます。ですから，食事のエネルギー量をある程度減らしつつも，栄養自体はしっかりととって，1日合計40～60分程度の**運動**を行うことが大切です。

やはり大事なのは食事の改善と運動の両方が必要なんですね。食事については，どのように改善していけばいいんですか？

まずは，太りやすい食習慣を見直す必要があります。
朝食や昼食を抜いて1日2食にしたり，夜食や間食をとったりすると，どうしても食べすぎる傾向になるので，なるべく1日3食ちゃんととり，夜食はやめましょう。
とくに夕食よりは昼食を多く食べるほうが望ましいです。

規則正しく3食とることが基本ですね。

そうです。
また，**早食い**もいけません。

え？　食事の速さも関係あるんですか？

早食いをすると食事の満足感を得られにくくなり，食べすぎになりがちだからです。1口**20回以上**噛んで，ちゃんと飲みこんでから次の箸をつけるようにしましょう。

ひぇぇ～。大変そう！

工夫も考えてみましょう。たとえば，だれかと食事をするときは自分が一番最後になるように周囲を見ながら食事をしてみるのもおすすめです。あと，目に見えるところに食べ物があると，つい手がのびてしまうので，おやつはかくしたり，余った食事はすぐに片づけたりするのもよいかもしれませんね。

食事はどのようなものを食べるのがよいでしょうか？

脂肪分や糖分のとりすぎをひかえ，食物繊維や水分をたっぷりとるのがよいです。
青魚の焼き魚やひじきの煮物などおすすめです。

お酒は？

アルコールはカロリーが高いうえ，体内で体脂肪にかわりやすく，食欲も増進させるので，なるべくさけたいです。それと，お酒のおつまみは濃い味つけのものや揚げ物をさけ，低脂肪の料理を選ぶようにしましょう。

食品選びの目安

肥満

	食品	量の目安
主食	ご飯，パン，めん	ひかえめ
主菜	肉，卵 大豆・大豆製品，魚貝	ひかえめ 普通
副菜	淡色野菜 緑黄色野菜 イモ，カボチャ 海草，きのこ，コンニャク 漬物 果物 牛乳・乳製品	普通 多め ひかえめ 多め 普通 普通 普通
調味料	油 砂糖 塩，しょうゆ，みそ 酢 香辛料	ひかえめ 極力ひかえめ 普通 普通 普通
嗜好品	和菓子 洋菓子 アルコール飲料 カフェイン飲料 炭酸飲料	禁止食品 禁止食品 極力ひかえめ 普通 極力ひかえめ

（出典：『食事指導のABC 改訂第3版』[中村丁次 監修，日本医事新報社，2008年発行]）

おすすめ料理

- サバやイワシなど，青魚の焼き魚
- ひじきの煮物
- コンソメスープ
- 酢の物
- お浸し
- サラダ

おすすめのおつまみ，ひかえたいおつまみ

おすすめのおつまみ

なるべく低カロリー，低脂肪で高タンパクなものを選びましょう。
（例）・お刺身　・鶏のささ身　・枝豆や豆腐
・するめやえいひれなど，魚類の乾きもの

ひかえたいおつまみ

脂肪分や糖質の多い，高カロリーなものはひかえましょう。
（例）・揚げ物　・チーズ類　・脂肪分の多い肉
・飲酒後の締めのラーメンやご飯もの　・デザート

ビールにから揚げって，大好きな定番なんですけど，ちょっと控えるようにしてみます。

やせすぎの人は，高カロリーで食べやすい食事を

健康上の問題は，肥満だけではありません。
やせすぎも問題で，日本人でやせている人の多くは，若い女性と高齢者です。

やせすぎにも基準とかあるんですか？

「やせ」は，BMIが**18.5未満**の人のことを指します。
また，標準体重（BMI22）に対して10％以上体重が少ないときや，1週間で2％以上，1か月で5％以上の体重減少がみられたときも「やせ」とされています。

やはりダイエットが原因のことが多いんでしょうか？

やせの原因はさまざまです。過激なダイエットはもちろん，老化や，病気で食欲が低下し，吸収や消化がうまくいかなかったり，心理的な原因で食べたくなかったりすることもやせの原因となります。

やせの原因

- 病気（がん，胃や腸の癒着や閉塞，肝疾患，潰瘍性大腸炎，甲状腺機能亢進症，血液疾患など）
- 薬の副作用　・腸の寄生虫　・精神的な原因
- 覚せい剤やアルコールなどの中毒症状
- 過度なダイエット　・老化

（出典：『食事指導のABC 改訂第3版』
［中村丁次 監修，日本医事新報社，2008年発行］より一部抜粋）

たしかに不安やストレスって，食欲に大きく影響しますよね。新入社員のころに仕事で大きなミスをしてしまったときは，しばらく全然ご飯を食べられませんでした。

肥満と同様，やせすぎも健康に悪い影響をあたえるため，注意が必要です。

どんな悪い影響が出るんでしょうか？

やせすぎになると骨や筋肉が衰えます。
また，やせすぎの妊婦からは**低出生体重児**が生まれやすくなって赤ちゃんの健康リスクも高まります。
それから，高齢者の場合，食欲が低下して栄養不足になり，体の機能が衰えたために運動量が減り，さらに食欲が減るという**フレイル・サイクル**という状態におちいります。こうなると，介護や入院のリスクが高まります。

悪循環に陥ってしまうんですね。
やせすぎを改善するにはどうすればいいんですか？

やせすぎの原因が病気の場合は，まずはその病気を治療することからはじめます。そのうえで，**食事療法**で標準体重にもどしていきます。

フレイル・サイクル

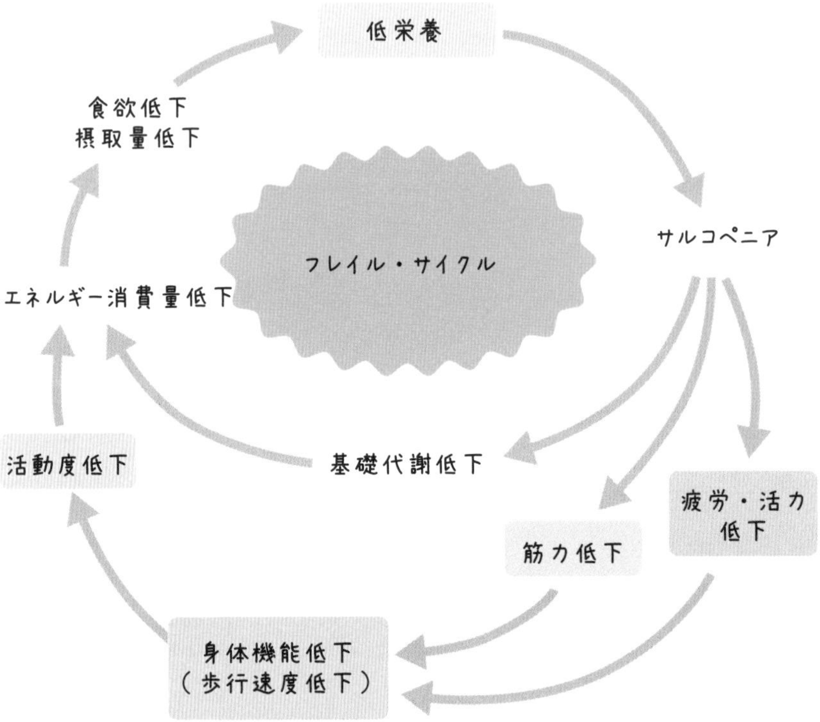

［厚生労働省：「日本人の食事摂取基準（2015年版）」策定検討会報告書
<https://www.mhlw.go.jp/file/05-Shingikai-10901000-Kenkoukyoku-Soumuka/0000114399.pdf>
（最終アクセス2019年2月）より引用］

どういう食事をとればいいんでしょうか？

食事のポイントは，食事の量に対して摂取エネルギーを多くして，タンパク質をしっかりとるということです。また，消化のよいものにする，食欲が増すような調理方法にすることも大切です。

食品選びの目安

やせ

	食品	量の目安
主食	ご飯，パン，めん	多め
主菜	肉，魚貝，卵	多め
	大豆・大豆製品	多め
副菜	淡色野菜	普通
	緑黄色野菜	普通
	イモ，カボチャ	多め
	海草，きのこ，コンニャク	ひかえめ
	漬物	普通
	果物	普通
	牛乳・乳製品	極力多め
調味料	油	多め
	砂糖	多め
	塩，しょうゆ，みそ	普通
	酢	多め
	香辛料	多め
嗜好品	和菓子	多め
	洋菓子	多め
	アルコール飲料	普通
	カフェイン飲料	普通
	炭酸飲料	普通

（出典：『食事指導のABC 改訂第3版』[中村丁次 監修，日本医事新報社，2008年発行]）

食欲が増すような調理法ですか……。
どんな料理がいいんでしょうか？

たとえば，**薬味**や**香辛料**などを使えば風味がよくなり，食欲が増します。酢の物もさっぱりして食べやすいです。また，酢豚のようにすっぱい揚げ物は，高カロリーでなおかつ食べやすいのでおすすめです。

ほうほう。なるほど。

それから，**マヨネーズ**は高カロリーで，積極的に取り入れたい調味料なので，しょうゆやケチャップを入れてみたり，マヨネーズからタルタルソースをつくってみたりするのも味に変化が出るのでおすすめです。

マヨネーズって，あまりとりすぎると肥満になるっていいますけど，やせている人はよくとったほうがいいんですね。

ええ。
牛乳にもはちみつや砂糖を入れて高カロリーにするとよいでしょう。アルコールも食欲を増進させるのでよいのですが，飲みすぎると栄養がかたよってしまうので，日本酒やワインなら１合程度におさえておきましょう。

おすすめ料理

- とろみのあるスープ
- 薬味や香辛料，ゴマなどを加える
- マリネなどの酢の物
- 酢豚などのすっぱい味のする揚げ物

美しい肌には，タンパク質が欠かせない

太りすぎず，やせすぎないための食事のコツをお話ししましたが，**健康で美しい肌**を保つためにも，食事が大事です。

美しい肌を手に入れたら，私もモテモテになれますかね？ぜひどんな食事をとればいいか教えてください。

美しい肌を保つために，まず肌，すなわち皮膚がどのような構造になっているのかを簡単にお話ししておきましょう。次のイラストを見てください。皮膚は，**表皮**，**真皮**，**皮下組織**の三つの部分からなりたっています。

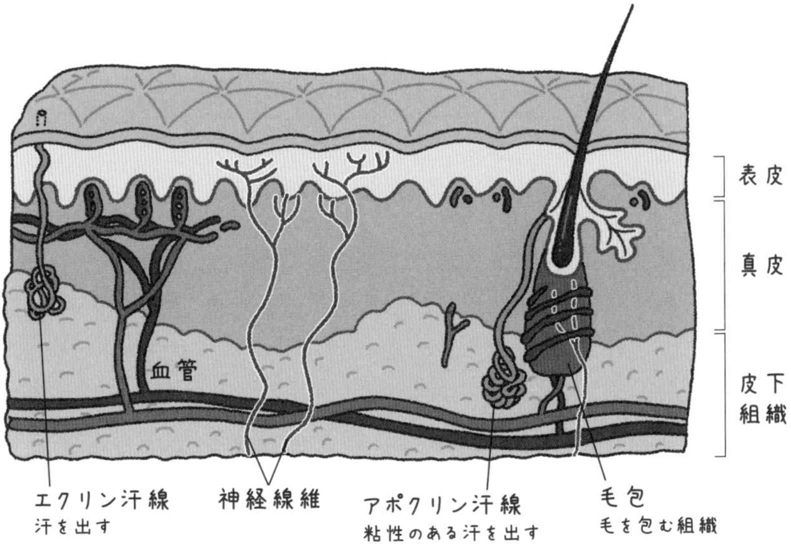

ふむふむ。最も表面にあるのが**表皮**なんですね。

そうです。表皮は外の温度や湿度，ホコリや紫外線，細菌などから体を守る役割を果たしています。この表皮の最も外側にあるのが角質細胞からなる**角質層**，最も内側にあるのが**基底層**です。

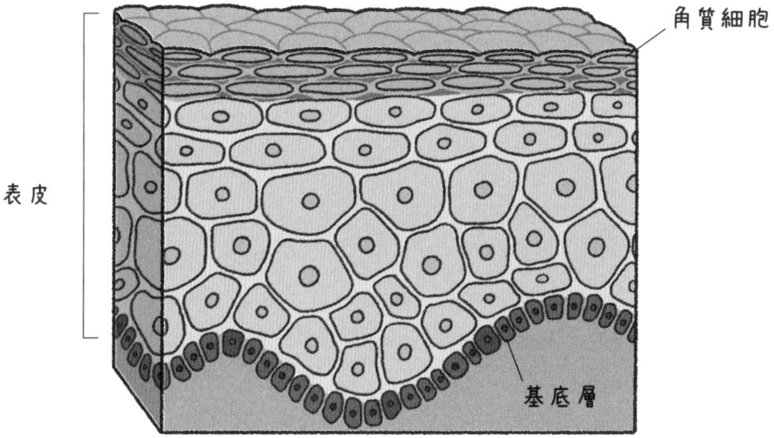

角質層って，かたそうな響きですね。

はい，角質層は**ケラチン**というかたいタンパク質を大量に含んだ死んだ角質細胞の層です。内側にある基底層の細胞が分裂して，徐々に押し上げられながら角質細胞になります。角質細胞はしばらくすると，アカとなって体からはがれ落ちます。

なるほど。

この表皮の下には真皮があります。真皮には多くの毛細血管やリンパ管があり，皮膚全体に栄養を補給します。真皮にはコラーゲン線維や弾性線維といった，タンパク質でできた線維がはりめぐらされており，これが肌にハリをあたえています。

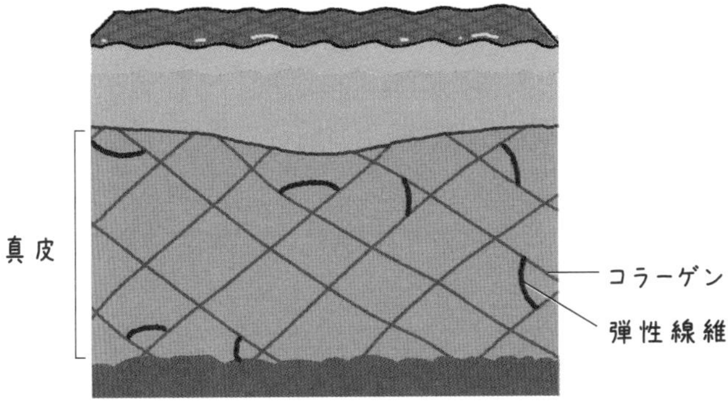

コラーゲンって聞いたことがあります！　じゃあ，ハリや弾力があり，なめらかで，血色のよいきれいな肌を手に入れるためにはどうすればいいんですか？

そもそも，睡眠不足になったり，ストレスがたまったりすれば肌の状態は悪くなり，病気になれば皮膚の色が悪くなります。
つまり，表面を手入れするだけでは美しい肌にはならず，美肌のためには体が健康でなければいけません。

じゃあ，やっぱり食事が大事になってくるわけですね。

そのとおり！
まずは病気やストレスを取り除くことが大前提ですが，食事面では，**タンパク質**を積極的にとるようにするとよいでしょう。

タンパク質をとるとどういう効果があるんですか？

食品に含まれるタンパク質は体内でアミノ酸に分解されて吸収され，体を構成するタンパク質のもとになります。そして，体を健康に保ち，肌の艶を増すようにはたらきかけるのです。

なるほど！
だったらお肉をたくさんとったほうがいいですね！

ただし，動物性の油脂をとりすぎると，皮脂の分泌量が増えてニキビの原因になるので気をつける必要があります。

ほうほう。
動物性の油脂はひかえめに，っと。

さらに，各種ビタミン類は皮膚の代謝をよくするため，ほどよく摂取したいものです。便秘も美肌の大敵なので，**食物繊維**もしっかりとるようにしてください。

食品選びの目安

肌

	食品	量の目安
主食	ご飯，パン，めん	普通
主菜	肉，魚貝，卵	普通
	大豆・大豆製品	普通
副菜	野菜	普通
	緑黄色野菜	多め
	イモ，カボチャ	普通
	海草，きのこ，コンニャク	多め
	果物	多め
	牛乳・乳製品	多め
調味料	油（植物油）	普通
	砂糖	ひかえめ
	塩，しょうゆ，みそ	普通
	酢	普通
	香辛料	普通
嗜好品	菓子	極力ひかえめ
	アルコール飲料	禁止食品
	カフェイン飲料	禁止食品
	炭酸飲料	禁止食品

（出典：『 食事で病気を治す本 新版』［中村丁次 著，法研，1992年発行］）

おすすめ料理

- 肉，魚，卵などを使ったタンパク質豊富な料理
- 緑黄色野菜にゴマやアーモンドを加えたサラダ
- ビタミンCが豊富な果物

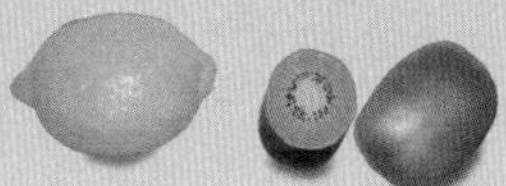

海藻が髪によいという根拠はない

先生，私の父は，だいぶ髪の毛が薄くなっています。髪の毛には海藻がいいとよく聞きますけど，海藻をたくさん食べれば，髪を復活させることはできるんでしょうか？

では，毛髪についても，考えてみましょう。
まず，次のイラストを見てください。
毛髪は，皮膚の表面下では，表皮が落ちこんだ**毛包**に包まれています。
この中では**毛母細胞**が分裂して上へ押し上げられていきますが，細胞はやがて死んでいきます。

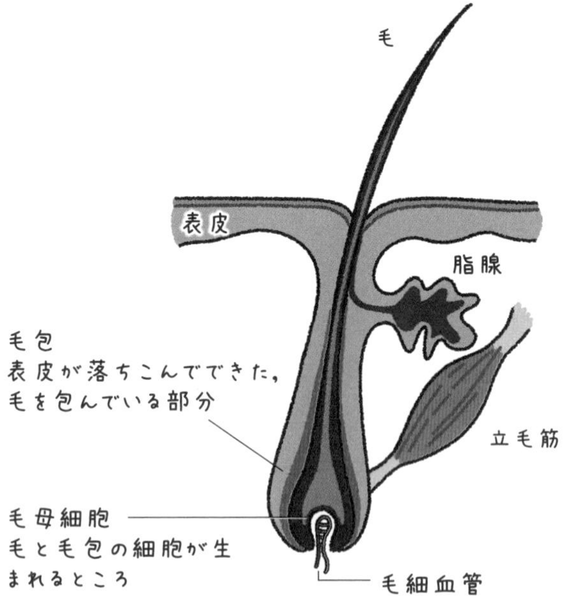

ほうほう。
その死んだ細胞のかたまりが髪の毛ってことか。

そうです。毛母細胞は皮膚の細胞からできているため，毛髪は皮膚が変化したものということになりますね。

人の頭には，髪の毛って，どれくらいの本数があるんですか？

人間には**約10万本**の毛髪があります。
毛髪はつねに同じペースでのびつづけているわけではなく，大きく**三つの時期**があります。

三つの時期？

まずは成長をつづける**成長期**です。このとき毛髪は約25日で1センチメートルのびます。次に成長が止まる**退行期**，そして新たな毛が形成されはじめて古い毛が抜ける**休止期**です。休止期のあとは，ふたたび成長期とつづきます。このようなサイクルを**毛周期**といいます。
毛髪はそれぞれの毛周期をくりかえし，全体としてつねにふさふさの状態を保っているのです。

ふむふむ。
じゃあ，薄毛の人の毛髪には何がおきているんでしょうか？

何らかの原因で毛周期がくずれ，毛髪の量が減っているんです。

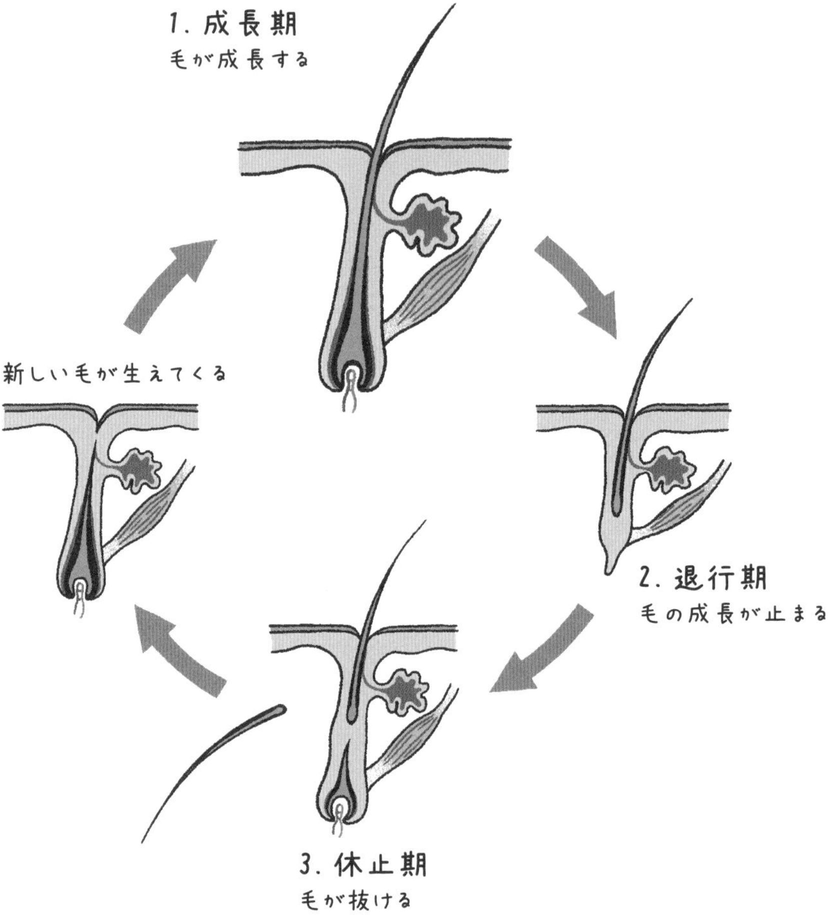

たとえば，成人の男性に多くみられる**男性型脱毛症**は，男性ホルモンなどの影響により，多くの毛髪が成長期に移行せず，**休止期**にとどまったままになることでおきます。また，ストレスによって，毛周期が乱れて，円形脱毛症などを発症することもあります。

私の父も，年とともに髪が薄くなっているので，男性型脱毛症だと思います。

脱毛症以外の毛髪のトラブルとして，白髪もあげられます。髪の毛の色は，**メラニン**という色素によるものですが，何らかの原因でメラニンがつくられなくなると白髪になります。

メラニン？
あ，ジャガイモの芽に含まれている毒ですね!?

ジャガイモの毒はソラニンですね。名前は似ていますけど，まったくちがいます。
メラニンは，毛の根元にある**メラノサイト**とよばれる細胞によってつくられます。このメラノサイトが減ってしまったり，メラノサイトのメラニン合成・供給能力が低下してしまったりすると白髪になります。

どういう人が白髪になりやすいんでしょうか？

白髪は老化現象ですが，遺伝的な要素が強く，白髪になりやすい人とそうでない人がいます。また，過度のストレス，栄養不良，薬の副作用や代謝障害も白髪の原因です。

それで，脱毛症や白髪は海藻を食べたら治るんですか？

脱毛症や白髪は，残念ながら食事で解決することはむずかしいといわれています。

とくに成人男性の多くがかかえる男性型脱毛症は，**遺伝的な要素**がとても強く，食事や普段の生活で改善することはむずかしいでしょう。

海藻だめなんですか!?

はい，海藻類が髪の毛によいということに，明確な医学的根拠はありません。

そ，そうだったんだ。

ただし，脱毛も白髪も**栄養不良**が原因でおきることがあります。
とくに髪の毛はタンパク質でできていますから，タンパク質の不足が薄毛を招くことがあります。
その場合にかぎっては，タンパク質を増やすことなどで，症状が改善する可能性がありますよ。

食品選びの目安

毛髪

	食品	量の目安
主食	ご飯，パン，めん	普通
主菜	肉，魚貝，卵 大豆・大豆製品	多め 普通
副菜	野菜 イモ，カボチャ 海草，きのこ，コンニャク 果物 牛乳・乳製品	普通 普通 普通 普通 多め
調味料	油 砂糖 塩，しょうゆ，みそ 酢 香辛料	ひかえめ 普通 普通 普通 普通
嗜好品	菓子 アルコール飲料 カフェイン飲料 炭酸飲料	普通 普通 普通 普通

（出典：『食事で病気を治す本　新版』［中村丁次 著，法研，1992年発行］）

おすすめ料理

- レバーを使った料理
- 乳製品

STEP 2

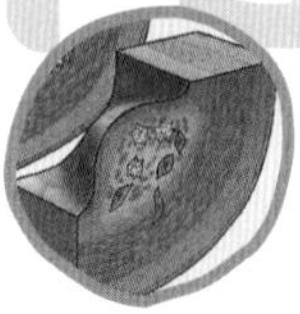

食事で病気を改善しよう

病気になったとき，どのような食事をとればいいのでしょうか?風邪や便秘から，動脈硬化，肝障害まで，病気と食事のあり方を説明します。

胃炎になったら，消化しやすい食事を

ここからは，病気になったときに，どういった食事をとればいいのか，考えていきましょう。

お願いします！
そういえば先生，最近食べ過ぎたり飲み過ぎたりすると，**胃がムカムカ**して気持ち悪くなります。翌日は食欲もなくなってグロッキーな感じです……。

それは**急性胃炎**かもしれませんね。
食べ過ぎたりアルコールをとりすぎたりした翌日など，粘膜の炎症や胃液の分泌の増加がおこり，胃の不快感や食欲不振，気もち悪さなどの不調を感じます。
そのほかに，香辛料などの刺激物や，酸性やアルカリ性の強い薬物の摂取，精神的なストレスなどによっても，急性胃炎が引きおこされる場合があります。

急性胃炎がおきているときには，どのような食事をとったらいいんでしょう？

急性胃炎は，病気を引きおこす原因となった食事の内容や食べ方を改善したり，ストレスなどの原因を取り除いたりすることで回復していきます。
このため，急性胃炎がおきているときには，**胃に負担の少ない食べ物**をとるのが望ましいです。

胃に負担の少ない食べ物？

具体的には，低脂質の食べ物，消化しやすい食べ物，刺激のない食べ物です。
胃液の過剰な分泌を防ぐために，食事の回数を増やして，少量ずつ食べるのがよいでしょう。

やっぱり，**おかゆ**とかですか？

そうですね。おかゆはいいと思います。吐き気や食欲不振の症状がとくにはげしい場合，1日目は**断食**し，ぬるめのお湯や緑茶，麦茶で過ごすのがいいでしょう。

そして2日目に，おかゆなど消化しやすい**糖質**を中心にとり，40〜500キロカロリーを目安にします。
3日目は，**豆腐**や**牛乳**など，糖質以外の栄養素を，600〜900キロカロリーを目安に取り入れていきましょう。

豆腐や牛乳ですか。

豆腐や牛乳に含まれるタンパク質は，肉や魚などよりも流動性があるため，消化しやすくなっています。
また，脂質の中でも，牛乳に含まれる**乳化脂肪**という脂質は，脂肪の吸収を助ける胆汁にとけやすいため，消化しやすい脂質です。

なるほど。

4〜5日目からは，茶わん蒸しや白身魚，鶏ひき肉など，やわらかく，低脂質な料理を取り入れていき，1000〜1500キロカロリーを目安にします。

まだふつうの食事はダメなんですか？

脂質が多くてかたい肉や，熱すぎ・冷たすぎといった温度の刺激のあるもの，それに香辛料などの刺激物はさけます。アルコールやカフェインも，急性胃炎の症状がなくなるまではひかえましょう。

ひぇぇ〜！ なかなか大変ですね。でも，胃を元に戻すためには，ガマン，ガマンです。

急性胃炎の食事療法の進め方

急性胃炎をなおすためには，安静に過ごしながら，症状が消えるまで食事療法を行います。食事療法では，消化・吸収しやすい食事を心がけ，胃液の過度な分泌を防ぐために1食を少量ずつ何度かに分けて食べます。症状の緩和に合わせて，食事の内容を元にもどしていきます。医師の診断のもと，胃液の分泌をおさえる薬などを飲む場合もあります。

1日目

急性胃炎を発症した日は絶食し，水分の補給にとどめます。絶食期間は1日程度とします。胃への刺激を防ぐために，水分は人肌程度の温度にしましょう。

2日目

絶食後は，おかゆなどの，消化しやすい糖質を中心とした食事を再開します。1日あたり40～500キロカロリーを目安にします。

3日目

流動性のあるタンパク質や乳化脂肪など，消化しやすい栄養素の補給を再開します。牛乳や豆腐が適切です。1日あたり600～900キロカロリーを目安にします。

4日目～5日目

やわらかくて低脂肪な料理を取り入れていきます。茶わん蒸しなどの蒸し物や，白身魚の煮つけなどの煮物が向いています。1日あたり1000～1500キロカロリーを目安にします。

便秘になったら，まずは食物繊維

次に**便秘**のときの食事を紹介します。一口に便秘といっても，大きく分けて**弛緩性便秘**，**けいれん性便秘**，**直腸性便秘**の３種類があります。

それぞれ，どんなちがいがあるんですか？

まず**弛緩性便秘**は，大腸の腸管がゆるんでいたり，腸管の運動機能が低下したりして，便が腸内に長く滞在して水分が過剰に吸収され，かたくなる便秘です。

大腸に原因がある便秘

通常，大腸内の便は，蠕動運動により腸内を移動します。ところが，大腸のこの蠕動運動が弱かったり，便が少なかったり，便がかたかったりすると，うまく便が進みません。

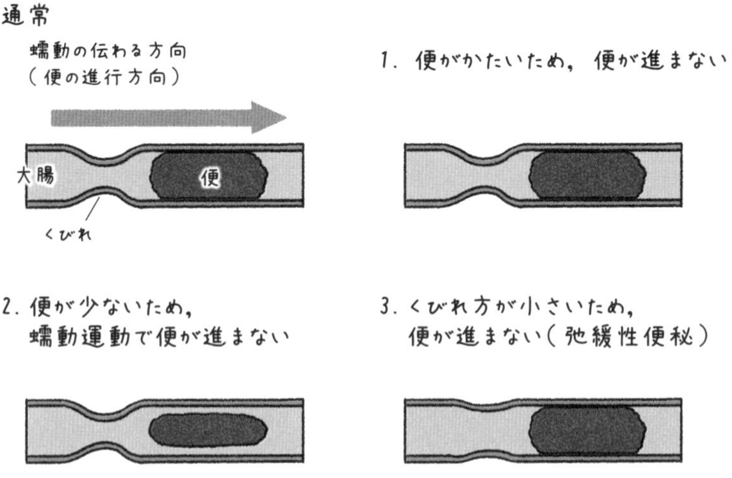

水分が吸収されすぎちゃうんですね。

ええ。次に，**けいれん性便秘**は，自律神経の不調によって大腸の収縮が乱れ，便の送り出しがスムーズにいかなくなる便秘です。そして**直腸性便秘**は，便の出口部分である「直腸」の排便機能が低下することで，便が直腸に到達していても排便が進まない便秘です。

私も，たまに便秘になることがあります。

直腸に原因がある便秘（直腸性便秘）

通常，排便の際に下腹部に力を入れる（息む）と，直腸に力が加えられ，肛門のほうへ便が押しだされます。しかし，息んだときに直腸が膣側にふくらむ「直腸瘤」が発生したり，直腸で便を押しだす神経のはたらきが弱まっていたりすると，便が肛門に到達せず，排便が困難となります。

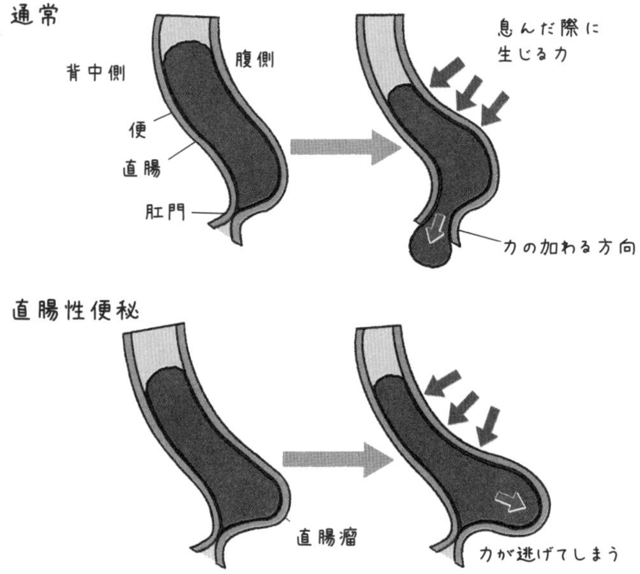

日本人の便秘の原因の約3分の2は弛緩性便秘だといわれていますから，それかもしれませんね。

便秘を食べ物で改善することはできるんでしょうか？

はい。便秘を食べ物で改善するには，次の五つの点に注意するとよいでしょう。**まず一つ目は，食物繊維の多い食材を摂取し，排便をうながすことです。**
植物に含まれるセルロースやヘミセルロースという種類の食物繊維は，便の量を増やして腸管を刺激します。

1時間目の食物繊維の説明でも，腸内で排便をうながすって言ってました！

そうです。
また，セルロースやヘミセルロースは腸内細菌によって消化されます。このとき，腸内細菌が発生させる揮発性脂肪酸が腸管を刺激して排便をうながすのです。

なるほど。

二つ目は，冷たい飲み物や牛乳を飲むことです。冷たい温度や，牛乳に含まれるラクトースという糖分が，胃や大腸の反射的な運動をおこりやすくします。
三つ目は，果物をとることです。果物に含まれるリンゴ酸やクエン酸などが腸内の粘膜を刺激して，排便をうながします。
そして四つ目は，香辛料やアルコールなどの刺激物を食べて排便を刺激することです。

さっきの急性胃炎では，食べてはいけないものでしたね。便秘のときは香辛料とかのほうがいいんですね。

そうです。
そして最後，五つ目は，濃い味つけをすることです。
塩や砂糖の使用を増やすと，腸が外から水分を取りこもうとする力（浸透圧）が高まります。これが便をやわらかくすることにつながり，排便がしやすくなります。

弛緩性便秘のときの食事の五つのポイント

食物繊維をとる
玄米ご飯や根菜，緑黄色野菜などに含まれる食物繊維は，便の量を増やし，腸管を刺激します。

冷たい飲み物を飲む
冷水や冷たい炭酸水，冷たい牛乳は，胃や大腸の反射的な運動をうながします。

果物を食べる
パイナップル，リンゴ，イチゴなどの果物に含まれる「有機酸（リンゴ酸やクエン酸など）」は，腸の粘膜を刺激します。

刺激物をとる
香辛料やアルコール，カフェインなどの刺激物の適度な摂取は，腸管を刺激します。

味つけを濃くする
塩や砂糖で濃く味つけをした料理は，腸の浸透圧を高め，便の水分量を増やします。

次に便秘になったときには，五つのポイントを意識したいと思います！

食品選びの目安

便秘

	食品	量の目安	
		便秘（弛緩性）	便秘（痙攣性）
主食	ご飯	多め	ひかえめ
	パン，めん，お粥	普通	多め
主菜	肉，魚貝，卵	普通	普通
	大豆・大豆製品	多め	ひかえめ
副菜	淡色野菜	多め	ひかえめ
	緑黄色野菜	多め	ひかえめ
	イモ，カボチャ	多め	ひかえめ
	海草，きのこ，コンニャク	極力多め	極力ひかえめ
	漬物	普通	普通
	果物	多め	ひかえめ
	牛乳・乳製品	多め	ひかえめ
調味料	油	普通	普通
	砂糖	普通	普通
	塩，しょうゆ，みそ	普通	普通
	酢	普通	普通
	香辛料	多め	極力ひかえめ
嗜好品	和菓子	普通	普通
	洋菓子	普通	普通
	アルコール飲料	普通	禁止食品
	カフェイン飲料	普通	禁止食品
	炭酸飲料	普通	禁止食品

（出典：『食事指導のABC 改訂第3版』[中村丁次 監修，日本医事新報社，2008年発行]）

高血圧の減塩食も，工夫次第でおいしくなる

生活習慣病の一つに**高血圧**があります。
高血圧とは，心臓から送りだされた血液が動脈を通って運ばれるときに，動脈の血管壁にかかる圧力（血圧）が高くなっている状態のことです。

私の父も，ちょっと高血圧気味なんですよ。

それは心配ですね。
高血圧は自覚されにくい症状ですが，**動脈硬化**を引きおこすリスクを高めます。動脈硬化を放置していると，**心筋梗塞**や**脳血管障害**などの病気を引きおこす可能性が高まるため，改善の必要があります。

高血圧，おそろしいですね。
そもそも高血圧ってどういう状態をいうんでしょうか？

高血圧は，血圧の「上」（心臓が収縮したときの血圧）が**140mmHg以上**，血圧の「下」（心臓が拡張したときの血圧）が**90mmHg以上**の場合を指します。

高血圧になる原因ってなんですか？

高血圧の約90パーセントは，運動や食事といった生活習慣が主な原因です。そのため，それらを見直すことで血圧を下げることができます。

肥満体型の人は，まずは適正体重までもどすために，食事の量を減らしたり，運動量を増やしたりすることが大切です。

食事ではどういうことに気をつければいいんでしょうか？

食塩の過剰摂取が，高血圧のリスクを高めることが指摘されています。天ぷらそば1杯には約6グラム，梅干し1個には約2グラムの食塩が含まれており，日本食は洋食にくらべて塩分が多い傾向があります。

私たち日本人は，どれくらい塩分をとっているんでしょう？

令和元年の国民・健康調査によると，日本人の1日の食塩摂取量は，平均10.1グラムだそうです。

10.1グラムかぁ。
食塩を減らせば，高血圧を改善することができるんでしょうか？

研究によれば，食塩摂取量を1日3グラム減らすと，血圧が平均1〜4mmHg下がることが期待できるといわれています。日本人の血圧が平均で2mmHg下がると，日本全体の脳卒中や心臓病などの死亡者（あわせて年間約30万人）を年間約3万人減らせるとの推計もあります。

そうなんですか！
じゃあ，がんばって食塩摂取量を減らさないと！

厚生労働省が2020年に改定した1日の食塩摂取目標量は，成人男性が8グラム未満から**7.5グラム未満**に，女性が7グラム未満から**6.5グラム未満**へと引き下げられました。
また，世界保健機構（WHO）は成人の食塩摂取量を1日**5グラム未満**にすべきとしています。しかし，こうした減塩策を達成している国はほとんどありません。

今の私たちの食塩摂取量の半分未満ですか!?
塩辛いものっておいしいし，減らすのむずかしそう……。
どうすれば塩分を減らせるんでしょうか？

減塩の方法としては，漬物や加工食品，スナック菓子をさける，調理の際には下味をつけずに食べる直前に味をつける，減塩食品を利用するなどの方法があります。

うーん，減塩食品って，味がうすそうですよね……。

たしかに，減塩食は，物足りない感じがすることもあるかもしれません。
その場合は，舌のしくみを利用して，味を濃く感じる工夫をするとよいでしょう。

舌のしくみ？

塩味は，出汁などのうま味といっしょにとることで強く感じることができます（対比効果）。
また，香辛料などの辛味や，レモン汁などの酸味を加えることで，弱い塩味でも満足感を得られやすいといわれています。

工夫が大切ってことですね！

うまく減塩する工夫

減塩食は，味気なく，おいしさが損なわれたように感じられるかもしれません。舌のしくみを利用して，おいしさを維持したまま減塩に取り組むのがよいでしょう。塩をかけるかわりに，「うま味を足す」，「酸味を足す」，「辛みを足す」ことでも，塩味を強く感じることができます。

うま味と塩味の「対比効果」

うま味と塩味がいっしょに存在するときには，それぞれを単体で味わうときよりも強く感じることができます。塩味を足したいときには，塩をかけるかわりに，うま味調味料や出汁をかけるとよいでしょう。

酸味は塩味を強める

塩味のついた食材に少しの酸味を加えると，塩味を強く感じることができます。塩味を足したいときには，塩をかけるかわりに，レモン汁や酢をかけるとよいでしょう。

辛味は塩味を強める

塩味のついた食材に辛味を追加することで，塩味を強く感じることができます。塩味を足したいときには，塩をかけるかわりに，唐辛子や七味をかけるとよいでしょう。

肉よりも魚で，動脈硬化のリスク減

先ほど，高血圧になると動脈硬化のリスクが高まる，ということでした。動脈硬化ってよく耳にはしますけど，どういう状態なんでしょうか？

動脈硬化とは，動脈の血管壁が部分的に厚く，かたくなることで，血管がせまくなった状態のことをいいます。動脈硬化が進行すると，脳血管障害や心筋梗塞などの病気にかかり，命を落とす危険性が高まります。動脈硬化に関連する病気は，日本人の死因の**第2位**であり，他人事ではありません。

こわいですね！　動脈硬化はなぜおきるんでしょうか？

動脈硬化の原因の一つは，**LDLコレステロール（悪玉コレステロール）**の値が高くなることです。
コレステロールが肝臓から全身に運ばれるときに，コレステロールが**低比重リポタンパク（LDL）**という成分と結びついてLDLコレステロールとなります。

ふむふむ。

LDLコレステロールは，正常の場合は血管の内側（内膜や中膜）に入りこんでから，ふたたび血液の中にもどります。しかし，LDLコレステロールの量が多いと，血管の内側にたまりやすくなり，最終的に**粥種**《じゅくしゅ》とよばれる，こぶのような状態になります。
これにより血管がかたくなり，せまくなります。

動脈硬化はこうしておこる（1～4）

動脈硬化がおこるまでの過程を4段階に分けてえがきました。血液中のLDLコレステロールの量が多いと，血管の内側に蓄積し，動脈硬化に発展します。

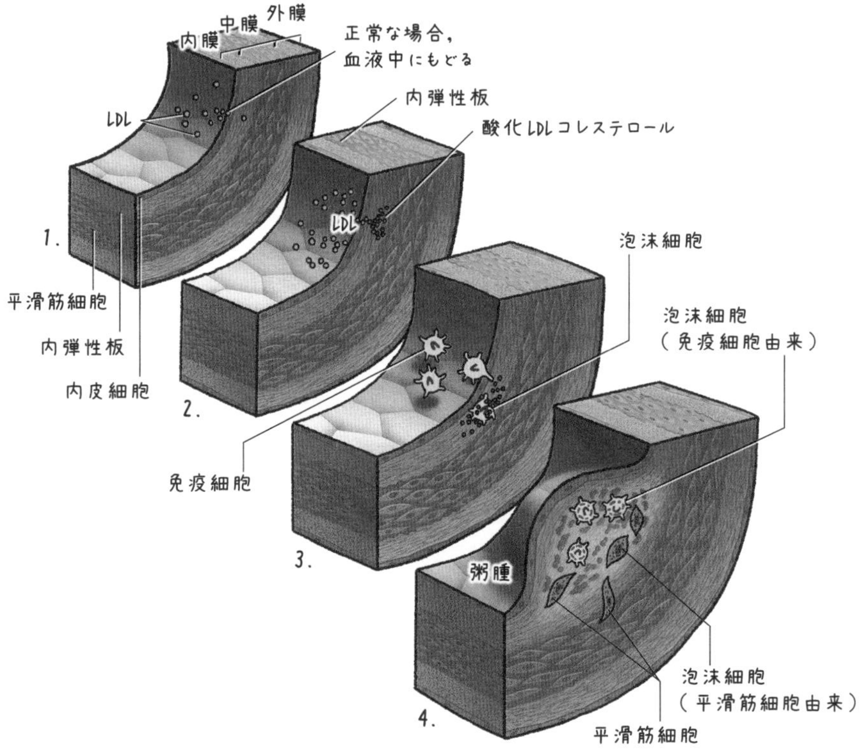

1.
血液中のLDLコレステロールが，内皮細胞層を通って内膜内に侵入するようすをえがきました。正常な状態では，内膜に入ったLDLコレステロールは内弾性板の窓を通って中膜に移行し，リンパ液の流れに乗って血液中にもどります。なおLDLコレステロールはもともと，生命活動を維持するうえで重要なリポタンパク質です。

2.
LDLコレステロールが内弾性板の窓を通るスピードには限りがあります。そのため，血液中のLDLコレステロールが増加し，内膜のLDLコレステロールが増加すると，「酸化LDLコレステロール」が増加し，内膜に蓄積されます。

3.
酸化LDLコレステロールがたまると，血液中の免疫をになう肥満細胞が侵入して，これを「貪食」して，細胞内に取りこみ，排除して片づけようと機能します。しかし多くの脂肪を取りこむと，「泡沫細胞」という動きを失った細胞に変化し，固定してしまいます。

4.
肥満細胞，泡沫細胞の影響により，中膜の平滑筋細胞の一部も内膜に移って，LDLコレステロールを取りこむようになります。このプロセスは，内皮細胞に傷がつくことによって促進されます。こうして，冠動脈内膜に酸化LDLコレステロールがたまった粥腫が形成されます。

ふぅーむ。
どうすれば動脈硬化を予防できるんでしょうか？

動脈硬化を予防するためには，**n-3系多価不飽和脂肪酸（n-3系脂肪酸）**とよばれる脂質の摂取を増やし，**n-6系多価不飽和脂肪酸（n-6系脂肪酸）**とよばれる脂質の摂取を減らすことが有効だと考えられています。

n-3？ n-6？
意味不明です！

まず，脂肪酸というのは，炭素が鎖状にたくさんつながった分子であることを1時間目にお話ししましたね。
この炭素のつながり方には**単結合**と，**二重結合**があります。単結合だけでできた脂肪酸を**飽和脂肪酸**，二重結合を含む脂肪酸を**不飽和脂肪酸**といいます。
n-3系脂肪酸とn-6系脂肪酸は，ともに分子構造の中に二重結合をもつ不飽和脂肪酸です。この二つは，二重結合ができる位置がことなります。

飽和脂肪酸（ステアリン酸）

n-3系不飽和脂肪酸（ドコサヘキサエン酸）

n-6系不飽和脂肪酸（リノール酸）

お尻から数えて3番目に最初に二重結合がくる脂肪酸がn-3系脂肪酸，6番目に最初に二重結合がくる脂肪酸がn-6系脂肪酸です。

ふぅむ。あまり大きなちがいではないような気がしますが，効果がちがうんですか？

そうなんです。
n-3系脂肪酸は，血管をつまらせる血栓ができるのをおさえる効果があります。一方のn-6系脂肪酸も健康にとって大事な栄養素であることにはちがいありません。
しかしn-6系脂肪酸を過剰摂取すると，体内で発生する「活性酸素」によってLDLコレステロールが酸化されやすくなり，酸化したLDLコレステロールが血管を傷つけて，炎症がおこるリスクが高まります。

へぇ，じゃあn-3系脂肪酸がいいんですね！
どんな食材に含まれているんですか？

n-3系脂肪酸は，**魚介類**や**オリーブオイル**などに含まれており，n-6系脂肪酸は，**コーン油**や**大豆油**などに含まれています。
食事の中でn-3系脂肪酸の摂取を増やすには，肉類よりも魚介類から積極的にタンパク質を摂取したり，調理用の油をオリーブオイルにかえたりすることが有効です。
なお，肉類には，n-3系脂肪酸，n-6系脂肪酸のどちらも含まれていません。

肉より魚ってことですね。

n-3系脂肪酸

n-3系脂肪酸は，サンマやマグロ，サバ，あん肝（アンコウの肝臓）などの魚介類や，オリーブオイル，なたね油などに含まれています。

はい，そのとおりです。
ほかにも，**水溶性食物繊維**を摂取エネルギー1000キロカロリーあたり10グラム摂取することが推奨されています。水溶性食物繊維の摂取は，小腸からのコレステロールの吸収をおさえるほか，コレステロールから合成されて便から排泄される胆汁酸の量を増やすため，体内の総コレステロール値を減少させるはたらきがあります。

なるほど。

また，ビタミンCやビタミンEなどの**抗酸化物質**の摂取は，体内の活性酸素を減らすため，動脈硬化のリスクを下げることにつながります。

抗酸化物質

レモン，キャベツ，緑茶などに含まれるビタミンC，ナッツ類やうなぎなどに含まれるビタミンE，トマトに含まれる「リコピン」などは，抗酸化物質です。

水溶性食物繊維

水溶性食物繊維は，ライ麦などの穀物，ゴボウなどの根菜，干しシイタケなどのキノコ類，インゲンマメなどの豆類，ワカメなどの海藻に含まれています。

骨粗鬆症の予防には，カルシウムやビタミンD，K

閉経後の女性は，**骨粗鬆症**になりやすいことが知られています。

骨粗鬆症って，聞いたことがあります。
骨がスカスカになるんですよね？

そうです。
骨に多数のすき間ができ，わずかな力で骨折しやすい状態になる骨の病気です。通常，健康な骨は，**破骨細胞**が骨を破壊する作用（吸収）と，**骨芽細胞**が骨をつくる作用（形成）のバランスが保たれることで維持されています。しかし，骨粗鬆症になると，そのバランスがくずれて骨の質が低下してしまうんです。

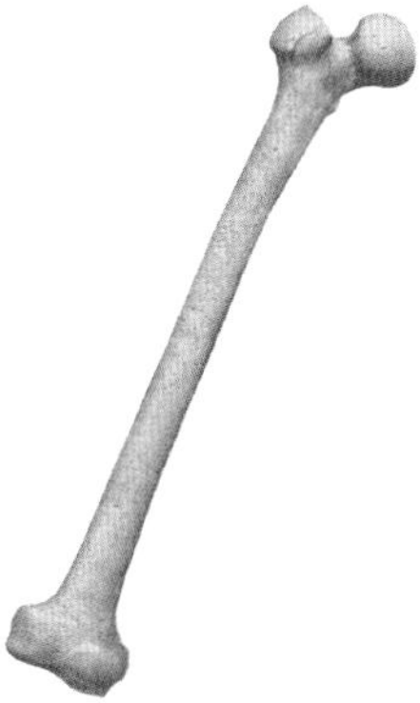

どうして閉経後の女性が，骨粗鬆症にかかりやすくなるんですか？

閉経後の女性では**エストロゲン**とよばれる女性ホルモンの分泌が低下することで，骨の破壊の割合が高まり，骨の密度が下がるのです。そうなると，骨の中にある微細構造の維持が困難となり，構造がこわれていきます。

女性ホルモンが関係しているんですね。

はい。
それから加齢や生活習慣病によって体内の成分が酸化されて生じる**酸化ストレス**も，骨の破壊の割合を高めるほか，骨の材料の質を悪化させることが知られています。

骨粗鬆症を予防するにはどうすればいいんでしょうか？
やっぱり骨だから，カルシウムですか？

そうですね。とくに骨の形成の度合いが高まる**成長期**に**カルシウム**を摂取し，最大骨量を高めることが重要です。ただし，成人になってからでも，カルシウムや，骨の健康にかかわる栄養素をバランスよく摂取することで，骨粗鬆症の予防につなげることができます。

どれくらいのカルシウムをとればいいんでしょうか？

1日に700〜800ミリグラムの摂取が目安です。**小魚**や**牛乳**，**チーズ**にカルシウムが多く含まれていますので，骨粗鬆症の予防にはよいでしょう。また，タンパク質も骨の材料の一部（コラーゲンなど）となるほか，骨の形成を促進するはたらきがあるため，1日に体重1キログラムあたり1.0グラムをとることが望ましいですね。

ほうほう。カルシウムだけではなく，タンパク質も。

それから，**ビタミンD**はカルシウムの吸収を増加させるため，1日に10〜20マイクログラムを摂取するとよいです。ビタミンDは，**魚類**や**キノコ類**に多く含まれています。

魚類もキノコも好物です！

骨粗鬆症を予防する栄養素

成人が骨粗鬆症を予防するには，骨の形成にかかわる栄養素をとることに加え，栄養バランスのよい食事や，適正体重の維持（エネルギーをとりすぎない）など，食生活全体を改善していくことが大切です。ここでは，骨の形成に重要な三つの栄養素をあげました。

カルシウム

カルシウムは，骨を形成する主成分です。体内のカルシウムの99%は骨や歯に存在しています。小魚や牛乳，チーズ，大豆製品，緑黄色野菜などに多く含まれています。

ビタミンD

ビタミンDは，小腸や腎臓でのカルシウム吸収量を高めます。魚類やキノコ類などに多く含まれています。

ビタミンK

ビタミンKは，骨の材料の一種である「オステオカルシン」とカルシウムを結合させるはたらきを高めたり，尿からのカルシウム排泄をおさえたりします。納豆や緑黄色野菜に多く含まれています。

また，**ビタミンK**は骨吸収をおさえるため，250〜300マイクログラムの摂取が推奨されています。ビタミンKは，**緑黄色野菜**や**納豆**に多く含まれています。

カルシウムだけでなく，タンパク質やビタミンもバランスよくとることが大切なんですね。

過度の飲酒と食事は，痛風につながる

会社の同僚が**痛風**になって，すごく苦しんでます。
あれって，ものすごく痛いんですよね。

それは大変ですね。痛風は，血液中で**尿酸**という物質の量が増え，足や膝などの関節で尿酸が**結晶化**し，炎症をおこす病気です。痛風の痛みは強烈で，歩行がむずかしくなることもあります。

そんなに痛いんだ。できればなりたくないです。
尿酸ってなぜできるんですか？

尿酸は，**プリン体**という物質を肝臓で代謝するときに生じます。プリン体とは，**プリン環**とよばれる構造をもつ物質の総称です。食べ物から摂取されたり，体内で合成されたりする物質です。

プリン体……。
今度から**プリン**を食べるのは控えようと思います。

えーっと，お菓子のプリンとプリン体は何の関係もありませんよ。それに，プリン体は生物が生きるうえで欠かせない物質でもあります。
たとえば，細胞の核の中にある**DNA**は，4種類の**塩基**という物質がズラーっとつながったものですが，このうち2種類にプリン環の構造が含まれています。

プリン体は細胞の核に存在する

プリン体の一種である「プリン塩基」は，生物の細胞の中に存在しています。細胞の核の中にあるDNAは，4種類の「塩基」(ATCG)で構成されています。このうち，「アデニン(A)」と「グアニン(G)」はプリン環の構造をもつプリン塩基です。

DNA

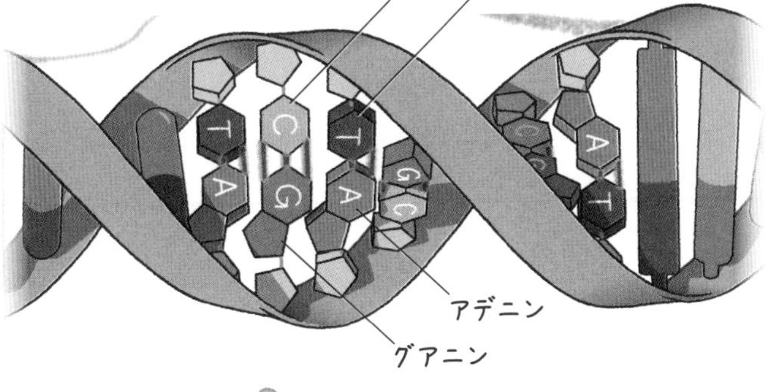

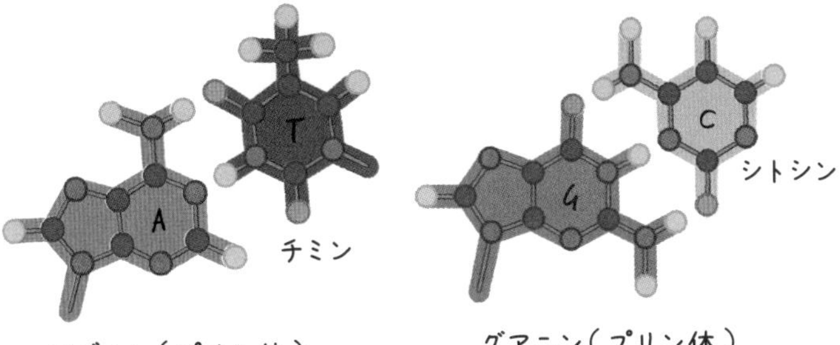

アデニン(プリン体)　　グアニン(プリン体)

4種類の塩基のうち，アデニン(A)とグアニン(G)がプリン体。

プリン体はもともと体内にあるものなのに，なぜ痛風の原因になるんでしょうか？

通常，プリン体からつくられる尿酸は，体内で生成される量と排泄される量がつり合うことで，一定の濃度を保っています。しかし，プリン体の生成量が増えたり，排泄量が低下したりすると，尿酸の量の適度なバランスがくずれて濃度が高くなり，痛風に発展するのです。

ひぃー。

痛風の発症は，高タンパク質，高脂肪，高エネルギーの欧米型の食生活との関連性が強いことがわかっています。また，痛風患者の80％は毎日3合以上のお酒を飲み，70％は肥満者であるという調査結果もあります。

痛風を治したり，予防するには，食生活の改善が必要ってことですね。

まさにそのとおりです。日ごろから食べすぎの人は，まずは摂取エネルギーを体重に対して適正な量にもどします。ただし，急激なエネルギー制限は尿酸の排泄の阻害につながるため，さけましょう。

ふむふむ。

食事は栄養バランスのよいものを心がけるほか，プリン体の多い食品の食べすぎはひかえます。1日の摂取量は100～150ミリグラムにおさえましょう。

具体的には，どんな食材にプリン体が多いんですか？

動物の内臓や，イワシやサンマの干物などに多く含まれています。これらの食品をつづけて食べないように注意が必要です。

肉類・魚介類のプリン体含有量（単位：mg/100g）

肉類	含有量
鶏肝臓	312
豚肝臓	285
牛肝臓	220
豚腎臓	195
牛腎臓	174
鶏ささ身	154
豚ヒレ	120
牛もも	111

魚介類	含有量
まいわし（干）	306
大正えび	273
まあじ（干）	246
かつお	211
まいわし	210
さんま（干）	209
するめいか	187
かき	185

なお，プリン体は水に溶けやすい性質をもっているため，肉や魚をたっぷりのお湯でゆで，煮汁を捨てることで，プリン体の摂取量をおさえることができます。

同僚に教えてあげよう！

痛風の予防には，水分を多くとることも有効です。水分を摂取することで尿の生産が高まり，尿といっしょに排泄される尿酸の量を増やすことができます。
ただし，アルコールは，尿酸の合成をうながし，排泄を阻害するため，体内の尿酸濃度を高めますので，痛風になった際の適切な飲酒量は医師と相談して決めましょう。

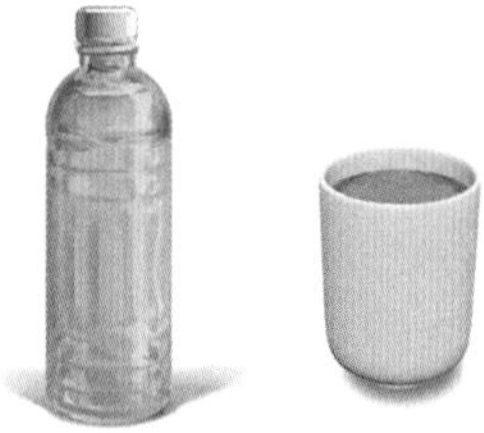

水分を多くとる

水分を多くとると，尿の量を増やすことができます。尿の量が増えると，尿酸の排泄量が増し，血中の尿酸濃度を下げることができます。ただし，甘い飲み物ではなく，水やお茶で水分をとりましょう。

プリン体を減らす調理法

プリン体は水に溶けやすい性質があるため，肉や魚をゆでるとプリン体がもれだします。動物性食品は煮魚や角煮などの煮物にし，煮汁を飲まないことで，プリン体の摂取をおさえることができます。

アルコールをひかえる

アルコールは尿酸値の上昇にかかわるため，医師と相談のもと制限します。禁酒がベストですが，少量飲む場合は，1日あたり，日本酒なら150ミリリットル，ビールなら400ミリリットル，ワインなら200ミリリットル程度を目安に制限します。

食品選びの目安

痛風

	食品	量の目安
主食	ご飯，パン，めん	普通
主菜	肉（内臓）	ひかえめ（禁止食品）
	魚貝（内臓）	ひかえめ（禁止食品）
	卵	普通
	大豆・大豆製品	普通
副菜	淡色野菜	普通
	緑黄色野菜	多め
	イモ，カボチャ	普通
	海草，きのこ，コンニャク	多め
	漬物	ひかえめ
	果物	普通
	牛乳・乳製品	普通
調味料	油	普通
	砂糖	ひかえめ
	塩，しょうゆ，みそ	ひかえめ
	酢	普通
	香辛料	普通
嗜好品	和菓子	ひかえめ
	洋菓子	ひかえめ
	アルコール飲料	極力ひかえめ
	カフェイン飲料	普通
	炭酸飲料	極力ひかえめ

（出典：『食事指導のABC 改訂第3版』[中村丁次 監修，日本医事新報社，2008年発行]）

アルコールの飲みすぎは，肝臓を破壊する

さっきからお酒の話がちょくちょく出てきてますけど，**アルコール**は肝臓によくないって聞きますね。

お酒は，ストレス発散にもなりますし，血行もよくするので，必ずしも悪いものとはいいきれません。
ですが，大量の飲酒は**肝臓**に負担がかかるため，長期にわたって大量に飲酒をつづけていると，肝臓の病気（肝障害）に発展することがあります。

アルコールによる肝臓の病気は，どんなものがあるんですか？

アルコールが原因でおこる肝障害には**アルコール性脂肪肝**，**アルコール性肝炎**，**アルコール性肝硬変**などがあります。これらは，アルコールを飲んだ量，**積算飲酒量**が多いほど発症率が上がります。

積算飲酒量って？

積算飲酒量は，「1日平均飲酒量（日本酒換算）×365日×飲酒期間（年）」で計算します。1日平均3合を5年つづけた場合を**常習飲酒家**，1日平均5合を10年つづけた場合を**大酒家**とよびます。これらは過剰飲酒に相当するため，当てはまる人はとくに注意が必要です。

1日平均5合は，かなりの酒量ですね！
肝臓の負担も大きくなるでしょうね。

脂肪肝からアルコール性肝炎，肝硬変になるまで

肝臓では，脂肪を「中性脂肪」の形でたくわえています。アルコールは，中性脂肪の合成をうながすため，過度にアルコールを摂取していると，中性脂肪が肝臓にたまっていき，「脂肪肝」になります。脂肪肝になると，栄養成分の代謝に支障をきたし，炎症をおこして「肝炎」に発展していきます。さらに，肝炎が進行すると，肝臓の細胞が壊死したり線維化したりすることで，「肝硬変」になっていきます。

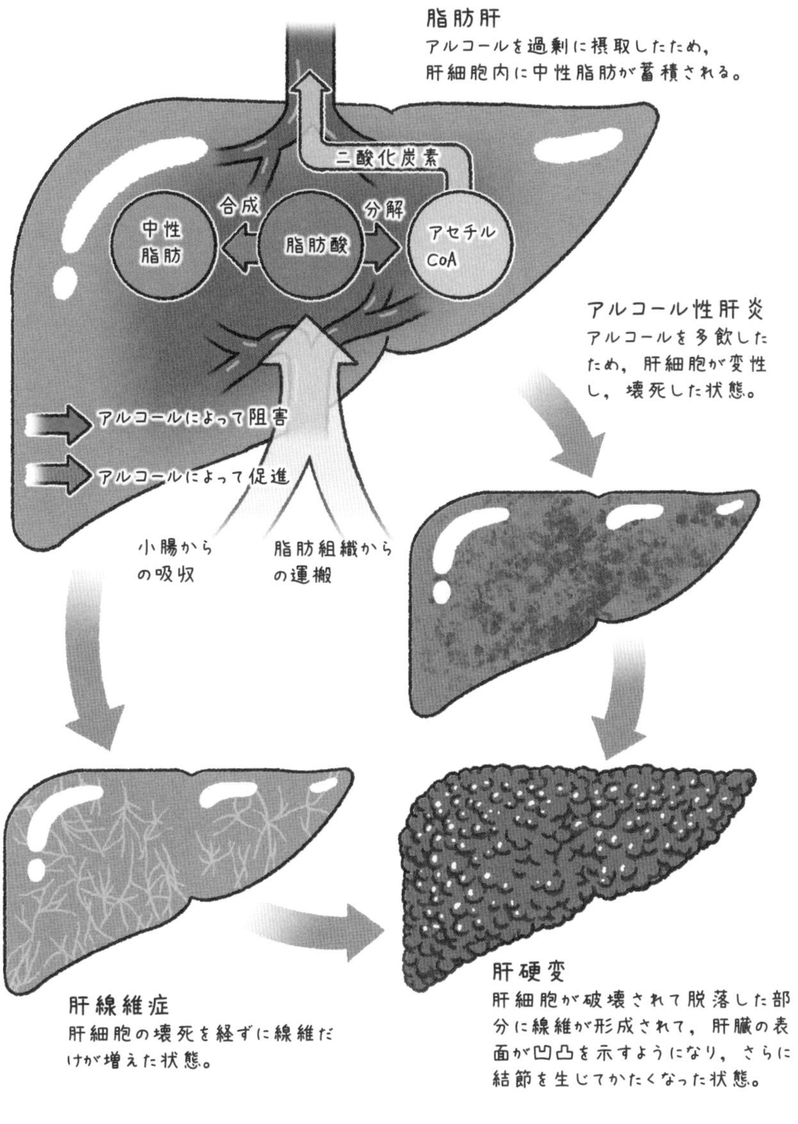

ええ。肝臓は，食事から得た糖分，タンパク質，脂肪の分解・貯蔵のほか，アルコールや薬物の分解など，幅広い物質の代謝を行う，大忙しの臓器です。このため肝障害がおこると，さまざまな栄養素の代謝に問題が生じるため，医師による診断，指導を受けた上で，個人の症状に合わせた食事療法と禁酒を行うのが鉄則です。

食事療法って，具体的にどういったことをするんでしょう？

たとえば**アルコール性脂肪肝**は，肝臓に脂肪が蓄積した状態です。
したがって，これ以上蓄積しないように，糖分や脂肪からのエネルギー摂取を制限します。同時に，**タンパク質**を体重1キログラムあたり1.1〜1.2グラム摂取することが推奨されています。

ふむふむ。

次に，**アルコール性肝炎**は，肝臓で炎症がおきている状態です。
肝炎の急性期は吐気や食欲不振がありますが，慢性的な肝炎は自覚症状が出にくく，病気に気づきにくいため注意しなければなりません。まず，エネルギー過多にならないように気をつけながら，栄養バランスのよい食事を心がけます。

自覚できないって，こわいですね。知らないうちにアルコール性肝炎になっている可能性があるってことですもん。

アルコール性肝硬変は，肝炎の進行によって，肝臓の細胞が壊死ししたり，かたくなったり（線維化）した状態です。エネルギーとなる糖分やタンパク質の貯蔵に問題が生じて，量が不足している傾向にあるため，医師と相談しながら必要な栄養素を補給するようにします。

まずは，肝障害にならないようにすることが大切ですね。

そのとおり！　肝障害を引きおこさないように，日ごろからお酒はほどほどにおさえておくことが大切です。

アルコール性肝障害の食事療法のポイント

	特徴	食事療法のポイント
アルコール性脂肪肝	肝臓に脂肪が蓄積している。	中性脂肪の合成につながる糖分や脂肪の摂取を制限します。タンパク質は，体重1キログラムあたり1.1～1.2グラム摂取するように心がけます。標準体重の摂取目安以上のエネルギーをとらないように注意します。
アルコール性肝炎	肝臓が炎症をおこしている。	『日本人の食事摂取基準』を目安に栄養バランスのよい食事をとります。エネルギー過多にならないように，1日のエネルギー摂取は体重1キログラムあたり28～30キロカロリーの摂取におさえます。ビタミンやミネラルの不足を防ぐために，牛乳・乳製品，野菜や海藻，果物の摂取も効果的です。
アルコール性肝硬変	肝臓の細胞が壊死，線維化することで機能低下している。	代謝異常が発生している栄養素を補う食事をします。1日の摂取目安は，体重1キログラムあたり，エネルギーが25～35キロカロリー，タンパク質が1.2～1.3グラムであり，脂質からのエネルギー摂取は20%とします。

食品選びの目安
肝疾患

	食品	量の目安	
		急性肝炎（回復期）	慢性肝炎
主食	ご飯，パン，めん	普通	普通
主菜	肉，魚貝，卵 大豆・大豆製品	普通 普通	多め 多め
副菜	淡色野菜 緑黄色野菜 イモ，カボチャ 海草，きのこ，コンニャク 漬物 果物 牛乳・乳製品	普通 多め 普通 普通 普通 普通 多め	普通 多め 普通 普通 普通 普通 多め
調味料	油 砂糖 塩，しょうゆ，みそ 酢 香辛料	ひかえめ 多め 普通 普通 普通	普通 多め 普通 普通 普通
嗜好品	和菓子 洋菓子 アルコール飲料 カフェイン飲料 炭酸飲料	普通 普通 禁止食品 ひかえめ ひかえめ	普通 普通 禁止食品 ひかえめ ひかえめ

	肝硬変 （症状あり）	肝硬変 （症状なし）	脂肪肝
	普通	普通	ひかえめ
	極力ひかえめ ひかえめ	多め 多め	普通 普通
	普通 多め 多め ひかえめ 極力ひかえめ 普通 ひかえめ	普通 多め 普通 多め 普通 普通 多め	普通 多め ひかえめ 極力多め 普通 普通 普通
	極力ひかえめ 極力多め 極力ひかえめ 普通 普通	普通 多め ひかえめ 普通 普通	ひかえめ ひかえめ 普通 普通 普通
	普通 ひかえめ 禁止食品 ひかえめ ひかえめ	普通 普通 禁止食品 ひかえめ ひかえめ	極力ひかえめ 極力ひかえめ 禁止食品 普通 極力ひかえめ

（出典：『食事指導のABC 改訂第3版』
中村丁次 監修，日本医事新報社，2008年発行]）

風邪になったら，栄養と水分が大事

体力が落ちているときや，空気が乾燥した冬の時期には，風邪をひきやすくなります。風邪の原因の80～90％は，200種類以上いるとされる**風邪ウイルス**です。

200種類!?
めっちゃ多いですね。

多くの風邪は，鼻からのどの奥にかけての部位である**上気道**に風邪ウイルスが感染し，炎症を引きおこすことで発症します。
風邪をひくと，せきや鼻水，のどの痛み，発熱，頭痛などのつらい症状に悩まされますが，これらは，ウイルスを排除するための体内の免疫反応です。

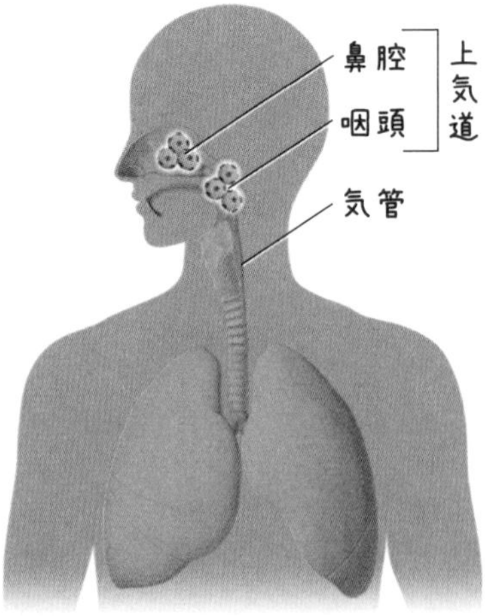

風邪をひいている人がさわったつり革やドアノブには，風邪を引きおこすウイルスが付着している可能性があります。この手すりやドアノブにさわると，手にウイルスが付着します。この手で，無意識に鼻や口をさわってしまうと，ウイルスの侵入を許してしまうことになります。

でも風邪でしょ？
たいしたことないんじゃないですか？

とんでもありません！
風邪をひいているときに**溶連菌**などの細菌に感染すると，気管支炎や扁桃炎などのより重篤な症状につながります。風邪をひいたと思ったら，悪化しないうちに治すべきです。

でも，風邪薬を飲めばいいんじゃないですか？

風邪薬は，熱や炎症を抑えることが主であり，風邪を完全に治す薬は存在しないので，**免疫反応の力**で治すしかありません。免疫反応を高めるには，安静，保湿，そして栄養が大切です。

結局は，私たちの体の免疫が大事になるんですね。

そうです。免疫反応では，エネルギー，タンパク質，ビタミン，電解質，水分などが多く消費されるため，食事で補う必要があります。
エネルギーの補給には，ご飯やパン，はちみつ，ジャムなどで糖分を摂取するのが望ましいです。

でも，風邪の症状がひどいときには，なかなか食欲がわきません。そういうときは，どうすればいいんですか？

そのような場合には，プリンやアイスクリーム，おかゆなどの流動食から糖分をとるように心がけます。

水分補給には，スポーツドリンクやジュース，野菜スープなど，水分と同時にエネルギーや電解質，ビタミンを摂取できるものがよいでしょう。1日に1000〜1500ミリリットルを目安に飲みます。

下痢があるときは？

下痢がおこっているときは，キノコ類やゴボウ，こんにゃくなどの不溶性食物繊維を含む食べ物や，揚げ物などの脂質を多く含む食べ物は，大腸の腸管を刺激するため，さけたほうがよいです。

風邪の自然治癒に役立つ食事

風邪を早めに治癒するためには，免疫反応で使われる成分やエネルギーを補給することが大切です。症状がひどいときや食欲がないときには，水分や流動性のある食べ物から，糖分や電解質を摂取することを心がけます。

水分補給が基本

水分といっしょに糖分や電解質，ビタミンなどを補給できるものがよいでしょう。スポーツドリンクやジュース，野菜スープが適切です。

食欲がないとき

食事が食べられないときには，プリンやアイス，おかゆなどの流動性のある食べ物から，最低限の糖分（エネルギー）を補給します。

下痢のとき

下痢が発生するときには，排便をうながす食材の摂取はひかえます。具体的には，食物繊維を含む根菜やこんにゃく，キノコ類，腸管を刺激する揚げ物などです。

食中毒になったら，まずは飲み物から栄養をとろう

下痢といえば，**食中毒**でもおきます。
食中毒は，飲食物に含まれる有害な細菌や毒素が体内に入りこむことで引きおこされます。
食中毒になると，悪心，嘔吐，腹痛，下痢，発熱など，食中毒の原因となる菌や毒素を体の外に排泄するための症状が出ます。

昔，カキにあたって嘔吐と下痢がすんごいことになりました。トイレからずーっと出られませんでした。

それは大変でしたね。
食中毒は3種類に分類することができます。一つ目は**感染型**で，原因となる菌やウイルスが体内で増殖して胃腸に作用するもので，下痢による排泄が多いです。
二つ目は**毒素型**で，飲食物の中で増殖した原因菌のつくった毒素を摂取することで症状が出るものです。嘔吐による排泄が多くなります。

ふむふむ。

そして三つ目は**中間型**で，原因菌が体内で増殖しながら毒素をつくることで症状が発生します。下痢と嘔吐の両方がおこりえます。

食中毒のときはどうすればいいんでしょうか？

食中毒になった際，悪心や嘔吐，下痢が発生する場合は食事をとらずに，腸を安静にします。悪心や嘔吐がおさまってきたら，湯冷ましやスポーツ飲料などを少量ずつ，頻繁に飲むようにします。

カキにあたったときも，お医者さんから水分をとるようにいわれました。

嘔吐しないようであれば，牛乳やジュース，野菜スープなどの，栄養のとれる水分（流動食）をとるようにします。さらに症状が回復してきたら，水分の多いおかゆ（軟食）から食事を再開します。おかゆは，やわらかいところからはじめて，かたさを少しずつ通常の白米までもどしていくのがよいでしょう。

おかゆの次は？

おかゆになじんできたら，次は食物繊維が少なく，胃での停滞時間が短い食事（易消化食）をとるようにします。具体的には，豆腐の卵とじや，サンドイッチ，肉団子のあんかけなどがおすすめです。症状の回復に合わせながら，通常の食事までもどしていきます。

食中毒回復期の食事の進め方

悪心や嘔吐，下痢の症状がおさまってきたら，少しずつ食事を再開します。食事は，「流動食」，「軟食」，「易消化食」の順に進めながら，元の食事内容にもどしていきます。

流動食：

流動食は，固形物を除去した流動性のある食事のことを指します。具体的には，湯冷まし，ほうじ茶，野菜スープ，牛乳，ジュースなどです。咀嚼しないで食べられる，消化がよい，刺激が少ないといった特徴があります。栄養価は低いですが，食事を再開する第一歩となります。

軟食：

軟食は，普段の食事よりやわらかく消化のよい食事のことを指します。主食はおかゆとします。たかれた状態のお米を「全がゆ」とし，全がゆとお湯の割合が3対7の「3分がゆ」から，徐々にお湯の割合を下げて全がゆにもどしていきます。全がゆまでもどせたら，味噌汁や煮物など，やわらかく調理した主菜を取り入れていきます。

易消化食：

易消化食は，消化しやすい食事の総称です。消化しにくい食物繊維の量が少ない，胃の中での停滞時間が短い，消化管への刺激が少ないといった特徴があります。具体的には，豆腐の卵とじ，サンドイッチ，ポタージュ，肉団子のあんかけなどの献立が考えられます。流動食や軟食よりも，栄養バランスがよくなるように考慮します。

口内炎になったら，刺激の少ない食べ物でしのぐ

次に，食事に直接かかわってくる**口内炎**をご説明しましょう。

昔から，なんとなく体が弱っているときにしょっちゅう口内炎できるんですよね……。口内炎ってどういう状態なんですか？

口内炎は舌や唇，頬の内側などの口腔内の**粘膜**で**炎症**がおきている状態です。
炎症が小さくても，口の中では大きな痛みに感じられ，食事や会話にさしつかえることもあります。

本当に痛くて物が食べられなくなるので，勘弁してほしいです。粘膜の炎症は，どうしておこるんですか？

口内炎にもいくつかの種類があります。最も多いのは，体力の低下や睡眠不足，ビタミン類の不足によっておこる**アフタ性口内炎**です。

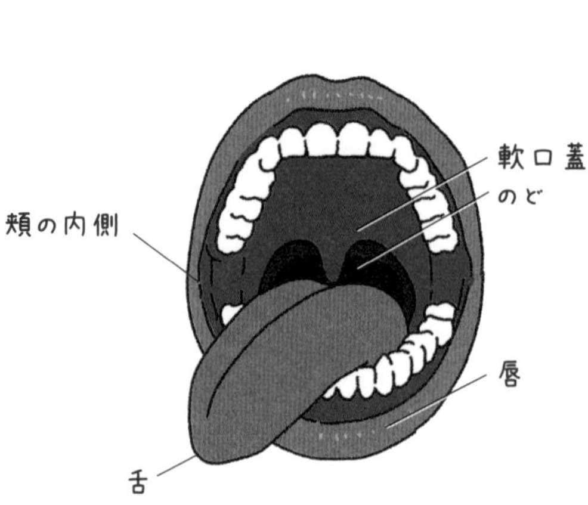

口内炎ができやすい位置

口内炎ができやすい部位をえがきました。口腔内のやわらかい部位や粘膜にできやすい特徴があります。唇や舌，頬の内側などでよく見られます。

ほかには「口腔単純ヘルペス」などのウイルスの感染や，口腔内にいる「カンジダ菌」などの真菌（カビ）の増殖によって炎症がおこる**ウイルス性口内炎**があります。

病原体の感染や，疲労などが原因ということですか。

ええ。それから，熱いものを食べて口内を火傷したり，歯並びが悪くて定期的に歯が粘膜に当たったりすることで，口腔内が傷ついて炎症に発展する**カタル性口内炎**もあります。

舌を噛んで口内炎ができたことがあるんですけど，これはカタル性口内炎というんですね。

そうですね。
そのほかにも，アレルギーや喫煙の習慣が原因で発症する場合もあります。
栄養素の不足が一因である場合は栄養剤を，ウイルスやカビが原因の場合は抗ウイルス薬や抗真菌薬を，それぞれ飲みながら治療していきます。

口内炎のときの食事は，どういったものがいいんでしょう？

日々の食事の際に炎症を悪化させないことが重要です。
そのためには，口当たりがよくてやわらかく，水分を多く含む食べ物をとり，口腔内を刺激しないことが望ましいです。

やわらかいものというと，豆腐とか茶わん蒸しとか？

口内炎の種類と原因

	原因	特徴
アフタ性口内炎 （最も一般的）	・睡眠不足 ・ストレス ・栄養不足 ・口腔内にできた傷　など	円形やだ円形の小さな白色の斑点（潰瘍）が，唇や舌，頬の内側などに見られます。斑点の境界線がはっきりしています。
ウイルス性口内炎	・単純ヘルペスウイルスや水痘帯状ヘルペスウイルスの感染 ・カンジダ菌の繁殖　など	ウイルスが原因のヘルペス性口内炎の場合は，口腔内に水ぶくれができ，破裂してびらんになります。カビが原因のカンジダ性口内炎の場合は，口腔内に白いこけのような斑点ができます。
カタル性口内炎	・歯並びの悪さ ・入れ歯の不具合 ・虫歯 ・口腔内にできた傷　など	口腔の粘膜や唇の内側が赤くはれます。ひび割れや，赤い斑点が見られることもあります。患部の境界線がはっきりしないことが多いです。
アレルギー性口内炎	・アレルギー物質（差し歯などの金属，食べ物，薬物など）	アレルギー反応によって炎症がおこります。アフタ性口内炎に似ており，痛みをともなう白い斑点が口腔内にできます。
ニコチン性口内炎	・喫煙習慣	たばこの煙や熱が口腔内を傷つけることで炎症がおこります。舌や口腔内の粘膜に白い斑点ができます。

そのとおりです。
具体的には，茶わん蒸しや絹ごし豆腐，プリン，冷や麦，ヨーグルトなどがよいでしょう。あんかけなどのとろみをつけた調理にすることで，食事中の口腔内の痛みを緩和することもできます。また，食事の温度を人肌程度にすると，低刺激になります。

なるほど。

一方，味つけの濃いものや，温度が熱すぎる・冷たすぎるもの，辛いものやかたいもの，水分の少ないものは，口腔内を刺激するため，ひかえたほうがよいでしょう。

口内炎でも食べやすい食事

食事中に口内炎の痛みをさけ，悪化させないためには，口腔内を刺激しない食事をとることが大切です。

口当たりがよい食事

茶わん蒸しや卵豆腐など，口腔内で流動しやすい食事がよいでしょう。繊維の多い野菜など，咀嚼回数が多くなる固形の食べ物は，口内炎を刺激しやすいため推奨しません。

水分の多い食事

冷や麦やヨーグルト，プリンなど，水分の多い食事がよいでしょう。スナック類など乾燥した食べ物は，破片が口内炎を傷つける可能性があるため，推奨しません。

人肌くらいの温度

食べ物や飲み物は，人肌程度の温度にして食べるのがよいでしょう。熱すぎる・冷たすぎる飲食物は，口内炎を刺激しやすいため，推奨しません。

薄味の調理

料理は，出汁を効かせてさっぱりめに味つけをするのがよいでしょう。塩味，甘味，酸味の強い食べ物は，口内炎にしみる可能性があるため，推奨しません。

推奨される食べ物

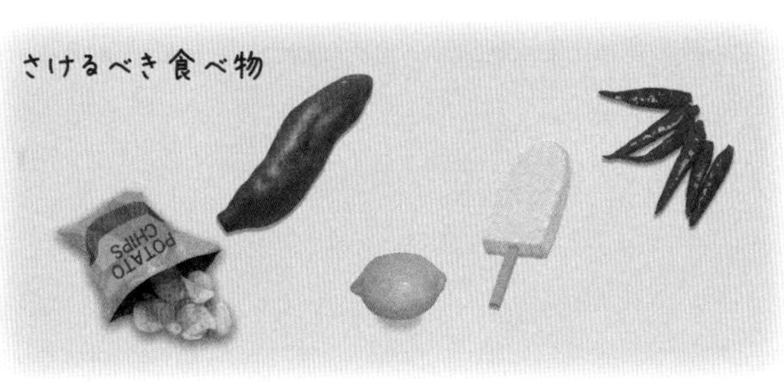

さけるべき食べ物

貧血になったら，「ヘム鉄」をとろう

最後に**貧血**です。私たちの体が正常に機能するためには，血液中の**ヘモグロビン**を介して酸素が体のすみずみまで行き渡ることが欠かせません。このヘモグロビンが不足して酸素が十分に行き渡らなくなると貧血になり，倦怠感や動悸，ふらつきなどの症状があらわれます。

鉄は赤血球の中で酸素を運ぶ

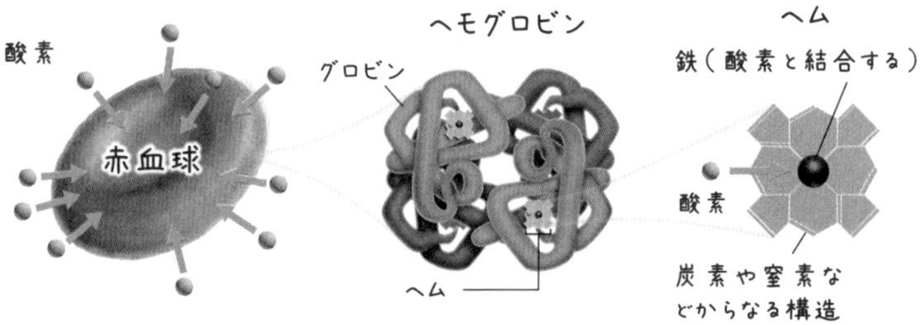

赤血球の中にはヘモグロビンがあります。ヘモグロビンは，グロビンというタンパク質と，ヘムという分子がそれぞれ四つ集まってできています。

最近，立ち上がったときにくらっとすることが多いので貧血気味かもしれません。貧血の原因は何ですか？

最も頻度が高い貧血は，ヘモグロビンをつくる材料の鉄が不足する**鉄欠乏性貧血**です。鉄欠乏性貧血は，月経中の女性や成長期の子供など，体内で鉄が使われやすい人や，ダイエットでかたよった食事をすることで鉄が不足している人におこりやすいという特徴があります。

貧血の種類

鉄欠乏性貧血	体の中にたくわえられている鉄（貯蔵鉄）が欠乏したことが原因でおこる貧血。月経による出血や，成長期にともなう体内での鉄利用の増加，鉄の摂取の減少などがきっかけで発症します。動悸，息切れ，立ちくらみなどの一般的な貧血の症状に加えて，口内炎やツメがそり返る（スプーンネイル）などの症状がみられます。
溶血性貧血	溶血（赤血球の膜がこわれて，中のヘモグロビンが流出する現象）によって赤血球が破壊されることでおこる貧血。赤血球がつくられる量よりも溶血の量が増えることで，赤血球が不足します。赤血球自体に欠陥がある場合や，自分の免疫システムが赤血球を攻撃することでおこる場合があります。
再生不良性貧血	骨髄で血液をつくる（造血）機能が損なわれて，血球がつくれなくなり，赤血球や白血球，血小板などが減少することでおこる貧血。貧血症状のほかに，血小板の減少による出血，白血球の減少による感染症の発症などがみられます。
悪性貧血	ビタミンB_{12}の欠乏でおきる貧血。一般的な貧血の症状に加えて，消化器の症状（食欲不振，便秘，下痢など），神経・精神所見（しびれ感などの知覚異常など），黄疸，出血，毛髪異常などがあります。名前に「悪性」とついていますが，ビタミンB_{12}の注射で比較的簡単に治ります。
腎性貧血	腎臓の機能が低下することでおこる貧血。腎臓では，赤血球をつくるはたらきをうながす因子「エリスロポエチン」がつくられますが，腎不全があるとエリスロポエチンの生産が不足し，貧血に発展します。

私も鉄が不足しているのかもしれません。
鉄が不足している場合はどうすればいいんでしょうか？

貧血をおこすような鉄不足は，病院で処方される**鉄剤**で補うのが基本です。ただし，体内で鉄が使われやすい状態の人や，鉄の摂取量が少ない食生活の人では，**食事**を工夫することも有効です。

どんな食事をとればいいんでしょうか？

鉄欠乏性貧血では，適量の食事を１日３食とることと，血をつくるための栄養素をとることが効果的です。
血をつくるための栄養素としては，鉄，タンパク質，ビタミンB群，ビタミンC，葉酸，銅があります。
鉄は，**ヘム**という分子と結びついた**ヘム鉄**の形で摂取すると，吸収率を15～25パーセントに上げることができます。ヘム鉄は，動物性の食品に含まれており，とくにブタやトリの**レバー**，**貝類**に多く含まれています。

ホウレンソウとか，鉄をとるために食べなさいって子供のころに言われたんですけど……。

ホウレンソウや海藻類は，比較的高い鉄含有量を誇っていますが，鉄を**非ヘム鉄**として含んでいるため，これらを摂取したときに体内で吸収される鉄の量は多くありません。

へぇ～知りませんでした。レバーが好きなので，今度から中華料理屋でニラレバを頼むようにします。

ニラレバおいしいですよね。それから，緑茶，とくに抹茶には，血をつくるのに必要なビタミンB群やビタミンC，銅や葉酸などが含まれており，効果的です。

お茶ですね！

ちなみに，かつて，緑茶に含まれる**タンニン**が鉄の吸収をじゃまするといわれていましたが，現在では通常の量であれば吸収の阻害はほとんどおこらないと考えられているので，食事といっしょに緑茶を飲んでも問題ありません。

食品選びの目安

鉄欠乏性貧血

	食品	量の目安
主食	ご飯，パン，めん	普通
主菜	肉 魚貝 卵 大豆・大豆製品	多め 多め 普通 普通
副菜	淡色野菜 緑黄色野菜 イモ，カボチャ 海草，きのこ，コンニャク 漬物 果物 牛乳・乳製品	普通 多め 普通 普通 普通 多め 普通
調味料	油 砂糖 塩，しょうゆ，みそ 酢 香辛料	普通 普通 普通 多め 多め
嗜好品	和菓子 洋菓子 アルコール飲料 カフェイン飲料 炭酸飲料	普通 普通 普通 ひかえめ 普通

（出典：『食事指導のABC 改訂第3版』［中村丁次 監修，日本医事新報社，2008年発行］）

4

時間目

食と栄養の気になる話

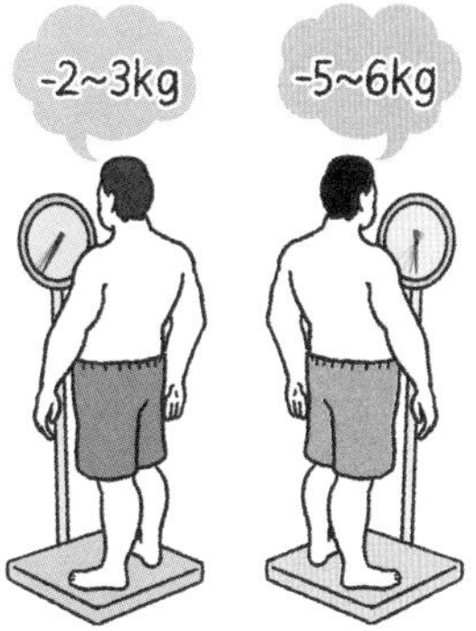

STEP 1

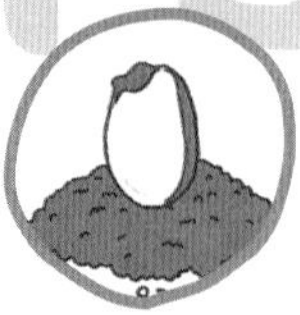

話題の食品たちを斬る

コラーゲンをとると肌がプルプルになる，ブルーベリーは目によい……。食材に関するさまざまな情報が，世にあふれています。はたしてそのような情報は信頼できるものなのでしょうか。

「コラーゲン」は，食べても胃でばらばらになる

ここからは，食にまつわる巷にあふれるさまざまな情報について，考えていきましょう。

そういえば，テレビCMとかでよく**コラーゲン**をとるとお肌がプルプルになるっていってますよね。
母も美容のためにコラーゲンがたくさん入っている食べ物を食べているみたいです。本当にコラーゲンをたくさんとると，肌はきれいになるんでしょうか？
てか，そもそもコラーゲンって何ですか？

まず，コラーゲンというのは私たちの皮膚や骨，血管に多く含まれる**繊維状のタンパク質**です。
肌の弾力を生むはたらきがあり，コラーゲンの多い皮膚にはハリがあるといえるでしょう。

コラーゲンを多く含む場所

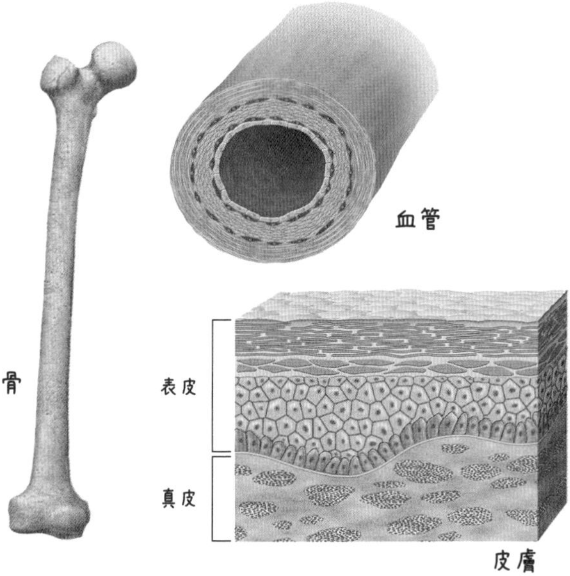

コラーゲンは体中に存在するが，皮膚（とくに真皮）や骨，血管などに多い

なるほど！　じゃあ，コラゲーンをたくさん食べれば，皮膚のコラーゲンが増えて，肌はピチピチになるわけですね!?

いえいえ，早とちりをしてはいけません。
コラーゲンを食べたからといって，それが体の中でそのまま皮膚に使われるわけではありません。

え？

コラーゲンはタンパク質ですから，食べると胃腸のはたらきでアミノ酸などへバラバラに分解されてから，吸収されます。

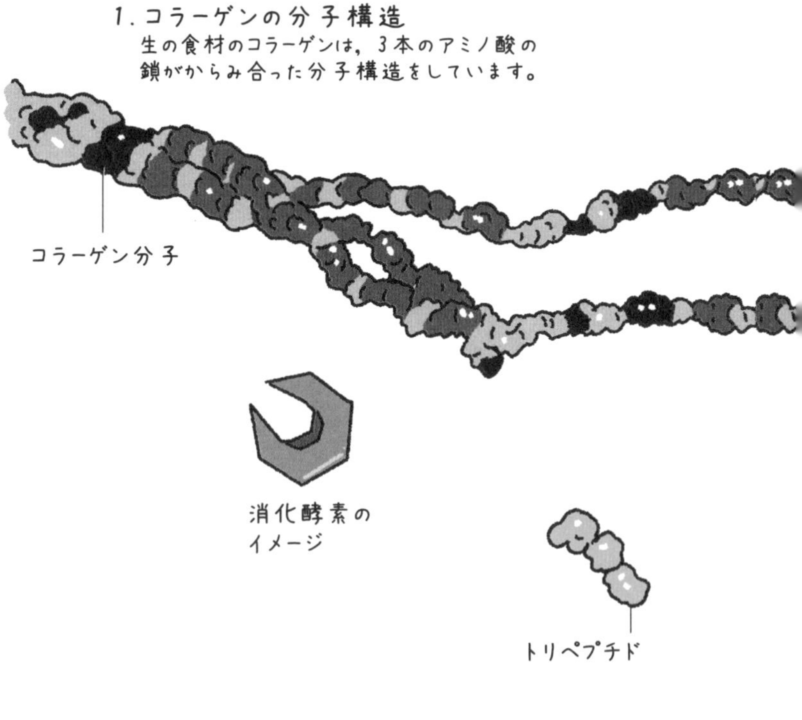

そして吸収されたアミノ酸などの“断片”は，体内でさまざまなタンパク質の材料として使われたり，体のエネルギー源になったりします。

そっか，1時間目でやりましたね。
コラーゲンは，ほかのタンパク質と同じようにお腹の中で一度ばらばらにされてしまうんですね。

はい，そのとおりです。
実際に今のところ，食べ物から摂取されたコラーゲンが，実際の人体で美容効果をもつとする信頼性の高い証拠はありません。

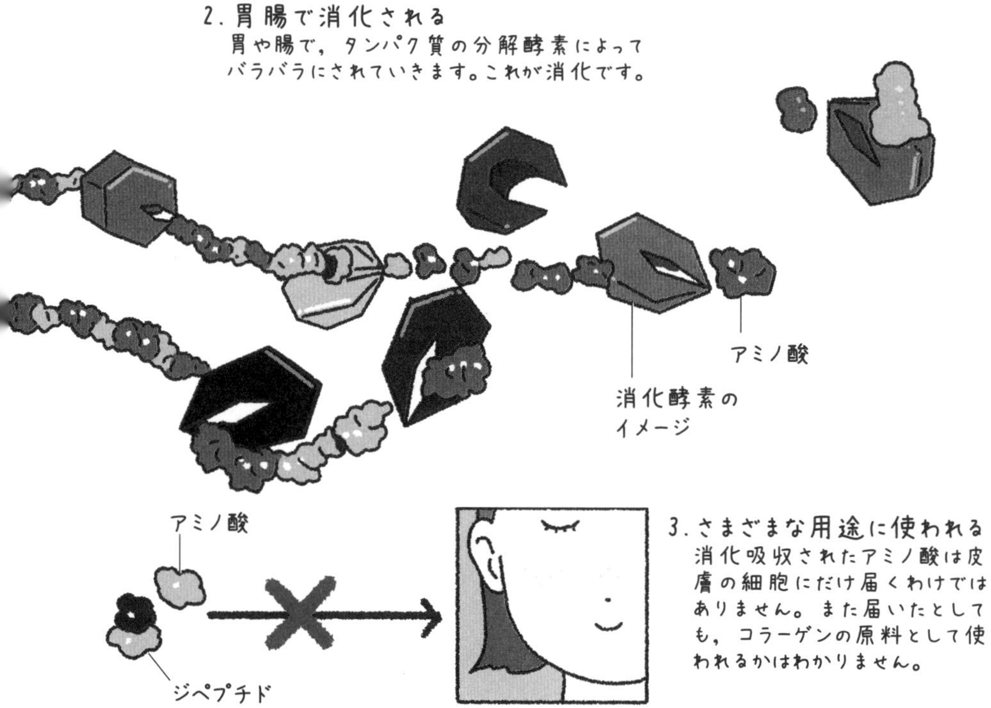

そうなんですか!?
たしかにばらばらに分解されるのなら，食べても効果は期待できなそう……。そういえば，母は吸収されやすいっていう，**低分子コラーゲン**ってのを使っていました。低分子って響きがなんかかっこいいし，これはさすがに効果が証明されているんじゃないんですか？

いいえ。
コラーゲンを一部分解したものが低分子コラーゲンとして販売されていることがあります。すでに分解されているので，消化・吸収の効率は上がるかもしれませんが，吸収されたものが皮膚の細胞に届いてコラーゲンの原料として使われるという保証はありません。

うぅむ。じゃ，じゃあコラーゲンを直接肌にぬるのはどうですか？　そういう化粧品，ありますよね？

コラーゲンを含む化粧品については，皮膚にぬることで保湿の効果は多少期待できるかもしれません。しかし，コラーゲン自体が皮膚の表面からそのまま吸収されて，皮膚のコラーゲンになることはないでしょう。

だめか……。

近年では，コラーゲンを分解して得られる**コラーゲンペプチド**とよばれる物質が肌の弾力性を向上させる可能性があるのではないかということで，研究が進められているようです。ただ，こちらもまだエビデンスが十分ではありません。

うぅむ。

ポイント！

食べ物からとったコラーゲンの美容効果に対する信頼性の高い証拠はありません。

「乳酸菌」の一部は，腸まで届いているようだ

先生！　この前買ったヨーグルトのパッケージに**「生きた乳酸菌が腸に届く！」**って書いてありました。
乳酸菌が生きた状態で腸に行くとどんなメリットがあるんですか？

ヨーグルトをはじめ，乳酸菌を使った食べ物や飲み物は数多くありますね。
そもそも乳酸菌とは，広義には糖を分解して**乳酸**という物質を多量につくる細菌の総称です。

生きた乳酸菌を食べると，体の中で何がおきるんですか？

乳酸菌が体の中に入るとどういうことがおきるのか，胃，小腸，大腸の順番で見ていきましょう。

まず**胃**ですが，胃では多くの食べ物が胃酸と消化酵素によって**分解**されます。乳酸菌も例外ではありません。

えっ？
乳酸菌，分解されるの？

ええ，大部分の乳酸菌は分解されて死んでしまうでしょう。しかし，その一部は生き残って胃から腸に行き，体に“**いい影響**”をあたえるようです。
ただし，どのくらい生き残るかは，実際に人体で調べるのはむずかしく，よくわかっていません。

いい影響？

胃では乳酸菌の多くが死ぬ

胃酸と消化酵素によって，ほかの食べ物といっしょに多くの乳酸菌は分解されますが，一部は生き残ります。

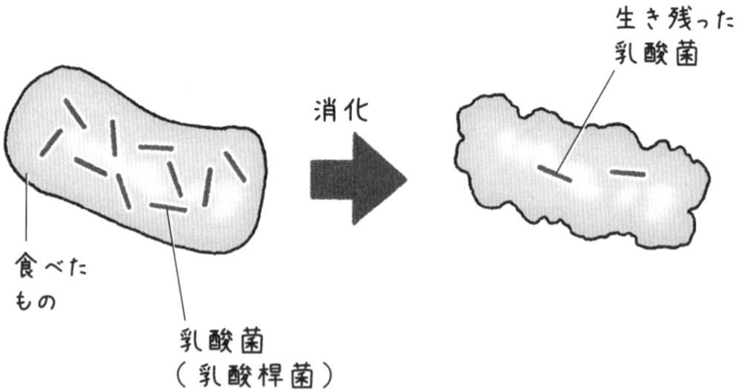

たとえば，小腸までたどりついた乳酸菌は体内に取りこまれ，私たちの**免疫系**をコントロールしていると考えられています。
免疫系の暴走をおさえるはたらきがあるようです。

乳酸菌が免疫に影響!?
すごいですね。

小腸には，細菌を取りこむ**M細胞**という細胞があります。M細胞が乳酸菌をとりこむと，その情報がいくつかの免疫系の細胞に伝えられていき，免疫系のはたらきがおさえられると考えられています。

小腸では免疫系を適切にコントロールする

乳酸菌は，小腸のところどころに存在する「M細胞」に取りこまれます。取りこまれた乳酸菌は，免疫細胞の一種である「樹状細胞」の中に入ります。すると樹状細胞は，「T細胞」という別の免疫細胞に作用します。T細胞は，アレルギーの原因となるさらに別の細胞の活動をおさえます。こうすることで，免疫系が暴走することをおさえていると考えられています。

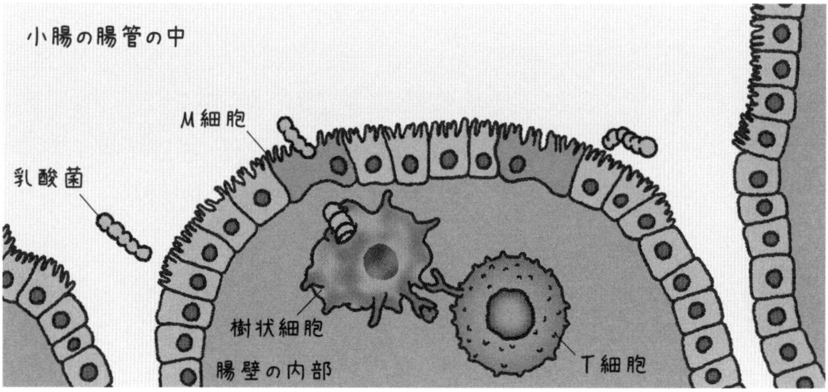

へぇ，乳酸菌が免疫をうまく調節してくれるんですね。

はい，そういうことです。
さて，小腸の先は大腸です。ここには1000種類，1000兆個もの**腸内細菌**がすみついています。

い，いっせんちょう！
ものすごい数ですね。生きた乳酸菌が大腸に到達した場合，彼らもここにすみつくんですか？

いいえ。**食品に含まれる乳酸菌は，大腸を1～2日かけて通過しますが，大腸に定着することはほとんどないと考えられています。**

ふむ。じゃあ，乳酸菌をとっても大腸ではとくにいいことはないんですね？

いいえ，間接的に**便秘**や**下痢**などを改善する効果があるようです。
摂取した乳酸菌が，腸内細菌の一種で有用菌である**ビフィズス菌**を増やすというデータがあるんです。
さらに，摂取した乳酸菌は**乳酸**や**酢酸**をつくります。これらの物質が腸の神経細胞にはたらきかけ，腸の筋肉を動かして**排便**をうながすと考えられています。

そっか，乳酸菌はお腹の調子をととのえるはたらきをしているんですね！

大腸では便秘を予防する物質をつくる

ビフィズス菌および乳酸菌などの有用菌は，オリゴ糖などを分解して，排便をうながす作用がある乳酸や酢酸をつくります。

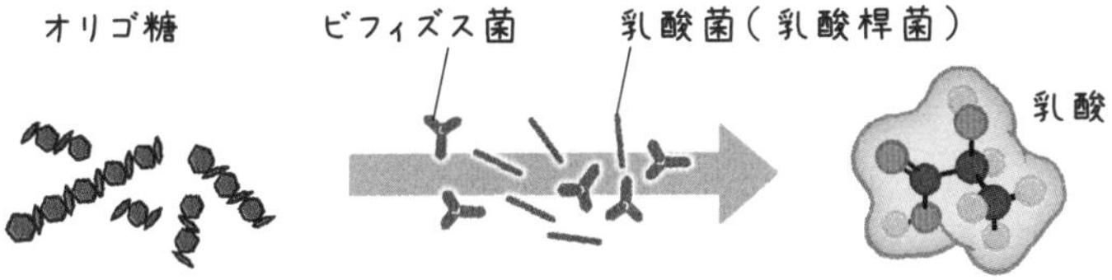

はい，そういうことです。ただし，乳酸菌のなんらかの効果を期待したいなら，つねに腸を乳酸菌が通過するよう，毎日とりつづける必要があるでしょう。

定着はほぼしないんですね。そういえば，この前スーパーで，殺菌済みのヨーグルトを見つけたんですが，死んだ乳酸菌って，効果があるんですか？

乳酸菌製品の中には，殺菌した状態で売られているものがあります。死んだ菌でも，免疫細胞を活性化させたり，排便をうながしたりする効果は期待できます。乳酸菌の菌体成分が，小腸や大腸で作用していると考えられます。

ポイント！

食べ物から摂取した乳酸菌の一部は腸まで届き，免疫や便通を調節するよい効果があるようです。

「グルテンフリー」は，大多数の人に意味がない

先生，以前，本屋に行ったときに『**グルテンフリーで美容と健康を手に入れよう**』ってタイトルの本を見かけました。
グルテンフリーって何なんですか？

たしかに数年前から，**グルテンフリー食品**が話題になっています。
グルテンというのはタンパク質の一種で，**小麦**や**ライ麦**などに含まれます。
これらを主食とする人々の多い欧米では，グルテンフリー食品は，より一般的になっています。

小麦って私も頻繁に食べますけど，その中のグルテンって悪いものなんですか？

そういうわけではないのですが，実は，グルテンを摂取すると，それを最終的に分解して取りこむ腸の細胞に炎症がおきたり，栄養を吸収する機能に不具合が生じたりする病気があるんです。**セリアック病**といいます。
この病気の人にとっては，グルテンはさける必要があります。

せりあっく病？
どういう病気なんですか？

グルテンフリー食材の細粉

米やアーモンド，ヒヨコ豆といった食材はグルテンを含みません。これらを粉にして使ったり，小麦やライ麦からグルテンを除去して使ったりすれば，パスタや洋菓子など通常は小麦粉でつくられる代表的な食品であっても，グルテンフリー食品をつくることができます。ただし食感を保つ添加物が使われ，高脂質になる場合があります。

セリアック病は，もともと遺伝的に素因のある人の一部が，食生活などの影響で発症すると考えられています。世界的には**100 ～ 300人に1人**の患者がいると推定されており，日本の患者数は少ないといわれていますが，詳細はわかっていません。

ふぅむ。

グルテンフリー食品は，もともとセリアック病の人のために開発されました。
しかし，近年では，セリアック病ではない人の間でもグルテンフリー食品が広まりつつあるようです。

セリアック病の人にとっては，グルテンをさけるのは大事なんでしょうけど，私たちもグルテンをあまりとらないほうがいいんでしょうか？

いいえ，セリアック病でない人では，グルテンフリー食品が体によいという根拠はありません。
また，乳児期にセリアック病の予防を期待してグルテンフリー食品を選ぶこともあるようですが，病気を予防できる根拠もありません。

そういえば，小麦アレルギーってありますよね。
そういう人には，グルテンフリーはいいんじゃないですか？

小麦アレルギーの原因物質は，グルテン以外にもあります。**小麦粉からグルテンを除いたものを使ったグルテンフリー食品では，ほかの成分によるアレルギーがおきる可能性があります。**
ちなみに，小麦を食べるとお腹の具合が悪くなりやすい体質を「グルテン不耐症」などとよぶことがありました。しかしこの体質がグルテンと関係するのかは不明なことから，医師らは2012年，「この用語を使うべきではない」としています。

ポイント！

大多数の人にとって，グルテンフリー食品が体によいという根拠はありません。

「グルコサミン」を摂取しても軟骨は治らない

高齢になると，膝関節のクッションとなる軟骨が目減りして**変形性膝関節症**などになることがあります。
そのため，痛みや動きを改善しようと，軟骨の成分である**グルコサミン**を含むサプリメントを飲んでいる高齢者もいるかもしれません。

グルコサミン！
通販番組でよく聞きます。サプリメントを毎日とったら，いろんな動きができるようになったっていう高齢者がよく紹介されています。
グルコサミンってどういうものなんでしょうか？

一口にグルコサミンといっても，サプリメントとして売られている成分には，**N-アセチルグルコサミン**，**グルコサミン硫酸塩**，**グルコサミン塩酸塩**などいくつか種類があります。

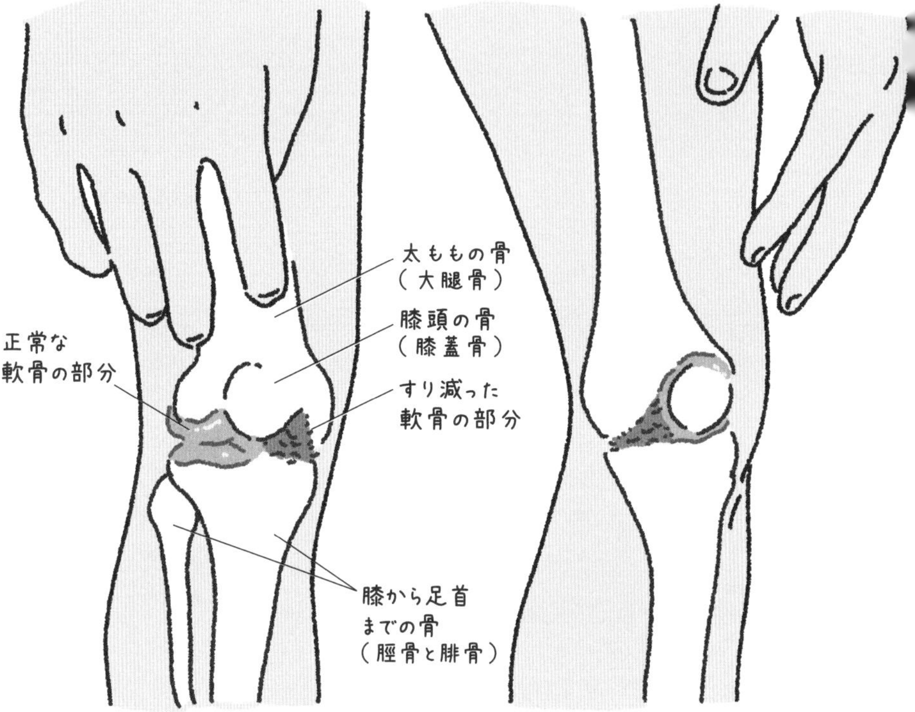

軟骨を構成するヒアルロン酸のイメージ

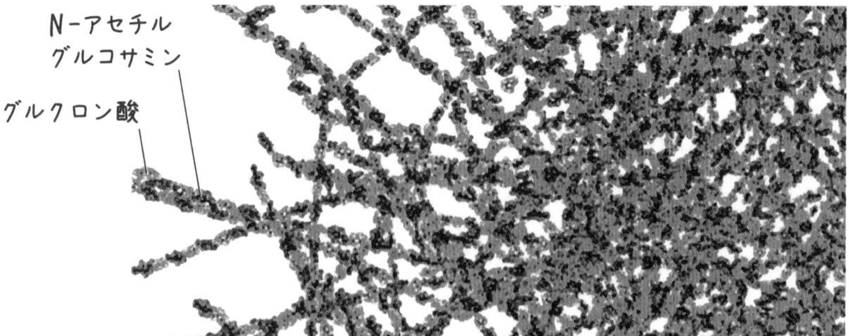

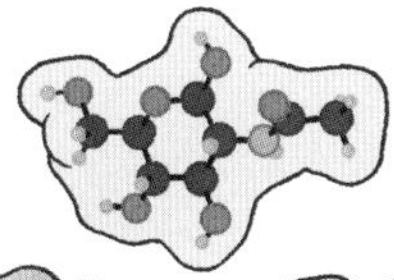

N-アセチルグルコサミン
関節の軟骨の成分と同じものです。摂取した場合，膝関節の痛みや炎症に有効という報告も，有効でないという報告のどちらもあるため，根拠は十分でないとされます。

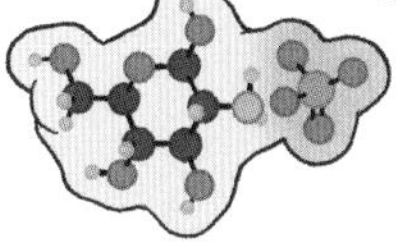

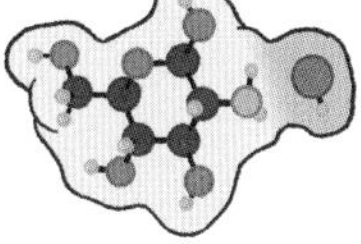

グルコサミン塩酸塩
一般に，硫酸塩よりもさらに効能が弱いとされています。医薬品ではありません。

グルコサミン硫酸塩
海外では医薬品としてあつかわれている成分です。国立健康・栄養研究所によると，軽度の関節の炎症に「有効性が示唆されている」との評価があります。ただし慢性化している場合，重篤な場合に，痛みの軽減効果はないと考えられています。

へぇ，グルコサミンって一種類じゃないんだ。

3種類のうちN-アセチルグルコサミンは，膝関節の軟骨を構成する**ヒアルロン酸**の成分そのものです。
ほかのグルコサミンも体内でヒアルロン酸の材料になると考えられています。

ということは，関節の軟骨の材料となるヒアルロン酸を補うことで，関節を復活させることができるんですね。

いいえ，どのグルコサミンも「関節の痛みや動きを改善する」「肌によい」などと，うたわれていますが，残念ながらその保証はありません。たとえば国立健康・栄養研究所のデータベースでは，ヒトでの信頼できるデータは見当たらないとされています。

えっ？　効果がないってこと？

ええ，今のところ明確な効果は報告されていません。

なぜ，だめなんでしょうか？

やっぱり消化の過程で分解されてしまうんでしょうか？

いえ，どのグルコサミンも，基本的に分解されずに吸収されます。

たしかに“原料”を補充するので，ほかの食べ物よりは体内で軟骨の材料になりやすいかもしれませんが，効果はあったとしてもごくわずかだと考えられています。

なぜなんでしょうか？

軟骨がすり減ってしまうのは，軟骨成分が分解される速さに対して，そもそも再生する能力が弱って追いつかなくなっているからです。

原料だけ入れても，そう簡単には元どおりになりません。

材料があっても，軟骨をつくる能力自体が不足しているから，効果が期待できないんですね……。

ポイント！

グルコサミンによる関節痛の明確な軽減効果は報告されていません。

「β-カロテン」で，がんは予防できないようだ

昨日のお昼のワイドショーで，**β-カロテン**ががんの予防に効くっていっていました！
β-カロテンってニンジンとかに含まれている栄養素ですよね!?

ええ，β-カロテンは，ニンジンなどの**緑黄色野菜**にたくさん含まれている栄養素です。
β-カロテンは，体内でビタミンAに変換されます。
これらやビタミンC，ビタミンEは，**抗酸化作用**があり，動脈硬化などの予防につながると期待されています。

こうさんか作用？
高校3年生のころのように若返る作用ってことですね！

……。
私たちの細胞や，その構成成分は反応性の高い**活性酸素**などと反応し，劣化することがあります。これを**酸化**といいます。酸化はがんなどの病気や老化の原因となることがあります。
抗酸化作用とは，活性酸素などによる生体物質の酸化を防ぎ，かわりに自身が酸化される作用のことです。

身代わりになってくれる，ありがたい物質ってことですね。ということは，やっぱりβ-カロテンをたくさん食べると，がんを予防できるわけですね！

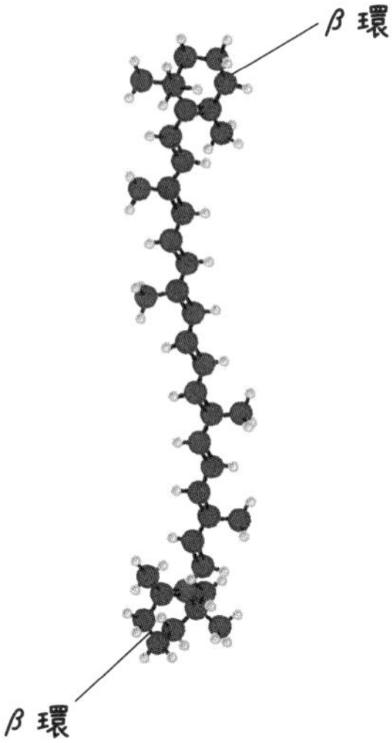

β-カロテンの分子構造

組成式は$C_{40}H_{56}$で，炭素と水素のみで構成されます。両側の端にある六角環状の構造が「β環」とよばれるものです。β-カロテン1分子からビタミンAが2分子つくられます。

実際に1990年代，このβ-カロテンをとることで，がんを予防できるかどうかを検証する試験が行わています。

ほうほう。
その結果は，もちろん有効だったんでしょう？

残念！　はずれです。
それどころか，**逆の結果**が出たんです。
多くの研究が行われた結果，がんの予防効果はおおむね否定されました。それどころか，何年にもわたってβ-カロテンのサプリメントを毎日，あるいは1日おきというように，高い頻度で摂取しつづけると，場合によっては肺がんのリスクが**約10〜20%高まる**といった悪影響すらあることがわかったのです。

ええっ〜！　逆にがんにかかりやすくなるなんて……。
なぜですか!?

抗酸化物質は酸化されると活性状態になるため，多くとりすぎると人体への悪影響があらわれるのかもしれません。

とりすぎはよくないんですね……。

はい，そのとおりです。
ビタミン類が不足するのはよくないですが，摂りすぎても逆に体に悪い場合があります。とくにサプリメントのような形だと無意識に過剰量をとりがちです。
毎日の食事を見直し，ビタミンやミネラルが十分にとれていればサプリメントは不要です。特定の成分をとればとるほど健康によい，とはいえません。

ポイント!

β－カロテンのがんの予防効果は根拠がありません。特定の成分のとりすぎは悪影響もあります。

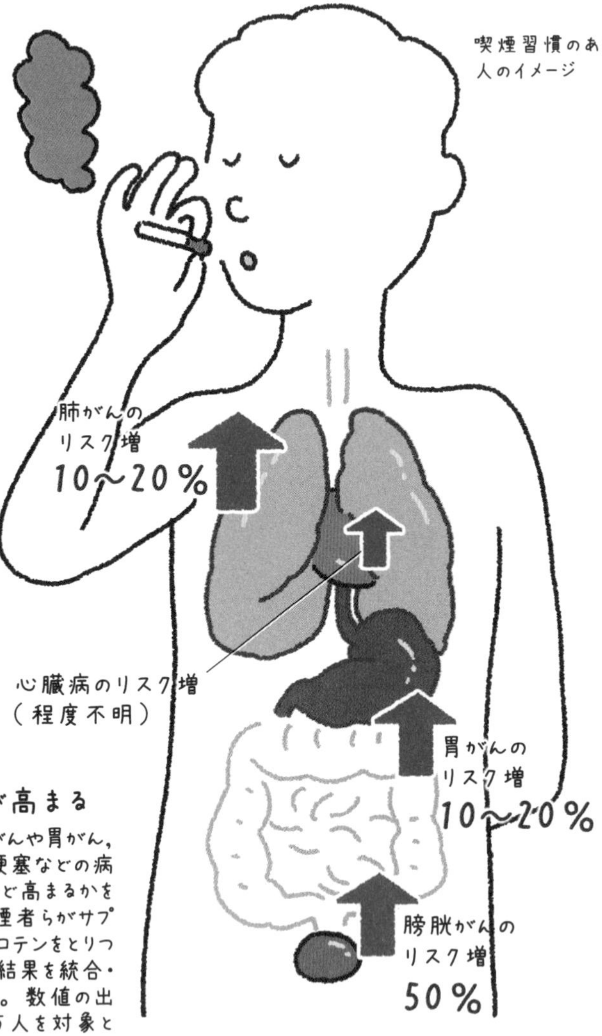

がんのリスクが高まる

数字と矢印は，肺がんや胃がん，膀胱がん，心筋梗塞などの病気のリスクがどれほど高まるかを示しています。喫煙者らがサプリメントとしてβ-カロテンをとりつづけた複数の試験結果を統合・分析した結果です。数値の出典は，合計約4万人を対象とした『Nutr Cancer』（2011 Nov;63(8):1196-207）と，合計約2万4000人を対象とした『Int J Cancer』（2010 Jul 1;127(1):172-84）。

「玄米」は白米よりも，栄養豊富

健康という観点からすれば，**玄米食**もよくとりあげられます。

最近，玄米は健康にいいってよく聞きますね。
でも，今までの話では常識がくつがえされることが多かったように思いますし……。ひょっとすると，「玄米は体に悪い！」とかかなぁ。

さあ，玄米はどうなのか，お話ししましょう。
そもそも私たちが毎日食べている白米は，玄米を**精白**したものです。精白によって取りのぞかれるのが**糠**《ぬか》です。

白米と玄米のちがいは糠にあるわけですね。

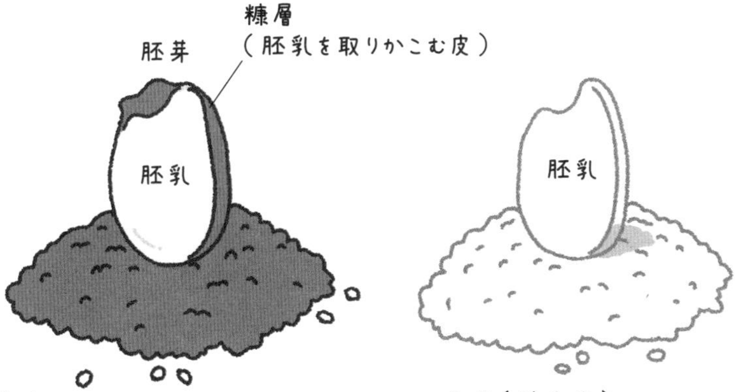

玄米
玄米は，もみがらを取りのぞいた状態の米です。イネの種子のうち，もみがら以外のすべての構成要素（糠層，胚芽，胚乳）を含んでいます。糠層があるために茶色く見えます。

白米（精白米）
糠層と胚芽を取りのぞき，胚乳だけにしたものが白米です。白米（胚乳）の主成分は，炭水化物であるデンプンです。

そうです。
糠はさまざまな栄養素を多く含み，その点で玄米は白米よりもすぐれているといえそうです。
次のグラフは，同じ質量の玄米に含まれる量を1としたときの，白米に含まれる各栄養素の値を示したものです。

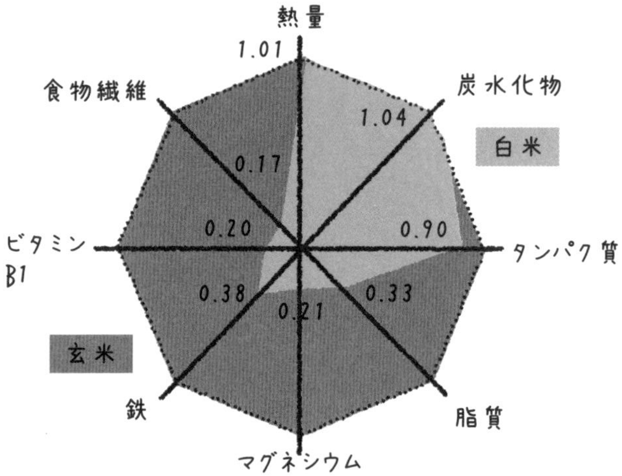

栄養素の比較
白米の値は，同じ重量の玄米に含まれる量を1としたときの相対値。
「日本食品標準成分表2020年版（八訂）」のデータから算出。

炭水化物やタンパク質は，それほど変わりませんけど，そのほかの栄養素は玄米の圧勝ですね。

そうなんです。
また小麦などの麦類では，精白しない**全粒穀物**を多く食べる人ほど**死亡率が下がる**というデータもあり，全粒穀物には大きな健康効果が認められています。

白米と玄米の健康効果を比較した調査は十分には行われていませんが，玄米も全粒穀物であり，同様の健康効果をもつ可能性があります。

よかった，じゃあ，これからはできるだけ玄米食を取り入れようと思います！

ただし玄米は，**ヒ素**を白米の2倍程度含みます。

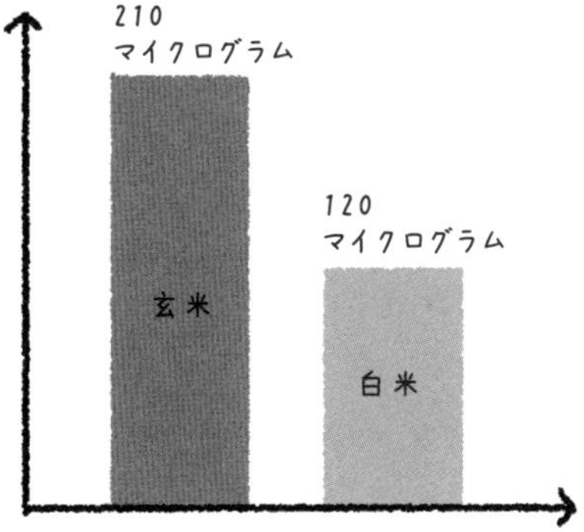

無機ヒ素の比較

食品1キログラムあたりの値。データは農林水産省「食品に含まれるヒ素の実態調査」の平均値（2012年）。

ヒ素!?

それって，やばいんじゃないんですか？

ヒ素化合物のうち，炭素を含まない「無機ヒ素」は，国際がん研究機関によって「ヒトに対する発がん性がある」と評価されています。

ヒ素は，土や地下水，海水などに天然に存在しています。そのため，水田で育つ米や，ひじきなどの海藻にも必然的に多く含まれます。

そりゃ，大変なことじゃないっすか？

日本人は平均的に，体重1キログラムあたり毎日0.34マイクログラムの無機ヒ素を摂取しています。生涯の発がんリスクは**2000人に1人程度**に相当するといわれ，日本人9万人の調査では，男性喫煙者で無機ヒ素を多く摂取するグループは，肺がんになる割合が**1.38倍**に増えました。

うぅむ。

ただし最近では，米の育て方を工夫することでヒ素含有量を減らす研究が進められています。また，ひじきについては，大量の水(お湯)で乾燥からもどすなどすれば，最大で9割ほどの無機ヒ素を減らせます。

玄米に発がん性のあるヒ素が含まれているってことは，結局，玄米は体に悪いってことなんでしょうか？

たしかに無機ヒ素の摂取は，可能な範囲で減らすべきですが，食品安全委員会は「バランスのよい食生活を送れば健康への問題はない」と評価しています。
根拠が十分とはいえませんが，白米と比較した玄米の健康効果は，ヒ素のリスクを大きく上まわると考えられるでしょう。

なるほど。
全体的な健康効果のほうが高いってことですね。気をつけるべきだけど，神経質になりすぎないようにしないといけないってことか。

ポイント！

玄米にはヒ素のリスクがありますが，健康効果が上まわるようです。

「赤い加工肉」は，死亡リスクを高める

私，焼肉とか，ステーキとかお肉が大好物なんですけど，お肉ばかり食べるのって健康に悪いイメージがありますよね。肉食は本当に健康によくないんでしょうか？

「肉は健康に悪い！」「いや適量なら健康的だ」といった議論は水かけ論になりがちです。**なぜなら，どのような指標でくらべるかによるからです。**

なるほど。
そもそも健康によい，悪いの基準をつくること自体がむずかしそうですね。

くらべる方法の一つとして，食生活などのちがいに応じて，**死亡リスク**がどの程度ことなるかを調べる，というものがあります。たとえば，欧米の計114万人を対象とした加工肉の摂取量と死亡リスクについて，複数の研究をまとめた結果が下のグラフになります。

うわっ，摂取量が多いほど，死亡リスクが上がってます……。

そうなんです。ここでいう加工肉とは，ソーセージやベーコン，ハムといった，獣肉の塩漬けや燻製などです。**グラフを見てわかるとおり，1日あたりの摂取量が多いほど，死亡リスクが高いと報告されています。**

“赤い加工肉”は，死亡リスクを高める

豚肉や牛肉などの加工品を多く食べるほど，死亡リスクが高いことを示した結果の一つです。ほぼ食べない場合にくらべて，1日あたり100gの加工肉の摂取によって死亡リスクは20%ほど，200gの摂取によって35%ほど高くなりました。対象者の年齢は17歳から87歳まで，追跡調査の期間は5～28年間でした。

出典：『Public Health Nutrition』（Volume 19, Issue 5 April 2016, pp.893-905）

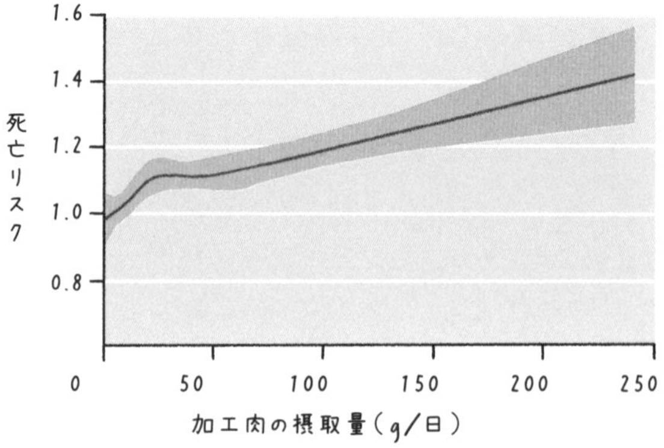

また，牛や豚の肉を過剰に摂取すると，大腸がんのリスクが上がることが報告されています。ですので，食べすぎはやはり体によくないでしょう。

加工肉や牛，豚の肉をたくさん食べるのは，ある程度のリスクがあるわけですね。お肉については，わかりました。じゃあ，魚とか野菜とかの死亡リスクはどうなんでしょうか？

鶏肉，魚，野菜・果物については，摂取量が多いと，死亡リスクが下がるという結果が出ています。
しかし，とればとるほどよいというわけでもありません。重要なのは食品ごとの「適量」をとることです。さもないと全体的な栄養のバランスがくずれ，結果として「健康的」とはいえなくなってしまうでしょう。

何事も適量が大切ってことですね。

特定の病気やアレルギー体質などの人を除けば，ほとんどの食べ物は悪者ではありません。悪者にされがちな加工肉も，たまに食べる程度ならば問題ないと思います。

ポイント!

加工肉のリスクに注意。食品ごとの適量の摂取が大事です。

「オリーブオイル」の主成分は，体にいい油

料理に油を多く使うのは健康によくないって聞きますが，一方でオリーブオイルは健康にいいっていう情報を聞いたこともあります。オリーブオイルも油なのに，本当に健康にいいんでしょうか？

そもそも食用の油は，主に**脂肪酸**という物質で構成されています。脂肪酸は炭素，水素，酸素が鎖状につながった物質で，大きく**飽和脂肪酸**と**不飽和脂肪酸**の2種類に分けることができます。

前にも出てきましたよね。
たしか**二重結合**がどうたらって。

おお，そのとおりです！
飽和脂肪酸と不飽和脂肪酸のちがいは，二重結合があるかないかです。飽和脂肪酸は，炭素どうしがすべて1本の手でつながっていて，安定した構造です。一方の不飽和脂肪酸は，一部の炭素が2本の手で炭素とつながります。これが二重結合です。

ふむふむ。

さらに，不飽和脂肪酸の中でも，二重結合を一つだけ含むものと，複数含むものがあり，前者は**一価不飽和脂肪酸**，後者は**多価不飽和脂肪酸**とそれぞれよばれています。

主な脂肪酸の構造

脂肪酸は大きく「飽和脂肪酸」と「不飽和脂肪酸」の2種類に分かれます。飽和脂肪酸を多く含むのは主に動物の脂で，常温ではかたいです。不飽和脂肪酸を多く含む植物や魚の油は，常温では液体です。オリーブオイルに含まれるオレイン酸は，一価不飽和脂肪酸です。一価不飽和脂肪酸は，善玉コレステロールの濃度を下げず，悪玉コレステロールの濃度のみを下げるはたらきがあると注目されています。

		炭素の数	炭素の二重結合数	構造	名前	含まれている食品や食用油脂
脂肪酸	飽和脂肪酸	2	0	— COOH	酢酸	酢
		4	0	COOH	酪酸	バターやチーズ
		16	0	COOH	パルミチン酸	肉，ヤシ油
		18	0	COOH	ステアリン酸	肉，ココアバター
	不飽和脂肪酸	18	1	二重結合 COOH	オレイン酸	オリーブオイル，ナタネ油など
		18	2	COOH	リノール酸	ダイズ油，ベニバナ油など
		18	3	COOH	α-リノレン酸	シソ油，アマニ油など
		18	3	COOH	γ-リノレン酸	ツキミソウ油など
		20	4	COOH	アラキドン酸	肉，卵，魚，肝油など
		20	5	COOH	エイコサペンタエン酸（EPA）	魚油
		22	6	COOH	ドコサヘキサエン酸（DHA）	魚油

（農林水産省のウェブサイト「トランス脂肪酸に関する情報」をもとに作成）

なるほど。
それで，飽和脂肪酸と不飽和脂肪酸は，体内でのはたらきがちがうんですか？

そうなんです。**飽和脂肪酸には，血中コレステロール濃度を上げるはたらきがあります。**
その一方で，不飽和脂肪酸には血中コレステロール濃度を下げるはたらきがあります。

ということは，不飽和脂肪酸がいいんですね。

そうですね。
飽和脂肪酸は動物に多く含まれ，不飽和脂肪酸は植物や魚に多く含まれます。よく，「肉ばかり食べずに野菜や魚を多くとるほうが生活習慣病になりにくい」といわれるのは，こういった理由です。
ところが！ 近年，不飽和脂肪酸の中でも**多価不飽和脂肪酸**は，とりすぎると，血中コレステロール濃度を下げすぎて，生活習慣病のもとになる悪玉コレステロールだけでなく，**生活習慣病を防ぐ役割をはたす善玉コレステロールの濃度も下げることがわかってきたのです。**

善玉も!?

そこで新たに注目されはじめたのが**一価不飽和脂肪酸**です。こちらは悪玉コレステロールだけを下げて，善玉コレステロール濃度までは下げないと考えられています。

ちょうどいいはたらきってことですね！

オリーブオイルの主成分である，**オレイン酸**という脂肪酸は，**一価不飽和脂肪酸**です。このようなことから，オリーブオイルが体によいといわれているのです。

オリーブオイルに含まれるオレイン酸が，悪玉コレステロールだけを下げるはたらきをしてくれるんですね！

ポイント!

オリーブオイルは体にいいです。

「ブルーベリー」が目によい根拠は不十分

次に紹介するのは，**ブルーベリー**です。
ブルーベリーや，野生種のビルベリーは**目によい**などとよくいわれます。

聞いたことがあります！
ブルーベリーに含まれている何とか，っていう成分がよく効くんですよね？　テレビCMでいってました！

それは，赤紫や青の色素の総称である**アントシアニン**のことだと思います。古くは1960年代から，ビルベリーの抽出物やアントシアニンには，目の**網膜**で光を感知する分子の合成を助けるといった報告があります。

ということは，やっぱりブルーベリーは目によいわけですね!?

いえ，そうともいい切れません。
先ほどの報告は，あくまでウサギなどを使った動物実験の結果でしかありません。

眼の「網膜」

網膜は眼球の内側にはりついた，薄いお椀状の構造である。
光を感知する分子をもつ細胞がある。

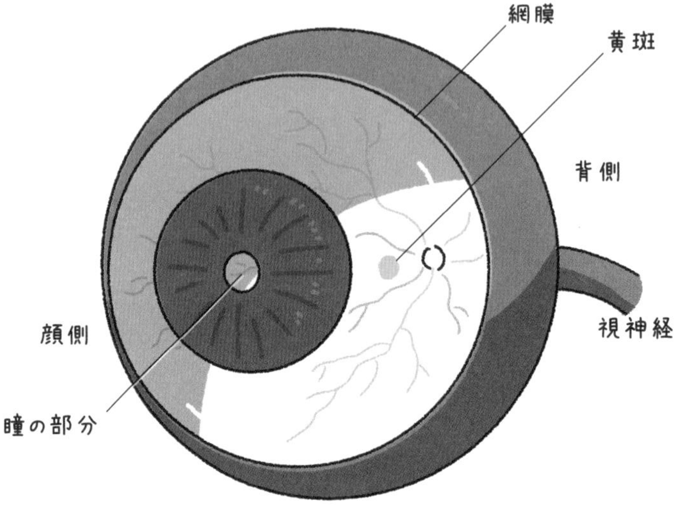

アントシアニンの基本構造

計三つの環状構造が，基本となる形である。左側の環に結合する分子の種類によって，色が変わる。

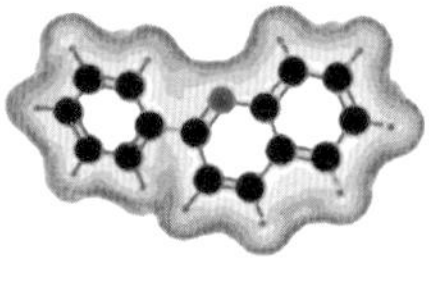

ヒトに摂取させて目での限定的な効能を確認したとする報告もありますが，適切な比較対象を設けた大規模な試験が行われているともいえません。
そもそもブルーベリーのアントシアニンは，腸でほとんど吸収できないとされているのです。

えっ？　じゃあ，そのアントシアニンをとっても，効果がないってこと!?

医薬基盤・健康・栄養研究所のデータベースによると，少なくとも現時点では，人の目での有効性や安全性については「信頼できるデータが十分でない」との評価です※。

ポイント！

ブルーベリーが目によいとする十分な科学的根拠はありません。

「食品添加物」の安全性は確認されている

そういえば，最近「保存料不使用」「合成着色料無添加」のように，**食品添加物**を使わないことをアピールする食品をよく見かけます。
食品添加物って，やっぱり体に悪いんですか？
てか，そもそも食品添加物って何のために入っているんでしょうか？

食品添加物は主に，腐るのを防いだり，味・香り・見た目・食感などをよくしたりするために使われます。チューインガムに使われるガムベースなど，食品を特徴づけるうえでなくてはならない食品添加物もあります。次の表に食品添加物の主な種類と使用目的をまとめました。

食品添加物にはいろんな種類があるんですね。

※：国立研究開発法人 医薬基盤・健康・栄養研究所によるウェブサイト「『健康食品』の安全性・有効性情報（https://hfnet.nibiohn.go.jp/）」で，物質名や食品名で検索すると詳細を読むことができます。

味や香りをよくする

種類	目的と効果	食品添加物の例	食品例
甘味料※	甘みを加える	アスパルテーム キシリトール カンゾウ抽出物	清涼飲料水 チューインガム しょうゆ
酸味料	酸味を加える	クエン酸 L-酒石酸 乳酸	ジャム キャンディー 清涼飲料水
苦味料	苦味を加える	カフェイン ナリンジン ニガヨモギ抽出物	コーラ チューインガム
香料	香りをつける	合成香料 天然香料	幅広い食品
調味料	主にうま味を加えて味を整える	アミノ酸 核酸 有機酸	幅広い食品

見た目をよくする

種類	目的と効果	食品添加物の例	食品例
着色料	食品の色を調節しておいしそうな色合いにする	赤色2号 カロチノイド色素 ムラサキキャベツ色素	ハム 栗の砂糖漬け かまぼこ
発色剤	肉や魚に含まれるヘモグロビンやミオグロビンと結合して赤色を出す	亜硝酸ナトリウム 硝酸カリウム	ハム ソーセージ たらこ
漂白剤	色素や着色物質を分解して白い色を出したり，明るい色合いにしたりする	亜硫酸ナトリウム	ドライフルーツ かんぴょう 水飴
光沢剤	水分蒸発を防いだり，表面に光沢を出したりするために，表面に皮膜をつくる	シェラック パラフィンワックス ミツロウ	キャンディー チョコレート 果物

※：キシリトールなどの人工甘味料には，とりすぎるとお腹がゆるくなる作用が知られていますが，毒性とは区別されます。

長持ちさせる

種類	目的と効果	食品添加物の例	食品例
保存料	微生物の増殖をおさえて食品が腐るのを防ぐ（微生物を殺すものではない）	安息香酸 ソルビン酸カリウム しらこたん白	キャビア 魚肉ねり製品 チーズ
酸化防止剤	空気中の酸素による酸化を防いで品質を維持する	ビタミンC ビタミンE カテキン	バター 惣菜 清涼飲料水
防カビ剤 防ばい剤	外国から輸入される果物で，カビが発生するのを防ぐために収穫後に使われる農薬	イマザリル オルトフェニルフェノール フルジオキソニル	バナナ キウイ 柑橘類

食感をよくする・形をもたせる

種類	目的と効果	食品添加物の例	食品例
増粘剤 安定剤 ゲル化剤 糊料	液体に粘りをつけたり，液体をゼリー状に固めたりする	カラギナン キサンタンガム グァーガム	プリン ドレッシング アイスクリーム
乳化剤	水と油の両方に結合して，水と油が混ざるようにする	グリセリン脂肪酸エステル ショ糖脂肪酸エステル レシチン	マーガリン ホイップクリーム アイスクリーム
膨張剤	炭酸ガスなどを発生させて，食品をふくらませる	炭酸水素ナトリウム グルコノデルタラクトン ミョウバン	クッキー ホットケーキ ビスケット
ガムベース	チューインガム特有の粘りや弾力をつくる	酢酸ビニル樹脂 ジェルトン チクル	チューインガム
製造用剤など	食品をつくるために使われる	かんすい 結着剤 豆腐用凝固剤	中華麺 ハム 豆腐

そうです。
食品添加物は食品衛生法で**指定添加物**，**既存添加物**，**天然香料**，**一般飲食物添加物**の四つに分類され，すべて厚生労働大臣が認めたもののみ使うことができます。

四つ……。

まず，既存添加物と天然香料は，日本で長年使われていて安全性に問題がないと判断されたものです。それぞれ357品目と612品目があります。
また，一般飲食物添加物とは，通常は食品として食べるものであっても食品添加物としての効果を目的に使うもので，72品目あります。たとえば，赤色をつけるために紫キャベツに含まれる色素を使った場合，着色料として物質名を記載しなければなりません

なるほど。指定添加物以外の食品添加物は，天然のものだったり，普通の食品と同じものだったりで，安全性にまず問題がないものばかりだということですね。
じゃあ，**指定添加物**はどうなんでしょうか？

指定添加物とは，天然・合成に関係なく，安全性と有効性が確認されたもので，2021年1月の時点で472品目あります。
指定添加物の安全性は，次のように確認されています。
まず，さまざまな動物実験を行い，無害と考えられる量である**無毒性量**を求めます。

無毒性量を求めるための動物実験

食品安全委員会の「添加物に関する食品健康影響評価指針」をもとに作成しました。実験動物と人間で物質に対する感受性のちがいが10倍，個人差で同様のちがいが10倍をこえないだろうという経験則のもと，動物実験で求めた無毒性量の100分の1の量を，人間の一日摂取許容量（ADI）と定めています。

試験	内容	使用する動物例
亜急性毒性試験 慢性毒性試験	28日間，90日間，1年間，毎日摂取させて，神経毒性や免疫毒性を調べる	げっ歯類（主にラット）と非げっ歯類（主にイヌ）それぞれで1種類
発がん性試験	18～30か月，毎日摂取させて，発がん性を調べる	げっ歯類（主にラット）と非げっ歯類（主にイヌ）それぞれで1種類
生殖毒性試験	毎日摂取して，生殖能力を調べる	げっ歯類（主にラット）と非げっ歯類（主にウサギ）それぞれで1種類以上
催奇形性試験	妊娠中に毎日摂取させて，胎児への影響を調べる	げっ歯類（主にラット）と非げっ歯類（主にウサギ）それぞれで1種類以上
遺伝毒性試験	細胞にある遺伝子や染色体の異常を調べる	サルモネラ菌，哺乳類の培養細胞など
アレルゲン性試験	摂取させて24時間，48時間後に皮膚反応を見る	モルモット（マウスを使う別の方法もある）
一般薬理試験	1回またはくりかえし摂取させて，行動変化，中枢神経，自律神経，呼吸・循環器系，消化器系などへの影響を調べる	マウス，ラット，モルモット，ウサギ，ネコ，イヌなど

安全な量ってことですね。

ええ。さらに，その最も少ない無毒性量の**100分の1**の量が，人間の**一日摂取許容量（ADI）**となります。

無毒量のさらに100分の1ですか！　実際には，私たちはどれくらいを摂取しているんでしょうか？

国立医薬品食品衛生研究所などの調査では，ADIに対する実際の摂取量の割合が最も高かった保存料は**安息香酸**でしたが，その割合は**0.41％**と，動物実験の無毒性量の約2万5000分の1でした。ほかの指定添加物も，実際の摂取量がADIをこえるものはありません。

2万5000分の1！
少ないですね〜。

ちなみに，ハムやソーセージの発色剤に使われる**亜硝酸ナトリウム**には，発色効果だけでなく，有害なボツリヌス菌などの繁殖をおさえて食中毒を防ぐ効果もあります。ですから「無添加」が，必ずしも安全性が高いことを意味するわけではありません。

ポイント！

安全性が確認された食品添加物しか使用が認められていません。

STEP 2

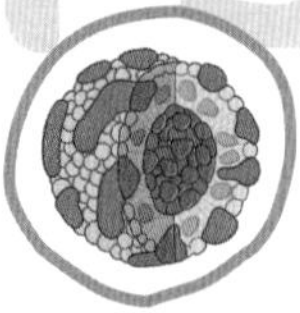

気になる食事のあれこれ

糖質や脂質，カロリーを制限することは，本当に効果があるのか。完全な菜食主義は健康に悪いのか……。ここでは，食に関するさまざまな事柄を見ていきます。

「糖質制限」は，やせやすいけどリスクがある

ダイエットといえば，ご飯やパンなどの主食（炭水化物）を減らす**糖質制限ダイエット**が，最近はやっていますよね。
1時間目であまりおすすめはできないってことでしたけど，もう少しくわしく教えてください。

そもそも糖質とは，炭水化物のうち食物繊維をのぞいたものです。タンパク質と脂質も一部，エネルギー源になるので，近年ではこれらを**エネルギー産生栄養素**としています。
タンパク質13〜20%，脂質20〜30%，炭水化物50〜65%が日本人の目標量とされています。

そのうちの糖質をあまり食べないようにするのが，糖質制限ダイエットですよね？
ダイエットの効果はどうなんでしょうか？

311人が対象の小規模な研究調査ですが，低糖質・高タンパク質の食事をつづけた結果が報告されています。それによると，6か月後には減量効果が見られました。その効果は，脂質を減らすといったほかの食事よりも大きいものでした。

効果あり！　ですね。

また，**糖尿病**などの疾患をもっている人では，**血糖値**や**中性脂肪**の値が改善したという報告もあります。

すごいですね。

一方で，合計27万人超を対象とした別の解析では，低糖質食では**死亡リスクが高い**とされました。
また，**心臓の血管の病気**にかかるリスクが高まるおそれも指摘されています。
さらに糖質制限は，無気力になったり頭が働かなくなったりする副作用も報告されています。

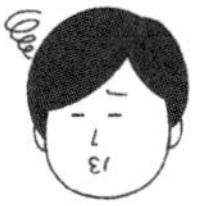

それじゃあ，困ります！

アメリカ糖尿病学会で認められるなど，糖質制限の減量効果を示す研究結果も存在しますが，極端な糖質制限はリスクがあるといえるでしょう。

糖質制限vs.脂質制限

2003〜2005年にアメリカで行われた，食事法とダイエット効果に関する研究結果の一部をえがきました。どの食事法でも，開始2か月後の時点で1日1400キロカロリー前後を摂取しました。その摂取カロリーに占めるエネルギー産生栄養素の割合を円グラフにしました（重量比ではありません）。なお食材は各栄養素のイメージで，実際の食事法や研究で使われたわけではありません。

数値の出典：『JAMA』（2007;297(9):969-977）

脂質制限食の一つ（オーニッシュ食）

摂取したエネルギー産生栄養素のうち，脂質の割合を開始2か月後の時点で平均21.1%，6か月後の時点で平均28.3%に制限しました。開始6か月後には，平均で2〜3kgの減量がみられました。なお脂質は，構成成分である「脂肪酸」が細胞のエネルギー源になります。

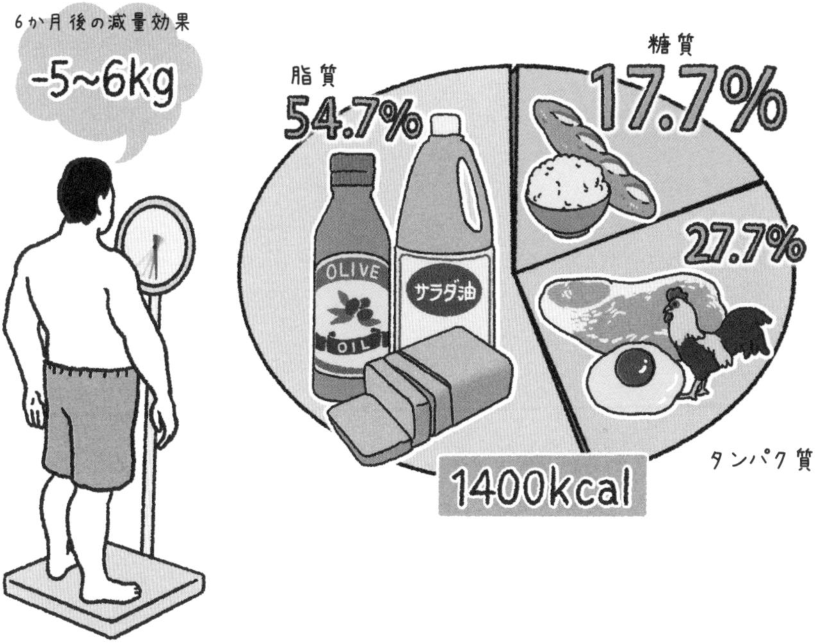

糖質制限食の一つ(アトキンス法)

摂取したエネルギー産生栄養素のうち糖質の割合を開始2か月後の時点で平均17.7%、6か月後の時点で29.5%に制限しました。開始6か月後には、平均で5~6kgの減量がみられました。なお糖質は、体内で「ブドウ糖」などの糖分子へ分解されて、細胞のエネルギー源になります。

ポイント！

糖質制限はやせやすいが，極端な糖質制限にはリスクがある。

「脂質制限」では，生活習慣病は改善しない

糖質制限のほかにも，生活習慣病に対する食事法として**カロリー制限**と，**脂質制限**といったものがあります。

それらは本当に効果あるんでしょうか？

それを考える際に参考になるのが，臨床医学（患者を診断・治療する医学の分野のこと）で使われる**エビデンス（科学的根拠）**という考え方です。

エビデンス？

エビデンスは，臨床医学において研究の信頼度をあらわす概念で，最も信頼性が高い1から，最も信頼性が低い6までレベルがあります。

エビデンスレベルピラミッド

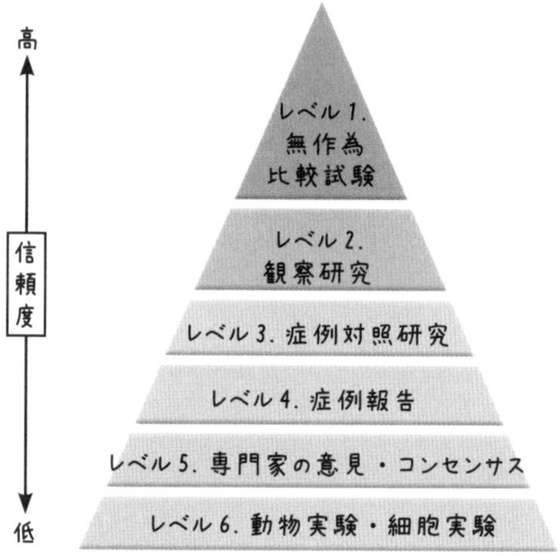

エビデンスレベル1：無作為比較試験

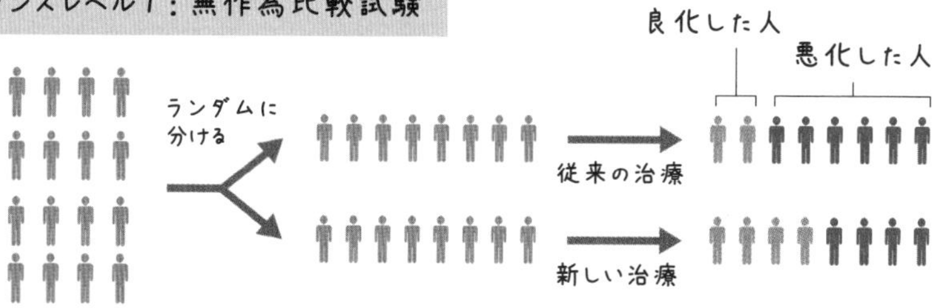

被験者をランダムに二つのグループに分け，一方には新しい治療法を，もう一方には従来の治療法などを行い，一定期間後に健康状態を比較する。

エビデンスレベル2：観察研究

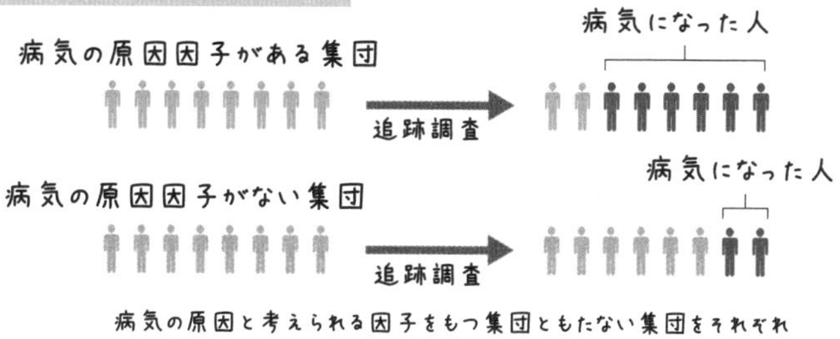

病気の原因と考えられる因子をもつ集団ともたない集団をそれぞれ一定期間追跡し，病気の発症率などを比較する。

ほうほう。その，エビデンスを使うと，生活習慣病に対する食事療法として行われるカロリー制限や脂質制限などが効果的かどうか，わかるってことですね。

そうです。ではまず，**カロリー制限**ですが，これはそもそも，「摂取する食品の総カロリーの上限を決める食事療法」です。

総カロリーの上限？　どういうことですか？

体は，消費するカロリー以上のカロリーをとると，脂肪として体にためこみます。**カロリー制限は，全体的なカロリーを制限することで脂肪をためこまないようにして，肥満や生活習慣病の改善を目指す方法です。**

カロリーを制限するのは効果がありそうですね！

たしかにカロリー制限には減量効果があります。しかし食べられる食品の量が制限された中で，十分な栄養素をとらなければなりません。このため，実際は量だけでなく，食品の種類も制限されることになります。

なるほど。効率よく必要な栄養素をとらないといけなくなるから，食べたいものが食べられなくなりそうですね。

まさにそうです。そのためカロリー制限は継続することがむずかしいとされています。そういった理由から，長期間の無作為比較試験（エビデンスレベル１）によってカロリー制限の効果や安全性を検証した研究は，実は少ないのです。

えー，何か研究はないんですか？

一つ例をあげると，2013年に報告されたアメリカ人の糖尿病患者を対象とした無作為比較試験（エビデンスレベル1）のデータがあります[※1]。
この試験では，一つのグループに対しては1日あたりの摂取カロリーをまったく制限せず，もう一つのグループに対しては摂取カロリーを制限し，かつ運動量も増やし，これを10年間継続してもらいました。

後者のグループのほうに効果があったんじゃないですか？

ご推察のとおり，カロリー制限を行ったグループでは体重が平均6～7キログラム減少しました。
ところが，意外なことにアメリカ人男性の死因のトップである**動脈硬化**などによる**心臓病**の発症率には，二つのグループで差はなかったのです。

ほぉ。

また，5年目以降では体重は減ったのに，糖尿病の指標となる**高血糖**は逆に悪化してしまい，さらに，**骨の密度が減少する**という悪影響もあったといいます。

カロリー制限は，生活習慣病の予防や改善には必ずしも効果があるとはいえないってことですか？

そうなんです。

※1：*New England Journal of Medicine* 369:145-154，2013.

カロリー制限は減量のために有効な方法ですが，つづけることがむずかしいうえに，糖尿病や動脈硬化などを改善できるという確固たるエビデンスがあるわけではない，ということを心にとめておくべきでしょう。

じゃあ，**脂質制限**はどうなんですか？

脂質は1グラムあたりのカロリー量が最も大きいため，ダイエット中の食事ではさけられがちです。
また，「あぶらっこいものは健康に悪い」というイメージもありますよね。

はい。
健康のためには，あまりあぶらをとらないほうがよいって思っていました。

そのイメージのもとは，1950年代に，アメリカで心臓病の原因は脂質にあるとする観察研究（エビデンスレベル2）が発表されたことです。この発表を受けて，アメリカ政府は「食事摂取基準」において，脂質の摂取量の上限を食事全体のカロリーの**30％**としていました。そのため，「脂質制限は生活習慣病の予防に効果的」というイメージが一般にも定着したわけです。

なるほど。

ところが2000年代に入ると，脂質をひかえても生活習慣病は改善しないというさまざまなデータが報告されることになったんです。

ど，どうしてです？

前にも話しましたが，たとえば魚の油（不飽和脂肪酸）を多めにとったグループは動脈硬化の発症率や死亡率が下がるという研究結果[※2]や，クルミなどナッツ類に含まれる油やオリーブオイルなどの植物性油（不飽和脂肪酸）は，動脈硬化の発症率を下げるという研究結果[※3]が発表されたのです。

魚の油やオリーブオイルの油は，健康にいい油でしたよね。

ええ。
また，植物性油の摂取を増やしても，油の総摂取量をおさえようとして肉やバターに含まれる動物性油（飽和脂肪酸）の摂取量を減らすと，**心臓病の発症率**や**死亡率**が上がることが明らかになりました[※4]。

ふむ。

これらを受け，2015年のアメリカの食事摂取基準の改訂では，脂質の摂取量の上限が撤廃されました。
つまり，「脂質をひかえても，生活習慣病の予防にはつながらない」と判断されたわけです。

イメージと逆です！
日本ではどうなっているんですか？

※2：*Circulation* 105:1897-1903, 2002.
※3：*New England Journal of Medicine* 368:1279-1290，2013.
※4：*BMJ* 346: e8707，2013.

日本人を対象とした無作為比較試験のデータはないですが，日本人の観察研究のデータからは，動物性油の摂取量が多いほど，脳卒中の発症率が低いことが示されています[※5]。

脂質を制限すると，むしろ悪影響が出るのかもしれないですね。

ただし，脂質といえども**トランス脂肪酸**や**過酸化脂質**の摂取はひかえるべきです。これらの摂取は，**動脈硬化**につながるという観察研究の結果があります。

トランス脂肪酸？ 過酸化脂質？

トランス脂肪酸は油脂の加工過程で生じるもので，植物油を原料としているマーガリンなどに含まれる場合があります。また，過酸化脂質とは，脂質が酸化されたもので，使用ずみの揚げ油などに含まれます。これらは動脈硬化などを引きおこす可能性が指摘されています。

トランス脂肪酸や過酸化脂質はさけたほうがいいわけですね！

ポイント！

脂質制限が，生活習慣病の予防につながるという十分な根拠はありません。

※5：*European Heart Journal* 34: 1225-1232，2013.

ゆるやかな「ロカボ食」が効果的

糖質制限にはリスクがあって，脂質制限は生活習慣病を改善する根拠がないんですよね。結局どうすればいいんですか？

近年は**ロカボ**という食事法に注目が集まっています。

ロカボ？

ロカボとは，低糖質を意味する「ローカーボハイドレート」を略した言葉で，**ゆるやかな糖質制限**を意味しています。

ゆるやかな糖質制限？

ロカボ食は「糖質を**1食20～40グラム**で3回食べ，それとは別に糖質10グラムまでの間食を食べて，1日の糖質摂取量を**合計70～130グラム**にする」というものです。

ロカボ（ゆるやかな糖質制限）で摂取する糖質量

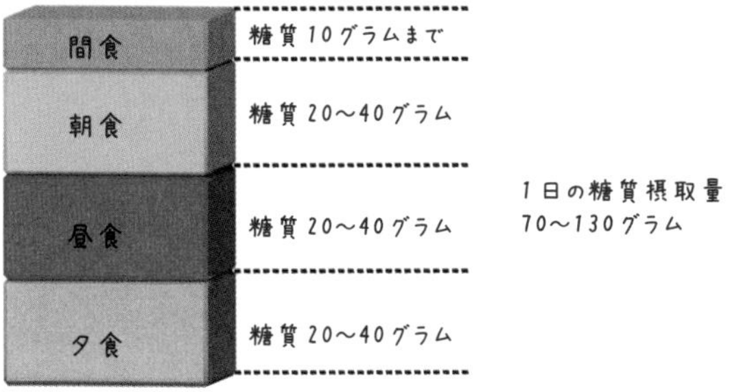

ロカボ食（ゆるやかな糖質制限食）における糖質摂取量の目安。ロカボ食では，朝食，昼食，夕食それぞれ20～40グラムの糖質を摂取し，間食で糖質を10グラムまで摂取してよい。脂質やタンパク質など，糖質以外の栄養素は摂取上限を設けない。

日本人は1日に**平均270〜300グラム**の糖質をとっているので，その半分程度におさえるという感覚です。
このロカボ食の糖質の上限は，2006年にアメリカ糖尿病学会が糖質制限食として定義した，「1日あたり130グラム」をもとに算出されています。

でも，70グラム以上は糖質をとるわけですね。

そのとおりです。下限を設けることで，極端な低糖質状態になることをさけているのです。そうすることで，**ケトン体**がつくられるのを防ぐことができます。

ケトン体ってなんです？

糖質の摂取量を1日あたり50グラム未満に減らすようになると，肝臓が脂肪酸を使ってケトン体とよばれる酸性の物質をつくります。
ケトン体は脳細胞を老化から保護する機能があるという研究報告もあります。

じゃあケトン体って，体にとっていいものなんじゃないですか？

いいえ，ケトン体がつくられすぎると，体が酸性になる**ケトアシドーシス**という状態になります。
ケトアシドーシスになると意識障害がおき，命にかかわることもあります。また，ケトン体が増えすぎると，血管の内側の細胞の機能が落ちるという研究もあるんです。

なるほど！　だからロカボでは，そうしたケトン体がたくさんつくられないよう，取りこむ糖質の下限を設けているってわけか。つまり，「極端な糖質制限」をしないようにしているわけですね。

そうです。ちなみに，1食40グラムの糖質とは，ご飯なら半膳，パンなら6枚切り食パン1枚に，お腹いっぱいのおかず（肉・魚，野菜，大豆製品など）を食べたときの糖質量に相当します。

おかずはお腹いっぱい食べていいんですか？

通常のメニューをロカボメニューにしたときの栄養量

カロリー	602キロカロリー	➡	620キロカロリー
糖質	90グラム	➡	40グラム
脂質	16グラム	➡	36グラム
タンパク質	25グラム	➡	34グラム

通常の食事メニュー（左）と，ロカボのメニュー（右）の例。ロカボでは，ご飯の量を180グラムから70グラムに減らし，糖質を多く含むリンゴのかわりにチーズオムレツをおかずとして1品追加した。また，コールスローサラダを増量し，ミートローフのつけ合わせの野菜も増やした。その結果，カロリーはほとんど変わらず，糖質は目標の40グラムにおさえることができた。

ロカボでは，タンパク質や脂質の量には制限を設けず，好きなだけお腹いっぱい食べてよし，としています。

やった！
これなら，私でもできそう！

タンパク質や脂質は，糖質とともにとると血糖値の上昇をゆるやかにするはたらきがあります。
2014年に発表された研究によれば，同じ量の白米（200グラム）を食べても，タンパク質や油脂，野菜をおかずとしていっしょに食べるほうが，食後血糖値の上昇を防ぐことがわかっています[※6]。

へぇ〜。そうなんだ。

タンパク質や脂質は，血糖を下げる酵素**インスリン**の分泌効率を上げ，消化管の動きをゆっくりにするホルモンの分泌をうながすため，血糖値が上がりにくくなるんです。

いいことづくめですね。
とはいえ，いくら糖質を制限しても，お腹いっぱいになるまでおかずを食べたら，やっぱり肥満になりますよね？

ロカボ食で脂質やタンパク質をしっかり食べると，満腹中枢が刺激され満腹感が長つづきします。そうすると，自然に摂取エネルギーが制限されます。満腹中枢にしたがっていれば，食べすぎで肥満になることも，食事量をひかえすぎて低栄養になることもないと思いますよ。

※6：*British Journal of Nutrition* 111:1632-1640, 2014.

なるほど，そういうことか。でも先生，さっき**エビデンス**の話があったじゃないですか？　ロカボにも，何かちゃんとしたエビデンスがあるんですか？

おおっと，なかなか鋭いです！
日本人におけるロカボ食の効果を検証したエビデンスレベル1のデータが発表されています[※7]。
糖尿病の患者24人を対象に，カロリー制限食とロカボ食の無作為比較試験を行った結果，ロカボ食のグループでは，**高血糖が改善**し，**中性脂肪値も低下**することが示されました。

ほうほう！

また，別の研究では，糖尿病の患者200人を低体重・普通体重・肥満度1・2・3の五つのグループに分け，ロカボ食を1年間実践してもらいました。
その結果，すべてのグループで血糖値が改善され，体重は肥満度が高い人ほど減少し，普通体重の人は少し減少，低体重の人には増加がみられたようです。

全部のグループにとって，いい結果だったんですね。

つまり，ロカボ食はたんなるダイエットではなく，やせている人には逆に筋肉をつけ，体重を増やす効果があったというわけです。現在ロカボは日本社会に広がりつつあります。スイーツやパン，麺類から低糖質甘味料，調味料までたくさんのロカボ商品が発売されていますし，ロカボ食を提供するレストランも多くなっています。

※7：*Internal Medicine* 53:13-19, 2014.

最近，健康が気になっていたから，これを機に，ゆるやかな糖質制限をはじめてみようかな。

肉に魚，乳製品を食べない「ビーガン」

肉や魚はもちろん，卵や乳製品も食べないよう心がけ，ハチミツも食べないこともある厳格な菜食主義者は**ビーガン（ダイエタリービーガン）**とよばれます。
動物になるべく苦痛をあたえずに生きたいといった主義・主張から，皮製品などを身につけない人もいます。

アメリカでは100人に1～2人はビーガン

2016年にアメリカで約2000人を対象に行われた調査によれば，18歳以上の成人（約2億4500万人）のうち，およそ1.5%がつねにビーガン（約370万人），1.8%（約430万人）がつねにビーガン以外の菜食主義者だと推定されています。それぞれの日常的な食事内容を下の表に示しました。ビーガン以外の菜食主義者で最も多いタイプは，乳製品や卵は食べる「ラクト・オボ・ベジタリアン」だとされています。なお詳細な分類は省略しています。

タイプ	肉・魚 	卵・乳製品 	野菜・果物・豆 
多くの人（96.7%）	食べる	食べる	食べる
ラクト・オボ・ベジタリアン（1.8%）	食べない	食べる	食べる
ビーガン（1.5%%）	食べない	食べない	食べる

そういえば，アップル社の共同設立者**スティーブ・ジョブズ**（1955～2011）もビーガンっていわれましたね。

ええ。ジョブズはとくに果実食にこだわっていたことで知られていますね。近年では，健康的なイメージから，ビーガンの食生活を取り入れる人もいるようです。

肉や魚，卵も食べないなんて，栄養素が足りなくなってしまって，逆に不健康なんじゃないかって感じてしまいます。ビーガンって実際のところどうなんですか？

アメリカの栄養士会に相当する**栄養と食事のアカデミー**の見解では，ビーガンを含む菜食主義者の食事は，**栄養は十分**であり，体に悪影響があるとはみなされていません。また，糖尿病のリスクが下がるなど，健康上のメリットについてもいくつか報告がなされています。

えー，お肉を食べずに，本当に栄養は足りるんですか？

たとえば**タンパク質**であれば，**豆類**や**大豆製品**から十分な量が摂取できるとされています。タンパク質は動物と植物のどちらからのものでも，胃腸でアミノ酸まで分解・吸収されれば，体内では同じように利用されるからです。

ほかの栄養素はどうですか？

特定の栄養素が不足してしまうおそれはたしかにあります。

とくに，レバーや魚介類に豊富な**ビタミンB_{12}**の不足に注意が必要とされます。

ビタミンB_{12}？

ビタミンB_{12}は，赤血球をつくったり，神経細胞のメンテナンスをしたりするのに必要です。その初期の欠乏症状は，極度の疲労感や，手足の先のチクチクした痛みなどです。専門家らは「ビタミンB_{12}強化食材やサプリメントを利用する食事計画をきちんと立てれば，欠乏はさけられる」としています。

あぁ，サプリメントで補えばいいわけですね。

ただし近年では，ビーガンの**骨密度の低さ**，**骨折リスクの上昇**を指摘する研究結果もあるようです。また，子供にビーガン食を導入することについては，栄養面での問題を懸念する声もあります。

成長期の子供には，やっぱり食事でバランスのとれた栄養素をとらせてあげたほうがいいですよね，ふむふむ。

ポイント！

ビーガンは栄養は十分ですが，ビタミンB_{12}の欠乏などの注意は必要です。

「加熱調理」をすると，発がん性物質ができる

「フライドポテトやスナック菓子に**発がん性物質**が含まれている」という話を聞いたことがあるんですけど，それって本当ですか？　だとしたら，**フライドポテト**が大好きな私としては，かなりショックなんですけど……。

それは，天然には存在しないと考えられていた**アクリルアミド**のことでしょう。

あくりるあみど？

そもそもの発端は，1997年にスウェーデンのトンネル工事でおきた事故でした。水漏れを止める充填剤として使われたアクリルアミドが環境中に流れ出し，周辺地域が汚染されたのです。
ところが調べてみると，汚染地域以外の人も，普段からアクリルアミドを摂取していることがわかったのです。

えっ？　不思議。

調べた結果，**120℃以上**で高温調理したフライドポテトなどの食品に，アクリルアミドが高濃度に含まれることが突き止められたのです。このことが2002年に発表されると，世界に大きな衝撃が走りました。

どうして，フライドポテトにアクリルアミドが含まれていたんですか？

野菜や，イモ類などを**120℃以上**で加熱すると，アミノ酸の一種であるアスパラギンとブドウ糖などの特定の糖（還元糖）が反応してアクリルアミドができるんです。この反応は**メイラード反応**とよばれ，こんがりとしたキツネ色や香ばしさもこの反応から生まれます。

加熱調理で生じるアクリルアミド

野菜やイモ類などを120℃以上で加熱すると，アスパラギン（アミノ酸の一種）とブドウ糖などの特定の糖（還元糖）が反応してアクリルアミドができます。フライドポテトやポテトチップスなどを製造する事業者の一部は，ジャガイモを還元糖の少ない品種に変え，揚げる温度を見直すなどして，アクリルアミドの低減対策に取り組んでいるといいます。

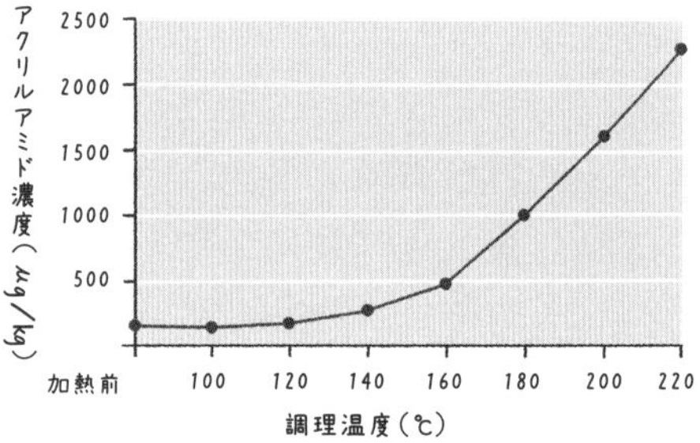

調理温度とアクリルアミドの生成量
さまざまな温度で揚げたフライドポテトのアクリルアミド濃度。高温で調理するほどアクリルアミドの量が増えることがわかります。（E. Tareke et al., J. Agric. Food Chem., 2002, 50, 4998より引用）

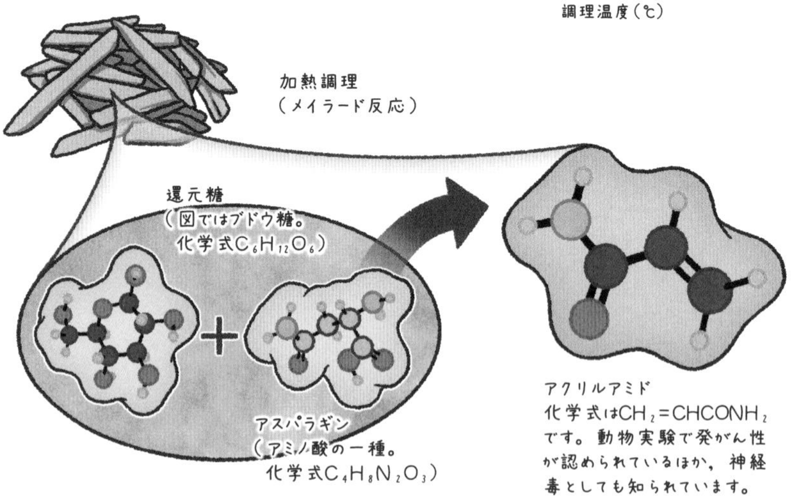

アクリルアミドって，本当にやばいやつなんですか？

国際がん研究機関は，アクリルアミドを「ヒトに対しておそらく発がん性がある（動物実験で証拠が得られている）」と位置づけています。また，国立環境研究所の推定（2016年）では，日本人は平均的に，体重1キログラムあたり毎日0.166マイクログラム（マイクロは100万分の1）のアクリルアミドを摂取しています。

ちょっと数字が少なすぎて，ピンときませんけど。

これは生涯で「1万人に1人程度」の発がんリスクに相当します。日本人は焙煎をともなうコーヒーやお茶，菓子類，炒めた野菜など，加熱調理した幅広い食品からアクリルアミドを摂取しています。

アクリルアミドの摂取は，どの食品から？

円グラフは，国立がん研究センターの「多目的コホート研究」による，日本人におけるアクリルアミド摂取量の寄与食品を示しています。

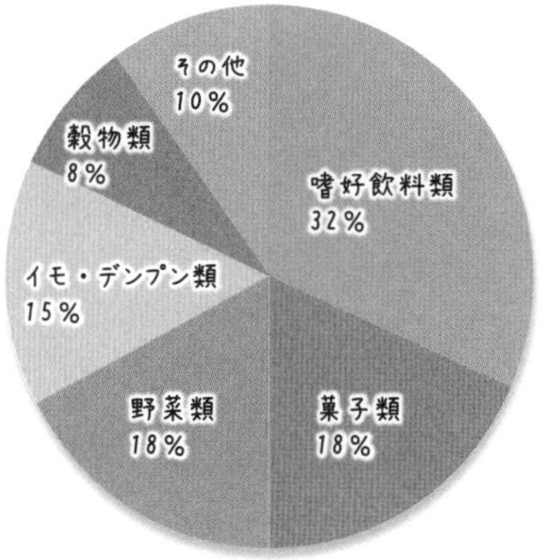

せ，先生！　私はこれからどうすればいいんですか？　フライドポテトどころか，コーヒーやスナック菓子も全部，食べないほうがいいんでしょうか？

日本の食品安全委員会は「達成可能な範囲で，アクリルアミドの低減に努める必要がある」としていますが，加熱調理につきまとうアクリルアミドの危険性は，ゼロにはできません。

そ，そうだ！
加熱調理をやめればいいんだ！

そうすると今度は，食中毒などのリスクを高めてしまいます。油の温度を低くおさえるなどして，アクリルアミドの量を可能な範囲で低減するように心がけるのがよいと思います。

ポイント！

加熱で生じるアクリルアミドにおそらく発がん性があります。できる範囲で低減を。

「カロリーゼロ」は，完全にカロリーゼロとはかぎらない

よくビールや清涼飲料水などで**カロリーゼロ**をうたったものがありますけど，本当にカロリーがないんですか？　てかそもそも**カロリー**って，何か，教えてもらえませんか？

カロリーは，物理学や化学で使われる**エネルギーの単位**です。1カロリーは，「1グラムの水の温度を1℃上昇させるのに必要なエネルギー」と定義されています。

ふむ。

私たちの体も，動かすにはエネルギーが必要で，その源となるのが食品です。食品に含まれるエネルギーの量は，その食品を実際に燃やすことで知ることができます。

え!?
実際に燃やすんですか？

そうです。それぞれ1グラムを物理的に燃やすと，糖質4.1，脂質9.3，タンパク質5.6キロカロリーが得られます。これは物理学や化学でいう「物理的燃焼」の値です。一方，**日本食品標準成分表2020年版（八訂）**には，それぞれ3.75，9.0，4.0キロカロリーとなっています。

あれれ？　数値が低いですね。どうしてです？

これは，ヒトは食べたものすべてを消化吸収できるわけではなく，消化吸収できない分はエネルギーとして利用できないからです。これを**生理的燃焼**といいます。

なるほど。

その消化吸収の割合（率）も，実は食品によってことなっています。一般的な傾向として，肉や牛乳などの動物性食品は消化吸収率が高く，米や大豆など穀類や種実類は低い傾向にあります。

また，ワカメなどの海藻やキノコ類は，消化吸収率の個人差が大きいことが知られています。

ちょっとダイエットをしたいんですけど，1日に摂取するカロリーはどれくらいがいいんでしょうか？

原理的には，運動などによる消費エネルギーが食品からの摂取エネルギーよりも大きければ，体重は減少することになります。この消費エネルギーには，体を動かさずに安静にしているときに最低限必要となるエネルギー**基礎代謝量**も含まれます。

安静にしているときにもエネルギーは必要なんですか？

ええ，もちろんです。

人は運動せず安静にしているときでも，呼吸をしたり，内臓をはたらかせたり，体温を一定に維持したりしており，そのためにエネルギーを使っています。

これが基礎代謝量です。

さまざまな食品のカロリーの一覧表

さまざまな食品のカロリーを一覧表にしました。単位は1キロカロリー＝1000カロリーです。食品の場合，キロカロリーのことをたんに「カロリー」ということもあります。食事の際に参考にしてみてください。ただし，付け合わせや調味料，調理過程のちょっとした変化によってもカロリーは変化するため，あくまで参考として利用してください。

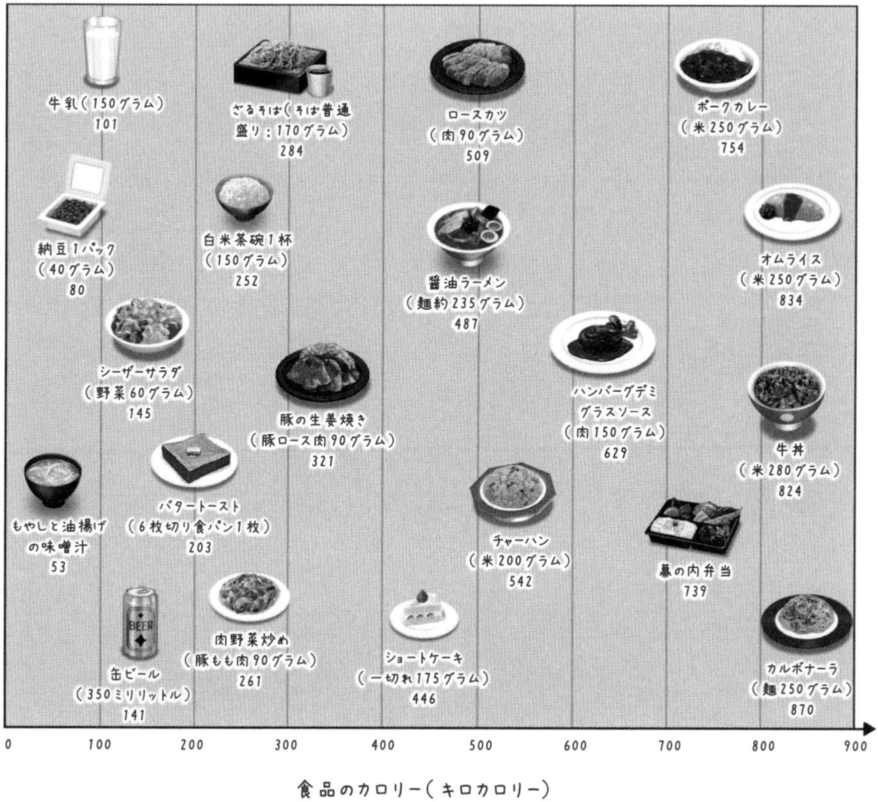

基礎代謝量は重要で，1日に必要な総エネルギーの**約60%**にも上ります。

へぇ，基礎代謝量ってけっこう大きいんですね。
それで，1日にどれくらいのカロリーをとるのがいいんでしょうか？

厚生労働省は，ヒトが1日に必要とする推定カロリーを「基礎代謝量×身体活動レベル」で求めています。
身体活動レベルは，日常的に体をどれくらい動かしているかによって3段階（低い・普通・高い）に分けられます。

ふむふむ。

たとえば，30〜49歳の男性で普通の身体活動レベルの場合では**2700キロカロリー**，同年代・同身体活動レベルの女性では**2050キロカロリー**となっています。

じゃあ，それよりもカロリーをとらなければ，徐々に体重は落ちてくるはずなんですね。よーし，がんばるぞ！
低カロリーや**カロリーゼロ**をうたった商品がたくさん出ているので，その辺を活用していこうと思います。

低カロリーの代表的な食材としては「こんにゃく」があります。こんにゃくはその97%が水分であり，残りの部分のほとんどは**食物繊維**でできています。

食物繊維は体に吸収されにくいので，当然ヒトのエネルギー源になりにくいのです。すなわち，こんにゃくはカロリーが低いということになります。

カロリーゼロって，**完全にない！**　ってことですよね？　**ゼロカロリーコーラ**なんて売ってますけど，本当にカロリーはゼロなんですか？
甘いから糖分がたくさん入っていそうですけど。

たしかに，コーラのような甘い飲み物には普通，糖分がたくさん入っています。
本来であれば，糖質は１グラムあたり約４キロカロリーのエネルギーとなるはずです。

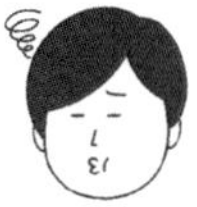

ですよね！　それなのに，カロリーゼロのコーラはどうして「カロリーゼロ」なのでしょうか？

その答えは，カロリーゼロのコーラが，普通の砂糖ではなく**人工甘味料**を使用していることにあります。

人工甘味料？

人工甘味料は，体に吸収されてもエネルギーとして利用されずに体外へ排出されてしまったり，少ない量でも十分に甘さをもったりしています。
そのため，カロリーを低くおさえ，ほぼゼロにすることができるのです。

すごいですね！

たとえば，人工甘味料の一つ**アスパルテーム**は，1グラムあたりのカロリーは砂糖と同じですが，砂糖の**200倍の甘さ**をもっています。
そのため，使用量を少なくでき，摂取カロリーを減らすことができるのです。人工甘味料はほかにも，アセスルファムカリウムなどがあります。

人工甘味料が，カロリーゼロの秘密ってわけか。って，あれ？　アスパルテームは少量とはいえ，カロリーがあるわけですよね。カロリーゼロにはならなくないですか？

実はそのとおりなんです。**カロリーゼロとはいっても，完全にゼロではないことが多いんです。**

そんなのありですか!?

厚生労働省による「健康維持増進に関する法律（健康増進法）」や，消費者庁による「食品表示法」では，100グラム（飲料の場合は100ミリリットル）あたり，5キロカロリー未満の場合は，**ゼロ**と表記してよいということになっています。

なぁんだ。そういうことだったんですね。
完全にゼロではないのか。

ちなみに，食品100グラムあたり40キロカロリー未満，飲料100ミリリットルあたり20キロカロリー未満の場合には，**低カロリー**などと表記できることになっています。

ポイント！

100グラムあたり，5キロカロリー未満であれば，カロリーゼロと表記できます。

「糖類ゼロ」「プリン体ゼロ」のアルコール飲料

先生，昨晩スーパーに行ったら，**糖類ゼロ**のお酒と，**糖質ゼロ**のお酒，そして**プリン体ゼロ**のお酒を売ってました。これらはどういうものなんですか？

とくに糖類ゼロと糖質ゼロって似てますよね。
まず，炭水化物のうち，消化できない食物繊維を除いたものを総称して**糖質**とよびます。
糖質には，ブドウ糖などの**単糖類**，砂糖の主成分であるショ糖などの**二糖類**，オリゴ糖やデンプンなどの**多糖類**，そして糖アルコールなどが含まれます。

OKです。これは1時間目にも聞きました！

日本の食品表示基準では，食品100ミリリットル（または100グラム）中に含まれる糖質が0.5グラム未満であれば**糖質ゼロ**と表示できることになっています。

じゃあ**糖類ゼロ**は？

糖質のうち，単糖類と二糖類だけを特別に**糖類**とよびます。糖類は，血糖値を上昇させやすい，という特徴があります。

たしかに，短いからすぐに消化・吸収されそうですね。

この糖類も，食品100ミリリットル（または100グラム）中に含まれる量が0.5グラム未満であれば**糖類ゼロ**と表示できます。ただし，糖類ゼロの場合でも，糖類以外の糖質（たとえばオリゴ糖や糖アルコール）を含む場合があります。

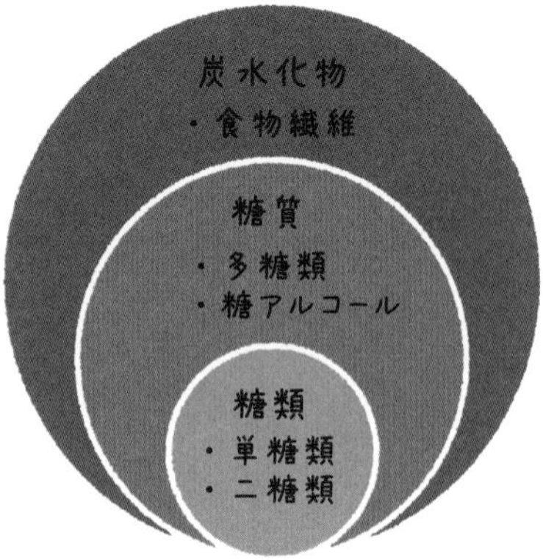

糖類と糖質はすごく似てますけど，ちょっとちがうんですね。

なお，糖類や糖質は体に必要な栄養素であり，過剰に摂取しないかぎり，肥満や糖尿病などに直接結びつくわけではありません。適量の摂取を心がけましょう。

じゃあ，プリン体ゼロはどうですか？
たしかプリン体って，**痛風**の原因になるんでしたよね？

そのとおりです。プリン体とは，プリン（$C_5H_4N_4$）とよばれる化学構造を分子の中にもつ物質の総称です。
肉，魚介類，ビールなどの幅広い食品や飲料品にプリン体が含まれています。

ほうほう。

プリン体が注目される理由は，3時間目にお話ししたとおり，プリン体が肝臓で分解されると**尿酸**に変わり，血中の尿酸の量が増えすぎると痛風などの病気につながるからです。

じゃあ，そのプリン体をなくしたお酒は，痛風になりにくいと！

たしかに最近，**プリン体ゼロ**をうたうアルコール飲料が増えています。でも，たとえプリン体ゼロであっても，飲みすぎには注意が必要です。

プリン体が含まれていないのなら，痛風になる心配はないんじゃないですか？

いいえ，そんなことありません。**なぜなら，そもそもアルコールは血中の尿酸を増やす作用があるため，飲料に含まれるプリン体がゼロでも，たくさん飲めば痛風などのリスクを結局高めてしまうんです。**

うぅむ。お酒自体が痛風にとっては，あまりよくないものなんですね。

そもそも，体内のプリン体のうち，飲食で摂取する量は2割程度で，残りの8割は日ごろから体内でつくられています。

意外な事実！

ですから，痛風患者ではなく，尿酸値が高い状態でもない健康な人が，通常の飲食においてプリン体を極度に制限することに意味はありません。
むしろプリン体の摂取不足が健康に悪影響をおよぼすこともありますので注意が必要です。

「コレステロール」ってよいもの？ 悪いもの？

これまでに**コレステロール**って何度か出てきましたよね。必要な栄養素だってことはわかったんですけど，一方で，動脈硬化の原因にもなるという話もあって，結局コレステロールをとったほうがよいのか，あまりとりすぎないほうがよいのか，よくわかりません。
そもそもコレステロールという言葉に，よい印象がないんですよね。

そもそもコレステロールは，脂質の一種で，体にとって非常に大切な物質です。
私たちの体は，およそ40兆個もの細胞でできているといわれていますが，その細胞一つ一つをおおう膜である**細胞膜**を構成している要素の一つが，コレステロールなんです。

そうでした。思い出しましたよ。

また，体のはたらきを調節する一部の**ホルモン**（副腎皮質ホルモン，男性ホルモン，女性ホルモンなど）や，**胆汁**の材料にもなります。
胆汁は肝臓で合成され，小腸で脂肪の消化吸収をうながす重要な役割をもっています。
これほど重要な役割をたくさん持っているコレステロールは，体内にあるもののうち，食物から摂取されるものは約3割で，残りの約7割は肝臓などの体内で，合成されています。

で，コレステロールっていいやつなんですか？
悪いやつなんですか？

実は，その両方がいます。つまり**善玉コレステロール**と，**悪玉コレステロール**です。

え，コレステロールって1種類じゃないんですか？

コレステロール自体は1種類なのですが，体内には，コレステロールの**運び屋**がいて，その運び屋のちがいで，善玉コレステロールと悪玉コレステロールに分けられるんです。

運び屋？

コレステロールは脂質の一種なので，そのままでは血液に溶けません。そこでコレステロールは，リン脂質とタンパク質が球状に集まった**リポタンパク質**という粒子に入って血液中を移動します。
このリポタンパク質こそコレステロールの運び家といえる物質です。

ふむふむ。

リポタンパク質には，**LDL（低比重リポタンパク質）**と**HDL（高比重リポタンパク質）**があります。
一般に，LDLに含まれるものを**悪玉コレステロール**，HDLに含まれるものを**善玉コレステロール**とよんでいます。

リポタンパク質

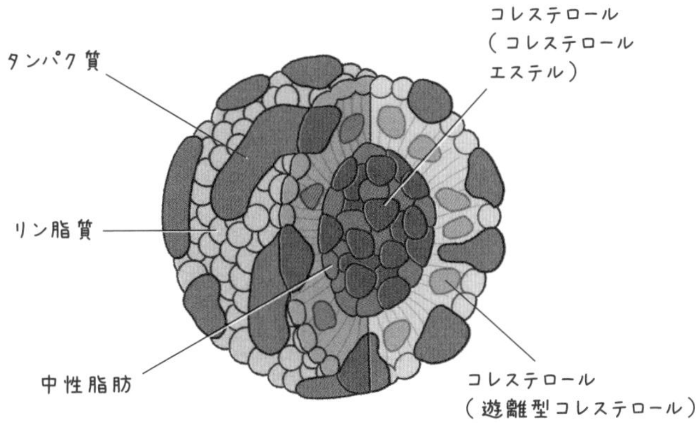

コレステロールは，「リポタンパク質」に入って血液中を移動する。リポタンパク質は，リン脂質とタンパク質が球状に集まった粒子だ。比重が小さいリポタンパク質がLDLで，大きいのがHDLである。

悪玉と善玉

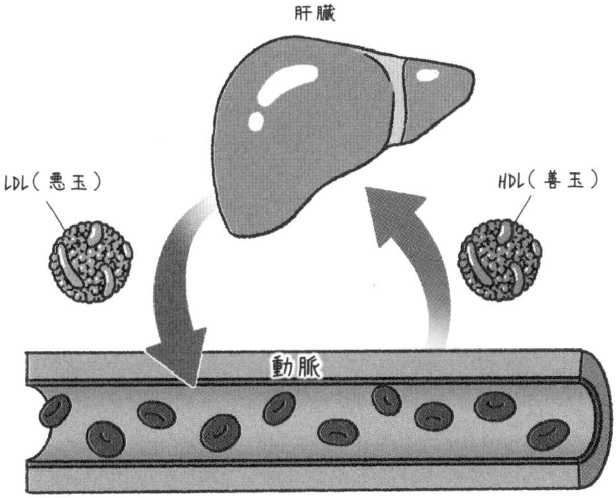

LDL（悪玉）は肝臓から全身へコレステロールを運ぶ。HDL（善玉）は，余ったコレステロールを回収し，肝臓にもどす。

LDLが悪玉，HDLが善玉，ですね。

そうです。LDLは，コレステロールを全身に供給する役割をはたしています。
一方のHDLは，余分なコレステロールを全身から回収して，肝臓に運ぶ役割をはたしています。

コレステロールの供給役がLDLで，回収役がHDLってことですね。
なぜ，これら二つが悪玉と善玉になるんですか？

LDLそのものは，体に必須なコレステロールの供給役であり，悪者ではありません。
しかし，血液中のLDLが増えすぎると，LDLが酸化されて**変性LDL**となり，動脈の内膜に入りこみます。その結果，コレステロールが動脈の内膜に蓄積していくことになります。

な，なるほど。

すると動脈の内壁はふくれあがって血流が悪くなったり，血栓という血のかたまりができて血流が止まったりして，動脈が厚くかたくなります。
これが**動脈硬化**です。

LDLは，多くなりすぎると動脈硬化につながるから，“悪玉”ってとよばれるんですね。

悪玉コレステロールが動脈硬化をおこすしくみ

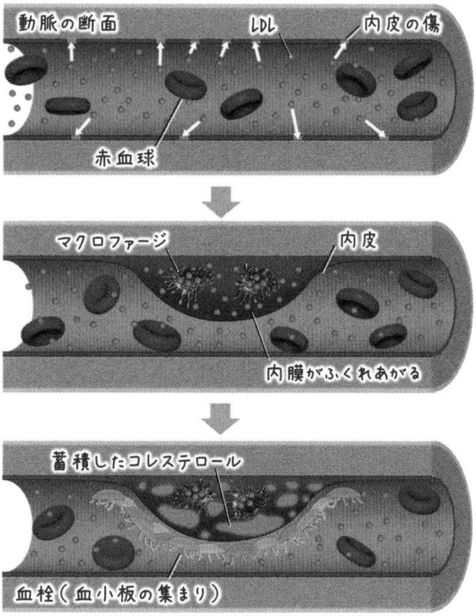

LDL（悪玉）が多すぎると，LDLは酸化され，変性LDLとなる。変性LDLは動脈の内皮の傷から，内部に侵入する。

免疫細胞である「マクロファージ」が内膜に入ってきた変性LDLを食べて，内膜にたまる。内膜はふくれあがっていく（動脈硬化）。

マクロファージの残がいやコレステロールなどが内膜に蓄積する。さらに内膜が破れるとその傷をふさぐために血小板が集まって，血栓をつくる。こうして血液の流れが悪くなったり，止まったりする（心筋梗塞や脳梗塞）。

そうです。**一方，HDLは，コレステロールを血管から除去してくれるので，動脈硬化をおさえます。**これが“善玉”とよばれる理由なんです。
かつては，血液中のコレステロール値の異常は，**総コレステロール値**の高さで判断されていました。
しかし，現在では，**悪玉コレステロール値**が判断の基準とされています。

同じコレステロールでも，動脈硬化を引きおこす作用をするのと，動脈硬化を防ぐ作用をするものがあるんですね。

そういうことです。
動脈硬化は，心筋梗塞などの心疾患や，脳梗塞などの脳血管疾患の原因となります。日本人の死因の1位はがんですが，2位と4位は心疾患と脳血管疾患です。
近年では，食生活の欧米化により，日本人の悪玉コレステロール値が上昇傾向にあります。そのため，心疾患などの今後の増加が心配されています。

悪玉コレステロールを増やさないために，どういうことに気をつければいいんでしょうか？

肉や脂肪に含まれる**飽和脂肪酸**は悪玉コレステロールを増やしてしまう性質があります。
一方，魚類の脂肪や，オリーブオイル，ナタネ油，ゴマ油などの植物性油脂に含まれる**不飽和脂肪酸**（EPA，DHA，α-リノレン酸，オレイン酸など）は，悪玉コレステロールを減らすはたらきがあります。ですので肉よりも魚や野菜を多くとるとよいでしょう。
ただし，これらもとりすぎると，今度はカロリーオーバーになってしまうので，注意が必要です。

科学的根拠にもとづいた「トクホ」と「機能性表示食品」

トクホ（特定保健用食品）の食品が，最近テレビコマーシャルなどでよく宣伝されています。これって何なんですか？

いいところに目をつけましたね。トクホとは何か，お話ししましょう。そもそも食品の成分は，昔からさかんに研究されてきました。なぜなら，健康に直結する問題だからです。研究が進み，食品のどの成分が健康にどうかかわるのかわかるにつれて，その機能を積極的に利用しようという動きが高まってきました。

健康にいいっていわれるとつい買ってしまいます。

そうですね。
実際にかつて「○○を食べると○○にきく」，といったようなうわさや，商品が多く出まわるようになりました。一般食品に健康効果を記載したり，ポップ広告に書いたりする行為は，**薬事法違反**です。それに，健康に関する広告文を見て食べた消費者が，健康を害したりすることが続発するようにになってきました。
そこで**1991年**につくられたのが，トクホの制度です。

今から30年くらい前ですか。
トクホってどんな制度なんでしょうか？

トクホは，健康の維持や増強のためになる保健用途が科学的に認められた食品です。
2009年8月末までは厚生労働省が，2009年9月1日からは消費者庁が表示の許可を出しています。対象としては，健康に過ごしたい，最近血圧が高いな，などと考えている人（健康人から半病人）に向けたものです。

薬とどうちがうんです？

薬（医薬品）は，疾患に対する効能があり，より劇的な効果が認められるものです。

なるほど。それで，トクホが科学的に認められているってどういうことですか？

そうですねぇ……，じゃあ**乳酸菌**を例に説明してみましょう。企業は，「○○菌のはたらきで，おなかのよい菌を増やし悪い菌を減らして……おなかの健康を守ります」と表示したいとします。

ふむふむ，効果がありそうな表示です！

○○菌は，LG21，カゼイ菌など乳酸菌の具体的な名前が入ります。トクホの許可を受けるには，**実験室での試験**，**動物試験**，**ヒト試験**と3段階の試験を行う必要があります。**これは薬への試験と同様の内容です。**

薬と同じ？
かなりちゃんとしているんですね。

そうですよ。まず実験室の試験で，○○菌が腸内でよいはたらきをするビフィズス菌などを増やすか，などを試験します。
その上で，動物試験で，実際に腸内の菌数のバランスなどの環境をかえるのか，安全性はどうかなどを調べます。

ふむふむ。

そして最後にヒトに対して，腸内菌の数や排便状況がかわるのか，どのくらいの量で効果があるのか，などを試験するのです。
食べた結果，排便状況がかわるというだけではだめで，その食品のどの成分が**どのようなメカニズムで**効果を発揮するかが証明されていないと許可されません。

すごい厳密ですね。

さらにそれで終わりではありません。
試験の有効性が，医学などの専門家からなる**調査会**で審査されます。科学的根拠としては，信頼性の高い学術雑誌に発表された論文しか認められません。

トクホの科学的根拠はかなり信頼できそうですね。

もう一つ，トクホの審査がきびしい点は，食品それぞれに対して販売するときの形状ごとに試験する必要があることです。

どういうことですか？

たとえば，ヨーグルトとヨーグルト飲料で同じ乳酸菌が同量含まれていても，それぞれで別にヒト試験が行わなければなりません。これが薬であれば，錠剤でも粉末でも同じ成分であれば，同様の効能をうたえます。

トクホの認可をとるのは，なかなか大変なんですね！

2004年には，トクホ（特定保健用食品）以外に，**条件付き特定保健用食品**が誕生しました。これによって，トクホと同じ成分をもつ商品が，条件を満たせば，ヒト試験を行わずに条件付き特定保健用食品として認可されるようになりました。

どんな条件を満たせばいいんですか？

条件付き特定保健用食品の条件とは，科学的根拠が限定的であることを表示することです。条件付き特定保健用食品には，「○○を含んでおり，根拠は必ずしも確立されていませんが，△△に適している可能性がある食品です」という一文がつきます。

そういえば，トクホとは別に**機能性表示食品**っていうのもありますよね。母が，「体にいいんだから」とかいって，よく買ってくるんですけど，これって何なんですか？

機能性表示食品は，2015年4月からはじまった販売制度です。機能性表示食品は，食品の機能や安全性が科学的に示されており，その機能が商品のパッケージに記載されているという点でトクホに似ています。

ただし，国の審査を受けている商品ではありません。

審査がないなら，どういう基準で表示できるんでしょうか？

機能性表示食品は，発売日の**60日前**までにメーカーが，食品の機能や安全性の評価，健康被害があったときの連絡体制などを**消費者庁**に届ければ，それぞれのメーカーの責任で販売できます。届けられた情報は，消費者庁のホームページに公開されていますよ。

なるほど。

また，トクホとはことなり，食品の機能や安全性を確認する実験は，必ずしもメーカー自身が行う必要はありません。その食品に含まれる成分について書かれた論文なら，とくにその商品のための論文でなくても，根拠にしてよいのです。加えて，表示されている効果が発揮されるときの具体的なメカニズムを示す必要もありません。

トクホにくらべると，機能性表示食品はお手軽感がありますね。

ポイント！

トクホの効果はきびしい審査を通っています。

特定保健用食品（トクホ）は，実験室での試験，動物試験，ヒト試験を行って科学的な根拠を示し，国の審査を経て許可を受けることで，「おなかの調子を整えます」「体脂肪の気になる方におすすめです」などの機能強調表示を掲載できます。一方，機能性表示食品は，科学的な根拠を国に届け出てはいますが，審査を受けていない機能強調表示を掲載できます。一般食品は，そのような表示をすることは法律で禁止されています。

食や健康の情報と上手に付き合うには

食と健康に関連する情報はたくさんあります。その中には，怪しいものや科学的な根拠が十分でないものも多くあります。この本の最後に，食に関する情報とどのように付き合っていけばよいか，簡単にお話ししましょう。

よろしくお願いします。

たとえば，コラーゲンやグルコサミンに代表される，いわゆる健康食品の広告や宣伝では，「○％（高い割合）の人が効き目を実感！」といった表現が，しばしば見られます。これには注意が必要です。

何がいけないんですか？

集団を対象とする疫学では，『飲んで効いた人が○％』ということだけでは，本当にその健康食品のおかげなのかは判断できません。
広告は，そのことを“悪用”しています。

なるほど。

また，「病気にかかりにくくなる」ではなく「治せる」食品は，基本的にほぼ存在しません。
もし存在するならば，そのような食品はすでに医薬品となっているか，医薬品としての利用に向けて研究が進められているはずです。そもそも，健康食品の広告で，本来は医師の診断や治療を必要とする病気が治るかのような表示をするのは，**法令違反**になりえます。

あー，そういえば昔，家の近くで，「がんが治る」っていう，謎のキノコを売ってました。本当にがんが治るなら，ちゃんとした医薬品になるはずですよね。

さらに，広告では効能のしくみなどが説明されていることもありますが，それにも注意が必要です。
たとえば胃腸に対する効能の説明の場合，その説明に信ぴょう性があるかどうかは，胃腸での消化・吸収のしくみといった原理原則にもとづいて疑ってみることが大事でしょう。また，しくみが単純化されすぎて正確ではない場合もあり，注意が必要です。

まず立ち止まって，常識的に考える必要があるってことですね。わかりました！

また，食と健康に関する情報については，**根拠の強さ**を推定する考え方が役に立ちます。
先ほどもお話ししましたが，科学的な根拠の強さには，段階があります。
たとえば，細胞や分子のスケールでの実験結果や，動物実験の結果は，実際に体の中でのメカニズムを解明できれば意味のあることで十分に科学的ですが，それだけでは，根拠は弱いのです。

強い根拠って，たとえばどんな感じなんでしょう？

強い根拠とされるのは，たとえば薬を飲んだ人と飲まない人をあらかじめグループ分けして効き目をくらべた**無作為比較試験**や，複数の試験の結果を数学的にまとめた**メタアナリシス**などです。事前のグループ分けがむずかしい生活習慣の評価では，集団を追跡調査して生活習慣の有無の影響をみる**観察研究**などの方法が使われます。実際にヒトでのエビデンスが十分にある食品や成分は，ごく一部だといえるでしょう。
それから，アクリルアミドやヒ素の例でみたように，「××は体に悪い」という情報に対しては，**量**の視点に注目するのです。つまり「実際に，そんなに大量の××をとるか？」と考えてみるわけです。成分だけに注目して量を無視し，極端に解釈している場合も少なくありません。

さまざまな研究手法の科学的根拠の強さ

最も強い根拠とされる「無作為比較試験」から，「症例報告」までは，ヒトでの根拠です。その下に「専門家の意見」などが位置づけられ，さらに「動物実験」や「細胞・分子の実験」が下支えしています。必ずしも，ある情報について，すべての段階の根拠があるとは限りませんが，原則的にはより下段の根拠があってこそ，より上段の根拠が得られます。

メタアナリシス

同じテーマの複数の研究を集めて，統計的に結果をまとめて一つの結論を出す手法です。ヒトを最小単位として考える疫学で最も信頼性の高い結果が得られるとされます。

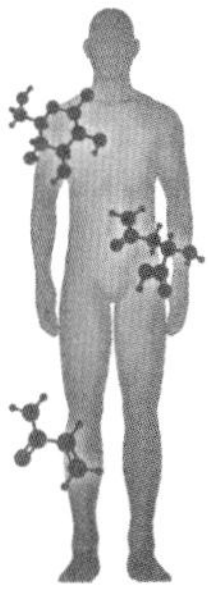

基礎の研究

細胞・分子の実験や動物実験は，解明の対象となる最大サイズをヒト（人体）だと考えます。その成果もヒトの健康に貢献することがあるので，軽視はできません。

エビデンスレベルピラミッド

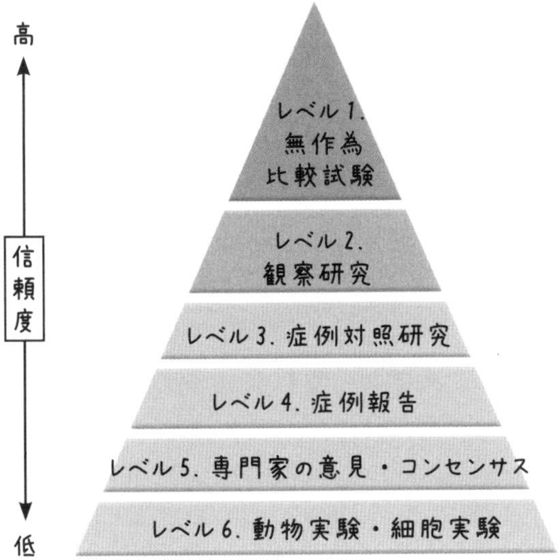

常識ではありえないような過剰摂取したときだけ，体に悪い影響が出たとしても，体に悪い，ということだけが一人歩きしてしまうことがあるということですね。

ええ。また「〇〇は体によい」という情報に対しても，**量**の視点が必要です。
たとえば，サプリメントとして単独の成分をとりすぎると，体に悪影響をおよぼす場合もあります。

こわいですね。

私たちは，「体に悪い」といわれるものは「少しだけとっても体に悪い／危ない」ととらえがちです。
その逆に，「体によい」といわれるものは「いくらとっても体によい／大丈夫」と考えてしまいがちです。しかし，どちらも**誤り**です。

適切な量というのが大事なわけですね。

ええ，そうです。
内閣府食品安全委員会の資料に次の言葉があります※。
「どんな物質も『安全』ではない。『安全な物質』はなく，『安全な量』があるだけ」。
つきつめて考えると，食品は“体への影響がはっきりしないもののかたまり”でもあります。そのリスクを分散させるには，結局のところ，「さまざまなものをバランスよく食べる」という当たり前の結論に落ちつくのです。

※：内閣府食品安全委員会事務局の資料「食品添加物への理解を深めよう！」(https://www.fsc.go.jp/fsciis/attachedFile/download ? retrievalId=kai20161024ik1&fileId=1) より。

お話をお聞きして，食べることや栄養をとることへの考えが変わりました。食べることは，健康の基本なわけですから，情報に振り回されずに，ちゃんとした根拠にもとづいてよく理解しないといけないということがわかりました。

食事と栄養について理解を深めていただいたとしたら幸いです。

先生，どうもありがとうございました！

索引

た

な・は

ま・や・ら

シリーズ第28弾!!

やさしくわかる!

文系のための 東大の先生が教える 宇宙の終わり

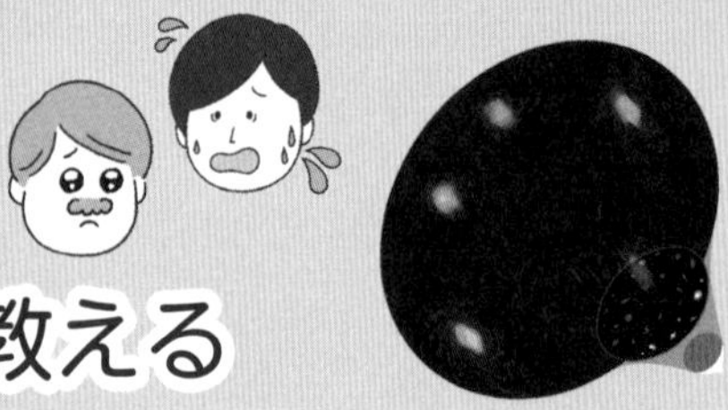

2023年3月上旬発売予定　A5判・304ページ　本体1650円(税込)

物事には必ず，はじまりと終わりがあります。では，当たり前に暮らしているこの「地球」や「太陽」もいつか終わりがくるのでしょうか？　そして，地球や太陽が存在しているこの「宇宙」そのものにも，いつか終わりがくるのでしょうか？

現在，新しい研究によって，宇宙の終わりにはさまざまな仮説が唱えられています。「宇宙は最後には空っぽになる」「引き裂かれて終わる」「縮んでつぶれる」「また新しい宇宙に生まれ変わる」「縮むが，また膨張して再生する」等々。それは同時に，宇宙はどのようにしてはじまったのか？　という究極の謎にもつながります。

本書では，最新の科学によって導きだされた「宇宙の終わり」のシナリオについて，生徒と先生の対話を通してやさしく解説します。本書を読み，壮大なる「宇宙の一生」に触れてみてください。お楽しみに！

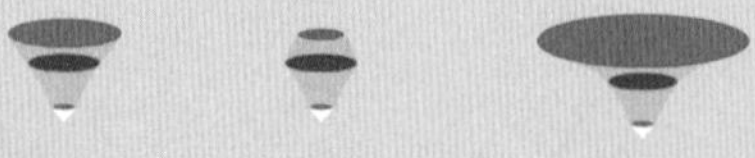

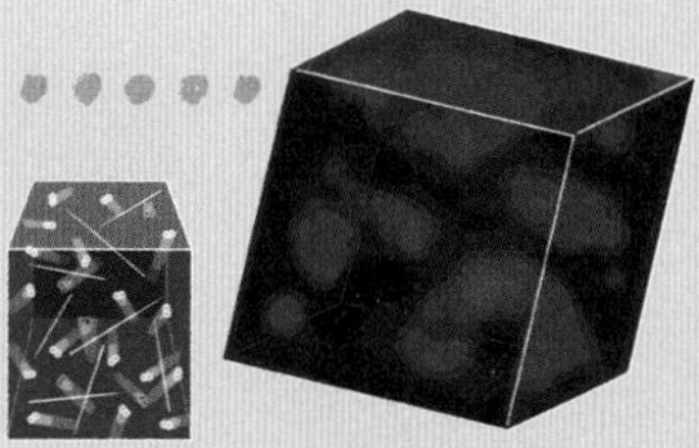

主な内容

イントロダクション

宇宙には，いつか「終わり」がくる

「終わり」を考えるための宇宙の「はじまり」

宇宙は無から生まれた

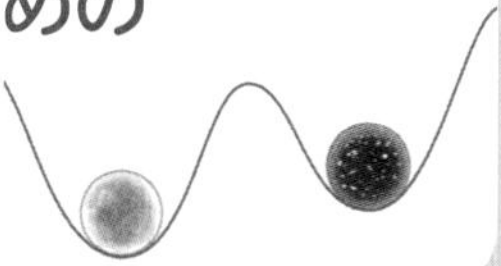

天体時代の終わり

地球と太陽の死
星と銀河の終わり

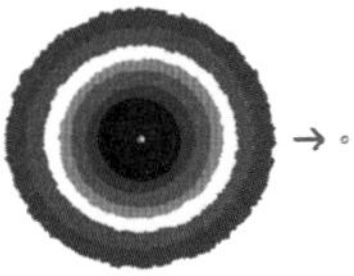

宇宙の終わり

宇宙の最期，三つのシナリオ
第4のシナリオ，宇宙の突然死
宇宙の終わりを占う最新研究

Staff

Editorial Management	中村真哉
Editorial Staff	井上達彦
Cover Design	田久保純子
Writer	小林直樹

Illustration

表紙カバー	松井久美
表紙	松井久美
先生と生徒	松井久美
4~6	松井久美
7	Newton Press
8	Newton Press, 松井久美
9	羽田野乃花
10~14	松井久美
16~18	羽田野乃花
21	松井久美
22~25	Newton Press
28~31	松井久美
32~33	羽田野乃花
34	Newton Press
37	羽田野乃花
38	Newton Press
39	岡田悠梨乃
42~63	松井久美
64	羽田野乃花
68~71	Newton Press
73	松井久美
74	Newton Press
75~76	松井久美
78~83	Newton Press
85~86	羽田野乃花
88~89	Newton Press
90	松井久美
92~93	Newton Press
95	羽田野乃花
98~102	松井久美
104	羽田野乃花
105~109	松井久美
115	岡田悠梨乃
121	松井久美
123	Newton Press
125	松井久美
127~137	Newton Press
139	松井久美
142~146	Newton Press
149~150	松井久美
151	羽田野乃花
153	Newton Press
154~158	松井久美
159~163	Newton Press
164~165	松井久美
167	Newton Press
172	松井久美
173	Newton Press
175	Newton Press, 松井久美
176~181	Newton Press
183	松井久美
186	Newton Press
189	松井久美
194~199	Newton Press
200	羽田野乃花
203~204	Newton Press
209	松井久美
211	Newton Press
212~213	羽田野乃花
216~219	松井久美
221~224	羽田野乃花
225~228	松井久美
230~233	羽田野乃花
239	Newton Press
242	羽田野乃花
249~253	松井久美
255~266	Newton Press
270	松井久美
275~279	Newton Press
280	羽田野乃花
285	松井久美
287	Newton Press
288	松井久美
294~297	Newton Press
299	松井久美
302~303	羽田野乃花

監修（敬称略）：
加藤久典（東京大学大学院特任教授）

やさしくわかる！
文系のための 東大の先生が教える
食と栄養

2023年2月20日発行

発行人　高森康雄
編集人　中村真哉
発行所　株式会社 ニュートンプレス　〒112-0012 東京都文京区大塚3-11-6
https://www.newtonpress.co.jp/

ISBN978-4-315-52668-4

Mukogawa Women's University Diet Class

武庫川女子大学
おとなダイエット教室

+2点

卵1個
牛乳 120㎖
赤身肉 50g
白身魚1切れ
豆腐 100g

+0.5点

キャベツ、きゅうり、
だいこん、しいたけ、
エリンギ、わかめ
たっぷり量

武庫川女子大学
栄養科学研究所 栄養クリニック

+1.5点

ご飯80g
食パン8枚切り1枚
コーンフレーク35g
スパゲティ(乾麺)35g

+0.5点

いちご、ぶどう片手1杯分
バナナ1/2本
じゃがいも50g
かぼちゃ50g

+0.5点

サラダ油大さじ1/2
オリーブオイル大さじ1/2
ドレッシング大さじ1/2
ベーコン10g

幻冬舎

はじめに

武庫川女子大学は大阪と神戸の間、六甲山を望み穏やかな街並みが広がる風光明媚な場所にあります。女子総合大学としては日本一の学生数を誇る、創立80年の伝統校です。

その中に「栄養科学研究所」という附属研究機関があり、女性を対象にしたダイエット教室が30年来開催されています。大学がダイエット教室を主催するのは全国でも珍しいことです。

この教室は、肥満を解消して毎日を健康に過ごすために、どのように食べたらいいかを学ぶ少人数制の講座で、これまでに約１０００人の修了生を送り出しています。受講生は**６か月の講座で体重は平均約５㎏の減量に成功し、腹囲も平均約６㎝減少**しています。

主に中高年女性を対象に、適正体重をめざして生活習慣病を予防し、健康的に美しく減量して心身ともにいきいきと暮らすことを目標にしています。

この教室が開講された平成2年当時、世の中にはさまざまな食の情報が溢れ始めていました。その中には、「〇〇を食べればすぐにやせられる」「みるみるうちに〇〇キロ減量するための方法」など、医学的、栄養学的に間違ったダイエットの方法も見受けられました。その状況は今も同じかもしれません。栄養科学研究所の医師、管理栄養士たちはこの風潮に危機感を持ち、正しいダイエット法を広めようと考えました。

一般の方から受講生を募集し、研究所の一角を利用して開いたのがこの教室の始まりです。

この講座では、テキスト、メニュー作成に必ず**医師、管理栄養士が協同で関わり、エビデンス（科学的根拠）のある内容をお伝えする**ことをポリシーとしています。

実際に何をどれぐらいの量、どのように食べたらいいかを理論的、かつ具体的に紹介しています。
一方で、食品のカロリーを細かく計算したり、１つひとつ記録するなどの難しいことはしなくていい方法を編み出しました。
たとえば「調味料のエネルギー量は計算しなくていい」「ダイエット中でも旅行先ではおいしいものをたっぷり食べてＯＫ！」などとしてストレスなく行えるようにし、**だれもが我慢しないで続けられるようにしているのも特徴**です。
当教室が考案したオリジナルの「バランス型紙を使った5点メニュー」で、**まるでパズルで遊ぶように簡単に楽しく食品を選び、バランスが取れたメニューを構成できる**ようになっています。
医学、栄養学の世界は常に研究論文が発表され、行政機関の摂取基準や食品成分数値が変動するなど、日々進歩、変化しています。講座の内容には最新の学説、数値を吟味して取り入れています。
また30年前と現在とでは社会情勢が変化し、仕事を持ち続ける女性が増え、ライフスタイル、家事のあり方が激変しています。それに対応し、最近では特に、だれもが楽に時間をかけずにダイエットに取り組めるレシピ開発に力を入れています。

教室は月に1回、計5回開かれ、講義と料理の試食で構成されています。講義後は食事記録をつけるなどの宿題も出ます。さらに修了後にも同窓会を開いたり、お手紙を出して受講生の皆さんの健康を見守っています。

同期の受講生さんは年代や家族構成などの違いを超えて仲良くなり、教室は質問が飛び交い和気藹々とした雰囲気で、助け合ってダイエットしています。

この本では、大学へは遠くて通えない方でも理解できるように、教室を再現するように授業内容を紹介しました。

この本を読んだ皆さんが栄養バランスの取れた食生活を続け、健康でいきいきと暮らしていけるよう、私たちは願っています。

武庫川女子大学　栄養科学研究所　栄養クリニック
「いきいき栄養学講座」スタッフ一同

受講者の減量効果（平均減少量）

食生活を見直すことで平成2年の開講以来、
多くの皆さんが目標体重を達成されています
※結果には個人差があります

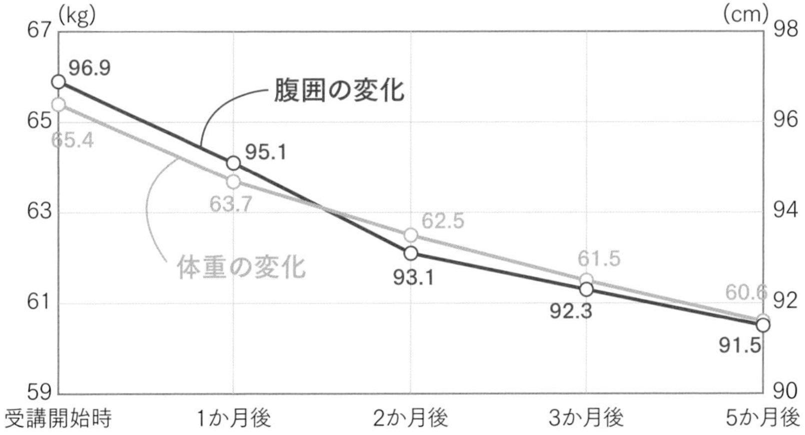

栄養学講座の
ようす

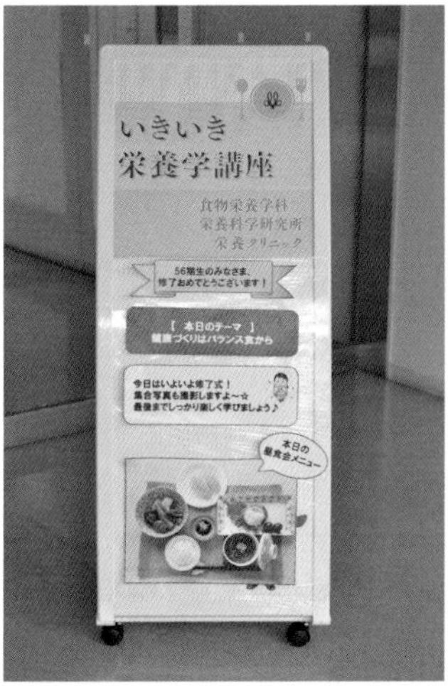

武庫川女子大学の
キャンパスのようす

武庫川女子大学おとなダイエット教室

目次

2時限目 ダイエット講習

~何をどれぐらい食べるかを学びましょう~

3時限目 調理実習

～楽に手早くつくる「5点メニュー」～

5時限目 体育

～体を動かして代謝のいい体になりましょう～

1時限目

＊

ダイエット概論

～太るしくみを勉強しましょう～

今日から武庫川ダイエット講座に通う
おはようございます
おはようございます
武庫川女子大学主催のダイエット講座だ
学校って何年ぶりだろう
ワクワクしちゃう
おはようございます！ダイエット講座の方ですね？
こちらへ

カーテンの向こうでは
身体測定
採血しますね
体重を量りますね
腹囲も測りますね
ダイエットの指導をしてくれるのは
管理栄養士と医師の先生方
いよいよ講義のはじまりです
はじめまして
ドキドキしますね
まず「太る」とはどういうことか考えてみましょう
「太る」とは余分な「脂肪が増える」ことです

本当だ！
おおっ
便は
体の外！
便秘をすると
体重は
増えますが
太った
わけでは
ありません
便は体の
外です
摂取エネルギー ＞ 消費エネルギー
「太る」のは
こうなったときです
ええーっ
じゃ
私たちは
どうすれば？
でも…
食べなさ
すぎも
太るん
ですよ…
ここだけの
話…

必要な栄養素が摂れていない「飢餓状態」が続くと
次の食事で脂肪を溜めこみやすくなるのです
こわーい
必要な栄養素を正しく摂って
ジャストウエイトをめざしましょう
こわくない！
よかった♥
でも、難しそう…
ほっ
このバランス型紙を使えば
必要なものが一目瞭然！
大丈夫
たんぱく系食品 1
野菜・きのこ・海藻 0.5
穀類 1.5
たんぱく系食品 1
果物・いも類 0.5
油脂 0.5

大好きなご飯も
ちゃんと食べられるし
もぐもぐ
もぐもぐ
油脂も摂るので
お肌も髪もつやつや！
1ヵ月後
リバウンドもしにくいのです！
野菜はたっぷり食べられるので
お腹もいっぱいになります！
なんだかできそうな気がしてきました
わたしもー
ジャストウエイトめざして
いっしょにがんばりましょう！
はい！
はい！

＊太るメカニズムはとてもシンプル

さあ、「武庫川女子大学ダイエット教室」を始めましょう。

皆さんは、「すっきりとスリムな体になりたい」と思ってこの教室に来られたと思います。どうしたらきれいにやせられるでしょう？

その方法を紹介する前にまず、肥満について勉強しましょう。

人はどうして太ってしまうのでしょうか。

そのしくみは実はとてもシンプルです。

私たちは日々、仕事をしたり勉強をしたり家事をしたりして体を動かしています。また、基礎代謝と言いますが、睡眠中など動かずにじっとしていても心臓や呼吸器、消化器は動いていて生命が維持されています。これらのエネルギー源になっているのは、毎日の食事から摂る栄養です。

私たちは食事で摂った栄養を体内で消化吸収して体を動かすエネルギーにして

いるのです。
食べ物から得たエネルギー全部を消費するなら体の組成はそのままですが、食べすぎると得たエネルギー量が、消費されたエネルギー量よりも多くなります。

摂取エネルギー量∨消費エネルギー量

という図式です。
この状態が続くと、余分なエネルギーは脂肪となって内臓や皮膚の下に蓄えられ、内臓脂肪や皮下脂肪として積もっていきます。

人類の歴史は飢餓の歴史だと言われています。
狩猟をして獲物を追いかけていた時代から人類はいつも飢えと闘ってきました。なかなかお腹いっぱい食べることはできませんでした。現代の日本は〝飽食の時代〟と言われていますが、それはつい最近のことです。

長い間、人は食糧を手にしても、次にいつ食べられるかわからなかったので、栄養を蓄えられるように体の組成をつくってきました。脂肪は比重が軽く、高カロリーの栄養素として蓄えるのがもっとも効率がよかったため、脂肪に変えて蓄えるようにしました。山で遭難したときでも数日間生き延びることができるのは、体に蓄えられていた脂肪を使って生命を維持するからです。

人の体は脂肪を溜めやすいしくみ、つまり元々、太るしくみを備えていると言えます。

脂肪は体温を維持するなどの役割があり体にとって必要な栄養素です。しかし、過剰になると体型が崩れるだけでなく、生活習慣病の原因になり病気の発症リスクが高まります。

ですから、ダイエットとは余分な体脂肪を減らすことを指します。体の代謝を上げ、体脂肪が溜まりにくい体にすることが本来のダイエットです。ただ、体脂肪率は測りにくいのでダイエットするときは体重を目安にする場合が多いのです。

＊めざしたいのはジャストウエイト（適正体重）

では、体重はどれぐらいをめざせばよいのでしょうか。このダイエットは体が成長した後の30代以降の成人女性を対象にしています。

活動量や年齢などで個人差はありますが、世界的な指標となっているのがＢＭＩ（ボディマスインデックス）です。

これは体重と身長から算出して肥満度を測るもので、次の式で表されます。

体重（kg）÷身長（m）÷身長（m）

この指数をもとに肥満度を把握するのですが、国によって差があります。日本では、ＢＭＩ22を標準体重としていて、これはもっとも病気にかかりにくい数値とされています。

18・5〜25未満を普通体重、25〜30未満を肥満度1、30〜35未満を肥満度2、35〜40未満を肥満度3、40以上を肥満度4としています。

＊食べなければやせる？

ダイエット法としてよく紹介されているのが「断食（ファスティング）」などカロリーを控える方法です。たしかに、食事量をゼロに近づければ、体重は落ちていきます。しかし、飢餓状態が続くと人は食べ物が得られたときに、それまで以上に体内に脂肪を取り入れようとします。食べ物が入らなくなると体は脂肪の蓄積を加速させるようになります。食べないうちは体重が落ちたとしても制限をしなくなったときにリバウンドしやすいのです。

キャベツやりんごなど1つの食品だけを食べ続けるダイエット法もあります。しかし、限られた栄養素しか摂取できないため、たんぱく質や油脂、穀類などの体に必要な栄養素が不足して、免疫力が落ちたり、肌や髪につやが失われるなどして、やせているというよりも衰えた印象になることがあります。

同じように最近、話題になっているのが「糖質オフダイエット（炭水化物オフダイエット）」です。食品の中で比較的カロリーが高いご飯やパン、麺類などの糖質の摂取を極限まで抑え、体脂肪の燃焼を助ける方法です。しかし（この本で、これ以降も繰り返し述べることになると思いますが）、糖質のうちのブドウ糖は頭脳の働きを支える中心になる栄養素なので常に摂取することが必要です。実はこのダイエットでも糖質を限定しています。しかし糖分は私たちにとってとても重要な栄養素ですので、ゼロにはせず、必ず毎食必要量を摂るようにすすめています。

また、食事を控えると同時に筋肉を鍛えてエネルギー消費量を増やす方法もメディアで広まっています。トレーニングで増やした筋肉量を維持できるなら効果はありますが、実際問題としてなかなか難しいのではないでしょうか。

これらのダイエットは、ある程度は効果が出ますが止《や》めるとともに元に戻るリバウンドの可能性があり、また免疫力が低下して風邪を引きやすくなるなどのデメリットがあるかもしれません。

＊カロリー計算は不要

では、体重や体脂肪を落とすには何をどれぐらい食べたらいいのでしょうか。

一般のダイエット法で、食べたものそれぞれのカロリーを計算して、所定の数値内に収めるやり方があります。最近ではスマホのアプリなどを使用して簡単に摂取カロリーを出すこともできるようですが、個々のカロリーを入力するのは難しく、総カロリーを出すだけでは偏った食事内容になり、健康を損ねる危険性があります。

「武庫川女子大学ダイエット教室」では、細かい計算をしないで、食品のエネルギー量を点数化することで簡略化しました。

それは、**卵１個分（約50g）のカロリー（80㎉）を１点とする**考え方です。これは、「糖尿病食事療法の食品交換表」や女子栄養大学の「４群点数表」を基本にし、さらに日常生活でなじみやすく使いやすい形に簡略化した、「武庫川女子大学ダイエット教室」独自の方法です。

80㎉を１点として、１食５点（４００㎉）食べれば、１日の合計が15点（１２００㎉）になり、端数のたし算をしなくても１日どれぐらいの量を食べればいいのかがわかります。さらに、１食ごとに栄養素をまんべんなく摂取してバランスの取れたメニューをすぐつくることができ、時間をかけずに食事づくりができます。

日本人の中高年女性の消費エネルギーは１６５０～２３００㎉とされているので、１日１２００㎉（調味料を入れると約１３５０㎉）は厳しいように思えます。しかし、体の維持に必要な基礎代謝量は１１００～１１５０㎉なので、このダイエットを実行すれば、体を壊さずに自然に余分な体脂肪（体重）は減っていきます。

調味料を計算外にしているのは、シンプルな方法で長く続けるのが一番！ と思うからです。あまり細かいことを考えずに継続しやすい方法を優先させようという考えからこうなりました。

また、たとえば、ご飯の上にしらす干しを少しのせたり、ごまが入ったふりかけを振った場合も計算外にしています。みそ汁のみそも計算外です。

教室では受講生さんとスタッフの間で、

「サラダの上に干しエビを振ったら何点ですか」

「少しならいいことにしましょう」

「お好み焼きの上に花かつおをたっぷりかけたいのですが」

「それも点数外でいいことにしましょう」

などと、「いいことにしましょう」のやりとりがよく聞かれます。いい意味でアバウトなのがこのダイエットの特徴です。

＊何を食べたらいいかが一目瞭然

きれいにやせるには栄養バランスが取れた食べ方をすることが大事です。

私たちが考案したのは、**1点を80kcalとして、「たんぱく系食品（たんぱく質を多く含む食品）」「野菜・きのこ・海藻」「果物・いも類」「穀類」「油脂」を決まった型に沿って、毎食5点揃えて食べる方法**です。

こうすると、何を食べたらいいのかが一目瞭然で理解できます。

一般のダイエットをしていると食べることに罪悪感を持ち、いつも「これは食べていいものなのか」悩むことが多いのですが、決まった型に食べ物をあてはめていくので、「食べてはいけない」という考え方から「これだけは食べよう」「こんなに食べられる」と考えることができ、楽に献立づくりができます。

＊毎食同じ量を食べるルールなので　わかりやすい

一般のダイエット法で、「朝や昼はたっぷりと食べ、夕飯は軽く」と食事ごとに軽重をつけて食べるように推奨しているものがありますが、どれぐらいが軽いのか、どれぐらいがたっぷりなのかがわかりません。

「武庫川女子大学ダイエット教室」では、1点＝80㎉を毎食5点分と決めています。軽重をつけずに、5点の範囲なら夕食でもお腹いっぱい食べても大丈夫な計算になっています。朝昼夕によって変わることがないので、わかりやすいのが特徴です。

また、

「昨日食べすぎたから今日は控えよう」

「明日、女子会があってたくさん食べるから今日は夕食抜き」

というような食べ方はしないでください。
1食1食、1日1日ごとに決済して、次の食事や翌日に持ち越さない、過去を振り返らず現在だけを考えるわかりやすい方法です。

＊ゆっくりしたペースで落としていきます

このダイエットでは、ゆっくりしたペースで落とすことを目標にしています。
ときどき会う人から、
「なんだかスッキリしましたね」
と褒められるぐらいのダイエットが理想です。
その**数値の目安は6か月で5kg。だいたい1か月で1kg弱です。**
これは、次の計算から算出されました。
1kgの体脂肪を燃焼しようとします。

１kgの体脂肪は７０００㎉に相当します（ちなみにおにぎりに換算すると約40個分です）。７０００㎉を30日で割って1日当たりの消費エネルギーを計算すると約２３０㎉になります。これは健康を守りながら無理なく体脂肪（体重）を減らしていくにはちょうどいい数値です。

＊きれいで頭脳明晰な才色兼備女子になろぅ

私たちの体にはいろいろな栄養素が必要です。それらを食事によってバランスよく摂取しながら、体脂肪を落としていく方法があります。**カロリーをコントロールしながら、バランスよく食べるのが本来のダイエット**です。

それは、３食きちんと食べてよく体を動かし健康的な生活を送りながら、体脂肪を落とす方法です。

しっかりと筋肉や骨を維持しながらやせてきれいな体をつくり、肌や髪をつややかに保ち、しかも糖質をしっかり摂って頭脳明晰、そんな素敵な女子をめざすのがこのダイエットです。

その基本的な考え方は、「バランスよく食べる」です。**どの栄養素が欠けてもきれいな体はできませんし、ダイエット効果も得られない**からです。

しっかりと筋肉や骨を維持するたんぱく質、体の調子を整える野菜やきのこ、海藻、果物やいも類、肌や髪の潤いを保つための油脂で、体の代謝を促進させましょう。

また、前述したように頭脳を働かせるエネルギー源は基本的にはブドウ糖です。ですから、よく頭を回転させたいなら穀類は必ず食べなくてはいけません。

ただ単に体重を落とすガリガリ体型を目標にするのではなく、私たちの目的はあくまでも美しくやせ、しかも頭脳明晰でいることです。ですから、一般のダイエットではカットされがちなご飯や油脂もしっかり摂って、才色兼備な女子をめざしましょう。

＊1点＝80kcalとはどれぐらいの量？

「武庫川女子大学ダイエット教室」では、80kcalを1点として、どれぐらいの量を食べたらいいかの指標にしています。

1点＝80kcalとは、にわとりの卵1個（約50ｇ）で、これと比較して各食品がどれぐらいのエネルギー量を持っているかを考えます。ちなみに80kcalは、約5000歩歩いたときの消費カロリーと同じです。

これを基本にすると、毎日どれぐらいの量を食べたらいいかがわかりやすくなります。食品群の分類ごとに、だいたいの量を紹介しましょう。

たんぱく系食品

牛乳や乳製品、卵、魚や肉、大豆製品など体の筋肉や骨をつくるたんぱく質を多く含む食品です。

ここで注意したいのは、豆腐などの大豆製品です。最近、豆腐は健康食と言われて推奨されていますが、カロリー面から言うと高カロリーです。豆腐の原料になる大豆は油を抽出するために使われるなど脂肪分もたっぷり含んでいます。ですから、「豆腐はヘルシー」という思いこみで摂りすぎないようにしたいものです。

たんぱく系食品の１点量の例は次のとおりです。

＊卵＝１個
＊牛乳＝１２０㎖
＊スライスチーズ＝１枚
＊豆腐＝１００g
＊白身魚＝１切れ
＊青魚＝½切れ
＊ちくわ＝１本

＊ツナ缶（ノンオイル）＝大1缶
＊いか・たこ・貝類＝100g
＊牛・豚・鶏肉（皮なし）＝50g

野菜・きのこ・海藻

体の調子を整える働きをする食品群です。にわとりの卵1個分のカロリーを野菜に換算するときゅうりで7本分、小松菜だと2束分になります。

それほどまでに野菜は低カロリー。いくら食べても太らない食品と言っていいでしょう。そのほか、

だいこん／にんじん／ほうれんそう／グリーンアスパラガス／たまねぎ／キャベツ／セロリ／チンゲンサイ／ピーマン／トマト／なす／にら／はくさい／ブロッコリー／レタス／たけのこ

同じように、きのこも低カロリーの食品と考えます。

えのきたけ／エリンギ／きくらげ／しいたけ／干ししいたけ／しめじ／なめこ／まいたけ／まつたけ／マッシュルーム

がこれにあたります。

海藻も低カロリーです。

わかめ／昆布／ひじき／のり／もずく／めかぶ

がこれにあたります。

これらは80kcalでどれぐらいの量になるかを覚えなくても、たくさん食べてOKな食品です。

果物・いも類

体の調子を整える働きをします。

果物やいも類は野菜と同じように、体の調子を整える働きがありますが、野菜に比べてカロリーが高めです。なので、私たちは〝気をつけたい食品〟として別の分類にしています。

果物・いも類の1点量の例は次のとおりです。

＊りんご＝小1個
＊バナナ＝1本
＊みかん＝2個
＊柿＝1個
＊じゃがいも＝中1個
＊かぼちゃ、れんこん、さつまいも＝100g

穀類

ご飯、パン、麺類などは脳も含め体を動かすエネルギーになるので、毎日必ず摂りたい食品です。

左記を見ると、穀類が比較的カロリーが高い食品だということがわかると思いますが、ここでは1点のエネルギー量を表示しただけで、「これだけしか食べてはいけない」のではないので安心してくださいね。

穀類の1点量の例は次のとおりです。

＊ご飯＝50g
＊食パン（6枚切り）＝½枚
＊そうめん（乾麺）＝½束
＊うどん（ゆで麺）＝75g

油脂

ホルモンの生成や脂溶性ビタミンの吸収を高める働きがあります。ダイエットの敵と思われがちですが、必ず必要量を摂って肌も髪もつやつやな美人ダイエットをめざしましょう。

油脂の1点量の例は次のとおりです。

＊サラダ油＝大さじ1

＊バター＝大さじ1

＊マヨネーズ＝大さじ1

＊ドレッシング＝大さじ1

＊ごま＝大さじ1

2時限目

＊

ダイエット講習

～何をどれぐらい食べるかを学びましょう～

今日は
何をどのくらい
食べたら
ダイエット
できるかを
勉強します
バランス型紙を
使って
5点メニューを
つくって
いきましょう
たんぱく系食品
野菜・きのこ・海藻
穀類
1
0.5
1.5
たんぱく系食品
果物・いも類
油脂
1
0.5
0.5
たんぱく系食品
野菜・きのこ・海藻
穀類
1点
0.5点
1.5点
たんぱく系食品
果物・いも類
油脂
1点
0.5点
0.5点
1点80kcalとして
1食5点分を食べましょう

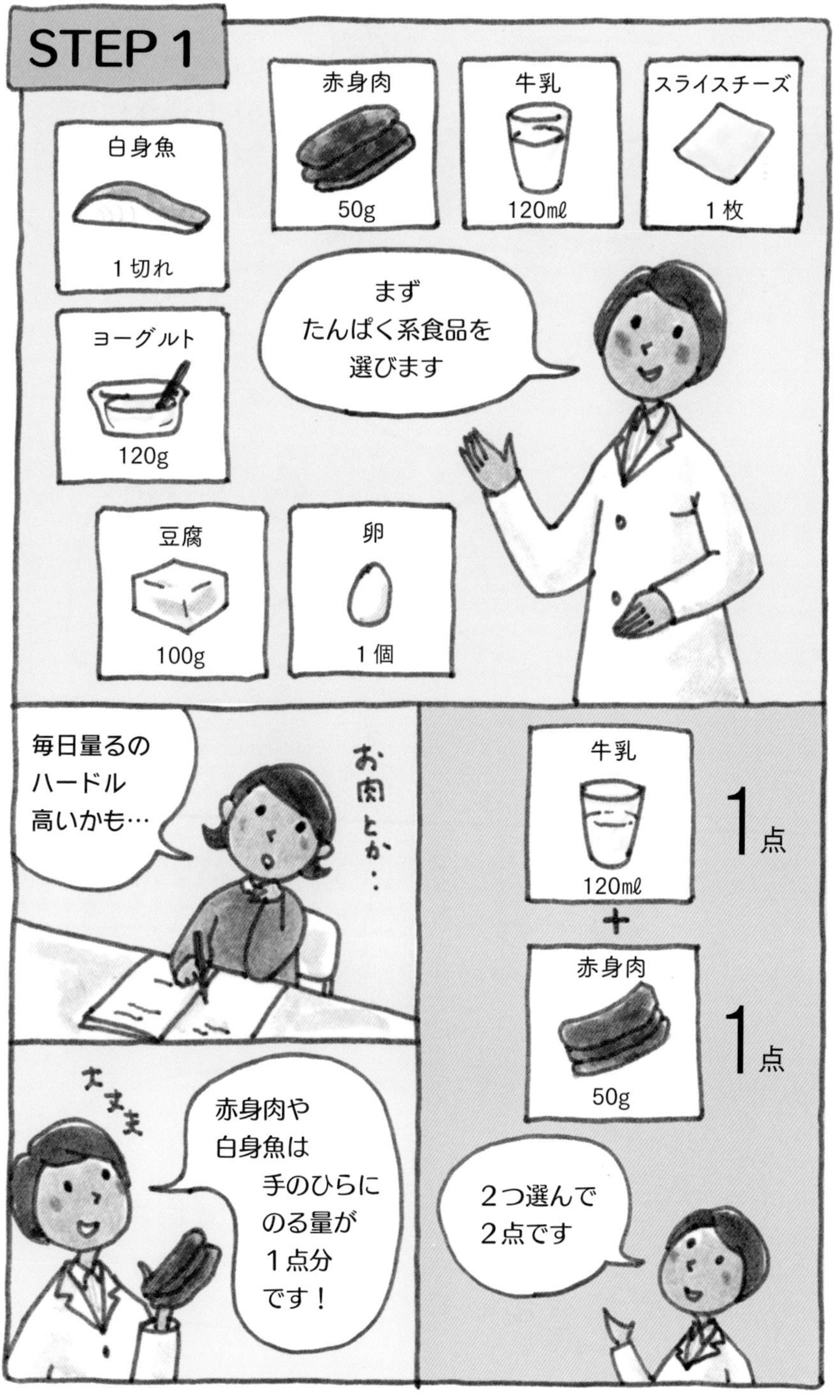
STEP 1
赤身肉
50g
牛乳
120mℓ
スライスチーズ
1 枚
白身魚
1 切れ
ヨーグルト
120g
まず
たんぱく系食品を
選びます
豆腐
100g
卵
1 個
毎日量るの
ハードル
高いかも…
お肉とか‥
牛乳
120mℓ
1点
＋
赤身肉
50g
1点
赤身肉や
白身魚は
手のひらに
のる量が
１点分
です！
２つ選んで
２点です

たんぱく系食品は
できるだけ違うものを
組み合わせると
いいですよ！
とか
とか
とか
なぜですか？
食品はそれぞれ
異なるアミノ酸の
組み合わせを
持っています
いろいろな
アミノ酸を
バランスよく摂ると
体によいからです

STEP 2
次に野菜です！
きのこ・海藻も この仲間と します
野菜・きのこ 海藻は たくさん食べて 0.5点
いろんな 工夫をして、 たっぷり食べて くださいね！

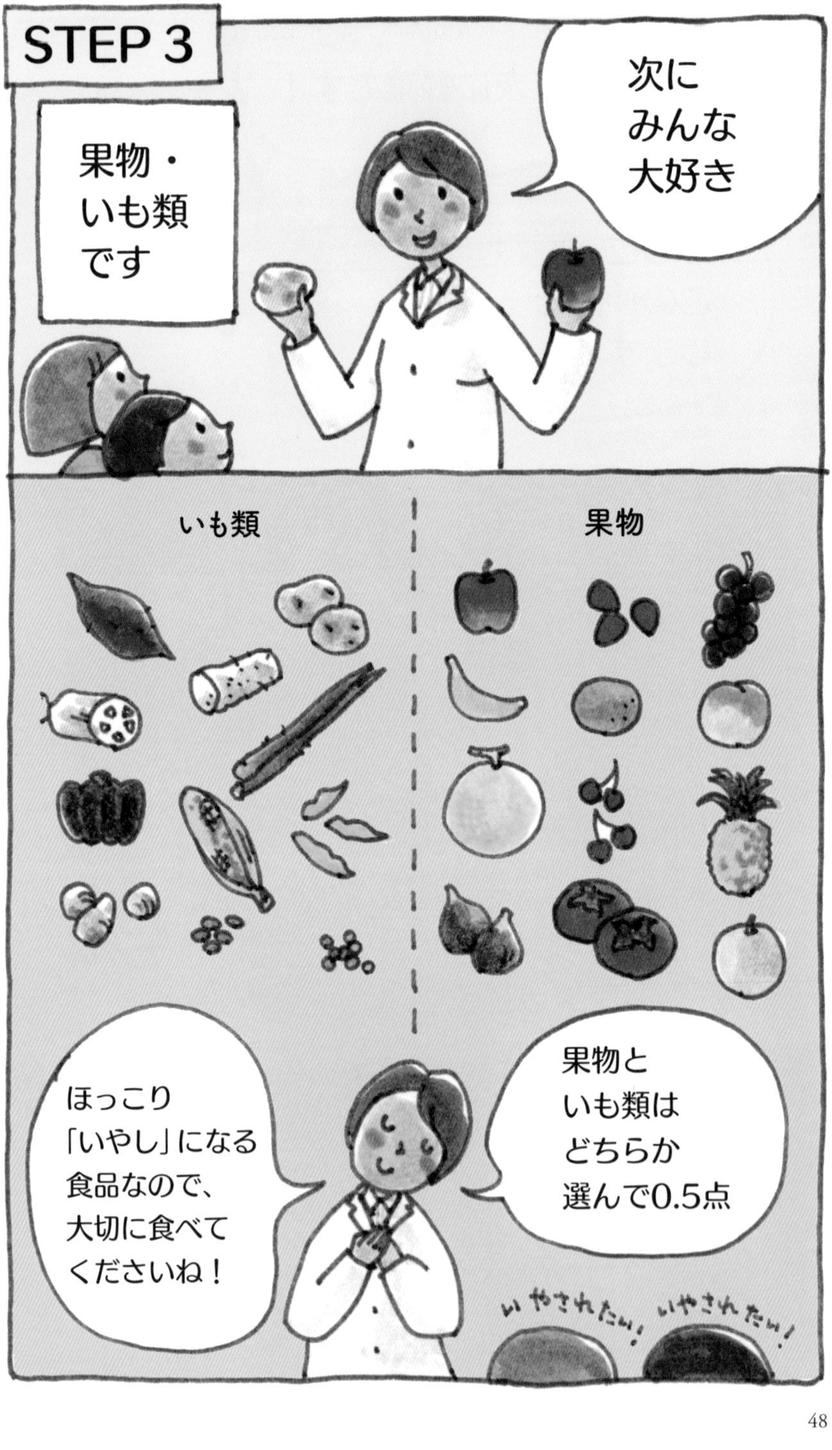
STEP 3
次に
みんな
大好き
果物・
いも類
です
いも類
果物
果物と
いも類は
どちらか
選んで0.5点
ほっこり
「いやし」になる
食品なので、
大切に食べて
くださいね！
いやされたい！
いやされたい！

STEP 4
次は穀類です！
穀類は1.5点
ご飯だとだいたい…
先生、上からのぞかないと見えません
そうですねー
ご飯
80g
先生見えません！
このくらいです！
食べる工夫をすると満足感が得られますよ！
知りたいですー

てんこ盛りっ
例えば子ども用の
ご飯茶わんによそうと
たっぷりに見えます
ほほーう
ビジュアル大事
ですよね！
お粥だと
２杯も食べられ
るんですよ！
２杯も！
先生、なんだか
がんばれそうです！
バゲット
だと
２切れ
バターロール
だと
１個

STEP 5
油脂
0.5点
大さじ½
最後に油脂です！
カレールー
生クリーム
ねりごま
ドレッシング
ナッツ
シチュールー
こういったものも油脂です
炒りごま
アボカド
ベーコン
2人なら大さじ1杯分！
オイルって案外たっぷり使えるんだー嬉しい❤
炒めものにもじゅうぶん

では、朝食をつくってみましょう
たんぱく系食品
MILK
スライスチーズ 1枚
1点
牛乳 120mℓ
1点
野菜・きのこ・海藻
0.5点
果物・いも類
0.5点
バナナ ½本
穀類
1.5点
8枚切りトースト 1枚
油脂
0.5点
ドレッシング 大さじ½
5点メニューできあがり！

Bさんの昼食
皆さんの食事を見てみましょう！
いも類が多いかも
冷奴
ご飯
肉じゃが
ドレッシング
サラダ
Cさんの夕食
豆腐のみそ汁
りんご
ご飯
かれいの煮つけ
だし巻卵
肉と野菜の炒めもの
たんぱく質が多いかも！
お腹すいてきちゃったー
もっとチェックしたくなりますね
人のご飯見るの楽しい
どんどんチェックして慣れて下さい！

＊何をどれぐらい食べたらいいでしょうか

さあ、2時限目はいよいよ、何をどれぐらい食べたらいいかを具体的に紹介していきます。一番大事な科目ですから、皆さん、よく聞いて理解してくださいね。

私たちは食品の「バランス型紙」をつくりました。

型紙とは、服をつくるときなどにつくりたいものの形をあらかじめ紙で切っておく原型（パターン）のこと。一度原型をつくっておけば、次からはその形にあてはめて何度でも同じ服がつくれる便利なアイテムです。

食事も、食べるべきものの原型をつくっておけば、あとはそれに従ってパズルのようにあてはめていけばいいので、バランスが取れ、体に必要な栄養を摂ることができます。

56～57ページに紹介したイラストが「バランス型紙」です。

この枠が埋まるように、食品を置いていけば何をどれぐらい食べたらいいのかが一目瞭然なのでとても楽です。

「バランス型紙」は、前の時間に紹介した1点＝80kcalを各食品にあてはめて、合計毎食5点（1日3食15点）を食べるように考えられています。

この方法を私たちは、「バランス型紙を使った5点メニュー」と呼んでいます。

バランス型紙

1食5点、
1日（3食）で15点分の
食事を摂りましょう。

＊武庫川女子大学・栄養クリニック考案

＊「バランス型紙」は5ステップで完成

「バランス型紙を使った5点メニュー」のつくり方を述べていきます。

「バランス型紙」に5つの食品群を置くと完成です。摂りたい食品を順番に摂っていきます。

ステップ1　「たんぱく系食品」を2点分

まず、まっさきに置きたい食品群が、卵、牛乳・乳製品、魚、肉、大豆製品などの「たんぱく系食品」です。

私たちの体は、筋肉、骨、血液、皮膚、毛髪、ホルモン、免疫物質なども含めてたんぱく質からできています。たんぱく質が不足すると、一時的にやせたとしても、筋肉が落ち決して美しくやせることができません。ですから、必ずたんぱく系食品を摂るようにしてください。

「たんぱく系食品」は1点＝80㎉を毎食2点分食べてください。

「たんぱく系食品」の1点の量は次の図表を見てください。

食品〉の量 ＊1点（80kcal分）

この表の中から
毎食2つ選んで
食べましょう

- めんたいこ……1本（½腹）
- ちくわ……1本
- かまぼこ……90g
- はんぺん……1枚
- さつまあげ……60g
- 魚肉ソーセージ……50g
- ツナ缶（オイル入り）……小½缶
- ツナ缶（ノンオイル）……大1缶

肉

- 赤身肉（牛、豚）……50g
- 鶏肉（もも、むね、挽き肉）……50g（皮は外して）
- 挽き肉（合い挽き肉、豚挽き肉）……30g
- ローストビーフ……50g（薄切り5枚）
- ハム（もも、ボンレス）……50g
- ソーセージ……30g
- ショルダーベーコン……50g（ベーコンは油脂とする）
- 焼き豚（もも肉）……50g

大豆製品

- 豆乳……170mℓ
- 豆腐……100g（¼丁）
- 油揚げ……1枚
- 厚揚げ……50g
- 納豆……40g（1パック）
- 高野豆腐……1枚（一口サイズなら4個）
- きなこ……40g（大さじ2）
- おから……90g

1食で食べたいたんぱく系

卵

- 鶏卵……1個
- うずらの卵……5個

乳製品

- 牛乳……120mℓ
- 低脂肪乳……170mℓ
- ヨーグルト……120g（1パック）
- チーズ……20g（スライスチーズ1枚）

魚

- 白身魚（たい、たら、かれい、鮭、まぐろ、あじ、さわら、たちうお）……1切れ
- まいわし……½切れ
- うるめいわし……大1尾
- 青魚（さば、ぶり）……½切れ
- さんま……⅓尾
- あじの干物……小1枚
- かますの干物……½枚
- ほっけの干物……¼枚
- さしみ……6～8切れ
- うなぎ（蒲焼き）……35g
- あなご……½尾
- ししゃも……2～3尾
- はも（湯引き）……3～4切れ
- たこ、いか、えび……100g
- 貝類（あさり、しじみ、ほたて）……殻なしで100g

＊いろいろな「たんぱく系食品」を食べましょう

たんぱく質を構成しているアミノ酸は種類によって体内での働き方が違うので、いろいろな種類の「たんぱく系食品」を食べることをおすすめしています。

○朝食⇒卵＋牛乳
○昼食⇒魚＋納豆
○夕食＝肉＋チーズ

のようにまんべんなく「たんぱく系食品」を食べましょう。

「たんぱく系食品」２点分の摂り方は、１食に肉１００ｇ（２点分）を食べたり、一度にチーズ（１枚）とヨーグルト（１パック＝１２０ｇ）というように乳製品を２点分食べるのでもかまいません。

ステップ2　「野菜・きのこ・海藻」は量を気にせずたっぷりで0・5点

次に「野菜・きのこ・海藻」を選びます。

37～38ページで紹介したように、「野菜・きのこ・海藻」は低カロリーなので、たっぷりお腹いっぱい食べてもいい食品群です。

「野菜・きのこ・海藻」は好きなだけ食べて0・5点分

と考えてください。

サラダや炒めもの、おひたしや煮もの、酢のものなど料理法を工夫して食べるようにしましょう。

目安として「たんぱく系食品」の2倍量以上を摂るようにしましょう。

「たんぱく系食品」は片手にのる大きさが1食の目安ですから、「野菜・きのこ・

1食で食べたい〈野菜・きのこ・海藻〉の食品例

＊たくさん食べても0.5点

野菜

だいこん	にんじん	ほうれんそう	グリーンアスパラガス
たまねぎ	キャベツ	セロリ	チンゲンサイ
ピーマン	トマト	なす	にら
はくさい	ブロッコリー	レタス	……など

きのこ

しいたけ	干ししいたけ	えのきたけ	エリンギ
きくらげ	しめじ	まいたけ	まつたけ
マッシュルーム	なめこ		……など

海藻

わかめ	昆布	ひじき	のり
もずく	めかぶ		……など

その他

こんにゃく			

海藻」は両手にいっぱいの量ということになります。

ステップ3 「果物・いも類」はどちらかを選んで0・5点

次に置きたい食品は「果物・いも類」です。

これらは、ビタミン、ミネラル、食物繊維を含むという点では野菜に似ています。しかし、野菜に比べてカロリーが高いため、私たちは「果物・いも類」は野菜とは分けて考えています。ごぼうやとうもろこしなど、野菜の分類に入る食品もカロリーが高いものは「いも類」として分類しています。

「果物・いも類」はどちらかを選んで0・5点分と考えます。

39ページで、1点分の量を紹介しましたが、ここでは0・5点分の量を算出します。

1食で食べたい〈果物・いも類〉の量

＊0.5点

果物

みかん	1個	いちご、ぶどう	片手1杯分
グレープフルーツ	½個	柿	½個
バナナ	½本	りんご	小½個

いも

じゃがいも	50g	さつまいも	50g
さといも	50g	かぼちゃ	50g（煮ものだと2〜3切れ）
くり	4個	とうもろこし（芯付き）	100g（⅓本）
ごぼう	50g	れんこん	50g
グリーンピース	50g	枝豆（さや付き）	100g
ミックスビーンズ	50g	ぎんなん	7〜8個
甘い煮豆、黒豆煮	大さじ1		

ステップ4　穀類を1・5点分

次に穀類を選びます。

穀類に含まれる炭水化物は、たんぱく質、脂質とともにエネルギー産生栄養素と呼ばれています。炭水化物は糖質と食物繊維を合わせたもので、糖質のブドウ糖は脳のエネルギー源になります。ブドウ糖が不足すると集中力が続かなくなったり、判断力がなくなってしまいます。糖質が不足すると、体内のたんぱく質や脂肪を分解して使うため、筋肉量の低下を招きやすくなります。

最近、極度に糖質制限するダイエットが注目されていますが、毎日元気に動き回り、知恵を働かせてしっかり生きるために必ず最低限の炭水化物が必要です。

穀類を1・5点分摂りましょう。

1食で食べたい〈穀類〉の量

＊1.5点

●ご飯	80g	●お粥	170g
●玄米ご飯	80g	●五穀米入りご飯	80g
●食パン（8枚切り）	1枚	●バゲット	45g（2切れ）
●バターロール	40g（1個）	●デニッシュパン	30g
●クロワッサン	30g	●麺（ゆで麺）	½玉
●そうめん（乾麺）	⅔束	●そば（乾麺）	35g
●スパゲティ、マカロニ（乾麺）	35g	●ビーフン、はるさめ（乾麺）	35g
●餅	50g	●餃子の皮	6枚
●春巻きの皮	1.5枚	●コーンフレーク	35g
●酒粕	50g（汁ものなどの調味料として使う場合はカウントしない）		

＊「ご飯80g」を視覚化して体感しましょう

教室では受講生の皆さんに、「ご飯80g」を体感していただくために、ご自分でご飯をご飯茶わんによそっていただいています。お櫃《ひつ》の横にご飯茶わんとおしゃもじと、キッチンスケール（はかり）を置き、80gがどれぐらいの量かを見て体感します。

最初は多かったり、逆に少なすぎたりしますが何回かよそううちに、適量がわかってきます。

家でご飯をよそうときも、いつも使っているご飯茶わんの重さを量ってキッチンスケールを設定します。設定できない場合は「ご飯茶わんが120gだから200gになるまで」と考えれば簡単に計量できます。

＊穀類の摂取量についての考え方

講座でお話をしていて、毎回、ここの穀類の量になると皆さん、沈黙されます（笑）。

毎食、ご飯ならお茶わんに軽く1杯。バターロールなら1個。いかにもダイエットらしくなってきましたね。

「ご飯大好き！」「パンにはこだわる派」という人には少し厳しい数字かもしれませんが、慣れると、それほど苦にならなくなります。

修了生で、『5点メニュー』ができないときでも、ご飯を80ｇにする習慣は守っていますよ」とおっしゃる方がたくさんいらっしゃいます。

ではなぜ、穀類を控えたほうがよいのでしょうか。

昔の日本人は、今よりもご飯をたくさん食べていました。それは現代人よりも活動量が多かったからです。車がないためによく歩き、農作業をはじめとして洗濯、炊事、掃除などの家事も重労働でした。それに比べて現代の日本では全体的に活動量が減っています。車や家電製品がない時代と同じ量を食べているとカロリーオーバーになります。

＊穀類の食べ方はこう工夫しましょう

日ごろ、野菜中心のメニューが多く、ご飯など穀類をそう食べていないという人も増えています。でも、「ご飯が大好き」という方も多いですね。

その方たちへの食べ方のアイディアを紹介しましょう。

大人用のご飯茶わんだと少なく見えますが、子ども用のご飯茶わんならたくさん入っているように見える安心効果があります。最近では、ダイエット用に内側に線が入っていて適量を表示するご飯茶わんがあるので利用してもいいでしょう。

ご飯なら毎食80gですが、お粥にすると１７０gとお茶わんで2杯ぐらいはO

K！　エネルギー量は同じですが量が多く見えるので、ちょっと嬉しいですね。食パンではなくバゲット2切れが意外に食べごたえがあると言う人もいます。

　ご飯80ｇに慣れることにハードルの高さを感じる人は、朝食か昼食を１００ｇにしてください。夕食後は、就寝するだけなのでエネルギーが体に蓄積しやすく、摂りすぎは避けたいものです。

ステップ5 「油脂」は0・5点

最後に「油脂」の摂り方をチェックします。

ラード（豚脂）やヘット（牛脂）、バターなど常温で固体の脂肪と、サラダ油、オリーブオイルなど液体の脂肪を合わせて「油脂」と呼びます。

たんぱく質、炭水化物とともにエネルギー産生栄養素として重要なエネルギー源で、「油脂」の中に含まれる、食べ物からしか摂れない必須脂肪酸は細胞膜やホルモンをつくるために必要です。不足すると肌や髪のトラブルの原因になることが知られています。

また、「油脂」は、ビタミンAやビタミンEなどの脂溶性ビタミンが体内に吸収されるのを助ける働きをするのも特徴です。

「油脂」は高いエネルギー量を持つため、とかく肥満の原因、生活習慣病やダイエットの敵のように見なされがちですが、元気に暮らし、肌や髪の潤いを保つためにも適量を摂りたいものです。

1食で食べたい〈油脂〉の量

＊0.5点

● サラダ油……大さじ½	● オリーブオイル……大さじ½
● ごま油……大さじ½	● ごま（炒りごま）……大さじ½
● バター、マーガリン……大さじ½	● ラード（豚脂）、ヘット（牛脂）……大さじ½
● ねりごま……大さじ½	● 生クリーム……大さじ½
● ドレッシング……大さじ½	● マヨネーズ……大さじ½
● ナッツ類……大さじ1	
● カレールー、シチュールー、メニュー用調味料（合わせ調味料）……½皿分	
● アボカド……20g	● ベーコン……10g
● 豚バラ肉……10g	● クリームチーズ……10g
● ごま豆腐……30g（¼個）	

ここでは、

「油脂」0・5点は大さじ½

とします。「油脂」のエネルギー量はどの種類でも大さじ1で80kcal。そこから算出した毎食摂取したい量は右記のとおりです。

＊むしろ不足しがちな「油脂」の摂取

「ダイエット＝脂質カット」と思われがちですが前述したように、「油脂」は脂溶性ビタミンの吸収や、肌や髪に潤いやつやを与える働きを助けるので、適度に摂取する必要があります。

むしろ、日々の献立で「油脂」が不足する場合があるので注意したいものです。

たとえば、次のようなメニュー構成の場合を考えてみましょう。

○焼き鮭
○ご飯
○ほうれんそうのおひたし
○煮もの（ごぼう、こんにゃく、にんじん、干ししいたけ、さといも）
○みそ汁（豆腐など）
○漬けもの

のような純和風の献立の場合、「たんぱく系食品」「野菜・海藻・きのこ」「果物・いも類」「穀類」は型紙通りに入っていますが、「油脂」が見当たりません。この場合は、具材を一度油で炒めてから煮る調理法に変えると、ごま油やサラダ油などで「油脂」を摂ることができます。「ほうれんそうのおひたし」をごまあえにしてもいいでしょう。

今までのステップ1からステップ5までを表にすると78～79ページのようになります。

野菜の煮物
OIL
油で炒めてから
煮る

5点メニュー」のつくり方＊

炭水化物を摂る！

STEP 4
穀類を選ぶ

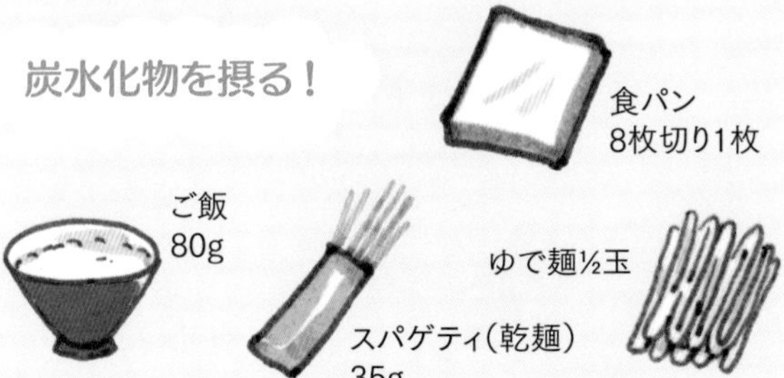

など…

1点　1点　0.5点　0.5点　1.5点

これで4.5点

油脂も大事

STEP 5
最後に油脂を

など…

1点　1点　0.5点　0.5点　1.5点　0.5点

合計5点

5点メニュー
完成！

＊「バランス型紙を使った

ここから2つ選んで

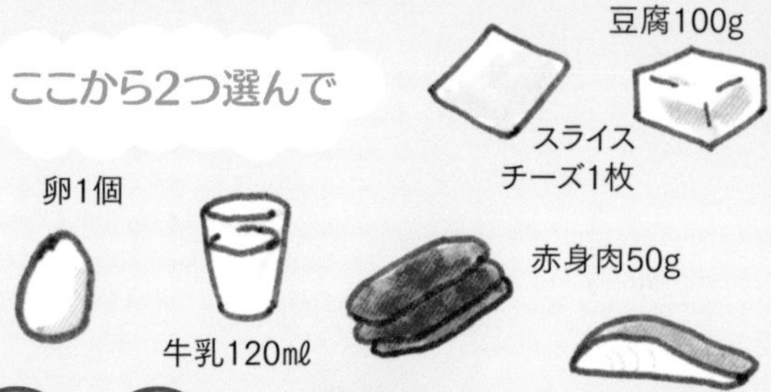

STEP 1
たんぱく系食品を選ぶ

1点 1点 これで2点

たっぷりどうぞ！

STEP 2
野菜・きのこ・海藻をたっぷり

1点 1点 0.5点 これで2.5点

果物かいもかどちらかを選ぶ

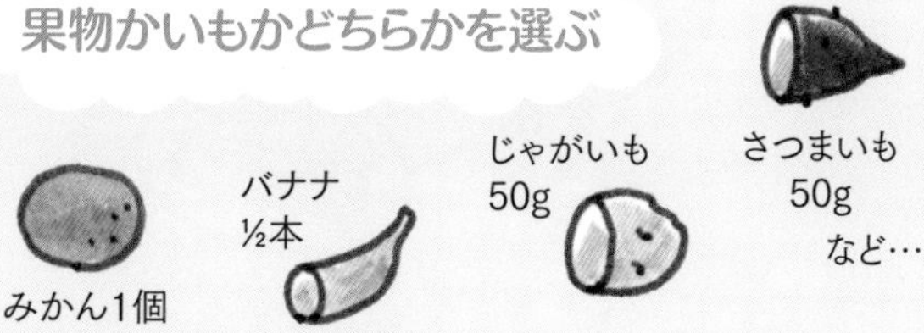

STEP 3
果物・いも類をプラス

1点 1点 0.5点 0.5点 これで3点

＊間違えやすい食品リスト

では、次から「バランス型紙を使った5点メニュー」を実際に構成していきますが、その前に、このダイエットでの食品の分類で間違えやすいものをリストアップしましたので参考にしてください。

＊ 間違えやすい食品分類 ＊

・厚揚げ、油揚げ
→ たんぱく系食品

・ちくわ
→ たんぱく系食品

・こんにゃく
→ 野菜・きのこ・海藻

・酒粕
→ 穀類（汁ものなどの調味料として使う場合はカウントしない）

・煮豆（甘いもの）
→ 果物・いも類

・かぼちゃ
→ 果物・いも類

・れんこん
→ 果物・いも類

・ごぼう
→ 果物・いも類

・コーン（水煮缶）
→ 果物・いも類

・ぎんなん
→ 果物・いも類

・ミックスビーンズ
→ 果物・いも類

・アボカド
→ 油脂

・ベーコン
→ 油脂

・ごま豆腐
→ 油脂

・野菜ジュース
→ おやつ

・果汁100％ジュース
→ おやつ

・黒酢飲料
→ おやつ

・はちみつ
→ おやつ

＊おやつを食べる量については、144ページを参照してください。

＊朝・昼・夕の献立のつくり方

ケース1　朝食

忙しくても朝食抜きはNG。忙しい朝はなるべく簡単に用意できるメニューを選んで、楽につくれるようにしましょう。

ケース2　昼食

家で摂る人、お弁当の人、社員食堂や外食の人などランチ事情はそれぞれ。「バランス型紙」を念頭になるべく「5点メニュー」に沿った食べ方をしましょう。次は、メニューを選べる定食屋さんでの選び方を例にしたものです。

ケース3　夕食

比較的ゆっくり食事を楽しめる夕食。同じように「バランス型紙を使った5点メニュー」に沿って1つずつ並べていくと楽にメニュー構成ができます。ここでは野菜炒めをメインにした献立を考えてみました。

＊気をつけたいヘルシーメニュー

「バランス型紙を使った5点メニュー」をマスターすると、いわゆるヘルシー食材と言われる食品の欠点が見えてきます。

たとえばメディアでヘルシー食材として紹介されているのは次のような食品です。

＊豆腐
＊ごま
＊ヨーグルト
＊オリーブオイル

これらを使った献立を「5点メニュー」に照合して考えてみましょう。

〈食事例〉

＊冷奴……豆腐1丁
＊ヨーグルト……120g
＊サラダ……たっぷり
＊オリーブオイル……大さじ1

　ヘルシーと言われる食品ばかりの献立ですが、「5点メニュー」に照らし合わせてみると、
○たんぱく系食品（豆腐、ヨーグルト……5点）〈過剰〉
○野菜・きのこ・海藻（野菜……0・5点）〈OK！〉
○果物・いも類（なし……0点）〈不足〉

○穀類（なし……0点）〈不足〉
○油脂（オリーブオイル……1点）〈過剰〉

と「たんぱく系食品」の摂りすぎに対して、「果物・いも類」「穀類」が不足しています。

このような食事を続けていると栄養バランスが崩れてカロリーオーバーになります。「体にいい食事をしているはずなのにやせないのはどうして？」と思うようになるでしょう。

＊あっさりメニューにも気をつけて

同じように、ランチなど、あっさりしたメニューですますこともあると思いますが、これも「5点メニュー」でチェックしていきましょう。

〈食事例〉

＊そうめん（3束150g）

＊そうめんつゆ

この場合、「穀類」が6点（過剰）のみという食事です。あっさりメニューが続くと栄養バランスが取れないのに、カロリーを摂りすぎる場合があります。

＊受講生のダイエット記録

半年で7kg減！「健康的できれいにやせた」と褒められました

Yさん（33期生・50歳）

BMIが25を超えたので危機感を覚えて受講を決心しました。我慢するダイエットではなく、たっぷり食べてやせるという点に惹かれました。「バランス型紙を使った5点メニュー」はわかりやすく、ご飯を1食80gに抑えること、おやつを止めることから始めました。毎日、野菜やたんぱく系食品のメニューを考えるのは少したいへんでしたね。

でも、教えてもらったとおりに実践したら半年で7kg体重を落とすことができました。体重が減ると先生が褒めてくださるのも励みになりました。

バランスよく食べたせいか、肌の衰えを感じることもなく自然な形でやせることができたと思います。久しぶりに会った友人から、「健康的にきれいにやせたわね！」と言われたことが嬉しかったです。

講座修了後も、たとえば朝食にチーズを食べてたんぱく質を摂ったり、家族の食事になるべく野菜を取り入れるなど、いつも「5点メニュー」を頭に思い描く癖がつき、バランスよく献立をつくる習慣が身につきました。受講して「5点メニュー」が刷り込まれた感じですね（笑）。

幼児期から肥満で悩んでいましたが、この講座でいろいろなことに自信が持てたのも嬉しいことでした。

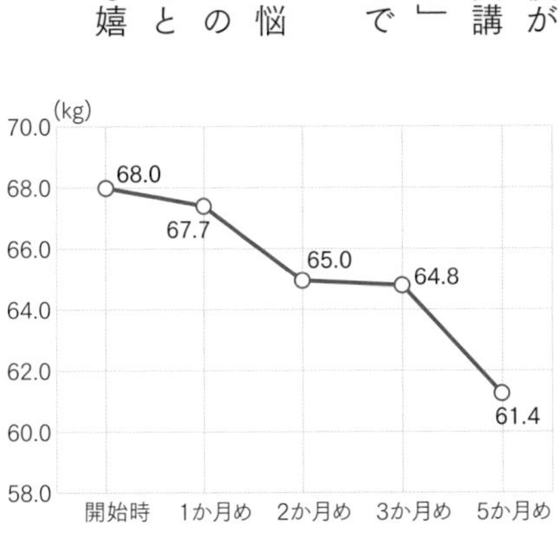

＊受講生のダイエット記録

フェイスラインがすっきり！「5点メニュー」は一生続けたいスキルです

Bさん（55期生・45歳）

退職してから少しずつ体重が増えてしまいました。そこで、ダイエットレシピの本を買ってその通りにつくって食べるのですが、一通りつくると止めてしまい……の繰り返しでした。「武庫川女子大学ダイエット教室」は、先生が繰り返し、「バランス型紙を使った5点メニュー」の理論を教えてくださるので、とてもわかりやすかったです。これまでのダイエットとは違い、基本になる理論を理解すればいくらでも応用がきくので、自分で工夫して献立を考えることができました。

最初からきちんと実践していったら、体重が最初の1週間で0・8kg減りました。その後も3か月で約3kgの減量に成功。一時、増えたこともありましたが、受講後も「5点メニュー」を続け、最終的に1年で6kg減りました。久々に会った知人から「フェイスラインがすっきりしましたね」と言われました。

重かった体が軽くなり、いつもやっと上っていた駅の階段もパパッと身軽に上れるようになったのも嬉しかったです。

「バランス型紙を使った5点メニュー」を習得できたので、これを利用してこれからも食生活に気をつけて、ダイエットを一生続けたいと思っています。

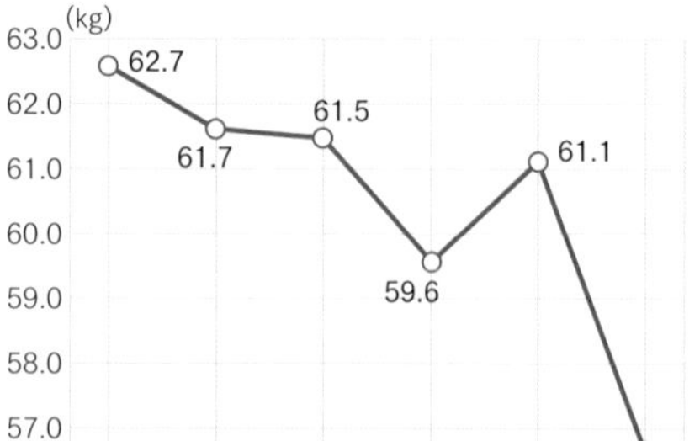

3時限目

＊

調理実習

～楽に手早くつくる「5点メニュー」～

あ〜♥
今日の講座も
おもしろかったね
どよーん
どうしたの〜
私、料理が苦手でさー
ハードル高いわー
どよよーんん
5点メニューできるかな
私…
お任せ下さい！
バーン!!
だ、だれ？

私がいれば大丈夫！
バランス型紙ウーマンの
ていうか、あれ、ムコガワ先生だよね??
しーっ
せっかくその気なんだし・・
そっとしとこう
キャーステキー
頼りになるー
キリッ
カンタンメニューをお教えしますよ！
人は見かけによらないねー
先生、飛べるんだねー
いざ！
カンタンメニューの世界へ

忙しくても
つくりおきしておけば…
すぐ料理ができます
あ、先生もどった‥
スープ
ご飯
メイン
副菜
スープの野菜はハサミでカット
あとは順にチンするだけです
チン
切り干し大根はハサミでカット
買ってきたもずくを汁ごと加え
混ぜたら一品
できあがり
今日のごはん
できあがり
おいしそー
はやー

3時限目は実際に「5点メニュー」の献立のつくり方を紹介します。

当講座が開かれて30年、女性のライフスタイルは大きく変化し、結婚、出産後も仕事を続ける人が増えました。家事に対する考え方も変化し、時間と手間をかけずに合理的にすすめる知恵と工夫が男女問わず求められています。講座のスタッフは時代の変化に対応し、いかに短時間で簡単に「バランス型紙を使った5点メニュー」がつくれるか、レシピの開発やアイディアに知恵を絞っています。

せっかく、細かいカロリー計算なしで栄養バランスの取れた献立ができているのに実際に調理法が複雑だったり時間がかかるとしたら意味がありません。

簡単な調理法を覚え、冷凍したり、つくりおきしたり市販品も上手に利用して、調理法でも我慢しなくていい楽なやり方でダイエットをすすめていきましょう。

ダイエット中だから食べられないと思いこんでいるメニューを食べる方法

＊マカロニもいっしょに加熱する「簡単グラタン」

見るからにカロリーが高そうなグラタンも、お腹も満足できて栄養バランスも１００点のレシピで。マカロニと具材をいっしょに茹でるので手間がかからないのも嬉しい！

○簡単グラタンの材料とつくり方（２人分）

①　鍋に食べやすい大きさに切ったたまねぎなどの野菜適量、じゃがいも１００g、マカロニ70gとかぶるぐらいの水を入れて具材がやわらかくなるまで加熱

する。マカロニのゆで時間が短い製品を使う場合は後から入れる。

② ①を加熱している間にホワイトソースをつくる。鍋に牛乳240㎖、バター大さじ1、小麦粉大さじ2、塩、こしょう各少々を入れ、弱火にかける。鍋を傾けてもソースが落ちてこないぐらいのとろみがつくまで木ベラで混ぜ、火からおろす。

③ ①をざるに上げて水切りし、耐熱容器2つに分けて入れ、上に②を半量ずつ入れ、チーズを20gずつのせる。

④ オーブンに入れチーズが溶けるまで焼く。

☆カレーが食べたいときに

「油脂」が多いカレーライスはダイエット中はNG？　そんなことはありません。カレールーは1人分の「油脂」が約1点になり基準の0・5点はオーバーしますが、ここで紹介するのは限りなく「5点メニュー」に近いダイエットカレーです。

○ダイエット・カレーライスの材料とつくり方（2人分）

① 鍋に油少々をひき、牛肉（赤身）２００g、じゃがいも１００g、たまねぎ、にんじんなど、たっぷりの野菜２００gを炒めて塩、こしょうし、野菜がしんなりしたら水３００㎖と固形ブイヨン½個を入れて煮る。一度火を止め、カレールー2片を入れて煮る。

② ご飯80gずつを皿によそい、カレーをかける。

牛肉を半量（１人分50g）にする場合は、たんぱく系食品が不足するので、ヨーグルト１パック（１２０g）、冷奴（１００g）などを添えるとよい。

＊焼きそばもＯＫ！
我慢フリーなレシピを紹介します

「バランス型紙を使った5点メニュー」を始めた受講生が、「当分、大好きな焼きそばはお預けですね」と言ったので、「食べても大丈夫ですよ！」とお答えしました。

たっぷり食べられて満足感があり、しかもバランスが取れていて「5点メニュー」に過不足なく収まる「海鮮やきそば」のレシピを紹介します。

1人分の材料とつくり方は以下の通り。

フライパンに油大さじ½をひいて熱し、えび、いか合わせて100gを炒め、次にキャベツ、たまねぎなどの野菜を炒める。焼きそば麺½玉を加えてほぐし、鶏がらスープの素小さじ1、しょうゆ、塩、こしょう各少々で味をつければ完成です。

えび、いかは比較的エネルギー量が少ない食品で100g食べても1点分とたくさん食べられますし、たっぷりの野菜を入れることによって満足感が出るメニューです。これだけでお腹

いっぱいになりそうですが、実は「5点メニュー」に照らし合わせると、「たんぱく系食品1点分」と「果物・いも類0・5点分」が不足しています。焼きそばの具に豚肉を50g足したり、ヨーグルト1パック（120g）や、冷奴100gを添えてたんぱく系食品を補いましょう。また、季節のフルーツ、煮豆などを加えて「果物・いも類」を食べると「5点メニュー」が完成します。

＊時間がないときの超高速の1品

時間がないときは次のような1品はどうでしょう？　火を使わず包丁さえ不要でエネルギー量が少ない優等生レシピです。

○切り干しだいこんのもずくあえの材料とつくり方（1人分）

市販のもずく酢を小鉢に入れ、上から切り干しだいこんをキッチンバサミで食べやすい長さに切って落とす。混ぜてしばらく置くと切り干しだいこんがもずく酢の水分で自然に戻り、食べられるようになります。食品群は「野菜・きのこ・海藻」（0・5点）なのでたっぷり食べても大丈夫。

＊忙しいときの超時短
インスタントラーメンレシピ

インスタントラーメンはダイエットの強敵に思えますが、使い方によってはバランスよく食べることができます。時間がないときにおすすめのレシピです。

○バランス・インスタントラーメンの材料とつくり方（1人分）

① 市販のインスタントラーメン½個を大きめのお椀に入れ、適量の市販のカット野菜をのせ、卵1個を割り入れて上から熱湯をかけ、蓋をする。

② 3分経ったら、蓋をあけ、市販のチャーシュー（またはハム）50gをトッピングして、ごま油大さじ½（またはごま大さじ½）を振りかけて食べる。りんご½個を添えるとよい。

「バランス型紙」に照合すると完璧なバランスになっています。

＊市販品、冷凍、つくりおきをぞんぶんに利用して

スーパーマーケット、デパ地下、コンビニで販売されているお惣菜を利用してストレスなく「5点メニュー」をつくりましょう。カット野菜や、カットフルーツ、フリーズドライのみそ汁やお吸いもの、パックされたお惣菜やレトルト食品、また冷凍食品などもバラエティ豊かに揃っているので利用しない手はありません。

〝楽に簡単に〟をポリシーにして、長く続けるのがダイエット成功の秘訣です。
次のページからは、つくりおきしたメニューのレシピとそれを使った献立を紹介します。

バランス型紙を使った「5点メニュー」つくりおきレシピ

たんぱく系食品のつくりおき（4点分）

たいの包み焼き

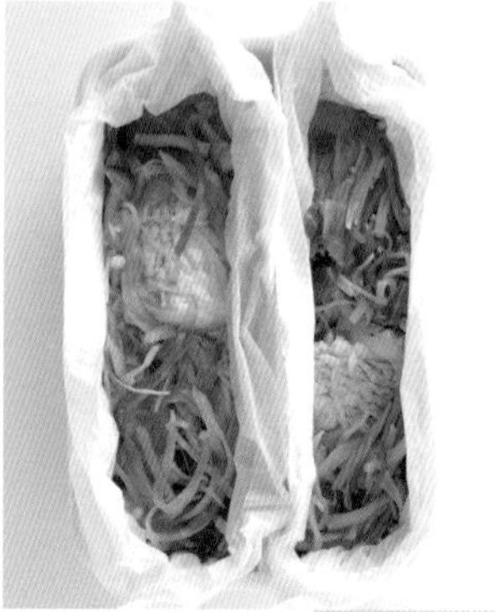

オーブン用シートに包んだまま冷凍保存できる

写真は2点分

材料とつくり方

たい4切れに軽く塩、酒を振る。たまねぎ1個は薄切りにする。しめじ1パックは小房に分け、えのき1パックはほぐして半分に切る。ピーマン4個、にんじん40gはせん切り。ピーマン、にんじん、きのこを混ぜ、しょうゆ、酒各大さじ1で和える。オーブン用シートを30㎝広げ、たまねぎ、たい、ピーマン、にんじん、きのこの順にのせて包む。食べるときに200℃のオーブンで約15分焼く。レモンを添えて食べる。

青じそハンバーグ

材料とつくり方

にんじん50g、絹さや50g、きくらげ大2枚はみじん切りにして炒め冷ます。鶏挽き肉200gとともにボウルに入れ、みじん切りにした青じそ8枚、卵1個、しょうゆ大さじ1を加えこねる。フライパンに油大さじ1をひいて焼く。

鮭のキャベツ蒸し

写真は2点分

材料とつくり方

鮭4切れに酒、塩各少々を振っておく。しょうが1片はせん切り、干ししいたけ2枚は戻して5㎜幅に切る。鍋にキャベツ4枚を敷き、昆布適量をのせ、鮭、干ししいたけ、しょうがの順にのせる。しいたけの戻し汁を100㎖と酒大さじ1を回しかけ、蓋をして約15分煮る。

ダイエット酢豚

写真は2点分

材料とつくり方

豚もも肉200gは一口大に切って、酒、しょうゆ、しょうが汁各少々で味をつける。たまねぎ1個、にんじん80g、ピーマン4個、パプリカ（黄・赤）各½個、たけのこ120g、しいたけ4枚は適当な大きさに切る。たけのこは軽く茹でる。フライパンに油大さじ2をひき、豚肉を炒め、皿に取る。野菜、しいたけ、たけのこを炒め、豚肉を戻す。水200㎖、酢大さじ2、鶏がらスープの素、しょうゆ、砂糖、ケチャップ、片栗粉各大さじ1を合わせて、フライパンに入れて絡める。

たんぱく系食品のつくりおき（4点分）

高野豆腐のそぼろ

写真は2点分

材料とつくり方

戻した高野豆腐4枚、しいたけ、たけのこ、にんじん、たまねぎ各適量をみじん切りにする。フライパンにごま油大さじ2をひき、炒め、甜麺醤大さじ4、豆板醤、砂糖、鶏がらスープの素各小さじ2、水400mℓを加え煮つめ、水溶き片栗粉（粉大さじ2、水50mℓ）でとろみをつける。

チンジャオロースー

写真は2点分

材料とつくり方

片栗粉適量をまぶした牛肉200gをごま油大さじ2で炒め、細切りにしたピーマン、たけのこ、エリンギ（合わせて約400g）、せん切りにしたしょうがを加え、鶏がらスープの素、しょうゆ各大さじ1、酒少々を合わせた調味料を加えて炒め合わせる。

野菜・きのこ・海藻のつくりおき

野菜のトマト煮

材料とつくり方

なす大1本、たまねぎ1個、セロリ1本、ズッキーニ1本を小さめに切り、トマト缶1缶とともに鍋に入れ、固形ブイヨン1個、水50mℓ、ローリエ1枚、塩、こしょう各少々で野菜がやわらかくなるまで煮込む。

ほうれんそうの磯辺和え

材料とつくり方

ほうれんそう1束を茹で、2～3㎝に切る。もみのり1枚としょうゆ、だしまたは酒各大さじ1で和え、花かつおを振る。

材料はすべて、「つくりやすい量」で表示しています。人数によってつくる量を加減してください

セロリの炒め和え

材料とつくり方

セロリ200gを食べやすい大きさに切り、油大さじ1で炒め、酢、うすくちしょうゆ各大さじ1で和える。

切り干しだいこんの五色煮

材料とつくり方

切り干しだいこん1袋はさっと洗って戻す。干ししいたけ1枚は戻してせん切りにする。にんじん20g、昆布適量をせん切りにする。絹さやは茹でてせん切りにする。ごま油大さじ2で絹さや以外の具材を炒め、だし汁300mℓを加えて煮る。やわらかくなったらうすくちしょうゆ、酒各大さじ1、みりん大さじ½を加えて煮る。冷めたら絹さやを散らす。

野菜あん

材料とつくり方

鍋に湯500mℓを沸かし、鶏がらスープの素小さじ2を入れ、一口大に切ったにんじん、たけのこ、しいたけ、きくらげ（合わせて約300g）を加えて煮る。やわらかくなったらしょうゆ、酒各大さじ1を加え水溶き片栗粉でとろみをつける。食べるときに絹さや、おろししょうが各適量をのせる。

カラフル漬け

材料とつくり方

だいこん、キャベツ、にんじん、セロリ、赤ピーマン、黄ピーマンなど野菜500gを食べやすい大きさに切ってボウルに入れ、砂糖、酢各大さじ1、塩大さじ1弱を加えて重石をし冷蔵庫に入れる。約30分で食べられる。

野菜・きのこ・海藻のつくりおき

ひじきの酢のもの

材料とつくり方

ひじき5gを水で戻し、さっと茹で、酢大さじ1、しょうゆ大さじ½、からし小さじ½を合わせた汁に漬ける。食べるときにせん切りにしたきゅうり¼本を合わせてもよい。

いろいろ野菜

材料とつくり方

野菜約400gをすべてざく切りにして保存袋に入れる。冷蔵庫内の残り野菜でもよい。

果物・いも類のつくりおき

かぼちゃの煮もの

材料とつくり方

かぼちゃ200gを一口大に切り、だし汁適量で煮る。やわらかくなったらしょうゆをひと回しする。

焼きしいたけのおひたし

材料とつくり方

しいたけ8枚は石づきを取り、濡れ布巾で汚れを取り、薄く塩を振って裏側からさっと焼き、表もほどよく焼く。みつば1束はさっと茹で3cm長さに切り、しいたけと混ぜ合わせる。すだち果汁2個分、しょうゆ大さじ½、だし汁大さじ1を混ぜてかけて味をなじませる。

マッシュポテト

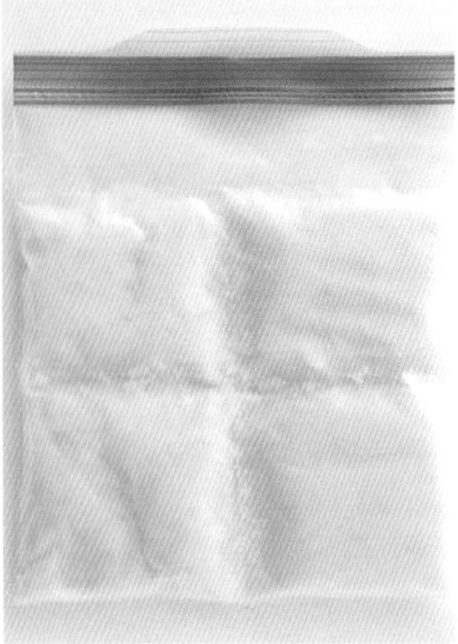

材料とつくり方

加熱してやわらかくしたじゃがいも200gをつぶし、バター大さじ2を混ぜる。

きんぴられんこん

材料とつくり方

フライパンを温めごま油大さじ2を入れ、適当な大きさに切ったれんこん200gを炒める。火が通ったらめんつゆ適量で味をつける。

穀類の保存方法

バターロール

1食分(1個＝1.5点)を1個ずつラップに包んで冷凍。

バゲット

1食分(2切れ＝1.5点)を保存袋に入れて冷凍。

ご飯

キッチンスケールで1食分(80g＝1.5点)を量って保存容器に入れて冷凍。

つくりおきを使った献立例 ① パンとたっぷり野菜で爽やかに

材料とつくり方（1人分）

つくりおきの「野菜のトマト煮」（適量）、「マッシュポテト」（50g）「バターロール」（1個）を解凍し、卵（1個）でスクランブルエッグをつくり、牛乳（120mℓ）、レタス、ミニトマト各適量を添える。

バランスチェック！

たんぱく系食品	2点	●牛乳　120mℓ……1点 ●卵　1個……1点	2点	OK!
野菜・きのこ・海藻	0.5点	●トマト煮、レタス、ミニトマトなど……0.5点	0.5点	OK!
果物・いも類	0.5点	●マッシュポテト　50g……0.5点	0.5点	OK!
穀類	1.5点	●バターロール　1個……1.5点	1.5点	OK!
油脂	0.5点	●バター（マッシュポテトの中）大さじ½……0.5点	0.5点	OK!
			5点	OK!

つくりおきを
使った献立例

② 野菜たっぷりの中華風メニュー

＋

＋

材料とつくり方（1人分）

つくりおきの「チンジャオロースー」（約150g）、「かぼちゃの煮もの」（50g）、「ご飯」（80g）、えのきたけ、わかめ適量、鶏がらスープの素少々でスープをつくり、ヨーグルト（120g）を添える。

バランスチェック！

たんぱく系食品	2点	●牛肉　50g……1点 ●ヨーグルト　120g……1点	2点	OK!
野菜・きのこ・海藻	0.5点	●ピーマン、パプリカ、エリンギ、えのきたけ、わかめなど……0.5点	0.5点	OK!
果物・いも類	0.5点	●かぼちゃ　50g……0.5点	0.5点	OK!
穀類	1.5点	●ご飯　80g……1.5点	1.5点	OK!
油脂	0.5点	●炒め油　大さじ½……0.5点	0.5点	OK!
			5点	OK!

つくりおきを使った献立例 ③ 魚料理をメインにしたバランスメニュー

材料とつくり方（1人分）

つくりおきの「たいの包み焼き」（1切れ）、「高野豆腐のそぼろ」（100g）、「セロリの炒め和え」（適量）、「ご飯」（80g）を解凍する。「いろいろ野菜」と、厚揚げ（小½枚）を炒めてみそ汁をつくり、ぶどう（5～6粒）を添える。

バランスチェック！

たんぱく系食品	2点	●たい　1切れ……1点 ●高野豆腐、厚揚げ……1点	2点	OK!
野菜・きのこ・海藻	0.5点	●セロリ、にんじんなど……0.5点	0.5点	OK!
果物・いも類	0.5点	●ぶどう　5～6粒……0.5点	0.5点	OK!
穀類	1.5点	●ご飯　80g……1.5点	1.5点	OK!
油脂	0.5点	●炒め油　大さじ½……0.5点	0.5点	OK!
			5点	OK!

つくりおきを使った献立例

④「5点メニュー」を基にしたお弁当

 + 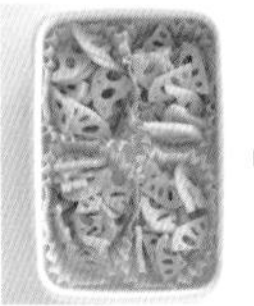 +  +  + 

材料とつくり方（1人分）

つくりおきの「青じそハンバーグ」（1個）、「きんぴられんこん」（50g）、「カラフル漬け」（適量）、「ほうれんそうの磯辺和え」（適量）、卵（1個）で卵焼きをつくり、詰める。「ご飯」（80g）を解凍し、赤しそふりかけでおにぎりをつくる。

バランスチェック！

たんぱく系食品	2点	●卵　1個……1点 ●鶏挽き肉　50g……1点	2点	OK!
野菜・きのこ・海藻	0.5点	●ほうれんそう、ピーマン、にんじんなど……0.5点	0.5点	OK!
果物・いも類	0.5点	●れんこん　50g……0.5点	0.5点	OK!
穀類	1.5点	●おにぎり　80g……1.5点	1.5点	OK!
油脂	0.5点	●ごま油（きんぴら用）大さじ½……0.5点	0.5点	OK!
			5点	OK!

4時限目

*

ダイエット行動学

～「5点メニュー」がうまくいく毎日の習慣～

4限目は5点メニューをうまく続けるコツを学んでいきましょう
勉強もしたし
調理実習も終わったし
バランス型紙を使った
5点メニューは完ペキ!
たんぱく系食品
1
野菜・きのこ・海藻
0.5
1.5
たんぱく系食品
1
果物・いも類
0.5
0.5
たのもしい
あとは実践あるのみ!
ゆっくりよくかんで
食べはじめはスープから
モグモグ
ところが、悪魔の誘惑が…
グルメツアー行こう
焼き肉行こうよ
女子会しましょう!

行きたい
でも
行くのは
ダメですよね？
大丈夫
行って
らっしゃい
え〜
いいんですか〜
但し、帰ったら
すぐに５点メニューに
戻ってね
はい
何でも
します！
ダイエットに大切なのは
この４つのことです
自分を褒める
あきらめない
続ける
いつでも５点メニューに戻る

Tさんの場合
5点メニュー
START!
停滞期
自宅で
ワイン
効果？
友人と
女子会
5点メニューに
戻る
外食
1か月で
1kg減
1 Month
Tさんの場合を
見てみましょう
減ってるー！
停滞期もありますが
続けていれば
必ず体重は
減ってきます
ほんとだー
ヒラメイタ！
よし！
今日、帰りに
焼き肉いっちゃう？
いいですねー❤
いいけど
ダイエット中の
外食は
月１回くらいに
してくださいね

この時間は、「バランス型紙を使った5点メニュー」を毎日の暮らしの中で継続する方法についてお話しします。

＊まず2週間続けてみましょう

まず、「バランス型紙を使った5点メニュー」を1日3食できる範囲で実行してください。

個人差はありますが、だいたい1週間を過ぎたころからちょっとずつ体重が減っていくという人が多いようです。まずは**2週間継続してみてください。**

体重は減るときもあれば現状維持のときもありますが「5点メニュー」を続けていれば、必ず体重減になります。

＊ゆっくりとよく噛んで食べましょう

　血糖値をゆっくりと上げゆっくりと下げるためには、時間をかけてゆっくり食べることです。短時間で食事をすませると肥満になりやすいと言われています。これは脳の視床下部にある満腹中枢と関連があります。食べ物が体に取り入れられると血中のブドウ糖（血糖）が増えて血糖値が上がります。脳はこれを感じ、「もう食べなくてよい」という指令を体に伝えますが、それには時間がかかるので、指令が届く間にも食べ続けてしまいカロリーオーバーになります。

　それを防ぐためには食べ物をよく噛んで味わっていただくことです。よく一口で30回噛むとよいと言われますが、実際にやってみるとなかなか実行できないという人も多いようです。でも、なるべくたくさん噛むことを意識するだけでも違ってくるのではないかと思います。

　食事時間はできれば20分以上かけると脳から指令がやってきて満腹感が得られ、

食欲にストップがかかります。早食い傾向にある人は食事をする前に時計を見て、「〇分になるまで食事をする」と目安を設定してゆっくり食べることを習慣化しましょう。

＊食材は大きく切って。咀嚼回数が増えます

私たちがおすすめしているのは、料理をつくるときに食材をなるべく大きめに切ることです。

たとえば、スープに入れるピーマン、にんじん、たまねぎなどは大きめに切ると噛みごたえ&食べごたえがあり、咀嚼回数&時間が増えます。その分食事時間も長くなって血糖値をゆっくり下げて、空腹を感じる時間を先延ばしできます。

果物も味方になります。柿やりんご、梨、グレープフルーツなど歯ごたえがあったり、食べるのに時間がかかるものがおすすめです。

＊単品が多いコンビニは「5点メニュー」をマスターするチャンス！

「仕事で朝も昼もコンビニの食品を買って食べたので、『5点メニュー』はできませんでした」

と言う受講生がいました。コンビニで売っている食品で「5点メニュー」をつくることは難しいと思われがちですが、意外にコンビニでも「5点メニュー」はできるもの。むしろ単品で販売することが多いコンビニの食品は、自由に組み合わせられるので、お店でパスタやおそばなど1品だけの食事をするより「5点メニュー」に向いています。その例を紹介しましょう。

〈例①〉

＊おにぎり1個

＊サラダ1パック

＊サラダチキン1個
＊ドレッシング
＊かぼちゃ煮1パック

これを「バランス型紙」に沿ってチェックしてみましょう。

コンビニのおにぎりは約100gなので「穀類」がややオーバーで、「果物・いも類」「油脂」もオーバーしていますが、まずまず合格のラインです。ドレッシングは量がたくさん入っている製品があるので半分にするなど工夫しましょう。

〈バランス型紙を使った5点メニューチェック表〉

たんぱく系食品 **2点**	● サラダチキン（110g）……2点	**2点**	OK!
野菜・きのこ・海藻 **0.5点**	● サラダ……0.5点	**0.5点**	OK!
果物・いも類 **0.5点**	● かぼちゃ煮……**0.5点超**	**0.5〜点**	ややOK!
穀類 **1.5点**	● おにぎり1個（100g）……**1.5点超**	**1.5〜点**	ややOK!
油脂 **0.5点**	● ドレッシング　大さじ½……0.5点	**0.5点**	OK!
		5〜点	ややOK!

〈例②〉

＊サンドイッチ（ハム・チーズ・レタス）1パック

＊チキン入りサラダ1パック

＊ノンオイルドレッシング1袋

＊カットフルーツ1パック

これも「バランス型紙」に沿ってみると「果物・いも類」「穀類」「油脂」が少しずつオーバーしていますが、おおむね5点メニューができています。

〈バランス型紙を使った5点メニューチェック表〉

たんぱく系食品 **2点**	● ハム……0.5点　● チーズ……1点 ● チキン……0.5点	**2点**	OK!
野菜・きのこ・海藻 **0.5点**	● レタス、サラダ……0.5点	**0.5点**	OK!
果物・いも類 **0.5点**	● カットフルーツ……**0.5点超**	**0.5～点**	やや OK!
穀類 **1.5点**	● 食パン……2点	**2点**	やや OK!
油脂 **0.5点**	● マヨネーズ……0.5点	**0.5点**	やや OK!
		5～点	やや OK!

＊旅先や外食では思い切りグルメに

「5点メニューを実践中に旅行に行き、そこでご馳走をたくさん食べてまた逆戻りです」

という人が多いようです。

旅行中は「バランス型紙」から離れ、思う存分グルメになってください。数人で行って1人だけせっかくのご馳走を食べないのは味気ないですし、その土地の名物はその場でしか味わうことができませんからもったいないですね。

旅行の予定があるからといって出発する前に食事を控えたり、帰宅してからなるべく食べないようにする人もいますが、このやり方だとやはり、体が飢餓状態になり脂肪がつきやすくなり逆効果です。

旅行中は思い切り楽しんで、帰宅したら次の食事から「5点メニュー」に切り替えてください。個人差がありますが、だいたい1泊2日ぐらいの旅行ならすっと元に戻ります。2泊3日程度の旅行でも1週間ぐらいで元のペースになります。それ以上、1週間の旅行だと戻るのは遅くなりますが、その場合は次のように、朝食ブッフェを利用して1食だけでも「5点メニュー」を実行するといいでしょう。

＊ホテルの朝食ブッフェは「5点メニュー」を学ぶのに最適

旅行や出張先のホテルでブッフェスタイルで食事をすることがあると思います。街のレストランでサラダバーが設置されている店もありますね。好きなものを好きなだけいただくことができて楽しみなのと同時に、組み合わせが自由なので「5点メニュー」を実践するにはぴったりです。

頭の中に「バランス型紙」をイメージして、1つずつ選んでいきましょう。

まず、最初に「たんぱく系食品」を確保します。オムレツ、スクランブルエッグ、肉豆腐、焼き魚、ホットミルク、ヨーグルトなどから量を見て2品チョイス。次に「野菜・きのこ・海藻」「果物・いも類」「穀類」「油脂」とバランスよく選んでいきます。バラエティ豊かな「5点メニュー」が用意できます。

＊「焼き肉行きたい！」と言われたら「どうぞ、どうぞ」と答えます

「あ〜、たまには焼き肉食べたいです」

と受講生の1人から言われました。

「どうぞ、どうぞ、行ってきてくださ〜い！」

と言うと、

「いいのですか？」

とびっくりされました。

親しい人から、「焼き肉に行こう」と誘われたら、ダイエット中だからと言わずに楽しんでください。次の食事からまた気持ちを切り替えて、「5点メニュー」に戻ればカロリーオーバーや脂質の多さも解消できるでしょう。

毎日は困りますが、月に1回ぐらいなら問題ありません。

＊自分を褒める。そして続ける

「ダイエットがんばるぞ」と決意しても、どうしても行き詰まってしまったり、モチベーションが上がらずにリタイアしてしまうことがあります。

決意してがんばることは、えてして挫折と隣り合わせで三日坊主になりやすいもの。がんばらずに自分のペースを守りながら、バランスよく食べることを習慣化して着実にダイエットしたいものです。

私たちがお伝えしていることが3つあります。1つ目は、

○自分を褒める

ことです。

「今日はお菓子を食べてしまった。だめだなあ」

「肉を食べすぎた。私にはダイエットなんてムリ。止めよう」

などとネガティブに考えるのを止めて、前向きに自分を褒めることをすすめています。

たとえば、

「夕飯だけは『5点メニュー』ができた」

「キッチンスケールで量ったらご飯がちょうど80g。気持ちいい！」

「いつもよりゆっくり噛んで食べられた」

など何でもよいので、自分を評価して自信をもって進んでくだされればと思います。

「今日は時間がなくて野菜料理が用意できなかったけれど、トマトを1つ食べる

ことができた」

それだけでもいいのです。そして、

○あきらめない

ことも大事だと思います。なかなか効果が出ないと思っていても、続けていくとある日、ストンと体重が落ちることがあります。一度落ちてまた元通りになっても、あきらめずにできる範囲で継続していると、また、するっと減量します。

毎日の体重をグラフにすると一直線に減るのではなく、増減しながらジグザグに減っていく傾向にあります。そして、

○長く続ける

こともお伝えしています。旅行に行ったり外食したり、行事があったりと生活の状況によっては「5点メ

ニュー」をつくれない期間があるかもしれませんが、一段落したら気持ちを切り替えて、「5点メニュー」を再開してください。

最初に**「バランス型紙を使った5点メニュー」を習得していれば、何があっても再度、ホームポジションに戻る**ことができるでしょう。

「5点メニュー」は簡単にマスターできるダイエット法なので、何度でも最初から始めることができます。

ダイエットとは人生を通して継続的に習慣化して実践し、健康に暮らしていく長いプロジェクトだと思ってくだされば嬉しいです。

＊続けるためには日記を

ダイエットを継続するために、日記をつけるといいでしょう。

書き方は自由ですが、食べたものを全部書き出すなど、あまり細かくつけると続きません。

体重、「5点メニュー」ができたら丸印をつける、歩数、その日の出来事や感想を1～2行書くぐらいのシンプルな「ダイエット日記」がおすすめです。

モチベーションは1人では続きません。だれかに見てもらうのもいい案です。できれば褒めてもらえるとやる気が出ます。

ある受講生は、表をつくって「5点メニュー」ができた日は子どもたちにかわいらしいシールを貼ってもらうことにしていました。子どもたちはシールを貼りたくてしかたありませんから、毎日、「お母さん、今日はできた？」「シール貼っていい？」と聞いたそうです。子どもたちにシールを貼ってもらうことを励みにその受講生は、ダイエットに成功しました。

5時限目

体育

〜体を動かして代謝のいい体になりましょう〜

5限目は体育です！
体育すきー
わーい
体育キライ
一番シンプルで
始めやすい運動は
ウオーキングです！
1つ手前のバス停で降りて歩く
自転車を使わず徒歩で行く
エスカレーター使わず、階段を
日常生活の中でなるべく動くよう工夫してみましょう

プラス
1000歩
あと10分
など
心がけると
いいですよ
それなら
できそう
よっしゃー
今日は歩いて
お買い物
自転車は
使わないー
♪
Aさん
Bさん
ダンス
20分
水泳30分
次は何しよう？
Aさんはよく
工夫して
いますね
Bさんは
よく動いて
いますね
はい
では体育は
おわり
次は
おやつの
時間
です
わーい

まずは「5点メニュー」を続けましょう
そうですね
最初の1か月はおやつは止めてみてください
おやつはいつ食べればいいですか
つまみ食いはダメですよ
ゆっくりお茶といっしょにいただきましょう
モグ
モグ
「5点メニュー」をしたら
よく動いたら
おやつも食べられる♥
果物をとり入れるのもおすすめです

＊筋肉を保持して基礎代謝を上げましょう

5時限目は「体育」です。
体を動かして、ダイエット効果を上げる勉強をします。
さてここでまた、1時限目の復習です。人はなぜ太ってしまうのでしょうか。
それは、食べることで体に取り込まれるエネルギー量（摂取エネルギー量）が、体を動かして消費されるエネルギー量（消費エネルギー量）より多くなるからでしたね。つまり、

摂取エネルギー量＞消費エネルギー量

になり、使われないエネルギーが脂肪になって体につくために太るのです。
しかし、体を動かして、

摂取エネルギー量＜消費エネルギー量

にすると、体脂肪は減少して体重は落ちていきます。

私たちの体はじっとして動かなくても、体温を維持したり、心臓を動かしたり、呼吸や消化吸収したりなどでエネルギーを使っています。これを基礎代謝と呼びます。ただ、基礎代謝量はそう簡単には増やせないので、運動をして消費エネルギー量を増やす必要があります。

体を動かす→消費エネルギー増→体脂肪・体重減

というしくみです。

体を動かすと**血流がよくなり、肩こりや冷え性などが改善される効果**もありますし、仕事や家事の**ストレスから解放されてリフレッシュできる精神的なメリッ**

トも見逃せません。

＊ウオーキングは数値がわかりやすい全身運動

では、どのような運動をしたらいいのでしょうか。

私たちの教室では歩くこと（ウオーキング）をすすめています。ウオーキングは足の筋肉だけでなく腹筋、腰、腕など頭のてっぺんからつま先までを使う全身運動で、だれでもが手軽に実行できます。また、歩数計やスマホのアプリを利用すると「今日は○○歩歩いた」など数値がはっきり出るのもいい点です。

ウオーキングは、外に出て歩く時間や歩数だけではなく、家で歩く歩数も入れるので、朝起きたらすぐに、歩数計やスマホを身につけましょう。

1日の終わりに歩数を見て、表に書き入れて目安としてもいいと思います。

では、どれぐらい歩けばいいのでしょう。

理想として「1日1万歩歩きましょう」と言われてきました。

しかし、この数字は日ごろ運動をしている人には楽かもしれませんが、運動の習慣がない人や、仕事や子育てなどで忙しくウォーキングの時間が取れない人にはハードルが高い数値かもしれません。

それまで歩く習慣がない人が、いきなり1万歩歩くのは至難の業です。

また腰や膝にトラブルが起きやすい人にとっては、歩くことで症状が出がちになるなどのリスクもあります。

＊「あと10分」など、暮らしの中で運動量を増やしましょう

私たちが運動の習慣のない人たちにすすめているのは、生活の中で運動量を増やすということです。筋肉量が落ちると基礎代謝が低下するため、毎日の生活の

中でコマメに体を動かす習慣を身につけたら、自然に運動量が増え、筋肉を維持するのに役立ちます。そうすると、脂肪が落ちていきます。

たとえば、「**あと10分多く歩いてみる**」のもいいでしょう。これは厚生労働省「アクティブガイド２０１３」でも推奨されている数値です。

通勤する電車で座らずに立ったり、バス停１つ分を歩く、買い物に行くときに車を使わず歩いて行くなどの工夫もいいと思います。無理のない範囲で体を使うようにするのもいいでしょう。家の中では、窓を拭く回数をいつもより多くしたり、がんばれそうな日は床の拭き掃除をしたりして、コマメに全身を動かす機会を増やすのもいいと思います。

＊まず、「5点メニュー」の食事。ウォーキングは＋αと考えましょう

この本では主に栄養学的な視点からダイエットを考えています。

私たちとしては、まず、「バランス型紙を使った5点メニュー」でしっかり献立を構成してバランスよく食べていただくことを基本にしています。

この**「5点メニュー」を3食実行すれば、たいていの方は、「消費エネルギー量＞摂取エネルギー量」の環境に置かれることになり、本人が気づかないレベルで毎日少しずつ体脂肪が減っていきます。**

ですから、まずは「5点メニュー」を理解して身につけていただきたいと思っています。

その上で、さらに消費エネルギー量を増やし、筋肉を保持する目的で体を動かすと効果が生まれると考えています。

食事に気をつけてダイエットして、＋αとして運動を位置づけるというのが私たちの考え方です。

＊おやつ（間食）は自分へのプレゼントにしましょう

受講生の皆さんが「5点メニュー」を実行する上で、立ちはだかるのが「おやつ（間食）問題」です。「おやつ」には、お菓子、清涼飲料水、アルコール飲料が含まれます。

朝、「5点メニュー」ＯＫ！　昼もクリア！　そして夕飯までの時間、仕事や家事が一段落してちょっと一息というとき、

「おやつ食べたい」「甘いものがほしい！」

という気分になるのは当然ですね。

実際、受講生の中からも、「おやつが止められませ～ん」という声をよくいただきます。

おやつは暮らしのアクセントで、親しい人とのお茶会には欠かせない楽しみですね。「おやつ問題」はどのように考えたらいいでしょう。

＊おやつの目安は？

では、「どれぐらいの量のおやつならＯＫなの？」という疑問が出てくると思います。

おやつも食事と同じように、80㎉を1点として点数で表示すると次のようになります。80㎉は5000歩歩いたときの消費エネルギーです。

「5点メニュー」で1日3食食事ができたり、しっかりと体を動かすことができた後であれば2点分までのおやつを食べるのもいいと思います。

おやつの食べ方にも工夫が必要です。ささっとつまむように食べるのではなく、時間をつくってお茶を淹れ、ゆっくり味わって食べると食べごたえがあります。

おやつ(間食)の1点

＊ウオーキング5000歩の消費エネルギーと同等量

●クッキー……15g	●チョコレート……15g
●ポテトチップス……15g	●おかき……15g（15gは醤油皿1枚にのるぐらいの量と覚えてください）
●ショートケーキ……¼個	●桜もち……½個
●アイスクリーム……½個	●カステラ……½切れ
●バナナ……1本	●おにぎり……½個
●ジュース……200mℓ	●ビール……200mℓ

〈ウオーキング5000歩と同等のエネルギー消費量〉

●水泳	12分
●ダンス	20〜30分（動きの強度による）
●ジョギング、テニス、バドミントン、バレーボール、スキー	15分
●自転車	40分（ふつうの速さで漕ぐ場合）

＊最初の1か月間はおやつをセーブ

まず、「5点メニュー」での食事を続けてみて、プラスαとしてウオーキングなどで体を動かして代謝をさらに高める。

それができたら自分へのプレゼントとしておやつを食べてもよいということをお話ししてきました。

おやつの困った点は、癖になりやすいということです。

生活習慣として定着してしまうと、ついつい1回分の量も増えがちになる可能性があります。

そこで、私が受講生の皆さんにお伝えしているのは、

「最初の1か月間だけ、おやつをセーブしましょう」

ということです。

まず、おやつを毎日の習慣にすることから離れてみてください。

もし、おやつがほしくなったら、もう一度、食事内容をチェックして不足している食品はないかを見てください。

それまで、昼ごはんを麺類などで簡単にすませていてすぐにお腹がすいていたために、午後におやつを食べていたけれど、昼ごはんに「5点メニュー」をしっかり続けるようになってから、おやつを食べなくなったという人は多いのです。

また、なんとなくおやつに手が出ていたけれど、一度止めたらほしくなくなったという人も見受けられます。

＊果物はおやつタイムの強力アイテムです

「それでもやはり、おやつタイムを楽しみたい」という人は、果物を取り入れてみましょう。

果物は、「5点メニュー」で「果物・いも類」として毎食0・5点食べるようになっていますが、それとは別におやつとして食べてもよいのです。
たとえば、クッキー2枚（1点）とりんご1個（1点）をコーヒーや紅茶と共に食べると満足感があるでしょう。

おわりに

これで「武庫川女子大学ダイエット教室」の講義は終わりです。肥満についての理論から、「バランス型紙を使った5点メニュー」のつくり方、調理実習からダイエット行動学、体育まで、皆さんよく学ばれたと思います。

ご自分の体と心を管理して、健康的に前向きに過ごすために、栄養バランスの取れた食事を続けていただきたいと私たちは願っています。私たちは受講生の皆さんに修了後もお手紙を出して、必要なアドバイスやおすすめレシピ、健康に過ごすための知識をお伝えしています。講座が始まって約30年経ちますが、このお手紙は第1期生にも継続してお送りしています。

この本を読んでくださった読者の皆さんには、長く「5点メニュー」を続けて、いつまでも健康でいきいきと過ごしていただきたいと思っています。

自分を褒めながら、あきらめず、継続してくだされば、必ずご自分の適正体重（ジャストウエイト）に到達できるでしょう。

食品別 目安量と点数表

食品名	食品群	目安になる量	点数(点)
●あ行			
あさり	たんぱく系食品	100g(殻なし)	1
あじ	たんぱく系食品	1尾	1
あじ(干物)	たんぱく系食品	小1枚	1
厚揚げ	たんぱく系食品	小1枚	1
あなご	たんぱく系食品	½尾	1
油揚げ(薄揚げ)	たんぱく系食品	1枚	1
いか	たんぱく系食品	100g	1
いちご	果物・いも類	5〜6粒(片手1杯分)	0.5
いわし(まいわし)	たんぱく系食品	½尾	1
うなぎ(蒲焼き)	たんぱく系食品	35g	1
枝豆	果物・いも類	さや付きで100g	0.5
えのきたけ	野菜・きのこ・海藻	たっぷり	0.5
エリンギ	野菜・きのこ・海藻	たっぷり	0.5
●か行			
柿	果物・いも類	½個	0.5
かぼちゃ	果物・いも類	50g＊煮たかぼちゃだと2〜3切れ	0.5
かます(干物)	たんぱく系食品	½枚	1
かまぼこ	たんぱく系食品	90g	1
粥	穀類	170g	1.5
かれい	たんぱく系食品	1切れ	1
きくらげ	野菜・きのこ・海藻	たっぷり	0.5
きなこ	たんぱく系食品	大さじ2	1
キャベツ	野菜・きのこ・海藻	たっぷり	0.5
牛肉	たんぱく系食品	薄切り肉3〜4枚(50g)	1
牛乳	たんぱく系食品	120mℓ	1
餃子の皮	穀類	6枚	1.5
ぎんなん	果物・いも類	7〜8個	0.5
くり	果物・いも類	4個	0.5
グリーンアスパラガス	野菜・きのこ・海藻	たっぷり	0.5
グリーンピース	果物・いも類	50g	0.5
グレープフルーツ	果物・いも類	½個	0.5
黒豆煮	果物・いも類	大さじ1	0.5
クロワッサン	穀類	30g	1.5

食品名	食品群	目安になる量	点数(点)
玄米ご飯	穀類	80g	1.5
高野豆腐	たんぱく系食品	1枚＊一口サイズなら4個	1
五穀米入りご飯	穀類	80g	1.5
ご飯	穀類	80g	1.5
ごぼう	果物・いも類	50g	0.5
こんにゃく	野菜・きのこ・海藻	たっぷり	0.5
昆布	野菜・きのこ・海藻	たっぷり	0.5
コーンフレーク	穀類	35g	1.5
●さ行			
鮭	たんぱく系食品	1切れ	1
酒粕　＊調味料として使う場合はカウントしない	穀類	50g	1.5
さしみ	たんぱく系食品	6〜8切れ	1
さつまあげ	たんぱく系食品	60g	1
さつまいも	果物・いも類	50g	0.5
さといも	果物・いも類	50g	0.5
さば	たんぱく系食品	½切れ	1
サラダ油	油脂	大さじ½	0.5
さわら	たんぱく系食品	1切れ	1
さんま	たんぱく系食品	⅓尾	1
しいたけ	野菜・きのこ・海藻	たっぷり	0.5
しじみ	たんぱく系食品	100g(殻なし)	1
ししゃも	たんぱく系食品	2〜3尾	1
しめじ	野菜・きのこ・海藻	たっぷり	0.5
じゃがいも	果物・いも類	50g	0.5
食パン	穀類	8枚切り1枚	1.5
ショルダーベーコン＊ベーコンは油脂	たんぱく系食品	50g	1
スパゲティ(乾麺)	穀類	35g	1.5
セロリ	野菜・きのこ・海藻	たっぷり	0.5
ソーセージ	たんぱく系食品	30g	1
そば(乾麺)	穀類	35g	1.5
●た行			
たい	たんぱく系食品	1切れ	1
だいこん	野菜・きのこ・海藻	たっぷり	0.5
たこ	たんぱく系食品	100g	1
たちうお	たんぱく系食品	1切れ	1

食品名	食品群	目安になる量	点数(点)
たまねぎ	野菜・きのこ・海藻	たっぷり	0.5
卵	たんぱく系食品	1個	1
たら	たんぱく系食品	1切れ	1
たらこ	たんぱく系食品	1本(½腹)	1
ちくわ	たんぱく系食品	1本	1
チーズ	たんぱく系食品	20g＊スライスチーズだと1枚	1
チンゲンサイ	野菜・きのこ・海藻	たっぷり	0.5
ツナ缶(オイル入り)	たんぱく系食品	小½缶	1
ツナ缶(ノンオイル)	たんぱく系食品	大1缶	1
デニッシュパン	穀類	30g	1.5
豆乳	たんぱく系食品	170mℓ	1
豆腐	たんぱく系食品	100g	1
とうもろこし	果物・いも類	芯付き100g	0.5
トマト	野菜・きのこ・海藻	たっぷり	0.5
鶏肉	たんぱく系食品	50g＊皮ははずす	1
鶏挽き肉	たんぱく系食品	50g	1
●な行			
なす	野菜・きのこ・海藻	たっぷり	0.5
納豆	たんぱく系食品	1パック	1
なめこ	野菜・きのこ・海藻	たっぷり	0.5
煮豆(甘いもの)	果物・いも類	大さじ1	0.5
にら	野菜・きのこ・海藻	たっぷり	0.5
にんじん	野菜・きのこ・海藻	たっぷり	0.5
のり	野菜・きのこ・海藻	たっぷり	0.5
●は行			
はくさい	野菜・きのこ・海藻	たっぷり	0.5
バゲット(フランスパン)	穀類	45g	1.5
バターロール	穀類	40g	1.5
バナナ	果物・いも類	½本	0.5
ハム(ももハム、ボンレスハム)	たんぱく系食品	50g	1
はも(湯引き)	たんぱく系食品	3〜4切れ	1
はるさめ(乾物)	穀類	35g	1.5
春巻きの皮	穀類	1.5枚	1.5
はんぺん	たんぱく系食品	1枚	1
挽き肉(牛挽き肉、合い挽き肉、豚挽き肉)	たんぱく系食品	30g	1

食品名	食品群	目安になる量	点数（点）
ひじき	野菜・きのこ・海藻	たっぷり	0.5
ビーフン（乾物）	穀類	35g	1.5
ピーマン	野菜・きのこ・海藻	たっぷり	0.5
豚肉（もも肉） ＊豚バラ肉は「油脂」	たんぱく系食品	50g	1
ぶどう	果物・いも類	5〜6粒（片手1杯分）	0.5
ぶり	たんぱく系食品	½切れ	1
ブロッコリー	野菜・きのこ・海藻	たっぷり	0.5
ベーコン	油脂	10g	0.5
ほうれんそう	野菜・きのこ・海藻	たっぷり	0.5
干ししいたけ	野菜・きのこ・海藻	たっぷり	0.5
ほたて	たんぱく系食品	100g（殻なし）	1
ほっけ（干物）	たんぱく系食品	¼枚	1
●ま行			
まいたけ	野菜・きのこ・海藻	たっぷり	0.5
マカロニ（乾麺）	穀類	35g	1.5
マッシュルーム	野菜・きのこ・海藻	たっぷり	0.5
まつたけ	野菜・きのこ・海藻	たっぷり	0.5
みかん	果物・いも類	小1個	0.5
ミックスビーンズ	果物・いも類	50g	0.5
麺（ゆで麺）	穀類	½玉	1.5
めんたいこ	たんぱく系食品	1本（½腹）	1
もずく	野菜・きのこ・海藻	たっぷり	0.5
餅	穀類	50g	1.5
●や行			
焼き豚（もも肉）	たんぱく系食品	50g	1
ヨーグルト	たんぱく系食品	120g	1
●ら行			
レタス	野菜・きのこ・海藻	たっぷり	0.5
れんこん	果物・いも類	50g	0.5
ローストビーフ	たんぱく系食品	50g	1
●わ行			
わかめ	野菜・きのこ・海藻	たっぷり	0.5

＊主な食品をまとめた表です。
＊わかりやすい分量で表記しています。
＊概数で表記しています。

武庫川女子大学 栄養科学研究所 栄養クリニック

武庫川女子大学栄養科学研究所は、活動の一環として栄養支援を行う研究機関。その一部門である栄養クリニックで、〝心も体もいきいきと〟をモットーにした中高年女性対象の「いきいき栄養学講座」を開催している。適正体重を保持して健康に暮らすための理論、「バランス型紙」を用いた献立作成方法を提唱し、1990年の開講以来、1000名を超える人の減量と健康づくりを応援している。

スタッフ

武庫川女子大学生活環境学部食物栄養学科 学科長 髙橋享子（管理栄養士）
同食物栄養学科 教授、栄養科学研究所所長 福尾惠介（医師）
同食物栄養学科 教授、栄養科学研究所 栄養支援科学部門リーダー 倭英司（医師）
同食生活学科 准教授、栄養科学研究所 栄養支援科学部門研究員 上田由美子（医師）
栄養科学研究所 栄養支援科学部門 研究員
尾﨑悦子・田中弥生・上薗吏沙恵・寺田櫻子・森田薫（以上、管理栄養士）
栄養科学研究所 栄養支援科学部門事務職員 日野あや子

武庫川女子大学
http://www.mukogawa-u.ac.jp/
武庫川女子大学栄養クリニック
http://www.mukogawa-u.ac.jp/~rins/ikiiki/index.html

装幀 石川直美（カメガイ デザイン オフィス）
装画・イラスト 丸山裕子
写真 高木昭仁
DTP 美創
編集協力 今津朋子

武庫川女子大学
おとなダイエット教室

2020年1月10日　第1刷発行

著 者
武庫川女子大学 栄養科学研究所 栄養クリニック

発行人
見城 徹

編集人
福島広司

編集者
鈴木恵美

発行所
株式会社 幻冬舎
〒151-0051 東京都渋谷区千駄ヶ谷 4-9-7
電話：03（5411）6211（編集）
03（5411）6222（営業）
振替 00120-8-767643

印刷・製本所
中央精版印刷株式会社

検印廃止

Printed in Japan
ISBN978-4-344-03558-4 C0095
幻冬舎ホームページアドレス　https://www.gentosha.co.jp/

この本に関するご意見・ご感想をメールでお寄せいただく場合は、
comment@gentosha.co.jp まで。

GENTOSHA

＊「バランス型紙を使った5点メニュー」のつくり方＊

STEP 1 たんぱく系食品を選ぶ

ここから2つ選んで

卵1個
牛乳120mℓ
スライスチーズ1枚
豆腐100g
赤身肉50g
白身魚1切れ
など…

1点　1点　＼これで 2点／

STEP 2 野菜・きのこ・海藻をたっぷり

たっぷりどうぞ！

1点　1点　0.5点　＼これで 2.5点／

STEP 3 果物・いも類をプラス

果物かいもかどちらかを選ぶ

みかん1個
バナナ½本
じゃがいも50g
さつまいも50g
など…

1点　1点　0.5点　0.5点　＼これで 3点／

STEP 4 穀類を選ぶ

炭水化物を摂る！

ご飯80g
スパゲティ（乾麺）35g
ゆで麺½玉
食パン8枚切り1枚
など…

1点　1点　0.5点　0.5点　1.5点　＼これで 4.5点／

STEP 5 最後に油脂を

油脂も大事

オリーブオイル大さじ½
サラダ油大さじ½
バター大さじ½
など…

1点　1点　0.5点　0.5点　1.5点　0.5点　＼合計 5点／

5点メニュー完成！

キリトリ線

キリトリ線

＊武庫川女子大学・栄養クリニック考案

バランス型紙

1食5点、
1日（3食）で15点分の
食事を摂りましょう。